utb 2176

Eine Arbeitsgemeinschaft der Verlage

Böhlau Verlag · Wien · Köln · Weimar
Verlag Barbara Budrich · Opladen · Toronto
facultas · Wien
Wilhelm Fink · Paderborn
A. Francke Verlag · Tübingen
Haupt Verlag · Bern
Verlag Julius Klinkhardt · Bad Heilbrunn
Mohr Siebeck · Tübingen
Ernst Reinhardt Verlag · München · Basel
Ferdinand Schöningh · Paderborn
Eugen Ulmer Verlag · Stuttgart
UVK Verlagsgesellschaft · Konstanz, mit UVK/Lucius · München
Vandenhoeck & Ruprecht · Göttingen · Bristol
Waxmann · Münster · New York

Peter V. Zima

Theorie des Subjekts

Subjektivität und Identität zwischen Moderne und Postmoderne

4., durchgesehene und erweiterte Auflage

A. Francke Verlag Tübingen

Peter V. Zima war bis 2012 ordentlicher Professor für Allgemeine und Vergleichende Literaturwissenschaft an der Alpen-Adria-Universität Klagenfurt. Er ist seit 1998 korr. Mitglied der Österreichischen Akademie der Wissenschaften in Wien, seit 2010 Mitglied der Academia Europaea in London und seit 2014 Honorarprofessor der East China Normal University in Schanghai. In der utb-Reihe sind von ihm erschienen: Komparatistik, 1992, 2011 (2. Aufl.); Die Dekonstruktion. Einführung und Kritik, 1994, 2016 (2. Aufl.); Moderne / Postmoderne. Gesellschaft, Philosophie, Literatur, 1997, 2001 (2. Aufl.), 2014 (3. Aufl.), 2016 (4. Aufl.); Was ist Theorie? 2004, 2017 (2. Aufl.); Entfremdung. Pathologien der postmodernen Gesellschaft, 2014.

Bibliografische Information der Deutschen Nationalbibliothek

Die Deutsche Nationalbibliothek verzeichnet diese Publikation in der Deutschen Nationalbibliografie; detaillierte bibliografische Daten sind im Internet über http://dnb.dnb.de abrufbar.

4., durchgesehene und erweiterte Auflage 2017
3., unveränderte Auflage 2010
2., durchgesehene Auflage 2007
1. Auflage 2000

Dischingerweg 5 • D-72070 Tübingen

Internet: www.francke.de
E-Mail: info@francke.de

Printed in Germany

utb-Nr. 2176
ISBN 978-3-8252-4796-6

Inhaltsverzeichnis

Vorbemerkung zur vierten Auflage

Das Zustandekommen einer vierten Auflage zeugt vom anhaltenden Interesse für den Subjektbegriff, den so mancher in Anführungszeichen setzt, weil er sich durch die nachmodernen Kritiken des vom modernen Idealismus geprägten Begriffs verunsichert fühlt. Es ist ein Anliegen des zum zweiten Mal überarbeiteten Buches, dieser Verunsicherung entgegenzuwirken.

Der Autor setzt sich vor allem im zweiten Kapitel mit verschiedenen idealistischen Subjekttheorien (von Descartes bis Hegel) auseinander, um eine Alternative zu den eher statischen und abstrakten Auffassungen des Subjekts im Idealismus zu entwerfen. Aus soziologischer und semiotischer Sicht kann das individuelle Subjekt als eine dynamische Einheit erscheinen, die sich im Laufe der Sozialisation auf gesellschaftlicher, sprachlicher und psychischer Ebene in einem permanenten Dialog mit den anderen und deren Alterität entwickelt und im abstrakten *Ich* des Idealismus nicht aufgeht.

Für ein konkretes Verständnis dieses sozialwissenschaftlich umgedeuteten Subjekts sind dessen Interaktionen mit überindividuellen – z. B. kollektiven – Subjekten wesentlich, weil Einzelsubjekte von Bewegungen, Institutionen, politischen Parteien und anderen Organisationen gestärkt oder vereinnahmt werden können.

Auch dies ist ein Anliegen dieser Schrift: das bisher vernachlässigte Interdependenzverhältnis zwischen individuellen und überindividuellen Subjekten im sozialen Kontext hervortreten zu lassen.

Vorwort

Was Jacques Derrida von der Übersetzung behauptet, nämlich daß sie zugleich “notwendig und unmöglich”[1] sei, ließe sich auch von der interdisziplinären Darstellung des Subjektbegriffs und der Subjektivität sagen. Denn die Frage nach dem rettbaren oder untergehenden Subjekt beschäftigt seit Jahrhunderten nahezu alle Disziplinen von der Theologie, der Philosophie und der Rechtswissenschaft bis zur Psy-

---

[1] J. Derrida, “Des Tours de Babel”, in: ders., *Psyché. Inventions de l'autre*, Paris, Galilée, 1987, S. 208.

chiatrie und Soziologie. Der von den Gelehrten angehäufte Wissensvorrat läßt es als vermessen und töricht erscheinen, das Thema umfassend, interdisziplinär darstellen zu wollen: Wer kann schon Theologe, Rechtswissenschaftler und Psychiater zugleich sein? – Indessen kann die Notwendigkeit einer solchen Darstellung ebenso plausibel gemacht werden wie deren Unmöglichkeit: Da der Subjektbegriff in Philosophie, Psychologie, Semiotik, Literaturwissenschaft und Soziologie unterschiedlich definiert und verwendet wird, kann ihm nur eine Gesamtschau gerecht werden.

Angesichts dieser Aporie könnte man im Geiste Wittgensteins mit der kargen Feststellung vorlieb nehmen, "das Subjekt" gehöre eben zu jenen Dingen, über die man schweigen müsse. Daß dieser asketische Vorschlag in den zur Redseligkeit neigenden Humanwissenschaften nicht auf fruchtbaren Boden fällt, liegt auf der Hand: Sie haben im Laufe der Zeit unzählige Kommentare zum Subjekt-Problem hervorgebracht und gerade dadurch die Vieldeutigkeit ihres zentralen Begriffs ins Unermeßliche gesteigert.

In dieser Situation kann sich der Autor natürlich nicht vornehmen, den Begriff endgültig zu monosemieren und eine Klärung jenseits aller Kontroversen herbeizuführen. Dies wäre auch nicht im Sinne seiner Dialogischen Theorie (vgl. V, 2), die den Erkenntnisprozeß als offenen, unabschließbaren Dialog auffaßt. Der Begriff kann und soll nicht abschließend *definiert* (eingegrenzt) werden, damit Vertreter anderer Theorien weiterhin die Möglichkeit haben, "Subjekt" und "Subjektivität" anders zu konstruieren. Möglicherweise werden sich ihre Konstruktionen mit der hier vorgeschlagenen in wesentlichen Punkten überschneiden.

Obwohl hier also keine umfassende Erkenntnis angestrebt wird, die hegelianisch alle existierenden Standpunkte aufhebt, um das Wesen hinter den Erscheinungen sichtbar zu machen, soll Beliebigkeit durch Strukturierung vermieden werden. Von der *Struktur* sagt Mukařovský, sie werde nicht durch Vollständigkeit gekennzeichnet und sei prinzipiell offen. Im Gegensatz zur *Komposition* und zum *Kontext* (eines Sonetts, eines Satzes), die vollständig sein müssen, um als solche wahrgenommen zu werden, kann eine Struktur als sinnvolle Einheit erscheinen, ohne vollständig zu sein: "Daß wir ein Ganzes vor uns haben, daran ist (...) kein Zweifel möglich, aber diese Ganzheit stellt sich uns nicht als Abgeschlossenheit, Vollendung dar (...), sondern als Wechselbeziehung von Elementen."[2] So kann beispielsweise auch ein Gedicht- oder Romanfragment als System von phonetisch-semantischen oder semantisch-narrativen Beziehungen dargestellt werden, denn: "Wir können eine vollständige Strukturanalyse vornehmen, etwa eine spezifische Beziehung zwischen Intonation und Sinn, zwischen Syntax und Intonation aufzeigen."[3] Kurzum: Auch ein unvollendetes Kunstwerk weist trotz seines fragmentarischen Charakters eine vielschichtige Struktur auf.

Überträgt man diese Überlegungen auf den stets offenen, "unabschließbaren" Bereich der Subjektforschung, so ergibt sich folgendes Bild: Auch eine unvollständige interdisziplinäre Beschreibung individueller Subjektivität in ihrer Interaktion mit anderen Subjektformen kann eine Struktur dieses Phänomens erkennen lassen. Es erscheint nicht notwendig, alle relevanten Disziplinen (z.B. Rechtswissenschaft, Psychiatrie, Medizin) einzubeziehen, um den Subjektbegriff konkret zu bestimmen. Wichtig ist, daß die hier analysierten Theoriekomplexe – Philosophie, Semiotik, Psychologie, Soziologie und Literaturwissenschaft – so aufeinander bezogen werden, daß die Struktur individueller (und kollektiver) Subjektivität erkennbar wird. Diese Struktur aus Ähnlichkeiten und Differenzen erstreckt sich über Fachgrenzen hinweg und wird gerade an den Grenzübergängen – zwischen Freud und Broch, Laing und Vattimo, Althusser und Lacan – gut sichtbar. Doch wie sieht die Struktur der hier konstruierten Subjektivität konkret aus?

Sie hat sowohl systematischen als auch historischen Charakter. Während im ersten Kapitel die Ambivalenz des Subjektbegriffs, die sowohl im griechischen *hypokeímenon* als auch im lateinischen *subiectum* zum Ausdruck kommt, im interdisziplinären Kontext untersucht wird, findet im zweiten und dritten Kapitel die historische Inszenierung dieser grundsätzlichen Ambivalenz statt: Das Subjekt oder *subiectum* erscheint bald als *Zugrundeliegendes*, bald als *Unterworfenes*, als Grundlage der Erkenntnis oder als manipulierte, verdinglichte Einheit. Vor allem im zweiten und dritten Kapitel werden

---

2 J. Mukařovský, "Pojem celku v teorii umění", in: ders., *Cestami poetiky a estetiky*, Prag, Československý Spisovatel, 1971, S. 90. N. B.: Die meisten fremdsprachigen Zitate sind übersetzt worden. Wo sich Übersetzungen als unzuverlässig oder fehlerhaft erwiesen haben, hat der Autor selbst übersetzt. In einigen Fällen (z. B. Lacan) hat er sich aus sprachlichen und terminologischen Gründen an das Original gehalten.

3 Ibid., S. 89.

die Peripetien der Subjektivität zwischen diesen beiden Extremen nachgezeichnet, wobei das Subjekt als Zugrundeliegendes zum Kerngedanken des modernen Idealismus von Descartes bis Sartre wird, während die Postmoderne im Einzelsubjekt eine unterworfene oder zerfallende Instanz erblickt. Das vierte (soziologische) Kapitel soll – gleichsam auf Metaebene – Erklärungen für den Übergang von der modernen Apotheose des Subjekts zu dessen postmoderner Dekonstruktion liefern. Diese Erklärungen werden im Bereich der spätmodernen (modernistischen) Selbstkritik der Moderne angesiedelt, aus der die Soziologie (Durkheims, M. Webers, Simmels) hervorgegangen ist. Das letzte Kapitel stellt eine Rückkehr zum ersten dar und versucht, aus der Not des Subjekts in spätmoderner und postmoderner Zeit eine Tugend zu machen: Es soll gezeigt werden, daß eine konsequent ambivalente Auffassung des Subjekts als zugrundeliegender *und* unterworfener-zerfallender Instanz einen dialogischen Subjektbegriff zeitigt, der durch seine Flexibilität postmoderner Kritik eher standhält als die idealistischen Entwürfe der Moderne, zu denen auch Habermas' Modell der Intersubjektivität gehört.

Diese Entwicklung individueller Subjektivität von der modernen Selbstbehauptung zur postmodernen Selbstzerlegung wurde bisher (vor allem in philosophischen Theorien) unabhängig von anderen Subjektinstanzen beschrieben und erklärt. Indessen lassen marxistische und soziologische Theorien die Bedeutung abstrakter, mythischer und vor allem kollektiver Subjekte (Subjekt-Aktanten, Greimas: vgl. I, 1, b) für die individuelle Subjektkonstitution erkennen. Auch die Beziehung zwischen Einzelsubjekten und den hier erwähnten überindividuellen Einheiten ist jedoch ambivalent, und ihre Ambivalenz ist in der des Einzelsubjekts selbst angelegt: Hegels *Weltgeist* als mythisches Subjekt kann den Einzelnen ebenso vereinnahmen wie die marxistisch-leninistische Partei als Kollektivsubjekt. Zugleich verdeutlicht aber Alain Touraines *sociologie de l'action* (vgl. IV, 4), wie wesentlich soziale Bewegungen als Kollektivsubjekte für die Stärkung individueller Subjektivität sind. Es zeigt sich – vor allem auf soziologischer Ebene –, daß die Beziehung zwischenindividuellen und kollektiven Subjekten sowohl Stärkung als auch Unterwerfung mit sich bringen kann, so daß Subjektivität in der hier vorgeschlagenen Bedeutung stets als ein Oszillieren zwischen Selbstbehauptung und Selbstaufgabe erscheint.

Im ersten und letzten Kapitel wird daher auf individueller Ebene ein Subjektbegriff vorgeschlagen, der diese beiden extreme dialektisch zusammenführt: nicht jedoch, um sie in einer höheren Synthese aufzuheben, sondern um zu zeigen, daß das Einzelsubjekt eine kontingente Konstruktion ist, eine Identitätssuche voller Unwägbarkeiten, die gelingen oder scheitern kann. Dabei erscheint *Identität* als das eigentliche Objekt des sich selbst erzählerisch und handelnd verwirklichenden Subjekts.

Dieser Prozeß der Identitätssuche hat deshalb dialogischen Charakter, weil er stets auf den anderen und das Andere ausgerichtet ist. Im letzten Kapitel wird deshalb individuelle Subjektkonstitution als Auseinandersetzung mit der Alterität auf drei Ebenen dargestellt: auf der Ebene der Lebenspraxis, auf theoretischer Ebene und auf der interkulturellen Ebene der europäischen Integration.

Es ist nie sicher, daß sich individuelle Subjektivität im Alltag bewährt und verwirklicht: Sie kann von Ideologien und Medien vereinnahmt, von der sozialen Differenzierung zerstückelt, zwischen den kollidierenden Sprachen und Kulturen zerrieben werden. Der Einzelne hat aber auch die Möglichkeit, die Vorteile der Informationsgesellschaft zu nutzen, die miteinander konkurrierenden Ideologien und Fernsehprogramme gegeneinander auszuspielen, die Folgen der Differenzierung durch private und berufliche Innovation zu meistern und sich zwischen den Sprachen und Kulturen zu bewegen. Seine Antwort auf viele nachmoderne Herausforderungen kann die dialogische Aufnahme der Alterität sein: der anderen Sprache und Kultur, des neuen Fachs oder *métiers*, der anderen Weltsicht, die so manches Vorurteil der bisher behaupteten Doxa aufhebt.

Analog dazu orientiert sich das Subjekt der Dialogischen Theorie (vgl. V, 2) am fremden Wort: Die kritische Überprüfung von Aussagen, Definitionen oder Theoremen innerhalb seiner eigenen wissenschaftlichen Gruppe ergänzt es durch eine Überprüfung zwischen wissenschaftlichen Kollektiven, die bisweilen grundverschiedene Sprachen sprechen. Es setzt sich der fremden Kritik aus, um sich selbst, die eigene Theorie und die eigene Wissenschaftlergruppe distanzierter betrachten zu können. Ein solches Verfahren muß nicht – ebensowenig wie der Dialog des Alltags – zu Relativismus und Orientierungslosigkeit führen. Im Gegenteil: Oftmals kann das dialogisch denkende Subjekt seine Position durch eine gründliche Auseinandersetzung mit dem fremden Wort ausbauen und stärken.

Die Möglichkeit, daß dialogische Subjektivität zumindest fallweise flexibler und widerstandsfähiger sein könnte als die idealistischen und monologischen Konstruktionen der Metaphysiker von

Descartes bis Hegel, wird im letzten Abschnitt des fünften Kapitels ins Auge gefaßt, wo individuelle Subjektivität im Zusammenhang mit den kollektiven Subjektivitäten der neuen sozialen Bewegungen (Arbeiter, Arbeitslose, Frauen und "Grüne") und im Kontext des europäischen Integrationsprozesses betrachtet wird. Nicht nur die Bewegungen sollten, wie Alain Touraine meint[4], dem Einzelsubjekt den Rükken stärken, sondern auch die sich konsolidierenden und entfaltenden europäischen Institutionen, die jenseits des monologischen Nationalstaates eine polyphone, mehrsprachige und mehrdimensionale Subjektivität entstehen lassen könnten.

Daß individuelle Subjektivität nicht isoliert, nicht unabhängig von kollektiven Instanzen und Institutionen gedeihen kann, hat Michael Nerlich in seinen Analysen der Abenteuer-Ideologie gezeigt. Der aufkeimende Abenteuer-Handel der Frühmoderne hätte sich nicht ohne Absicherung durch die Fürsten, ohne kirchliche Rechtfertigung entwickeln können: "Der Elan, der dem Experimental-Denken und -handeln in Europa (und danach in der ganzen Welt) durch die kirchliche Rechtfertigung des Aventüre-Handels verliehen wurde und alle Bereiche des menschlichen Handelns von der Kunstproduktion bis zur Naturwissenschaft durchdrang, war *weltverändernd* und beflügelte gerade die Handelsbürger und Manufakturisten in ihrem Konkurrenzkampf mit dem niedrigen und mittleren Adel, dessen Lebensformen sie bisweilen stolz übernahmen."[5] Ist es vorstellbar, daß sich die gegenwärtigen europäischen Institutionen, daß sich künftige europäische Regierungen einige Ziele der sozialen Bewegungen zu eigen machen und durch mehrsprachige Institutionen und ein mehrsprachiges Erziehungs- und Hochschulwesen gezielt das neue Abenteuer einer dialogischen Subjektivität verwirklichen?

Es ist vorstellbar, aber keineswegs sicher; und deshalb sollte das letzte Kapitel nur im Zusammenhang mit dem dritten und vierten gelesen werden, die die äußerst prekäre Lage des Einzelsubjekts in einer von global herrschenden Großkonzernen, Medien und Ideologien dominierten Welt schildern. Sehr viel hängt davon ab, ob sich das europäische Projekt als Alternative zum nordamerikanischen Modell behauptet oder von diesem vereinnahmt wird.

---

4 Vgl. A. Touraine, *Le Retour de l'acteur*, Paris, Fayard, 1984, S. 135.

5 M. Nerlich, *Abenteuer oder das verlorene Selbstverständnis der Moderne. Von der Unaufhebbarkeit experimentalen Handelns*, München, Gerling Akademie Verlag, 1997, S. 308.

Das Buch kann als eine Fortsetzung der 1997 erschienen Studie über *Moderne/Postmoderne* gelesen werden[6], in der die Spätmoderne als eine von der Ambivalenz, die Postmoderne als eine von der Indifferenz strukturierte Problematik dargestellt wurde. In beiden Problematiken trat der dualistische Diskurs der Ideologie als Widersacher der marktbedingten Ambivalenz und Indifferenz auf: als Negation von Offenheit, Unbestimmtheit und Toleranz. Die Indifferenz als Austauschbarkeit aller Wertsetzungen erschien als das andere Extrem: als Negation von kultureller Wertung, sozialem Engagement und Kritik.

In diesem Kontext bleibt dem nach Autonomie strebenden Einzelsubjekt nichts anderes übrig, als sowohl der vereinnahmenden Ideologie als auch der zersetzenden Indifferenz abzusagen, um die spätmoderne Position der Ambivalenz einzunehmen: der Einheit der Gegensätze ohne Aufhebung, die den offenen Dialog ermöglicht und zugleich Gesellschaftskritik fördert.

---

[6] Vgl. Vf., *Moderne/Postmoderne. Gesellschaft, Philosophie, Literatur*, Tübingen-Basel, Francke, 2016 (4. Aufl.).

I. Theorien des Subjekts: Begriffsbestimmung und Diskussionsstand

Je öfter ein Begriff kommentiert wird, desto größer die Gefahr, daß er sich allen Definitionsversuchen endgültig entzieht. *Subjekt* ist ein solcher Begriff, dessen schillernde Vagheit zunächst auf die wissenschaftliche Arbeitsteilung zurückzuführen ist, die bewirkt, daß der vieldeutige Signifikant in jeder Disziplin etwas anderes bedeutet: grammatisches Subjekt, Rechtssubjekt, Protagonist im literarischen Sinn oder gar Subjekt der Geschichte. Schon beim ersten Blick fällt auf, daß hier verschiedene Ebenen (Sprache, Recht, Dichtung, Geschichte als Weltgeschehen) im Spiel sind, deren Einheit keineswegs vorausgesetzt werden kann.

Im folgenden geht es nicht so sehr darum, eine Einheit herzustellen, die sich bei näherer Betrachtung als illusorisch erwiese, sondern nach den interdisziplinären Verbindungen zwischen den philosophischen, soziologischen, semiotischen oder psychoanalytischen Begriffen zu fragen. Denn eines der Probleme der bisherigen Diskussionen, die den Subjektbegriff zum Gegenstand hatten, war die Eingrenzung des Objektbereichs auf die eigene Disziplin. Vor allem in den Diskursen der Philosophie war das Augenmerk vorwiegend auf das abstrakt-transzendentale Subjekt des cartesianischen, kantianischen oder hegelianischen Idealismus gerichtet: auf das *ego cogitans* Descartes', das "Ich denke" Kants oder Hegels "subjektiven Geist".

Dabei wurde übersehen, daß dieses Subjekt nicht nur in konkreten materiellen Verhältnissen entstand, dachte und agierte, wie schon die Kritiken der Junghegelianer und Marxisten zeigten, sondern sich in ständiger Wechselbeziehung zu kollektiven, abstrakten oder mythischen Subjekten konstituierte: zu Nation, Staat und Klasse, zu Geist, Weltgeist und Geschichte. Vor allem die Interaktion zwischen dem abstrakten individuellen Subjekt der Philosophie und den Kollektivsubjekten (Gruppen, Organisationen, Bewegungen) der Gesellschaft verschwand aus dem Blickfeld, und Marxens Gedanke, die materialistische Philosophie sei "der Kopf des Proletariats", wirkte in dieser Situation eher mystifizierend als erhellend.

Deshalb wird vor allem im ersten Abschnitt dieses Kapitels versucht, im Rahmen einer konkreten Begriffsbestimmung 1. die Interaktion individueller und kollektiver Subjekte im gesellschaftlichen und sprachlichen Kontext zu beschreiben; 2. das Verhältnis von infraindividuellen, individuellen, künstlichen und supraindividuellen

Handlungsinstanzen (*Aktanten*) näher zu betrachten und 3. Individuelle und kollektive Subjekte als diskursive Instanzen aufzufassen, die für narrative *Programme* verantwortlich sind. Am Ende des ersten Abschnitts und in den Abschnitten 2 und 3 wird im Anschluß an die vorgeschlagenen Definitionen und Modelle nach dem Subjekt der Theorie und dem "Zerfall" oder dem "Verschwinden" des individuellen Subjekts gefragt.

Denn das "Verschwinden des Subjekts"[1] droht zu einem Gemeinplatz der Diskussion zu werden, der lediglich die fehlende Begriffsbestimmung verdeckt, die uns befähigen würde zu beschreiben, was eigentlich verschwindet oder gar verschwunden ist. Es ist jedenfalls Hans Michael Baumgartner als Verdienst anzurechnen, wenn er in dem von Hermann Schrödter edierten Band *Das Verschwinden des Subjekts* (1994) den – stets prekären – Versuch unternimmt, Subjektauffassungen, von denen wir uns verabschieden könnten, und Subjektbegriffe, die unentbehrlich bleiben, zu unterscheiden. Zusammen mit dem "Subjekt als Vorschein von Versöhnung" ist "das Subjekt als Interpretament für Natur und Geschichte" verschwunden, begleitet vom "universelle(n) Subjekt des Intellektuellen, das uns auch in anderer Hinsicht des öfteren in Schwierigkeiten gebracht hat".[2] Abgesehen davon, daß man nicht alles verschwinden lassen muß, was einem Schwierigkeiten bereitet (hat), ist Baumgartner recht zu geben, wenn er von der Unaufhebbarkeit der grammatischen Subjekte, der Personalpronomina "ich", "du", "er" usw. spricht.[3] Problematischer erscheint hingegen seine Aufzählung der Subjektbegriffe, die nicht vom Zerfall oder Verschwinden bedroht sind: "Hingegen ist nicht verschwunden, weil dies noch die Bedingung jeder sinnvollen Rede, auch eines möglichen Verschwindens, ist: 1. die Selbstreferenz des Ich, 2. das Subjekt als individuelles erkennendes Bewußtsein, 3. das Subjekt als verantwortliche Person in rechtlicher und moralischer Hinsicht und 4. das kommunikative Ich als Bezugspunkt jeder gemeinsamen Rede über die Welt und das Leben der Menschen in ihr: auch über das Ab-

---

1 Vgl. H. Schrödter (Hrsg.), *Das Verschwinden des Subjekts*, Würzburg, Königshausen und Neumann, 1994 sowie P. Bürger, *Das Verschwinden des Subjekts. Eine Geschichte der Subjektivität von Montaigne bis Barthes*, Frankfurt, Suhrkamp, 1998.

2 H. M. Baumgartner, "Welches Subjekt ist verschwunden? Einige Distinktionen zum Begriff der Subjektivität", in: H. Schrödter (Hrsg.), *Das Verschwinden des Subjekts*, op. cit., S. 26.

3 Ibid., S. 27.

solute."[4] Es wird sich zeigen, daß nicht alle diese Subjektbegriffe konsensfähig sind und daß vor allem das Subjekt als "erkennendes Bewußtsein" und als "verantwortliche Person" sowohl von der Soziologie als auch von der Sozialpsychologie in Frage gestellt wird. Hingegen erscheint in dem hier konstruierten Zusammenhang "das Subjekt als Vorschein von Versöhnung" durchaus als sinnvoller Begriff (vgl. IV und V).

Auf die in Baumgartners philosophischem Diskurs anscheinend unvermeidlichen Vereinfachungen und Verkürzungen reagiert dieses Buch mit der These, *daß das Subjektproblem nur im interdisziplinären Kontext, in dem Philosophie, Soziologie, Semiotik, Psychologie und Literaturwissenschaft zusammenwirken, konkret zu erfassen ist.* Freilich können nicht alle Ansätze, die sich auf dieses Problem beziehen, berücksichtigt werden; wichtig ist, daß Konstruktionen verschiedener Disziplinen beteiligt werden und auch gegensätzliche Ansichten zu Wort kommen. Dies ist der Grund, weshalb in diesem Kapitel die Diskussion der Begriffsbestimmung folgt und in den folgenden Kapiteln die Subjektproblematik in Philosophie, Literatur, Psychoanalyse und Soziologie parallel entfaltet wird.

Innerhalb des von der ersten These abgesteckten methodologischen Rahmens soll die zweite These konkretisiert werden, die einen etymologischen und einen philosophischen Aspekt aufweist: *Subjekt ist, etymologisch betrachtet, ein zweideutiges Wort, das sowohl Zugrundeliegendes (hypokeímenon, subiectum) als auch Unterworfenes (subiectus = untergeben) bedeutet, so daß in der Philosophie beide Aspekte zum Tragen kommen, bisweilen sogar in demselben Diskurs, etwa bei Hegel.*

Descartes und die Hauptvertreter des deutschen Idealismus – Kant, Fichte, Hegel – verbindet der Gedanke, "daß die menschliche Subjektivität letztlich den Quellgrund aller Wirklichkeit und Wahrheit bildet und zweitens die Gewißheit, daß sich die menschliche Subjektivität im Denken als solches vollzieht".[5] Diese Gewißheit wurde nach dem Zerfall des Hegelschen Systems von den Junghegelianern und Nietzsche, später von den Surrealisten und Modernisten, schließlich von nachmodernen Denkern wie Foucault, Deleuze, Derrida und Vattimo radikal in Frage gestellt. Sie zeigten uns die Kehrseite der idealisti-

---

[4] Ibid., S. 27.

[5] H. Schmidinger, in: E. Beck, *Identität der Person. Sozialphilosophische Studien zu Kierkegaard, Adorno und Habermas*, Würzburg, Königshausen und Neumann, 1991, S. 49.

schen Medaille und faßten das *subiectum* nicht als Zugrundeliegendes (*fundamentum*), sondern als Unterworfenes oder Zerfallendes auf: als Produkt von Machtkonstellationen oder Ideologien, als Spielball von unbewußten, libidinösen Impulsen, als Opfer von Diskontinuität und Kontingenz. Im zweiten und dritten Kapitel wird ein Widerspruch zwischen dem Subjekt als unterworfener und als zerfallender Instanz erkennbar: Das von der Ideologie unterworfene Subjekt kann durchaus homogen sein, und sein Begriff schließt einen Zerfall im Unbewußten, in der Sprache oder der Kontingenz aus.

In dieser Situation fragten die Vertreter der Kritischen Theorie als Erben von Kant, Hegel und Marx nach der Möglichkeit individueller Autonomie, die jenseits der auf Herrschaft gründenden idealistischen Allmachtträume, aber auch jenseits von struktureller Unterwerfung und onirischem Zerfall wäre. Diese Frage wird hier im Anschluß an die Kritische Theorie neu gestellt. Sie soll nicht länger im Sinne von Mallarmés, Valérys und Adornos Negativität beantwortet werden, sondern im Sinne einer Dialogischen Theorie, die Identität und Alterität dialektisch verknüpft.

1. Begriffsbestimmung und Theorie

Die Begriffsbestimmung mündet hier deshalb in einen theoretischen Entwurf, der in den folgenden Kapiteln, vor allem aber im letzten Kapitel konkretisiert wird, weil es kaum möglich erscheint, eine neue Definition vorzuschlagen, ohne sie zugleich in einen theoretischen Kontext einzufügen. Der Entwurf wird – außer von der Kritischen Theorie Adornos und Horkheimers – von Greimas' Diskurssemiotik, Touraines Soziologie, Ricœurs Hermeneutik und Bachtins Literaturtheorie geprägt. In diesem Abschnitt wird durchgehend nach der Interaktion von individuellen und kollektiven Subjekten und nach ihren Handlungsspielräumen (Freiheiten) im sozio-linguistischen Kontext gefragt.

(a) Individuelle und kollektive Subjekte in Gesellschaft und Sprache

Das Individuum als individuelles Subjekt, das eigene Meinungen äußert, Verantwortung trägt, Dissens anmeldet und autonom handelt, hat es nicht immer gegeben. In archaischen Gesellschaften ging und geht der Einzelne im kollektiv praktizierten Mythos, in der von Durkheim beschriebenen *mechanischen Solidarität* auf, die von der Ähnlichkeit der Stammesmitglieder lebt. Auch im Feudalismus denkt, spricht und handelt er im kollektiven Kontext der religiösen Gemeinschaft, der Gilde, der Sippe. Erst die moderne Marktgesellschaft setzt ihn frei, und Klaus-Jürgen Bruder stellt zu Recht fest: "Der Begriff des Individuums ist selbst ein moderner Begriff."[6]

Bruder beruft sich dabei auf Norbert Elias, der der antiken Welt eine Auffassung von Individualität im modernen Sinn abspricht: "Norbert Elias verweist darauf, daß es in den antiken Sprachen kein Äquivalent zu dem Begriff 'Individuum' gegeben habe, mit dem wir 'die Einzigartigkeit jedes Menschen, die Besonderheit seiner Existenz, verglichen mit der aller anderen Menschen' bezeichnen und mit dem wir 'zugleich die hohe Wertschätzung einer solchen Einzigartigkeit' zum Ausdruck bringen. Elias erklärt das damit, daß 'offenbar kein Bedürfnis nach einem solchen Begriff für die moderne 'Ich-Identität' bestanden' habe. 'Die Gruppenidentität des einzelnen Menschen' habe 'in der gesellschaftlichen Praxis der antiken Welt (...) noch eine viel zu große Rolle' gespielt."[7]

Diese Darstellung überschneidet sich in wesentlichen Punkten mit den Auffassungen der "klassischen" Soziologie Durkheims, M. Webers, Tönnies' und Simmels, die die allmähliche Herauslösung des Einzelnen aus der christlich-feudalen Gemeinschaft und seine Freisetzung als Arbeitskraft oder Unternehmer im Kapitalismus auf verschiedenen Ebenen untersucht. Der junge Marx bestätigt diese gesellschaftliche Entwicklungstendenz, wenn er die Marktverhältnisse genetisch mit Konkurrenz, Besitzindividualismus und Egoismus verknüpft:

---

6 K.-J. Bruder, *Subjektivität und Postmoderne*, Frankfurt, Suhrkamp, 1993, S. 38.

7 Ibid. – Diese Diagnose wird auch von K. Oehler in *Subjektivität und Selbstbewußtsein in der Antike*, Würzburg, Königshausen und Neumann, 1997, S. 80 bestätigt: "Zum erstenmal war die Welt die Welt der Menschen, sofern sie sie in selbstbewußter Erkenntnis und absoluter Freiheit ergreifen und beherrschen wollten. Das ist das Fundament der modernen Kultur. Der moderne, selbstbewußte Freiheitsanspruch ist denn auch das, was von Descartes' Unternehmen am nachhaltigsten übriggeblieben ist." Oehler fügt an anderer Stelle jedoch hinzu, daß dem modernen Denken der *antike Sachbezug* verlorenging: "Was in dieser modernen, scheinbar emanzipierten, selbstbezogenen Einstellung verlorenging, war der Sachbezug des Denkens, eines Denkens, das, mit sich und seiner Letztbegründung beschäftigt, nichts mehr über die Welt aussagt, weil seine Sauberkeit Sterilität ist." (S. 84-85).

“Das Motiv des Austauschenden ist nicht *die Menschheit*, sondern der *Egoismus*.”[8]

Daß der Marktmechanismus die Einzigartigkeit und Freiheit des Individuums, die er durch die Zersetzung der feudalen Bande hervorbrachte, wieder in Frage stellen könnte, ist Georg Simmel, dem Soziologen der Jahrhundertwende, des Modernismus und der Krise aufgefallen: “Denn das Geld fragt nur nach dem, was ihnen allen gemeinsam ist, nach dem Tauschwert, der alle Qualität und Eigenart auf die Frage nach dem bloßen Wieviel nivelliert.”[9] Ähnlich wie die mythische oder feudale Gemeinschaft, aber auf ganz andere Art, beraubt der Marktwert als Tauschwert den Einzelnen seiner Eigenart, indem er ihn als Tauschenden allen anderen vergleichbar macht. Die “Bindung des autonomen Subjekts an die ökonomische Autonomie”[10], von der Rudolf zur Lippe spricht, bringt insofern drastische Einschränkungen der individuellen Freiheit (Autonomie) mit sich, als der Einzelne in der Marktgesellschaft einerseits zwar von feudaler Bevormundung befreit, andererseits aber auf seine quantifizierbaren Komponenten als Produzent oder Konsument reduziert wird. Dadurch wird er als psychisches und sozio-kulturelles Wesen teilweise oder ganz negiert.

Isaiah Berlin würde sagen, daß der Einzelne in dieser Situation durchaus die *negative Freiheit* als Freiheit von Zwängen, von kollektiver Bevormundung genießt, jedoch nicht in der Lage ist, die *positive Freiheit* in Anspruch zu nehmen, die ihn befähigen würde, sich als *Subjekt* bestimmter Wünsche, Sehnsüchte und Lebensentwürfe zu verwirklichen und zu bewähren. Berlin, der die negative Freiheit als “freedom from” definiert und die positive Freiheit als “freedom to”, verknüpft diese mit dem Subjekt-Sein, der Subjektivität: “Die ‘positive’ Bedeutung des Wortes ‘Freiheit’ ist vom Wunsch des Einzelnen ableitbar, sein eigener Herr zu sein. Ich möchte, daß mein Leben und meine Entscheidungen von mir selbst abhängen und nicht von irgendwelchen äußeren Mächten. Ich möchte meinem eigenen Willen, nicht dem anderer Menschen folgen. Ich will Subjekt, nicht Objekt sein (...).”[11]Marxisten und andere Kapitalismus-Kritiker weisen nicht

---

8 K. Marx, *Die Frühschriften. Von 1836 bis zum Manifest der kommunistischen Partei 1848* (Hrsg. S. Landshut), Stuttgart, Kröner, 1971, S. 293.

9 G. Simmel, *Das Individuum und die Freiheit. Essais*, Berlin, Wagenbach, 1984, S. 194.

10 R. zur Lippe, *Autonomie als Selbstzerstörung*, Frankfurt, Syndikat-EVA, 1984, S. 114.

11 I. Berlin, *Two Concepts of Liberty. An Inaugural Lecture delivered before the*

zu Unrecht darauf hin, daß es in der von Großkonzernen dominierten Marktgesellschaft immer schwieriger wird, als Einzelner autonom aufzutreten, "Herr seiner selbst" zu sein, wie Berlin es ausdrückt.

Dies ist einer der Gründe, weshalb sie die Selbstverwirklichung des Einzelnen im Sinne der "positiven Freiheit" mit dem Schicksal der Klasse verbanden, die die Tauschgesellschaft als Klassengesellschaft und Herrschaftssystem endgültig überwinden sollte: mit dem Proletariat. Nur mit Hilfe des Kollektivsubjekts "Proletariat" waren Freiheit und Autonomie zu realisieren. Doch das Bewußtsein des Proletariats wird in der marxistischen Lehre recht bald vom Bewußtsein eines zweiten, übergeordneten Kollektivsubjekts usurpiert, denn: "Diese Gestalt des proletarischen Klassenbewußtseins ist die *Partei*"[12], heißt es in orthodoxem Sprachduktus in Georg Lukács' *Geschichte und Klassenbewußtsein* (1923).

Dieses gut organisierte und (im Gegensatz zum Proletariat) real existierende Kollektivsubjekt hat schließlich zusammen mit der Subjektivität (dem Bewußtsein) des Proletariats die des Einzelnen beschlagnahmt. "Freiheit" war im kommunistischen Osteuropa nur noch als *sacrificium intellectus*, als freiwillige Identifikation des Individuums mit dem alles beherrschenden Kollektivsubjekt und seinen Sprachregelungen denkbar. Es war zwar in mancher Hinsicht gelungen, die Heteronomien des Marktes zu überwinden, dessen Gesetze die Qualitäten des Einzelnen negieren, weil sie "z.Z. nicht gebraucht werden", jedoch um den Preis sowohl der negativen als auch der positiven Freiheit: der Bewegungs-, Meinungs- und Konsumfreiheit. Bisweilen kam es zu einer Umkehrung der "westlichen" Marktverhältnisse: Die Menschen hatten Geld, konnten sich aber nichts dafür kaufen, weil das Angebot fehlte.

Freilich hat der Zusammenbruch des osteuropäischen Kommunismus die Entfremdungen und Verwerfungen der global werdenden Marktgesellschaft nicht beseitigt; im Gegenteil. Deshalb stellt sich einigen Soziologen (Beck in Deutschland, Touraine in Frankreich) die Frage nach dem Verhältnis von individuellen und kollektiven Akteuren und nach der Möglichkeit, individuelle Handlungsspielräume (d.h. die "positive Freiheit" im Sinne von Berlin) durch kollektives Handeln zu erweitern. Nach Touraine ist die soziale Bewegung "das

---

University of Oxford on 31 October 1958, Oxford, Clarendon Press, 1958, S. 16.

12 G. Lukács, *Geschichte und Klassenbewußtsein*, Darmstadt-Neuwied, Luchterhand, 1968, S. 114.

kollektive Handeln zur Verteidigung des Subjekts gegen die Macht der Ware, des Wirtschaftsunternehmens und des Staates".[13]

Das klingt zugleich plausibel und attraktiv; aber wer garantiert, daß soziale Bewegungen, die wirksam auftreten, nicht totalitäre Formen annehmen wie seinerzeit die leninistische Partei, wie manche zeitgenössische Sekten, die sogar das Sprachvermögen des Einzelnen usurpieren und mit neuen Formen des Orwellschen *newspeak* individuelle Subjektivität nicht fördern, sondern auslöschen? Es lohnt sich, sich die Beziehungen zwischen individuellen und kollektiven Subjekten näher anzusehen, um Subjektivität konkreter zu bestimmen.

(b) Subjekt und Aktant: infraindividuelle, individuelle, künstliche und supraindividuelle Subjekt-Aktanten

Bisher war vom Einzelnen oder dem Individuum als *individuellem Subjekt* die Rede, das auch Franz Grubauer meint, wenn er Individualität definiert: "Individualität (...) bedeutet in der Außenperspektive spezifische Körpermerkmale, ein besonderes Beziehungssystem und die Besonderheit von Verhaltensweisen, Orientierungen und Äußerungen; aus der Innenperspektive ist es zunächst die natürliche Erfahrung des Selbst, das Begreifen der eigenen Position in sozialen Beziehungen und schließlich die Individualitätserfahrung des Ich als einzigartiges Individuum."[14] Obwohl gegen diesen Definitionsversuch nichts einzuwenden ist, solange man den von Grubauer konstruierten theoretischen Kontext akzeptiert[15], erscheint es sinnvoll, das Individuum vom individuellen Subjekt zu unterscheiden, um die biologische Bedingtheit und die Naturwüchsigkeit der individuellen Subjektivität ins Blickfeld zu rücken.

Der Einzelne, der uns anonym auf der Straße oder in offener Landschaft begegnet, wird von uns als Individuum, nicht jedoch als Subjekt erkannt. Erst wenn er sich durch Wort und Tat zu erkennen gibt, nehmen wir ihn als Subjekt wahr. Einige von uns kennen das unaussprechliche Gefühl, das sich eines Menschen bemächtigt, der

---

13 A. Touraine, *Critique de la modernité*, Paris, Fayard, 1992, S. 331.

14 F. Grubauer, *Das zerrissene Bewußtsein der gesellschaftlichen Subjektivität*, Münster, Westfälisches Dampfboot, 1994, S. 31.

15 Grubauer verwendet die Begriffe "Individuum" und "Subjekt" häufig als Synonyme. In dem hier konstruierten Zusammenhang bezeichnet "Individuum" die biologische, aber gesellschaftlich stets vermittelte Grundlage individueller Subjektivität.

einen Schwerkranken besucht und von diesem nicht mehr erkannt wird. In diesem Fall hat die Krankheit als *natürlicher* Prozeß Subjektivität als *kulturelle* und sprachliche Erscheinung zerstört. Diese scheinbar banale Erkenntnis ist nicht unwichtig, wenn man verstehen will, weshalb bei einigen modernistischen Autoren (z.B. bei Kafka oder Sartre) die Natur als Bedrohung der individuellen Subjektivität erscheint: als Möglichkeit eines Rückfalls ins Bewußtlose. (Im zweiten Kapitel wird sich zeigen, welche Bedeutung dieser Gegensatz zwischen Individuum und Subjekt als Gegensatz zwischen Natur und Kultur für die philosophische und literarische Diskussion nach dem Zerfall des Hegelschen Systems hat.)

Insofern vereinfacht auch Manfred Frank, wenn er behauptet, "daß Individuen Subjekte sind (obwohl nicht alle Subjekte Individuen sind), daß sie unmittelbar selbstbewußt sind in dem Sinne, daß sie ihre Welt im Lichte von Deutungen erschließen, die ohne Bewußtsein unverständlich blieben".[16] Auch diese Auffassung übersieht, daß Individuen zunächst Natur sind, die als vergängliche Basis der kulturell und sprachlich formierten Subjektivität eine kontingente und äußerst prekäre Grundlage bildet. In dieser Hinsicht unterscheiden sich kollektive Subjekte, auf die Frank offensichtlich in der Klammer anspielt, ganz wesentlich von individuellen: Sie kennen als Organisationen nicht den biologischen Tod – sehr wohl jedoch den politischen.

Im Anschluß an diese Überlegungen kann das individuelle Subjekt als handelnde und sprechende Instanz oder *Subjekt-Aktant* (*actant-sujet*) im Sinne von Greimas aufgefaßt werden, der mit anderen individuellen sowie mit infraindividuellen, künstlichen und supraindividuellen Aktanten kommuniziert und interagiert. Dieser Versuch, das individuelle Subjekt als Aktanten zu denken, hat nichts mit Szientismus oder "Wissenschaftsjargon" zu tun, sondern mit der Überlegung, daß das Verhältnis zwischen individuellen, kollektiven und anderen Subjektinstanzen noch am ehesten auf aktantieller Ebene darstellbar ist, zumal die Beschreibung der diskursiven Struktur diese Ebene voraussetzt, die an die Argumentationsebenen von Psychologie und Soziologie anschließbar ist. (Im nächsten Abschnitt soll gezeigt werden, wie sich Subjekte im Diskurs konstituieren und als sprechende und handelnde Instanzen eine Identität annehmen.)

---

16 M. Frank, *Selbstbewußtsein als Selbsterkenntnis. Essays zur analytischen Philosophie der Subjektivität*, Stuttgart, Reclam, 1991, S. 43.

Global können in Greimas' Strukturaler Semiotik zwei Arten von Aktanten unterschieden werden: einerseits *Aktanten der Aussage* oder *Kommunikation* (z.B. Erzähler), andererseits *Aktanten der Erzählung* (z.B. Protagonisten im Roman). Im ersten Fall geht es um sprechende, im zweiten Fall um handelnde Instanzen, die wiederum in *Subjekt-Aktanten* und *Objekt-Aktanten* eingeteilt werden. Vereinfachend ließe sich sagen, daß Greimas eine elementare Aussage- und Handlungsstruktur vorschwebt, in der ein *Aussagesubjekt* erzählt, wie ein *handelndes Subjekt* versucht, sich eines *Objekts* zu bemächtigen, das es einem *Antisubjekt* streitig macht. In diesem Stadium ist es wichtig, daran zu erinnern, daß es in der Strukturalen Semiotik nicht nur – auch nicht primär – um literarische, sondern auch um religiöse, politische, journalistische oder wissenschaftliche Texte geht und daß Subjekte nicht nur Helden, sondern auch mythische, kollektive oder abstrakte Aktanten sein können: etwa die Sonne oder der Mond im Märchen, die Partei im Diskurs des Marxisten (z.B. G. Lukács': s.o.) oder die Wissenschaft im Diskurs des Philosophen oder Wissenschaftlers.

Das triadische Modell *Subjekt-Objekt-Antisubjekt*, das über das dualistische *Subjekt-Objekt*-Schema hinausgeht, gewinnt an Komplexität, wenn wir annehmen, daß Subjekt und Antisubjekt von *Auftraggebern* (*destinateurs*) mit der Verwirklichung eines *narrativen Programms* beauftragt und dabei von *Helfern* (auf seiten des Subjekts) und *Widersachern* (auf seiten des Antisubjekts) unterstützt werden. In Greimas' Spätwerk stehen einander folgende Handlungsinstanzen gegenüber: *Auftraggeber* (*destinateur*), *Gegenauftraggeber* (*anti-destinateur*), *Subjekt* (*sujet*), *Antisubjekt (anti-sujet)* und *Objekt (objet)*.[17] In der *Sémantique structurale* (1966) fügte er noch die hier schon erwähnten Funktionen des *Helfers* (*adjuvant*) und *Widersachers* (*opposant*) hinzu, auf die er später verzichtete, die aber durchaus ihren Nutzen haben.[18]

Sowohl individuelle als auch kollektive und abstrakte Aktanten sind mit Eigenschaften ausgestattet, die Greimas als *Modalitäten* bezeichnet. Sie gestatten es dem Romanhelden, dem politischen Subjekt (z.B. der Partei) oder dem Wissenschaftler, als kompetenter Aktant (der Aussage oder der Erzählung) aufzutreten, die Lage nach Bedarf zu verändern und sein narratives Programm zu verwirklichen. Grei-

---

17 Vgl. A. J. Greimas, *Maupassant. La Sémiotique du texte: exercices pratiques*, Paris, Seuil, 1976, S. 63.

18 Vgl. A. J. Greimas, *Strukturale Semantik*, Braunschweig, Vieweg, 1971, S. 163-166.

mas unterscheidet *virtualisierende* (“müssen”, “wollen”), *aktualisierende* (“können”, “wissen”) und *realisierende* (“tun”, “sein”) Modalitäten. Anders gesagt: Sprechende und handelnde Instanzen können nur tätig werden, wenn sie etwas tun müssen oder tun wollen und wenn sie etwas wissen und können.[19]

Man hat diesen semiotischen Ansatz häufig als technizistischen Jargon mißverstanden und behauptet, Greimas hätte statt “Aktant” ebensogut “Person” sagen können. Dabei wurde übersehen, daß es ihm im Anschluß an Lucien Tesnières linguistischen Aktantenbegriff[20] und Vladimir Propps anthropologischen Funktionsbegriff[21] nicht nur um die Beschreibung von Erzählungen, sondern auch um die Klärung des Subjekt- und Personenbegriffs ging. Denn diese Begriffe bezeichnen eine sehr komplexe Einheit, die nicht gegeben ist, sondern sich im gesellschaftlichen und sprachlichen Kontext auf aktantieller und diskursiver Ebene erst konstituieren muß.

Wie sie sich im aktantiellen Bereich bildet, kann – zumindest ansatzweise – aus den hier wiedergegebenen Schemata herausgelesen werden. Zunächst wird deutlich, daß ein individuelles Subjekt nur im Kommunikationszusammenhang zu verstehen ist, in dem es anderen Subjekten dialogisch-polemisch begegnet. Es kann sich dadurch konstituieren, daß es sich einen individuellen, kollektiven oder abstrakten Auftraggeber aussucht oder von diesem vereinnahmt wird: Ein politischer Führer, eine Partei oder Gewerkschaft, die Wissenschaft oder die Kunst können zu solchen Auftraggebern werden und in ihrer Eigenschaft als *destinateurs* das *destin*, das Schicksal des Einzelnen entscheidend beeinflussen. Während Georg Lukács' Subjektivität zeitweise von der kommunistischen Partei geprägt wurde, versuchte Proust zeit seines Lebens, im Auftrag der Kunst zu handeln. Daß Sektenmitglieder im Kollektivsubjekt der Sekte nahezu aufgehen, ist zur genüge bekannt, und Hartmut Zinser bestätigt lediglich sozialpsychologische und soziologische Erkenntnisse, wenn er bemerkt: “Die Hinwendung zum Okkultismus kann als Indikator der Schwierigkeiten

---

[19] Zur Theorie der Modalitäten vgl. A. J. Greimas, “Pour une théorie des modalités”, in: ders., *Du Sens II. Essais sémiotiques*, Paris, Seuil, 1983. Zur Anwendung dieser Theorie vgl. T. H. Kim, *Vom Aktantenmodell zur Semiotik der Leidenschaften. Eine Studie zur narrativen Semiotik von Algirdas J. Greimas*, Tübingen, Narr, 2002, Kap. III: “Theorie der Modalitäten”.

[20] Vgl. L. Tesnière, *Eléments de syntaxe structurale*, Paris, Klincksieck, 1959.

[21] Vgl. V. Propp, *Morphologie des Märchens*, München, Hanser, 1972.

des Subjektseins angesehen werden."[22] Hier wird deutlich, daß der Auftraggeber als individueller, abstrakter oder kollektiver Aktant individuelle Subjektivität sowohl konstituieren als auch auslöschen kann. (Im nächsten Abschnitt wird dies konkreter dargestellt.)

Auf infraindividueller Ebene, die man als die Ebene der *Persönlichkeit* im soziologischen Sinne bezeichnen könnte[23], wird das individuelle Subjekt ebenfalls – obwohl auf ganz andere Art – als Kommunikation oder Interaktion von Aktanten betrachtet. In der interaktionistischen Theorie George H. Meads entsteht das *Self* aus dem Zusammenspiel des *I* und des *Me*, das aus den sozialen Reaktionen auf das *I*, den Haltungen, die man "mir" gegenüber einnimmt, hervorgeht: "The 'I' reacts to the self which arises through the taking of the attitudes of others. Through taking those attitudes we have introduced the 'me' and we react to it as an 'I'."[24]

Ähnlich triadisch wie Mead stellt Freud (obwohl in ganz anderer Absicht) die infraindividuelle Aktantenebene dar, wenn er die bekannten Instanzen des *Überichs*, des *Ichs* und des *Es* interagieren läßt und sie mit bestimmten Modalitäten wie "müssen", "können" und "wissen" ausstattet: "Die Spannung zwischen dem gestrengen Über-Ich und dem ihm unterworfenen Ich heißen wir Schuldbewußtsein; sie äußert sich als Strafbedürfnis. Die Kultur bewältigt also die gefährliche Aggressionslust des Individuums, indem sie es schwächt, entwaffnet und durch eine Instanz in seinem Inneren, wie durch eine Besatzung in der eroberten Stadt, überwachen läßt."[25] Damit ist das mythisch-militärische Aktantenmodell vollständig: Die Kultur als Auftraggeberin schickt das Überich als Subjekt-Aktanten aus, damit es

---

[22] H. Zinser, "Verlust des Subjekts? – Christentum und neuere religiöse Bewegungen", in: H. Schrödter (Hrsg.), *Das Verschwinden des Subjekts*, op. cit., S. 236.

[23] Zur Definition der "Persönlichkeit" im soziologischen Sinne vgl. H. L. Gukenbiehl, "Persönlichkeit", in: B. Schäfers (Hrsg.), *Grundbegriffe der Soziologie*, Opladen, Leske-Budrich, 1986, S. 230. Dort bezeichnet "Persönlichkeit" – "in Übernahme des Begriffs 'personality' aus der amerik. Kulturanthropologie und Psychologie – allgemein die soziokulturell geprägte und zu sozialem Handeln fähige und bereite Person. Sie ist das Ergebnis ihrer Sozialisation." – Bemerkenswert ist, daß der *Subjektbegriff* in Schäfers' Nachschlagewerk (trotz Touraines subjektorientierter Soziologie!) fehlt ...

[24] G. H. Mead, "The Self", in: ders., *Mind, Self, and Society from the Standpoint of a Social Behaviorist* (Hrsg. Ch. W. Morris), *Works of George Herbert Mead*, Bd. I, Chicago-London, Univ. of Chicago Press, 1967, S. 174.

[25] S. Freud, "Das Unbehagen in der Kultur", in: ders., *Studienausgabe*, Bd. IX, Frankfurt, Fischer, 1982, S. 250.

das widerspenstige Ich als Antisubjekt und Objekt besetzt und bewacht. Durch die "Schwächung" und "Entwaffnung" des Ichs werden vor allem dessen virtualisierende und aktualisierende Modalitäten vereinnahmt.

Die metadiskursive Übersetzung von Freuds Modell in die "Aktantensprache" der Strukturalen Semiotik soll die Unvollständigkeit dieses Modells veranschaulichen: Es kennt abstrakte und mythische, nicht aber kollektive Aktanten und kann deshalb den gesellschaftlichen Prozeß, in dem Subjektivität entsteht und verschwindet (etwa durch organisatorische oder ideologische Vereinnahmung), nicht vollständig erklären. Denn nicht die Kultur bewältigt etwas, sondern viel konkretere gesellschaftliche Instanzen wie Kirchen, Sekten, Parteien beauftragen den Einzelnen mit einer "mission de salut", wie Greimas sagt: "Der Auftraggeber (eine gesellschaftliche Autorität, die dem Helden einen bestimmten Heilsauftrag erteilt) stattet den Helden mit der Rolle des Beauftragten aus (...)."[26]Dieser Auftraggeber kann auch ein *abstrakter* oder *mythischer* Aktant sein wie die Wissenschaft, der Sozialismus, die Geschichte oder der Weltgeist (im Sinne von Hegel), und die Grenze zwischen abstrakten und mythischen Aktanten (Auftraggebern) ist fließend, wie die Kritik an Luhmann im vierten Kapitel zeigen wird. Es fragt sich, ob "Kultur" in Freuds Diskurs nicht unmerklich zu einem mythischen Auftraggeber wird.

Keine mythische Instanz, sondern ein real existierender Aktant, der nachmoderne Subjektivität auf individueller und kollektiver Ebene nachhaltig prägen wird, ist der Computer als künstliche Intelligenz und künstliches Subjekt. Der gemeinsame Nenner, der menschliche und künstliche Subjekte zu dem macht, was sie sind (vgl. I, 1, c), ist das (narrative) Programm. Dies ist Wolfgang Huber in seinem Aufsatz über "Das artifizielle Subjekt" aufgefallen: "Aber nicht nur die Computermodelle des Menschen als denkendes, planendes, handelndes Wesen führen zum artifiziellen Subjekt. Die Entdeckung des genetischen Codes hat zu der Vorstellung geführt, daß die Hardware des Menschen eine informationsverarbeitende Maschine sei und daß die Aufgabe der Wissenschaft darin bestehe, das Programm dieser Maschine zu erforschen."[27] Die Frage lautet also: Wer wird wen programmieren? Diese Frage betrifft aber nicht nur die Interaktion zwi-

[26] A. J. Greimas, *Du Sens*, Paris, Seuil, 1970, S. 234.

[27] W. Huber, "Das artifizielle Subjekt", in: R. L. Fetz, R. Hagenbüchle, P. Schulz (Hrsg.), *Geschichte und Vorgeschichte der modernen Subjektivität*, Bd. II, Berlin-New York, de Gruyter, 1998, S. 1294.

schen individuellen und artifiziellen Subjekt-Aktanten[28], sondern auch die zwischen individuellen und kollektiven Subjekten. In beiden Fällen geht es um die Autonomie des individuellen Subjekts.

Zur Stärkung dieser Autonomie kann ein besseres Verständnis der individuellen Subjektivität beitragen, und deshalb wurde hier mit Hilfe des Aktantenmodells versucht, das Subjekt als dynamische Einheit, als dynamisches Gleichgewicht darzustellen, das aus der Interaktion von infraindividuellen, individuellen, kollektiven, abstrakten und artifiziellen Aktanten hervorgeht. Daß dieses Gleichgewicht stets prekär ist, braucht nicht eigens hervorgehoben zu werden, zumal auch kollektive Subjekte nur als dynamische, von Auflösung und Zerfall bedrohte Einheiten zu verstehen sind: Koalitionsregierungen zerfallen, sobald sich die Regierungsparteien als teilnehmende Akteure[29] nicht mehr auf ein *gemeinsames Programm* einigen können. Denn dieses Programm macht die Einheit und Identität des kollektiven Aktanten "Regierung" aus. Parteien wie die Democrazia Cristiana oder die alte KPI können verschwinden und durch neue Aktanten ersetzt werden.

Auch die Nation hat es als kollektiven Aktanten nicht immer gegeben (im Mittelalter traten eher die feudalen Familien als handelnde Instanzen auf), und es mag sein, daß ihr die Zukunft nicht mehr gehört. Diese Möglichkeit will der national denkende Herausgeber der *Nueva revista* (Madrid) erst gar nicht ins Auge fassen und behauptet zuversichtlich: "Die Nationen existieren weiter als Subjekte und Agenten der Geschichte, ohne daß die europäischen Mächte sie aufzulösen oder die infrastaatlichen Nationalismen sie auseinanderzureißen vermöchten."[30] Nicht die ideologische Prognose ist hier interessant, sondern der historische Interaktions- und Kommunikationszusammen-

---

28 Zur Interkation zwischen menschlichen und künstlichen Subjekten vgl. A. Krummheuer, *Interkation mit virtuellen Agenten? Zur Aneignung eines ungewohnten Artefakts*, Stuttgart, Lucius und Lucius, 2010, Kap. II: "Technik als Interaktionspartner?" sowie T. Carstensen u. a. (Hrsg.), *Digitale Subjekte. Praktiken der Subjektivierung im Medienumbruch der Gegenwart*, Bielefeld, Transcript, 2013.

29 Zum Verhältnis von Aktanten und Akteuren vgl. J. Courtés, *Introduction à la sémiotique narrative et discursive*, Paris, Hachette, 1976, S. 95: Es zeigt sich, daß ein kollektiver Aktant wie die Gewerkschaft durch verschiedene Akteure (z.B. Mitglieder) im Diskurs vertreten werden kann und daß andererseits ein einzelner Akteur verschiedenen kollektiven Aktanten (Partei, Gewerkschaft, Familie) angehören kann.

30 A. Fontán, "La Unión Europea después del Euro", in: *Nueva Revista* 61, Februar 1999, S. 6-7.

hang, in dem sich der Aktant "Nation" zu behaupten hat. Wie dieser kollektive Aktant ist auch das individuelle Subjekt historisch (s.o.) und daher stets von funktionaler Atrophie, von Niedergang und Auflösung bedroht, zumal es seine sich wandelnde Identität auf geographischer, historischer, kultureller und sprachlicher Ebene z.T. auch der Nation verdankt.

Insgesamt sollte gezeigt werden, daß der Einzelne in einen kommunikativen Zusammenhang eingebettet ist, in dem er sich als Subjekt konstituiert. In diesem Zusammenhang interagiert er als individuelles Subjekt, das hier weiterhin im Mittelpunkt der Betrachtung steht, mit infraindividuellen, artifiziellen, abstrakten und mythischen Instanzen, die zwar als Subjekt-Aktanten, nicht jedoch als Subjekte im individuellen oder kollektiven Sinn aufgefaßt werden können. (So lassen sich die "Geschichte" und das "Schicksal" als mythische Subjekt-Aktanten betrachten, nicht jedoch als individuelle oder kollektive Subjekte.) Im folgenden soll untersucht werden, wie sich das individuelle Subjekt in einer sprachlichen Situation, d.h. zwischen Gruppensprachen, als Subjekt seines Diskurses zugleich autonom und fremdbestimmt konstituiert.

(c) *Individuelle und kollektive Subjekte als diskursive Instanzen: Subjektivität, Individualität, Identität*

Der im folgenden entwickelte Kerngedanke kann in wenigen Worten zusammengefaßt werden: Kollektive und individuelle Subjekte entstehen in sozio-linguistischen Situationen, die als Zusammenwirken von Gruppensprachen oder Soziolekten und deren Diskursen darstellbar sind. Das Subjekt konstituiert sich im Diskurs, indem es auf andere Diskurse imitativ oder dialogisch-polemisch reagiert und sich im Verlauf dieser Kommunikation für oder gegen bestimmte semantische Relevanzkriterien, Klassifikationen und Definitionen entscheidet. Seine Identität als sprechendes und handelndes Subjekt kommt im Diskurs als *narrativem Programm* zustande.

Dieser Diskurs kommt in einem permanenten Dialog mit den anderen zustande: mit Eltern, Verwandten und Freunden im Laufe der primären Sozialisation; mit Lehrern, Mitschülern und Kollegen im Laufe der sekundären Sozialisation. In diesem Fall ist das beste Beispiel der Spracherwerb: Kinder erlernen ihre Muttersprache, indem sie täglich mit ihren Eltern, Geschwistern, Verwandten, Freunden und Lehrern kommunizieren. Sie erwerben eine zweite Sprache während der Interaktion mit zahlreichen anderen Personen, deren Andersheit entscheidend ist. Nur indem sie dem Fremden zuhören, der anders denkt und spricht, können sie ihre Subjektivität in neue, noch unbekannte Bereiche ausdehnen. Von der Mutter bis zu den anderen, die die Fremdsprache lehren, ist es der verallgemeinerte Andere (*the genralised Other*, Mead), der zu der Entfaltung des Einzelsubjekts im Dialog beiträgt: indem er unablässig Andersheit, Innovation und Transformation in die Interaktion einfließen läßt.

Vereinfachend ließe sich sagen, daß der erste Satz dieser Kurzdarstellung die gesellschaftliche und sprachliche Überdeterminierung der Subjekte meint: Jedes individuelle, jedes kollektive Subjekt (etwa eine *peer group*) gerät in eine gesellschaftliche und sprachliche Situation, die es nicht global ändern kann. Die Soziolekte der Jugendgruppen, der politischen Parteien, der ideologischen Bewegungen sind ebenso *vorgegeben* wie die Fachsprachen, die Sprachen der Werbung und der Wissenschaft. Da das Verhalten des Kindes und des Jugendlichen, bis zu einem gewissen Grad aber auch das des Erwachsenen, primär *adaptiv* und *imitativ* ist, kann von einer Überdeterminierung des Einzelnen und der Gruppe durch Sprache und Gesellschaft die Rede sein.

Zumeist läuft diese Überdeterminierung darauf hinaus, daß Subjekte in bestimmten religiösen, politischen oder wissenschaftlichen Soziolekten aufgehen. Der Soziolekt kann als ein *Ensemble von wirklichen oder potentiellen Diskursen definiert werden, die von einem gemeinsamen lexikalischen Repertoire und einer gemeinsamen semantischen Grundlage, d.h. von bestimmten Relevanzkriterien, Klassifikationen (Taxonomien) und Definitionen, ausgehen.* Da der Einzelne zumeist keine eigenen Relevanzkriterien kennt, orientiert er sich, um seine Ansichten und Interessen artikulieren zu können, am Vokabular und an der Semantik eines oder mehrerer Soziolekte.[31]

Seine Diskurse, mit deren Hilfe er versucht, den Alltag zu meistern, gehören diesen Soziolekten an und *weisen als Erzählungen eine aktantielle Struktur im Sinne des hier beschriebenen Aktantenmodells auf.* Anders gesagt, das individuelle oder kollektive Subjekt bewältigt die gesellschaftliche Wirklichkeit, indem es bestimmte semantische Gegensätze und Unterschiede für relevant erklärt und, ausgehend von diesen Differenzen, Aktantenmodelle bildet, die es ihm gestatten, Sub-

---

[31] Zur Neudefinition des von Greimas stammenden Begriffs "Soziolekt" vgl. Vf., *Textsoziologie. Eine kritische Einführung*, Stuttgart, Metzler, 1980, S. 72-81 sowie Vf., *Ideologie und Theorie. Eine Diskurskritik*, Tübingen-Basel, Francke, 1989, S. 248-250.

jekte und Antisubjekte, Helden und Widersacher, Auftraggeber und Gegenauftraggeber in einer sinnvollen Erzählung aufeinander zu beziehen. Während der Marxist den Gegensatz zwischen *Bürgertum* und *Proletariat* für relevant hält und seine persönliche Geschichte ebenso wie die der Gesellschaft als eine Geschichte der Klassenkämpfe erzählt, geht der grüne Politiker vom Gegensatz *Wirtschaft/Umwelt* (oder *Zivilisation/Natur*) aus und läßt einen ganz anderen Diskurs entstehen, in dem er als politisches Subjekt aufgeht.

Daß ein entscheidender semantischer Gegensatz wie *System/Umwelt* (Luhmann) die gesamte diskursive Anordnung als Aktantenmodell und Erzählung steuert, läßt ein Vergleich mit Habermas' Grundgegensatz *System/Lebenswelt* erkennen, der einen ganz anderen Diskurs hervorbringt – und folglich *eine andere Subjektivität*. Wer sich also in der gegenwärtigen sprachlichen Situation zwischen Luhmanns Systemtheorie und Habermas' Universalpragmatik zu entscheiden hat, entscheidet sich zugleich für eine bestimmte politische, ethische und wissenschaftliche Identität, die nicht "seine eigene" ist.

Daß die Entscheidung für einen Soziolekt und einen Diskurs als Erzählung ein existentieller Akt ist, bestätigt Greimas, wenn er in einem Gespräch bemerkt, "daß man das narrative Schema als ein ideologisches Modell bezeichnen könnte, durch das sich der Mensch dem Leben stellt und durch das er, aufgrund verschiedener Qualifikationen bzw. Kompetenzen, einen Sinn, ein Projekt zu realisieren sucht".[32] Die existentialistischen Konnotationen des Wortes "Projekt", das an Sartres *projet* erinnert, sind hier kein Zufall, sondern verdeutlichen, daß der mehr oder weniger überdeterminierten Entscheidung für einen Diskurs als narratives Programm existentielle Bedeutung zukommt. In diesem Kontext können Versuche, Computer als künstliche Subjekte optimal zu programmieren, als Bestrebungen gewertet werden, das eigene Lebensprogramm technisch zu erweitern und abzusichern.

Daß das individuelle Subjekt nur sporadisch sein eigenes narratives Programm verwirklicht, häufiger aber von übermächtig gewordenen Kollektivsubjekten und ihren Soziolekten vereinnahmt wird, zeigt Susanne zur Nieden, die Tagebücher deutscher Frauen im Nationalsozialismus erforscht hat. Sie zitiert aus dem Tagebuch der vierzehnjährigen Edelgard B., die am 25. 8. 44 schreibt: "Jetzt hat Dr. Goebbels einen Aufruf ergehen lassen: 'Totaler Krieg'. Wir, unsere Schule,

[32] A. J. Greimas, im Gespräch mit P. Stockinger, "Interview. Zur aktuellen Lage der semiotischen Forschung", in: *Zeitschrift für Semiotik* 5, 1983.

wird wohl auch noch eingesetzt werden für irgendwelche Arbeiten. Das wäre auch richtig, denn wir müssen ja siegen!!! Besser jetzt alles hergeben, als in Sibirien landen."[33]

Dies ist sicherlich ein geradezu karikaturistisches Beispiel für Überdeterminierung, für die Lage des Subjekts als Unterworfenes, als *sub-iectum*. Es illustriert zugleich Jean-Pierre Fayes Theorie der *langages totalitaires*[34], die durch Sprachregelungen nahezu alle sprachlichen Spielräume des Einzelnen usurpieren, sowie Louis Althussers These, daß die Ideologie Individuen zu Subjekten macht: "L'idéologie interpelle les individus en sujets."[35] Dazu heißt es ausführlicher bei Althusser: "Wir sagen: Die Kategorie des Subjekts ist konstitutiv für jede Ideologie. Aber gleichzeitig fügen wir unmittelbar hinzu, *daß die Kategorie des Subjekts nur insofern konstitutiv für jede Ideologie ist, als jede Ideologie die (sie definierende) Funktion hat, konkrete Individuen zu Subjekten zu 'konstituieren'*."[36] Althussers Kerngedanken konkretisiert Michel Pêcheux, wenn er ergänzend bemerkt: "In Wirklichkeit besagt die These 'die Ideologie ruft die Individuen als Subjekte an', daß ein 'Nicht-Subjekt' von der Ideologie angerufen-konstituiert wird."[37]

Diese These erscheint nicht nur deshalb problematisch, weil aus sozio-semiotischer oder textsoziologischer Sicht auch Theorien als wissenschaftliche Diskurse Individuen (und Kollektive) zu Subjekten machen können (vgl. den nächsten Abschnitt), sondern auch deshalb, weil sie die Freiheit des individuellen Subjekts (vor allem die "positive" im Sinne von Isaiah Berlin) auf undialektische Art negiert. Einerseits scheint sie der Text des jungen Mädchens im Nationalsozialismus in jeder Hinsicht zu bestätigen, weil die Subjektivität der Vierzehnjährigen restlos im nationalsozialistischen Soziolekt aufgeht; andererseits kann sich jeder, der den Nationalsozialismus, den Stali-

---

33 S. zur Nieden, "'Ach, ich möchte (...) eine tapfere deutsche Frau werden'. Tagebücher als Quelle zur Erforschung des Nationalsozialismus", in: Berliner Geschichtswerkstatt (Hrsg.), *Alltagskultur, Subjektivität und Geschichte. Zur Theorie und Praxis von Alltagsgeschichte*, Münster, Westfälisches Dampfboot, 1994, S. 181.

34 Vgl. J.-P. Faye, *Théorie du récit. Introduction aux "langages totalitaires"*, Paris, Hermann, 1972, S. 36-40.

35 L. Althusser, "Idéologie et appareils idéologiques d'Etat", in: ders., *Positions*, Paris, Editions Sociales, 1976, S. 122.

36 L. Althusser, *Ideologie und ideologische Staatsapparate. Aufsätze zur marxistischen Theorie*, Hamburg-Berlin, VSA, 1977, S. 140.

37 M. Pêcheux, *Les Vérités de La Palice*, Paris, Maspero, 1975, S. 139.

nismus oder den italienischen Faschismus erlebt hat, vorstellen, daß das Subjekt nicht restlos einem dieser Soziolekte verfällt, sondern von Dissens und Differenz lebt. Es lebt von der Differenz als Abweichung, weil es auch in totalitären Systemen stets konkurrierende Ideologien gibt und weil nach dem Zusammenbruch dieser Systeme die Ambivalenz ihrer Wertsetzungen zutage tritt: eine Ambivalenz, die einerseits eine Krise der ideologisch konstituierten Subjekte bewirkt, andererseits kritische Subjektivität freisetzt.

Denn nach dem Zusammenbruch des Nationalsozialismus oder des Faschismus ist es nicht mehr möglich, die eigenen Modalitäten ("müssen", "können", "wollen", "wissen", "sein") weiterhin im Rahmen der zusammengebrochenen Soziolekte einzusetzen. Dies veranschaulicht das desillusionierende Ende von Alberto Moravias Nachkriegsroman *Il conformista*, dessen Held Marcello Clerici als Handlanger des Faschismus mit der Ambivalenz oder Umwertung aller etablierten Werte konfrontiert wird: "Mit anderen Worten, es waren Kräfte am Werk, die nicht von ihm abhingen und die eine völlige Umwandlung der Werte bewirkten: Aus Gerechtigkeit wurde Ungerechtigkeit; aus Verrat Heldentum; aus Tod Leben." ("In altri termini, doveva operarsi, grazie a forze che non dipendevano da lui, una trasmutazione completa dei valori: l'ingiusto doveva diventare giusto; il tradimento, eroismo; la morte, vita.")[38]

In einer solchen gesellschaftlichen und sprachlichen Situation, die von der Ambivalenz aller Wort-Werte geprägt ist, wird auch das individuelle Subjekt von der Ambivalenz als *Krise* erfaßt, weil seine diskursive und ideologische Identität radikal in Frage gestellt wird: "In dem Augenblick verspürte er das Bedürfnis, seine Lage mit rohen, sarkastischen Worten auszudrücken und dachte kaltblütig: 'Kurz und gut, wenn der Faschismus zusammenbricht, wenn all die Schurken, die Unfähigen und die Dummköpfe in Rom das italienische Volk ins Verderben führen, dann bin ich nichts als ein elender Mörder'." ("Sentì il bisogno a questo punto di esprimere in parole grezze e sarcastiche la propria situazione e pensò con fredezza: 'Insomma, se il fascismo fa fiasco, se tutte le canaglie, gli incompetenti, e gli imbecilli che stanno a Roma portano la nazione italiana alla rovina, allora io non sono che un misero assassino'.")[39] Doch Ambivalenz löst nicht nur eine *Krise* aus, sondern bewirkt auch *Kritik* am ideologischen So-

[38] A. Moravia, *Il conformista*, Mailand, Bompiani (1951), 1976, S. 250.

[39] Ibid.

ziolekt, der das Individuum lange Jahre hindurch zum sprechenden und handelnden Subjekt machte. Das Subjekt distanziert sich reflexiv (selbstkritisch) von seiner eigenen Subjektivität und versucht, sich als sprechende und handelnde Instanz neu zu orientieren.

Eine vergleichbare Umorientierung ist auch im Falle von Edelgard B. vorstellbar, denn im Jahre 1945 war (wenn sie den Krieg überlebt hat) auch ihre Lage von Krise und Kritik geprägt. Beide Faktoren mögen bewirkt haben, daß sie sich sicherheitssuchend einer neuen Ideologie verschrieb oder aber mit aktiver Skepsis reagierte: als Wechselwählerin, Schriftstellerin, Kritikerin und engagierte Feministin, die den Feminismus zugleich mit Ironie betrachtete, indem sie seine Ambivalenzen aufdeckte. Möglicherweise las sie sogar Althussers Schriften und notierte in ihrem neuen Tagebuch: "Was sich hier als reine Wissenschaft, als wissenschaftlicher Marxismus-Leninismus jenseits von Humanismus und Ideologie präsentiert, ist nichts weiter als eine neue Ideologie, die leichtgläubige Individuen zu Subjekten macht. Das kennen wir aus unserer DDR-Zeit."

Vor allem der letzte Satz wird Althusser und Pêcheux nicht gerecht, weil die hier zitierte ideologiekritische These Althussers einen beachtlichen Fortschritt in der Ideologieforschung darstellt: Sie zeigt – in die Sprache der Soziosemiotik oder Textsoziologie übersetzt –, daß Individuen oftmals in Ideologien aufgehen, von diesen als sprechende und handelnde Subjekte konstituiert werden. Althusser übersieht jedoch (worauf die fiktive Edelgard B. hinweist), daß auch wissenschaftliche, ja sogar naturwissenschaftliche Diskurse Individuen zu Subjekten machen, die in einer *normal science* im Sinne von Kuhn[40] aufgehen und sich eine Alternative zu dem von ihnen blindlings praktizierten Paradigma nicht vorstellen können. Dennoch bricht die Alternative durch: nicht *nur*, weil die *wissenschaftliche Entwicklung* Widersprüche produziert, so daß es zu Ungereimtheiten im alten Paradigma kommt, sondern auch deshalb, weil individuelle Subjekte diese Ungereimtheiten zum Anlaß nehmen, neue Relevanzkriterien zu postulieren, neue Taxonomien zu entwerfen und neue diskursive Abläufe als Erklärungen ins Auge zu fassen. Auch diese individuelle Freiheit als positive Freiheit, "etwas zu tun" (I. Berlin), übersehen

---

[40] Vgl. Th. S. Kuhn, *Die Struktur wissenschaftlicher Revolutionen*, Frankfurt, Suhrkamp, 1976 (2. Aufl.), Kap. IV: "Normale Wissenschaft als das Lösen von Rätseln".

Althusser und seine Schüler, weil sie die Dialektik zwischen Überdeterminierung und Freiheit nicht konsequent austragen.[41]

Diese Dialektik, ohne die innovatives Denken nicht denkbar wäre, ist als Wechselbeziehung zwischen *Individualität* und *Subjektivität* beschreibbar. Das Individuum, das als Kleinkind noch nicht *mündig* ist, weil es seine Bedürfnisse, Eindrücke und Entwürfe nicht zusammenhängend artikulieren kann, wächst allmählich, in ständiger Interaktion mit anderen Subjekten und Objekten[42], zu einem individuellen Subjekt auf, das sich, seine eigene Individualität (als soziale Physis) und Subjektivität (als soziale Psyche) reflektierend, als positive Freiheit verwirklichen kann. Diese Freiheit mag, wie die faschistischen, nationalsozialistischen und stalinistischen Episoden zeigen, immer wieder von Ideologien, aber auch Religionen, Wissenschaften oder Medien, usurpiert werden; jedoch nicht sehr lange, weil gerade in spätmodernen und postmodernen Gesellschaften religiöse, ideologische, wissenschaftliche und mediale Strömungen recht kurzlebig sind und *durch ihre sporadisch auftretenden Zusammenbrüche und Konstellationswechsel Subjektivität stets von neuem freisetzen.*

Man könnte daher Althussers These über die "Ewigkeit der Ideologie"[43] mit der Gegenbehauptung relativieren, daß Ideologie eine noch "junge" Erscheinung der modernen säkularisierten Gesellschaft ist und daß in der zeitgenössischen Gesellschaft Ideologien kurzlebiger sind denn je. Dies führt dazu, daß ein und dasselbe Individuum

41 Die russischen Formalisten und die tschechischen Strukturalisten gingen nicht so weit zu behaupten, daß literarische oder wissenschaftliche Evolution ohne die Initiative individueller Subjekte zu denken sei: Denn die Unzufriedenheit mit automatisierten Formen, die nichts Neues mehr erkennen lassen, ist nur auf der Ebene der individuellen und kollektiven Subjekte anzusiedeln.

42 Vgl. C. F. Gethmann, "Praktische Subjektivität und Spezies", in: W. Hogrebe (Hrsg.), *Subjektivität*, München, Fink, 1998, S. 126-127: Gethmann stellt K.-O. Apels und W. Kuhlmanns These, "daß Subjektivität praktisch denjenigen zugesprochen werden muß, die argumentationsfähig sind" (S. 126), die von anderen Autoren vertretene Ansicht zur Seite, daß unmündige oder kranke Menschen keine Subjekte seien: "Beispielkandidaten für Menschen ohne genuine moralische Berechtigung könnten sein: noch nicht lebende, noch nicht geborene (Embryonen, Föten), sterbende, tote Menschen, ferner Kleinkinder bis zu einem gewissen Alter, geistig schwerstbehinderte oder aus anderen Gründen unmündige Menschen." (S. 127). Auch unmündige Menschen (Kleinkinder, Behinderte, Sterbende) sind jedoch moralische und rechtlich geschützte *Individuen* – ohne Subjekte zu sein. Hier zeigt es sich, wie wichtig es ist, zwischen Individuen und Subjekten zu unterscheiden.

43 L. Althusser, *Ideologie und ideologische Staatsapparate*, op. cit., S. 133.

in der Lage ist, verschiedene ideologische Identitäten – nacheinander oder auch parallel – kritisch und selbstkritisch zu reflektieren und zu relativieren (vgl. III, 5). Hier gilt, was Rüdiger Bubner zum Subjektproblem bemerkt: "Reflexion vermag jedem Schicksal die Spitze zu nehmen."[44]

Wir haben es hier mit einer Wechselbeziehung zwischen *Individualität als sozialer Physis und Potentialität* einerseits und *Subjektivität als Verwirklichung dieser Potentialität* im Sprechen und Handeln andererseits zu tun. In diesem Kontext wäre das *individuelle Subjekt* als *dynamische Einheit von Individualität und Subjektivität* zu denken.[45] Der Zirkel, der dadurch zustande kommt, daß Subjektivität Individualität voraussetzt, Individualität aber Subjektivität (da sie ja nur im sprachlichen Kontext der Subjektivität benannt werden kann), sollte niemanden stören, da es hier nicht um einen chronologischen Begründungsversuch geht, sondern um die Darstellung einer dialektischen Einheit.[46]

Zu diesem Problem bemerkt der Hermeneutiker Paul Ricœur: "Zunächst haben wir es mit dem In-der-Welt-Sein zu tun, dann mit dem Verstehen, dann mit dem Interpretieren, schließlich mit dem Sagen. Wir sollten uns nicht an dem zirkulären Charakter dieser Bewegung stoßen. Es ist zwar richtig, daß wir dies alles aus der Sprache heraus sagen; aber die Sprache ist so beschaffen, daß sie den Existenzgrund bezeichnen kann, aus dem sie hervorging, und daß sie sich selbst als eine Seinsweise dessen erkennen kann, von dem sie spricht."[47] Hier spielt das Moment der Reflexivität eine entscheidende Rolle, weil der Diskurs, der Subjektivität konstituiert, zugleich über seine eigene Beschaffenheit im Hinblick auf seinen Ursprung nachdenkt. Wie wesentlich diese Autoreflexivität für die Subjektkonstitution ist, fällt auch Manfred Frank auf: "Selbst die sogenannten Kritiker von Subjektivität – z.B. Heidegger und Derrida – haben nie ernstlich in Frage gestellt, daß der Sachverhalt Subjektivität als Autoreflexivität des Vorstellens korrekt beschrieben sei."[48] Auf komple-

---

44 R. Bubner, "Wie wichtig ist Subjektivität?", in: W. Hogrebe (Hrsg.), *Subjektivität*, op. cit., S. 246.

45 Vgl. Vf., *Ideologie und Theorie*, op. cit., Kap. I.

46 Zur Selbstreflexion des Subjekts vgl. P. Stekeler-Weithofer, "Das Subjekt des Handelns als Objekt der Reflexion", in: W. Hogrebe (Hrsg.), *Subjektivität*, op. cit., S. 165-166.

47 P. Ricœur, *Le Conflit des interprétations. Essais d'herméneutique*, Paris, Seuil, 1969, S. 261-262.

48 M. Frank, *Selbstbewußtsein als Selbsterkenntnis*, op. cit., S. 23-24.

mentäre Art definiert Vincent Descombes das "Subjekt, das sich seiner selbst bewußt ist" ("sujet conscient de soi").[49]

In diesem Zusammenhang ist Ricœurs Unterscheidung zwischen *Selbstheit* (*ipséité* von lat. *ipse*) und *Gleichheit* (*mêmeté* im Sinne von *idem*) von Bedeutung, weil die *ipséité* in mancher Hinsicht der Individualität, die *mêmeté* der Subjektivität entspricht. Ein wesentlicher Aspekt der Selbstheit oder *ipséité* ist die *physis* als Körperlichkeit, denn "in dem Maße, wie das Mir-Gehören meines Körpers (appartenance de mon corps à moi-même) massiv von der Nicht-Reduzierbarkeit der *Selbstheit* auf die *Gleichheit* zeugt"[50], ist das körperliche Kriterium mit der Problematik der Selbstheit verwandt. Selbstheit als Ursprung von Aussagen und Handlungen ist eine Gewähr für Kontinuität und Identität. Ricœur führt als Beispiele das gegebene Versprechen und das begangene Verbrechen an, die einem *bestimmten*, identifizierbaren (wenn auch nicht immer identifizierten) *Selbst* oder *ipse* zugesprochen werden. Sogar die Geschlechtsumwandlung, könnte man hinzufügen, kann *einem Selbst* zugeschrieben werden, das beschließt, seinem narrativen Programm als Lebenserzählung und Lebenshandlung eine Wende zu geben, d.h. als neuer Aktant aufzutreten. Diese Wende ereignet sich paradoxerweise im Bereich der *Gleichheit* oder *mêmeté*, die durch den narrativen Entwurf des Einzelnen (als Aussage und Handlung) mit der Selbstheit verknüpft ist.

Daher spricht Ricœur von einer "identité narrative", einer "narrativen Identität", die durch die Dialektik zwischen Selbstheit und Gleichheit zustande kommt.[51] Diese narrative Identität als Erzählprojekt oder "mise en intrigue"[52] stellt eine "heterogene Synthese"[53] dar, in der Kontinuität und Diskontinuität ineinandergreifen, in der die Diskontinuität derart überhandnehmen kann, daß Subjektivität als *mêmeté* global in Frage gestellt wird: etwa in dem von Ricœur zitierten Roman Musils *Der Mann ohne Eigenschaften*, in dem das narra-

---

49 V. Descombes, *Les Embarras de l'identité*, Paris, Gallimard, 2013, S. 96. Descombes unterscheidet zwei Aspekte der Subjektivität, die einander ausschließen : das Subjekt als "Innerlichkeit" und das "Subjekt als etwas ausdrückendes Verhalten": d.h. Subjektivität, die nur ich selbst kennt, und Subjektivität als kommunizierende Instanz, die auch anderen Personen zugänglich ist. Da wir jedoch jederzeit die Möglichkeit haben, unsere Gefühle auszudrücken, sind diese beiden Subjektivitäten stets miteinander verbunden.

50 P. Ricœur, *Soi-même comme un autre*, Paris, Seuil, 1990, S. 155.

51 Ibid., S. 167.

52 Ibid., S. 168.

53 Ibid., S. 169.

tive Programm des Helden von Episode zu Episode zunehmend in Frage gestellt wird: "Die Geschichte dieses Romans kommt darauf hinaus, daß die Geschichte, die in ihm erzählt werden sollte, nicht erzählt wird."[54] Was bleibt, ist ein Held ohne Eigenschaften, ein Individuum ohne Subjektivität.

In vielen Fällen verdeckt die Ideologie die Eigenschaftslosigkeit, indem sie das Individuum als sprechende und handelnde Instanz zum Subjekt macht. In einer ungarischen Universitätsstadt grüßt ein Unbekannter unseren Kollegen, und wir fragen: "Wer war denn das?" "Das war früher ein ganz großer Kommunist, vor dem sich alle gefürchtet haben." – "Und was ist er heute?" – "Ein frommer Katholik, vor dem sich Gott sei Dank niemand mehr fürchten muß." Trotz seines Bruchs mit dem Kommunismus hat das Individuum in diesem Fall die ideologische Kontinuität als Subjektivität gewahrt. Sein *Auftraggeber* (*destinateur*) ist zwar nicht mehr die Partei, sondern die Kirche, aber die wichtigste Modalität (der Wille zum Glauben) und die Erlösung als Objekt-Aktant sind ihm erhalten geblieben. Seine narrative Identität ist zwar um eine Peripetie reicher, kann aber immer noch als dieselbe (*la même*) aufgefaßt werden.

Möglicherweise ist diese Auffassung aber ein hermeneutisches und semiotisches Vorurteil, das Dekonstruktivisten mühelos zerlegen würden. Denn wer in der neuen katholischen Identität eine radikale Negation der alten erblickt, der wird nicht von Kontinuität und Bereicherung sprechen, sondern vom Zerfall des Subjekts oder von dessen Unterwerfung unter den ideologischen Diskurs. Es käme darauf an, das hermeneutisch-rationalistische und das dekonstruktivistische Extrem dialektisch miteinander zu verknüpfen, um zu zeigen, daß das Subjekt eine dynamische Einheit von Individualität und Subjektivität ist, die weder ausschließlich als zugrundeliegende, mit sich selbst identische und sinnstiftende Instanz noch als zerfallendes Element oder unterworfene Kreatur zu verstehen ist. Dem Gedanken der subjektiven Autonomie wird noch am ehesten eine Theorie gerecht, die die Wechselbeziehung zwischen Individualität und Subjektivität als narrativer Identität nicht aus den Augen verliert und sowohl die Möglichkeiten als auch die Grenzen dieser Identität wahrnimmt.

Schließlich wirft hier das Stichwort *Identität* die Frage nach der Definition oder Definierbarkeit des entsprechenden Begriffs auf. Identitätstheoretiker wie Heiner Keupp neigen dazu, Subjektivität und

[54] R. Musil, *Gesammelte Werke*, Bd. V, Hamburg, Rowohlt, 1978, S. 1937.

Identität als Synonyme zu verwenden. So stellt beispielsweise Keupp im Anschluß an Stuart Hall das idealistische Konzept einer unteilbaren Subjektivität oder Identität in Frage: "Es ist die Idee vom 'unteilbaren Subjekt', einer in sich selbst vereinheitlichten und nicht weiter teilbaren Identität."[55] Subjektivität oder Identität? Wie unterscheiden sich diese beiden Begriffe?

Eine explizite Unterscheidung findet sich bei Keupp nicht, aber bei genauerem Hinsehen wird ein Unterschied erkennbar. Im Rahmen des hier vorgeschlagenen semiotischen Aktantenmodells ist er in einem knappen Satz darstellbar: Identität ist das Objekt des fühlenden, denkenden, sprechenden und handelnden Subjekt-Aktanten. "Identitätsarbeit"[56] im Sinne von Keupp erscheint hier als das Ineinander von narrativen Programmen, die auf affektiver, kognitiver und pragmatischer Ebene ablaufen.

Daß "Identität" der Objekt-Aktant ist, den sich Subjekte *aneignen* wollen oder sollen, wird an zahlreichen Stellen von Keupps Werk klar. So ist beispielsweise in *Identitätskonstruktionen* von der "sehr kreativen Eigenleistung der Subjekte bei der Arbeit an ihrer Identität"[57] die Rede. Dort stellt sich auch die Frage: "Mit welchen Identitätsmaterialien ist gearbeitet worden, und über welche Konstruktionsfähigkeiten verfügt ein Subjekt, das ein spezifisches Identitätspatchwork kreiert hat?"[58] Vor allem die Wortverbindung "Identitätsmaterialien" läßt die Identität als Objekt-Aktanten im Sinne von Greimas erscheinen: Das Kleinkind als Individuum, als *ipse* oder *ipséité* (Ricœur) verfügt noch über keine psychische und soziale Identität; es muß sich diese erst – als *mêmeté*, würde Ricœur sagen – aneignen.

In diesem Zusammenhang könnte man Subjektivität als Synthese von Individualität und Identität auffassen, weil erst derjenige, der eine psychische, soziale und sprachliche Identität erworben hat, als fühlendes, sprechendes und handelndes *Subjekt* erkannt wird. Der narrative Prozeß der Identitätsbildung hat also reflexiven Charakter, und

55 H. Keupp u.a., *Identitätskonstruktionen. Das Patchwork der Identitäten in der Spätmoderne*, Hamburg, Rowohlt, 1999, S. 21.

56 H. Keupp, *Riskante Chancen. Das Subjekt zwischen Psychokultur und Selbstorganisation. Sozialpsychologische Studien,* Heidelberg, Asanger, 1988, S. 150-151.

57 H. Keupp u.a., *Identitätskonstruktionen,* op. cit., S. 10.

58 Ibid.

daher kann Keupp auch von "Subjektbildungsprozessen"[59] sprechen. Hier tritt abermals die zirkuläre Beziehung zwischen Individualität (als *ipséité*) und Subjektivität (als *mêmeté* und Identität) zutage: Die eine setzt die andere voraus.

Die Tatsache, daß ein Psychoanalytiker wie Giampaolo Lai zahlreiche Brüche in den Lebensläufen und Identitäten seiner Patienten findet, rechtfertigt nicht die Schlußfolgerung, daß Identität ein Mythos ist oder daß es sie gar nicht gibt. Wie Textkohärenz oder politische Kohärenz – etwa einer Koalitionsregierung – ist Identität relativ. Sie muß weder absolut noch monolithisch sein, um zu existieren. Je offener und flexibler sie ist, desto länger kann sie sich behaupten. Je offener für Kompromisse, je flexibler die politischen Parteien in einer Koalitionsregierung sind, desto stabiler ist diese Regierung. Dies bedeutet keineswegs, daß es diesen Parteien als Kollektivsubjekten an Identität fehlt; und was für sie gilt, gilt auch für Einzelsubjekte.

In einem Kommentar zu seiner Therapie kommt Lai zu dem Schluß: "Es ist eine nicht-identische Therapie, die von einem nicht-identischen Therapeuten auf nicht-identische Patienten angewendet wird."[60] Dies bedeutet keineswegs, daß Identität nicht mehr das Objekt der subjkektiven Suche ist; es bedeutet lediglich, daß Identität in nachmoderner Gesellschaft komplexer wird – ähnlich wie das Parteiprogramm, die politische Organisation und die Institution.

Zu Recht weist Keupp im Anschluß an Ulrich Beck darauf hin, daß der zeitgenössische Zerfall von Traditionen und sozialen Solidaritäten (z.B. Klassensolidaritäten) eine noch nie dagewesene "Freisetzung" individueller Subjekte bewirkt und "daß die gesellschaftlichen Freisetzungsprozesse für die Subjekte grundlegend veränderte Bedingungen der Identitätsbildung bedeuten (...)".[61] In den folgenden Kapiteln sollen diese Bedingungen im Übergang von der Moderne zur Postmoderne dargestellt werden.

(d) Das Subjekt der Theorie

Eine Theorie des Subjekts, die über die gesellschaftliche und sprachliche Bedingtheit der eigenen Subjektivität nicht nachdenkt, wäre nicht nur unvollständig, sondern ideologisch. Denn eines der Charakteristika des ideologischen Diskurses (als semantisch-narrativer Struktur mit

---

[59] H. Keupp, *Riskante Chancen*, op. cit., S. 132.

[60] G. Lai, *Disidentità*, Mailand, Franco Angeli, 1999, S. 28.

[61] H. Keupp, *Riskante Chancen*, op. cit., S. 142.

Aktantenmodell) ist seine "naturalistische" Einstellung zu sich selbst: Sein Subjekt hält seinen Sprachgebrauch für natürlich und reflektiert ihn nicht selbstkritisch im historischen und sozio-linguistischen Kontext. Aus dieser monologischen Attitüde geht zwangsläufig der autoritäre Anspruch hervor, mit der Wirklichkeit (den Referenten des Diskurses) *identisch* zu sein. Adorno und Horkheimer haben diese Art von Diskurs als "Identitätsdenken" bezeichnet. Ein weiterer Aspekt des ideologischen Diskurses ist dessen dualistische Struktur, die auf aktantieller Ebene die Gestalt eines unversöhnlichen Gegeneinanders von Helden und Antihelden, Helfern und Widersachern annimmt.[62]

Angesichts der Schwierigkeiten und Komplexitäten, die der Einzelne im Alltag zu meistern hat, nimmt es nicht wunder, daß er in ideologischen Gruppensprachen (Soziolekten) Zuflucht sucht und sich von ihnen zum Subjekt machen läßt. Ganz zu Recht weist Niklas Luhmann auf die Gefahren des ideologischen Manichäismus hin: "Heute sollte man eher erschrecken, wenn man im Wahlkampfstab einer politischen Partei die Äußerung hört: 'Die Leute wollen doch nur wissen, wer die Guten und wer die Bösen sind, und *das* sagen *wir* ihnen'."[63] Dieses Erschrecken ist für einen Soziologen symptomatisch, der den Subjektbegriff durch den des Systems ersetzt hat (vgl. IV, 3) und deshalb den Nexus von Ideologie und Subjektivität nicht mehr wahrnimmt. Für den Einzelnen kann es jedoch wichtig sein, die Komplexität (Luhmann) des Alltags mit Hilfe von monologischen und manichäischen Sprachmustern, die ihm ideologische Diskurse bieten, drastisch zu reduzieren. Dies ist der Grund, weshalb ideologische Argumentationen von größeren Gruppen leichter und schneller rezipiert werden als theoretische.[64]

In dieser Situation kann sich das Subjekt der Theorie keine sprachliche Naivität leisten, auch kein blindes politisches Engagement, sondern wird: 1. über seine eigene Individualität und seine subjektive Stellung in einer bestimmten historischen und sozio-linguistischen Situation nachdenken; 2. die diskursiven Verfahren der Ideologie – Dualismus, Monolog und Identitätsdenken – meiden und eine theoretische Alternative auf semantisch-narrativer Ebene entwerfen. 3. Schließlich wird es den Dialog mit dem andersartigen So-

---

[62] Vgl. Vf., *Ideologie und Theorie*, op. cit., Kap. VIII..

[63] N. Luhmann, *Soziale Systeme. Grundriß einer allgemeinen Theorie*, Frankfurt, Suhrkamp, 1987, S. 325.

[64] Zum Problem der Rezeption von ideologischen Diskursen vgl. Vf., *Ideologie und Theorie*, op. cit., Kap. VIII, 2, g.

ziolekt und seinen Diskursen suchen, um bestimmte Vorurteile, die seinem eigenen Soziolekt zugrunde liegen und seine Subjektivität mitbedingen, zu durchbrechen.

Kurzum: das Subjekt der *Dialogischen Theorie* (vgl. Kap. V), um die es hier geht, wird seine gesellschaftlich gewordene Subjektivität nicht nur reflektieren, sondern unablässig in Frage stellen. Es visiert keine metaphysische Letztbegründung seiner Position an, sondern die Bewährung seiner Theoreme im offenen Dialog.

Das Nachdenken über die Rolle der Individualität in theoretischen Diskursen hat möglicherweise gerade erst begonnen. Wie schlägt sich Individualität als Körperlichkeit und materielle Basis der Subjektivität in der Theoriebildung nieder? Cartesianer, Kantianer und Hegelianer könnten mit dieser Frage (im Gegensatz zu Materialisten wie Hobbes oder Feuerbach)[65] u.U. gar nichts anfangen. "Das In den Bart Lächeln der Wissenschaft"[66] mag ein Thema für den Roman sein; im wissenschaftlichen Diskurs hat es bekanntlich nichts verloren, denn dort sind nur ernste Mienen zugelassen. Über sie setzt sich Henning Klauß kreativ hinweg, wenn er in Einzelanalysen nachweist, "daß das sinnliche Verhältnis des Forschersubjekts zu seinem Objekt fortschreitend selektiv, d.h. in gewissem Sinne borniert, und nicht ganzheitlich ist." Er fügt hinzu: "Zum anderen sollte (...) veranschaulicht werden, daß sich durch methodisch angeleitete Vermittlungen ein immer distanzierteres Subjekt-Objekt-Verhältnis durchsetzt."[67]

Beide Gedanken sind wichtig, weil der erste erkennen läßt, daß es eine "objektive" Darstellung schon wegen des individuellen *bias* des Forschers nicht geben kann, während der zweite daran erinnert, daß Distanzierung und Abstraktion das Subjekt-Objekt-Verhältnis prägen. Den fortschreitenden Abstraktionsprozeß führt Klauß recht überzeugend auf die Dominanz des Seh- oder Gesichtssinns beim Menschen zurück: "In diesem geschichtlichen Prozeß hat sich der Gesichtssinn zur Dominanz über andere Sinne entwickelt, weil er spezifische Intensivierungen erfuhr und sich den wachsenden Anforderungen bzgl. Abstraktheit, Distanz und Rationalität am leichtesten beugen, diese

---

65 Mit diesem Thema befaßt sich ausführlich und auf recht originelle Art H. Klauß in seinem Buch *Zur Konstitution der Sinnlichkeit in der Wissenschaft. Eine soziologische Analyse der Wandlungen des Subjekt-Objekt-Verhältnisses*, Rheda-Wiedenbrück, Daedalus, 1990.

66 Vgl. R. Musil, *Der Mann ohne Eigenschaften*, in: ders., *Gesammelte Werke*, Bd. I, op. cit., Kap. 72.

67 H. Klauß, *Zur Konstitution der Sinnlichkeit in der Wissenschaft*, op. cit., S. 240.

reproduzieren und entfalten konnte."[68] Möglicherweise geht diese Art von Abstraktheit auf den frühen *homo sapiens* zurück, der gezwungen war, strategisch zu handeln, um zu überleben.

Jedenfalls wohnt sie dem Diskurs der Naturbeherrschung inne, mit dem Adorno und Horkheimer in der *Dialektik der Aufklärung* so scharf ins Gericht gehen. Nicht nur das Subjekt, sondern auch das Individuum als Naturwesen tut sich Gewalt an, um zu überleben: "Odysseus erkennt die archaische Übermacht des Liedes an, indem er, technisch aufgeklärt, sich fesseln läßt."[69] Schließlich bringt die technische oder instrumentelle Vernunft ein Denken hervor, in dessen Abstraktionen sich Subjekt und Objekt auflösen: "Subjekt und Objekt werden beide nichtig. Das abstrakte Selbst, der Rechtstitel aufs Protokollieren und Systematisieren hat nichts sich gegenüber als das abstrakte Material, das keine andere Eigenschaft besitzt als solchem Besitz Substrat zu sein."[70]

Es käme darauf an, zusammen mit diesem Nexus von Denken und Herrschaft die Position des eigenen Diskurses in einer besonderen gesellschaftlichen und sprachlichen Situation zu reflektieren, in der die Entscheidungen des Aussagesubjekts für oder gegen bestimmte Relevanzkriterien, Definitionen, Taxonomien und Argumentationsmuster nie herrschaftsfrei, sondern stets mit partikularen individuellen und kollektiven Interessen liiert sind. Im Rahmen eines jeden theoretischen Soziolekts (der Kritischen Theorie, des Kritischen Rationalismus) werden besondere Objekte *konstruiert*, die den Relevanzkriterien und Taxonomien des Soziolekts entsprechen und mit vergleichbaren Objektkonstruktionen in anderen Soziolekten konkurrieren.

Der Herrschaftsanspruch des eigenen Soziolekts und Diskurses kann nur dadurch relativiert werden, daß das Aussagesubjekt (als *sujet d'énonciation*) die dualistischen, monologischen und identifizierenden Verfahren der Ideologie meidet, denn: *Im Gegensatz zum ideologischen Aussagesubjekt stellt das Subjekt der Theorie den Dualismus der ideologischen Rede dialektisch in Frage und reflektiert seinen sozialen und sprachlichen Standort sowie seine semantischen und narrativen Verfahren, die es zusammen mit den aus ihnen hervorgehenden Objektkonstruktionen in ihrer Kontingenz zum Gegenstand eines offenen Dialogs macht: Dadurch strebt es eine Überwindung*

---

68 Ibid.

69 M. Horkheimer, Th. W. Adorno, *Dialektik der Aufklärung*, Amsterdam, Querido, 1947, S. 76.

70 Ibid., S. 39.

der eigenen Partikularität durch dialogische Distanzierung und Objektivierung an.[71]

Den Gegensatz zwischen ideologischer Identifikation und theoretischer Konstruktion hat der Semiologe und Konstruktivist *avant la lettre*, Luis J. Prieto, wie folgt formuliert: "Die Erkenntnis einer materiellen Realität ist ideologisch, wenn das Subjekt die Grenzen und die Identität des Objektes, zu dem diese Realität für es geworden ist, als in der Realität selbst befindlich betrachtet, d.h. wenn das Subjekt der Realität selbst die *Idee* zuspricht, die es aus ihr konstruiert hat."[72] Implizit kritisiert werden hier nicht nur der Hegelianismus und der aus ihm hervorgegangene Marxismus-Leninismus (in seinen verschiedenen Varianten), sondern auch hermeneutische Ansätze sowie Poppers Kritischer Rationalismus, der ebenfalls den herrschaftlichen Anspruch erhebt, die allgemeingültige Wissenschaftssprache zu sein.[73]

Im Gegensatz zu diesen Denkrichtungen ist der hier entworfene dialogische Ansatz vom Bewußtsein des Aussagesubjekts geprägt, nur eine mögliche, durchaus kontingente Konstruktion des *Subjektbegriffs* vorzuschlagen, die dialogisch mit anderen Konstruktionen zu vergleichen wäre. Solche Konstruktionen sind keineswegs nur individuell-subjektiv bedingt, sondern gehen (etwa bei Jürgen Habermas oder Michel Foucault) aus kollektiv getragenen Traditionen, aus Soziolekten hervor. Ihrer Partikularität und Partialität eingedenk, wird die Dialogische Theorie (vgl. V, 2) diese konkurrierenden Konstruktionen stets im Auge behalten und sowohl auf Übereinstimmungen (Konsens) als auch auf Abweichungen (Dissens) achten. Dabei läßt sie sich wie schon in *Ideologie und Theorie* von der Überlegung leiten, daß ein Dialog zwischen heterogenen Denktraditionen und Gruppensprachen wesentlich mehr zu einer kritischen Überprüfung von Theoremen beiträgt als der in der Wissenschaftlergemeinschaft (von Popper bis Habermas)[74] etablierte *intersubjektive* Test, der oftmals von Individuen innerhalb einer Gruppe (eines Soziolekts) durchgeführt wird

71 Vgl. Vf., *Ideologie und Theorie*, op. cit., S. 56.

72 L. J. Prieto, "Entwurf einer allgemeinen Semiologie", in: *Zeitschrift für Semiotik* 1, 1979, S. 263.

73 Vgl. Vf., "Framework ist kein Mythos. Zu Karl R. Poppers Thesen über wissenschaftliche Kommunikation", in: H. Albert, K. Salamun (Hrsg.), *Mensch und Gesellschaft aus der Sicht des Kritischen Rationalismus*, Amsterdam-Atlanta, Rodopi, 1993, S. 319-322.

74 Vgl. dazu: Vf., "Dialogische Theorie", in: *Ethik und Sozialwissenschaften* 4, 1999 sowie Kap. V, 2.

und im Extremfall lediglich eine kollektive Doxa oder Vorurteile bestätigt.

Anders gesagt: Das Subjekt der Dialogischen Theorie steht auf dem Standpunkt, daß es als theoretisches Subjekt nur überleben kann, wenn es sich immer wieder dem anderen, dem fremden Soziolekt stellt und sich von ihm in Frage stellen läßt. Dadurch definiert es sich selbst als dialogisches, als polyphones Subjekt. Weit davon entfernt, die Vielfalt auszuschließen, lebt es von ihr als *Einheit des Vielen*, als *mehrstimmige Erzählung*.

Daß Identität letztlich nur in ihrer Wechselbeziehung zur Alterität denkbar und deutbar ist, fiel schon Michail M. Bachtin, dem wichtigsten Theoretiker des Dialogs, auf. Sowohl das sprechende Subjekt als auch das gesprochene Wort sind nur dialogisch zu verstehen: "*Ein Wort in sich selbst zu untersuchen, ohne seine Orientierung nach außen zu beachten, ist ebenso sinnlos, wie ein psychisches Erlebnis außerhalb derjenigen Realität zu untersuchen, auf die es gerichtet ist und durch die es bestimmt wird.*"[75] Das theoretische Subjekt entwickelt sich im Bewußtsein, daß es aus der Interaktion mit dem anderen hervorgegangen ist und daß es zu ihm zurückkehren muß.

2. Diskussionsstand

"Diskussionsstand" ist ein anspruchsvolles Wort, dem kein theoretisches Subjekt, das sich nicht in den Weiten der *philosophia perennis* heillos verirren will, gerecht wird. Tatsächlich wohnt der Subjektbegriff nahezu allen theologischen, philosophischen, psychologischen, soziologischen und literaturwissenschaftlichen Ansätzen inne, so daß eine vollständige Wiedergabe der Diskussion auf eine Gesamtdarstellung des antiken, mittelalterlichen und modernen Denkens hinausliefe. Da im nächsten Kapitel die Subjektproblematik bei Descartes sowie einigen Vertretern des deutschen Idealismus und der Spätmoderne zur Sprache kommt, soll im folgenden der zeitgenössische Diskussionsstand seit dem Zweiten Weltkrieg erörtert werden.

Dabei wird sich das Augenmerk nicht so sehr auf Einzelentwürfe richten, sondern auf das Subjektproblem in gesellschaftlich repräsentativen Strömungen wie Existentialismus, Marxismus, Kritische Theo-

[75] M. M. Bachtin, *Die Ästhetik des Wortes* (Hrsg. R. Grübel), Frankfurt, Suhrkamp, 1979, S. 184.

rie, Psychoanalyse, Systemtheorie usw., in denen das Verhältnis von individuellen und kollektiven Aktanten eine wichtige Rolle spielt sowie das Problem zerfallender Wertsysteme. In nachmoderner Retrospektive kristallisieren sich drei Faktoren heraus, die eine Krise des modernen Subjekts herbeigeführt haben: 1. die immer schwieriger werdende Ausrichtung des individuellen auf einen überindividuellen Subjekt-Aktanten; 2. der allmähliche Zerfall kollektiver Wertsysteme; 3. die diesen Prozeß begleitende Entwertung der Sprache, die als Grundlage der Subjektivität immer brüchiger wird.

Im Vorgriff auf den dritten Abschnitt dieses Kapitels und auf die folgenden Kapitel geht es um den Gegensatz zwischen Vertretern einer Moderne, die noch an einem wie auch immer revidierten Subjektbegriff festhalten, und Vertretern eines nachmodernen Denkens, die den Subjektbegriff radikal kritisieren oder gar meinen, ganz auf ihn verzichten zu können. Da einige der hier dargestellten Positionen später ausführlicher kommentiert werden, wird in diesem Abschnitt lediglich ein Überblick als erste Orientierungshilfe vermittelt. Zugleich wird jedoch im Anschluß an den vorigen Abschnitt eine dialogische Auseinandersetzung mit anderen Subjekttheorien gesucht.

(a) Vom Existentialismus zur Postmoderne: Philosophie

Einerseits tut man gut daran, marktbedingte Modeerscheinungen nicht ernst zu nehmen, andererseits sollte man sich hüten, sie achtlos zu verabschieden, weil sie als Symptome der Zeit eine Art Barometerfunktion erfüllen. Weshalb wurde der Existentialismus von Dekonstruktion und Postmoderne verdrängt? Die schlichte (formalistische) Behauptung, das Alte sei eben "automatisiert", die Öffentlichkeit verlange nach Innovation, übersieht, daß z.B. Jean-Paul Sartres geradezu heroischer Subjektbegriff, der in den 30er Jahren aus der Herrschaft über Objekt und Natur hervorging, nach dem Krieg – vor allem in *Questions de méthode* (*Existentialisme et marxisme*) und *Critique de la raison dialectique* – den überindividuellen Subjekten des Marxismus angeschlossen werden sollte: den mythischen Subjekt-Aktanten "Geschichte" und "Proletariat". (Sie wurden freilich ohne nachmoderne Skepsis als reale Kräfte oder Kollektivsubjekte aufgefaßt.)

Während der junge Sartre, der Autor von *La Nausée* (1938), für die Freiheit des individuellen Subjekts gegenüber der Dingwelt der

Natur kämpft ("Die Dinge haben sich von ihren Namen befreit...")[76], ist es dem Autor von *Critique de la raison dialectique* (1960) um die Eingliederung der Existenzphilosophie als Theorie des konkreten Menschen in den marxistischen Diskurs zu tun: "Letztlich ist es nur *eine* Frage, die ich stelle, eine einzige: Haben wir heute die Mittel, eine strukturelle und historische Anthropologie zu konzipieren? Diese Frage wird innerhalb der marxistischen Philosophie gestellt, weil ich den Marxismus als die unüberschreitbare Philosophie unserer Zeit ansehe und weil ich die Ideologie von der Existenz und ihre Methode des 'Verstehens' für eine Enklave im Marxismus selbst halte, die aus ihm hervorgegangen ist, aber von ihm nicht akzeptiert wird."[77]

Kategorische Aussagen dieser Art sind besonders kritikanfällig, weil sie schon von weitem als überholte Meilensteine der gesellschaftlichen Entwicklung erkennbar sind. Dabei sind Sartres Vorschläge in *Questions de méthode* nicht nur vernünftig, sondern weiterhin aktuell, weil der Autor versucht, Kierkegaards partikularisierende, auf den Einzelnen ausgerichtete Betrachtungsweise mit der historisch-generalisierenden Perspektive der hegelianischen Marxisten im Rahmen einer "progressiv-regressiven Methode" zu versöhnen und diese Synthese für die marxistische Forschung fruchtbar zu machen.[78] Zu Recht weist er darauf hin, daß man Flauberts Werk nicht gerecht wird, solange man es abstrakt-reduktionistisch mit der sozialen Struktur des französischen Kleinbürgertums verknüpft und sich über Familie und Kindheit des Schriftstellers hegelianisch hinwegsetzt.[79]

Problematisch ist nicht dieser methodologische Entwurf, von dem so manche zeitgenössische Systemtheorie lernen könnte, sondern Sartres individuelles Subjekt, das über die Natur herrscht (in *La Nausée, L'Etre et le Néant*) und sich später mit der hegelianisch-marxistischen Geschichte solidarisch weiß. Lange vor den nachmodernen Existentialismus-Kritikern hat Camus den herrschaftlichen Charakter von Sartres Subjektbegriff kritisiert und versucht, das individuelle Subjekt aus der Verstrickung in eine als fatal empfundene historische *Metaerzählung* (Lyotard) herauszulösen. Camus' Einwände gegen die christliche Teleologie richten sich auch an die

---

[76] J.-P. Sartre, *Der Ekel*, Hamburg, Rowohlt, 1981, S. 195.

[77] J.-P. Sartre, *Kritik der dialektischen Vernunft. Theorie der gesellschaftlichen Praxis*, Hamburg, Rowohlt, 1967, S. 868.

[78] Vgl. J.-P. Sartre, *Fragen der Methode, (Philosophische Schriften*, Bd. V), Hamburg, Rowohlt, 1999 (Neuausgabe), Kap. III.

[79] Ibid. S. 172-173.

Adresse der Marxisten: "Von diesem Augenblick an wird die Natur Geschichte, und bedeutsame Geschichte; die Idee menschlicher Ganzheit ist geboren. Von der frohen Botschaft bis zum Jüngsten Gericht hat die Menschheit keine andere Aufgabe, als sich den ausdrücklich moralischen Absichten eines im voraus geschriebenen Berichtes anzupassen."[80] Im französischen Original ist von einem "récit écrit à l'avance"[81] die Rede, und der Ausdruck deutet an, wie sehr Camus die postmoderne Kritik an den großen *métarécits*, in deren Rahmen die individuellen Subjekte handeln sollten (und handlungsfähig gemacht wurden), vorwegnimmt.

Doch die von Francis Jeanson in *Les Temps Modernes* veröffentlichte und von Sartre inspirierte Replik auf Camus' *L'Homme révolté* (1951) ist in jeder Hinsicht "modern" und verteidigt "die Geschichte". Camus' Antwort kündigt in mancher Hinsicht die postmoderne Skepsis den historischen Erzählungen des Christentums, der Aufklärung und des Marxismus gegenüber an: "Die Wahrheit, die es zu wiederholen und gegen Ihren Artikel zu verteidigen gilt, ist, daß mein Buch keineswegs die Geschichte negiert (eine solche Negation wäre sinnlos), sondern sich darauf beschränkt, eine Haltung zu kritisieren, die die Geschichte verabsolutiert."[82] Tatsächlich wertet der Nietzscheaner[83] Camus die Natur gegenüber der Geschichte als Heilsgeschehen und Teleologie so drastisch auf, "daß der Gedanke an eine Auflösung der Individualität in das nicht-vorstellbare und nicht-sagbare Ganze des Lebens oder der Natur aufkommen kann".[84] Der Streit zwischen den beiden als Existentialisten etikettierten Philosophen Sartre und Camus entzündete sich also an zwei entscheidenden Dissensstellen: an der Einstellung des individuellen Subjekts zur Natur und an seiner Rolle als Aktant in der hegelianisch-marxistischen Heilsgeschichte.

Beide Fragestellungen prägen auch die Kritische Theorie Adornos und Horkheimers, die in der *Dialektik der Aufklärung* (1947) eine aus der Not der Selbsterhaltung hervorgegangene technizistische, instrumentelle Vernunft kritisiert, der Subjekt und Objekt gleichzeitig zum

---

80 A. Camus, *Der Mensch in der Revolte*, Hamburg, Rowohlt, 1969, S. 58.

81 Vgl. A. Camus, *L'Homme révolté*, Paris, Gallimard ("idées"), 1951, S. 91.

82 A. Camus, *Essais*, Paris, Gallimard, Bibl. de la Pléiade, 1965, S. 762.

83 Zum Verhältnis von Camus und Nietzsche vgl. B. Rosenthal, *Die Idee des Absurden: Friedrich Nietzsche und Albert Camus*, Bonn, Bouvier, 1977.

84 H. R. Schlette, "Camus' Aktualität im Spannungsfeld der Antithese 'Natur-Geschichte'", in: M. Lauble (Hrsg.), *Der unbekannte Camus*, Düsseldorf, Patmos, 1979, S. 129.

Opfer fallen. Die Naturbeherrschung durch das instrumentell-rationalistisch denkende und handelnde Subjekt verdinglicht schließlich dieses Subjekt, das sich als Natur (als Individuum) selbst beherrschen muß, um einen Fortschritt voranzutreiben, durch den es bald selbst getrieben und instrumentalisiert wird. Diese Tatsache verdeckt der Idealismus, der die abstrakte Subjektivität als Ich-Prinzip feiert, denn: "Das Ichprinzip imitiert sein Negat. Nicht ist, wie der Idealismus über die Jahrtausende es einübte, obiectum subiectum; wohl jedoch subiectum obiectum. Der Primat von Subjektivität setzt spiritualisiert den Darwinschen Kampf ums Dasein fort. Die Unterdrückung der Natur zu menschlichen Zwecken ist ein bloßes Naturverhältnis (...)."[85]

Weit davon entfernt, die sich bei Camus abzeichnende Tendenz fortzusetzen und das Subjekt durch Angleichung ans Natürliche aufzulösen, versucht Adorno, sich ein Denken vorzustellen, das dem Besonderen, dem Einzelphänomen gerecht wird und dadurch zugleich das Subjekt aus dessen fataler Verstrickung in den herrschaftlichen Diskurs befreit. Es gilt, "über den Begriff durch den Begriff hinauszugelangen"[86], "sich des Nichtbegrifflichen im Begriff"[87] zu versichern.

Adorno meint – darin dem Romancier Musil nicht unähnlich –, daß der Essay, der sich dem Objekt von verschiedenen Seiten nähert, ohne es ganz erfassen zu wollen, noch am ehesten "dem Bewußtsein der Nichtidentität Rechnung"[88] trägt. In der *Negativen Dialektik* wendet er sich dem Modell zu, das das Spezifische anvisiert, "ohne es in seinen allgemeineren Oberbegriff zu verflüchtigen".[89] Diese Gratwanderung einer an der künstlerischen Mimesis sich orientierenden nichttheoretischen Theorie[90] mündet schließlich in der postum veröffentlichten *Ästhetischen Theorie* in eine von Hölderlins Lyrik inspirierte parataktische Schreibweise, die das Identitätsdenken aufbrechen und Subjekt und Objekt miteinander versöhnen soll.

Daß eine solche Theorie, die bei der Nuance verweilt und das Besondere retten möchte, die marxistische Forderung nach einer Einheit

---

85 Th. W. Adorno, *Negative Dialektik*, Frankfurt, Suhrkamp, 1966, S. 179.

86 Ibid., S. 25.

87 Ibid., S. 21.

88 Th. W. Adorno, *Noten zur Literatur I*, Frankfurt, Suhrkamp, 1958, S. 22.

89 Th. W. Adorno, *Negative Dialektik*, op. cit., S. 37.

90 Vgl. W. M. Lüdke, *Anmerkungen zur "Logik des Zerfalls": Adorno – Beckett*, Frankfurt, Suhrkamp, 1981, S. 68: "Denn das Besondere, Nichtidentische ist ja eben das, was sich festen Bestimmungen, Begriffen – der Identifikation – entzieht."

von Theorie und Praxis, aus der die Unterordnung des Einzelnen unter die Parteidisziplin hervorgeht, nicht bekräftigen kann, liegt auf der Hand. In dieser Hinsicht steht Adorno Camus recht nahe: Auch er lehnt sich gegen die Unterordnung des individuellen Subjekts unter den mythischen Auftraggeber "Geschichte" und den kollektiven Aktanten "Partei" auf. Gegen die "Vergottung" der Geschichte durch Marx und Engels plädiert er für den von der Geschichte verurteilten Einzelnen: "Das Individuum überlebt sich selbst. Bei seinem Residuum aber, dem geschichtlich Verurteilten, ist allein noch, was nicht der falschen Identität sich opfert."[91]

An diese Überlegungen knüpft Jürgen Habermas nicht an, wenn er in *Der philosophische Diskurs der Moderne* einen Ausweg aus der Subjektphilosophie sucht und schließlich als Alternative zu einer "subjektzentrierten Vernunft" eine "kommunikative Vernunft" vorschlägt. Im wesentlichen geht es darum, das hier im Zusammenhang mit dem Existentialismus und der Kritischen Theorie skizzierte Subjekt-Objekt-Verhältnis durch *Intersubjektivität*, durch intersubjektive Kommunikation zu ersetzen und plausibel zu machen, "daß das Paradigma der Erkenntnis von Gegenständen durch das Paradigma der Verständigung zwischen sprach- und handlungsfähigen Subjekten abgelöst werden muß".[92]

Da Habermas' Universalpragmatik im letzten Kapitel ausführlicher kommentiert wird, mag an dieser Stelle eine Zusammenfassung der wesentlichen Einwände genügen. Sie soll zeigen, daß Habermas trotz seines Plädoyers für eine Fortsetzung der "unvollendeten" Moderne in seinem Kommunikationsmodell Subjektivität einebnet, indem er die Gesprächsteilnehmer in eine homogene Lebenswelt versetzt und die sie trennenden sprachlich-politischen Differenzen durch Sprachregelungen zu reduzieren sucht.

Vor allem seine soziologischen Schriften lassen erkennen, daß er nicht nur dem amerikanischen Pragmatismus (Peirce), sondern auch einer amerikanischen Konsenssoziologie (Mead, Parsons) verpflichtet ist, die als Ideologie häufig kritisiert wurde (z.B. von A.W. Gouldner).[93] Habermas stellt sich eine homogene Lebenswelt vor, die die

---

91 Th. W. Adorno, *Negative Dialektik*, op. cit., S. 335.

92 J. Habermas, *Der philosophische Diskurs der Moderne*, Frankfurt, Suhrkamp, 1985 (2. Aufl.), S. 345.

93 Vgl. A. W. Gouldner, *Die westliche Soziologie in der Krise*, Hamburg, Rowohlt, 1974.

Grundlage einer konsensorientierten Kommunikation bildet.[94] Freilich handelt es sich in seinen Modellen nicht um die reale, konfliktbefrachtete Lebenswelt, sondern um die "formalpragmatische" Lebenswelt, aus der die "ideale Sprechsituation" abgeleitet wird. Hier sollen nur zwei Aspekte dieses Begriffs herausgegriffen werden, die erkennen lassen, daß Habermas bereit ist, den Konsens gegen die Subjektivität der Beteiligten formalistisch (d.h. formalpragmatisch) durchzusetzen. In der "idealen Sprechsituation", sagt er, sollten die vorhandenen Dialogrollen austauschbar sein und der "Zwang des besseren Arguments" anerkannt werden.

Subjektivität wird hier insofern unterdrückt, als die Austauschbarkeit der Dialogrollen eine gemeinsame Sprache der Diskussionsteilnehmer voraussetzt – eine Art "Universaljargon" im Sinne von Otto Neurath.[95] Eine solche Universalsprache gibt es jedoch weder im Alltag noch in den Sozialwissenschaften, wo jedes sprechende Subjekt durch seine Soziolekte und Diskurse konstituiert wird. Diese sind stets partikular (d.h. nicht völlig konsensfähig), und daher erscheint auch die These über den "Zwang des besseren Arguments" fragwürdig: denn in jedem Soziolekt ist ein anderes Argument "besser". Dies ist der Grund, weshalb ein Argument, das dem Subjekt *A* sogleich einleuchtet (etwa im Kontext eines feministischen Soziolekts), vom Subjekt *B* als "unwissenschaftlich", "irrational" oder "absurd" zurückgewiesen wird (etwa im Kontext der Systemtheorie).

Daß es Verständigungsmöglichkeiten zwischen Gruppensprachen gibt, soll nicht geleugnet werden[96], Habermas geht es jedoch nicht um dieses Problem, sondern um eine sprachliche Vereinheitlichung, die psychische, soziale und diskursive Differenzen zwischen Subjekten einebnet: "Verschiedene Sprecher dürfen den gleichen Ausdruck nicht mit verschiedenen Bedeutungen benutzen."[97] Man muß nicht Dekonstruktivist sein, um diese Forderung für eine repressive Utopie zu halten: Hat Margaret Masterman nicht 21 verschiedene Bedeutungen des

---

94 Vgl. J. Habermas, *Vorstudien und Ergänzungen zur Theorie des kommunikativen Handelns*, Frankfurt, Suhrkamp, 1986 (2. Aufl.), S. 591.

95 Zum Problem des "Universaljargons" vgl. O. Neurath, "Universaljargon und Terminologie" (1941), in: R. Haller, H. Rutte (Hrsg.), *Gesammelte philosophische und methodologische Schriften*, Bd. II, Wien, Hölder-Pichler- Tempsky, 1981.

96 Vgl. Vf., "Dialogische Theorie", in: ders., *Moderne/Postmoderne*, Tübingen-Basel, Francke, 2016 (4. Aufl.), S. 375-396 und Kap. V, 2, c in diesem Buch.

97 J. Habermas, *Moralbewußtsein und kommunikatives Handeln*, Frankfurt, Suhrkamp, 1983, S. 97.

Wortes "Paradigma" in Thomas S. Kuhns *The Structure of Scientific Revolutions* (1962) gefunden?[98] Wollte man Habermas' Forderung nachkommen, dürfte man sich über dieses so bekannte Buch wohl gar nicht unterhalten...

Habermas bricht insofern mit dem Diskurs der Kritischen Theorie (Adornos, Horkheimers), als er dessen Streben nach einer Stärkung des individuellen Subjekts, das auch dieses Buch beseelt, durch eine Intersubjektivität ersetzt, die einige repressive Züge der auf Naturbeherrschung ausgerichteten Aufklärung sprachlich festschreibt. Damit setzt er lediglich die Dialektik der Aufklärung fort, statt sie mit einer Alternative zu konfrontieren.

Trotz seiner Kritik an Adorno und Horkheimer steht Hans Ebeling der Kritischen Theorie näher als Habermas, weil er den nach wie vor aktuellen Nexus von Selbsterhaltung und Naturbeherrschung wieder in den Mittelpunkt der Betrachtung rückt und in diesem Kontext den Faktoren Aufmerksamkeit schenkt, die ein "Subjektwerden des Menschen" verhindern: "*Alles*, nämlich alles Faktische ist darauf angelegt, das Subjektwerden des Menschen gar nicht erst aufkommen zu lassen, es gering zu halten und möglichst wieder in die Selbstaufgabe abzudrängen. Gegen das Subjektsein des Menschen sind die Götter noch mit der Ökonomie verschworen, die Computer mit der Natur."[99] Leider enthält dieser dramatisierende und metapherngesegnete Diskurs Aussagen, die umkehrbar sind: denn das artifizielle Subjekt als künstliche Intelligenz kann durchaus auch als Stärkung des "Subjektwerdens des Menschen" aufgefaßt werden – sofern es intelligent eingesetzt wird.

Dem Niedergang des Subjekts möchte Ebeling durch eine kritische Verarbeitung der Moderne, durch eine selbstkritische "Rückkehr zum Subjektsein in der Moderne"[100] begegnen. Seine Unterstellung eines kollektiven, "technizistisch realisierbaren Todestriebes"[101] rückt ihn jedoch trotz seiner Orientierung an Kant in die Nähe zu Hei-

---

98 Vgl. M. Masterman, "The Nature of a Paradigm", in: I. Lakatos, A. Musgrave (Hrsg.), *Criticism and the Growth of Knowledge*, Cambridge, Univ. Press., 1970, S. 61-65.

99 H. Ebeling, *Das Subjekt in der Moderne. Rekonstruktion der Philosophie im Zeitalter der Zerstörung*, Hamburg, Rowohlt, 1993, S. 190.

100 Ibid., S. 195.

101 H. Ebeling, "Das neuere Prinzip der Selbsterhaltung und seine Bedeutung für die Theorie der Subjektivität", in: H. Ebeling (Hrsg.), *Subjektivität und Selbsterhaltung. Beiträge zur Diagnose der Moderne*, Frankfurt, Suhrkamp, 1996, S. 19.

deggers Seinsphilosophie und führt zu der Behauptung, das Subjekt könne nur durch seine "Herstellung in der widerständigen Einheit von Denken und Sterben"[102] gerettet werden, und zu der komplementären, aber sehr fragwürdigen These, daß der ökologische Tod der Gattung nur durch die Beschneidung demokratischer Rechte zu bewerkstelligen sei: "Der demokratische Anspruch kann nicht befriedigt werden, wenn es keine menschliche Gattung mehr gibt. Deshalb muß er im globalen Maßstab auf lange Zeiten eingeschränkt bleiben."[103] Dieser an Hobbes gemahnende Sprachduktus ist bedenklich in einer Zeit wachsender Staatskontrolle. Besorgniserregend ist vor allem der Ausdruck "auf lange Zeiten". In dieser Hinsicht waren die Römer vorsichtiger (weil politisch erfahrener): Sie wählten ihren Diktator nur für ein Jahr.

Die von Ebeling geschmähten postmodernen Philosophen unterscheiden sich wesentlich dadurch von ihm, daß sie das Subjekt zwar (wie er) primär als *Unterworfenes* (*sub-iectum*) und Zerfallendes auffassen, es jedoch nicht durch repressive Maßnahmen retten möchten, sondern die Zwangsmechanismen untersuchen, die es unterworfen haben. Michel Foucault, der im dritten Kapitel eine wichtige Rolle neben Laing und Goffman spielen wird, erblickt in der individuellen Subjektivität ein *proton pseudos*, das keinen Autonomieanspruch erheben kann, weil es aus Machtkonstellationen, die sich auf sprachlicher Ebene als diskursive Formationen manifestieren, hervorgeht. So tritt etwa der Machtanspruch der Humanwissenschaften dadurch zutage, daß sie den Menschen arbeitsteilig zergliedern, d.h. einem bestimmten taxonomischen Raster unterwerfen, den jeder zu spüren bekam, der in einem Krankenhaus systematisch in die verschiedenen Körperteile zerlegt wurde, auf die sich die Mediziner spezialisiert haben.

Zu dieser wissenschaftlichen Unterwerfung des Individuums durch die Medizin seit dem 19. Jahrhundert bemerkt Roddey Reid in seinem Kommentar zu Foucault: "Möglicherweise wohnen wir jetzt schon dem endgültigen Tod des Menschen bei, der vom 'medizini-

---

102 H. Ebeling, *Das Subjekt in der Moderne*, op. cit., S. 249-250. Vgl. auch H. Ebeling, *Neue Subjektivität. Die Selbstbehauptung der Vernunft*, Würzburg, Königshausen und Neumann, 1990, S. 156: "Damit ist das Projekt der Aufklärung aber unabweislich an das Projekt einer Metaphysik nach Kant angebunden. D. h.: Aufklärung gibt es nur in der Widerständigkeit der Vernunft selbst vorzüglich gegen ihren eigenen Tod."

103 Ibid., S. 269.

schen Humanismus' konstruiert und eingeordnet wird."[104] Wichtig ist hier die Erkenntnis, die Merleau-Ponty vorwegnahm[105], daß der Humanismus als Ideologie und Herrschaftsinstrument die Individuen zu Subjekten macht. Dies gilt jedoch in gleichem Maße für die institutionalisierte Wissenschaft, die sich mit Hilfe ihres Vokabulars, ihrer Taxonomien und Statistiken des Alltags bemächtigt – und zugleich der Subjektivität der Individuen.

Auf dieser Ebene knüpft Jürgen Link an das Werk von Michel Foucault an und erneuert es durch den Begriff des *Normalismus*, der nicht Normierung oder Normiertheit meint, sondern die Institutionalisierung und Ideologisierung dessen, was anhand von Datenbanken und Statistiken für "normal" gehalten oder erklärt wird. Im Anschluß an Foucault geht Link von der folgenden Frage aus: "Was also charakterisiert normalistische Subjektivitäten, und wie werden sie produziert?"[106] Man könnte mit Link antworten, daß sie im Rahmen einer wissenschaftlichen und pseudowissenschaftlichen Beherrschung des Alltags entstehen, sofern angenommen werden kann, daß "'Normalitäten' stricto sensu nur in verdateten Gesellschaften, nur in Kulturen, die sich selbst kontinuierlich, routinemäßig, flächendeckend und institutionell statistisch transparent machen"[107], existieren. Solche Transparenz, sagt Link, ist eine Form der Herrschaft über das Subjekt: "Diese Art statistischer Transparenz, die auch Foucault vielfältig im Blick hatte, ist sicherlich mit der panoptischen Transparenz verwandt, aber nicht identisch mit ihr: Im Extrem unterscheiden sie sich wie Stasi und Demoskopie."[108] Sie unterscheiden sich ähnlich wie Orwells *1984* und Huxleys *Brave New World*: Die Normalismus-Ideologie, die möglicherweise schon jenseits des Ideologischen liegt (vgl. III, 5), wirkt nicht unmittelbar repressiv wie der Nationalsozialismus oder der Marxismus-Leninismus, sondern suggeriert mit Daten: "mach's wie alle anderen; dann hast du weniger Probleme und wirst akzeptiert."

Links innovative Anknüpfung an Foucaults Subjekttheorie stellt insofern eine willkommene Wende in der deutschen Diskussion dar,

---

[104] R. Reid, "Corps clinique, corps génétique", in: L. Giard (Hrsg.), *Michel Foucault. Lire l'œuvre*, Grenoble, Millon, 1992, S. 126.

[105] Vgl. M. Merleau-Ponty, *Humanisme et terreur*, Paris, Gallimard, 1947, S. 306.

[106] J. Link, "Von der 'Macht der Norm' zum 'flexiblen Normalismus': Überlegungen nach Foucault", in: J. Jurt (Hrsg.), *Zeitgenössische französische Denker: Eine Bilanz*, Freiburg, Rombach, 1998, S. 260.

[107] Ibid., S. 255.

[108] Ibid.

als Link Foucaults fundamentales Anliegen erkennt: die Unterworfenheit des individuellen Subjekts als *subiectum* darzustellen, um – wie der späte Foucault – die Möglichkeit einer befreiten Subjektivität ins Auge zu fassen. Denn ohne eine globale Analyse der gesellschaftlichen und sprachlichen Überdeterminierung ist jedes Plädoyer für Subjektivität vorab zum Scheitern verurteilt.

Dies haben die deutschen Marxisten und Vertreter der Kritischen Theorie der 70er Jahre übersehen, als sie Foucault und den "Strukturalisten" (die damals noch nicht postmodern waren) vorwarfen, sie wollten die Subjektivität in der Struktur auflösen: "Waren die Existentialisten bei den starren Befindlichkeiten 'des Menschen schlechthin' stehen geblieben, hatten sie sich mit einer abstrakten Subjektivität begnügt, so verfallen die radikalen Vertreter des Strukturalismus ins entgegengesetzte Extrem: sie lösen alle Subjektivität auf in über- und intersubjektive 'Strukturen'."[109] Es fragt sich, ob man diesen Vorwurf in der gegenwärtigen Situation nicht eher an Habermas' Adresse richten sollte. Denn Foucault und Althusser war es eher um die kritische Analyse jener sozialen Mechanismen zu tun, die das individuelle Subjekt zum Unterworfenen machen.

Die deutschen Kritiker hatten insofern recht, als Foucault und Althusser dazu neigten, die überdeterminierenden Strukturen zu verabsolutieren und – wie weiter oben im Zusammenhang mit Althusser schon gezeigt wurde – die Möglichkeiten, die der Einzelne zwischen Fachsprachen, Ideologien und Kollektivsubjekten hat, zu unterschätzen. Insofern ist Urs Jaeggi beizupflichten, wenn er bemerkt: "Die *Strukturnotwendigkeit* bleibt bei Althusser eingebettet in eine *Quasi-Naturnotwendigkeit*, die, auch wenn dieser Punkt kaum thematisiert wird, eine tiefe Skepsis gegenüber jeder Art politischer Praxis spiegelt. Die Abwesenheit des Subjekts gerät zur Abwesenheit der Klassenauseinandersetzungen."[110] Althusser gibt dies später selbst zu[111], beharrt aber weiterhin auf seiner Auffassung, der wissen-

---

109 A. Schmidt, "Der strukturalistische Angriff auf die Geschichte", in: A. Schmidt (Hrsg.), *Beiträge zur marxistischen Erkenntnistheorie*, Frankfurt, Suhrkamp, 1972 (4. Aufl.), S. 197.

110 U. Jaeggi, *Theoretische Praxis. Probleme eines strukturalen Marxismus*, Frankfurt, Suhrkamp, 1976, S. 109.

111 Vgl. L. Althusser, *Eléments d'autocritique*, Paris, Hachette, 1974, S. 94: "Les plus politiques de mes critiques l'ont bien relevé: il n'est guère question de la lutte de classes *pour elle-même* dans *Pour Marx* et *Lire le Capital*; il n'en est pas question lorsque je parle de la fonction pratique et sociale de l'idéologie (...)."

schaftliche Diskurs sei ein Prozeß ohne Subjekt, und begibt sich dadurch der Möglichkeit, seine eigene Wissenschaftssprache als kontingentes Konstrukt *eines Subjekts* im Kontext zu reflektieren.[112] Seine These über die "Ideologiehaftigkeit" von Subjektivität bleibt jedoch eine wertvolle Erkenntnis, die nicht in Vergessenheit geraten sollte.

Ähnlich einseitig und dennoch aufschlußreich erscheinen aus heutiger Sicht die Kritiken an Kohärenz, Identität und Subjektivität bei Deleuze, Derrida und Vattimo, die im dritten Kapitel ausführlicher kommentiert werden. Hier wird lediglich der Kerngedanke vorweggenommen, der Deleuze und Derrida in diesem Bereich verbindet: Sowohl in Derridas *L'Ecriture et la différence* (1967) als auch in Deleuzes *Différence et répétition* (1968) ist die These zentral, daß die Wiederholung eines Zeichens (im Sinne der semantischen Rekurrenz oder Redundanz) nicht kohärenz- und identitätsbildend wirkt, sondern Abweichungen, Widersprüche zeitigt und so den Zerfall des Diskurses und des Subjekts bewirkt. Ich kann ein Wort wie "Paradigma" (s.o.), "Subjekt" oder "Wissenschaft" im Diskurs nicht wiederholen, ohne semantische Abweichungen in Kauf nehmen zu müssen, die meinen Diskurs schließlich dekonstruieren.

Dadurch wird Subjektivität als Identität des Subjekts radikal in Frage gestellt. Im Anschluß an Nietzsche, der als einer der ersten die diskursive Identität des Zeichens und des Subjekts in Zweifel zog, bemerkt Deleuze: "Das Subjekt der ewigen Wiederkehr ist nicht das Selbe, sondern das Differente, nicht das Ähnliche, sondern das Unähnliche, nicht das Eine, sondern das Viele, nicht die Notwendigkeit, sondern der Zufall."[113] Diese etwas kryptische Aussage bedeutet u.a., daß das Subjekt des Diskurses aufgrund der zahlreichen semantischen Abweichungen, die es selbst hervorbringt, nie mit sich selbst identisch sein kann.

Gianni Vattimo sieht es so: "Von Anfang an hat die Differenz für Deleuze dieselbe Bedeutung wie für Derrida: Sie bedeutet in der Tat, daß jede vorgebliche Unmittelbarkeit immer schon Verdoppelung eines Originals ist, das es nicht gibt."[114] Es gibt keinen Ursprung, sondern nur Simulakra als Abweichungen von einem unbekannten *X*.

---

112 Nicht nur bei Althusser, sondern auch bei Pêcheux zeigt sich, wie verheerend sich ein Verzicht auf die hermeneutisch-dialektischen Kategorien der Reflexion und des Dialogs auswirkt.

113 G. Deleuze, *Differenz und Wiederholung*, München, Fink, 1992, S. 165.

114 G. Vattimo, *Le avventure della differenza. Che cosa significa pensare dopo Nietzsche e Heidegger*, Mailand, Garzanti, 1980, S. 159.

Allerdings ist die Idee der Abweichung von einer unbekannten Größe, die Derridas und Deleuzes Argumentation zugrunde liegt, in sich widersprüchlich. Dies ist dem Hermeneutiker Manfred Frank aufgefallen, der "die Subversion des Subjekts zu umgehen versucht"[115], wie Rainer Leschke sagt, und zu Recht einwendet, "daß Derridas Angriff auf die Idee der Präsenz [als Sinnpräsenz und subjektive Identität] nicht nur radikal, sondern *zu* radikal, nämlich widersprüchlich ist. Ohne den Rückbezug auf ein Moment relativer Sichselbst-Gleichheit wäre Differenzierung (Sinnverschiebung, metaphorische Bedeutungsneueinschreibung) gar nicht feststellbar, sie wäre kriterienlos und vom Zustand der völligen Beharrung ununterscheidbar".[116] Das ist zweifellos richtig und könnte mit der semiotischen Bemerkung ergänzt werden, daß Differenzierung (etwa des Subjektbegriffs) nicht nur Abweichung und Widerspruch, sondern auch semantische Konkretisierung mit sich bringen kann. Franks hermeneutisch-semiotische Position ist mit Leschke in aller Knappheit als "eine Rekonstruktion des Subjekts auf semiologisch verunsichertem Boden"[117] bestimmbar.

Insofern kann Subjektivität – wie es durchgehend in diesem Buch geschieht – als sich wandelnde Identität und als Einheit in der Vielfalt aufgefaßt werden. Es kommt darauf an, von einer Auffassung der Subjektivität als statischer Identität oder als "Zustand der völligen Beharrung" (Frank) abzurücken, um sich ein Subjekt vorstellen zu können, dessen Individualität als sozialisierte Natur, dessen Subjektivität als Kultur nur als *Prozesse* oder dynamische Einheiten denkbar sind. Bisweilen wird voreilig vom Zerfall oder Verschwinden des Subjekts gesprochen, nur weil man unerwartet Bewegung und Wandel wahrnimmt, wo man statische Identität vermutete, die von den Dekonstruktivisten zu Recht angezweifelt wird.

(b) Von der einsamen Masse zur sozialen Bewegung: Soziologie

Der Übergang von der Philosophie zur Soziologie läßt zweierlei erkennen: Das Subjektproblem scheint in der Soziologie weniger wich-

---

115 R. Leschke, *Metamorphosen des Subjekts. Hermeneutische Reaktionen auf die (post-)strukturalistischer Herausforderung*, Bd. I, Frankfurt-Bern-Paris, Lang, 1987, S. 35.

116 M. Frank, "Subjekt, Person, Individuum", in: M. Frank, G. Raulet, W. van Reijen (Hrsg.), *Die Frage nach dem Subjekt*, Frankfurt, Suhrkamp, 1988, S. 25-26.

117 R. Leschke, *Metamorphosen des Subjekts*, Bd. I, op. cit., S. 35.

tig zu sein als in der Philosophie, und es scheint in der französischen Soziologie wichtiger zu sein als in der deutschen.[118] Dies ist umso erstaunlicher, als wir uns an das interkulturelle Stereotyp gewöhnt haben, daß der Subjektbegriff von fortschrittlichen oder modischen Pariser Philosophen als obsoletes Relikt des deutschen Idealismus verabschiedet wurde, während er östlich des Rheins von tapferen Hermeneutikern wie Manfred Frank in quichottesken Rückzugsgefechten verteidigt wird. Daß dieses Stereotyp (wie alle Stereotypen) nur eine Teilwahrheit ist, zeigt nicht nur die späte Philosophie Foucaults, die nach den Möglichkeiten des Subjekt-Seins fragt, sondern auch die Hermeneutik Ricœurs, die wesentlich zur Vorstellung einer dynamischen, sich entfaltenden Subjektivität beigetragen hat.

Parallel und komplementär zu dieser Philosophie sind die keineswegs marginalen soziologischen Arbeiten von Alain Touraine und Edgar Morin zu lesen, die auf die soziologische Erkenntnis reagieren, daß der aus traditionellen Zwängen und Sicherheiten freigesetzte Einzelne unter die Räder einer vollautomatisierten, vernetzten Datengesellschaft geraten könnte, die die Freiheiten und Initiativen der liberalen Ära systematisch liquidiert. Beide Soziologen gehen der Frage nach, wie individuelle Subjektivität unter den ungünstigen Bedingungen einer "nachindustriellen" oder "programmierten" (Touraine) Marktgesellschaft möglich ist. Dabei setzen sie ein Modell voraus, auf dessen verschiedene (z.T. divergierende) Varianten sich Soziologen wie David Riesman, Lucien Goldmann, Daniel Bell, Anthony Giddens und Ulrich Beck berufen.

Dieses Modell, dem die Erkenntnis Emile Durkheims und Ferdinand Tönnies' zugrunde liegt, daß sich die traditionellen Gemeinschaften in arbeitsteilige Gesellschaften besitzindividualistischen Typs auflösen, liegt nahezu allen soziologischen Subjekttheorien zugrunde. Sie fügen jedoch nach dem Zweiten Weltkrieg einen wesentlichen Gedanken hinzu, der bei den "Klassikern" der Soziologie nur anklingt: den Gedanken, daß in einer von Großkonzernen, Massen-

---

[118] Nicht nur in dem schon erwähnten (von B. Schäfers edierten) Nachschlagewerk *Grundbegriffe der Soziologie* fehlt der Subjektbegriff, sondern auch in der von N. Wenturis, W. Van Hove und V. Dreier herausgegebenen *Methodologie der Sozialwissenschaften* (Tübingen-Basel, Francke, 1992). In dem im Jahre 1972 zuerst erschienenen *Wörterbuch der Soziologie* (Hrsg. G. Hartfiel, K.-H. Hillmann) sind die Begriffe "Subjekt", "Subjektivismus" und "Subjektivität" noch anzutreffen. Vgl. K.-H. Hillmann, *Wörterbuch der Soziologie*, Stuttgart, Kröner, 2007 (5. erw. Aufl.), S. 870-871.

organisationen und Medien dominierten Gesellschaft das individuelle Subjekt restlos vereinnahmt oder zur Ohnmacht verurteilt wird.

Soziologen des spätmodernen und des nachmodernen Zeitalters beginnen ihre sozio-historische "Metaerzählung" mit Kommentaren zur traditionalistischen Gesellschaftsform, setzen sie mit der Moderne oder der individualistischen Ära des liberalen Kapitalismus fort und lassen sie in ein Stadium münden, das Goldmann als *capitalisme d'organisation* bezeichnet, Giddens als *late modernity*, Bell und Touraine als *postindustrial society* oder *société postindustrielle (société programmée)* und Baudrillard als das vom Tauschwert beherrschte "strukturale Stadium" (*stade structural*), dem er allerdings in Abweichung von der ansonsten üblichen Triade ein viertes, "fraktales" Stadium hinzufügt, in dem Gebrauchswert und Tauschwert nicht mehr zu unterscheiden sind und die Wirklichkeit als Bezugspunkt sich vollends verflüchtigt.[119]

Trotz aller theoretischen und terminologischen Divergenzen, die diese Autoren voneinander trennen, ist den von ihnen beschriebenen Endstadien der kapitalistischen Entwicklung eines gemeinsam: *der Niedergang des individuellen Subjekts*. Sie alle scheinen in der Erkenntnis der *Negativen Dialektik* zu konvergieren, daß (wie Musil sagt) der Individualismus zu Ende geht: "Das Individuum überlebt sich selbst."[120] Insofern bestätigen sie auch die Diagnosen von Philosophen wie Hans Ebeling oder Jean-François Lyotard, dessen subjektnegierende Ästhetik im dritten Kapitel zur Sprache kommt.

Besonders charakteristisch für diesen Gedankengang ist David Riesmans bekannte Theorie des Übergangs von einer *traditionsgelenkten* Gesellschaftsordnung zu einer liberal-individualistischen Phase der subjektiven *Innenlenkung* (*inner-directedness*), die von einer dritten Phase der subjektiven *Außenlenkung* (*other-directedness*) im Spätkapitalismus abgelöst wird. Während die Gesellschaft der *Innenlenkung* mit der Zeit der individuellen Autonomie zusammenfällt, wird die spätkapitalistische Ordnung durch *Außenlenkung* als Heteronomie geprägt. Claus Daniel stellt diesen Prozeß als Schwächung der individuellen Autonomie dar: "Die Subjekte bestimmen ihre Handlungen weniger nach dem individuellen Gewissen als in Rücksicht auf Signale, die sie von bedeutsamen anderen Personen empfan-

---

119 Vgl. J. Baudrillard, *La Transparence du Mal. Essai sur les phénomènes extrêmes*, Paris, Galilée, 1990, S. 13.

120 Th. W. Adorno, *Negative Dialektik*, op. cit., S. 335.

gen. Diesen Charaktertyp nennt Riesman 'außengeleitet'; die Gesellschaft stützt sich jetzt auf *Außenlenkung*."[121]

Allerdings sollte diese gesellschaftliche Heteronomie nicht allzu sehr personalisiert und mit "bedeutsamen Personen" verknüpft werden; denn die *Außenlenkung* kommt, wie Leo Löwenthal in seinen Analysen der *popular magazines* gezeigt hat[122], durch medial produzierte Modelle wie Filmschauspielerinnen, Fernsehstars, Nationalhelden usw. zustande, an deren Medienimage sich die Öffentlichkeit orientiert. Dieses *image* als *simulacrum* oder Trugbild kann zum Wirklichkeitsersatz für das desorientierte Subjekt werden, dem in Baudrillards etwas phantastischem Modell die Wirklichkeit entgleitet: "Der Übergang von Zeichen, die etwas verdecken, zu Zeichen, die darüber hinwegtäuschen, daß es gar nichts gibt, ist der entscheidende Wendepunkt."[123]

Komplementär zu Riesmans Modell verhält sich die ethisch motivierte Diagnose Daniel Bells, die in den Vorwurf mündet, der Produktionskapitalismus des liberalen Unternehmers, des *tycoon* und des innengelenkten Individuums im Sinne von Riesman habe sich in einen Konsumkapitalismus verwandelt, in dem die traditionellen Tugenden der liberal-individualistischen Ära (wie Verantwortungsbewußtsein, Fleiß und Initiative) von einem konsumorientierten Hedonismus abgelöst werden. In Bells Buch über *Die nachindustrielle Gesellschaft* heißt es: "Um die Mitte des 20. Jahrhunderts suchte sich der Kapitalismus nicht länger durch Arbeit oder Eigentum zu rechtfertigen, sondern begnügte sich mit den Statussymbolen materiellen Besitzes und der Ausweitung der Vergnügungen. Ein höherer Lebensstandard und eine Lockerung der Sitten wurden nun als Zeichen persönlicher Freiheit gewertet und zum Selbstzweck erhoben."[124] Daß Bell, der der protestantischen Ethik im Sinne von Max Weber nachtrauert, an dieser Entwicklung keinen Gefallen finden kann, deuten nicht nur negativ konnotierte Lexeme wie "begnügte" und "Vergnügungen" an, sondern auch der mythische Subjekt-Aktant "Kapitalismus", der in Bells Kommentaren ob seiner Verirrungen unermüdlich gegeißelt wird.

---

[121] C. Daniel, *Theorien der Subjektivität. Einführung in die Soziologie des Individuums*, Frankfurt-New York, Campus, 1981, S. 146.

[122] Vgl. L. Löwenthal, "Biographies in Popular Magazines", in: ders., *Literature, Popular Culture and Society*, Englewood Cliffs (N.J.), Prentice Hall, 1961.

[123] J. Baudrillard, *Simulacres et simulation*, Paris, Galilée, 1981, S. 17.

[124] D. Bell, *Die nachindustrielle Gesellschaft*, Frankfurt-New York, Campus, 1989 (2. Aufl.), S. 363.

Weniger mythisch stellt Lucien Goldmann als Marxist die kapitalistische Entwicklung dar, wenn er der liberalen und der monopolistischen Phase die des staatlich organisierten Kapitalismus folgen läßt, in der Vermittlung durch den Tauschwert und Verdinglichung das Handeln beherrschen. Sie drängen qualitative Werte im ethischen, politischen und ästhetischen Sinn an den Rand des gesellschaftlichen Geschehens ab und zersetzen so die Grundlagen kollektiver und individueller Subjektivität. Aus Goldmanns Sicht erscheint die monopolistische oder imperialistische Phase als durch das "Verschwinden des Individuums"[125] geprägt, die des staatlich organisierten Kapitalismus (*capitalisme d'organisation*) "durch die Entwicklung der Verdinglichung zu einer autonomen Welt, in der das Menschliche als solches, sowohl als Individuum wie auch als Gemeinschaft, alle wesentliche Wirklichkeit verloren hat, die ihre eigene Strukturierung hat, die dieses Menschliche nur noch selten und unter großen Schwierigkeiten zum Ausdruck kommen läßt".[126]

Was diesen neomarxistischen Diskurs, der vom Gegensatz *Gebrauchswert/Tauschwert* ausgeht, mit Bells neoweberianischen Diagnosen verbindet, ist die Überzeugung, daß das autonome Individualsubjekt der liberalen Ära der Vergangenheit angehört und daß Subjektivität und Initiative unter spätkapitalistischen Bedingungen immer schwieriger werden. Die hier zitierte Passage läßt überdies eine theoretische Verwandtschaft zwischen dem als archaisch apostrophierten Humanisten Goldmann[127] und dem postmodernen Modedenker Baudrillard erkennen: Beide sind der Ansicht, daß durch die Herrschaft des Tauschwerts eine "autonome Welt" entsteht, "die ihre eigene Strukturierung hat", die Baudrillard als hyperreal bezeichnen würde. Goldmanns verdinglichte Welt ist Baudrillards medialem Wirklichkeitsersatz gar nicht unähnlich – vor allem wenn Baudrillards Frühwerk (etwa *Le Système des objets*, 1968) mitberücksichtigt wird, in dem der Nexus von Tauschwert und Verdinglichung zentral ist.

---

[125] L. Goldmann, *Soziologie des Romans*, Frankfurt, Suhrkamp, 1984, S. 210.

[126] Ibid.

[127] Schon im Jahre 1966 bezeichnete Goldmanns Schüler Jacques Leenhardt Goldmanns Ansatz als "profondément anachronique par rapport à notre époque": Vgl. J. Leenhardt, "Psychocritique et sociologie de la littérature", in: *Les chemins actuels de la critique*, Paris, UGE (10/18), 1968, S. 400 ("Discussion"). Es zeigt sich jedoch, daß Goldmanns These über den Niedergang des individuellen Subjekts weitgehend mit den Thesen Simmels, Bells, Riesmans und sogar Touraines und Becks übereinstimmt.

Auf den von Riesman, Bell und Goldmann diagnostizierten Zustand des Niedergangs und der Krise reagieren in nachmoderner Zeit, aber ohne postmoderne Gesinnung, Soziologen wie Ulrich Beck in Deutschland und Anthony Giddens in Großbritannien. Beck scheint in seinen Analysen der *Risikogesellschaft* an die von Riesman und Bell umrissene Problematik mit der Feststellung anzuknüpfen, daß es die alte, vom Produktionsethos beseelte Industriegesellschaft nicht mehr gibt. Sie geht allmählich in eine *Risikogesellschaft* über, die die Unwägbarkeiten des Industriezeitalters reflektiert. Dadurch wird die Moderne sich selbst zum Gegenstand, wird reflexiv: "Während in der Industriegesellschaft die 'Logik' der Reichtumsproduktion die 'Logik' der Risikoproduktion dominiert, schlägt in der Risikogesellschaft dieses Verhältnis um (...). Die Produktivkräfte haben in der Reflexivität von Modernisierungsprozessen ihre Unschuld verloren."[128] Anders gesagt: Die Moderne als Industriegesellschaft wird durch Umweltkatastrophen und andere globale Risiken, die alle Gruppen und tendenziell alle Gesellschaften bedrohen, sich selbst zum Objekt und zum Problem.

Beck ist seinem Selbstverständnis nach zwar kein nachmoderner Denker im Sinne von Lyotard oder Baudrillard; er reagiert aber auf postmoderne und postindustrielle Erscheinungen, weil er – ähnlich wie Touraine – die Möglichkeiten einer neuen Gesellschaftsethik nach dem Zerfall der protestantischen Produktionsethik des Industriezeitalters sondiert. Mit Bell stimmt er zwar in der Ansicht überein, daß sich die protestantische Ethik im Sinne von Weber überlebt hat, weicht aber radikal von seiner Dekadenz-Diagnose ab und entwirft das Bild einer Risikogesellschaft, die von den Imperativen der Selbsterhaltung genötigt wird, sich mit den in der Industriegesellschaft angehäuften Risiken kritisch auseinanderzusetzen. Dem Konservatismus Bells stellt Beck – ähnlich wie Touraine in *Critique de la modernité* (1992) – eine Selbstkritik der Moderne gegenüber.

Dies ist der Grund, weshalb er den Verlust individueller Autonomie nicht als Dekadenzerscheinung versteht, sondern eher als Ergebnis einer globalen *Verunsicherung*, die aus dem Zerfall eines auf Leistung, Produktion und Erfolg ausgerichteten Wertsystems hervorgeht. In einer gesellschaftlichen Situation, in der Erfolgssymbole wie Einkommen, Karriere und Status nicht länger die individuelle Subjektivi-

---

128 U. Beck, *Risikogesellschaft. Auf dem Weg in eine andere Moderne*, Frankfurt, Suhrkamp, 1986, S. 17.

tät ausfüllen können, weil die Leistungsethik der Industriegesellschaft nicht mehr uneingeschränkt gilt, stellt sich die Frage nach dem Subjektsein in einem neuen und labil geschichteten Kontext: "Die Konsequenz ist, daß die Menschen immer nachdrücklicher in das Labyrinth der Selbstverunsicherung, Selbstbefragung und Selbstvergewisserung hineingeraten. Der (unendliche) Regreß der Fragen: 'Bin ich wirklich glücklich?', 'Bin ich wirklich selbsterfüllt?', 'Wer ist das eigentlich, der hier 'ich' sagt und fragt?', führt in immer neue Antwort-Moden, die in vielfältiger Weise in Märkte für Experten, Industrien und Religionsbewegungen umgemünzt werden."[129] Diese Passage ist deshalb von besonderem Interesse, weil sie erkennen läßt, daß sich das individuelle Subjekt in Krisenzeiten an zwei Faktoren orientiert: am Markt (am Tauschwert) und an Kollektivsubjekten und deren Ideologien.

Sie ist auch deshalb wichtig, weil sie sich auf thematischer Ebene mit einer Studie von Anthony Giddens über *Modernity and Self-Identity* (1991) überschneidet, die zu anderen Ergebnissen kommt. Der britische Soziologe nimmt zwar die Fragmentierung der Gesellschaft und den sich beschleunigenden Wertewandel, der immer wieder in Anomie umschlägt, wahr, schließt jedoch nicht auf globale Verunsicherung oder auf einen Zerfall der "self-identity", sondern beruft sich auf den hier (in einem völlig anderen Kontext) konstruierten Nexus von Individualität als Körperlichkeit und Subjektivität als Diskurs bzw. narratives Programm: "The potential for the unravelling of self-identity is kept in check because demeanour sustains a link between 'feeling at home in one's body' and the personalised narrative."[130]

Nun könnten Skeptiker wie Riesman, Bell und Beck einwenden, daß *demeanour* (Verhalten, Benehmen) zu einem Zauberwort wird, das den Zusammenhalt von Körperlichkeit und Subjektivität als "personalised narrative" garantieren soll. Haben wir es nicht mit einer leeren Worthülse als Verlegenheitsgeste zu tun? Es kommt hinzu, daß "feeling at home in one's body" sicherlich nicht in allen (nicht einmal in den meisten) Fällen vorausgesetzt werden kann. Die immer häufiger auftretenden psycho-somatischen Krankheiten und die Geschlechtsumwandlung als extremes Beispiel scheinen Giddens' These zu dementieren.

Die Schwächung des individuellen Subjekts, die Soziologen von Riesman und Goldmann bis Bell und Beck diagnostizieren, ist sicher-

---

129 Ibid., S. 156.

130 A. Giddens, *Modernity and Self-Identity. Self and Society in the Late Modern Age*, Cambridge, Polity, 1991, S. 100.

lich *ein* Grund, weshalb Niklas Luhmann in seiner Systemtheorie auf den Subjektbegriff und den komplementären Begriff des *subjektiven Verstehens*, der für Webers verstehende Soziologie so wichtig war, kurzerhand verzichtet: "Wir können damit auch den Subjektbegriff aufgeben"[131], heißt es in *Soziale Systeme*. Sicherlich ist dieser Verzicht auch durch den Umstand motiviert, daß die Unterwerfung des Subjekts (als *subiectum*) unter Sprache, Ideologie, Systemzwang und Werbung die soziologische Diskussion seit den "Klassikern", seit Durkheim, M. Weber und Simmel, beherrscht. Es kommt hinzu, daß Luhmann meint, das Soziale eher im Rahmen des Gegensatzes *System/Umwelt* als mit Hilfe des Begriffspaars *Struktur/Handlung* (Parsons, Merton) erklären zu können.

Allerdings schafft er das Subjektproblem mit seiner lapidaren Verzichterklärung nicht aus der Welt: Denn Subjektivität ist ein sprachliches Phänomen, das jedem Text (auch dem Luhmanns) *innewohnt*. Einerseits artikuliert sie sich auf der Ebene des Aussagevorgangs, weil stets jemand spricht, kritisiert, erzählt; andererseits tritt sie auf der Ebene der Aussage in Erscheinung, wo handelnde Instanzen oder Aktanten (Greimas: vgl. I, 1) agieren, gegeneinander auftreten, einander bekämpfen. Im Märchen sind es Könige, Zauberer, Prinzessinnen oder Drachen; im Roman ehrgeizige, liebende oder rächende Helden und Antihelden; in der bisherigen Soziologie waren es handelnde Individuen (individuelle Aktanten) oder Gruppen, Klassen, Organisationen (kollektive Aktanten). Bei Luhmann handeln zwar keine individuellen oder kollektiven Aktanten mehr, dafür aber *Systeme als abstrakte Subjekt-Aktanten, die immer wieder zu mythischen Aktanten* (vgl. I, 1 und IV, 3) werden.

Dieser Gedanke kann hier nicht weiter verfolgt werden; er wird aber im vierten Kapitel *en détail* entwickelt. Er soll die in manchen Kreisen gehegte Doxa in Frage stellen, der zufolge Luhmanns Systemtheorie jede Art von Subjekt- und Handlungssoziologie ein für allemal in den Bereich des "alteuropäischen Denkens" (Luhmann) relegiert hat. Da es primär um den "Diskussionsstand" geht, soll nur die von Franz Grubauer bezogene Gegenposition erwähnt werden. Grubauer scheint die hier (und im vierten Kapitel) vorgebrachte Kritik zu bestätigen, wenn er bemerkt: "Diese Theorie 'organisierter Sozialsysteme' ist zweifellos aus der hier vertretenen subjekttheoretischen Perspektive relevant, weil sie a) kontrafaktisch Aussagen über die

131 N. Luhmann, *Soziale Systeme*, op. cit., S. 111.

Subjekte von Organisationen thematisiert und b) an diesen anwendungsorientierten Aussagen die Ambivalenz der Systemtheorie gegenüber der Bedeutung und Stellung von Subjekten und deren Subjektivität deutlich werden läßt und c) es sich weiterhin aufzeigen läßt, daß sich die systemische Rationalitätsfrage nur im Kontext unterschiedlicher Interessen von individueller Reproduktion und Systemreproduktion aufklären läßt."[132]

Schließlich wendet sich Grubauer gegen den im deutschen Sprachbereich so starken systemtheoretischen Trend, wenn er zu bedenken gibt, daß Organisationen "in der Dialektik von Individuum und Organisation wieder mehr subjektabhängig"[133] werden, weil sie auf reflexive Subjektivität angewiesen sind. Diese Ansicht wird in Frankreich vom Organisationssoziologen Michel Crozier und seinen Mitarbeitern (z.B. in M. Crozier, E. Friedberg, *L'Acteur et le système*, 1977) bestätigt, kann jedoch ebensowenig bewiesen werden wie Luhmanns Behauptung, Begriffe wie "Subjekt" und "subjektives Verstehen" (im Weberschen Sinn) seien verzichtbar. Insofern schlagen sich auch Soziologen – ähnlich wie Philosophen, Psychologen und Literaturwissenschaftler – mit Wörtern herum. Deshalb soll im vierten Kapitel anhand von Textanalysen veranschaulicht werden, wie sehr der Subjektbegriff bei Luhmann erst eskamotiert und dann unterdrückt wird.

Zugleich wird dort auf die – auf den ersten Blick unwahrscheinliche – Verwandtschaft zwischen Luhmann und Baudrillard hingewiesen. Denn auch Baudrillard ist der Meinung, daß Begriffe wie "Subjekt", "Verstehen", "Geschichte" anachronistisch sind, weil sie sich auf den im "strukturalen" oder "fraktalen" Stadium der Tauschgesellschaft verschwundenen Bereich des Gebrauchswerts und des Politischen beziehen. Daher vertritt er die Ansicht, daß Begriffe wie "Subjekt" nichts mehr erklären, weil alles Geschehen in der postmodernen Gesellschaft von systemischen Operationen gesteuert wird – gleichsam hinter dem Rücken der Akteure.[134] Es wird sich in diesem Zusammenhang zeigen, daß Luhmann zu Unrecht den Postmoderne-Begriff als unbrauchbar zurückweist, weil er selbst auf durchaus postmoderne Art – und bisweilen in Übereinstimmung mit Baudrillard

---

132 F. Grubauer, *Das zerrissene Bewußtsein der gesellschaftlichen Subjektivität*, op. cit., S. 161-162.

133 Ibid., S. 154.

134 Vgl. J. Baudrillard, "Facticité et séduction", in: J. Baudrillard, M. Guillaume, *Figures de l'altérité*, Paris, Ed. Descartes, 1992, S. 109 sowie Kap. IV, 2.

– das Verschwinden des individuellen Subjekts in der Nachmoderne denkt.

Im Gegensatz dazu versuchen französische Soziologen wie Alain Touraine und Edgar Morin nachzuweisen, wie unentbehrlich der Subjektbegriff sowohl auf individueller als auch auf kollektiver Ebene ist. Touraines Antwort auf die Krise des individuellen Subjekts in der spätmodernen oder postmodernen Gesellschaft (Touraine macht sich den Begriff der Postmoderne nicht zu eigen) ist eine Verknüpfung der individuellen mit der kollektiven Subjektivität sozialer Bewegungen. In seinem Buch, das den recht eindeutigen Titel *Le Retour de l'acteur* (1984) trägt, faßt er sein Anliegen in wenigen Worten zusammen: "die Analyse der neuen gesellschaftlichen Bewegungen ermöglichen und vorbereiten: der Akteure (acteurs) unserer Geschichte".[135]

Aus typologisch-komparatistischer Sicht[136] ist es besonders aufschlußreich, analoge Argumentationsmuster in der deutschen soziologischen Diskussion zu beobachten, die keineswegs als von der Systemtheorie beherrscht erscheint, sofern man nicht die Mühe scheut, sie systematisch zu rezipieren. Man meint, Alain Touraine zu lesen, wenn man in Claus Daniels *Theorien der Subjektivität* (wo Touraine nicht erwähnt wird) auf die folgende Passage stößt: "Heute, wo Reflexivität als Lebensprinzip selbst bedroht ist, zeichnen sich auch *soziale Bewegungen* etwa in der Form von Alternativbewegungen ab, die unmittelbar den Kampf um technisch bedrohte Lebensformen, schließlich die Chancen des Selbstseins – wie immer auch widersprüchlich – aufnehmen."[137] Der von Daniel hergestellte Zusammenhang zwischen individueller Emanzipation und sozialer Bewegung (den er im Sinne von Marcuses "neuer Sensibilität" auffaßt) ist für eine nachmoderne Gesellschaft charakteristisch, deren Akteure jenseits von staatlicher Intervention, Parteiorganisation und Konzernwirtschaft ihre Interessen verteidigen und ihre Ansichten artikulieren.

Vor allem in seinen neueren Arbeiten erwartet Touraine von den sozialen Bewegungen, daß sie durch eine Annäherung an die politischen Aktanten (Parteien, Gewerkschaften) und durch gemeinsames

---

[135] A. Touraine, *Le Retour de l'acteur. Essai de sociologie*, Paris, Fayard, 1984, S. 245. Zur individuellen Autonomie bei Morin vgl. E. Morin, *Sociologie*, Paris, Fayard, 1984, S. 438.

[136] Zum Verhältnis von typologischen und genetischen Vergleichen vgl. Vf., *Komparatistik. Einführung in die Vergleichende Literaturwissenschaft*, Tübingen-Basel, Francke, 2011 (2. Aufl.), Kap. III und IV.

[137] C. Daniel, *Theorien der Subjektivität*, op. cit., S. 125.

Handeln die Gesellschaft aus der Sackgasse des Liberalismus herausführen. Dennoch glaubt er nicht an eine Wiedergeburt revolutionärer Parteien, weil die zeitgenössischen sozialen Bewegungen durch Diskontinuität und Heterogenität gekennzeichnet sind: Ihr Handeln ist zeitlich begrenzt, und sie haben keine gemeinsamen Ziele. Deshalb ruft er die Intellektuellen auf, die Gemeinsamkeiten der Bewegungen aufzuzeigen ("mettre au jour les orientations communes").[138] Es fragt sich jedoch, wie es gerade den Intellektuellen, die stets untereinander zerstritten sind, gelingen soll, in diesem Bereich einen gemeinsamen Nenner zu finden.

Bisweilen erinnern Touraines Versuche, ein Bündnis zwischen Intellektuellen und sozialen Bewegungen zu konstruieren, an Sartres vergeblichen Annäherungsversuch an die marxistisch-leninistische Partei (vgl. I, 2, a) und an Lucien Goldmanns humanistischen Marxismus, der nicht mehr auf das Proletariat, sondern auf einen neuen kollektiven Aktanten, die *nouvelle classe ouvrière*, ausgerichtet war.[139] Wie diese "neue Arbeiterklasse", die später von André Gorz[140] und Serge Mallet in aller Stille zu Grabe getragen wurde, könnte sich auch die soziale Bewegung im Sinne von Touraine als eine spätmoderne Schimäre erweisen, die dem individuellen Subjekt kaum Halt bietet, solange sie nicht in einem historisch-politischen Kontext betrachtet wird. Die vielfältigen Beziehungen zwischen individueller Subjektivität und sozialer Bewegung werden im letzten Kapitel genauer betrachtet.

(c) Von der Psychoanalyse und der Persönlichkeitstheorie zur Sozialpsychologie: das Unbehagen in Kultur und Gesellschaft

Es wäre ein Fehler, die Entwicklung der Psychoanalyse und die "Entdeckung" (besser: Konstruktion) ihres zentralen Gegenstandes, des Unbewußten, unabhängig vom gesellschaftlichen Wandel zu betrachten. Beide sind aus der Krise der kulturellen Werte ableitbar, die Nietzsche in seiner *Genealogie der Moral* so scharfsinnig kommentiert. Jenseits dieser Werte, ihrer Gebote und Verbote wird "das *Tier*

---

138 A. Touraine, *Comment sortir du libéralisme?*, Paris, Fayard, 1999, S. 116.

139 Vgl. L. Goldmann, "La Dialectique aujourd'hui", in: ders., *La Création culturelle dans la société moderne*, Paris, Denoël-Gonthier, 1971, S. 167-181.

140 Vgl. A. Gorz, *Abschied vom Proletariat*, Frankfurt, Europäische Verlagsanstalt, 1980.

Mensch"[141] erkennbar: das krankhafteste, leidgewohnteste aller Tiere. Diese Entdeckung des Tieres im Menschen, der Natur in der Kultur läßt eine grundlegende Ambivalenz entstehen: eine zwiespältige Haltung allen religiösen, ethischen, ästhetischen und politischen Werten gegenüber. "Es wäre sogar noch möglich", bemerkt Nietzsche, "daß *was* den Wert jener guten und verehrten Dinge ausmacht, gerade darin bestünde, mit jenen schlimmen, scheinbar entgegengesetzten Dingen auf verfängliche Weise verwandt, verknüpft, verhäkelt, vielleicht gar wesensgleich zu sein."[142] Sigmund Freud zeigt, wie sehr in der spätmodernen Gesellschaft die kulturellen Gegensätze miteinander "verhäkelt" sind, wenn er Gott und den Teufel für "wesensgleich" erklärt: "Es braucht nicht viel analytischen Scharfsinns, um zu erraten, daß Gott und Teufel ursprünglich identisch waren."[143]

Es bedarf auch keiner außerordentlichen Phantasie, um sich vorzustellen, daß das individuelle Subjekt angesichts dieser strukturellen, alle Werte erfassenden Ambivalenz den sozialen und kulturellen Rückhalt allmählich verliert. Denn wenn in Nietzsches und Freuds "Erzählung" (*récit*) die einander im christlichen Diskurs manichäisch bekämpfenden Aktanten "Gott" und "Teufel" jäh zu einer Instanz verschmelzen, so daß "Gut" und "Böse" ununterscheidbar werden, dann wird auch die Identität des individuellen Subjekts in Frage gestellt, die als aktantielle Funktion in der christlichen Metaerzählung aufgefaßt werden kann. Zugleich macht sich jenes "Unbehagen in der Kultur" bemerkbar, von dem Freud spricht, und das aus der Krise des sozialen Wertsystems ableitbar ist, auf die Carl Gustav Jung in *Bewußtes und Unbewußtes* anspielt: "Wer die historischen Symbole verloren hat und sich mit 'Ersatz' nicht begnügen kann, ist heute allerdings in einer schwierigen Lage: vor ihm gähnt das Nichts, von dem man sich mit Angst abwendet."[144]

Die von Freud und Jung beschriebenen Zustände des "Unbehagens" und der "Angst" lassen Zweifel an der Überlebensfähigkeit des individuellen Subjekts aufkommen, das seinen ältesten Auftraggeber (*destinateur*, Greimas) verloren hat und in der Spätmoderne nach neu-

---

141 F. Nietzsche, "Zur Genealogie der Moral", in: ders., *Werke*, Bd. IV, München, Hanser, 1980, S. 899.

142 F. Nietzsche, "Jenseits von Gut und Böse", in: ders., *Werke*, Bd. IV, op. cit., S. 568.

143 S. Freud, "Der Teufel als Vaterersatz", in: ders., *Studienausgabe*, Bd. VII, Frankfurt, Fischer, 1982, S. 301.

144 C. G. Jung, *Bewußtes und Unbewußtes*, Frankfurt, Fischer, 1957, S. 23.

en, ideologischen Auftraggebern und ihren (stets ephemeren) "Erzählungen" Ausschau hält. In diesem nachmetaphysischen Kontext ist Ernst Machs bekannter Satz zu lesen: "Das Ich ist unrettbar".[145] Denn dieser lapidaren Bemerkung folgen Überlegungen, die erkennen lassen, wie sehr Philosophie und Psychologie der Jahrhundertwende die Herauslösung des individuellen Subjekts aus der christlichen Teleologie, dem christlichen *récit*, nicht nur akzeptieren, sondern *voraussetzen*: "Man wird dann auf das Ich, welches schon während des individuellen Lebens vielfach variiert, ja im Schlaf und bei Versunkenheit in eine Anschauung, in einen Gedanken, gerade in den glücklichsten Augenblicken, teilweise oder ganz fehlen kann, nicht mehr den hohen Wert legen. Man wird dann auf *individuelle* Unsterblichkeit gern verzichten, und nicht auf das Nebensächliche mehr Wert legen als auf die Hauptsache."[146]

Diese Passage ist insofern für Machs *Die Analyse der Empfindungen* (1886) charakteristisch, als sie von zwei komplementären Tendenzen zeugt, die entscheidend auf das Denken der Jahrhundertwende einwirkten: der Herauslösung des individuellen Subjekts aus dem christlichen Diskurs und dem ihm entsprechenden Aktantenmodell sowie der wachsenden Skepsis im Hinblick auf das säkularisierte *Ich*, das zum Spielball von naturwüchsigen Pulsionen zu werden drohte: "Nicht das Ich ist das Primäre, sondern die Elemente (Empfindungen). (...) Die Elemente bilden das Ich."[147]

In dialogisch-polemischer Reaktion auf den deutschen Idealismus Kants und Fichtes wird hier das individuelle Subjekt als "Zugrundeliegendes" negiert und mit dem Subjekt als "Zerfallendem" konfrontiert. Die Psychoanalyse von Freud und Lacan bis Laing kann als ein großangelegter Versuch aufgefaßt werden, die Problematik des "Zerfallenden" und des Zerfalls abzustecken, um das individuelle Subjekt therapeutisch zu stärken. Es stellt sich allerdings die Frage, die in den folgenden Betrachtungen immer wieder begegnen wird, ob die "vielfache Variation", die Mach an der Ich-Identität zweifeln läßt, mit dem Begriff der individuellen Subjektivität wirklich unvereinbar ist. Gehören Widerspruch, Dynamik und Veränderung nicht unabdingbar zur individuellen und kollektiven Subjektivität wie das Fließen zum Fluß? Müssen Identifizierbarkeit und Identität eines Subjekts in Frage ge-

---

145 E. Mach, *Die Analyse der Empfindungen und das Verhältnis des Physischen zum Psychischen*, Darmstadt, Wiss. Buchgesellschaft, 1991, S. 20.

146 Ibid.

147 Ibid., S. 19.

stellt werden, nur weil Soziologie und Psychoanalyse seine Komplexität, seine Widersprüchlichkeit und labile Schichtung zutage treten lassen?

Das Problem scheint darin zu bestehen, daß die Psychoanalyse diese Komplexität in einer Zeit der Gesellschafts- und Kulturkrise entdeckt, in der die Grenze zwischen Komplexität und Zerfall als fließend erscheint. Die Gesellschaft selbst ist vom Zerfall bedroht im Zeitalter des Hochkapitalismus und der Konzernwirtschaft, von denen bei Freud jedoch nicht die Rede ist. Man meint fast Hobbes, den Theoretiker des "Besitzindividualismus"[148], zu hören, wenn Freud erklärt: "Infolge dieser primären Feindseligkeit der Menschen gegeneinander ist die Kulturgesellschaft beständig vom Zerfall bedroht."[149]

Der "Zerfall der Werte", von dem Hermann Broch spricht (vgl. II, 7), bewirkt u.a., daß "das Böse" nicht mehr als solches wahrgenommen wird, weil es Freude oder Lust bereiten kann: "Das Böse ist oft gar nicht das dem Ich Schädliche oder Gefährliche, im Gegenteil auch etwas, was ihm erwünscht ist, ihm Vergnügen bereitet."[150] In dieser prekären Situation muß dafür gesorgt werden, daß sich "der Kern des Ichs (das Es, wie ich es später genannt habe)"[151] nicht in jeder Hinsicht durchsetzen kann, sondern vom Überich als kultureller Instanz im Zaum gehalten wird: "Das Über-Ich peinigt das sündige Ich mit den nämlichen Angstempfindungen und lauert auf Gelegenheiten, es von der Außenwelt bestrafen zu lassen."[152] Dieser Satz ist schon aufgrund seiner disziplinarischen Metaphorik aufschlußreich: Ich kann mich mit der Kontrollinstanz in meinem Inneren identifizieren und akzeptieren, daß "Ich ein anderer" ist; ich kann mich als "Kern des Ichs" gegen diese Instanz erheben und die Spaltung des Subjekts offen zur Schau tragen.

Die Freudsche Psychoanalyse ist insofern eine Erbin der Romantik und Nietzsches[153], als sie inmitten von Kulturkrise und Kulturkritik

148 Im Sinne von C. B. McPhersons Studie *Die politische Theorie des Besitzindividualismus*, Frankfurt, Suhrkamp, 1973.

149 S. Freud, "Das Unbehagen in der Kultur", in: ders., *Studienausgabe*, Bd. IX, op. cit., S. 241.

150 Ibid., S. 251.

151 S. Freud, "Massenpsychologie und Ich-Analyse", in: ders., *Studienausgabe*, Bd. IX, op. cit., S. 69.

152 S. Freud, "Das Unbehagen in der Kultur", in: ders., *Studienausgabe*, Bd. IX, op. cit., S. 252.

153 Die Beziehung zwischen Philosophie und Psychoanalyse wird auch von Marcia Cavell kommentiert: M. Cavell, *Becoming a Subject: Reflections in Philosophy*

den Dualismus von Natur und Kultur, der den Einzelnen zu zerreißen droht, in den Mittelpunkt ihrer Betrachtungen stellt. Ähnlich wie die literarische Romantik, die den "Doppelgänger" zu einem ihrer Hauptmotive macht[154], ähnlich wie die Psychiatrie der Jahrhundertwende, die in den Werken von J. M. Charcot, Théodule Ribot, Pierre Janet und Alfred Binet die "multiple Persönlichkeit" entdeckt[155], richtet die Freudsche Psychoanalyse ihr Augenmerk auf die *infraindividuellen Aktanten* (*Ich, Es, Überich*), die die Dynamik des individuellen Subjekts ausmachen. Indem sie die Geschichte des Subjekts mit Hilfe dieses neuen Aktantenmodells erzählt, straft sie den philosophischen Idealismus Lügen, der das Subjekt fast ausschließlich als "Zugrundeliegendes" kannte. Im psychoanalytischen Diskurs erscheint es als "Zerfallendes" und "Unterworfenes" zugleich: als labil geschichtete und z.T. fremdbestimmte Einheit.

Wie sehr die Vorstellung von einem heterogenen, vielfältigen Subjekt die psychiatrische Forschung begleitete, die zur Entdeckung des Unbewußten und zur Entstehung der Psychoanalyse führte, beschreibt Henry F. Ellenberger in seiner umfangreichen Studie über *Die Entdeckung des Unbewußten*: "Multiple Persönlichkeiten veranschaulichen also auf dramatische Art die Tatsache, daß die Einheit der Persönlichkeit dem Individuum nicht selbstverständlich mitgegeben wird, sondern durch die beharrliche und vielleicht lebenslängliche Bemühung des Individuums zustandegebracht und verwirklicht werden muß."[156]

Das Phänomen der "multiplen Persönlichkeit" zeugt nicht nur vom Zerfall des Subjekts, sondern zugleich auch von dessen Fremdbestimmung; denn eine der "Persönlichkeiten" ist häufig die sozialisierte *Persona* oder Maske im Sinne von Jung[157], die von den anderen Aktanten des Subjekts abgelehnt wird. Eine solche Situation stellt Ellenberger in seinen Kommentaren zum Fall der Mary Reynolds dar: "In jedem ihrer Zustände wußte sie vom anderen und fürchtete sich, wieder in ihn zu verfallen, aber aus verschiedenen Gründen. In ihrem

---

and Psychoanalyssis, Oxford, Univ. Press, 2008.

154 Zum Thema des Doppelgängers in der Romantik vgl. S. M. Moraldo, *Wandlungen des Doppelgängers. Shakespeare – E. T. A. Hoffmann – Pirandello*, Frankfurt-Berlin-Bern, Lang, 1996, Kap. II: "E.T.A. Hoffmann: Prinzessin Brambilla".

155 H. F. Ellenberger, *Die Entdeckung des Unbewußten*, Bern-Stuttgart-Wien, Huber, 1973, S. 186.

156 Ibid., S. 208.

157 Vgl. C. G. Jung, *Bewußtes und Unbewußtes*, op. cit., S. 29.

zweiten Zustand sah sie den ersten als dumm und langweilig an."[158] Der erste Zustand ist in diesem Fall der des nüchternen Alltags, dem die "Phantasie" fehlt. Er erscheint zugleich als ein Zustand der Fremdbestimmung und der Depression, in dem die Lebenslust und der "Hang zum Verseschmieden", die Marys zweiten Zustand beherrschen, unterdrückt werden.

An die Erkenntnis dieser Fremdbestimmung und an Freuds metaphorische Darstellung des Ichs als einer von der kulturellen Instanz des Überichs besetzten Stadt knüpft Jacques Lacan mit seiner bekannten These an, daß das individuelle Subjekt im Übergang vom *imaginären* zum *symbolischen* Stadium durch die Präsenz des anderen in der Sprache bestimmt und konstituiert wird. Lacan betont, daß es ihm nicht darum geht, individuelle Subjektivität zu negieren, sondern ihre Abhängigkeit von der *symbolischen Ordnung* der Kultur und vor allem der Sprache aufzuzeigen: "Es geht um die Abhängigkeit des Subjekts (dépendance du sujet), und das ist etwas ganz anderes; im Zusammenhang mit einer Rückkehr zu Freud geht es vor allem um die Abhängigkeit des Subjekts von etwas wirklich Elementarem, das es mit Hilfe der Bezeichnung 'Signifikant' hervorzuheben galt."[159]

Lacan faßt das Freudsche Unbewußte als ein Zusammenspiel von Signifikanten auf, wenn er es in den *Ecrits* als "Signifikantenkette" ("chaîne de signifiants")[160] beschreibt und suggeriert, daß das individuelle Subjekt in eine Abhängigkeit vom Signifikanten gerät, die keine fixierbare Identität zuläßt, weil die Wiederholung eines Signifikanten, wie Deleuze und Derrida zu zeigen versuchen (vgl. I, 2, a), keine Sinnpräsenz, sondern endlose Sinnverschiebung bewirkt. Im dritten Kapitel sollen sowohl Fremdbestimmung als auch "Dekonstruktion" der Subjektivität in der "Signifikantenkette" von Lacans Theorie ausführlicher kommentiert werden. Vorerst kommt es darauf an, die Ambivalenz dieser Theorie zu erkennen, die individuelle Subjektivität zwar nicht negiert, durchaus aber "dekonstruiert" ("zerlegt" im Sinne von Derrida), weil sie ihre Überdeterminierung durch das Unbewußte als Sprache des anderen (der anderen) zu denken versucht und dadurch von der idealistischen und rationalistischen Ich-Vorstellung (auch Jean-Paul Sartres, vgl. I, 2, a) radikal abweicht.

---

[158] H. F. Ellenberger, *Die Entdeckung des Unbewußten*, op. cit., S. 189.

[159] J. Lacan, in: B. Ogilvie, *Lacan. La Formation du concept de sujet (1932-1949)*, Paris, PUF, 1988 (2. Aufl.), S. 43.

[160] J. Lacan, *Ecrits*, Paris, Seuil, 1966, S. 799.

Diese dekonstruktivistische Ambivalenz scheint Alfred Lorenzer nicht wahrzunehmen, wenn er – in idealistischer Diktion verharrend – Lacan vorwirft, er erniedrige das individuelle Subjekt: "Nicht nur wird die Instanz des 'Ich' erniedrigt zu einer sekundär verarbeitenden, Subjektivität wird vielmehr aufgelöst in Objektivität – nicht indem die objektiven Bedingungen ihrer Konstitution aufgezeigt werden, sondern indem Subjektivität zum Verfallsmoment (als Verfall an Trugbilder) wird."[161] Lacans Selbstverständnis entspricht diese Kritik nicht, denn dem Begründer der Ecole Freudienne de Paris geht es, wie erwähnt, um die "Abhängigkeit des Subjekts" von der symbolischen Ordnung der Gesellschaft, d.h. gerade um die "objektiven Bedingungen seiner Konstitution", wie Lorenzer sagt. Allerdings hat Lorenzer auch recht, denn wenn Subjektivität in Abhängigkeit von der "chaîne de signifiants" konstruiert wird, dann ist kaum noch zu verhindern, daß sie den Differenzen und Verschiebungen dieser labilen Verkettung zum Opfer fällt.

Auch an dieser Stelle erscheint es sinnvoll, sich eine dialogische, prozeßhafte (narrative) Subjektivität vorzustellen (vgl. V, 1), deren eigene Dynamik durch die dekonstruktivistischen Argumente Derridas und Lacans – wenn auch einseitig – bestätigt wird. Einseitig sind diese Argumente deshalb, weil sie zwar zu Recht die von Idealisten und Rationalisten vernachlässigte Fremdbestimmung oder Zerfallstendenz des Subjekts hervorheben, zu Unrecht aber die Möglichkeiten individueller Autonomie – auch unter den widrigsten Bedingungen – verschweigen. Denn gerade im Rahmen einer dialogischen und prozeßhaften Subjektauffassung, wie sie im letzten Kapitel vorgeschlagen wird, könnten sich jenseits von Idealismus und Rationalismus Möglichkeiten einer neuen Autonomie abzeichnen.

Sollen diese Möglichkeiten nicht Schimären oder Illusionen sein, muß eine Auseinandersetzung mit Theoretikern wie Althusser, Foucault und Lacan gesucht werden, die die Fremdbestimmung oder die Zerfallstendenz des Subjekts in den Mittelpunkt der Betrachtung rücken. Zu diesen Theoretikern gehört auch Ronald D. Laing, dessen Denken im dritten Kapitel den Philosophien Foucaults und Vattimos angenähert wird.

Laing knüpft insofern an die von Foucault konstruierte Problematik an (vgl. I, 2, a), als er – vor allem in seinem Buch *The Politics*

---

[161] A. Lorenzer, *Über den Gegenstand der Psychoanalyse oder: Sprache und Interaktion*, Frankfurt, Suhrkamp, 1973, S. 122.

of Experience and the Bird of Paradise (1967) – die primäre und sekundäre Sozialisierung als einen Prozeß systematischer Machtausübung begreift, in dessen Verlauf das individuelle Subjekt "normalisiert" und seiner Fähigkeit, Erfahrungen zu machen, beraubt wird. Ihm erscheint die Familie als ambivalente Instanz: als Hort der Liebe und der Gewaltanwendung zugleich. Sie bietet affektive Geborgenheit, um effizienter normalisieren zu können: "Die Familie als 'Schutz-Bande'". ("The family as a 'protection racket'".)[162] Im dritten Kapitel wird sich zeigen, daß Jacques Donzelot in *La Police des familles* (1977) die Funktion der Familie ähnlich einschätzt.

Auch Liebe wird zu einem ambivalenten Medium der affektiven Absicherung und der sozialen Disziplinierung, der Machtausübung: "Liebe ist der Weg durch Zugeständnisse zur Disziplin – und durch Disziplin oft zum Selbstverrat."[163] Der Ausdruck "Selbstverrat" läßt Laings Distanz zum struktural und nachmodern denkenden Foucault erkennen, der (außer in seinem Spätwerk) den Gedanken an ein authentisches Ich, das verraten werden könnte, stets vermied. Er würde eher Laings Ansicht teilen, daß wir uns immer von neuem der Illusion hingeben, autonome Subjekte zu sein: "the illusion that we are autonomous egos".[164]

In vieler Hinsicht steht Laing der Kritischen Theorie Marcuses näher, dessen Vokabular er sich bisweilen zu eigen macht. Anders als Freud, der den Sozialisierungsprozeß als Anpassung an die gesellschaftlichen Verhältnisse nicht grundsätzlich in Frage stellte, meint Laing, in der Gesellschaft die organisierte Pathologie zu erkennen, die es zu kritisieren gilt: "Anpassung an was? An die Gesellschaft? An eine verrückt gewordene Welt? – Funktion der Familie ist es, den Eros zu verdrängen, ein falsches Sekuritätsbewußtsein zu induzieren, den Tod zu leugnen durch Meidung des Lebens, die Transzendenz abzutrennen, an Gott zu Glauben und nicht die 'Leere' zu erfahren – kurz: den eindimensionalen Menschen zu schaffen (...)."[165] Nicht nur die Furcht vor dem Heranrücken einer eindimensionalen Welt verbindet Laing mit der Kritischen Theorie, sondern auch der Erfahrungsbegriff,

---

162 R. D. Laing, *Phänomenologie der Erfahrung*, Frankfurt, Suhrkamp, 1969, S. 57. (*The Politics of Experience and the Bird of Paradise*, London, Penguin, 1967, S. 55.)

163 R. D. Laing, *Phänomenologie der Erfahrung*, op. cit., S. 63.

164 R. D. Laing, *The Politics of Experience*, op. cit., S. 61.

165 R. D. Laing, *Phänomenologie der Erfahrung*, op. cit., S. 57-58.

der vor allem bei Adorno von der Vorstellung einer ihrer selbst mächtigen Subjektivität nicht zu trennen ist.

Das Werk Christopher Laschs könnte insofern als eine Antwort auf Laings Sozialpsychologie gedeutet werden, als es eine der fragwürdigsten Reaktionen des individuellen Subjekts auf seine Fremdbestimmung und den Zerfall des gesellschaftlichen Wertsystems zum zentralen Thema macht: den Narzißmus. Über Lasch schreibt Klaus-Jürgen Bruder: "Aber er benutzt den 'Narzißmus' richtigerweise *nicht* zur Erklärung des Verfalls der Öffentlichkeit, sondern sieht in ihm vielmehr umgekehrt den 'psychischen Ausdruck' dieses Verfalls, für den er selber einen anderen Grund politischer Art angibt: die 'Ausbreitung der Mächte organisierter Herrschaft'. 'Das gesellschaftliche Leben' werde 'immer barbarischer und kriegsähnlicher'."[166] Es fragt sich weshalb.

Nicht die Beantwortung dieser Frage ist hier wichtig, sondern die Tatsache, daß Lasch in einem Kapitel seines Buches *The Minimal Self* (1984), das den Untertitel "The Politics of the Psyche" trägt, an die Problematik Laings anknüpft und zeigt, wie sehr auch die psychotherapeutischen Methoden zu Technologien einer verwalteten Welt werden, die den Einzelnen dieser Welt entfremden und in den Narzißmus regredieren lassen. Wie Laing stellt er die szientistische Fortschrittsgläubigkeit dieser Technologien in Frage, die das individuelle Subjekt in eine zerfallende Gesellschaft integrieren sollen, deren Wertsystem der Indifferenz der Marktgesetze zum Opfer fällt. Der Integrationsversuch mißlingt, und der Einzelne zieht sich in die Zitadelle des eigenen Ichs zurück: "Das vorliegende Buch", bemerkt Lasch zu *The Culture of Narcissism* (1979), "beschreibt jedoch einen niedergehenden Lebensstil – die Kultur des vom Konkurrenzdenken geprägten Individualismus, die in ihrem Niedergang die Logik des Individualismus ins Extrem eines Krieges aller gegen alle getrieben und das Streben nach Glück in die Sackgasse einer narzißtischen Selbstbeschäftigung abgedrängt hat."[167]

Womit soll sich aber der Narziß in einer Zeit beschäftigen, in der Ideologien und Mediensimulakra einen Teil seines Ichs beschlagnahmen, während der andere Teil vom unbewußten Zusammenspiel der Lacanschen Signifikanten subvertiert wird? Eine mögliche Antwort findet sich in Adornos *Minima Moralia*, die wie kein anderes

---

[166] K.-J. Bruder, *Subjektivität und Postmoderne*, op. cit., S. 145.

[167] Ch. Lasch, *Das Zeitalter des Narzißmus*, Hamburg, Hoffmann und Campe, 1995, S. 14.

Buch den Verlust der subjektiven Substanz beschreiben: "Der Narzißmus, dem mit dem Zerfall des Ichs sein libidinöses Objekt entzogen ist, wird ersetzt durch das masochistische Vergnügen, kein Ich mehr zu sein (...)."[168]

Es sei daran erinnert, daß Lasch mit seinen Kommentaren zum Niedergang des liberalen Individualismus an die Argumentationsmuster Riesmans, Bells und Goldmanns, bis zu einem gewissen Grad auch an die Giddens', Becks und Touraines anknüpft. Insgesamt wird deutlich, daß trotz ihrer Heterogenität sowohl die soziologischen als auch die psychoanalytischen und sozialpsychologischen Theorien in der Ansicht konvergieren, daß sich das individuelle Subjekt auf wirtschaftlicher, gesellschaftlicher und psychischer Ebene in einer prekären Lage befindet.

Diese Lage wird in den behavioristischen und positivistisch ausgerichteten Persönlichkeitstheorien Burrhus Frederic Skinners, Hans J. Eysencks, Raymond B. Cattells, Walter Mischels oder Carl R. Rogers' nicht reflektiert. Obwohl sich alle diese Theoretiker auf quantitativer und qualitativer Ebene mit den Pathologien der Persönlichkeit befassen[169], blenden sie die von Freud und Laing immer wieder angesprochenen Pathologien der Gesellschaft aus. Schon der Persönlichkeitsbegriff erscheint in diesem Kontext fragwürdig, weil er "Ganzheit"[170] oder "wholeness"[171] suggeriert, wo in Wirklichkeit Spaltung und Zerfall vorherrschen.

Dies ist ein Grund, weshalb die (vorwiegend in den USA entwikkelten) Persönlichkeitstheorien im dritten Kapitel nicht behandelt werden. Der andere Grund ist terminologischer Art. Der Persönlichkeitsbegriff überschneidet sich zwar in vieler Hinsicht mit dem Subjektbegriff durch seine Ausrichtung auf Autonomie und Kohärenz, ist jedoch weder an den komplementären Begriff des *Objekts* anschließbar noch an den der *kollektiven Subjektivität*. Beide Begriffe sind aber für ein gesellschaftskritisches Verständnis von Subjektivität

---

[168] Th. W. Adorno, *Minima Moralia. Reflexionen aus dem beschädigten Leben,* Frankfurt, Suhrkamp, 1951, S. 79.

[169] Vgl. z. B. S. B. G. Eysenck, "Personality in Subnormal Subjects", in: H. J. Eysenck, S. B. G. Eysenck, *Personality Structure and Measurement,* London, Routledge-Kegan Paul, 1969, S. 317-322.

[170] Vgl. C. R. Rogers, *Encounter Groups,* London, Penguin, 1969, S. 14: "Each member moves toward greater acceptance of his total being (...)."

[171] Vgl. C. R. Rogers, J. K. Wood, "Client-Centered Theory: Carl R. Rogers", in: A. Burton (Hrsg.), *Operational Theories of Personality,* New York, Brunner-Mazel, 1974, S. 215.

wesentlich. Denn nur wenn gezeigt werden kann, wie sich individuelle Subjekte zu ihren Objekten verhalten, wie sie zu Objekten gemacht, von kollektiven Subjekten vereinnahmt werden oder sich von ihnen emanzipieren, ist Subjektivität im sozio-historischen und sprachlichen Kontext beschreibbar. So ist es zu erklären, weshalb Greimas und seine Mitarbeiter beschlossen haben, den Begriff *personnage* durch den des *actant-sujet* zu ersetzen.[172]

In diesem Zusammenhang verwundert es nicht, daß die Persönlichkeitstheoretiker Mühe haben, den zentralen Begriff ihrer Forschung zu definieren. "Zum gegenwärtigen Zeitpunkt gibt es jedoch keine allgemein anerkannte Definition von Persönlichkeit"[173], gibt Lawrence A. Pervin zu, schlägt zugleich aber eine solche Definition vor: *"Persönlichkeit repräsentiert solche Eigenschaften einer Person oder der Menschen generell, die ein beständiges Verhaltensmuster ausmachen."*[174]

Diese Definition ist in zweierlei Hinsicht wichtig: Einerseits zeigt sie den Persönlichkeitsbegriff im Spannungsfeld zwischen Besonderheit und Allgemeinheit; andererseits läßt sie den für alle Persönlichkeitstheorien entscheidenden Nexus erkennen: den zwischen Eigenschaften (*traits*, Allport, Eysenck, Mischel)[175] und Verhaltensmustern (deren *Konsistenz*).[176] Ledford J. Bischof geht so weit, daß er eher das Verhalten als die Persönlichkeit zum Gegenstand dieser psychologischen Richtung machen möchte: "Der derzeitige Trend zielt vielleicht eher auf den Begriff *Theorie des Verhaltens* als auf *Persönlichkeitstheorie*."[177]

Wichtiger als die Trend-Prognose ist hier das Wort "Verhalten", das den behavioristischen Hintergrund (Watson, Skinner) dieses Theoriekomplexes und eine der wichtigsten Diskussionen in diesem Bereich evoziert: Walter Mischels radikale Kritik am Konsistenzpos-

---

172 Vgl. A. J. Greimas, J. Courtés, *Sémiotique. Dictionnaire raisonné de la théorie du langage*, Paris, Hachette, 1979, S. 274 ("personnage").

173 L. A. Pervin, *Persönlichkeitstheorien,* München-Basel, Reinhardt, 1993, S. 17.

174 Ibid, S. 18.

175 Vgl., H. J. Eysenck, M. W. Eysenck, *Persönlichkeit und Individualität. Ein naturwissenschaftliches Paradigma*, München-Weinheim, Psychologie Verlags Union, 1987, S. 12 sowie G. W. Allport, *Persönlichkeit. Struktur, Entwicklung und Erfassung der menschlichen Eigenart*, Stuttgart, Klett, 1949, Kap. I.

176 Vgl. S. E. Hampson, *The Construction of Personality. An Introduction*, London, Routledge, 1988 (2.Aufl.), Kap. IV: "Personality and Consistency".

177 L. J. Bischof, *Persönlichkeitstheorien. Darstellungen und Interpretationen,* Bd. I, Paderborn, Junfermann, 1983, S. 20.

tulat zahlreicher Persönlichkeitstheoretiker. Dieses Postulat gründet auf der idealistischen (seit Descartes und Fichte tradierten) Vorstellung von einer stabilen und innerlich konsistenten Persönlichkeitsstruktur, deren Konsistenz sich in heterogenen Kommunikationssituationen bewährt.

In seinem bekannten Werk *Personality and assessment* (1968) stellt Mischel diese Vorstellung mit der behavioristischen These in Frage, daß Veränderungen in der sozialen Umgebung des Menschen dessen Verhaltenskonsistenz auflösen können. Dazu bemerkt Sarah E. Hampson: "Mischels Angriff auf die Persönlichkeit zielte auf deren größte Schwachstelle – nämlich Konsistenz –, und er war teilweise erfolgreich."[178]

Mischel führt im wesentlichen zwei Argumente ins Feld, von denen das erste erkenntnistheoretischer, das zweite empirischer Art ist. Vereinfacht ausgedrückt lautet das erste Argument, daß Verhaltensmuster und Situationen vom Forscher als identisch oder psychologisch äquivalent bezeichnet werden, obwohl sie heterogen sind.[179] Dieses Argument hat sich von Heraklit und Nietzsche bis Derrida immer wieder bewährt: Die Wiederholung desselben ist nicht mehr dasselbe, sondern etwas anderes. Dies gilt nicht nur von Heraklits Fluß und Nietzsches Wort, sondern auch von Derridas Signifikant, der nie dasselbe Signifikat bezeichnet, und anscheinend auch von Mischels "Verhalten", das in jeder Situation vom "Verhalten" in der vorausgegangenen Situation abweicht. Schließlich erscheint Konsistenz als ein Konstrukt des Forschers und nicht als Eigenschaft der Versuchsperson: "Die Analyse von Persönlichkeitsvermessungen sagt mehr über den Vermesser als über den Vermessenen aus."[180]

Mischels empirisches Argument ist ebenso einleuchtend wie sein erkenntnistheoretisches. Ehrlichkeit zum Beispiel erscheint ihm nicht so sehr als ein konstanter Wesenszug bestimmter Personen, sondern als situationsbedingter Faktor. Wer in der Situation *A* ehrlich ist, wird in der Situation *B* möglicherweise nicht mehr ehrlich sein. (Prinzipiell sollte es allerdings möglich sein, Ehrlichkeit als gesellschaftliche Einstellung von "Ehrlichkeit" als taktischem Verhalten zu unterscheiden.)

Mischels Kritik wirft die grundsätzliche Frage auf, ob die von Persönlichkeitstheoretikern wie Hans J. Eysenck als quantifizierbar

---

178 S. E. Hampson, *The Construction of Personality*, op. cit., S. 81.

179 Vgl. W. Mischel, *Introduction to Personality*, New York, Holt-Rinehart-Winston, 1971, CBS College Publishing, 1981, S. 19-20.

180 S. E. Hampson, *The Construction of Personality*, op. cit., S. 80.

präsentierten *traits* als Grundlage für wissenschaftliche Forschung geeignet sind. Immerhin lautet die deutsche Übersetzung von *trait* "Wesenszug"[181]; und die von Mischel im Anschluß an Norman aufgelisteten *trait dimensions* zeichnen sich durch entsprechende Vagheit aus, die allen Klischeevorstellungen anhaftet: *extraversion or surgency*; *agreeableness*; *conscientiousness*; *emotional stability*; *culture*.[182] Nun kann aber jemand, der in zahlreichen Streßsituationen (vom täglichen Verkehrsstau bis zur feierlichen Ansprache) kühlen Kopf bewahrt, diesen Kopf in einer Liebesbeziehung verlieren. Dem schwindelfreien Bergsteiger kann auf dem Schiff bei starkem Seegang jäh schwindlig werden. Der Ausdruck "emotionale Stabilität" scheint also selbst nicht besonders stabil zu sein. Eines der Probleme der recht heterogenen Persönlichkeitstheorien besteht darin, daß sie unbesehen Ideologeme des Alltags – wie *talkative – silent*; *good-natured – irritable*; *calm – anxious* usw .[183] – übernehmen.

Da hilft es wenig, wenn Hans J. Eysenck und Michael W. Eysenck versuchen, die Erforschung solcher Wesenszüge biologisch zu untermauern, und erklären, "daß wir bei der Suche nach kausalen Momenten der Persönlichkeit sehr sorgfältig auf physiologische, neurologische und hormonale Faktoren achten müssen, da sie es sind, die höchstwahrscheinlich die genetische Determination des Verhaltens vermitteln".[184] Wenn schließlich Hans J. Eysenck und Sybil B. G. Eysenck nur "analytische Methoden, die maschinell zu verarbeiten sind" ("analytic methods capable of being machine programmed")[185], zulassen wollen, stellt sich die Frage, ob sie nicht jener szientistischen Ideologie huldigen, die Robert C. Bannister im Zusammenhang mit der frühen amerikanischen Soziologie so gründlich kritisiert hat.[186]

Was die von Mischel angesprochene Wechselbeziehung zwischen *trait* als Wesenszug und sozialer Situation angeht, so hat Pervin wahrscheinlich nicht unrecht, wenn er resümierend feststellt: "Fast alle Forscher gehen heute von einer Interaktion zwischen dem Individuum und seiner Umwelt aus, obwohl die Auffassungen sich doch sehr un-

---

181 H. J. Eysenck, M. W. Eysenck, *Persönlichkeit und Individualität,* op. cit., S. 12.

182 W. Mischel, *Introduction to Personality*, op. cit., S. 27.

183 Ibid.

184 H. J. Eysenck, M. W. Eysenck, *Persönlichkeit und Individualität*, op. cit., S. XIV.

185 H. J. Eysenck, S. B. G. Eysenck, *Personality Structure and Measurement*, op. cit., S. 327.

186 Vgl. R. C. Bannister, *Sociology and Scientism. The American Quest for Objectivity, 1880-1940*, Chapel Hill-London, Univ. of North Carolina Press, 1987.

terscheiden. Auch wenn eine Übereinstimmung bezüglich der Frage herrscht, daß das Individuum, seine Umwelt und die Interaktion zwischen beiden gleich wichtig genommen werden, so gibt es doch theoretische Unterschiede hinsichtlich dessen, *was* in der Person *wie* auf *welche* Umweltvariablen einwirkt."[187] Damit sind aber die wichtigsten Fragen wieder offen ...

Dennoch sind Persönlichkeitstheorien für die hier (vgl. I und V) angestrebte dynamische und dialogische Subjektauffassung nicht unwichtig, weil sie immer wieder die *Prozeßhaftigkeit* der Person als Einzelsubjekt hervorheben. Donald H. Ford faßt Persönlichkeit als einen Prozeß der "Selbstkonstruktion und Selbstorganisation"[188] auf, in dem das determinierende *feedback* nicht wichtiger ist als das kreative *feedforward*: "As we will try to demonstrate later in this book, it is the enhancement of feedforward and positive feedback processes that provide the key to making a human the most complex adaptive control system that has yet emerged from evolutionary processes."[189] Prozeßhaftigkeit, Kohärenz und kreative Antizipation charakterisieren demnach das menschliche *Ich*. In diesem Zusammenhang ist von "sich selbst organisierenden und konstruierenden Systemen im biologischen und verhaltenstheoretischen Sinne"[190] die Rede. Allerdings kann man kaum hoffen, daß ein "adaptive control system" seine soziale Umgebung jemals kritisch in Frage stellt: Dazu ist es zu adaptiv.

In jeder Hinsicht adaptiv und affirmativ ist auch Carl R. Rogers' *client-centered theory* (auf den Kunden ausgerichtete Theorie). Denn Rogers setzt sich über alle gesellschaftlichen und sprachlichen Widrigkeiten hinweg, die dem subjektiven Streben nach Autonomie und Einheit im Wege stehen. Ohne Rücksicht auf ideologische Vereinnahmung, Machtkonstellation und Marktgesetz schreibt er (gemeinsam mit John K. Wood): "Man kann davon ausgehen, daß das Verhalten einer Person auf Selbsterhaltung, Selbstförderung und Selbstvermehrung – auf Autonomie und gegen die Kontrolle durch äußere Mächte gerichtet ist."[191] Das mag in der "besten aller Welten" einiger

---

187 L. A. Pervin, *Persönlichkeitstheorien*, op. cit., S. 30.

188 D. H. Ford, *Humans as Self-Constructing Living Systems. A Developmental Perspective on Behavior and Personality*, Hillsdale (N.J.)-Hove-London, Lawrence Erlbaum Associates, 1987, S. 73.

189 Ibid. S. 72.

190 M. E. Ford, D. H. Ford (Hrsg.), *Humans as Self-Constructing Living Systems. Putting the Framework to Work*, Hillsdale (N.J.)-Hove-London, Lawrence Erlbaum Associates, 1987, S. 10.

191 C. R. Rogers, J. K. Wood, "Client-Centered Theory: Carl R. Rogers", op. cit., S. 215.

Rationalisten und Aufklärer so gewesen sein, aber wie ist es in Rogers' amerikanischer Gesellschaft, die die Großkonzerne längst in eine "adaptive" Wirtschaftsgesellschaft verwandelt haben?

Statt dieser Frage nachzugehen, faßt Rogers nur die "tendency towards wholeness"[192] im biologischen Sinne ins Auge und entwirft eine "client-centered philosophy", deren therapeutisches Ideal die "totale Person" ("total person")[193] ist. Diese "Philosophie" ist insofern ein Symptom der Wirtschaftsgesellschaft, als sie trotz aller kritischen Warnrufe Laings und Laschs (s.o.) meint, mit der Verwandlung des Patienten in einen Kunden einen therapeutischen Fortschrit zu erzielen. Statt nach der Krankheit der Gesellschaft zu fragen (Laing), trachtet sie danach, den Krankheitsbegriff auch auf individueller Ebene zu tilgen. Sie will Kunden bedienen.[194]

Dies tut der Freudianer Erik H. Erikson zwar nicht; nach der Krankheit der spätkapitalistischen Gesellschaft fragt er aber ebensowenig wie die Persönlichkeitstheoretiker. Er spricht weniger von Persönlichkeit, eher von *Identität* (vgl. I, 1, c), die er als Verbindung von Individualität und Kollektivität versteht: "Der Begriff 'Identität' drückt also insofern eine wechselseitige Beziehung aus, als er sowohl ein dauerndes inneres Sich-Selbst-Gleichsein wie ein dauerndes Teilhaben an bestimmten gruppenspezifischen Charakterzügen umfaßt."[195] Anders als in den Persönlichkeitstheorien spielt in Eriksons Psychoanalyse die Einbettung in Gruppe und Gesellschaft eine entscheidende Rolle.

So sehr nimmt seine Theorie die nordamerikanische Gesellschaft der 50er Jahre *for granted,* daß sie nur als Bestandteil dieser Gesellschaft zu verstehen ist. Zu ihrem Hauptbezugspunk wird die *middle class family,* in der Jugendliche wohlbehütet aufwachsen und Gelegenheit haben, gleichsam zu sich selbst zu kommen, eine Identität zu finden. Erikson spricht von einer "Karenzzeit zwischen Kindheit und Erwachsenenleben", von "institutionalisierte(n) *psychosoziale(n) Mo-*

---

192 Ibid.

193 Ibid., S. 214.

194 Vgl. C. R. Rogers, *Encounter Groups*, op. cit., S. 34, wo u. a. gesagt wird: "In Synanon, the fascinating group so successfully involved in making persons out of drug addicts, this ripping away of facades is often dramatic." Hier wird das soziale und psychische Problem der Drogenabhängigkeit völlig verdrängt.

195 E. H. Erikson, *Identität und Lebenszyklus. Drei Aufsätze*, Frankfurt, Suhrkamp (1966), 1974, S. 124.

ratorien, während welcher ein nunmehr endgültiger Rahmen für die 'innere Identität' vorgezeichnet wird".[196]

Was Erikson mit den amerikanischen Persönlichkeitstheoretikern verbindet, ist sein von keiner Gesellschaftskritik getrübtes Vertrauen in die Möglichkeit von persönlicher Konsistenz, Kohärenz und Identität. Anders als bei Laing fehlen bei ihm Analysen sozialer Unterwerfung, Entfremdung und Zerfallenheit. Kohärenz und Identität werden ihm nicht zum sozialen Problem: "Jene endgültige Identität, die am Ende der Adoleszenz ersteht, ist jeder einzelnen Identifikation mit den Bezugspersonen der Vergangenheit durchaus übergeordnet; sie schließt alle wichtigen Identifikationen ein, aber verändert sie auch, um aus ihnen ein einzigartiges und einigermaßen zusammenhängendes Ganzes zu machen."[197]

Vergleicht man diese Darstellung mit der Skepsis einiger "unversöhnter" Psychoanalysen (etwa Laings oder Lacans), so erscheint Eriksons Zuversicht, daß sich am Ende der durchschnittlichen Adoleszenz ein "zusammenhängendes Ganzes" bildet, als Ideologem einer "revidierten Psychoanalyse"[198], die – ähnlich der Persönlichkeitstheorie Erich Fromms[199] – die Beschädigungen des Einzelnen durch das Leben nicht wahrnimmt.[200]

Insofern ist Heiner Keupp zuzustimmen, wenn er Eriksons Ansatz, auf den er sich immer wieder beruft, im Kontext seines gesellschaftlichen Entstehungszusammenhangs betrachtet. Dabei gelangt er zu der schon erwähnten Einsicht, daß die institutionelle und funk-

---

196 Ibid., S. 137.

197 Ibid., S. 139.

198 Vgl. Th. W. Adorno, "Die revidierte Psychoanalyse", in: M. Horkheimer, Th. W. Adorno, *Sociologica II. Reden und Aufsätze*, Frankfurt, Europäische Verlagsanstalt, 1973 (3. Aufl.), S. 111: "Die Revisionisten brauchen nur die praktisch-realistische Seite der Freudschen Konzeption zu isolieren und die psychoanalytische Methode ohne jeden Vorbehalt in den Dienst der Anpassung zu stellen, um zugleich sich als Vollstrecker der Freudschen Intentionen zu fühlen und ihnen das Rückgrat zu brechen."

199 Vgl. Vf., "Erich Fromm: Le discours affirmatif", in: ders., *L'Ecole de Francfort. Dialectique de la particularité*, Paris, Ed. Universitaires, 1974.

200 Vgl. E. H. Erikson, *Wachstum und Krisen der gesunden Persönlichkeit*, Darmstadt, Wiss. Buchgesellschaft, 1966, S. 9, wo der Autor Marie Jahodas Gedanken aufgreift, "wonach die gesunde Persönlichkeit ihre Umwelt aktiv meistert, eine gewisse Einheitlichkeit der Persönlichkeit zeigt und imstande ist, die Welt und sich selbst richtig zu erkennen". Die von Laing, Lacan, Foucault und Althusser aufgezeigten Hindernisse, die der "gesunden Persönlichkeit" Jahodas den Weg verstellen könnten, werden hier übergangen.

tionale Stabilität der nordamerikanischen Gesellschaft der 50er Jahre den ideologischen Hintergrund bildet, vor dem Eriksons Theorie zu rezipieren ist: "Erikson selbst hatte als Subjektwissenschaftler die Realität der empirischen Welt seiner Zeit und seines sozialen Orts in den USA der 50er und 60er Jahre wohl im Blick."[201] Es versteht sich fast von selbst – vor allem im Zusammenhang mit der Postmoderne-Diskussion –, daß diese Realität der Vergangenheit angehört. Deshalb fragt Keupp zu Recht nach alternativen Identitätsbegriffen unter veränderten Bedingungen: "Wenn es richtig ist, daß die gesellschaftlichen Freisetzungsprozesse für die Subjekte grundlegend veränderte Bedingungen der Identitätsbildung bedeuten, und wenn es weiterhin plausibel ist, daß diesen Umschichtungen das klassische Identitätsparadigma von Erikson nicht mehr gerecht werden kann, dann wird die Frage nach Denkalternativen immer dringlicher."[202] Wie sehen nun Keupps Alternativen aus?

Einer seiner Schlüsselbegriffe, die er im Anschluß an die Soziologen der Spätmoderne Ulrich Beck und Anthony Giddens verwendet, kommt in dem hier zitierten Satz vor: *Freisetzungsprozesse*. Giddens spricht von *disembedding* ("Entbettung") und meint damit das Zerbrechen tradierter sozialer Formen wie Familie, Nachbarschaft, Nation und Religion, deren Zerfall zur "Entbettung" und "Freisetzung" des Einzelnen führt. Er muß nun versuchen, sich neu zu "betten", seinen eigenen sozialen Kontext zu konstruieren (sein eigenes "Netzwerk", sagt Keupp)[203], und zusammen mit ihm seine neue Identität.

Der Titel *Riskante Chancen*, den Keupp einem seiner Bücher gab, faßt die neue Situation synekdochisch zusammen: Der Einzelne kann einerseits die neuen Möglichkeiten, die sich ihm nach seiner Herauslösung aus überlieferten Handlungsmustern und Denkformen bieten, kreativ nutzen; er kann andererseits in dem wachsenden sozialen Vakuum untergehen. Von den Freisetzungsprozessen sagt Keupp: "Sie erfordern vom Subjekt vermehrt die eigenwillige Verknüpfung und Kombination multipler Realitäten."[204] Zugleich bringen sie "das Subjekt mit den multiplen Identitäten"[205] hervor.

---

201 H. Keupp et al., *Identitätskonstruktionen. Das Patchwork der Identitäten in der Spätmoderne*, Hamburg, Rowohlt, 1999, S. 33.

202 H. Keupp, *Riskante Chancen. Das Subjekt zwischen Psychokultur und Selbstorganisation. Sozialpsychologische Studien*, Heidelberg, Asanger, 1988, S. 142.

203 Ibid., S. 146.

204 H. Keupp, "Diskursarena Identität: Lernprozesse in der Identitätsforschung", in: H. Keupp, R. Höfer (Hrsg.), *Identitätsarbeit heute. Klassische und aktuelle Per-*

Wie sehen aber multiple Identitäten konkret aus? Keupp distanziert sich zwar eindeutig von allen postmodernen Nachrufen auf das individuelle Subjekt[206]; aber er stellt die von ihm angestrebte Einheit in der Vielfalt nicht wirklich dar. Er setzt sich auch nicht mit der – hier zentralen – Frage auseinander, wie individuelle Subjektivität trotz sozialer Differenzierung, Verdinglichung, ideologischer Vereinnahmung und Vermarktung noch möglich ist. Obwohl wesentlich kritischer und reflexiver als Eriksons Ansatz, ist sein Entwurf immer noch zu affirmativ. Dennoch soll er in das letzte Kapitel eingehen, weil er "Identitätsbildung" auf wesentlich subtilere Art als alle Persönlichkeitstheorien darstellt: als reflexiven und narrativen Prozeß. Aber unter welchen theoretischen, sozialen und historischen Bedingungen kann dieser Prozeß gelingen? Diese Frage blieb bisher offen.

(d) Individuelle Subjektivität in Sprach- und Literaturwissenschaft

Hier bietet sich eine Rückkehr zum ersten Teil des Kapitels an, in dem das individuelle Subjekt als Diskurssubjekt in einer sozio-linguistischen Situation inmitten von miteinander rivalisierenden Soziolekten dargestellt wurde. Es geht also nicht um die grammatischen Subjekte der Linguisten, sondern um das Subjekt der transphrastischen Linguistik oder Diskurssemiotik, die an entscheidenden Stellen in die Soziolinguistik und die "gender linguistics" übergeht.[207]

Die amerikanischen Autoren Nikolas Coupland und John F. Nussbaum erinnern (wahrscheinlich zu Recht) daran, daß sich die ältere Soziolinguistik nicht sehr intensiv mit der Subjektproblematik befaßt hat und in vieler Hinsicht eine statische Auffassung von individueller Subjektivität und deren Identität vertritt: "Es erscheint als Ironie, daß soziolinguistische und kommunikationstheoretische Studien im allgemeinen eine *statische* Identitätsauffassung bevorzugen, während für viele Sozialwissenschaftler Sprache und Interaktion *vor allem* als dynamische und prozeßhafte Ereignisse in sich wandelnden sozialen

---

spektiven der Identitätsforschung, Frankfurt, Suhrkamp, 1997, S. 20.

205 H. Keupp, *Riskante Chancen*, op. cit., S. 151

206 Vgl. ibid., S. 151.

207 Wie sehr vor allem in Frankreich Soziolinguistik und Textlinguistik (als Semiotik) konvergieren, fällt B. Schlieben-Lange in ihrem Buch *Soziolinguistik. Eine Einführung*, Stuttgart-Berlin-Köln, Kohlhammer, 1973, S. 51, auf: "Die merkwürdige Verschmelzung der Soziolinguistik mit der Textlinguistik läßt sich aus der Sonderentwicklung des französischen Strukturalismus verstehen (...)."

Kontexten zustande kommen."[208] Dennoch ist die Soziolinguistik gerade für eine dynamische Auffassung von Subjektivität unverzichtbar.

Denn die *parole* (Saussure) oder *performance* (Chomsky) als subjektiver Akt hängt in jeder Hinsicht von der Kompetenz des Einzelnen ab: von seinen Modalitäten (*savoir*, *vouloir*, *pouvoir*), würde Greimas sagen. Wenn nun Basil Bernstein in seinen bekannten Arbeiten[209] einen *restricted code* der Unterschicht von einem *elaborated code* der Oberschicht oder Mittelklasse unterscheidet, so entwirft er zumindest implizit eine linguistische Theorie der Subjektivität: Wer nur über den restringierten Kode mit spärlichem Wortschatz und rudimentärer Syntax verfügt, der kann seine Ansichten und Anliegen nicht annähernd so nuanciert artikulieren wie die Sprecher des *elaborated code*. Sie sind eher in der Lage, der ideologischen, werbetechnischen und medialen Vereinnahmung in einer Dialektik von Kritik und Selbstkritik zu widerstehen und eine autonome Subjektivität zu verteidigen. Die grob vereinfachenden manichäischen Schemata der Ideologen werden – ebenso wie die Stereotypen der Werbung – durch die Vorherrschaft restringierter Kodes begünstigt, die die Entfaltung von Subjektivität auf sprachlicher Ebene hemmen. So ist es zu erklären, daß vor allem Angehörige der Unterschicht für autoritäre, manichäisch strukturierte Ideologien wie Nationalismus, Nationalsozialismus, Faschismus und Marxismus-Leninismus anfällig sind. Sie können die von Beck und Keupp beschriebenen Freisetzungsschübe längst nicht so kreativ nutzen wie Angehörige der Mittelschicht.

Ohne Bernsteins Terminologie zu verwenden, zeigt Mary M. Talbot in *Language and Gender* (1998), wie sehr der restringierte Kode zu einem Problem der Frauen werden kann, wenn ihnen Bildung verwehrt wird. Sie kritisiert Otto Jespersens (in jeder Hinsicht ideologische) Behauptung, daß Frauen über einen kleineren Wortschatz verfügen als Männer und ihn nicht optimal einsetzen, und wendet ein: "Da Frauen das Erziehungsniveau verwehrt wurde, das (manchen) Männern zugänglich war, kann erwartet werden, daß ihnen ein kleineres Vokabular zur Verfügung steht."[210] Hier zeigt sich abermals, wie sehr Subjektivität und Herrschaft zusammenhängen: Wie die Subjektivität der Unterschichten, die sich in den engen Grenzen des restrin-

---

208 N. Coupland, J. F. Nussbaum (Hrsg.), *Discourse and Lifespan Identiy*, London, Sage, 1993, S. XXII.

209 Vgl. u. a. B. Bernstein, *Class, Codes and Control*, St. Albans, Paladin, 1973.

210 M. M. Talbot, *Language and Gender. An Introduction*, Cambridge-Oxford, Polity-Blackwell, 1998, S. 38.

gierten Kodes nicht artikulieren und entwickeln kann, verkommt weibliche Subjektivität in vielen Fällen zum *small talk*, weil weibliche Anliegen im Hinblick auf die herrschenden männlichen Soziolekte (die *kein* homogenes Sprachganzes bilden) als irrelevant erscheinen.

In Mary M. Talbots Buch wird auch deutlich, wie entscheidend Relevanzkriterien und Klassifikationen für die Subjektkonstitution der Geschlechter sind. "*Dis-moi comment tu classes, je te dirai qui tu es*"[211], bemerkte schon Roland Barthes in seinen *Essais critiques*, und die beiden Linguisten Kress und Hodge erinnern zu Recht daran, daß es kein einheitliches gesellschaftliches Klassifikationsmuster gibt: "Aber Klassifikationssysteme gehören nicht einer ganzen Gesellschaft an: Verschiedene Gruppen haben verschiedene Systeme, obwohl die Unterschiede nur gering sein können."[212] Sie müssen aber nicht gering sein, und auch geringe Unterschiede können von Machtgefälle und Interessenkonflikt zeugen: etwa wenn es sich um Nuancen im Farbenspektrum handelt, die Männer für irrelevant halten. Talbot definiert präzise Farbbezeichnungen im Englischen wie *beige, ecru, aquamarine* als weibliche Anliegen und schreibt über Robin Lakoffs Erkenntnisse: "Lakoff berichtet von einem Mann, der 'mit unterdrücktem Lachen der Diskussion von zwei anderen Personen folgt, die sich um die Frage dreht, ob ein Buchumschlag als 'lavendel'- oder als 'malvenfarbig' zu beschreiben' sei (...). Sie kommt zu dem Schluß, daß vom Standpunkt des Mannes solche Unterschiede trivial und nicht der Rede wert sind."[213]

Nun mag es auch Frauen geben, die für derlei Nuancen keine Zeit haben, aber Talbots Text zeigt, wie sehr Relevanzkriterien und Klassifikationen gruppenspezifisch sind und wie sich Subjektivität innerhalb von sprachlichen Gruppen bildet. Sie läßt zugleich erkennen, wie weibliche Subjektivität in einer von männlichen Soziolekten dominierten Situation trivialisiert und marginalisiert werden kann.

Allerdings bildet sich individuelle Subjektivität nicht nur auf lexikalischer und semantischer, sondern auch und vielleicht vor allem auf narrativer Ebene, auf der die Problematik der Linguistik in die der Literaturwissenschaft übergeht. Die beiden Soziolinguisten Kevin Buchanan und David J. Middleton versuchen, die Biographie-Forschung im geriatrischen Bereich anzuwenden, wo "reminiscence

---

211 R. Barthes, *Essais critiques*, Paris, Seuil, 1964, S. 179.

212 G. Kress, R. Hodge, *Language as Ideology*, London-Boston-Henley, Routledge and Kegan Paul, 1979, S. 63.

213 M. M. Talbot, *Language and Gender*, op. cit., S. 38.

work" (zumindest in Großbritannien) außerordentlich beliebt zu sein scheint[214], und weisen auf die Beziehung von biographischer *Erzählung* und Identität hin: "the intimate relation between memory and self, biography and identity".[215] Dabei übersehen sie jedoch, daß die Literaturwissenschaft dazu neigt, diese Beziehung wieder zu lösen, weil ihre Analysen die Komplexität der biographischen Identität zutage treten lassen; eine Komplexität, die bisweilen den Gedanken an eine zerfallende Subjektivität aufkommen läßt.

Auch hier wird deutlich, daß eine *konkrete* Vorstellung vom Zustand der individuellen Subjektivität in der zeitgenössischen Gesellschaft nur interdisziplinär zustande kommen kann. Denn die literaturwissenschaftlichen Studien bestätigen zwar die These der Soziolinguisten, Soziologen und Ethnomethodologen[216], daß biographisches Schreiben nach subjektiver Einheit und Identität strebt; sie bestätigen jedoch nicht die etwas naive Annahme, daß "Erinnerung, Selbstheit, Biographie und Identität" eine unverbrüchliche Einheit bilden, sondern lassen diese Einheit in einem ironischen Licht erscheinen, in dem sie bei näherer Betrachtung zu zerfallen droht.

Diese Betrachtungsweise ist für die Arbeiten von Philippe Lejeune kennzeichnend, in denen anhand von verschiedenen Textsorten (von Roman, Tagebuch und autobiographischem Bericht als *témoignage*) gezeigt wird, daß das erzählende Ich eine stilisierte Instanz ist, die sich in einigen Fällen radikal vom erlebenden Ich des Alltags unterscheidet. *Je est un autre* (1980), *Ich ist ein anderer* lautet der Titel eines seiner Bücher und deutet bereits an, was z.B. die Analyse von Ségolène Lefébures autobiographischem Bericht *Moi, une infirmière* im sechsten Kapitel ("Le document vécu") erkennen läßt: Der Bericht der Erzählerin ist eine erfolgreiche Konstruktion, die sich den Regeln eines bestimmten Gattungsmodells anpaßt und den Erwartungen eines an den Textsorten *témoignage* und *document vécu* geschulten Publikums entspricht. Die "wirkliche" Person der erzählenden

---

214 Vgl. z.B. J. P. De Waele, R. Harré, "Autobiography as a psychological Method", in: G. P. Ginsburg (Hrsg.), *Emerging Strategies in Social Psychological Research*, Chichester, Wiley, 1979 sowie K. Gergen, M. Gergen, "Narrative and Self as Relationship", in: L. Berkowitz (Hrsg.), *Advances in Experimental Social Psychology*, New York, Academic Press, 1988.

215 K. Buchanan, D. J. Middleton, "Discursively Formulating the Significance of Reminiscence in Later Life", in: N. Coupland, J. F. Nussbaum, *Discourse and Lifespan Identity*, op. cit., S. 65.

216 Vgl. H. Garfinkel, *Studies in Ethnomethodology*, Englewood Cliffs (N.J.), Prentice Hall, 1967.

Krankenschwester wird von den gängigen Schablonen des Literaturbetriebs völlig verdeckt. Von einem "Spiel, das sie im Verlauf der Erzählung spielt"[217], ist die Rede und schließlich davon, daß sie für den Leser eine Unbekannte bleibt, die nach ihrem Abschied vom Krankenhaus jemanden heiratet, ohne daß man erfährt, wen. Lejeune gibt zwar zu verstehen, daß die Erzählerin nicht mit der wirklichen Krankenschwester verwechselt werden sollte, versäumt aber daran zu erinnern, daß der Bezugspunkt der Erzählerin in diesem Fall die kommerzialisierte Schablone (bestimmte Dialogformen, innere Monologe usw.) ist, die zusammen mit der Erzählung das erzählende Ich usurpiert. Hier wird jedoch im paraliterarischen Bereich bestätigt, was Adorno und R. D. Laing in anderen Zusammenhängen von der subjektiven Erfahrung sagten: Sie werde durch die Techniken der Verwaltung und des Marktes beseitigt.

Auch im Falle von Jean-Paul Sartres autobiographischem Text *Les Mots* wird erkennbar, wie sehr sich der stark stilisierte Ich-Erzähler von den anderen (aber nicht unbedingt "wirklicheren") Sartre-Subjekten unterscheidet, die in verschiedenen Interviews oder in *Sartre par lui-même* in Erscheinung treten. Lejeune muß schließlich feststellen, daß "der Erzähler von *Les Mots* und der Herr, der im Film *Sartre par lui-même* auf dem Schirm sein Leben erzählt (...), für mich der eine das Gegenteil des anderen"[218] ist. Wie alle Texte scheint die biographische Erzählung – vor allem, wenn sie in ihrer Gesamtheit betrachtet wird – dekonstruierbar zu sein. Aber folgt daraus, daß es keine narrative Einheit gibt, daß erlebendes und erzählendes Ich stets auseinandertreten?

Diese Frage scheint Ursula Link-Heer zu bejahen, wenn sie die von Hans Robert Jauß in seiner Analyse von Prousts Roman *A la Recherche du temps perdu* aufgezeigte Wechselbeziehung zwischen "erinnerndem und erinnertem Ich"[219] zu einer trichotomischen Struktur erweitert. Innerhalb dieser Struktur wird das oft heterogene Zusammenwirken eines erlebenden (handelnden), eines erinnernden und eines erzählenden Ichs erkennbar. Dieses wird als autonome Instanz (als infraindividueller Aktant) nicht mehr ausschließlich mit der Rekonstruktion der Vergangenheit beauftragt und kann sich daher essayi-

---

[217] P. Lejeune, *Je est un autre. L'Autobiographie, de la littérature aux médias*, Paris, Seuil, 1980, S. 217.

[218] Ibid., S. 175.

[219] Vgl. H. R. Jauß, *Zeit und Erinnerung in Prousts "A la recherche du temps perdu". Ein Beitrag zur Theorie des Romans*, Heidelberg, Winter, 1970, Kap. II.

stisch-philosophische Exkurse leisten, die den Erinnerungs- und Handlungsablauf unterbrechen. Schließlich zeichnet Link-Heer (ähnlich wie Lejeune im Falle von Sartre) den Zerfall des (scheinbar) autobiographischen Subjekts bei Proust nach, dessen verschiedene Instanzen zwischen den Ebenen der Erzählung, der Erinnerung und der Handlung zueinander in Widerspruch geraten.[220] Diesen Befund scheint Annelies Schulte Nordholt zu bestätigen, wenn sie, die Ergebnisse ihres Artikels "Proust and Subjectivity" resümierend, feststellt: "Ich meine hingegen, daß die *Recherche* moderne Subjektivität in Frage stellt."[221]

Freilich könnte man den Gegenstand auch anders konstruieren und zeigen, daß in Prousts *Recherche* trotz dieser Verwerfungen eine narrative Einheit auf der Ebene der unwillkürlichen Erinnerung herbeigeführt wird. Auf dieser Ebene nähert sich das erzählende Ich des Romans dem Autoren-Ich anderer Proustscher Schriften (etwa der *Carnets* oder *Contre Sainte-Beuve*) so stark an, daß sich eine Gesamterzählung abzeichnet, in der Kohärenz und Widerspruch, Homogenität und Heterogenität immer wieder gegeneinander ausgespielt werden können.[222] Aber dies ist in nahezu allen biographischen und pseudobiographischen Erzählungen der Fall. Daß die Geschichte des Subjekts "seit ihren Anfängen als Text-Geschichte"[223] zu lesen ist, betont Monika Schmitz-Emans. Im Hinblick auf modernistische Autoren wie Proust und Sartre ist vor allem der von ihr aufgezeigte "Zusammenhang zwischen der Subjekt-Thematik und dem Interesse am Schreibprozeß"[224] wesentlich.

Im Verlauf der wichtigsten literaturwissenschaftlichen Diskussionen wurde klar, daß das individuelle Subjekt der Spätmoderne vom "Zerfall der Werte" (Broch) und von der Vereinnahmung durch Ideologien bedroht wird. Sammelbände, die im Laufe des letzten Jahrzehnts erschienen sind, zeugen vorwiegend vom Zerfall. Ohne den Ambivalenzbegriff, von dem hier ausführlicher die Rede sein wird, in

---

220 Vgl. U. Link-Heer, *Prousts "A la recherche du temps perdu" und die Form der Autobiographie*, Amsterdam, Grüner, 1988, S. 51 sowie S. 130-135.

221 A. Schulte Nordholt, "Proust and Subjectivity", in: W. Van Reijen, W. G. Weststeijn (Hrsg.), *Subjectivity*, Amsterdam-Atlanta, Rodopi, 2000, S. 83.

222 Vgl. Vf., *L'Ambivalence romanesque. Proust, Kafka, Musil*, Frankfurt-Bern-Paris, Lang, 1988 (2. Aufl.), Kap. VI.

223 M. Schmitz-Emans, "Das Subjekt als literarisches Projekt: Ich-Sager und Er-Sager", in: *Komparatistik. Jahrbuch der Deutschen Gesellschaft für Allgemeine und Vergleichende Literaturwissenschaft*, 1999-2000, S. 79.

224 Ibid., S. 52.

den Mittelpunkt seiner Betrachtungen zu stellen, leitet Dieter Borchmeyer die Krise des individuellen Subjekts bei Nietzsche aus der Ambivalenz der politischen, ethischen und ästhetischen Werte im Zeitalter der *décadence* ab, wenn er bemerkt: "Nicht die Zugehörigkeit Wagners zur Décadence ist der eigentliche Stein des Anstoßes für Nietzsche, sondern seine 'Instinkt-Doppelzüngigkeit': daß er zugleich nach der 'Herren-Moral' und nach dem 'Evangelium der Niedrigen' schielt. Diese '*Unschuld* zwischen Gegensätzen' ist typisch für den modernen Menschen."[225] Es wird sich zeigen, daß diese Zerrissenheit des individuellen Subjekts in der Ambivalenz als Einheit der Wertgegensätze einerseits die Subjektivität grundsätzlich in Frage stellt, andererseits jedoch eine kritische Haltung ermöglicht, die die dualistisch strukturierten ideologischen Diskurse zersetzt.

Wie sehr die labil geschichtete Subjektivität des Ambivalenz- und Dekadenz-Zeitalters vom Zerfall bedroht ist, läßt Ulrich Schulz-Buschhaus in seinem Kommentar zu "Bourget und die 'multipilicité du moi'" erkennen, der auch die Romane *Un crime d'amour* (1886), *Le Disciple* (1889) und *Cosmopolis* (1893) zum Gegenstand hat. Er verdeutlicht, "wie bedrohlich Bourget den Zerfall von Ich und Gesellschaft in eine Multiplizität von Bewußtseinsphänomenen und Lebensstilen empfunden hat"[226], zumal er den gesellschaftlichen Normalzustand mit einer "einheitlichen Form der Persönlichkeit"[227] identifizierte. Auch hier liegt die Vermutung nahe, daß der Gedanke an einen "Zerfall des Subjekts" oder an dessen "Verschwinden" in einer gesellschaftlichen und sprachlichen Situation aufkommt, in der individuelle Subjektivität primär als zeitlose, unabänderliche Konstante im Sinne des philosophischen Idealismus (vgl. II, 1) gedacht wird, nicht jedoch als dynamische Einheit und sozio-psychischer Prozeß.

Daß die Vorstellung von einer "dynamischen Identität" *eine* Antwort auf die Krise des modernen Subjekts sein könnte, zeigt sich in dem von Fetz, Hagenbüchle und Schulz edierten zweibändigen Werk *Geschichte und Vorgeschichte der modernen Subjektivität*, in dem immer wieder das Oszillieren zwischen idealistischen Allmachtvorstellungen des Ichs und seiner Auflösung in Gesellschaft, Psyche und Sprache erörtert wird. So stellt beispielsweise Gudrun M. Grabher

---

225 D. Borchmeyer, "Nietzsches Begriff der Décadence", in: M. Pfister (Hrsg.), *Die Modernisierung des Ich*, Passau, Rothe, 1989, S. 94.

226 U. Schulz-Buschhaus, "Bourget und die 'multiplicité du moi'", in: M. Pfister (Hrsg.), *Die Modernisierung des Ich*, op. cit., S. 59.

227 Ibid.

die prekäre Lage des lyrischen Ichs im Modernismus als ständiges Schwanken zwischen einer idealistischen Position des Allmachtanspruchs und einer nietzscheanisch-psychoanalytischen Position der Selbstaufgabe oder Selbstauflösung dar. Zusammenfassend stellt sie im Anschluß an Hiltrud Gnügs *Entstehung und Krise lyrischer Subjektivität*[228] fest: "Das lyrische Ich in der Moderne erfährt eine Hinterfragung, die zwischen Subjekt-Absage und Subjekt-Kult schwankt."[229]

Zwischen diesen beiden Extremen bewegt sich auch die *Ästhetische Theorie* Adornos, die in vieler Hinsicht als das ästhetische Vermächtnis der spätmodernen Kritischen Theorie gelesen werden kann. Nach Benjamin, der in seinen Baudelaire-Kommentaren den Niedergang des individuellen Subjekts in Massengesellschaft, Schockerlebnis und Verdinglichung schildert[230], erklärt sich Adorno solidarisch mit einer Subjektivität, deren Niedergang ihm in einer von Großkonzernen, Bürokratien und Massenbewegungen beherrschten Welt unvermeidlich erscheint. Er ergreift Partei für die Lyriker Mallarmé und Valéry, die, weitab vom Subjekt-Kult eines Barrès[231] oder eines George[232], mit Hilfe des "lyrisch noch tragfähige(n) sprachliche(n) Material(s)"[233] versuchen, das lyrische Ich als autonome und kritische Instanz zu retten. Was er über Valéry als Statthalter des historischen Gesamtsubjekts schreibt, gilt auch für den in der *Ästhetischen Theorie* mehrfach erwähnten Mallarmé: "Das Kunstwerk,

---

[228] Vgl. H. Gnüg, *Entstehung und Krise lyrischer Subjektivität: Vom klassischen lyrischen Ich zur modernen Erfahrungswirklichkeit*, Stuttgart, Metzler, 1983 sowie D. Rabaté (Hrsg.), *Figures du sujet lyrique*, Paris, PUF, 1996. Vor allem der Beitrag von D. Combe, "La Référence dédoublée. Le Sujet lyrique entre fiction et autobiographie", in dem von einer "dissolution du Moi" (S. 43) im Modernismus die Rede ist, erscheint hier relevant.

[229] G. M. Grabher, "Formen des lyrischen Ich im Modernismus: Subjekt-Kult und Subjekt-Absage durch die Sprachskepsis", in: R. L. Fetz, R. Hagenbüchle, P. Schulz (Hrsg.), *Geschichte und Vorgeschichte der modernen Subjektivität*, Bd. II, Berlin-New York, de Gruyter, 1998, S. 1099-1100.

[230] Vgl. W. Benjamin, *Charles Baudelaire. Ein Lyriker im Zeitalter des Hochkapitalismus*, Frankfurt, Suhrkamp, 1974, S. 125-130.

[231] Zum Subjektkult von Barrès vgl. P. Bürger, "Naturalismus-Ästhetizismus und das Problem der Subjektivität", in: Ch. Bürger, P. Bürger, J. Schulte-Sasse (Hrsg.), *Naturalismus/Ästhetizismus*, Frankfurt, Suhrkamp, 1979, S. 44. Dort heißt es über das Ich des Ästhetizisten Barrès: "Das Ich ist nur eine unendliche Abfolge von Seelenzuständen, die nichts miteinander verbindet. Das Auffinden einer Einheit des Ich wird so zum zentralen Problem."

[232] Vgl. Th. W. Adorno, "George", in: ders., *Noten zur Literatur IV*, Frankfurt, Suhrkamp, 1974, S. 49.

[233] Ibid., S. 48.

welches das äußerste von der eigenen Logik und der eigenen Stimmigkeit wie von der Konzentration des Aufnehmenden verlangt, ist ihm Gleichnis des seiner selbst mächtigen und bewußten Subjekts, dessen, der nicht kapituliert."[234]

Die Zuversicht, die aus diesem Kommentar zu sprechen scheint und die nichts mit dem von Adorno in seinen Essays über die Lyrik[235] scharf verurteiltem Subjekt-Kult zu tun hat, wird vom Autor der *Negativen Dialektik* in anderen Zusammenhängen relativiert, in denen Subjektivität als Phänomen einer verschollenen Ära erscheint: des von Faschismus und Konzernwirtschaft zugrundegerichteten liberalen Individualismus. Die Kapitulation des Einzelnen vor den gesellschaftlichen Mächten des 20. Jahrhunderts scheint ein *fait accompli* zu sein, wenn es in Adornos Essay über den "Standort des Erzählers im zeitgenössischen Roman" von den Romanen der Spätmoderne oder des Modernismus heißt, sie seien "Zeugnisse eines Zustands, in dem das Individuum sich selbst liquidiert und der sich begegnet mit dem vorindividuellen".[236] Zwischen dem *refus* des lyrischen Subjekts, das "nicht kapituliert", und der Selbstaufgabe des Romansubjekts, das "sich selbst liquidiert", oszilliert aporetisch die Subjektivitätstheorie Adornos, die einerseits die Selbstaufgabe abwenden möchte, andererseits nicht umhin kann, den Niedergang des individuellen Subjekts in allen literarischen Gattungen, in Philosophie und Gesellschaft (vgl. I, 2, a, b) zu registrieren.

Denn Adornos Bemerkungen zur Auflösung des Subjekts im Roman werden von seinen Untersuchungen über Samuel Becketts Drama bestätigt und konkretisiert. In Becketts *Endspiel* bleibt von der im deutschen Existentialismus heroisierten Subjektivität nichts übrig als deren karikaturales Residuum: "Parodiert ist der Existentialismus selber; von seinen Invarianten nichts übrig als das Existenzminimum."[237] Es käme aus Adornos Sicht darauf an, in Philosophie und Literatur eine Subjektivität beredt zu machen, die eine Sprache jenseits von Ideologie und kommerziellem Kommunikationsbetrieb fände. Ist eine

---

234 Th. W. Adorno, "Der Artist als Statthalter", in: ders., *Noten zur Literatur I*, Frankfurt, Suhrkamp, 1958, S. 192-193.

235 Th. W. Adorno, "Rede über Lyrik und Gesellschaft", in: ders., *Noten zur Literatur I*, op. cit., S. 98-104.

236 Th. W. Adorno, "Standort des Erzählers im zeitgenössischen Roman", in: ders., *Noten zur Literatur I*, op. cit., S. 71.

237 Th. W. Adorno, "Versuch, das Endspiel zu verstehen", in: ders., *Noten zur Literatur II*, Frankfurt, Suhrkamp, 1961, S. 191.

solche Subjektivität gegenwärtig vorstellbar? Adornos Versuche, diese Frage zu beantworten, haben sicherlich nicht alle seine Kontrahenten befriedigt, wie neuere Diskussionen zum Thema "Subjektivität und Avantgarde" zeigen[238], zumal sein Plädoyer für eine parataktische Theorie (im Sinne von Hölderlins Lyrik), die sich an der künstlerischen Mimesis orientiert, auf das aporetische Konzept einer "nichttheoretischen Theorie" hinausläuft, das nicht nur von Habermas und seinen Schülern beanstandet wurde.[239]

Daß Becketts Theater tatsächlich ein Jenseits der modernen Subjektivität anpeilt, zeigt Gabriele Schwab, die *Endgame/Fin departie* als "strategisches Spiel"[240] mit der Subjektivität zu verstehen sucht. Von Becketts Fiktion stellt sie abschließend fest: "In ihr erfährt das Subjekt sowohl die Unmöglichkeit der ihm zugewiesenen Aufgabe, zentraler Herrscher über alle Sinne zu sein, als auch die Lust, sich treiben zu lassen im Medium scheinbar fremder, doch möglicherweise unbewußt vertrauter Sinne."[241]

In diesem Kommentar lösen die postmodern konnotierten Kategorien der Lust und des Spiels Adornos asketische Verteidigung moderner Subjektivität ab. *Endgame* als strategisches Rollenspiel im postmodernen Kontext visiert nicht das "seiner selbst mächtige und bewußte Subjekt" Adornos an, sondern zitiert spielerisch vergangene Figuren der Subjektivität und gibt damit das kritische Anliegen Preis. Es kündigt Ecos postmodernes Spiel mit literarischen Formen der Vergangenheit an. Adornos Standort hingegen liegt eindeutig im spätmodernen Bereich, in dem der Niedergang individueller Subjektivität – nicht zu Unrecht – als Katastrophe empfunden wird. Er ist der Betrachtungsweise Peter Szondis verwandt, der die Atrophie der Subjektivität im modernen Drama beobachtet und resümierend feststellt: "In Trümmern liegt alles: der Dialog, das Formganze, die menschliche

---

238 Vgl. M. Moroni, "Dynamics of Subjectivity in the Historical Avant-Garde", in: W. Van Reijen, W. G. Weststeijn (Hrsg.), *Subjectivity*, op. cit., S. 10.

239 Auch Gretel Adorno und Rolf Tiedemann, die Herausgeber der postum erschienen *Ästhetischen Theorie* (Frankfurt, Suhrkamp, 1970), weisen auf S. 542 auf den grundsätzlichen Widerspruch des Vorhabens hin.

240 G. Schwab, *Samuel Becketts Endspiel mit der Subjektivität. Entwurf einer Psychoästhetik des modernen Theaters*, Stuttgart, Metzler, 1981, S. 105-125. Vgl. auch J. Becker, *Nicht-Ich-Identität. Ästhetische Subjektivität in Samuel Becketts Arbeiten für Theater, Radio, Film und Fernsehen*, Tübingen, Niemeyer, 1998. Becketts Werk wird hier als eine Dekonstruktion von Subjektivität gelesen.

241 Ibid., S. 125.

Existenz."[242] Ist ein Spiel inmitten dieses Trümmerhaufens vorstellbar? Die Postmodernen bejahen diese Frage.

Es ist zwar prekär, Michel Foucault *sans réserve* diesen Nachmodernen zuzurechnen, zumal er immer wieder den Wissenschaftstheoretikern (*épistémologues*)[243] und "Strukturalisten" zugeordnet wurde, von denen niemand so recht weiß, wer sie sind, was sie miteinander verbindet und voneinander unterscheidet.[244] Während der Diskussion von Foucaults Vortrag "Qu'est-ce qu'un auteur?" (1969) am Collège de France warf vor allem Lucien Goldmann ihm und den "Strukturalisten" vor, das menschliche Subjekt eliminieren zu wollen. Diese reichlich reduktionistische Kritik wurde von Jean d'Ormessons ironischem Einwurf kompensiert, Foucault habe die Existenz des Autors als Urhebers eines klar eingrenzbaren Werkganzen in Frage gestellt, nur um ihn als "instaurateur de discursivité"[245], als "Stifter einer Diskursivität", wiederauferstehen zu lassen. Was war geschehen?

Im Rückblick wird klar, daß es Foucault nicht um die schlichte Negation des Autorensubjekts zu tun ist (auf die Goldmann in Übereinstimmung mit deutschen Hermeneutikern und Marxisten allergisch reagiert, selbst dann, wenn sie nicht vorkommt: vgl. I, 2, a), sondern um das, was Lacan als die (auch von ihm selbst analysierte) "dépendance du sujet"[246] bezeichnet. Das Subjekt kann nicht länger idealistisch als statische Konstante aufgefaßt werden, der die Variablen der Wirklichkeit als Objekte gegenüberstehen. Dennoch werden Foucaults Ausführungen von einer Unklarheit getrübt, die – ähnlich wie Adornos Ambivalenz – auf ein Schwanken zwischen Autonomie oder Freiheit einerseits und Überdeterminiertheit oder Zerfall andererseits zurückzuführen ist.

Die Unmöglichkeit, ein bestimmtes Individuum als "Autor eines Werks" zu bezeichnen, versucht Foucault mit drei komplementären Argumenten plausibel zu machen: 1. Der Einzelne ist nicht als *causa sui* aufzufassen, sondern funktional als Position in einem diskursiven

---

242 P. Szondi, *Theorie des modernen Dramas*, Frankfurt, Suhrkamp, 1969, S. 90.

243 Vgl. D. Lecourt, *Pour une critique de l'épistémologie. Bachelard, Canguilhem, Foucault*, Paris, Maspero, 1972, S. 98-133.

244 Wie verschieden die Ästhetiken der "Strukturalisten" Barthes und Greimas sind, hat sich in Vf., *Literarischen Ästhetik*, Tübingen-Basel, Francke, 1995 (2. Aufl.), Kap. VII, gezeigt.

245 J. d'Ormesson, in: M. Foucault, "Qu'est-ce qu'un auteur?", in: ders., *Dits et écrits I* (1954-1969), Paris, Gallimard, 1994, S. 812 (Diskussionsteil).

246 J. Lacan, in: M. Foucault, "Qu'est-ce qu'un auteur?", op. cit., S. 820 (Diskussionsteil).

Feld oder einer diskursiven Formation, die ihn beredt macht. 2. Das Werk eines Autors ist stets heterogen und kann folglich nicht als homogene Aussage eines Urhebers gelesen werden: Es weist auf verschiedene, einander oft widersprechende *auctores* hin. 3. Wirkung und Anwendung des Werks entziehen sich sowohl der Intention als auch der Kontrolle des Autors (wobei die Intention nie eindeutig definierbar ist). (Vor allem im zweiten und dritten Punkt trifft sich Foucault mit Derrida: vgl. III, 2.)

Zum ersten Argument heißt es in Foucaults Referat: "Nicht mehr fragen: Wie kann sich die Freiheit des Subjekts der Dichtheit der Dinge einschreiben und ihr Sinn verleihen, wie kann sie von innen die Regeln einer Sprache beleben und so Ansichten zutage treten lassen, die ihr eigen sind? Vielmehr gilt es zu fragen: Wie, unter welchen Bedingungen und in welchen Formen kann so etwas wie ein Subjekt in der Ordnung des Diskurses erscheinen? Welchen Platz kann es im jeweiligen Diskurstyp einnehmen, welche Funktionen kann es ausüben in Übereinstimmung mit welchen Regeln? Kurzum, es geht darum, das Subjekt (oder sein Substitut) seiner Rolle als ursprünglicher Begründer (fondement originaire) zu entledigen und es als variable und komplexe Diskursfunktion zu analysieren."[247] Hervorgehoben wird hier also die unleugbare Abhängigkeit des individuellen Subjekts von sozialen und sprachlichen Faktoren.

Es fragt sich allerdings, weshalb Foucault es für unbedingt notwendig hält, die beiden Fragestellungen rigide voneinander zu trennen: Wäre eine dialektische Verknüpfung von Freiheit und Determiniertheit nicht sinnvoller als die polemisch gegen Descartes und Sartre[248] gewendete Einseitigkeit? Hat Foucault nicht "Begründern von Diskursivitäten" ("instaurateurs de discursivité")[249] wie Marx und Freud eine kreative Freiheit zugesprochen, die er Autoren von Einzelwerken abspricht? Hat er nicht selbst neue Termini wie *Episteme* und neue begriffliche Kombinationen ins Leben gerufen, die ohne die Freiheit des Sartreschen *projet* gar nicht möglich wären? Daß das individuelle Subjekt nur in einer gesellschaftlichen und sprachlichen Situation, also inmitten von vorkonstruierten Soziolekten und Diskursen, agieren und sprechen kann, versteht sich von selbst. *Es käme darauf an, das wachsende oder schrumpfende Ausmaß an Freiheit zu*

---

[247] M. Foucault, "Qu'est-ce qu'un auteur?", op. cit., S. 810-811.

[248] Zu Foucaults Kritik an Sartre vgl. "Foucault répond à Sartre", in: M. Foucault, *Dits et écrits I*, op. cit.

[249] M. Foucault, "Qu'est-ce qu'un auteur?", op. cit., S. 805.

erkennen, das es in verschiedenen historischen Konstellationen beanspruchen kann. Es ist jedoch Foucaults und Lacans Verdienst, an die "Abhängigkeit des Subjekts" erinnert zu haben, deren Erkenntnis cartesianische, kantianische, und existentialistische Illusionen zergehen läßt.

Die dialektische Betrachtungsweise, die Freiheit und Determiniertheit miteinander verknüpft, ist zugleich ein Versuch, Homogenität und Heterogenität, Offenheit und Geschlossenheit literarischer oder philosophischer Werke zusammenzudenken. Sicherlich erscheinen aus erzähltheoretischer Sicht verschiedene Erzähler in Sartres Werk, wie Philippe Lejeune (s.o.) bemerkt. Dennoch bildet dieses von Brüchen und Revisionen gezeichnete Werk eine *heterogene Einheit*, und nur diese Einheit läßt Sartres Versuch, Existentialismus und Marxismus zur Synthese zu bringen, sinnvoll erscheinen – unabhängig davon, ob man ihn billigt oder nicht. Foucaults eigenes Werk kann als ein widersprüchliches Ganzes gelesen werden, das in seiner Endphase die subjektive Freiheit des Einzelnen – gleichsam als Pascalschen *pari* – gegen die Manipulierbarkeit der Subjekte in Machtkonstellationen ausspielt.[250]

Schließlich kann auch die nicht-intendierte Wirkung eines Werks nicht als entscheidendes Argument gegen die Instanz des Autors ins Feld geführt werden: Nietzsche ahnte, wie sehr man ihn (aus Dummheit oder Absicht) mißverstehen würde, und Marx soll am Rande der Verzweiflung ausgerufen haben, er sei kein Marxist. Dennoch ist weder Literatur noch Philosophie als eine Geschichte des Mißverständnisses zu verstehen, weil das Wort "Mißverständnis" (zusammen mit Wörtern wie Lüge, Fälschung, Irrtum) seinen Sinn verliert, wenn *alles* mißverstanden wird. Sogar Mallarmé, "der Dunkle", fühlte sich von Valéry und anderen Zeitgenossen durchaus verstanden ... (Die Bemerkung, dieses Einverständnis sei ein Mißverständnis gewesen, ist zugleich frivol und wahr.)

Lucien Goldmanns Kritik an Michel Foucault enthält insofern eine Pikanterie, als Goldmann einerseits dem von ihm selbst herbeiphantasierten Strukturalisten Foucault vorwirft, das menschliche Subjekt zu negieren, andererseits jedoch in seiner *Soziologie des Romans* (wie sich in I, 2, b gezeigt hat) den Nouveau Roman als eine Gattung liest, die vom Verschwinden des individuellen Subjekts zeugt. Ob-

---

[250] Vgl. Vf, "Anwesenheit und Abwesenheit des Werks. Zu Foucaults Subjekt- und Werkbegriff", in: K.-M. Bogdal, A. Geisenhanslüke (Hrsg.), *Die Abwesenheit des Werks. Nach Foucault*, Heidelberg, Synchron, 2006, S. 185-191.

wohl er in seiner Kritik an Foucault die in *Le Dieu caché* (1955) und den *Recherches dialectiques* (1959) erhobene Forderung wiederholt, man müsse literarische und philosophische Produktion im Hinblick auf ein "transindividuelles" bzw. kollektives Subjekt (z. B. den Beamtenadel und dessen Weltanschauung, den Jansenismus, im Falle von Pascal und Racine)[251] verstehen, verzichtet er in seinen Kommentaren zum Nouveau Roman auf eben dieses Kollektivsubjekt, weil er behauptet, es sei der Verdinglichung und dem Zerfall kollektiver Werte zum Opfer gefallen.[252] Letztlich erscheint eher er – und nicht Foucault – als Theoretiker eines "verschwindenden Subjekts".

Es mögen solche Ungereimtheiten in der philosophischen und literaturwissenschaftlichen Diskussion sowie die stereotype Prognose über die "Unrettbarkeit des Ichs" (Mach) gewesen sein, die Peter Bürger veranlaßt haben, einen Gegenentwurf vorzulegen, der eher als Typologie philosophischer und literarischer Positionen aufzufassen ist denn als "Geschichte des Subjekts" oder seiner *décadence*. Bürger geht es primär darum, "das Feld moderner Subjektivität" abzustecken und zu zeigen, "nicht nur wie eng die Subjektbegriffe von Montaigne, Descartes und Pascal gerade in ihrer Gegensätzlichkeit miteinander verschränkt sind, sondern auch, daß diese Trias alle späteren Äußerungen der französischen Tradition in einem Maße bestimmt, die mich nötigte, eine Art Geschichte im Stillstand zu entwerfen".[253] Das cartesische Ich und das Angst-Ich Pascals ergänzen Montaignes Ich-Auffassung. "Zusammen mit dem Körper-Ich Montaignes bilden sie eine Konstellation", erklärt Bürger, "die ich als das Feld moderner Subjektivität bezeichne."[254] In diesem Kontext erscheint Barthes' und Foucaults "Rückkehr zum Subjekt" (als "Sorge um sich" im Falle von Foucault) als Wiederauftreten einer bekannten Konstellation, als eine Art *déjà vu*.

Abgesehen davon, daß eine Rückkehr Roland Barthes' zum Begriff des individuellen Subjekts nicht ohne weiteres plausibel gemacht werden kann, drängen sich nach der Lektüre von Bürgers Buch folgende Einwände auf: 1. Bürger bezieht sich ausschließlich auf das

---

[251] Vgl. L. Goldmann, *Der verborgene Gott*, Neuwied-Darmstadt, Luchterhand, 1973.

[252] Vgl. L. Goldmann, *Soziologie des Romans*, Frankfurt, Suhrkamp, 1984, S. 31-34.

[253] P. Bürger, *Das Verschwinden des Subjekts. Eine Geschichte der Subjektivität von Montaigne bis Barthes*, Frankfurt, Suhrkamp, 1998, S. 23-24.

[254] Ibid., S. 222.

individuelle Subjekt und vernachlässigt dessen Beziehungen zu kollektiven, abstrakten und mythischen Subjekt-Aktanten, die vor allem seit der Entstehung der modernen Soziologie eine wichtige Rolle in Diskussionen über die Subjekt-Problematik spielen. 2. Seine Studie ist auf Philosophie und Literatur ausgerichtet und trägt nicht den semiotischen, soziologischen und sozialpsychologischen Arbeiten Rechnung, die von Krise oder Rettung des individuellen Subjekts berichten: Alain Touraines Versuch, dem schwächer werdenden individuellen Subjekt durch ein Bündnis mit dem *mouvement social* als Kollektivsubjekt den Rücken zu stärken, ist in Bürgers Feld ebensowenig darstellbar wie Jean Baudrillards Diagnose über das Verschwinden des Subjekts im "fraktalen Stadium" der Mediengesellschaft. 3. Da Bürgers Konstruktion über den französischen (philosophischen und literarischen) Kontext nicht hinausgeht, schließt sie eine Auseinandersetzung mit Luhmanns systemtheoretischem Verzicht auf den Subjektbegriff ebenso aus wie einen Dialog mit anglo-amerikanischen Theorien (Laing, Goffman, Lasch), die von einem Niedergang des individuellen Subjekts in einer von Großkonzernen, Staatsbürokratien und Medien dominierten Gesellschaft zeugen. Erstaunlich ist vor allem, daß Bürger mit keinem Wort auf die Entstehung der deutschen und französischen Soziologien (Durkheims, A. Webers, M. Webers, Tönnies', Simmels) aus der Krise der individuellen Subjektivität eingeht: denn diese Krise ist im Rahmen der Triade Descartes-Pascal-Montaigne oder gar als "Geschichte im Stillstand" sicherlich nicht beschreibbar. Sie stellt eine *Entwicklung* dar.

Zu den Verdiensten von Bürgers Untersuchung gehört die Erkenntnis, daß das individuelle Subjekt der Moderne monologisch aufgefaßt wird: als Einzelsubjekt ohne Beziehung zum Du, zum anderen: "Die wichtigste Begrenzung, die das Feld vornimmt, dürfte darin bestehen, daß es das Subjekt als *eins* bestimmt. Zwar lebt es in der Welt, geht Beziehungen zu andern ein, aber als Subjekt ist es einzelnes Ich. Das Du ist für seine Selbstbestimmung ohne Bedeutung."[255] Die sich bei Madame de Sévigné abzeichnende dialogische Subjektivität bleibt unverwirklicht, sagt Bürger, weil sie von der Kirchenzensur unterdrückt wird.

Dieses Konzept einer *dialogischen Subjektivität* soll im folgenden, vor allem im letzten Kapitel, im Anschluß an Michail M. Bachtins Werk und als Fortsetzung von *Moderne/Postmoderne* (1997) und *Ro-*

[255] Ibid.

man und Ideologie (1986) entwickelt werden. Sowohl bei Bachtin als auch in den eigenen Arbeiten zeigt sich, daß individuelle Subjektivität im Roman nur dialogisch zu verstehen ist: als eine aus der Ambivalenz der Werte hervorgehende Polyphonie, in der sich das Ich in ständiger Auseinandersetzung mit dem Du, dem Anderen, ihm Fremden konstituiert.[256] Allerdings ist Ambivalenz als Zusammenführung gegensätzlicher Werte (*gut/böse*, *links/rechts*, *männlich/weiblich* etc.) nicht nur Ausgangspunkt der Kritik und des Dialogs (Wie böse sind die Guten, wie rechts sind die Linken, wie links die Rechten?), sondern auch Ursprung der Krise. Das erzählende und handelnde Subjekt, das in Kafkas, Musils, Brochs oder Svevos Romanen mit der Ambivalenz aller Wertsetzungen konfrontiert wird, droht handlungsunfähig zu werden, den roten Faden der Erzählung zu verlieren und auf den Roman als subjektkonstituierenden Diskurs zu verzichten. "? Paradoxon: den Roman schreiben, den man nicht schreiben kann"[257], heißt es in Musils nachgelassenen Fragmenten selbstironisch.

Sowohl in *Roman und Ideologie* als auch in *Moderne/Postmoderne* sollte dargetan werden, wie die nachmodernen Romane – vom Nouveau Roman bis zu Patrick Süskinds *Das Parfum* – die Ambivalenz-Problematik als Wertproblematik, die von der Frage nach der Möglichkeit von Wertsetzungen beherrscht wird, verlassen. Inmitten eines Indifferenzzusammenhangs, in dem alle Wertsetzungen austauschbar erscheinen, wird auch die Frage nach dem Ich als wertender und in Wertsystemen verankerter Instanz indifferent. Die traditionellen Fragen, die in einem Roman wie *La coscienza di Zeno* noch den Erzählerdiskurs begleiten – Wer bin ich? Was ist die Wahrheit? Was ist gut, böse? – werden von den *nouveaux romanciers*, von Calvino, Eco, Süskind oder Pynchon als metaphysisch oder sinnlos verabschiedet. Der Hauptaktant des von der Indifferenz dominierten postmodernen Romans ist häufig ein Pseudosubjekt (z.B. Mathias in Robbe-Grillets *Le Voyeur* oder *Grenouille* in Süskinds *Das Parfum*), das jegliche Autonomie eingebüßt hat und blindlings einem naturwüchsigen Determinismus gehorcht.[258]

---

256 Vgl. M. M. Bachtin, *Probleme der Poetik Dostoevskijs*, München, Hanser, 1971, Kap. V sowie Vf., *Roman und Ideologie. Zur Sozialgeschichte des modernen Romans*, München, Fink (1986), 1999, Kap. III, 3.

257 R. Musil, *Gesammelte Werke*, Bd. VII, Hamburg, Rowohlt, 1978, S. 876.

258 Zur Verdinglichung des postmodernen Helden vgl. Vf., *Moderne/Postmoderne*, op. cit., S. 351-353 sowie II, 9.

Im Anschluß an diese Argumentation, die am Ende des zweiten Kapitels weiterentwickelt wird, stellen sich zwei Fragen: 1. Wird die im Zusammenhang mit dem Roman formulierte These von anderen Wissenschaften (Soziologie, Psychologie) bestätigt? Und: 2. Sind heute gegenläufige Tendenzen erkennbar, die die Gegenthese rechtfertigen, daß individuelle Subjektivität in postmoderner Gesellschaft trotz aller Widrigkeiten eine Zukunft hat? Beide Fragen sollen im letzten Abschnitt dieses Kapitels, der einen Ausblick auf die Gesamtproblematik bietet, erörtert werden.

3. Aporien des individuellen Subjekts zwischen Moderne und Postmoderne

Die These kann nur bestätigt oder widerlegt, plausibel gemacht oder angezweifelt werden[259], wenn durch eine Rückkehr zum Ausgangspunkt dieses Kapitels geklärt wird, *welches* Subjekt von den modernistischen Romanen der Ambivalenz in Frage gestellt und von den postmodernen Romanen der Indifferenz negiert wird. Es ist das individuelle und transzendentale Subjekt der idealistischen Philosophen (Descartes', Kants, Fichtes und Hegels), das sich als *cogito* oder Geist die Wirklichkeit ganz oder teilweise unterwirft; das als reines, stets zu sich selbst zurückkehrendes Denken die Natur beherrscht. Es ist das *subiectum* als Zugrundeliegendes, als anthropozentrisches Ebenbild des göttlichen Subjekts, das die Weltschöpfung im rationalistischen oder dialektischen System von neuem inszeniert; es ist die säkularisierte Gottheit.

Als Erben Friedrich Theodor Vischers, dessen junghegelianischer und kritischer Roman *Auch Einer* im nächsten Kapitel eine wichtige Rolle spielen wird, führen Autoren des Modernismus wie Kafka, Musil, Proust, Camus, Joyce und Svevo dem individuellen Subjekt vor, wie wenig es den Gesetzen seiner eigenen Vernunft gehorcht, wie sehr es vom Unbewußten, vom naturwüchsigen Zufall, von Fehlleistungen aller Art, von Sprache und Ideologie beherrscht wird. Nicht nur Svevos *La coscienza di Zeno*, auch Pirandellos Roman *Uno, nessuno e*

---

[259] Eine Widerlegung ist in den Sozialwissenschaften nur selten möglich. Dies war schon Otto Neurath, dem Kritiker des frühen Kritischen Rationalismus, klar, als er vom "Pseudorationalismus der Falsifikation" (1935) sprach. In: O. Neurath, *Gesammelte philosophische und methodologische Schriften*, Bd. II (Hrsg. R. Haller, H. Rutte), Wien, Hölder-Pichler-Tempsky, 1981, S. 638.

centomila läßt sich von Nietzsches antirationalistischem und antihegelianischem Gedanken leiten, "wie wenig Vernunft, wie sehr der Zufall unter den Menschen herrscht".[260]

Dennoch ist es den Autoren des Modernismus (als spätmoderner Selbstkritik der Moderne)[261] um eine Rettung des individuellen Subjekts in der Ambivalenz zu tun. Darin sind sie den Autoren der Kritischen Theorie verwandt. "Der Individualismus geht zu Ende. Ulrich liegt nichts daran. Aber das Richtige wäre hinüberzuretten"[262], heißt es in Musils nachgelassenen Studien. Diese paradoxe Aussage, über deren Zuordnung zum Diskurs Ulrichs, des Erzählers oder Musils durchaus gestritten werden könnte, faßt – wenn auch einseitig – das sozialphilosophische Anliegen der Kritischen Theorie Adornos und Horkheimers zusammen, einer Theorie, die ihre Solidarität mit der Metaphysik "im Augenblick ihres Sturzes"[263] einbekennt. Sie könnte – ebenso einseitig – als Resümee dieses Buches gelesen werden, in dem es ebenfalls darum geht, im Anschluß an die Kritische Theorie und in durchaus "alteuropäischer" Absicht, das individuelle Subjekt *in extremis* durch eine Neubestimmung zu retten.

Die hier geöffnete Perspektive ist insofern kritisch-theoretisch und modernistisch, als sie mit Adorno, Musil und Pirandello einerseits die Unmöglichkeit und den ideologischen Charakter des rationalistisch-hegelianischen Subjekts erkennen läßt, andererseits jedoch verbietet, dem *subiectum* als Zugrundeliegendem undialektisch das *subiectum* als Unterworfenes oder Zerfallendes gegenüberzustellen. Sie soll zu der modernistisch-ambivalenten Erkenntnis führen, daß das individuelle Subjekt beides zugleich ist und als Einheit der Gegensätze noch am ehesten konkret verstanden wird: als autonome, produktive *und* als unterworfene, zerfallende Instanz.

Ambivalenz ist, wie die Modernisten von Vischer und Nietzsche bis Musil zeigen, selbst zweigleisig, weil sie dem Subjekt einerseits seine Widersprüche und Ungereimtheiten vor Augen führt, es andererseits aber zur Kritik befähigt. Sie verdeutlicht, wie sehr Krise und Kritik[264] zusammenhängen. Den Sozialisten Schmeißer, der sich Subjek-

---

260 F. Nietzsche, *Werke*, Bd. V, op. cit., S. 323.

261 Zur Definition des Modernismus als spätmoderner Selbstkritik der Moderne vgl. Vf., *Moderne/Postmoderne*, op. cit., Kap. I.

262 R. Musil, *Der Mann ohne Eigenschaften*, Hamburg, Rowohlt, 1952, S. 1578.

263 Th. W. Adorno, *Negative Dialektik*, op. cit., S. 398.

264 Den Nexus zwischen Kritik und Krise hat R. Koselleck systematisch untersucht in: *Kritik und Krise. Eine Studie zur Pathogenese der bürgerlichen Welt*, Frank-

tivität ideologisch aus einem Guß vorstellt (sie folglich mit Unterwerfung im Sinne von Althusser verwechselt), konfrontiert Musils Held mit der aus der Ambivalenz hervorgehenden Paradoxie: "'Dann behaupte ich', ergänzte Ulrich lächelnd seinen Satz, 'daß Sie eben an etwas anderem scheitern werden, zum Beispiel daran, daß wir imstande sind, jemand Hund zu schimpfen, auch wenn wir unseren Hund mehr lieben als unsere Mitmenschen!?'"[265] Es ist wohl kein Zufall, daß Schmeißer nicht antwortet: denn eine nuancierte Auseinandersetzung mit dieser Paradoxie könnte seine ideologische Subjektivität in Frage stellen.

Die im Anschluß an die Modernisten und Bachtin entwickelte These lautet daher: *Das individuelle Subjekt ist weder etwas Souverän-Fundamentales noch Unterworfenes, sondern eine sich wandelnde, semantisch-narrative und dialogische Einheit, die von der Auseinandersetzung mit dem Anderen, dem ihr Fremden, lebt.*

Sie ist ein Versuch, Einheit und Vielfalt dialektisch zusammenzudenken und eine Subjektivität zu entwerfen, die sich durch Ambivalenzen, Widersprüche und die Aufnahme des Anderen nicht negieren läßt. Freilich hört – sowohl das individuelle als auch das kollektive – Subjekt auf zu existieren, wenn Ambivalenz, Heterogenität und Heteronomie überhandnehmen. Insofern sind alle Subjekte, auch Institutionen und Organisationen, als Identitäten oder semantisch-narrative, handlungsfähige Einheiten gefährdet und müssen sich als Aktanten, d.h. als sprechende und handelnde Instanzen, stets von neuem bewähren. Die heterogen zusammengesetzte Koalitionsregierung kann zerfallen, und das multikulturelle, vielsprachige individuelle Subjekt kann sprachlos, *alingue* werden: unfähig, seine Empfindungen und Ansichten in irgendeiner Sprache fehlerfrei und zusammenhängend zu artikulieren. Als negativ-ironische Ergänzung zu der hier formulierten These bietet sich daher die Erkenntnis an, daß vor allem das spätmoderne oder nachmoderne Subjekt eine labil geschichtete, von Zerfall und Vereinnahmung bedrohte Einheit ist.

Diesen negativen Aspekt haben in ihren Kritiken der Moderne nachmoderne Autoren wie Foucault, Baudrillard, Lyotard oder Vattimo so stark hervortreten lassen, daß der Eindruck entstand, das individuelle Subjekt sei ein Anachronismus und auch in philosophischen Diskursen zum Verschwinden verurteilt. Dennoch sind die postmo-

---

furt, Suhrkamp, 1973.

[265] R. Musil, *Der Mann ohne Eigenschaften, Gesammelte Werke*, Bd. IV, op. cit., S. 1457.

dernen Theorien des *subiectum* als eines Unterworfenen oder Zerfallenden, wie sich gezeigt hat und noch zeigen wird, keineswegs als Exzesse des Denkens zu bagatellisieren. Sie verursachten sowohl in der Philosophie als auch in den Sozialwissenschaften einen heilsamen Schock, der zum kritischen und selbstkritischen Nachdenken über Subjektivität in allen ihren Formen führte.

Sie sind nicht aus der Luft gegriffen, sondern gründen u.a. auf soziologischen Erkenntnissen, die auf eine Entmachtung oder Vereinnahmung des individuellen Subjekts hindeuten und im vierten Kapitel ausführlicher zur Sprache kommen werden: die sich seit der vorigen Jahrhundertwende entfaltende Konzernwirtschaft, die die Rolle des individuellen Unternehmers in Frage stellt; die Bürokratisierung, die der staatliche Interventionismus (im Rahmen des Keynesschen Modells) nach sich zieht; die Systemzwänge und die Verdinglichung, die beide Prozesse zusammen mit der Mobilisierung der Werktätigen in gewerkschaftlichen Organisationen mit sich bringen; die sich auf nahezu alle Bereiche des gesellschaftlichen Lebens ausdehnende Herrschaft des Tauschwerts, die eine Krise der Werte und eine Schwächung des Kollektivbewußtseins (im Sinne von Durkheim) zur Folge hat; die Vereinnahmung individueller und kollektiver Subjekte durch Ideologien, die Althusser vortrefflich schildert; die parallel verlaufende Vereinnahmung durch die Medien, die uns Baudrillard durch Übertreibungen und *sweeping statements* anschaulich vor Augen führt; die Entwicklung einer "vaterlosen Gesellschaft", die Mitscherlich zuerst beschrieb und an die später Soziologen (Beck, Giddens, Touraine) und Sozialpsychologen wie Lasch angeknüpft haben; die Vereinsamung der Individuen und der gesellschaftlich organisierte Narzißmus, die Riesman, Bell und Lasch analysiert haben; schließlich die (z.Z. leider vernachlässigte) Diskrepanz zwischen subjektiver und objektiver Kultur, d.h. zwischen dem, was der Einzelne sich aneignen kann, und den objektiv vorhandenen kulturellen Wissensvorräten, deren Bedeutung Georg Simmel früh erkannt hat.

Angesichts dieser erdrückenden Übermacht gesellschaftlicher Faktoren kann das individuelle Subjekt, so könnte man schließen, nur resignieren und mit Kafkas Protagonisten feststellen: "Solche Schwierigkeiten hat der Mann vom Lande nicht erwartet ..." Man könnte die Summe der hier aufgezählten erdrückenden Tatsachen auch gegen den Autor wenden und seiner These Schönfärberei vorwerfen. Ist das Ich nicht doch unrettbar, wie Mach in rhetorisch-polemischer Absicht behauptete?

Die These besagt nicht, daß das dialogische Subjekt in nachmoderner Gesellschaft die Regel sei. Sie gründet vielmehr auf der Annahme, daß sich – vor allem im Zuge der europäischen Integration – eine neue Möglichkeit des Ich-Seins abzeichnet, die durch die Parallelentwicklung ökologischer, feministischer und ökofeministischer Bewegungen, die das Andere als Natur und das andere Geschlecht in die Subjektivität aufzunehmen trachten, konkret werden könnte. Die These soll nicht über die hier aufgezeigten Widrigkeiten hinwegtäuschen, sondern *eine nachmoderne Möglichkeit erkennen lassen, die aus einigen gegenläufigen Tendenzen hervorgeht.*

Wenn es diese Möglichkeit, die im letzten Kapitel ausführlicher erörtert werden soll, gibt, so zeichnet sie sich vor allem im Verhältnis von individueller und kollektiver, europäischer Subjektivität ab, die regionale und nationale Identitäten ergänzen könnte. Daß das individuelle Subjekt nicht als solches, als sich selbst suchendes und verwirklichendes Atom zu retten ist, behauptet auch Charles Taylor am Ende seiner bemerkenswerten Studie *Sources of the Self. The Making of the Modern Identity*: "Aber unsere normale Auffassung von Selbstverwirklichung setzt voraus, daß bestimmte Dinge, die über das Ich hinausgehen, für uns von Bedeutung sind und daß es Werte und Ziele gibt, deren Bejahung für ein erfülltes Leben wichtig sind. Ein uneingeschränkter und in sich völlig schlüssiger Subjektivismus würde in der Leere ausmünden: Nichts erschiene als Erfüllung in einer Welt, in der nichts als Selbsterfüllung zählte."[266]

Die Identität des Bürgers war als postfeudale Identität stets national; sollte sich im Verlauf des europäischen Integrationsprozesses auf kollektiver und individueller Ebene eine neue, dialogische Subjektivität jenseits des bürgerlichen Nationalstaates abzeichnen, so könnte diese Subjektivität flexibler sein als die alte – und folglich stärker.

---

[266] Ch. Taylor, *Sources of the Self. The Making of the Modern Identity*, Cambridge (Mass.), Harvard Univ. Press, 1996 (8. Aufl.), S. 507.

II. Subjektivität zwischen Metaphysik und Modernismus: Das Subjekt als Zugrundeliegendes, Unterworfenes und Zerfallendes

Dieses Kapitel ist insofern eine Rückkehr zum Anfang des vorigen, als die Wechselbeziehung zwischen dem Subjekt als Zugrundeliegendem und dem Subjekt als Unterworfenem-Zerfallendem nun in einer diachronen Perspektive nochmals beleuchtet werden soll. Von einer Wechselbeziehung ist deshalb die Rede, weil gezeigt wird, daß in den großen metaphysischen Systemen der Moderne, in den Philosophien Descartes', Kants, Fichtes und Hegels, die Vorstellung von der individuellen Subjektivität als einem unumstößlichen Fundament der Erkenntnis stets, wenngleich unauffällig, vom Gedanken der Unterwerfung unter eine äußere Macht oder einen inneren Zwang begleitet wird. Die Autonomie des individuellen Subjekts wird immer wieder durch Heteronomie, Unterwerfung und Entsagung erkauft.

Es ist ein Verdienst des Modernismus als spätmoderner Selbstkritik der Moderne, diese Dialektik zwischen Zugrundeliegendem und Unterworfenem in ihrer vollen Tragweite erkannt zu haben. Friedrich Theodor Vischers zu wenig beachteter satirischer Roman *Auch Einer* (1879) läutet diese Selbstkritik ein, indem er uns vor Augen führt, wie objekt- und zufallsabhängig das scheinbar souveräne Subjekt Hegels in Wirklichkeit ist. Vischer praktiziert das für die Spätmoderne charakteristische "Gegen-sich-selbst-Denken"[1] der Selbstreflexion, von dem bei Walter Schulz die Rede ist, wenn er die Romansatire gegen die eigenen hegelianischen Prinzipien wendet, die er als Philosoph verteidigt.

Dem Junghegelianer Vischer folgen Stirner, Kierkegaard und Nietzsche, sooft sie die Kehrseite des Hegelschen Systems in Erscheinung treten lassen: die Partikularität und Kontingenz aller subjektiven Entwürfe, den Zufall und den Traum, den Körper und die Natur als unversöhnte, aber untilgbare Schatten des Geistes. Vor allem Nietzsche spielt im Anschluß an die Junghegelianer und die deutsche Romantik[2] die natur-wüchsige Kontingenz gegen die von Hegel verkün-

---

1 W. Schulz, *Ich und Welt. Philosophie der Subjektivität*, Pfullingen, Neske, 1979, S. 13.

2 Zum Verhältnis zwischen Nietzsche und der deutschen Romantik vgl. Th. Meyer, *Nietzsche. Kunstauffassung und Lebensbegriff*, Tübingen-Basel, Francke, 1991, S. 300-302. Die Einflüsse der Junghegelianer auf Nietzsche untersucht K. Löwith in seinem Buch *Von Hegel zu Nietzsche*, Hamburg, Meiner,

dete Notwendigkeit seines historischen Systems aus. Sowohl ihm als auch den rebellischen Schülern Hegels erscheint dessen System als kontingentes Konstrukt: als ein nur möglicher Entwurf einer in vieler Hinsicht zufallsbedingten Subjektivität.

Diese partikularisiernde Zurückweisung des cartesianischen, kantianischen und hegelianischen Universalanspruchs beherrscht auch das auf die Einzelexistenz ausgerichtete Denken Kierkegaards und Sartres, in dem, wie Kierkegaard selbst im Zusammenhang mit Sokrates bemerkt, "die Person, das Subjekt zum Entscheidenden wird".[3] Diesem Impuls zur Partikularisierung folgt ein Jahrhundert später Sartre, dessen frühe Philosophie als ein Kierkegaardscher Versuch zu werten ist, dem subjektiven *alibi* der metaphysischen Systeme (Descartes', Hegels) abzusagen, um das Augenmerk auf die noetische, ethische und politische Verantwortung des individuellen Subjekts lenken zu können. Dieses erscheint dem Dialektiker des Existentialismus als Zugrundeliegendes und Unterworfenes zugleich: "Das Denken Sartres ist daher ständig, wird von Freiheit gesprochen, auf Unfreiheit, auf die mögliche oder reale Erfahrung von Fremdbestimmung, von Gewalt bezogen. Die mögliche Unfreiheit beziehungsweise reale Gewalt stellt sozusagen immer die Rückseite der Sartreschen Freiheit dar."[4]

Angesichts dieser Dialektik von Freiheit und Unfreiheit entscheidet sich Sartre auf allen Ebenen für die Autonomie als Selbstbestimmung des individuellen Subjekts. Trotz seiner Ablehnung der cartesianischen und hegelianischen Systeme, die die Verantwortung des Einzelnen zumindest tendenziell tilgen, plädiert er für den seiner selbst mächtigen individuellen *Geist* und wendet sich gegen alle Experimente mit dem Unbewußten, dem Zufall und dem Traum, die in seinen Augen die individuelle Subjektivität in Frage stellen. Deshalb tritt er als unversöhnlicher Kritiker der Surrealisten auf, deren Entdeckung einer "féerie intérieure" (Breton) des Unbewußten und des Traums ihm als akute Bedrohung des autonom und rational Handelnden erscheint. Die Kehrseite der Sartreschen Autonomie ist allerdings, wie sich zeigen wird, eine repressive Einstellung zu Natur und Sexualität (d.h. zu einem Teil der Subjektivität), die schon in seinem Erstlings-

---

1986 (9. Aufl.), vor allem Teil II.

3 S. Kierkegaard, *Über den Begriff der Ironie mit ständiger Rücksicht auf Sokrates*, in: ders., *Gesammelte Werke*, 31. Abt., Gütersloh, Mohn, 1984, S. 231.

4 M. Dornberg, *Gewalt und Subjekt. Eine kritische Untersuchung zum Subjektbegriff in der Philosophie J.-P. Sartres*, Würzburg, Königshausen und Neumann, 1989, S. 17.

roman *La Nausée* zutage tritt. Die Autonomie des Subjekts wird erkauft um den Preis einer Amputierung der individuellen Natur, die bei Descartes und Kant vorweggenommen wurde.

In dieser Perspektive kann die Kritische Theorie Adornos und Horkheimers als ein Versuch aufgefaßt werden, zwischen Subjektivität als Ratio und Subjektivität als mimetischer Angleichung an die Natur dialektisch zu vermitteln. Sie ist in mancher Hinsicht eine Rückkehr zu der in Vischers satirischem Roman skizzierten junghegelianischen Problematik, in der eine Versöhnung von Geist und Natur anvisiert wird: "Die Herrschaft des Menschen über sich selbst, die sein Selbst begründet, ist virtuell allemal die Vernichtung des Subjekts, in dessen Dienst sie geschieht (...)."[5] Komplementär dazu heißt es in Adornos *Ästhetischer Theorie*, "Ratio ohne Mimesis negier(e) sich selbst".[6] Doch der Versuch, zwischen Ratio und mimetischer Naturangleichung zu vermitteln, erweist sich als ebenso aporetisch wie Sartres Versuch, aus dem Widerspruch von Freiheit und Unterwerfung auszubrechen: Adornos Entwurf einer auf die künstlerische Mimesis ausgerichteten nichttheoretischen Theorie gerät in Widerspruch zum Begriff der Theorie und des theoretischen Subjekts, das Begrifflichkeit, Argumentation und Methode nicht durch Essay und Parataxis ersetzen kann.

Seine von Paradoxien durchsetzte essayistische Schreibweise erinnert an die einiger modernistischer Romanciers wie Robert Musil, Italo Svevo und Hermann Broch, die bestrebt waren, das von Ambivalenzen, Aporien und Krisen erschütterte spätmoderne Subjekt *in extremis* zu retten. Wie Adorno meinten diese Autoren, Ambivalenz, Selbstzweifel und Ironie als Symptome der Krise in kritische Instrumente einer neuen individuellen Subjektivität verwandeln zu können. Daß ihre Versuche auch in nachmoderner Zeit aktuell sein könnten, weil sie eine Autonomie bezeichnen, die jenseits von metaphysischem Herrschaftsanspruch und ideologischer Unterwerfung liegt, soll im folgenden plausibel gemacht werden.

Parallel zu Adornos Philosophie und Freuds Psychoanalyse kündigen die spätmodernen Romanciers jedoch eine nachmoderne Problematik an, in der das individuelle Subjekt als Illusion und Ideologem erscheint: als Fassade der Unterwerfung. Komplementär zu Adorno, der in den *Minima Moralia* polemisch feststellt: "Daß das

---

5 M. Horkheimer, Th. W. Adorno, *Dialektik der Aufklärung*, Amsterdam, Querido, 1947, S. 71.

6 Th. W. Adorno, *Ästhetische Theorie*, Frankfurt, Suhrkamp, 1970, S. 489.

Individuum mit Haut und Haaren liquidiert werde, [sei] noch zu optimistisch"[7], beschreibt Freud das Massenindividuum in der Spätmoderne: "Seine Affektivität wird außerordentlich gesteigert, seine intellektuelle Leistung merklich eingeschränkt, beide Vorgänge offenbar in der Richtung einer Angleichung an die anderen Massenindividuen (...)."[8] Ähnlich faßt Broch den im "Dämmerzustand" verharrenden modernen Massenmenschen auf, der unreflektiert und unbewußt handelt: "Er verliert seine individuelle menschliche Physiognomie; wo das Dahindämmern die Oberhand gewinnt, da wird der Mensch zur Masse."[9]

Es geht hier nicht so sehr um die empirische Überprüfbarkeit oder Richtigkeit dieser Aussagen, sondern um ihren Symptomwert: Sie kündigen eine nachmoderne Ära an, die den Standort der individuellen Subjektivität in eine Leerstelle verwandelt, die als mit Illusionen oder Ideologemen, mit Determinismen oder Mechanismen besetzt erscheint. Anthony Burgess' *A Clockwork Orange*, ein spätmoderner Roman an der Schwelle zur Nachmoderne, wird am Ende dieses Kapitels kommentiert. Er stellt anschaulich den Foucaultschen Determinismus dar, der individuelle Subjektivität usurpiert.

1. Subjektivität von Descartes und Kant bis Fichte: "Monsieur Teste"

Die Vorstellung, Descartes habe mit seinem *cogito* die individuelle Subjektivität in der Philosophie begründet, ist zugleich richtig und falsch. Sie ist richtig, weil Descartes durch eine noch nie dagewesene Introspektion das Wahrheitskriterium, das Plato in eine objektivierte Welt der reinen Formen projizierte, im Einzelsubjekt ansiedelt. Dadurch kommt es, wie sich zeigen wird, zu einer drastischen Aufwertung und einer ebenso drastischen Reduktion der subjektiven Instanz. Die Vorstellung ist falsch, weil der Begründer des modernen Rationalismus den dem *cogito* zugrundeliegenden Subjekt-Aktanten als *Be-*

---

7 Th. W. Adorno, *Minima Moralia. Reflexionen aus dem beschädigten Leben*, Frankfurt, Suhrkamp, 1951, S. 176.

8 S. Freud, "Massenpsychologie und Ich-Analyse", in: ders., *Fragen der Gesellschaft. Ursprünge der Religion, Studienausgabe*, Bd. IX, Frankfurt, Fischer, 1982, S. 83.

9 H. Broch, *Massenwahntheorie. Beiträge zu einer Psychologie der Politik, Kommentierte Werkausgabe*, Bd. XII, Frankfurt, Suhrkamp, 1979, S. 70.

auftragten eines göttlichen *Auftraggebers* (*destinateur*, Greimas) auffaßt.

An entscheidenden Stellen des *Discours de la méthode* wird deutlich, wie stark und umfassend das Abhängigkeitsverhältnis des beauftragten Subjekts von seinem Auftraggeber ist: "Denn (...) sogar das, was ich gerade als Regel angenommen habe, daß nämlich die Dinge, die wir uns sehr klar und sehr deutlich vorstellen, alle wahr sind, [ist] nur gesichert, weil Gott ist oder existiert und weil er ein vollkommenes Wesen ist und alles in uns von ihm herkommt."[10] Die aktantielle Autonomie des *subiectum cogitans* wird hier insofern radikal in Frage gestellt, als es alle seine *Modalitäten* im Sinne von Greimas (vor allem die des *Wissens* und des *Könnens*) seinem Auftraggeber verdankt.

In dieser Hinsicht unterscheidet sich das cartesische *subiectum* als Unterworfenes kaum von einem orthodox-marxistischen Subjekt, das im Auftrag des "Marxismus" denkt oder spricht und behauptet: "Nur der Marxismus kann erklären, weshalb... usw." Bei Descartes wird die Unterwerfung unter den Auftraggeber dadurch relativiert, daß er sich einen verinnerlichten Gott vorstellt und weder die Kirche noch die Bibel als vermittelnde Instanzen anruft.

Wie sehr das "Beauftragtsein" des cartesischen Subjekts sein eigentlicher Seinsmodus ist, fällt Gerd Kimmerle in seinen Untersuchungen zu Descartes und Kant auf: "Darin liegt die *methodische Notwendigkeit des Gottesbeweises*, der dem cartesischen Denken nicht nur äußerlich anhängt, sondern dessen innersten Kern bildet."[11] Er bildet deshalb seinen innersten Kern, könnte man nun im Sinne der Strukturalen Semiotik formulieren, weil er den Auftraggeber *hervorbringt*, der alle Modalitäten des *subiectum cogitans* garantiert. Mit Recht wird man hier auf den Münchhausen-Trick hinweisen, der diesem Aktantenmodell zugrunde liegt: Das erzählende und handelnde Subjekt bringt seinen eigenen Auftraggeber hervor, der die Richtigkeit seines Erzählens und Handelns gewährleistet und ihn gegenüber dem

---

10 R. Descartes, *Discours de la méthode pour bien conduire sa raison, et chercher la vérité dans les sciences/Von der Methode des richtigen Vernunftgebrauchs und der wissenschaftlichen Forschung* (französisch-deutsch), Hamburg, Meiner, 1997 (2. Aufl.), S. 63.

11 G. Kimmerle, *Kritik der identitätslogischen Vernunft. Untersuchung zur Dialektik der Wahrheit bei Descartes und Kant*, Königstein/Ts., Forum Academicum, 1982, S. 53.

malin génie als Antisubjekt und in letzter Instanz dem *Nichts*, dem *Néant* als Gegenauftraggeber, in Schutz nimmt.

Doch das semiotische Aktantenmodell bestätigt und verdeutlicht nur, was in der Philosophie seit langem bekannt ist: daß die göttliche Instanz des *Discours* als Fiktion zu gelten hat, die die zerbrochene mittelalterlich-christliche Verklammerung von Bewußtsein und Welt ablöst. Christian Link stellt diesen Vorgang so dar: "Erst das Auseinanderbrechen dieser letzten Klammer, die Welt und Ich in der Einheit einer *Zeit* zusammenhielt, führt dazu, jene Krise über ihre eigenen Prämissen hinaus so zu radikalisieren, daß nun das '*Subjekt*' – und nicht mehr die unberechenbare Welt – den führenden Part in der philosophischen Trias von Gott, Welt und Mensch übernimmt. *Seine* Vernunft – von jeder Bindung an die Welt freigesprochen – wird nun zum Instrument, das den neuzeitlichen Traum des Menschen als eines autonomen 'maître et possesseur de la nature' verwirklicht."[12]

Diese Darstellung ist einerseits zutreffend, weil sie das menschliche Subjekt in den Mittelpunkt stellt und dem fiktiven, konstruierten Charakter des göttlichen Auftraggebers Rechnung trägt. Sie ist andererseits irreführend, weil sie nicht erkennen läßt, wie sehr sich das individuelle Subjekt der Philosophie der von ihm hervorgebrachten Fiktion unterwirft: Das Subjekt, das sich – vor allem auf der Ebene der Modalitäten – von einem Auftraggeber ableitet, der primär als denkendes Wesen aufgefaßt wird, kann selbst nur Geist sein. Es ist eine "âme raisonnable"[13], wie Descartes im *Discours* sagt, und "ein denkendes Wesen", eine "chose qui pense"[14], wie er ergänzend in den *Méditations* bemerkt. Es ist als Ebenbild Gottes über der Materie; als menschliche Existenz, als sterbliches Lebewesen jedoch an sie gebunden.

Dieses Dilemma des cartesischen Dualismus erkennt Kimmerle, wenn er bemerkt: "Der *cartesische Dualismus* (...) ist nicht, wie so oft behauptet wird, der einfache (und einfältige) Dualismus von Körper und Geist, sondern der viel komplexere und vielschichtigere Dualismus von selbständig-fürsichseiendem Geistes-Wesen und unauflösba-

---

[12] Ch. Link, *Subjektivität und Wahrheit. Die Grundlegung der neuzeitlichen Metaphysik durch Descartes*, Stuttgart, Klett-Cotta, 1978, S. 47.

[13] R. Descartes, *Discours de la méthode*, op. cit., S. 96.

[14] R. Descartes, *Meditationen über die Grundlagen der Philosophie*, Hamburg, Meiner, 1993, S. 23. Dort heißt es auch: "Was aber soll ich von diesem Geiste selbst oder von meinem Ich sagen, denn bis jetzt rechne ich nichts anderes zu mir selbst als den Geist?" (S. 28-29).

rer Existenz-Einheit von Körper und Geist."[15] Doch gerade dieser widersprüchliche Dualismus, der aus der Unterwerfung unter den göttlichen Geist als Auftraggeber hervorgeht, bringt eine Selbstnegation des Subjekts als Körper und sinnliche Existenz mit sich: "Voraussetzung war die Bewegung der Abstraktion des denkenden Ich von aller sinnlichen Existenz, *die das denkende Ich selbst ist* (...)."[16] Dies ist der Grund, weshalb eingangs nicht von einer "scheinbaren" Unterwerfung des individuellen Subjekts unter den fiktiven Auftraggeber die Rede war. Denn die Unterwerfung ist durchaus *reell* und könnte (bei "Verinnerlichung" des Aktantenmodells) mit der folgenreichen Unterwerfung des Freudschen "Ich" unter das "Überich" verglichen werden, die im Extremfall Neurosen verursachen kann.

Folgenreich ist auch die cartesische Unterwerfung, weil sie zusammen mit der äußeren Natur das individuelle Subjekt als Natur dem herrschenden Geist unterordnet. Sie führt zur Beherrschung der Natur und des eigenen Körpers, der gleichsam von außen betrachtet, verdinglicht wird. Charles Taylor, der von Descartes' "disengaged reason" spricht, weil seine *ratio* über der materiellen Natur schwebt, stellt diesen Prozeß der Verdinglichung dar: "Wir müssen die Welt und unsere eigenen Körper objektivieren, d.h. sie mechanistisch und funktional wie ein distanzierter Beobachter betrachten."[17] Herrschaft über die Natur führt, wie Horkheimer und Adorno in der *Dialektik der Aufklärung* bemerkt haben, zur Selbst-Beherrschung.

Aus dem Geltungsbereich des *cogito* wird das Andere des Geistes systematisch ausgeschlossen. In den *Méditations* wird von den Körpern gesagt, daß wir sie nicht mit Hilfe der Sinne, sondern nur gedanklich erfassen können, "daß ja selbst die Körper nicht eigentlich durch die Sinne oder durch die Einbildungskraft, sondern einzig und allein durch den Verstand erkannt werden".[18] Diese Tendenz, die Natur als das Andere des Geistes dem Geist als begrifflichem Denken unterzuordnen, macht sich später auch in den metaphysischen Systemen Kants, Fichtes und Hegels bemerkbar, die trotz aller Divergenzen

---

15 G. Kimmerle, *Kritik der identitätslogischen Vernunft*, op. cit., S. 51.

16 Ibid.

17 Ch. Taylor, *Sources of the Self. The Making of the Modern Identity*, Cambridge (Mass.), Harvard Univ. Press, 1996 (8. Aufl.), S. 145. Vgl. auch A. J. Cascardi, *The Subject of Modernity*, Cambridge, Univ. Press, 1992, S. 33: "Descartes establishes the *cogito* as an entirely self-contained form of reflection and 'founding' act of thought."

18 R. Descartes, *Meditationen*, op. cit., S. 29.

(vor allem zwischen Kant und Hegel) in der Ansicht übereinstimmen, daß das individuelle Subjekt primär *ratio* ist und nicht *physis*, sinnliche Wahrnehmung oder Neigung. In dieser Hinsicht hat Hegel recht, wenn er mit dem cartesischen *cogito* das moderne Denken beginnen läßt: "*René Descartes* ist in der Tat der wahrhafte Anfänger der modernen Philosophie, insofern sie das Denken zum Prinzip macht."[19]

Das Denken erhebt auch Kant zum Prinzip: allerdings im Rahmen eines radikal säkularisierten Aktantenmodells ohne göttlichen Auftraggeber. Das individuelle Subjekt der Philosophie bedarf keiner transzendenten Instanz mehr, um fundierte und unbezweifelbare Aussagen machen zu können. Die von Kant vollzogene Kopernikanische Wende von der empirisch gegebenen Welt zurück in das philosophische Subjekt, das zur Grundlage und Möglichkeit unserer gegenständlichen Erkenntnis ("unserer Erkenntnisart von Gegenständen", Kant) wird, läßt eine neue Subjektivität entstehen. Die Wirklichkeit als solche, "das Ding an sich", sagt Kant, können nicht erkannt werden, und objektive Erkenntnis in diesem Sinn ist nicht möglich. Denn die apriorischen Grundlagen und Modi menschlicher Erfahrung, die transzendentalen Kategorien des Raums, der Zeit und der Kausalität, sind *subjektiv*.

Raum und Zeit existieren nicht für sich, sondern nur im Hinblick auf das menschliche (individuelle) Subjekt: "Die Zeit ist also lediglich eine subjektive Bedingung unserer (menschlichen) Anschauung, (welche jederzeit sinnlich ist, d.i. so fern wir von Gegenständen affiziert werden,) und an sich, außer dem Subjekte, nichts."[20] Die gesamte Weltordnung, *so wie wir sie kennen*, würde sich auflösen, wenn Subjektivität als Grundlage und Bedingung unserer Erkenntnis verschwände, und Kant erklärt, "daß, wenn wir unser Subjekt oder auch nur die subjektive Beschaffenheit der Sinne überhaupt aufheben, alle die Beschaffenheit, alle Verhältnisse der Objekte im Raum und Zeit, ja selbst Raum und Zeit verschwinden würden, und als Erscheinungen nicht an sich selbst, sondern nur in uns existieren können".[21]

Diese Ausführungen sind insofern zweideutig, als sie einerseits bedeuten können, daß wir Gegenstände und Vorgänge nur in Raum und Zeit wahrnehmen (was in jeder Hinsicht plausibel ist), andererseits aber auch so aufgefaßt werden können, daß das menschliche

---

19 G. W. F. Hegel, *Vorlesungen über die Geschichte der Philosophie III, Werke*, Bd. XX, Frankfurt, Suhrkamp, 1986, S. 123.

20 I. Kant, *Kritik der reinen Vernunft*, Hamburg, Meiner, 1998, S. 110.

21 Ibid., S. 116.

Subjekt (konstruktivistisch ausgedrückt) für die Weltordnung verantwortlich ist. Hat aber die Sonne, die entsteht und erlischt, nicht ihre, von Menschen unabhängige *Zeit*? Existiert sie in Raum und Zeit, nur weil wir sie *a priori* so wahrnehmen (müssen)?

Ausgehend von der Voraussetzung, "daß alles, was ist, entweder Subjekt oder Objekt ist"[22], wie Thomas Nenon sagt, muß Kant der Dingwelt die subjektiven Kategorien des Raums und der Zeit absprechen und – wie sich gezeigt hat – die Weltordnung subjektiv begründen. Dazu bemerkt Otfried Höffe: "Er überwindet nicht bloß den Rationalismus, den Empirismus und den Skeptizismus; er begründet vor allem eine neue Stellung des Subjekts zur Objektivität. Die Erkenntnis soll sich nicht länger nach dem Gegenstand, sondern der Gegenstand nach unserer Erkenntnis richten (...)."[23] Hier tritt die Zweideutigkeit eines jeden Konstruktivismus zutage: Er gibt zwar bereitwillig zu, daß "das Ding an sich" nie erkannt wird, suggeriert aber gleichzeitig, daß seine (subjektiven) Konstruktionen die einzig möglichen sind.

Die Zweideutigkeit von Kants Subjektbegriff besteht darin, daß er einerseits die Grenzen subjektiver Erkenntnis in Raum und Zeit absteckt und das Objekt als solches ("das Ding an sich") dieser Erkenntnis entzieht, andererseits aber menschliche Subjektivität zur Grundlage der wahrnehmbaren Weltordnung macht. Insofern hat Peter Baumanns recht, wenn er zum Verhältnis von Descartes und Kant bemerkt: "Die 'Kantische' egologische Konzeption der als 'formale Anschauung' konstituierten Zeit- und Raumordnung erscheint vom Cartesianischen Denkstandpunkt als menschliche Vermessenheit."[24] Denn bei Descartes garantierte noch der allmächtige Auftraggeber sowohl die menschliche Zeitauffassung als auch (auf einer anderen Ebene) die Raumordnung.

Daß es bei Kant nicht nur um einen (von Fichte und Hegel später aufgehobenen) Begrenzungsversuch der Erkenntnis, sondern auch um eine säkularisierte Neubegründung und Stärkung menschlicher Subjektivität geht, klingt zu Beginn von Schopenhauers *Die Welt als Wille und Vorstellung* an, wo neben Kants Plädoyer für Begrenzung auch

---

22 Th. Nenon, *Objektivität und endliche Erkenntnis. Kants transzendentalphilosophische Korrespondenztheorie der Wahrheit*, Freiburg-München, Alber, 1986, S. 75.

23 O. Höffe, *Immanuel Kant*, München, Beck, 1983, S. 53.

24 P. Baumanns, *Kants Philosophie der Erkenntnis. Durchgehender Kommentar zu den Hauptkapiteln der "Kritik der reinen Vernunft"*, Würzburg, Königshausen und Neumann, 1997, S. 338.

seine Neubegründung subjektiver Erkenntnis hervorgehoben wird. Sie besteht darin, "daß die wesentlichen und daher allgemeinen Formen alles Objekts, welche Zeit, Raum, und Kausalität sind, auch ohne die Erkenntniß des Objekts selbst, vom Subjekt ausgehend gefunden und vollständig erkannt werden können, d.h. in Kants Sprache, *a priori* in unserem Bewußtseyn liegen. Dieses entdeckt zu haben, ist ein Hauptverdienst Kants und ein sehr großes". [25]

Das Verdienst besteht vor allem darin, daß das menschliche Subjekt nun auf sich selbst gestellt ist, d.h. bei der Befolgung rationaler Gesetzmäßigkeiten nicht mehr von einem transzendenten Auftraggeber abhängt, sondern nur noch von seinen eigenen Erkenntnissen. Indem Kant in der *Kritik der reinen Vernunft* den zentralen Begriff des *synthetischen Urteils a priori* einführt, eines Urteils, das erfahrungsunabhängig ist[26] und keiner Garantie einer den Menschen transzendierenden Instanz bedarf, begründet er eine Autonomie des Subjekts, die er auch im ethischen und ästhetischen Bereich festschreibt.

Wie sehr diese Autonomie das Ergebnis eines Säkularisierungsprozesses ist, der mit Descartes beginnt, wird am Ende von Kants Hauptwerk klar, wo die Verbindlichkeit moralischer Handlungen aus der Vernunft des Einzelnen abgeleitet wird: "Wir werden, so weit praktische Vernunft uns zu führen das Recht hat, Handlungen nicht darum für verbindlich halten, weil sie Gebote Gottes sind, sondern sie *darum* als göttliche Gebote ansehen, weil wir dazu innerlich verbindlich *sind*."[27] Entscheidend ist hier die Verinnerlichung der Verbindlichkeit, die auf dem *synthetischen Urteil a priori* gründet, daß jedes vernunftbegabte Wesen als solches dem kategorischen Imperativ gehorchen muß. Der Metaphysik der Sitten liegen nach Kant die Prinzipien zugrunde, "welche das *Tun* und *Lassen* a priori bestimmen und notwendig machen".[28] Der Mensch handelt autonom, indem er ausschließlich den Gesetzen der Vernunft gehorcht, die in seinem Inneren angelegt sind und die er als zugleich eigene und allgemeingültige Prinzipien erkennt und anerkennt. Er ist also autonom, sofern er vernünftig ist, und Kant wendet sich gegen alle Arten von Heteronomie, die aus vernunftwidrigen Regungen (Neigung, Eigennutz, Leidenschaft) hervorgehen.

---

[25] A. Schopenhauer, *Die Welt als Wille und Vorstellung* , Bd. I, Köln, Könemann, 1977, S. 36.

[26] Vgl. I. Kant, *Kritik der reinen Vernunft*, op. cit., S. 452 sowie S. 840-841.

[27] Ibid., S. 849-850.

[28] Ibid., S. 868.

Betrachtet man nun seine Argumentation als Diskurs mit Aktantenmodell (was manche Philosophen irritieren mag), dann stellt sich alsbald heraus, daß Autonomie zu Heteronomie wird, wenn man sie als *Unterwerfung* des Einzelwillens unter ein ihm fremdes, abstrakt-asketisches Vernunftprinzip auffaßt – wie es später häufig geschehen ist.[29]

Wie sehr es zu Zweideutigkeiten und Interferenzen zwischen Kants abstrakten und infraindividuellen Aktanten kommt, läßt die folgende Passage aus der *Grundlegung zur Metaphysik der Sitten* erkennen: "Hier aber ist vom objektiv-praktischen Gesetze die Rede, mithin von dem Verhältnisse eines Willens zu sich selbst, sofern er sich bloß durch Vernunft bestimmt, da denn alles, was aufs Empirische Beziehung hat, von selbst wegfällt: weil, wenn die *Vernunft für sich allein* das Verhalten bestimmt, sie dieses notwendig a priori tun muß."[30] Auf aktantieller Ebene stellt sich hier die Frage, wer nun eigentlich handelt ("das Verhalten bestimmt"): Der Wille oder die Vernunft? Die Kantische Antwort müßte lauten: Der Wille als Vernunft, als Denken a priori. Wenn dies zutrifft, dann wird klar, daß alle anderen Aktanten die sich "aufs Empirische" beziehen, die aber durchaus am Willen und an der "Willensbildung" des Subjekts beteiligt sind, eskamotiert oder unterdrückt werden. Schließlich erscheint Kants Vernunft in einem ähnlichen Licht wie das Freudsche Überich, das das vom Es bewegte Ich im Namen der Kultur unterwirft.

Insgesamt zeigt sich, daß Kants erkenntnistheoretisches und ethisches Streben nach subjektiver Mündigkeit und Autonomie zweigleisig ist: Das menschliche Subjekt erscheint einerseits als ein von transzendenten Instanzen unabhängiger Aktant, der unter transzendentalen Bedingungen a priori (Raum, Zeit, Kausalität) die Welt konstruiert; andererseits als eine heteronom bestimmte, unterworfene Instanz, die auf ein Vernunftprinzip reduziert und von ihren empirischen und natürlichen Komponenten abgeschnitten wird. Es ist kein Zufall, daß die Frage nach den a priori Bedingungen des Denkens für Kant –

---

29 Vgl. Th. W. Adorno, *Negative Dialektik*, Frankfurt, Suhrkamp, 1966, S. 270: "Das Arcanum seiner Philosophie war Kant notwendig verborgen: daß das Subjekt, um, wie er es ihm zutraut, Objektivität konstituieren oder sich in der Handlung objektivieren zu können, immer auch seinerseits ein Objektives sein muß. Im transzendentalen Subjekt, der als objektiv sich auslegenden reinen Vernunft, geistert der Vorrang des Objekts (...)."

30 I. Kant, *Grundlegung zur Metaphysik der Sitten*, Hamburg, Meiner, 1994 (7. Aufl.), S. 49-50.

vor allem in der *Kritik der reinen Vernunft* – entscheidend ist: Es geht darum, von der Erfahrung der Einzelsubjekte zu abstrahieren, um sie einem allgemeinen Prinzip unterwerfen zu können.

In dieser Hinsicht trifft sich Kant mit Descartes. Beide hätten sich die Maxime von Paul Valérys Monsieur Teste zu eigen machen können, der zufolge sich der Geist nicht um Personen kümmern sollte: "L'esprit ne doit pas s'occuper des personnes. *De personas non curandum.*"[31] Sowohl von Descartes' als auch von Kants Subjekt gilt Valérys Kurzcharakteristik von Monsieur Teste: "un témoin tout intelligence".[32] Diese Reduktion auf Geist und Intellekt ist nicht nur deshalb eine Unterwerfung, weil sie die "Naturseite des Geistes", wie F. Th. Vischer sagt, vernachlässigt (d.h. *physis* und *psyche*), sondern weil sie gleichzeitig den Geist des Einzelnen entindividualisiert, in der Abstraktion aufgehen läßt. Zugleich mit dem Anderen des Geistes negiert sie dessen Besonderheit.

Die Negation des Leibes auf der "Naturseite des Geistes" verbindet Kant auch mit Fichte. Hartmut und Gernot Böhme, die sich vorgenommen haben, "Fichte mit Freud zu lesen"[33], weisen auf die Verwandtschaft der beiden Philosophen in der geistigen Askese hin: "Der Leib als Anderes des Objekts wie Subjekts zugleich wird bei Kant wie Fichte verleugnet."[34] Auch der frühe Fichte erscheint als ein Vorläufer von Monsieur Teste, wenn er in seinem hartnäckigen Streben nach der "*Einheit des Subjectiven und Objectiven*"[35] eine "Wissenschaftslehre" entwirft, die er selbst als geschlossenes System denkt, dem nichts hinzugefügt werden kann und das nichts außerhalb seiner selbst duldet: "Die Wissenschaft ist ein *System*, oder sie ist vollendet, wenn weiter kein Satz gefolgert werden kann: und dies gibt den positiven Beweis, daß kein Satz zu wenig in das System aufgenommen worden."[36] Diese Wissenschaftslehre soll Grundlage aller existierenden Wissenschaften sein.

---

31 P. Valéry, "Monsieur Teste", in: ders. *Œuvres II*, Paris, Gallimard, Bibl. de la Pléiade, 1960, S. 70.

32 Ibid., S. 126.

33 H. Böhme, G. Böhme, *Das Andere der Vernunft. Zur Entwicklung von Rationalitätsstrukturen am Beispiel Kants*, Frankfurt, Suhrkamp, 1985, S. 130.

34 Ibid., S. 126.

35 I. H. Fichte, "Vorrede des Herausgebers", in: *Fichtes Werke*, Bd. I (*Zur theoretischen Philosophie* I), Berlin, de Gruyter, 1971, S. IX.

36 J. G. Fichte, "Über den Begriff der Wissenschaftslehre oder der sogenannten Philosophie", in: *Fichtes Werke*, Bd. I, op. cit., S. 59.

Es nimmt nicht wunder, daß ein Diskurs, der diese Art von *clôture* im Sinne von Derrida und Kristeva vornimmt, einerseits monologisch, andererseits monistisch ist. Er ist monologisch, weil er sich auf ideologische Art (vgl. I, 1, d) mit der Wirklichkeit identifiziert und keine konkurrierenden Diskurse zuläßt; er ist monistisch, weil er ausschließlich das *Ich* als individuelles Subjekt einer bestimmten (idealistischen) Philosophie anerkennt und nichts Andersartiges außerhalb dieses Subjekts gelten läßt. Was Fichte über das sich selbst setzende Subjekt schreibt, könnte als Musterbeispiel für die Auffassung des Subjekts als eines *Zugrundeliegenden*, als *fundamentum mundi*, gelesen werden: "Das Ich *setzt sich selbst*, und es *ist*, vermöge dieses blossen Setzens durch sich selbst; und umgekehrt: das Ich *ist*, und es *setzt* sein Seyn, vermöge seines blossen Seyns. – Es ist zugleich das Handelnde, und das Product der Handlung; das Thätige, und das, was durch die Thätigkeit hervorgebracht wird; Handlung und That sind Eins und ebendasselbe; und daher ist das: *Ich bin*, Ausdruck einer Thathandlung; aber auch der einzig-möglichen, wie sich aus der ganzen Wissenschaftslehre ergeben muss."[37]

Dieser Text enthält nicht nur das idealistische Glaubensbekenntnis zum Subjekt als dem Zugrundeliegenden, sondern auch eine Negation der Eigenständigkeit des Objekts als Alterität. Sie wird einige Seiten weiter bekräftigt und erläutert: "Alles was ist, ist nur insofern, als es im Ich gesetzt ist, und ausser dem Ich ist nichts."[38] Dies hat allerdings zur Folge, daß auch das empirische Ich im geistigen, im "absoluten" Ich aufgelöst wird: "Das Ich soll sich selbst gleich, und dennoch sich selbst entgegengesetzt seyn. Aber es ist sich gleich in Absicht des Bewusstseyns, das Bewusstseyn ist einig: aber in diesem Bewusstseyn ist gesetzt das absolute Ich, als untheilbar (...)."[39] Anders gesagt: Das ins Geistige sublimierte empirische Ich wird vom Schicksal der gesamten empirischen Wirklichkeit ereilt, welches darin besteht, "dass das ganze System der Objecte für das Ich durch das Ich selbst hervorgebracht seyn müsse".[40] Dies gilt auch für das empirische

---

37 Ibid., S. 96.

38 Ibid., S. 99.

39 Ibid., S. 110.

40 J. G. Fichte, "Grundlage des Naturrechts nach Principien der Wissenschaftslehre", in: *Fichtes Werke*, Bd. III (*Zur Rechts- und Sittenlehre* I), Berlin, de Gruyter, 1971, S. 27.

Ich, so daß klar wird, "warum die Einheit von Denken und Sein reines Wissen genannt wird"[41], wie Hans Radermacher es formuliert.

Angesichts dieser Selbstermächtigung und Selbststeigerung des philosophischen Ichs überrascht es wenig, daß es in der Fichte-Forschung als zweideutige Instanz, als Gott und Mensch zugleich aufgefaßt wird, wobei allerdings klar ist, daß Fichte "Äußerung und Bild Gottes in den Menschen allein verlegt und damit die Welt zu einem rohen Material macht, dessen einzige 'Aufgabe' darin besteht, dem Menschen zu verhelfen, Schema oder Bild Gottes zu werden".[42] Damit wird – sowohl Descartes als auch Kant gegenüber – der Anspruch des individuellen Subjekts ins Maßlose gesteigert: Auf aktantieller Ebene erscheint es nun als sein eigener Auftraggeber oder Urheber und zugleich als Urheber der gesamten Wirklichkeit.

Diese Maßlosigkeit des Fichteschen Geistes, die nur noch von Nietzsches Übermensch überboten wird (vgl. II, 4), erklären Hartmut und Gernot Böhme in durchaus plausibler Weise im Kontext der psychoanalytischen Narzißmus-Theorie, die die scheinbaren Gegensätze "Größenwahn" und "Angst" dialektisch miteinander verknüpft: "Darin aber offenbart sich auch die Angst, die Fichte philosophisch umtreibt: daß nämlich Fremdes, Anderes *da* ist, ein faktischer Block. Angst vor dem Fremden und Anderen, das wir nicht sind und von dem wir doch abhängen, soll philosophisch vertrieben werden – wie der Infans die ängstigende Erfahrung, daß Mutterbrust oder Exkrement nicht er selbst ist, halluzinatorisch in der Wiederherstellung des narzißtischen All-Ich abwehrt."[43]

Isoliert vorgebracht, greift diese psychoanalytische Erklärung jedoch zu kurz, weil sie dem politischen und wirtschaftlichen Kontext nicht Rechnung trägt: der nationalistischen und kleinbürgerlichen Gesinnung, die Fichte in seiner Schrift über den "geschlossenen Handelsstaat" (im Vorgriff auf Nationalsozialismus und Stalinismus)[44] jeglichen Kontakt mit Ausländern unterbinden läßt: "Aller Verkehr

---

[41] H. Radermacher, *Fichtes Begriff des Absoluten*, Frankfurt, Klostermann, 1970, S. 76.

[42] I. Schindler, *Reflexion und Bildung in Fichtes Wissenschaftslehre. Versuch einer Ausarbeitung systematischer Grundstrukturen der Pädagogik*, Bonn, Diss., 1962, S. 61.

[43] H. Böhme, G. Böhme, *Das Andere der Vernunft*, op. cit., S. 129.

[44] Vgl. dazu: H. Schmitz, *Die entfremdete Subjektivität. Von Fichte zu Hegel*, Bonn, Bouvier, 1992, S. 147: "Fichtes Mystik nach 1800 ist also eine totalitäre Brutalmystik, die wenig zu der gelassenen Stille und erleuchteten Entspanntheit paßt, die aus den dichterischen Worten Fichtes zu sprechen scheinen."

mit dem Ausländer muss den Unterthanen verboten seyn und unmöglich gemacht werden."[45] Die Dialektik von Zugrundeliegendem und Unterworfenem tritt hier klar zutage: Die Auffassung des Subjekts als eines monistisch Herrschenden, das nichts Andersartiges außerhalb seiner selbst duldet, kann im empirischen Bereich (der selbst als andersartig und fremd negiert wird) nur "Unterthanen", d.h. Unterworfene (*subiecti*) zeitigen. Die *clôture* des "geschlossenen Handelsstaates" ist derjenigen des philosophischen Systems homolog.

Komplementär dazu wird das Andersartige oder Andere auch in Fichtes *Reden an die deutsche Nation* dem Einen, dem Eigenen unterworfen. Fichte, der sich um die Folgen der wissenschaftlichen Differenzierung und um den empirisch-wissenschaftlichen Anspruch der Linguistik noch nicht zu sorgen brauchte, stellt zur Verwunderung des zeitgenössischen Lesers fest, daß "die Skandinavier hier unbezweifelt für Deutsche genommen werden und unter allen den allgemeinen Folgen unsrer Betrachtungen mit begriffen sind".[46] Nach dieser Einverleibung der "Skandinavier" durch den kollektiven Aktanten "die Deutschen" (der hier die Stelle des "absoluten Ichs" einnimmt) treibt Fichte den semantisch-klassifikatorischen Annexionsprozeß bis an den Punkt, an dem sich herausstellt, daß auch Franzosen, Spanier und Italiener dem erweiterten kollektiven Aktanten "Germanen" subsumiert werden müssen, so daß die folgende Konstruktion entsteht: "Ebensowenig wolle man auf den Umstand ein Gewicht legen, daß in den eroberten Ländern die germanische Abstammung mit den früheren Bewohnern vermischt worden; denn Sieger und Herrscher und Bildner des aus der Vermischung entstehenden Volks waren doch nur die Germanen."[47] Im Rahmen dieser in jeder Hinsicht ideologischen Konstruktion werden Franzosen zu Franken und Spanier zu Westgoten.

Entscheidend ist nun die Argumentation, die aus dieser Konstruktion hervorgeht: Spanier, Italiener und Franzosen sind zwar ihrem "Wesen" nach (d.h. in Fichtes Diskurs) Germanen, haben aber die

---

45 J. G. Fichte, "Der geschlossene Handelsstaat. Ein philosophischer Entwurf als Anhang zur Rechtslehre und Probe einer künftig zu liefernden Politik", in: *Fichtes Werke*, Bd. III, op. cit., S. 419. Vgl. dazu A. Verzar, *Das autonome Subjekt und der Vernunftstaat. Eine systematisch-historische Untersuchung zu Fichtes "Geschlossenem Handelsstaat" von 1800*, Bonn, Bouvier, 1979, S. 16.

46 J. G. Fichte, "Vierte Rede", in: *Fichtes Reden an die deutsche Nation*, Berlin, Deutsche Bibliothek 1912, S. 56.

47 Ibid., S. 58.

germanische Sprache aufgegeben und bedienen sich lateinischer Sprachen, die ihnen – Fichte zufolge – nicht eigen sind und aufgrund ihrer "Abstraktion" nicht als lebendige Sprachen fungieren, d.h. wahres Empfinden nicht ausdrücken können. Damit liegt der grundsätzliche kulturelle Unterschied zwischen den Deutschen und den "anderen Völkern germanischer Abkunft" (Franzosen, Spaniern, Italienern) offen zutage: "Die Verschiedenheit ist sogleich bei der ersten Trennung des gemeinschaftlichen Stamms entstanden und besteht darin, daß der Deutsche eine bis zu ihrem ersten Ausströmen aus der Naturkraft lebendige Sprache redet, die übrigen germanischen Stämme eine nur auf der Oberfläche sich regende, in der Wurzel aber tote Sprache."[48]

Es geht hier – wie schon in der *Wissenschaftslehre* – um die narzißtische Wiederherstellung der verlorenen Einheit auf deutsch-germanischer Grundlage: einer europäischen Einheit, aus der das Andersartige (vor allem das Romanische und das von Fichte nie erwähnte Slawische, aber auch das Keltische und Finno-Ugrische) monologisch und monomanisch ausgegrenzt wurde. Nirgendwo tritt der idealistische Herrschaftsanspruch des *Zugrundeliegenden* klarer zutage als in den politischen Schriften Fichtes, die komplementär zu den verschiedenen Fassungen seiner Wissenschaftslehre gelesen werden sollten. Denn keines der idealistischen Systeme stellt den dialektischen Nexus von subjektiver Herrschaft und subjektiver Unterwerfung so anschaulich dar wie Fichtes Werk, das Subjektivität ausschließlich monologisch denkt und von einer Allergie gegen alles Andersartige beherrscht wird.

2. Von Hegel zum Marxismus: Allmacht als Ohnmacht des Subjekts

Trotz der Komplexität, die den Übergang vom Hegelianismus zum Marxismus und später zum Marxismus-Leninismus ausmacht, kann der diesen Abschnitt durchziehende Gedankengang in einem Satz zusammengefaßt werden: Hegels von der Kategorie der Totalität ermöglichte Überwindung des bei Kant und Fichte unaufhebbaren Subjekt-Objekt-Gegensatzes läuft im Hegelianismus und im Marxismus-Leninismus auf eine bedingungslose Unterwerfung des individuellen

---

48 Ibid., S. 71.

Subjekts unter die Staatsgewalt hinaus. Sowohl der idealistische als auch der materialistische Philosoph redet dem unterworfenen Subjekt ein, daß seine Einsicht in die staatlich sanktionierte politische Notwendigkeit seine eigentliche Freiheit ist: die Freiheit des Zugrundeliegenden, des rationalen Staatsbürgers oder des sozialistischen Menschen.

Daß Hegel seine eigene systematische Philosophie als Überwindung des cartesischen, Kantischen und Fichteschen Dualismus auffaßt, ist bekannt und nicht weiter verwunderlich, weil er *Vernunft* als einen Denkmodus betrachtet, der keinen Gegensatz, keinen Dualismus unüberwunden läßt, weil er nichts außerhalb seiner selbst, keine "Äußerlichkeit" duldet. Deshalb spricht er im Zusammenhang mit Fichtes Wissenschaftslehre von "einer völlig ungenügenden Äußerlichkeit" und erklärt: "Ich ist auf ein Anderes bezogen, wieder auf ein Anderes usf. ins Unendliche."[49]

Dies ist unbefriedigend, weil unvernünftig, und Hegel wirft Fichte vor, er komme "nicht zur Idee der *Vernunft*, als der vollendeten, realen Einheit des Subjekts und Objekts, oder des Ich und Nicht-Ich; sie ist ein Sollen, wie bei Kant, ein Ziel, ein *Glauben*, daß beides an sich eins sei, aber ein Ziel, dessen Erreichung derselbe Widerspruch wie bei Kant ist, nicht die gegenwärtige Wirklichkeit an ihm hat".[50] Sowohl Fichte als auch Kant wirft Hegel vor, Einheit lediglich zu postulieren, nicht jedoch philosophisch herbeizuführen: "Fichte bleibt beim Sollen stehen; jedoch wie Kant den Gedanken einer Vereinigung in einem Glauben hinstellt, so schließt auch Fichte mit einem Glauben."[51] Hegel nimmt sich vor, diesen Mangel durch eine totalisierende Erkenntnis zu beheben, die sowohl das von Fichte kritisierte "Ding an sich" Kants aufhebt, als auch das bei Fichte selbst vorherrschende "Sehnen" und "Streben"[52] überwindet.

Bei Hegel fehlt nicht nur die noetische Zurückhaltung Kants, sondern auch die noetische Aggressivität Fichtes, die dem narzißtischen Subjekt eines nach Einheit strebenden Idealismus eigen ist. In seinem System wird die angestrebte Einheit ideell realisiert, weil ein neuer überindividueller Aktant auf den Plan tritt, der dem individuellen Subjekt (vorwiegend auf der Ebene der Modalitäten) hilft, sich alle Wirk-

---

[49] G. W. F. Hegel, *Vorlesungen über die Geschichte der Philosophie III*, op. cit., S. 409.

[50] Ibid., S. 408.

[51] Ibid.

[52] Ibid., S. 407.

lichkeit anzueignen und die Einheit von Ich und Welt herzustellen: der *Weltgeist*.

Als Erbe von Platos Weltseele, von Aristoteles' *nous*[53] tritt Hegels Weltgeist als der mythische Subjekt-Aktant auf, der für die Kohärenz der Weltgeschichte und der Hegelschen Erzählung (als *métarécit* im Sinne von Lyotard) sorgt. Hegel liegt viel daran nachzuweisen, daß es in der Weltgeschichte "vernünftig (...) zugegangen sei, daß sie der vernünftige, notwendige Gang des Weltgeistes gewesen, des Geistes, dessen Natur zwar immer eine und dieselbe ist, der aber in dem Weltdasein diese seine eine Natur expliziert".[54] Synonym oder fastsynonym mit Gott[55], wird Hegels Weltgeist zum neuen Auftraggeber der kollektiven und individuellen Subjekte, die in der weltgeschichtlichen Erzählung in seinem Namen agieren. So wird Descartes' transzendenter Auftraggeber nun zu einem weltimmanenten Prinzip, das den rationalistischen Dualismus des französischen Philosophen – durchaus spinozistisch, wie Hegel selbst erkennen läßt[56] – aufhebt.

Es gehört zum Wesen des Geistes, bei sich selbst zu sein, und kein Anderes, kein Fremdes außer sich zu haben: "Die Materie hat ihre Substanz außer ihr; der Geist ist das *Bei-sich-selbst-Sein*. Dies eben ist die Freiheit, denn wenn ich abhängig bin, so beziehe ich mich auf ein Anderes, das ich nicht bin; ich kann nicht sein ohne ein Äußeres; frei bin ich, wenn ich bei mir selbst bin."[57] Man sieht hier, daß trotz aller Differenzen zu Fichte, die Hegel kritisch hervorhebt, den

---

[53] Vgl. M. Riedel (Hrsg.), *Hegel und die antike Dialektik*, Frankfurt, Suhrkamp, 1990; darin vor allem: O. Pöggeler, "Die Ausbildung der spekulativen Dialektik in Hegels Begegnung mit der Antike"; K. Düsing, "Formen der Dialektik bei Plato und Hegel"; P. Aubenque, "Hegelsche und Aristotelische Dialektik"; sowie R. W. Meyer, "Dialektik der sinnlichen Gewißheit und der Anfang der Seinslogik", S. 266: "Hegels Verständnis der Philosophie aus dem Spekulativen gründet letztlich in seiner Auffassung und Würdigung der Aristotelischen Lehre vom 'nous' und dem griechischen Verständnis der 'theoria'."

[54] G. W. F. Hegel, *Vorlesungen über die Philosophie der Geschichte*, *Werke*, Bd. XII, Frankfurt, Suhrkamp, 1986, S. 22.

[55] Vgl. ibid., S. 490: "Daß die Weltgeschichte dieser Entwicklungsgang und das wirkliche Werden des Geistes ist, unter dem wechselnden Schauspiele ihrer Geschichten – dies ist die wahrhafte *Theodizee*, die Rechtfertigung Gottes in der Geschichte."

[56] Vgl. G. W. F. Hegel, *Vorlesungen über die Geschichte der Philosophie III*, op. cit., S. 157.

[57] G. W. F. Hegel, *Vorlesungen über die Philosophie der Geschichte*, op. cit., S. 30.

beiden Philosophen eines gemeinsam ist: die Monomanie als Ablehnung des Anderen, des Fremden, das der Vereinnahmung widersteht.

Man meint, den Neoplatoniker Plotin zu hören, wenn Hegel vom göttlichen Geist sagt: "Der Geist ist wesentlich Resultat seiner Tätigkeit: seine Tätigkeit ist Hinausgehen über die Unmittelbarkeit, das Negieren derselben und Rückkehr in sich."[58] Dieser Geist als Generalauftraggeber der Hegelschen Geschichte (in der doppelten Bedeutung des Wortes) waltet über die Volksgeister als kollektive und über die Menschen als individuelle Subjekt-Aktanten: "Die Prinzipien der Volksgeister in einer notwendigen Stufenfolge sind selbst nur Momente des einen allgemeinen Geistes, der durch sie in der Geschichte sich zu einer sich erfassenden *Totalität* erhebt und abschließt."[59] Totalität ist hier der Schlüsselbegriff.

Denn Vernunft als *totalisierendes Denken* und als *Grundmodalität* des Geistes (im Sinne von Greimas' *savoir faire*) bietet dem Subjekt in allen seinen Erscheinungen die Möglichkeit, mit der Wirklichkeit als Weltgeist identisch zu werden und "bei sich" zu sein. Deshalb spricht Hegel in den *Grundlinien der Philosophie des Rechts* von "der Vernunft als selbstbewußtem Geiste".[60] Für das individuelle Subjekt Hegels ist es folglich entscheidend, den Grad an Selbstbewußtsein zu erreichen, der es ihm gestattet, sich mit dem Weltgeist und der Weltgeschichte identisch zu wähnen.

In diesem Zusammenhang ist Hegels Kritik der deutschen Romantik und der romantischen Ironie zu verstehen, mit der sich Otto Pöggeler so gründlich auseinandergesetzt hat. Die Romantiker (vor allem die Brüder Schlegel) sind insofern Erben Fichtes, als auch sie "das Problem des Verhältnisses zwischen reinem und empirischem Ich nicht gelöst"[61] haben. Auch das romantische Streben nach Einheit zwischen Subjekt und Objekt bleibt reines Sehnen, das in Traum, Fragment und Ironie zum Ausdruck kommt, das jedoch diesseits der dialektischen Totalität bleibt und daher keine konkrete Einheit zwischen Subjekt und Objekt, zwischen Denken und Sein herstellen kann.

---

[58] Ibid., S. 104.

[59] Ibid., S. 104-105. Insofern gibt Ernst Bloch Hegels Modell sehr ungenau wieder, wenn er schreibt: "Hegel nennt den Träger und das Subjekt der Geschichte vielmehr, mit völligem Idealismus, 'Volksgeist'." (E. Bloch, *Subjekt-Objekt. Erläuterungen zu Hegel*, Frankfurt, Suhrkamp [1962], 1985, S. 136).

[60] G. W. F. Hegel, *Grundlinien der Philosophie des Rechts, Werke*, Bd. VII, Frankfurt, Suhrkamp, 1986, S. 26.

[61] O. Pöggeler, *Hegels Kritik der Romantik*, München, Fink, 1999, S. 47.

Während die romantische Ironie "die negative Kraft der Subjektivität, die als Individualität gefaßt wird, als die künstlerische Genialität des empirischen Ich"[62] ausdrückt und damit das unversöhnte individuelle Subjekt zur zentralen Figur stilisiert, stellt sich Hegel unter dieser Ironie etwas anderes vor: die Beschränktheit und Verblendung des individuellen Strebens angesichts des vom Weltgeist durchgeführten *grand design* der Geschichte. Diesen Sachverhalt stellt Pöggeler treffend dar, wenn er bemerkt: "Der subjektivistischen Dialektik der Ironie stellt Hegel die Dialektik des alle Individuen negierenden und in sich aufhebenden Weltgeistes gegenüber: 'Alle Dialektik läßt das gelten, was gelten soll, als ob es gelte, läßt die innere Zerstörung selbst sich daran entwickeln, – allgemeine *Ironie* der Welt' (XVIII, 62)."[63] Während sich das romantische Subjekt in seinem Fichteschen Sehnen ironisch über die Welt erhebt, wird in Hegels System seine Nichtigkeit angesichts des Weltgeistes (seines Auftraggebers) ironisch kommentiert.

In Anbetracht der hier aufgezeigten Negation der individuellen Subjekte durch den mythischen Aktanten *Weltgeist*, stellt sich abermals die schon aufgeworfene Frage nach dem Aktantenmodell des Hegelschen Diskurses, einem Aktantenmodell, das nur eine umfangreiche Untersuchung gründlich und vollständig wiedergeben könnte.[64] In dem hier entworfenen Zusammenhang mag eine Schematisierung genügen, welche die schon angesprochene Differenz zu Descartes, Kant und Fichte noch einmal hervortreten läßt: Der *Weltgeist* als weltimmanente, säkularisierte Gottheit wird zum Auftraggeber der kollektiven Subjekte, der *Volksgeister* (s.o.), die als Agenten des Weltgeistes ihrerseits zu Auftraggebern der *individuellen Subjekte* werden. Das *Objekt* in diesem Modell ist die *Verwirklichung der Idee* gegen alle Widerstände seitens der ungeformten Materie als *Gegenauftraggeber* und seitens der unbegriffenen *Natur* als *Antisubjekt* oder Ensemble von Antisubjekten (wie Trieb, Traum und Zufall).

Tatsächlich stellt Hegel gleich zu Beginn seiner *Vorlesungen über die Philosophie der Geschichte* der Freiheit des Geistes die

---

62 Ibid., S. 50.

63 Ibid., S. 61.

64 Zu einer ausführlichen Darstellung des Aktantenmodells im semiotischen und literaturwissenschaftlichen Kontext vgl. A. J. Greimas, *Maupassant. La Sémiotique du texte: exercices pratiques*, Paris, Seuil, 1976, S. 62-63 sowie ders., *Du Sens II. Essais sémiotiques*, Paris, Seuil, 1983, darin vor allem: "Les Actants, les acteurs et les figures".

Schwere der Materie gegenüber: "Wie die Substanz der Materie die Schwere ist, so, müssen wir sagen, ist die Substanz, das Wesen des Geistes die Freiheit."[65] Der Sieg des Auftraggebers und der von ihm beauftragten Subjekt-Aktanten ist in Hegels Diskurs insofern teleologisch vorprogrammiert, als der Geist Natur und Materie durch die Erkenntnis ihrer Gesetzmäßigkeiten durchdringt und daher zu formen vermag: "Diese formelle Bestimmung ist wesentlich der Geist, welcher die Weltgeschichte zu seinem Schauplatze, Eigentum und Felde seiner Verwirklichung hat. Er ist nicht ein solcher, der sich in dem äußerlichen Spiel von Zufälligkeiten herumtriebe, sondern er ist vielmehr das absolut Bestimmende und schlechthin fest gegen alle Zufälligkeiten, die er zu seinem Gebrauch verwendet und beherrscht."[66] Der Geist als Logos ist die inkarnierte Notwendigkeit, die in der Dialektik der Idee zum Ausdruck kommt.

Die zentrale *Modalität*, mit deren Hilfe der Weltgeist die Wirklichkeit durchdringt, erfaßt und mit deren Hilfe alle anderen kollektiven und individuellen Subjekte am Geistigen partizipieren, ist die Vernunft, die bei Hegel bisweilen als Synonym des Auftraggebers erscheint: "Denn die Vernunft ist das Vernehmen des göttlichen Werkes."[67] Von der vernünftigen Einsicht heißt es in den *Grundlinien der Philosophie des Rechts*, sie sei "die *Versöhnung* mit der Wirklichkeit, welche die Philosophie denen gewährt, an die einmal die innere Anforderung ergangen ist, *zu begreifen* (...)".[68]

Der Nexus von Subjektivität, Objektivität und deren Versöhnung als subjektiver Aneignung tritt an einer anderen Stelle dieses Werks klar zutage: "Die Subjektivität hat also teils eine ganz partikulare, teils eine hochberechtigte Bedeutung, indem alles, was ich anerkennen soll, auch die Aufgabe hat, ein Meiniges zu werden und in mir Geltung zu erlangen. Dies ist die unendliche Habsucht der Subjektivität, alles in dieser einfachen Quelle des reinen Ich zusammenzufassen und zu verzehren."[69] Doch diese Aneignung als Versöhnung ist nur Schein. In Wirklichkeit – das zeigt Hegels Philosophie der Geschichte – wird das individuelle Subjekt dem *Volksgeist* als kollektivem Aktanten und zusammen mit diesem dem mythischen Aktanten *Weltgeist* einver-

---

65 G. W. F. Hegel, *Vorlesungen über die Philosophie der Geschichte*, op. cit., S. 30.

66 Ibid., S. 75.

67 Ibid., S. 53.

68 G. W. F. Hegel, *Grundlinien der Philosophie des Rechts*, op. cit., S. 27.

69 Ibid., S. 78.

leibt: "Denn es findet das Sein des Volkes als eine bereits fertige, feste Welt vor sich, der es sich einzuverleiben hat."[70] Wie schon bei Descartes, Kant und Fichte besteht auch bei Hegel die Ambivalenz der Subjektivität darin, daß ihre Erkenntnis, Selbsterkenntnis und Selbstfindung auf Selbstverzicht und Unterordnung hinauslaufen.

Der Selbstverzicht des individuellen Subjekts hängt bei Hegel – wie bei den anderen Philosophen – mit der Ausgrenzung der Natur und des Natürlichen im Menschen zusammen. Daß es dem Systemdenker trotz seinen Strebens nach umfassender, totaler Erkenntnis nicht geglückt ist, die Natur einzubeziehen, sie im Geist aufgehen zu lassen, ist bereits dem Junghegelianer Friedrich Theodor Vischer aufgefallen, der Hegel vorwirft, "aus der Idee das 'Anderssein'"[71] der Natur nicht wirklich erklärt zu haben. Im nächsten Abschnitt wird klar, welche Folgen diese Inkongruenz für das Hegelsche System in der junghegelianischen Kritik hat.

In neuester Zeit hat Petra Braitling in einer luziden Studie über *Hegels Subjektivitätsbegriff* auf die unversöhnte Natur in Hegels System aufmerksam gemacht. Die Frage, ob die Idee (als Selbstverwirklichung des Weltgeistes) "nicht doch ein Anderes geschaffen hat, das sich als solches ihrem bestimmenden Zugriff entzieht"[72], wird von Braitling mit der Zusatzbemerkung bejaht: "Wenn dem so wäre, käme das evidenterweise einer völligen Preisgabe ihres absoluten Status' gleich (...)."[73] Dies ist der neuralgische Punkt, den auch der Hegelianer und Hegel-Kritiker Vischer anvisiert (obgleich weniger explizit): Wenn das Hegelsche System ein ihm äußerliches Anderes neben sich dulden muß, so hat es den bei Descartes, Kant und Fichte beanstandeten Subjekt-Objekt-Dualismus letztlich doch nicht überwunden. Diesen Sachverhalt kommentiert Braitling so: "Dem hegelschen Naturbegriff eignet also ganz wesentlich ein Dualismus von reellem Auseinander und ideellem Innern. Ja in diesem Auseinanderbrechen beider Sphären sieht Hegel den defizitären Charakter der Natur, der sodann auch für die Notwendigkeit des Übergangs hin zum Geist verantwort-

---

70 G. W. F. Hegel, *Vorlesungen über die Philosophie der Geschichte*, op. cit., S. 99.

71 F. Th. Vischer, "Der Traum. Eine Studie zu der Schrift: Die Traumphantasie von Dr. Johann Volkelt", in: ders., *Kritische Gänge*, Bd. IV, München, Meyer und Jessen, 1922, S. 482.

72 P. Braitling, *Hegels Subjektivitätsbegriff. Eine Analyse mit Berücksichtigung intersubjektiver Aspekte*, Würzburg, Königshausen und Neumann, 1991, S. 82.

73 Ibid.

lich ist."[74] Durch dieses diskursive Manöver wird die Natur jedoch nicht mit dem Geist versöhnt, und Braitling stellt zu Recht fest, daß "die Natur gleichsam fremdbestimmt durch die Idee"[75] sei.

Analog zur Natur, die als das Andere des Geistes durch diesen fremdbestimmt und vereinnahmt wird, wird das individuelle Subjekt dem Volksgeist "einverleibt" (s.o.) und der *Sittlichkeit* des Staates unterworfen. Der Einzelne, der als moralische Instanz das bloß abstrakte Gute will (im Sinne eines partikularen Meinens und Wollens), muß der Aufhebung dieser seiner Partikularität im konkreten Guten der staatlichen Sittlichkeit zustimmen: "Das objektive Sittliche, das an die Stelle des abstrakten Guten tritt, ist die durch die Subjektivität *als unendliche Form konkrete* Substanz. Sie setzt daher *Unterschiede* in sich, welche hiermit durch den Begriff bestimmt sind und wodurch das Sittliche einen festen *Inhalt* hat, der für sich notwendig und ein über das subjektive Meinen und Belieben erhabenes Bestehen ist, die *an und für sich seienden Gesetze und Einrichtungen*."[76] Nur sie sind wirklich; das Streben des individuellen Subjekts hingegen ist abstrakt-unwirklich und daher in der Sittlichkeit des kollektiven Aktanten "Staat" aufzuheben.

Mit Hegels Bezeichnung "faule Existenz"[77], die sich auf all das bezieht, was im "Plan der Weltgeschichte"[78], d.h. im narrativen Programm des Weltgeistes, keinen Platz hat, ist auch der hoffende und strebende Einzelne gemeint, den Adorno gegen Hegel verteidigt.[79] Dieser Einzelne wird bei Hegel – wie schon (obwohl auf andere Art) bei Descartes, Kant und Fichte – ins Begrifflich-Geistige verflüchtigt und der Staatsräson unterworfen. Treffend drückt es Michael Rosen aus, wenn er von "Hegel's purified self" spricht, "whose activity constitutes the self-development of Thought".[80] Dieses von allen Besonderheiten und Kontingenzen gereinigte Ich kann seine Identität mit der

---

74 Ibid., S. 83.

75 Ibid.

76 G. W. F. Hegel, *Grundlinien der Philosophie des Rechts*, op. cit., S. 293-294.

77 G. W. F. Hegel, *Vorlesungen über die Philosophie der Geschichte*, op. cit., S. 53.

78 Vgl. ibid., S. 53.

79 Vgl. Th. W. Adorno, *Negative Dialektik*, op. cit., S. 18: "Philosophie hat, nach dem geschichtlichen Stande, ihr wahres Interesse dort, wo Hegel, einig mit der Tradition, sein Desinteressement bekundete: beim Begriffslosen, Einzelnen und Besonderen (...)."

80 M. Rosen, *Hegel's Dialectic and its Criticism*, Cambridge-London, Cambridge Univ. Press, 1982, S. 113.

Staatsräson und indirekt mit dem Weltgeist verkünden, weil es von all dem abstrahiert, was es einmalig und unverwechselbar macht. "Praktisch läuft dies darauf hinaus", kommentiert Hermann Schmitz diesen Sachverhalt, "daß der Wille sich mit den vorgegebenen Inhalten und Umständen abfindet und sie sich so zu eigen macht, daß sie ihm nicht mehr als Hemmungen seines Strebens widerfahren. In Ibsens Tragödie *Rosmersholm* wird einem geriebenen, mit allen Wassern gewaschenen sozialdemokratischen Zeitungsredakteur bescheinigt: 'Peter Mortensgaard ist allmächtig. Er kann alles, was er will, denn er will nur das, was er kann.' Das ist Hegels freier Mann."[81] Durch die totalisierende Vernunft als Modalität des freien Geistes verwandelt sich das Subjekt als scheinbar autonom-herrschendes unmerklich ins *subiectum* als Unterworfenes.

Inwiefern schließt nun die Staatsräson als Ausdruck des Weltgeistes, als der Vernunft letzter Schluß, das Hegelsche System ab? Gibt es ein Jenseits dieser Vernunftform? Jean-Pierre Lefebvre und Pierre Macherey meinen, die zweite Frage als Marxisten bejahen zu können. Kunst, Religion und Philosophie, sagen sie, kündigen als Formen des *absoluten Geistes* (Hegel), der das Werden des Weltgeistes reflexiv und gleichsam *post festum* verarbeitet, ein Jenseits des Staates an: "Der Philosophie fällt nicht nur die Rolle zu, den Staat zu denken, d.h. ihm den Status eines idealen und unüberwindlichen Rationalitätsideals zuzuerkennen: Sie muß auch das Ende des Staates denken, d.h. die Bedingungen seiner *Überwindung*, seiner Abschaffung (...)."[82] Es ist nun keineswegs sicher, daß diese Überwindung als *dépassement* (Lefebvre, Macherey) tatsächlich in Hegels System angelegt ist, wie die Autoren meinen. Sicher ist, daß sie von Marx, Engels und den Marxisten ins Auge gefaßt und über den Zusammenbruch des realen Sozialismus hinaus diskutiert wurde.

Marxens Kerngedanke ist klar und wird schon in den Frühschriften, vor allem in den Kommentaren zu Hegels Philosophie, ausgeführt: Die Hegelsche Verflüchtigung des individuellen Subjekts in reinen Geist wird radikal in Frage gestellt, und der einzelne Mensch wird wie in den "Thesen über Feuerbach" als ideell-materielles Wesen, d.h. als denkende Natur, aufgefaßt. Es ist frappierend, wie sehr der junge Marx in Übereinstimmung mit dem Junghegelianer Vischer die "Naturseite des Geistes" (Vischer) hervorhebt, wenn er kritisch

---

[81] H. Schmitz, *Die entfremdete Subjektivität*, op. cit., S. 279.

[82] J.-P. Lefebvre, P. Macherey, *Hegel et la société*, Paris, PUF, 1987 (2. Aufl.), S. 87.

anmerkt, daß bei Hegel "nicht der *wirkliche Mensch*, darum auch nicht die *Natur* – der Mensch ist die *menschliche Natur* –, als solcher zum Subjekt gemacht wird, sondern nur die Abstraktion des Menschen, das Selbstbewußtsein (...)."[83]

Diese Kritik führt zu der Erkenntnis, daß die Entfremdung zwischen Subjekt und Objekt bei Hegel ausschließlich gedanklich überwunden wird, d.h. unter Beibehaltung der verdinglichten und das menschliche Bewußtsein entfremdenden materiellen Verhältnisse: "Der entfremdete Gegenstand, die entfremdete Wesenswirklichkeit des Menschen ist – da Hegel den Menschen gleich Selbstbewußtsein setzt – nichts als *Bewußtsein,* nur der Gedanke der Entfremdung, ihr *abstrakter* und darum inhaltsloser und unwirklicher Ausdruck, die *Negation.*"[84]

Es ist sicherlich Marxens Verdienst, im Anschluß an Feuerbach und einige andere Junghegelianer den Menschen als Natur und Körper in den Mittelpunkt der Betrachtung gestellt und der idealistischen Philosophie von Kant bis Hegel ihr größtes Defizit vor Augen gehalten zu haben. Ausgehend von der Kritik des idealistischen Subjektbegriffs, hat der Marxismus als Philosophie, Sozialwissenschaft und revolutionäre Bewegung versucht, die Entfremdung zwischen Subjekt und Objekt durch eine Umwälzung der materiellen Verhältnisse aufzuheben. Sie sollte auch vor dem Staat und seiner Vernunft nicht halt machen. In der klassenlosen Gesellschaft sollten beide verschwinden. Möglicherweise stand schon die von Marx und Engels eingeführte Bezeichnung "Diktatur des Proletariats" im Widerspruch zu dieser nachrevolutionären Idylle. Denn wer sonst sollte diese Diktatur (eine fegefeuerartige Vorstufe zur klassenlosen Gesellschaft) verwirklichen als die von Marx und Engels gegründete Kommunistische Partei? Schon bei Marx und Engels tritt dieser – stets reale, weil gut organisierte – kollektive Aktant als "Vorhut des Proletariats" auf, dessen Modalitäten des *Wissens*, *Wollens* und *Könnens* er beeinflußt, kontrolliert und letztlich usurpiert. Schließlich handelt nicht das Proletariat im Auftrag des *destinateur* Geschichte, sondern die Partei im Auftrag beider.

In einem Aufsatz, der mit dem Titel "Methodisches zur Organisationsfrage" später in *Geschichte und Klassenbewußtsein* erschien und mit dem Lenin-Zitat "Man kann nicht mechanisch das Politische vom

---

83 K. Marx, "Kritik der Hegelschen Dialektik und Philosophie überhaupt", in: K. Marx, F. Engels, *Studienausgabe. Philosophie*, Bd. I, Frankfurt, Fischer, 1966, S. 69.

84 Ibid., S. 77.

Organisatorischen trennen" überschrieben ist, läßt Georg Lukács erkennen, worauf es ankommt: "Denn diese Anschmiegung der Taktik der kommunistischen Partei an jene Momente des Lebens der Klasse, in denen gerade das richtige Klassenbewußtsein sich – wenn auch vielleicht in falscher Form – emporzuringen scheint, bedeutet keineswegs, daß sie nun unbedingt bloß den augenblicklichen Willen der Massen zu erfüllen gewillt wäre. Im Gegenteil. Gerade weil sie den höchsten Punkt des objektiv-revolutionär Möglichen zu erreichen bestrebt ist – und das augenblickliche Wollen der Masse ist oft der wichtigste Teil, das wichtigste Symptom hierfür –, ist sie zuweilen gezwungen, gegen die Massen Stellung zu nehmen; ihnen den richtigen Weg durch Negation ihres gegenwärtigen Wollens zu zeigen."[85] Die Massen, erläutert Lukács, werden erst *post festum* die richtige Einsicht der Partei nachvollziehen.

In dieser Passage ist vor allem die Distribution der Modalitäten *wissen, wollen, können* (im Sinne der Strukturalen Semiotik) interessant: Es zeigt sich nämlich, daß sich die Partei als Kollektivsubjekt die Deutung und Manipulation aller dieser Modalitäten vorbehält, weil sie das richtige vom falschen Wissen, die richtige von der falschen Form des Wollens scheidet und schließlich den Augenblick des historischen Handelns, des Könnens, bestimmt. Dadurch usurpiert sie die Funktion des historischen Aktanten "Proletariat", und zwar sowohl auf der Ebene des Aussagevorgangs (*énonciation*) als auch auf der Ebene des Handlungsablaufs (*énoncé*). Daß es sich um eine hegelianische Usurpation handelt, verdeutlicht der Gedanke an "den höchsten Punkt des objektiv-revolutionär Möglichen". Die Stelle des Hegelschen Staates als Ausdruck eines historischen "Volksgeistes" nimmt nun die Partei als Ausdruck des proletarischen Bewußtseins ein. Dieses Bewußtsein ist objektiv, weil die Partei und ihre Denker von der zentralen Hegelschen Kategorie der Totalität ausgehen, um mit ihrer Hilfe den Stand der Weltrevolution zu definieren. Somit werden – wie schon bei Hegel – Diskurs und Realität monologisch identifiziert.

---

[85] G. Lukács, *Geschichte und Klassenbewußtsein*, Darmstadt-Neuwied, Luchterhand, 1968, S. 498. Vgl. auch G. Lukács, *Der junge Hegel*, Bd. II, Frankfurt, Suhrkamp, 1973, S. 635. Von Hegel heißt es dort: "Er lehnt alle romantischen Lamentationen über diese Entwicklung [des Kapitalismus] als elende Empfindsamkeit, die nur auf das Einzelne und nicht auf das Ganze sieht, mit derselben Schroffheit wie Smith und Ricardo ab." (Hier tritt auch der Gegensatz zwischen dem Marxisten Lukács und dem negativen Dialektiker Adorno zutage.)

Daß dem individuellen Subjekt nichts anderes übrigbleibt, als seine Freiheit im Rahmen dieses Identifikationsmechanismus aufzufassen, versteht sich fast von selbst. In Übereinstimmung mit Hegel und Lukács fassen die Marxisten-Leninisten individuelle Freiheit als Einsicht in die objektive (von der Partei definierte) Notwendigkeit auf. Als materialistischer Hegelianismus macht sich die Sowjetideologie ein stark schematisiertes Modell der Hegelschen Identitätsdialektik zu eigen, in dem die sprengende Kraft des Marxschen Denkens vollends erlahmt.

Ein wahres Kunststück marxistisch-leninistischer Manipulation stellt G. Kunizyns Interpretation der künstlerischen Freiheit dar: "Der Künstler mag politisch völlig frei sein. Wenn er dabei jedoch auf falschen ideologisch-ästhetischen Positionen steht oder aus irgendwelchen anderen Gründen die Lebenswahrheit in seinen Werken verfälscht (unter anderem zum Beispiel auf Grund fehlenden Talents oder unzureichender Lebenserfahrung), so ist er als Künstler nicht mehr frei."[86] Frei ist somit nur derjenige, der sich die von der Partei (je nach Lage und Bedarf) definierte "Lebenswahrheit" zu eigen macht. Kunizyn beschließt sein Räsonnement im Sinne der Hegelschen Identitätslehre: "So tritt die Freiheit eben als Einsicht in die Notwendigkeit auf."[87]

Damit ist zugleich die Wahrheit über den sowjetischen Marxismus ausgesprochen, der – wie Predrag Grujic in *Hegel und die Sowjetphilosophie der Gegenwart* erkennen läßt[88] – ein Hegelianismus mit marxistischen Vorzeichen war. Wenn Ernst Bloch meint, es sei eines der Hauptanliegen der reaktionären Denker gewesen, "den Übergang von Hegel zu Marx unpassierbar zu machen"[89], so hat er einerseits recht, weil Rechtshegelianer tatsächlich alles unternahmen, um diesen Übergang zu blockieren; andererseits scheint er nicht wahrzunehmen, wie glatt dieser Übergang in der Sowjetideologie verlief.[90]

---

86 G. Kunizyn, in: *Weimarer Beiträge* 2, 1973, S. 36.

87 Ibid.

88 P. Grujić, *Hegel und die Sowjetphilosophie der Gegenwart. Zur materialistischen Dialektik*, Bern-München, Francke, 1969, S. 18 sowie: S. 59-70.

89 E. Bloch, *Subjekt-Objekt*, op. cit., S. 386.

90 Dies lassen die folgenden beiden Arbeiten erkennen: S. Hook, *From Hegel to Marx. Studies in the Intellectual Development of Karl Marx*, Ann Arbor, Univ. of Michigan Press, 1966 (2. Aufl.), S. 43-47. J. D'Hondt, *De Hegel à Marx*, Paris, PUF, 1972, Teil IV: "L'Histoire et la dialectique".

3. Vischer, Stirner und Kierkegaard als Kritiker Hegels: Partikularität, Kontingenz, Zufall und Traum

Drei Autoren stehen hier im Mittelpunkt, in deren Schriften die spätmoderne (modernistische) Kritik an Hegels systematischer Versöhnung aller modernen Gegensätze besonders klar zum Ausdruck kommt: Vischer, Stirner und Kierkegaard. Daß diese drei Philosophen sehr verschiedene und z.T. unvereinbare Standpunkte vertreten, ist bekannt und muß nicht eigens hervorgehoben werden. Außer der Hegel-Kritik sind ihnen jedoch wesentliche Gedanken gemeinsam, die die spätmoderne Selbstkritik der Moderne einläuten: der Gedanke der Besonderheit und Unverwechselbarkeit des Einzelnen, der Gedanke der Kontingenz des individuellen Subjekts und der gesellschaftlichen Institutionen, schließlich der Gedanke der unversöhnten Natur, die nicht im Geist aufgeht und deren Kräfte im Unbewußten, im Zufall und Traum immer wieder die kulturelle Schale des Menschen durchbrechen.

Der Name Hegels erscheint hier insofern als eine Metonymie oder Synekdoche der Moderne, weil er für den letzten großangelegten Versuch steht, "die Entzweiung als die Form der modernen Welt und ihres Bewußtseins"[91], wie Joachim Ritter sagt, zu überwinden. Der Zerfall seines Systems kündigt eine spätmoderne Zeit an, deren Philosophen und Schriftsteller die Zerfallsprodukte aufarbeiten: die Vereinsamung oder Befreiung des Einzelnen, der sich auf keinen (über-)mächtigen Auftraggeber mehr berufen kann; die Revolte der Natur gegen den Geist und das begriffliche Denken; die Nichtidentität von Subjekt und Objekt; die Kontingenz und den Zufall; das Unbewußte und den Traum; die Sinnlosigkeit der Geschichte und die Negativität der Dialektik.

An erster Stelle steht hier Friedrich Theodor Vischer, ein Hegelianer und Junghegelianer zugleich, der in seinem "Plan zu einer neuen Gliederung der Ästhetik" (1843) "das Moderne als eine selbständige

---

91 J. Ritter, *Hegel und die französische Revolution*, Frankfurt, Suhrkamp, 1965, S. 47. Zu Hegels Bedeutung für die philosophische Moderne vgl. auch die anregende Studie von M. Gans, *Das Subjekt der Geschichte. Studien zu Vico, Hegel und Foucault*, Hildesheim-Zürich-New York, Olms, 1993, S. 16, wo daran erinnert wird, daß Hegels Dialektik "sämtliche die Moderne repräsentierenden Begriffe zu einem System zusammenschließt (...)." Zu Recht stellt Gans Foucault als antimodernen Denker und als Antipoden Hegels dar.

Hauptform des ästhetischen Ideals"[92] entdeckt und damit zu verstehen gibt, daß Hegels System der um 1850 anbrechenden, reflexiv werdenden Spätmoderne nicht mehr angehört, weil es mit der christlich-romantischen Ära endet.[93] Vischer gehört – wie Stirner und Kierkegaard – zu jenen "Schülern" Hegels, von denen Karl Löwith sagt: "Während Goethe und Hegel in der gemeinsamen Abwehr des 'Transzendierenden' noch eine Welt zu gründen vermochten, worin der Mensch bei sich sein kann, haben schon ihre nächsten Schüler sich nicht mehr in ihr zu Hause gefunden und das Gleichgewicht ihrer Meister als das Produkt einer bloßen Harmonisierung verkannt."[94] Der Modernist, der Vertreter der Kritischen Theorie würde an dieser Stelle sagen: *erkannt*. Ihre Erkenntnisse werden in einer nachmodernen Zeit (wenngleich mit anderen Mitteln) fortgesetzt, in der nicht nur Hegels Synthese, sondern auch Marxens revolutionärer Versöhnungsversuch als Formen der Unterdrückung und der Subjektzerstörung erscheinen.

Im Jahre 1875 veröffentlicht F. Th. Vischer in vorgerücktem Alter eine ausführliche Rezension von Johann Volkelts Studie über *Die Traumphantasie* und kommentiert auch Volkelts Auseinandersetzung mit Hegels Einstellung zu Natur und Traum. Hegel hat, wie Petra Braitling richtig bemerkt (s.o.), die Natur mit dem Geist nicht versöhnt, denn: "Er meint, in seiner Weltvernunft die Natur mit dem Begriff beisammen zu haben, aber er hat ihre scheinbar absolute Spaltung, ihre Diremtion, er hat aus der Idee das 'Anderssein' nicht erklärt; daher, weil das Anderssein unerklärt daneben liegen bleibt, fallen sie doch auseinander und ist die Wesensfülle in seiner Vorstellung von der Weltvernunft nur seine ehrliche Vorstellung. Ist also die Natur nicht wirklich abgeleitet, so ist es auch der mit ihr gegebene Zufall nicht, und hieraus folgt zugleich, daß Hegel vom Zufall in der Naturseite des Geistes, also auch vom Traume, geringschätzig wie von allem Zufälligen, nur flüchtig und beiläufig redet."[95] In dieser Passage werden die wichtigsten Themen der Spätmoderne (als Selbstkritik der Moderne) gebündelt: das Auseinandertreten von Geist und Natur, von Subjekt und Objekt; die Verselbständigung der Kontingenz in Zufall

---

92 F. Th. Vischer, *Kritische Gänge*, Bd. IV, op. cit., S. 175.

93 Vgl. G. W. F. Hegel, *Vorlesungen über die Ästhetik III*, Frankfurt, Suhrkamp, 1986, S. 15-16.

94 K. Löwith, *Von Hegel zu Nietzsche. Der revolutionäre Bruch im Denken des neunzehnten Jahrhunderts*, Hamburg, Meiner, 1986 (9. Aufl.), S. 42-43.

95 F. Th. Vischer, *Kritische Gänge*, Bd. IV, op. cit., S. 482.

und Traum; die Kritik der rationalistischen und hegelianischen Weltvernunft.

Alle diese Themen finden sich in Vischers philosophischem Roman *Auch Einer* (1879), dessen Erzähler den Zerfall der Hegelschen Identität von Subjekt und Objekt in den Mittelpunkt seiner Betrachtungen rückt. Es ist ein Roman der Negativität, der in jeder Hinsicht bestätigt, was Ewald Volhard in seinem schon älteren, aber immer noch aktuellen Buch über den Junghegelianer schreibt: "Im Negativen aber, in der Erkenntnis, daß es eine objektive und absolute Wahrheit als enträtselbaren Sinn des Lebens nicht gibt, – dessen noch Hegel versichert war, – ahnt Vischer die Problematik einer neuen Zeit voraus."[96]

Der Roman legt zugleich Zeugnis von der unauflösbaren Verflochtenheit von Literatur und Philosophie ab, die hier immer wieder in ihrer historischen Wechselbeziehung dargestellt werden. Es ist ein Roman über die "Tücke des Objekts"[97], das sich dem Zugriff des Subjekts entzieht und aus dem von Hegel postulierten Identitätszusammenhang herausfällt: "(...) zum Beispiel rotbraunes Brillenfutteral versteckt sich auf rotbraunem Möbel; doch Haupttücke des Objekts ist, an den Rand kriechen und sich da von der Höhe fallen lassen, aus der Hand gleiten, – du vergissest dich kaum einen Augenblick, und ratsch – ."[98]

In diesem Kontext parodiert der Erzähler Hegels System und rät dem Helden, sich dem scheinbar Trivialen und Kontingenten zuzuwenden, das täglich unsere Subjektivität als Erfahrungswelt in Frage stellt: "(...) Was man vergessen soll, bei dem halten Sie sich auf, was des Denkens nicht wert ist, darüber studieren Sie, daraus machen Sie ein System!"[99] Auch hier wird Hegels System, das sich über alles Kontingente, das aus dem vom mythischen Aktanten "Weltgeist" verbürgten Notwendigkeitszusammenhang herausfiel, hinwegsetzte, kritisch zerlegt. Dabei rückt vor allem die Körperlichkeit, die physische Anfälligkeit des individuellen Subjekts ins Blickfeld: ihre Vergänglichkeit, die in Hegels System kein Angedenken findet. Der Roman-

---

[96] E. Volhard, *Zwischen Hegel und Nietzsche. Der Ästhetiker Friedrich Theodor Vischer*, Frankfurt, Klostermann, 1932, S. 155.

[97] F. Th. Vischer, *Auch Einer. Eine Reisebekanntschaft*, Berlin, Deutsche Bibliothek, 1879 (Reprint: Wurmlingen, Schwäbische Verlagsgesellschaft, s.d.), Bd. II, S. 418.

[98] Ibid., Bd. I, S. 38.

[99] Ibid., Bd. I, S. 49.

held Albert Einhart wird von einem hartnäckigen Katarrh geplagt, der ihn in entscheidenden Augenblicken übermannt und immer wieder seine gesellschaftlichen Vorhaben, die Eloquenz und eine starke Stimme erfordern, vereitelt. Der Katarrh als naturwüchsiges, zufallsbedingtes Phänomen wird schließlich zum Leitmotiv seiner "Pfahldorfgeschichte", die der Ich-Erzähler und fiktive Herausgeber in Einharts nachgelassenen Schriften findet. Die Protagonisten der Erzählung sind Einwohner eines Pfahldorfs aus prähistorischer Zeit, die von verschiedenen Naturereignissen heimgesucht werden, zu denen auch der Katarrh gehört, der den Romanhelden und Autor der fiktiven Erzählung plagt.

Sowohl im Roman als auch in der "Pfahldorfgeschichte" erscheint der menschliche Körper selbst als Teil der Objektwelt, die von der "Tücke des Objekts" beherrscht wird. Das denkende Subjekt, das Subjekt als Geist vermag ihn nicht restlos zu kontrollieren und ist seinen Unwägbarkeiten ausgeliefert. Doch Einharts und Vischers Antwort auf diesen Zustand ist nicht Naturbeherrschung als Vergeistigung, sondern Naturverständnis. "Haß gegen den Menschen, weil er über die Natur aufsteigt, lichte Ordnungen gründet, Lichtreich"[100], heißt es in Einharts nachgelassenem Tagebuch, wo auch zu lesen ist: "Das Objekt stellt mir doch wieder sehr nach. Ein Aktenstück hat sich ruchlos verkrochen (...)."[101]

Der Junghegelianer Vischer, Autor einer umfangreichen hegelianischen Ästhetik, erscheint in seinem Spätwerk nicht so sehr als Anti-Hegelianer, sondern als Hegel-Skeptiker, der an das System des Meisters nicht mehr glauben kann: "Philosophie? Etwas zu bauen suchen? Reicht nicht. Überdies das Unglück: die Diskreditierung der Philosophie durch die Systeme. System ist immer Ausbau eines Gedankens, der als Gedanke eines Kopfs, wenn auch auf und über vielen Schultern und Köpfen, doch immer nur dieses einen Menschen Gedanke ist. Und trotzdem das Erhabenste, was ein Mensch leisten kann: Versuch, das Weltall im Begriff nachzubauen. – Amphibolische Sache."[102] Die Sache ist tatsächlich "amphibolisch", d.h. widersprüchlich, weil das vom Einzelsubjekt konstruierte System, das alles erfassen sollte, letztlich so viel Nichtidentisches, "Unverdautes" außerhalb seiner selbst dulden muß, daß es der Kontingenz verfällt, die es bannen möchte.

---

[100] Ibid., Bd. II, S. 379.
[101] Ibid., Bd. II, S. 378.
[102] Ibid., Bd. II, S. 450.

Schließlich wird Hegel – nicht ohne Wehmut und Ironie – als "stilvoller Philister" verabschiedet: "O alter Hegel, stilvoller Philister, der du groß befohlen hast, daß das Subjekt parieren soll, könnte man das erleben, daß du erständest und mit deinem Stecken über das substanzlose Geschlecht kämest!"[103] Doch auch Hegels System vermag die verlorene Substanz nicht wiederherzustellen, und Vischer nimmt sich statt eines vergeblichen Wiederbelebungsversuchs vor, die Aspekte der natürlichen und sozialen Welt zu beleuchten, die Hegels System ausblendet: das Absurde, den Zufall, das Groteske, das Triviale und Vergängliche, das Ambivalente.

Vor allem seine Gedanken über Ambivalenz und Groteske haben nachhaltig auf Michail M. Bachtin[104], einen geistesverwandten Denker der Spätmoderne und des Modernismus, eingewirkt. Insofern ist Vischer nicht nur als Kritiker der Moderne und des modernen (hegelianischen) Subjektbegriffs wichtig, sondern auch als früher Theoretiker eines literarischen Modernismus, der Absurdität, Groteske, Zufall und Ambivalenz als seine Schlüsselbegriffe entdeckt.

In der Retrospektive erscheint Hegels gesamtes, vom Weltgeist als Vorsehung durchwirktes System zufallsbedingt und dem Zufall preisgegeben zu sein: "Vorsehung. Man sollte eigentlich sagen: Nachsehung. Es handelt sich doch vom Zufall."[105] Von dieser Erkenntnis zur Aufwertung des Absurden ist es nur noch ein kleiner Schritt: "Habe nebenher leider meinen besonderen Spaß am Absurden. (...) Möchte eine Abhandlung darüber schreiben, habe aber den Grundbegriff noch nicht finden können (...)."[106] Um ihn werden sich Stirner, Kierkegaard und vor allem ihre geistigen Nachfahren, die Existentialisten, bemühen.

Im Gegensatz zu Vischer, der Hegels System ironisch verabschiedet, erscheint Max Stirner als militanter Anti-Hegelianer, der das einmalige individuelle Subjekt gegen jede Art von Systematisierung, ja gegen die gesamte idealistische Tradition verteidigt. Er ist insofern ein Geistesverwandter Kierkegaards und Nietzsches, als er den vergänglichen Einzelnen mit allen Mitteln gegen die totalisierende Vernunft des Systems zu schützen sucht.

---

[103] Ibid., Bd. II, S. 330.

[104] Vgl. M. M. Bachtin, *Rabelais und seine Welt. Volkskultur als Gegenkultur*, Frankfurt, Suhrkamp, 1987, S. 95, wo Bachtin Vischers Ästhetik mit Zustimmung zitiert.

[105] F. Th. Vischer, *Auch Einer*, Bd. II, op. cit., S. 461.

[106] Ibid., S. 455.

Im Zusammenhang mit dem Aktantenmodell ließe sich sagen, daß Stirner gegen jede Art von Auftraggeber als *destinateur* (Greimas) kämpft. Er will als individuelles Subjekt auf sich selbst gestellt sein: "Warum brandmarkt man Mich, wenn Ich ein 'Gottesleugner' bin? Weil man das Geschöpf über den Schöpfer setzt (...) und ein *herrschendes Objekt* braucht, damit das Subjekt hübsch *unterwürfig* diene. Ich soll *unter* das Absolute Mich beugen, Ich *soll* es."[107] Interessant ist hier nicht so sehr die Religionskritik, die später von Marx konkretisiert wurde, sondern die Umkehrung des Verhältnisses von Auftraggeber und Beauftragtem. Sie läßt nämlich das Subjekt in seiner Stellung als Unterworfenes erkennen und ist Voraussetzung für Stirners partikularisierende Kritik an Hegels Subjektbegriff: "Hegel verurteilt das Eigene, das Meinige, die 'Meinung'. Das 'absolute Denken' ist dasjenige Denken, welches vergißt, daß es *mein* Denken ist, daß *Ich* denke und daß es nur durch *Mich* ist."[108] In dieser Passage wird die Zweigleisigkeit des Partikularisierungsprozesses, der für den gesamten Junghegelianismus kennzeichnend ist, erkennbar: Stirner wirft Hegel nicht nur vor, daß er sich über die Besonderheit des Einzelsubjekts hinwegsetzt, sondern auch, daß er nicht seine eigene Besonderheit und Kontingenz wahrnimmt, sie statt dessen mit der Aura des Absoluten umgibt.

Stirner lehnt nicht nur den Hegelschen Weltgeist als obersten Auftraggeber (Gott) ab, sondern auch die von Hegel eingeschalteten kollektiven Zwischeninstanzen: die "Volksgeister" oder Völker und natürlich den Staat. Den Völkern oder Nationen, die bei Hegel als kollektive Aktanten eines sinnvollen historischen Ablaufs erscheinen, bescheinigt er ihre Zufallsbedingtheit, wenn er das vermeintlich souveräne Volk als "einen Herrn aus *Zufall*"[109] bezeichnet und in ihm eine "zufällige Macht, eine Natur-Gewalt, ein(en) Feind, den Ich besiegen muß"[110], erblickt. Seine Kritik am Staat ist eine eindeutige Ablehnung aller Hegelschen Vermittlungsversuche zwischen Einzelsubjekt, bürgerlicher Gesellschaft und staatlicher Sittlichkeit: "Da es dem Staate, wie nicht anders möglich, lediglich um sich zu tun ist, so sorgt er nicht für meine Bedürfnisse, sondern sorgt nur, wie er Mich umbringe, d.h. ein anderes Ich aus Mir mache, einen guten Bürger."[111]

---

107 M. Stirner, *Der Einzige und sein Eigentum*, Stuttgart, Reclam, 1991, S. 380.
108 Ibid., S. 381-382.
109 Ibid., S. 252.
110 Ibid., S. 253.
111 Ibid., S. 350.

Stirners Ergänzung, "die Dressur [werde] immer allgemeiner und umfassender"[112], nimmt nicht nur Gedanken Laings und Foucaults vorweg, sondern läßt die Bedeutung der Junghegelianer für die gesamte spätmoderne und postmoderne Problematik erkennen.

Wohl am klarsten kommt Stirners Position und Einstellung zum deutschen Idealismus in seiner Fichte-Kritik zum Ausdruck: "Wenn Fichte sagt: 'Das Ich ist Alles', so scheint dies mit meinen Aufstellungen vollkommen zu harmonieren. Allein nicht das Ich *ist* Alles, sondern das Ich *zerstört* alles, und nur das sich selbst auflösende Ich, das nie seiende Ich, das – *endliche* Ich ist wirklich Ich. Fichte spricht vom 'absoluten' Ich, Ich aber spreche von Mir, dem vergänglichen Ich."[113] Diese Kritik, die Stirner auch auf Feuerbachs Subjektbegriff ausdehnt, der das Einzel-Ich der Gattung subsumiert, antizipiert nicht nur Kierkegaards Idealismus-Kritik, sondern auch einige Argumente deutscher und französischer Existentialisten.

In mancher Hinsicht ist Stirners Hauptwerk *Der Einzige und sein Eigentum* ein gegen den Strich oder rückwärts gelesener Hobbes. Während Hobbes einen absolut herrschenden *sovereign* einsetzt, um dem Naturzustand als "Krieg aller gegen alle" ein Ende zu bereiten, schafft Stirner den Staat ab und verabsolutiert den Naturzustand, den C. B. McPherson im Zusammenhang mit Hobbes ganz zu Recht als mythische *imago* der Marktgesellschaft und des bürgerlichen "Besitzindividualismus"[114] auffaßt. Im Vorgriff auf McPherson spricht Kurt Adolf Mautz im Zusammenhang mit Stirner von einer "Metaphysik des Liberalismus"[115] und erklärt: "Die Grundposition Stirners wird durch die Spannung von 'Natur' und 'Konvention' bezeichnet. 'Konvention', heißt die in der Tradition zum formelhaften Schein erstarrte Welt der kulturellen Werte. Gegen diese 'zweite Natur' stellt die entfremdete Subjektivität im mythischen Bild eines ersten Naturzustandes die ursprüngliche Mächtigkeit des zeitlichen Hier und Jetzt."[116] Anders als bei Hobbes wird bei Stirner der mythische Naturzustand mit positiven Vorzeichen versehen und das individuelle Subjekt in diesem Naturzustand als das freie Subjekt *par excellence* dargestellt:

---

112 Ibid., S. 365.

113 Ibid., S. 199.

114 Vgl. C. B. McPherson, *Die politische Theorie des Besitzindividualismus*, Frankfurt, Suhrkamp, 1973.

115 K. A. Mautz, *Die Philosophie Max Stirners im Gegensatz zum Hegelschen Idealismus*, Berlin, Junker und Dünnhaupt, 1936, S. 23.

116 Ibid.

"Greife zu und nimm, was Du brauchst! Damit ist der Krieg Aller gegen Alle erklärt. *Ich* allein bestimme darüber, was Ich haben will."[117]

Herausgelöst aus Hegels Aktantenmodell und und befreit aus seiner Unterwerfung als "bloße(s) Organ des 'allgemeinen' Subjekts des Geistes"[118], erscheint Stirners individuelles Subjekt als vor-nietzscheanischer Machtmensch, der nicht wie Vischers Held Einhart nach einer Versöhnung mit der Objektwelt strebt, sondern versucht, sie zu beherrschen. Von Stirners individualistischer Wertlehre sagt Kurt Adolf Mautz: "'Wert'charakter erhält das Individuum für sie nur aus eigener Machtvollkommenheit."[119]

Lange vor Nietzsche faßte Stirner eine "Genealogie der Moral" ins Auge, die Liebe, Barmherzigkeit und Menschlichkeit utilitaristisch (d.h. im Kontext der herrschenden Marktgesetze) umdeutet. Vom Mitmenschen als Gegenstand der Liebe sagt er: "Wie gleichgültig wäre er Mir ohne diese – meine Liebe. Nur meine Liebe speise Ich mit ihm, dazu nur *benutze* Ich ihn: Ich *genieße* ihn."[120] Ähnliche Überlegungen stellt der Utilitarist Bentham an.[121]

Stirners Genealogie macht vor dem metaphysischen Wahrheitsbegriff nicht halt, den später Nietzsche als Sprachkritiker unter die Lupe nehmen wird, um in ihm den idealistisch verbrämten Machtanspruch zu entdecken. Nietzsche antizipierend, meint Stirner, in der "Wahrheit" eine gefährliche Auftraggeberin zu erkennen, die – wie Hegels Weltgeist – den Einzelnen unterjocht, zu einem bloßen Instrument macht. Von unerfahrenen Jünglingen sagt er: "Jenen ist die Wahrheit 'heilig', und das Heilige fordert allzeit blinde Verehrung, Unterwerfung und Aufopferung. Seid Ihr nicht frech, nicht Spötter des Heiligen, so seid Ihr zahm und seine Diener. Man streue Euch nur ein Körnchen Wahrheit in die Falle, so pickt Ihr sicherlich darnach, und man hat den Narren gefangen. Ihr wollt nicht lügen? Nun so fallt als Opfer der Wahrheit und werdet – Märtyrer! Märtyrer – wofür? Für Euch, für die Eigenheit? Nein, für eure Göttin, – die Wahrheit."[122]

---

[117] M. Stirner, *Der Einzige und sein Eigentum*, op. cit., S. 286.

[118] K. A. Mautz, *Die Philosophie Max Stirners*, op. cit., S. 54.

[119] Ibid., S. 94.

[120] M. Stirner, *Der Einzige und sein Eigentum*, op. cit., S. 330.

[121] Vgl. J. Bentham, *Theory of Legislation*, 2 Bde., Oxford, Univ. Press, 1914 sowie: J. S. Mill, *Utilitarianism*, London, Everyman Library, 1910. In diesem Werk werden Benthams Thesen weiterentwickelt.

[122] M. Stirner, *Der Einzige und sein Eigentum*, op. cit., S. 338.

Wie später Nietzsche, der die Wahrheit als "ein bewegliches Heer von Metaphern, Metonymien, Anthropomorphismen"[123] destruiert, zerlegt Stirner sowohl den Wahrheits- als auch den Subjektbegriff auf sprachlicher Ebene, indem er zeigt, wie die Wahrheiten als machtbedingte sprachliche Konstruktionen die Menschen zu Subjekten machen. In dieser Hinsicht erscheint er nicht nur als ein Vorläufer Nietzsches, der sein Buch *Der Einzige und sein Eigentum* (1845) kannte, sondern auch der nachmodernen Sprach- und Subjekttheorie. Vornietzscheanisch ist seine Feststellung: "Wahrheiten sind Phrasen, Redensarten, Worte (...)."[124] Doch diese Worte, Phrasen konstituieren mich als Subjekt, weil sie mich benennen, definieren; aber "als meine eigenen Geschöpfe sind sie nach dem Schöpfungsakte Mir bereits entfremdet".[125] Aus diesem Entfremdungs- und Unterwerfungszusammenhang ausbrechen: das ist Stirners Programm. Am Ende seiner Abhandlung unternimmt er einen letzten Ausbruchsversuch, indem er das eigene Ich an die Stelle des Auftraggebers setzt: "Man sagt von Gott: 'Namen nennen Dich nicht'. Das gilt von Mir: kein *Begriff* drückt Mich aus, nichts, was man als mein Wesen angibt, erschöpft Mich; es sind nur Namen."[126] Daß das "Nur" in diesem Satz von einer fatalen Unterschätzung der diskursiven Zwänge zeugt, haben sehr viel später R. D. Laing, E. Goffman und M. Foucault gezeigt.

Vischer, Stirner und Kierkegaard ist eine drastische Aufwertung des Partikularen, Singulären auf sprachlicher, ästhetischer und politischer Ebene gemeinsam, und Henri Arvon hat zweifellos recht, wenn er von Stirner und Kierkegaard sagt: "Mit der gleichen dialektischen Kraft kämpfen sie gegen Hegels System; mit gleicher Heftigkeit wenden sie sich gegen die überpersönliche Vernunft."[127] Vor Arvon wies bereits Mautz auf die existentiell-ethische Affinität zwischen Stirner und Kierkegaard hin: "Stirner bekämpft somit nichts anderes als das Abschieben der persönlichen Entscheidungsfreiheit und der persönlichen Verantwortlichkeit für das sittliche Handeln in eine überpersönliche Sphäre objektiver Normen – oder, Hegel gegenüber: die Entmächtigung der auf Grund einer personalen Entscheidung sittlich han-

[123] F. Nietzsche, "Über Wahrheit und Lüge im außermoralischen Sinn", in: ders., *Werke*, Bd. V, München, Hanser, 1980, S. 314.

[124] M. Stirner, *Der Einzige und sein Eigentum*, op. cit., S. 390.

[125] Ibid., S. 391.

[126] Ibid., S. 412.

[127] H. Arvon, *Aux sources de l'existentialisme: Max Stirner*, Paris, PUF, 1954, S. 177.

delnden Individualität durch ihre Einbettung in ein erst existenzverleihendes, übergreifendes Ganzes, ihre Degradierung zu einem 'Accidenz der Allgemeinsubstanz'. Er berührt sich in dieser ethischen Auffassung mit seinem theologischen Partner S. Kierkegaard (...)."[128]

Von Kierkegaards Denken, das hier noch einmal im Zusammenhang mit Sartre kommentiert wird, soll vorerst nur ein zentraler Aspekt beleuchtet werden: *die Kritik des Hegelschen Systems als Aufwertung des individuellen Subjekts*. Diese Kritik hat sowohl formale als auch begriffliche und existentiell-ethische Aspekte, die in aller Knappheit dargestellt werden sollen.

Schon im formalen Bereich fällt auf, daß Kierkegaard im Gegensatz zum Systemdenker Hegel *Essayist* im Sinne von Musil, Lukács (1911) und Adorno ist. Essay, Fragment, Tagebuch und Erzählung sind die von ihm bevorzugten Formen, nicht das begriffliche System. Diese Formen zeugen von der *Verinnerlichung* der individuellen Problematik, die nicht mehr im Zusammenhang mit kollektiven und überindividuellen Aktanten dargestellt, sondern ins "Innere" des Einzelsubjekts verlegt wird, wo infraindividuelle Aktanten der Wahrheit gegen Aktanten der Unwahrheit antreten.

Dennoch vereinfacht Adorno allzu sehr, wenn er in seiner bekannten Habilitationsschrift über Kierkegaards Konstruktion des Ästhetischen zum Verhältnis von Hegel und Kierkegaard schreibt: "Kierkegaard hat nicht das Hegelsche Identitätssystem 'überwunden'; Hegel ist bei ihm nach innen geschlagen, und Kierkegaard erreicht die Realität am ehesten, wo er an Hegels historischer Dialektik festhält."[129] Es fragt sich nur, ob er das tut; ob er nicht vielmehr – wie Vischer und die anderen Junghegelianer – bei der Ambivalenz und beim Widerspruch verharrt, die beide eine positive, synthetisierende Dialektik im Sinne von Hegel verhindern.

Was im "Inneren" von Kierkegaards Einzelsubjekt abläuft, ist kein Prozeß der Totalisierung und Vereinheitlichung, sondern eine ständige Auseinandersetzung mit Ambivalenzen, Widersprüchen, Paradoxien, die nicht zur Synthese, sondern zu einer möglicherweise tragischen Entscheidung im Sinne des *Entweder – Oder* drängt. In dieser Schrift Kierkegaards heißt es beispielsweise: "Einen Widerspruch zu denken, soll trotz allen Versicherungen der neueren Philosophie und dem tollkühnen Mut ihrer jungen Zucht immer mit großen

---

[128] K. A. Mautz, *Die Philosophie Max Stirners*, op. cit., S. 116.

[129] Th. W. Adorno, *Kierkegaard. Konstruktion des Ästhetischen*, Frankfurt, Suhrkamp (1962), 1974, S. 60.

Schwierigkeiten verbunden sein."[130] Mit "der neueren Philosophie" ist hier – wie der Herausgeber Niels Thulstrup bemerkt[131] – der (dänische) Hegelianismus gemeint.

Im Gegensatz zu Hegel bleibt der dänische Philosoph beim Widerspruch stehen. Davon zeugen seine Polemiken gegen Hegels Begriff der Aufhebung, den er durch das Paradox (und den Widerspruch) ersetzt. Mit der ihm eigenen Ironie kommentiert er die eindeutschende Verwendung des dänischen Wortes *ophaeve*: "Ich weiß nichts davon, daß das dänische Wort ophaeve eine Doppeldeutigkeit zuläßt; dagegen aber weiß ich, daß unsere deutsch-dänischen Philosophen es wie das deutsche Wort gebrauchen."[132] Sie verwenden es in der hegelianischen Bedeutung von *tollere + conservare* und meinen, damit auch dem Christentum gerecht werden zu können. Kierkegaard nennt sie "Spekulanten": "Das Christentum in der Art, wie es von Spekulanten verstanden wird, ist ja etwas anderes als die Art, wie es den Einfältigen vorgetragen wird. Für diese ist es das Paradox: der Spekulant aber versteht das Paradox aufzuheben."[133] Für Kierkegaard ist das Paradox unaufhebbar und führt in die Innerlichkeit des Einzelnen, in der es zur Entscheidung kommt: "Das Christentum andrerseits ist subjektiv, die Innerlichkeit des Glaubens in dem Glaubenden ist die ewige Entscheidung der Wahrheit."[134] Der Rückzug in die Innerlichkeit des Einzelnen kann also als Folge des Systemzerfalls und (darüber hinaus) des gesellschaftlichen Wertzerfalls gedeutet werden.

Daß Kierkegaards Paradox vor- oder nachdialektisch ist und nicht zur Aufhebung, sondern zum Akt des Glaubens (im Sinne von Pascals *pari*) führt, hat Karl Jaspers erkannt: "Man kann das Wort: credo quia absurdum est, für die Formel dieser die Antinomie als Paradox in das Zentrum des Glaubens stellenden Religiosität halten. Zuletzt hat Kierkegaard das Wesen dieses Paradoxes, vielleicht zuerst von Grund aus, charakterisiert."[135] Insofern hat auch Heinrich M. Schmidinger recht, wenn er ergänzend bemerkt, "daß mit der Verhältnis-Stiftung [bei

---

130 S. Kierkegaard, *Entweder - Oder* (Teil I und II), München, DTV, 1998 (5. Aufl.), S. 234.

131 Ibid., S. 966 (Kommentar von N. Thulstrup).

132 S. Kierkegaard, *Abschließende unwissenschaftliche Nachschrift zu den Philosophischen Brocken* (Erster Teil), in: ders., *Gesammelte Werke*, 16. Abt., Gütersloh, Mohn, 1982, S. 213.

133 Ibid., S. 214-215.

134 Ibid., S. 215.

135 K. Jaspers, *Psychologie der Weltanschauungen*, Berlin-Göttingen-Heidelberg, Springer, 1960 (5. Aufl.), S. 245.

Kierkegaard] zwischen den Gegensätzen diese nicht aufgehoben, sondern im Gegenteil allererst herausgestellt werden".[136] In diesem Sinne hat schon der junge Lukács Kierkegaard gelesen, als er – fernab von Hegelianismus und Totalitätsdenken – über das "Zerschellen der Form am Leben" bemerkte, man müsse "von den unterschiedenen Dingen eines wählen, man darf nicht 'Mittelwege' finden, nicht 'höhere Einheiten', die die 'nur scheinbaren' Gegensätze auflösen könnten".[137]

Als geistige Nachfahren Kierkegaards stellen Jaspers und der junge Lukács das System in Frage, das schon beim dänischen Kritiker Hegels seine Glaubwürdigkeit eingebüßt hatte: als ein *alibi* oder Anderswo des individuellen Subjekts, das sich selbst im Volksgeist, im Weltgeist und im absoluten Geist entfremdet wurde. Die nach dem Systemzerfall unvermeidlich gewordene Rückführung der existentiellen Problematik auf das Einzelsubjekt stellt Kierkegaard in seinem *Buch über Adler* dar, in dem er den Werdegang eines dänischen Hegelianers ironisch kommentiert. Magister Adler, der seine zufallsbedingte Existenz[138] rechtfertigen möchte, entdeckt die Zauberformel fürs Leben: "Dir fehlt alles, studiere Hegel, und du hast alles (...)."[139] Die Katastrophe ist vorprogrammiert, und der Erzähler-Philosoph erklärt, "daß Magister Adler *durch einen qualitativen Sprung aus der Objektivität des abstrakten Denkens zu sich selbst gekommen ist; denn alle Religiosität liegt in der Subjektivität, in der Innerlichkeit, darin, daß man zu sich selbst kommt*".[140] Es ist in mancher Hinsicht ein qualitativer Sprung "zurück" in die romantische Ironie, die das individuelle Subjekt aus dem institutionell-objektiven Kontext herauslöst und auf sich selbst stellt.

Adlers Leidensweg führt zu der an anderer Stelle festgehaltenen Erkenntnis, "daß das Subjekt existierend ist, und daß das Existieren ein Werden ist, und daß daher jede Wahrheit von der Identität von Denken und Sein eine Schimäre der Abstraktion ist und in Wahrheit

---

136 H. M. Schmidinger, *Das Problem des Interesses und die Philosophie Sören Kierkegaards*, Freiburg-München, Alber, 1983, S. 282.

137 G. Lukács, "Das Zerschellen der Form am Leben: Sören Kierkegaard und Regine Olsen", in: ders., *Die Seele und die Formen*, Neuwied-Berlin, Luchterhand, 1971, S. 49.

138 S. Kierkegaard, *Das Buch über Adler*, Düsseldorf-Köln, Diederichs, 1962, S. 106: "Sogar das Verständnis und die Erklärung seines Lebens, die Magister Adler in seinem Innersten zu eigen haben kann, wird etwas Zufälliges einschließen, weil kein wirklicher Mensch reine Idealität ist (...)."

139 Ibid., S. 108-109.

140 Ibid., S. 115.

nur ein sehnsüchtiges Verlangen der Kreatur (...)".[141] Kierkegaards Philosophie ist durchaus ein Denken der konsequenten Nichtidentität: mit der menschlichen Geschichte, der Gesellschaft und ihren Institutionen. Es ist zugleich, wie Adorno richtig gesehen hat[142], ein Denken jenseits der Gesellschaft, das seine eigene Historizität und Gesellschaftlichkeit nicht reflektiert und folglich (wie später Sartres Denken) der Abstraktion im dialektischen Sinne verfällt.

"Das Subjekt entfaltet sich als radikal Einzelnes"[143], kommentiert Elke Beck Kierkegaards Werk, und Schmidinger ergänzt: "Deshalb sagt Kierkegaard all dem gegenüber: Nur die Einzelheit wird diese Zeit retten können."[144] Aber diese Einzelheit ist gesellschaftlich vermittelt, weil sie nicht bloß aus dem Zerfall des Hegelschen Systems hervorgeht, sondern aus einer anhaltenden gesellschaftlichen Krise, die sich (wie Stirner antizipierend zeigt) in der Marktgesellschaft der zweiten Hälfte des 19. Jahrhunderts von Jahrzehnt zu Jahrzehnt verschärft und hier im vierten Kapitel aus soziologischer Sicht betrachtet wird.

Der Sprung des Kierkegaardschen Subjekts ins religiöse Stadium ist für die Spätmoderne (den philosophischen und literarischen Modernismus) kennzeichnend, die im Rückblick als Zeit der Suche erscheint: der Suche nach dem verborgenen Auftraggeber, der bei Kierkegaard nur auf individuellem Weg erreichbar ist, "weil Gott Subjekt ist und daher nur für die Subjektivität in Innerlichkeit da ist".[145] Doch dieser Abschied Kierkegaards, Stirners und Vischers von Hegels überindividuellem Subjektbegriff führt nicht zur Überwindung der sozialen Krise, sondern verschärft sie nur durch Kritik und Negativität.[146]

Diese neue Zeit der Negation und Kritik, die auch Kierkegaard, Nietzsche und die Junghegelianer vorausahnten, ist zugleich die Zeit der ideologischen Affirmation, der übermächtigen Auftraggeber, die das individuelle Subjekt im Staat, in der Parteiorganisation, im Kollektiv aufgehen lassen. Vor diesem Hintergrund kommt es darauf an,

---

141 S. Kierkegaard, *Abschließende unwissenschaftliche Nachschrift*, op. cit., S. 187.

142 Vgl. Th. W. Adorno, *Kierkegaard*, op. cit., S. 73.

143 E. Beck, *Identität der Person. Sozialphilosophische Studien zu Kierkegaard, Adorno und Habermas*, Würzburg, Königshausen und Neumann, 1991, S. 58.

144 H. M. Schmidinger, *Das Problem des Interesses und die Philosophie Sören Kierkegaards*, op. cit., S. 295.

145 S. Kierkegaard, *Abschließende unwissenschaftliche Nachschrift*, op. cit., S. 190.

146 Vgl. E. Volhard, *Zwischen Hegel und Nietzsche*, op. cit., S. 155.

die *Ambivalenz* von Nietzsches Versuch, das Einzelsubjekt *in extremis* zu retten, konkret zu verstehen.

4. Nietzsches Kritik des metaphysischen Subjektbegriffs: Ambivalenz, Partikularisierung und Natur

Ein konkretes Verstehen ist aber nur im Kontext möglich. Deshalb kommt es im folgenden darauf an, Nietzsches Kritik des metaphysischen Subjekts als eines Zugrundeliegenden im Zusammenhang mit seiner Kritik an Hegels System und den Entwürfen Vischers, Stirners und Kierkegaards zu betrachten. Es soll gezeigt werden, daß Nietzsche einerseits die junghegelianische Infragestellung des Hegelschen und idealistischen Subjektbegriffs radikalisiert, andererseits auf die Krise der Subjektivität – ähnlich wie Stirner und Kierkegaard – mit einem Gegenentwurf reagiert: dem *Übermenschen*.

In Übereinstimmung mit Vischer und Stirner faßt er das individuelle Subjekt, das bei Descartes, Kant und Fichte noch als Substrat der Sinngebung erschien und bei Hegel an der Macht des Weltgeistes teilhatte, als Zerfallendes und Unterworfenes auf. Es stellt sich ihm zunächst als von Widersprüchen zerrissene, heterogene Instanz dar, die am Rande des Zerfalls agiert: "*Subjekt*: das ist die Terminologie unsres Glaubens an eine *Einheit* unter allen den verschiedenen Momenten höchsten Realitätsgefühls: wir verstehen diesen Glauben als *Wirkung einer* Ursache, – wir glauben an unseren Glauben so weit, daß wir um seinetwillen die 'Wahrheit', 'Wirklichkeit', 'Substantialität' überhaupt imaginieren. – 'Subjekt' ist die Fiktion, als ob viele *gleiche* Zustände an uns die Wirkung *eines* Substrats wären: aber *wir* haben erst die 'Gleichheit' dieser Zustände *geschaffen*; das Gleich-*setzen* und Zurecht-*machen* derselben ist der *Tatbestand*, *nicht* die Gleichheit (– diese ist vielmehr zu *leugnen*)."[147] Analog dazu beschreibt Nietzsche das Zustandekommen des Begriffs, ohne den die moderne Subjektivität nicht *denkbar* wäre, wenn er ironisch bemerkt: "Jeder Begriff entsteht durch Gleichsetzen des Nichtgleichen. (...) Das Übersehen des Individuellen und Wirklichen gibt uns den Begriff (...)."[148] Mit anderen Worten: Wir verdanken unsere Vorstellungen

---

[147] F. Nietzsche, "Aus dem Nachlaß der Achtzigerjahre", in: ders., *Werke*, Bd. VI, op. cit., S. 627.

[148] F. Nietzsche, "Über Wahrheit und Lüge im außermoralischen Sinn", in: ders., *Werke*, Bd. V., op. cit., S. 313.

von Subjektivität und Begrifflichkeit unserer Verblendung und unserer geistigen Herrschsucht. Lange vor Lacan meint Nietzsche, in der Subjektivität eine Konstruktion zu erkennen, die im Irrealen anzusiedeln ist.

Es ist wohl kein Zufall, wenn er das Wort "Subjekt" aphoristisch zwischen die Stichwörter "Wirklichkeit" und "Modernität" einfügt, die "Wirklichkeit" auf "unser(en) Grad von *Lebens*- und *Machtgefühl* (Logik und Zusammenhang des Erlebten)"[149] zurückführt und schließlich den Übermenschen als Antwort auf die Zwänge der Spätmoderne auftreten läßt: auf die "reaktiven Talente" der "Anpassung", "Aneignung", "Verteidigung"[150], die der Mensch in der technisierten und kommerzialisierten Gesellschaft entwickelt.

In diesem Kontext eines verbürgerlichten und demokratisierten Christentums ist Nietzsches Genealogie des individuellen Subjekts als einer unterworfenen, heteronom gesteuerten, gemachten Instanz zu verstehen. Ausgehend von Stirners Erkenntnis, "die Dressur [werde] immer allgemeiner und umfassender" (s.o.), stellt er fest: "Der Mensch wurde mit Hilfe der Sittlichkeit der Sitte und der sozialen Zwangsjacke wirklich berechenbar *gemacht*."[151] Damit wird Hegel gegen den Strich gelesen: Während der Systemdenker die staatliche Sittlichkeit als das Reich der Freiheit auffaßte, in dem alle individuellen Subjekte zu sich kamen, stellt Nietzsche den Zustand der Sittlichkeit als einen Zustand der Unterwerfung, der Zähmung und Entmündigung dar. Damit antizipiert er nachmoderne Denker wie Foucault, die die primäre und sekundäre Sozialisierung des Menschen als körperliche und geistige Dressur verstehen, die das Subjekt zu dem macht, was es ist.

Diese Umkehrung der Hegelschen Argumentation, die der Marxschen Umkehrung gar nicht unähnlich ist (vor allem was die Ablehnung der politisch-geistigen Synthese und des Versöhnungsgedankens angeht), hat weitreichende Folgen: 1. Zunächst wird Hegels historisches System (wie schon bei den Junghegelianern und Kierkegaard) als partikulares Konstrukt erkannt und kritisiert. 2. Diese Kritik erfaßt

---

149 F. Nietzsche, "Aus dem Nachlaß der Achtzigerjahre", in: ders., *Werke*, Bd. VI, op. cit., S. 627.

150 Als radikaler Kritiker des "reaktiven" (nicht-kreativen) Denkens und Handelns wird Nietzsche von Gilles Deleuze interpretiert: Vgl. G. Deleuze, *Nietzsche und die Philosophie*, Hamburg, Europäische Verlagsanstalt, 1991.

151 F. Nietzsche, "Zur Genealogie der Moral", in: ders., *Werke*, Bd. IV, op. cit., S. 800.

auch die positive Dialektik Hegels, die bei Nietzsche in eine negative Dialektik der Ambivalenz umschlägt. 3. Schließlich kommt es zu einer drastischen Partikularisierung und faktischen Auflösung von Begriffen mit Universalanspruch wie Vernunft, Wahrheit und Moral. Nietzsches Antwort auf diesen durch Krise und Kritik beschleunigten Zerfallsprozeß ist eine radikale Umgestaltung des metaphysischen Aktantenmodells mit Hilfe des Superaktanten "Übermensch" und des Mythos der "ewigen Wiederkehr".

Wie Vischer, Stirner und Kierkegaard deckt Nietzsche den partikularen und kontingenten Ursprung von Hegels System auf. Hegels Weltgeist als weltimmanenter Gott macht nicht die Geschichte, sondern wird von ihr gemacht: "Dieser Gott aber wurde sich selbst innerhalb der Hegelschen Hirnschalen durchsichtig und verständlich und ist bereits alle dialektisch möglichen Stufen seines Werdens, bis zu jener Selbstoffenbarung, emporgestiegen: so daß für Hegel der Höhepunkt und der Endpunkt des Weltprozesses in seiner eigenen Berliner Existenz zusammenfielen."[152] Karl Löwith spricht in seinem Aufsatz über "Kierkegaard und Nietzsche" (1933) ganz richtig von der "Vermenschlichung der Philosophie und ihrer Wahrheit"[153], und sein Ausdruck gilt nicht nur für die beiden Denker des 19. Jahrhunderts, sondern auch (wie sich zeigen wird) für Sartre und dessen Hegel-Kritik.

Die Unglaubwürdigkeit des Hegelschen Versöhnungssystems in einer Zeit zunehmender sozialer Spannungen, Revolutionen und Revolten findet ihren Niederschlag in Nietzsches bekanntem Aphorismus: "Ich mißtraue allen Systematikern und gehe ihnen aus dem Weg. Der Wille zum System ist ein Mangel an Rechtschaffenheit."[154] Dieser Wille, der nach einer Versöhnung von Subjekt und Objekt strebt, wirkt antiquiert, weil die Kluft zwischen Bewußtsein und Sein immer tiefer wird.

Wie Kierkegaard ersetzt Nietzsche das System durch Alternativformen: durch Essay, Maxime und Aphorismus, die alle vom Zerfall des systematischen Denkens zeugen. Welche Kräfte sind für diesen Zerfall verantwortlich? Bei Nietzsche ist es – ähnlich wie bei Kierkegaard und den Schriftstellern des Modernismus – die Ambivalenz

---

152 F. Nietzsche, "Vom Nutzen und Nachteil der Historie für das Leben", in: ders., *Werke*, Bd. I, op. cit., S. 263.

153 K. Löwith, "Kierkegaard und Nietzsche", in: ders., *Nietzsche. Sämtliche Schriften*, Bd. VI, Stuttgart, Metzler, 1987, S. 76.

154 F. Nietzsche, "Götzen-Dämmerung", in: ders., *Werke*, Bd. IV, op. cit., S. 946.

als Zusammenführung der Gegensätze ohne Aufhebung, als Paradox und Antinomie.

Wenn Nietzsche Logik und Unlogik, Lust und Unlust aufeinander bezieht, so tut er es nicht, um sie in einer höheren Denkform aufzuheben, zu versöhnen, sondern um die Paradoxie stehen zu lassen: "Woher ist die Logik im menschlichen Kopfe entstanden? Gewiß aus der Unlogik, deren Reich ursprünglich ungeheuer gewesen sein muß."[155] Auch Lust und Unlust werden nicht im Höheren miteinander versöhnt: "Wie, wenn nun Lust und Unlust so mit einem Stricke zusammengeknüpft wären, daß, wer möglichst viel von der einen haben *will*, auch möglichst viel von der andern haben *muß* (...)."[156]

Ähnlich wie die von ihm beeinflußten Modernisten Musil, Kafka und Camus läßt Nietzsche es bei der unaufhebbaren Ambivalenz und der sie begleitenden Paradoxie bewenden: "*Gesamt-Einsicht*: *der zweideutige* Charakter unserer *modernen Welt* – eben dieselben Symptome können auf *Niedergang* und auf *Stärke* deuten."[157] Aus dieser Ambivalenz kann kein systematisch organisierter historischer Diskurs hervorgehen, denn Aufstieg und Niedergang, Aufbau und Zerfall verlaufen parallel und relativieren, dekonstruieren sich gegenseitig, statt in höheren Synthesen aufzugehen: "Tatsächlich bringt jedes große Wachstum auch ein ungeheures *Abbröckeln* und *Vergehen* mit sich: das Leiden, die Symptome des Niedergangs *gehören* in die Zeiten ungeheuren Vorwärtsgehens; jede fruchtbare und mächtige Bewegung der Menschheit hat zugleich eine nihilistische Bewegung *mitgeschaffen*."[158] Hier fällt auf, wie sehr Nietzsche die Gleichzeitigkeit der Gegensätze betont: mit Wörtern wie *auch*, *gehören*, *mitgeschaffen*. Die gegensätzlichen Terme sind unaufhebbar-aporetisch miteinander verkettet.

Angesichts dieser Negativität, die eine neue Systemkonstruktion ausschließt, erscheinen Begriffe wie Vernunft, Wahrheit und Moral als partikular, als nicht verallgemeinerungsfähig. Zu Recht bemerkt Mihailo Djurić: "Aus Nietzsches Perspektive geht hervor, daß die Logik nicht hilft, mag sie auch eine dialektische sein."[159] Sie hilft

---

155 F. Nietzsche, "Die fröhliche Wissenschaft", in: ders., *Werke*, Bd. III, op. cit., S. 118.

156 Ibid., S. 45.

157 F. Nietzsche, "Aus dem Nachlaß der Achtzigerjahre", in: ders., *Werke*, Bd. VI, op. cit., S. 624.

158 Ibid., S. 625.

159 M. Djurić, *Nietzsche und die Metaphysik*, Berlin-New York, De Gruyter, 1985,

deshalb nicht, weil sie unauflöslich mit der "Unlogik" verquickt und daher *kontingent*, nicht verallgemeinerungsfähig ist. Dies gilt aus Nietzsches Sicht auch für den Vernunftbegriff im metaphysischen Sinne. Im Kontext der Ambivalenz und der Paradoxie erscheint die Vernunft als unvernünftig: "Daß die Welt *nicht* der Inbegriff einer ewigen Vernünftigkeit ist, läßt sich endgültig dadurch beweisen, daß jenes *Stück Welt*, welches wir kennen – ich meine unsere menschliche Vernunft –, nicht allzu vernünftig ist."[160] Vernunft und Unvernunft gehören so zusammen wie Gut und Böse, Lust und Unlust, Aufstieg und Niedergang usw.

Zusammen mit der Vernunft wird der Wahrheitsbegriff der Kontingenz und Partikularisierung überantwortet. Der Sprachkritiker Nietzsche führt die Entstehung der Wahrheit(en) genealogisch auf durchaus fragwürdige sprachliche Konventionen zurück, die alles andere als überhistorische Universalprinzipien sind. "Was ist also Wahrheit?" – fragt er und antwortet: "Ein bewegliches Heer von Metaphern, Metonymien, Anthropomorphismen, kurz eine Summe von menschlichen Relationen, die, poetisch und rhetorisch gesteigert, übertragen, geschmückt wurden und die nach langem Gebrauch einem Volke fest, kanonisch und verbindlich dünken: die Wahrheiten sind Illusionen (...)."[161] In dieser bekannten Passage wird der Wahrheitsbegriff in drei Schritten partikularisiert und der Kontingenz überantwortet: Er wird zunächst auf die rhetorische Ebene projiziert, wo Wahrheit als zufallsbedingte Konstellation von Figuren erscheint, anschließend auf die Ebene der sozialen Konventionen ("nach langem Gebrauch") und schließlich auf den Kulturbereich eines Volkes eingegrenzt. Damit büßt er seinen von Descartes bis Hegel dekretierten Universalanspruch ein.

Der Moral ergeht es in Nietzsches genealogischer Theorie nicht anders: Sie wird als pervertierter "Wille zur Macht" gedeutet, als eine Art Ideologie, die die vom Ressentiment beseelten Schwachen gegen die edlen Starken der Geschichte richten. Als Ausfluß der jüdisch-christlichen Ranküne-Moral und ihrer Theologie wird deshalb Kants kategorischer Imperativ als lebensgefährlich eingestuft. Seine abstrakte Allgemeinheit richtet sich gegen das Leben selbst und vor allem

---

S. 98.

160 F. Nietzsche, "Menschliches Allzumenschliches", in: ders., *Werke*, Bd. II, op. cit., S. 873.

161 F. Nietzsche, "Über Wahrheit und Lüge im außermoralischen Sinn", in: ders., *Werke*, Bd. V, op. cit., S. 314.

gegen den Lebenswillen des Einzelnen: "Nichts ruiniert tiefer, innerlicher als jede 'unpersönliche' Pflicht, jede Opferung vor dem Moloch der Abstraktion. – Daß man den kategorischen Imperativ Kants nicht als *lebensgefährlich* empfunden hat!..."[162]

Man hat ihn deshalb nicht als lebensgefährlich empfunden, weil man ihn zusammen mit Descartes' *cogito* und Hegels *Sittlichkeit* für eine Verwirklichung einzelsubjektiver Freiheit hielt. Individuelle Freiheit war nur auf dem Weg fortschreitender Verallgemeinerung denkbar. Als Vorläufer einer partikularisierenden Postmoderne kehrt Nietzsche diesen Gedankengang um, indem er die Partikularität und Kontingenz der Begrifflichkeit, der Wahrheit, der Vernunft und der Moral aufzudecken sucht, um anschließend den repressiven Charakter dieser modernen Werte plausibel machen zu können. Denn wer von Einzelsubjekten verlangt, daß sie eine kontingente Wahrheit, Vernunft oder Moral anerkennen, der unterwirft sie – in Übereinstimmung mit Hobbes' dictum *stet pro ratione voluntas* – einem fremden Willen (und nicht einem ihnen allen innewohnenden Universalprinzip).

Nietzsche läßt immer wieder erkennen, wie klein der Schritt vom Zugrundeliegenden zum Unterworfenen ist: Nur wenn ich Kants kategorischen Imperativ und Hegels Sittlichkeit für notwendige und verallgemeinerungsfähige Grundsätze halten kann, erscheinen sie mir als Prinzipien der Freiheit; kann ich es nicht, weil ich sie (mit Nietzsche) für historisch und kulturell kontingent halte, so verwandeln sie sich in Instrumente der Repression. Während Descartes davon ausgeht, daß das Ich im *cogito* Voraussetzung des Denkens ist, das zu seinen Prädikaten gehört, kehrt Nietzsche das Verhältnis um und zeigt lange vor Althusser und Foucault, wie man gedacht wird. Dazu bemerkt Günter Abel: "'Denken' ist Bedingung, 'Ich' ist bedingt. Das Ich ist nicht das Denkende, vielmehr wird es gedacht. Das Ich ist 'erst eine Synthese, welche durch das Denken selbst *gemacht* wird'."[163] Auch hier wird die Erinnerung an Stirners "Dressur" und Nietzsches Ausdruck der "sozialen Zwangsjacke"[164] wach. Stirners und Nietzsches Verdienst

---

[162] F. Nietzsche, "Der Antichrist", in: ders., *Werke*, Bd. IV, op. cit., S. 1172.

[163] G. Abel, *Nietzsche. Die Dynamik der Willen zur Macht und die ewige Wiederkehr*, Berlin, De Gruyter, 1998 (2. Aufl.), S. 146.

[164] Vgl. F. Nietzsche, "Aus dem Nachlaß der Achtzigerjahre", in: ders., *Werke*, Bd. VI, op. cit., S. 434: "Denn die *Dressierbarkei*t der Menschen ist in diesem demokratischen Europa sehr groß geworden; Menschen, welche leicht lernen, leicht sich fügen, sind die Regel: das Herdentier, sogar höchst intelligent, ist präpariert." Hinweise auf die Verwandtschaft Nietzsches mit den Junghegelianern (wie man sie etwa bei Löwith findet) genügen nicht: Man sollte das ge-

besteht darin, die Kehrseite der idealistischen Freiheit aufgezeigt, das Zugrundeliegende *als* Unterworfenes dargestellt und dadurch die nachmoderne Kritik des modernen Idealismus eingeleitet zu haben.

Wie sieht nun Nietzsches Antwort auf das Problem der Subjektivität aus? Zusammenfassend ließe sich sagen, daß sie an der "Naturseite des Geistes", wie Vischer es ausdrücken würde, anzusiedeln ist. Ergänzend bemerkt Habermas: "Die subjektzentrierte Vernunft wird mit dem schlechthin Anderen der Vernunft konfrontiert."[165] Tatsächlich geht Nietzsche – ähnlich wie Stirner – vom menschlichen Willen in einem fiktiven Naturzustand aus, der durch aristokratische Vorstellungen aus dem Mittelalter und der Renaissance vermittelt ist, sowie von der (vorexistentialistischen) Überlegung, daß das Einzelsubjekt sich nur selbst zu rechtfertigen vermag. Es gibt keine dem Einzelnen übergeordnete Instanz, die ihn in ihr narratives Programm als Geschichte oder Eschatologie eingliedern könnte, denn: "Die meisten Menschen sind offenbar *zufällig* auf der Welt: es zeigt sich keine Notwendigkeit höherer Art in ihnen."[166] Da es kein kollektives *grand design* im Sinne des Christentums oder Hegels gibt, kann Sinn nur durch einen Willensakt des individuellen Subjekts zustande kommen. Daß dieser Willensakt angesichts der von Nietzsche eingangs beschriebenen Heterogenität des Subjekts problematisch ist, läßt einen grundsätzlichen Widerspruch in seiner Philosophie erkennen.

"Nicht 'Menschheit', sondern *Übermensch* ist das Ziel!"[167] Dieser Satz Nietzsches enthält *in nuce* das Aktantenmodell seines philosophischen Diskurses, das durch einen extremen Reduktionismus geprägt ist: durch einen Verzicht auf den Auftraggeber (Gott, Weltgeist, Geschichte) und durch eine Zusammenführung von Subjekt- und Objekt-Aktant. Denn der Übermensch ist nicht nur Subjekt oder treibende Kraft der herbeigesehnten Entwicklung, sondern zugleich sein eigenes Objekt, das Ziel seines Handelns. Das Antisubjekt tritt in der letzten Zeile von *Ecce Homo* auf den Plan: "Hat man mich verstanden? – *Dionysos gegen den Gekreuzigten* ..."[168] Es ist jedoch nicht sicher und

---

meinsame Vokabular Stirners, Vischers, Feuerbachs und Nietzsches genauer untersuchen.

165 J. Habermas, *Der philosophische Diskurs der Moderne*, Frankfurt, Suhrkamp, 1985 (2. Aufl.), S. 117.

166 F. Nietzsche, "Wir Philologen", in: ders., *Werke*, Bd. V, op. cit., S. 327.

167 F. Nietzsche, "Aus dem Nachlaß der Achtzigerjahre", in: ders., *Werke*, Bd. VI, op. cit., S. 440.

168 F. Nietzsche, "Ecce Homo", in: ders., *Werke*, Bd. IV, op. cit., S. 1159.

eine Frage der Interpretation (ein nietzscheanisches Prinzip), ob Dionysos und der Übermensch einen Aktanten bilden.

Allerdings deutet vieles darauf hin, und Ursula Schneider hat sicherlich nicht ganz unrecht, wenn sie feststellt: "Insofern ist der Übermensch nur eine andere Seite von Dionysos, er ist das dionysische Prinzip par excellence."[169] Das Aktantenmodell als ganzes wird von dem Gedanken beherrscht, den Peter Köster treffend mit dem Ausdruck "Selbstbemächtigung"[170] bezeichnet: Es geht darum, sich ein seiner selbst mächtiges, übermenschliches Subjekt jenseits der gesellschaftlichen "Zwangsjacke" vorzustellen. Ähnlich wie Stirners "der Einzige" ist Nietzsches dionysischer Übermensch ein naturzugewandter Mythos und ein Versuch, sich den herrschenden sozialen Verhältnissen der zweiten Hälfte des 19. Jahrhunderts zu entziehen.

Diesen Mythos ergänzt Nietzsches vieldiskutierter Mythos von der ewigen Wiederkehr, der in dem hier entworfenen Zusammenhang als ein Versuch aufgefaßt wird, aus der Geschichte als linearer Erzählung mit Auftraggeber und Gegenauftraggeber auszubrechen und jede Art von (christlicher oder hegelianischer) Teleologie zu negieren, die dem Übermenschen übergeordnet wäre. Der Übermensch ist sein eigener Auftraggeber und sein eigenes Telos. Volker Gerhardt ist durchaus zuzustimmen, wenn er betont, daß es Nietzsche nicht um eine Ablehnung des historischen Denkens (etwa im Sinne der "monumentalen" Geschichtsauffassung) zu tun ist: "Ein Abschied von der Historie steht also nicht zur Diskussion. Das Problem ist vielmehr, wie man das geschichtliche Wissen in den 'Dienst des Lebens' stellen kann. 'Wenn wir nur dies gerade immer besser lernen, Historie zum Zwecke des *Lebens* zu treiben!'"[171] Zugleich gilt jedoch Günther K. Lehmanns Hinweis: "Aber man muß wiederum beachten, daß Nietzsche zwar historische Abläufe registriert, jedoch außerhalb der Historizität denkt."[172] Das drastisch reduzierte Aktantenmodell erklärt, weshalb dies so ist: Das Subjekt, das alle Auftraggeber ablehnt und sich selbst zum Objekt wird, ist nicht mehr im Rahmen einer konven-

---

169 U. Schneider, *Grundzüge einer Philosophie des Glücks bei Nietzsche*, Berlin-New York, De Gruyter, 1983, S. 37.

170 Vgl. P. Köster, *Der sterbliche Gott. Nietzsches Entwurf übermenschlicher Größe*, Maisenheim-Glan, Hain, 1972, S. 101.

171 V. Gerhardt, "Geschichtlichkeit bei Hegel und Nietzsche", in: M. Djurić, J. Simon, *Nietzsche und Hegel*, Würzburg, Königshausen und Neumann, 1992, S. 41.

172 G. K. Lehmann, *Der Übermensch. Friedrich Nietzsche und das Scheitern der Utopie*, Berlin-Bern-Frankfurt, Lang, 1993, S. 52.

tionellen, linear verlaufenden Erzählung darstellbar, sondern nur im mythischen Kreislauf.

Dieser ist insofern dem mythischen Naturzustand homolog, als er zusammen mit der Geschichtlichkeit den sozialen Zeitablauf negiert. Im Zusammenhang mit dem archaischen Mythos spricht Claude Lévi-Strauss von dessen "doppelte(r), zugleich *historische(r)* und *ahistorische(r)* Struktur".[173] Den Ereignis- und Zeitablauf der mythischen Erzählung siedelt er außerhalb des (in der Moderne konstruierten) historischen Kontinuums an: "Ein Mythos bezieht sich immer auf vergangene Ereignisse: 'Vor der Erschaffung der Welt' oder 'in ganz frühen Zeiten' oder jedenfalls 'vor langer Zeit'."[174] Nietzsches "ewige Wiederkehr" ist als dionysischer Mythos der Spätmoderne ein Versuch, das Kontinuum der Geschichte zu sprengen, die a-historische, mythische Zeit der griechischen Antike wiederherzustellen und sich aus der Verstrickung in das moderne Geschichtsbewußtsein als Dekadenz zu befreien.

In diesem mythischen Raum jenseits der Geschichte ist der vom Willen zur Macht beseelte und durchaus *geschichtsbewußte* Übermensch zu Hause, der sich als einziger dem Abwärtstrend, der *décadence* entziehen kann. Reinhard Knodt verknüpft den Übermenschen und den Willen zur Macht mit dem Mythos der ewigen Wiederkehr und geht – zumindest implizit – auf Nietzsches Reduktion des Aktantenmodells ein, wenn er bemerkt: "Die Verbindung der ewigen Wiederkehr mit der experimentellen Aktivität des Willens zur Macht ist also sehr wohl notwendig, weil *nach* dem Gedanken der ewigen Wiederkehr (...) nichts mehr grundsätzliche Autorität beanspruchen darf – außer dem Experiment, das sie selber ist."[175] Das heißt: Auftraggeber und Objekt gehen in einem sich seiner selbst "bemächtigenden" (Köster) Subjekt auf, das "außerhalb der Historizität" (Lehmann) steht. Zugleich erscheint der Wille zur Macht als wesentliche *Modalität*, als zentrales *vouloir faire* (Greimas), das die "Selbstbemächtigung" des Übermenschen ermöglichen soll.

---

173 Cl. Lévi-Strauss, *Strukturale Anthropologie*, Frankfurt, Suhrkamp, 1969, S. 230.

174 Ibid., S. 229.

175 R. Knodt, *Friedrich Nietzsche. Die ewige Wiederkehr des Leidens. Selbstverwirklichung und Freiheit als Problem seiner Ästhetik und Metaphysik*, Bonn, Bouvier, 1987, S. 143.

Man könnte nun im Anschluß an verschiedene Nietzsche-Kommentare im *Schicksal* oder *Fatum*[176] einen heimlichen Auftraggeber von Nietzsches Subjekt ausmachen. Tatsächlich oszilliert Nietzsches Diskurs auf ambivalente Art zwischen "Selbstbemächtigung" und Schicksalsergebenheit, wobei letztere allerdings auf eine narzißtische Identifikation mit dem Fatum hinausläuft. Der letzte Abschnitt von *Ecce homo* ("Warum ich ein Schicksal bin") suggeriert stellenweise ein Identitätsverhältnis zwischen dem Aussagesubjekt und seinem Schicksal, das an die Identität oder Teilidentität von Gott und Christus erinnert. Dieses Verhältnis ist allerdings ebenso schwer zu definieren wie das biblische – zumal Nietzsche in diesem Text mit dem ihm eigenen Humor bemerkt: "Vielleicht bin ich ein Hanswurst."[177]

Daß Nietzsches natur- und schicksalverbundenes übermenschliches Subjekt gewalttätig ist, wurde in der Vergangenheit immer wieder hervorgehoben[178], und Martin Heidegger behält trotz seiner einseitigen Darstellung, die den Herrschaftskritiker und "Dekonstruktivisten" Nietzsche außer acht läßt[179], recht, wenn er Nietzsches Werk als Vollendung einer herrschaftlichen Metaphysik liest und vom Übermenschen sagt, er sei "als das höchste Subjekt der vollendeten Subjektivität das reine Machten des Willens zur Macht".[180] Diese Behauptung klingt in dem hier konstruierten Kontext plausibel, weil Nietzsches Subjekt als Übermensch nicht nur die Macht des Auftraggebers usurpiert, sondern auch das Andere des männlichen Subjekts, die Weiblichkeit, negiert. (Insofern ist er Fichte, dessen idealistisches Ich alles Andersartige systematisch ausgrenzt, gar nicht unähnlich.)

Davon zeugen nicht nur seine zahlreichen misogynen Behauptungen, sondern auch die Tatsache, daß er das männliche Prinzip für das Gute schlechthin hält. Dem Christentum gegenüber meint er, den Islam aufwerten zu können, weil dieser die Männerherrschaft weiter treibt als die christlichen Kirchen: "Wenn der Islam das Christentum verachtet, so hat er tausendmal recht dazu: der Islam hat *Männer* zur

---

176 Vgl. z.B. P. Köster, *Der sterbliche Gott*, op. cit., S. 101.

177 F. Nietzsche, "Ecce Homo", in: ders., *Werke*, Bd. IV, op. cit., S. 1152.

178 Vgl. z.B. M. Sautet, *Nietzsche et la Commune*, Paris, Le Sycomore, 1981. Der Autor versucht, Nietzsches Ablehnung der Pariser "Commune" von 1871 mit seiner aristokratischen Gesinnung zu begründen und liest in diesem Kontext sein Frühwerk als eine Apologie aristokratischer Gewaltherrschaft.

179 Zur Kritik an Heideggers Nietzsche-Interpretation vgl. u.a.: J. Derrida, *Grammatologie*, Frankfurt, Suhrkamp (1974), 1983, S. 36.

180 M. Heidegger, *Nietzsche II. Gesamtausgabe*, Bd. VI, 2, Frankfurt, Klostermann, 1997, S. 273.

Voraussetzung..."[181] Solche Aussagen, die sicherlich nicht zu den *highlights* von Nietzsches Denken gehören, wurden (wie nicht anders zu erwarten war) psychoanalytisch gedeutet und feministisch kritisiert. So nimmt sich beispielsweise Günter Schulte vor, "Nietzsches Philosophie der verdrängten Weiblichkeit aus seiner eigenen Verdrängungsanstrengung zu verstehen und hinter seiner Philosophie der herausgestellten Männlichkeit eine Art 'Angst-Erektion' zu sehen."[182] Demgegenüber besteht Kelly Olivers feministisches Verdienst darin, neben "masculine metaphors of potency and hardness"[183] in Nietzsches Werk auch eine dekonstruktivistische Öffnung zum Anderen, Andersartigen hin zu beobachten.

Beide Interpretationen lassen das Dilemma moderner Subjektivität erkennen, das in der Spätmoderne immer klarer zutage tritt und sowohl von Sartres Existentialismus als auch von der Kritischen Theorie und vom modernistischen Roman konkretisiert wird: Das individuelle Subjekt vermag sich nicht zu konstituieren, ohne das Andere (die Natur, die fremde Kultur, die Weiblichkeit), das Teil seiner selbst ist, auszugrenzen und in *foro interno* zu unterdrücken. Es artikuliert sich monologisch: nicht nur *im Gegensatz zum Anderen*, was durchaus notwendig und sinnvoll ist, weil es die Voraussetzung eines jeden Dialogs bildet, sondern als *Negation des Anderen*, das vorwiegend als Bedrohung erscheint. Im folgenden soll dieses Dilemma bei Sartre und im Surrealismus näher betrachtet werden.

5. Von Nietzsche und Kierkegaard zu Sartre: Sartres Kritik an Surrealismus und Psychoanalyse

Die Frage, was Sartre Nietzsche und Kierkegaard verdankt, läßt sich vereinfachend in wenigen Worten zusammenfassen: die partikularisierende *argumentatio ad personam*. Existentialistisch ausgedrückt bedeutet dies, daß der Einzelexistenz ein absoluter Vorrang vor der Essenz (im aristotelisch-hegelianischen Sinn) eingeräumt wird. Nicht das dem Einzelsubjekt vorgeordnete, sich entfaltende Wesen wird für

---

181 F. Nietzsche, "Der Antichrist", in: ders., *Werke*, Bd. IV, op. cit., S. 1232.

182 G. Schulte, *"Ich impfe euch mit dem Wahnsinn". Nietzsches Philosophie der verdrängten Weiblichkeit des Mannes*, Frankfurt-Paris, Qumran, 1982, S. 13-14.

183 K. Oliver, *Womanizing Nietzsche. Philosophy's Relation to the Feminine*, New York-London, Routledge, 1995, S. 42.

den Erkenntnisprozeß verantwortlich gemacht, sondern das der Negation fähige individuelle Bewußtsein.

In seiner Kritik an Hegel knüpft Sartre immer wieder an Kierkegaards philosophische Schriften an, in denen z.B. Hegels Sokrates-Darstellung (in der *Geschichte der Philosophie* II) wohlwollend kommentiert wird, weil er die *Person* des griechischen Philosophen in den Mittelpunkt seiner Betrachtungen stellt und (ausnahmsweise) nicht den historisch-noumenalen Bereich: "Diese Darstellung Hegels hat nun das Bemerkenswerte, daß sie ihr Ende und ihren Anfang in der *Person des Sokrates* hat."[184] Die Person des Sokrates, sagt Kierkegaard, erscheint als die das Gute bestimmende Instanz, so "daß das Gute als solches keinerlei unbedingt verpflichtende Gewalt hat".[185] Und darauf kommt es an: Das Gute und das Wahre sollen nicht als göttliche oder noumenale Prinzipien *entdeckt*, sondern vom Einzelsubjekt ins Leben gerufen, *geschaffen* werden.

Dieses Postulat, daß das Wahre oder Gute vom einzelnen Philosophen als Person geschaffen und nicht etwa als historisches Prinzip entdeckt wird, liegt auch Sartres Hegel-Kritik zugrunde. In einem Aufsatz über Hegel und Kierkegaard, der den Titel "L'Universel singulier" trägt, wird Hegels System als Pseudo-Objektivität in Frage gestellt, die ihre subjektive Kontingenz verschweigt. Dem Philosophen, der die gesamte Geschichte als sinnvolle Totalität zu erfassen suchte, wird entgegengehalten: "Aber die Geschichte ist ja nicht zu Ende, und diese zeitlose Aufarbeitung der Zeitlichkeit als Einheit von Logik und Tragik wird ihrerseits zum Gegenstand des Wissens. Aus dieser Sicht erscheint nicht das Sein als Anfang des Hegelschen Systems, sondern die Person Hegels, so wie sie von anderen gestaltet wurde, so wie sie sich selbst gestaltet hat. Eine zweideutige Entdeckung, die, vom Standpunkt der Erkenntnis aus gesehen, nur zum Skeptizismus führen kann."[186] Hier trifft sich Sartres Argumentation *ad personam* (*et contingentiam*) mit der Kierkegaards und Nietzsches.

Seine Skepsis trifft nicht nur Hegel, der meinte, im Namen des mythischen Auftraggebers "Geschichte" zu sprechen, sondern auch Descartes, der sich auf Gott als Garanten der Erkenntnis verließ. In seinem bekannten Essay über die cartesische Freiheit ("La Liberté

---

184 S. Kierkegaard, *Über den Begriff der Ironie mit ständiger Rücksicht auf Sokrates*, op. cit., S. 230.

185 Ibid.

186 J.-P. Sartre, "L'Universel singulier", in: *Kierkegaard vivant (Colloque organisé par l'Unesco à Paris du 21 au 23 avril 1964)*, Paris, Gallimard, 1966, S. 38-39.

cartésienne") geht er von Nietzsches Diktum vom Tod Gottes aus und versucht, das individuelle Subjekt von einem übermächtigen Auftraggeber zu befreien, der in Descartes' Diskurs Erkenntnis nicht anders denn als Entdeckung göttlicher Gesetze zu denken erlaubt. Wie kein anderer vor ihm, sagt Sartre, hat Descartes das menschliche Denken als Fähigkeit zur Negation verstanden. Im Gegensatz zu Spinoza, der (wie Sartre meint) die "subjectivité humaine"[187] einem Erkenntnisprozeß ohne Subjekt geopfert hat (an den später Althusser anknüpfen wird: vgl. III, 5), faßt Descartes wahre Erkenntnis als durch das menschliche Subjekt gesetzt auf: Die Wahrheit als Ergebnis der *cogitatio*, d.h. als menschliche Wahrheit, gibt es nur, weil wir sie wahrnehmen. Wir können sie auch negieren und damit gegen das göttliche Subjekt als Auftraggeber aufbegehren. Wie vor ihm Nietzsche erblickt Sartre in dieser Möglichkeit des Aufbegehrens und der Negation die von Descartes antizipierte *Freiheit* seines Existentialismus. "Da die Wahrheitsordnung (ordre des vérités) außerhalb von mir existiert, wird meine Autonomie nicht durch die schöpferische Erfindung, sondern durch die Ablehnung (refus) begründet"[188], schreibt Sartre.

Er selbst will sich allerdings nicht mit dem cartesischen *refus* als reiner Negation zufriedengeben und schlägt – schon am Ende von "La Liberté cartésienne" – einen Weg ein, der über die Negation zur Kreativität führt. Descartes wirft er vor, daß er, im Banne des göttlichen Auftraggebers stehend, an entscheidender Stelle innehielt: "In einem Wort, er hat es nicht vermocht, die Negativität als produktive Kraft aufzufassen."[189] Ausgehend von dieser Kritik, versucht Sartre in seinen Schriften der 30er und 40er Jahre, der Negation als *néantisation* eine schöpferische Wende zu geben.

Mary Warnock faßt dieses Anliegen knapp und klar zusammen, wenn sie es als "the possibility of projecting what is not the case"[190] deutet. Denn in seinen phänomenologischen Frühschriften geht es Sartre primär darum zu zeigen, daß menschliches Denken nicht Wirklichkeit abbildet, sondern sie schöpferisch negiert und transzendiert. Die schöpferische Verneinung, die über die Wirklichkeit und deren Abbildung hinausgeht, ist nach Sartre theoretisch denkbar, wenn wir

---

[187] J.-P. Sartre, "La Liberté cartésienne", in: ders., *Critiques littéraires (Situations I)*, Paris, Gallimard, 1947, S. 385.

[188] Ibid., S. 396-397.

[189] Ibid., S. 400.

[190] M. Warnock, *The Philosophy of Sartre*, London, Hutchinson, 1966 (2. Aufl.), S. 29.

von Husserls *epoché*-Begriff ausgehen, der die Ausklammerung aller konventionellen Meinungen bezeichnet, die sich auf einen Gegenstand beziehen. Die *epoché* setzt das außer Kraft, was Sartre in *L'Imagination* (1936) "l'attitude naturelle"[191] nennt.

In diesem Buch unterscheidet er auch die "Wahrnehmung" ("perception") von der "Fiktion" ("fiction"): "Somit ist jede Fiktion eine aktive Synthese, ein Produkt unserer freien Spontaneität; jede Art von Wahrnehmung hingegen ist eine rein passive Synthese."[192] Auf der einen Seite steht somit die kreative *image-fiction*, auf der anderen die *perception*, die lediglich ein konventionelles Abbild der Wirklichkeit ist. Der "flötenspielende Zentaur", sagt Sartre im Anschluß an Husserl, ist insofern Fiktion, als er die konventionelle Wirklichkeit radikal negiert und neu zusammensetzt. Wenige Jahre später – in *L'Imaginaire* (1940) – bestätigt er den Nexus von Negation und Kreativität, wenn er erklärt: "So ist der imaginäre Akt zugleich *konstituierend, isolierend* und *nichtend*."[193] Im wesentlichen wird hier also der programmatische Entwurf der Descartes-Kritik verwirklicht: Die Befreiung vom göttlichen Auftraggeber setzt das menschliche Subjekt frei und stattet es mit schöpferischer Kraft aus.

Es ist hier natürlich nicht der Ort, Sartres monumentales Werk *L'Etre et le néant* (1943) ausführlich zu kommentieren. Zwei kritische Bemerkungen, die sich auf die Freiheit- und Subjektproblematik beziehen, mögen genügen. Die auf wenige Worte komprimierte Kritik lautet, daß Sartre als Phänomenologe und Cartesianer *malgré lui* die sozialen und psychischen Determinanten der individuellen Subjektivität außer acht läßt, das Augenmerk fast ausschließlich auf die *Selbstheit* oder *ipséité* im Sinne von Ricœur richtet und die *mêmeté* als Werden und psycho-sozialen Prozeß bewußt ausklammert. Dadurch kommt eine abstrakte Subjektivität zustande, die nur das tragische Entweder/Oder kennt und die dialektische Ambivalenz als Einheit der Gegensätze für undenkbar hält. So ist es zu erklären, daß vor allem der Autor von *La Nausée* (wie sich zeigen wird) die Alterität der Natur und der Weiblichkeit aus der männlich konzipierten Subjektivität verbannt, als feindlich einstuft und aufklärerisch-rationalistisch unterdrückt.

---

191 J.-P. Sartre, *L'Imagination*, Paris, PUF, 1969, S. 140.

192 Ibid., S. 157.

193 J.-P. Sartre, *Das Imaginäre. Phänomenologische Psychologie der Einbildungskraft*, Hamburg, Rowohlt, 1971, S. 282.

Nicht die gesellschaftlichen Verhältnisse und die etablierten Wertsetzungen konstituieren individuelle Subjektivität, sondern umgekehrt, das individuelle Subjekt negiert alles Bestehende und erschafft *ex nihilo* seine eigene Werteskala: "Bei keinem Wert habe ich und kann ich eine Zuflucht haben vor der Tatsache, daß ich es bin, der die Werte im Sein hält, nichts kann mich gegen mich selbst sichern; abgeschnitten von der Welt und meinem Wesen durch dieses Nichts, das ich *bin*, habe ich den Sinn der Welt und meines Wesens zu realisieren: ich entscheide darüber allein, ich bin ohne Rechtfertigung und unentschuldigt."[194] Das Wahrheitsmoment dieser Passage besteht darin, daß sie konsequent den Determinismus negiert, der nicht erklären kann, weshalb Propheten als Religionsstifter, Intellektuelle als Schöpfer von Ideologien und anderen Wertsystemen, Wissenschaftler als Erneuerer und Erfinder auftreten können. Insofern hat Sartre recht, wenn er behauptet, daß ich "den Sinn der Welt und meines eigenen Wesens verwirklichen" muß. Er übersieht jedoch das Wahrheitsmoment des Determinismus, das in der banalen, aber richtigen Erkenntnis besteht, daß auch die originellsten Denker mit vorhandenem sprachlichen Material arbeiten müssen: So mußte sich Christus auf das Alte Testament beziehen (und konnte nicht buddhistisch oder taoistisch argumentieren), und Marx war nicht nur Hegelianer, sondern auch Schüler von Adam Smith. Freiheit ist daher stets Freiheit im Kontext bestimmter Determinanten, die bald als Zwänge, bald als Möglichkeiten wahrgenommen werden.

Dem Autor von *L'Etre et le néant* ist diese Betrachtungsweise völlig fremd. Idealistisch hält er am Extremismus der absoluten Freiheit fest, wenn er erklärt: "Der Mensch kann nicht bald frei und bald Sklave sein: er ist gänzlich und immer frei, oder er ist es nicht."[195] Es verhält sich eher umgekehrt: Der Mensch ist nie ganz frei, weil er in der kollektiven Geschichte der Gattung steht (er kann die Freiheiten des Jahres 1000 nicht mehr in Anspruch nehmen und die Freiheiten des Jahres 3000 nicht einmal ahnen) und weil ihn seine eigene Geschichte als narrativer Entwurf durch Vorentscheidungen bindet. Sartre ist zu sehr auf die abstrakte *ipséité* im Sinne des "gegebenen Versprechens" oder des "begangenen Verbrechens" (Ricœur) fixiert und vernachlässigt die *mêmeté*, als sich wandelnde Identität.

---

[194] J.-P. Sartre, *Das Sein und das Nichts. Versuch einer phänomenologischen Ontologie*, Hamburg, Rowohlt, 1962, S. 83.

[195] Ibid., S. 561.

Da er Freiheit als Negativität denkt, kann er die Existenz als "Nichtung der Faktizität" ("néantisation de la facticité")[196] bestimmen und dabei übersehen, daß das individuelle Subjekt seine Identität der sozialen, psychischen und sprachlichen Faktizität verdankt, in die es hineingeboren wird. Negation und Kreativität sind nur als konkrete Prozesse denkbar, die in einer bestimmten gesellschaftlichen und sprachlichen Situation ablaufen, in der sich Subjekte mit spezifischen gesellschaftlichen und sprachlichen Strukturen auseinandersetzen, um sie zu bejahen, zu negieren oder weiterzuentwickeln. Auch Sartre entwarf seinen Existentialismus in einem solchen sozio-linguistischen Kontext, in dem er von den Diskursen Hegels, Kierkegaards, Nietzsches, Husserls und Heideggers zum negierenden und kreativen Subjekt *gemacht wurde*. Genauso argumentiert Sartre im Zusammenhang mit Hegel, wenn er ganz zu Recht bemerkt, daß dessen System unauflöslich mit seiner Person verquickt ist: "tellequ'on l'a faite, telle qu'elle s'est faite" (s.o.). Dieser Ausdruck erfaßt beide Aspekte der (individuellen und kollektiven) Subjektivität: den der Überdeterminierung *und* den negativ-kreativen der Freiheit. In *L'Etre et le néant* wird der zweite Aspekt ausgeblendet.

Dies ist der Grund, weshalb Sartre nicht nur in diesem Werk, sondern schon in seiner *Esquisse d'une théorie des émotions* (1938), auf die er sich in *L'Etre et le néant* bezieht[197], die Freudsche Psychoanalyse ablehnt. Diese Theorie negiert nicht die Freiheit und ist auch nicht ausschließlich vergangenheitsbezogen, wie Sartre meint, wenn er ihr vorwirft, sie blockiere die Zukunft, weil sie eine "Regression in die Vergangenheit aus der Gegenwart"[198] sei. Mit der bekannten Triade *Überich, Ich, Es* versucht Freud vielmehr, auf infraindividueller Ebene den Handlungsspielraum des Einzelsubjekts abzustecken. Obwohl er bisweilen deterministisch argumentiert, wäre es falsch, seine Psychoanalyse global als Determinismus zu verwerfen: Denn schließlich geht es – vor allem in der Neurosenlehre – darum, das Ich zu stärken und handlungsfähig zu machen. Dies ist aber nur möglich, wenn man (zusammen mit den sozialen) die psychischen Determinanten des Handelns analysiert.

Daß Sartre sich über sie hinwegsetzt, statt sie näher zu betrachten, zeigt sein Kommentar in *Esquisse d'une théorie des émotions* zu einem Fall aus Janets psychoanalytischer Praxis: Eine junge Patientin

---

196 Ibid., S. 565. (*L'Etre et le Néant*, Paris, Galimard, 1943, S. 499.)

197 Vgl. ibid., S. 97.

198 Ibid., S. 514.

will Janet über ihre Obsessionen berichten, bringt aber kein Wort heraus, sondern bricht in Schluchzen aus. Statt die physischen und psychischen Determinanten zur Sprache zu bringen, die das Reden blokkieren *können* (wer von uns hat noch nie den "Kloß im Hals" gespürt, als er eine traurige Nachricht überbringen mußte?), faßt Sartre das Verhalten der Patientin als *mauvaise foi*, als reine Taktik auf, die es ihr gestattet, die peinliche Aussprache zu vermeiden.[199]

Nun wird man niemals beweisen können, daß es keine Taktik war. Sartres Argumentation läßt aber erkennen, daß er als Cartesianer und Phänomenologe dazu neigt, das individuelle Subjekt auf sein *cogito* zu reduzieren und von allen physischen, psychischen und sozialen Faktoren, die es zu dem machen, was es ist, abzusehen. So ist es wohl zu erklären, daß er mit einer geradezu phobischen Ablehnung auf die Experimente der Surrealisten reagiert, die einerseits vom Unbewußten zehren, andererseits – wie Gisela Steinwachs richtig gesehen hat – in vielen Fällen auf eine "Rückverwandlung der Kultur in Natur" hinauslaufen. Der Rationalist Sartre kann den Surrealismus nicht akzeptieren, weil dieser die Kehrseite des cartesischen *cogito* zutage treten läßt: das Unbewußte, das Naturwüchsige, den Zufall und den Traum. Es sind all die Faktoren "in der Naturseite des Geistes", von denen Vischer sagt, Hegel habe sie schlicht negiert.

Es war freilich nicht das Ziel eines Surrealisten wie Breton, das individuelle Subjekt in der Natur und im Unbewußten aufzulösen; es ging ihm vielmehr darum, die Kreativität und Phantasie des Einzelnen von den Fesseln gesellschaftlicher Konvention zu befreien. Es ging ihm um eine Befreiung "in der Naturseite des Geistes". Gisela Steinwachs zeigt nicht nur, wie der Surrealismus unmerklich Kultur in Natur übergehen läßt, sondern stellt ganz zu Recht eine direkte Beziehung zwischen Bretons *inconscient* und dem Unbewußten der Psychoanalyse her: "Von der Infragestellung des Bewußtseinsprimats in der automatischen Schreibweise zur wissenschaftlichen Psychoanalyse in ihrer avanciertesten – der strukturalen – Gestalt führt ein direkter Weg."[200] So muß es Sartre auch gesehen haben; schließlich kannte er Bretons vielbeachtete Definition des Surrealismus im ersten Manifest: "SURREALISMUS, Subst., m. – Reiner psychischer Automatismus, durch den man mündlich oder schriftlich oder auf jede an-

---

[199] Vgl. J.-P. Sartre, *Esquisse d'une théorie des émotions*, Paris, Hermann (1938), 1965, S. 27.

[200] G. Steinwachs, *Mythologie des Surrealismus oder Die Rückverwandlung von Kultur in Natur*, Neuwied-Berlin, Luchterhand, 1971, S. X.

dere Weise den wirklichen Ablauf des Denkens auszudrücken sucht. Denk-Diktat ohne jede Kontrolle durch die Vernunft, jenseits jeder ästhetischen oder ethischen Überlegung."[201] Einige Zeilen weiter heißt es, der Surrealismus glaube "an die Allmacht des Traumes, an das zweckfreie Spiel des Denkens".[202]

Hier wird nicht nur Descartes', sondern auch Sartres Rationalismus auf den Kopf gestellt. Denn Sartres Kommentar zum Verhalten von Janets Patientin zeigt, wie sehr er in den 30er und 40er Jahren Subjektivität und Rationalität ineinssetzt: Der Mensch ist ihm ein sich selbst transparentes Selbstbewußtsein ohne Unbewußtes, ohne Verdrängung, ohne verdrängte Natur. So nimmt es nicht wunder, daß er zusammen mit der Psychoanalyse als Theorie des Unbewußten auch den Surrealismus als Kunst des Unbewußten verwirft. Er wirft ihm vor, die Subjektivität im Unbewußten, in der Natur aufzulösen: "Es geht darum, zunächst die überkommenen Unterscheidungen zwischen bewußtem und unbewußtem Leben, zwischen Traum und Wachsein zu verwischen. Das bedeutet, daß man die Subjektivität auflöst."[203] Dazu bemerkt S. Ungar in einem luziden Artikel über Sartre und Breton: "Für Sartre ist die automatische Schreibweise ein Spiel, das mit der Auflösung der Subjektivität in einer Mischung von Ironie und Paradox endet."[204]

Das ist sie für die Surrealisten nun keineswegs, und im Anschluß an Vischers und Nietzsches Kritik an Hegel wird auch klar, weshalb: Den Surrealisten ging es darum, das individuelle Subjekt zwischen Kultur und Natur zu befreien – nicht aufzulösen. Sie wollten die verkrusteten Konventionen durchbrechen, denen ihrer Meinung nach Subjektivität als Natur, Unbewußtes, Kreativität und Traum zum Opfer gefallen war. Was ist Kreativität ohne Unbewußtes und Traum? – könnte man mit Breton gegen Sartres Auffassung von Kreativität als *néantisation* einwenden.

Aus surrealistischer und psychoanalytischer Sicht besteht Sartres Problem darin, daß er nicht erkennt, wie sehr das *Zugrundeliegende*, das vermeintlich freie *ipse*, in Wirklichkeit ein von Institutionen, Ideologien und Konventionen *Unterworfenes* ist. Sartre hat zwar das indi-

---

201 A. Breton, *Die Manifeste des Surrealismus*, Hamburg, Rowohlt, 1996 (9. Aufl.), S. 26.

202 Ibid., S. 27.

203 J.-P. Sartre, *Was ist Literatur?*, Hamburg, Rowohlt (1950), 1958, S. 107.

204 S. Ungar, "Sartre, Breton and Black Orpheus: Vicissitudes of Poetry and Politics", in: *L'Esprit créateur* (Univ. of Kansas) 1, 1977, S. 107.

viduelle Subjekt aus der Bevormundung durch den göttlichen Auftraggeber herausgeführt, es jedoch wie seine idealistischen Vorgänger einem abstrakten *cogito* unterworfen und dadurch Subjektivität halbiert. Deshalb konnten die Surrealisten die Entdeckung der anderen, der natürlich-onirischen Hälfte als revolutionäre Befreiung zelebrieren.

Doch ihre Befreiung hatte durchaus partiellen und daher fragwürdigen Charakter. Denn das im Traum befreite Subjekt fällt der verdinglichenden Wirkung des *objet trouvé* und den Zwangsmechanismen des vom Surrealismus gefeierten *hasard objectif* zum Opfer.[205] Dazu bemerkt Adorno: "(...) Nicht als eine Sprache der Unmittelbarkeit, sondern als Zeugnis des Rückschlags der abstrakten Freiheit in die Vormacht der Dinge und damit in bloße Natur wird man den Surrealismus begreifen dürfen."[206]

So hat ihn Sartre – obwohl in einem ganz anderen Kontext als Adorno – auch begriffen, und sein Erstlingsroman *La Nausée* (1938) (der in der Zeit von *L'Imagination*, 1936 und *L'Imaginaire*, 1940 entstand) könnte als fiktionale Umkehrung des Surrealismus gelesen werden. Die Rückverwandlung der Kultur in Natur erscheint nicht als Befreiung, sondern als Bedrohung einer Subjektivität, die sich einseitig mit der Kultur identifiziert: "Mein Gott! Wie *natürlich* die Stadt aussieht, trotz all ihrer Geometrie, wie vom Abend überwältigt sie aussieht. Das ist dermaßen ... offensichtlich von hier; ist es möglich, daß ich der einzige bin, der es sieht? Gibt es nirgendwo eine andere Kassandra auf der Spitze eines Hügels, die zu ihren Füßen auf eine völlig von der Natur verschlungene Stadt hinabsieht?"("Mon Dieu! Comme la ville a l'air *naturelle*, malgré toutes ses géométries, comme elle a l'air écrasée par le soir. C'est tellement ... évident, d'ici; se peut-il que je sois le seul à le voir? N'y a-t-il nulle part d'autre Cassandre, au sommet d'une colline, regardant à ses pieds une ville engloutie au fond de la nature?")[207]

Im Gegensatz zu den euphorisch konnotierten surrealistischen Gemälden (etwa Dalís), die Ruinenstädte und andere Reste der Zivili-

---

205 Vgl. Vf. "Objet trouvé/Sujet perdu", in: *Les Lettres Nouvelles* 4, 1972 sowie "De Marcel Proust au surréalisme", in: ders., *L'Ambivalence romanesque. Proust, Kafka, Musil*, Frankfurt-Bern-Paris, Lang, 1988 (2. Aufl), S. 343-344.

206 Th. W. Adorno, "Rückblickend auf den Surrealismus", in: ders., *Noten zur Literatur I*, Frankfurt, Suhrkamp (1958), 1969, S. 160.

207 J.-P. Sartre, *Der Ekel*, Hamburg, Rowohlt, 1981, S. 247. (*La Nausée*, in: ders., *Œuvres romanesques*, Paris, Gallimard, Bibl. de la Pléiade, 1981, S. 189.)

sation darstellen, aus denen frei die Vegetation sprießt, leidet das Weltbild des *Ekel*-Romans an einer Naturphobie, die zur Spaltung des Ich-Erzählers Roquentin in Kultur und Natur führt. Am liebsten würde er seiner natürlichen, animalisch konnotierten Hälfte mit einem scharfen Messer ein blutiges Ende bereiten: "Mein Speichel ist süß, mein Körper ist lauwarm; ich fühle mich fade. Mein Taschenmesser liegt auf dem Tisch. Ich klappe es auf. Warum nicht?" ("Ma salive est sucrée, mon corps est tiède; je me sens fade. Mon canif est sur la table. Je l'ouvre. Pourquoi pas?")[208]

Rimbauds bekannter Satz "Je est un autre" wird in *La Nausée* dahingehend konkretisiert, daß Naturunterdrückung und Naturphobie eine Spaltung des Subjekts in Geist und Physis bewirken. Der von der Natur verursachte Ekel als *nausée* bringt eine Ablehnung des eigenen Körpers mit sich und eine schizophrene Haltung, die G.M.M. Colville kommentiert: "Während eines Ekelanfalls erscheint ihm sein Körper in einer schizophrenen Vision als eine von ihm selbst abgetrennte Einheit; dies führt zu einer Spaltung der Person in ein *Ich* und ein *Er*: '... ich biege nach links er biegt nach links er denkt daß er nach links biegt verrückt bin ich verrückt? Er sagt daß er Angst hat verrückt zu sein ...'"[209]

Die Ichspaltung und die interpunktionslose Schreibweise erinnern beide an den Surrealismus; nur sind sie bei Sartre negativ konnotiert: als Aspekte des Ekels, des Subjektverlustes, der Naturverfallenheit. Alles, was Breton und Soupault – etwa in *Les Champs magnétiques* – euphorisch stimmt, das Unbewußte, der Zufall und der Traum, wird in Sartres Roman mit negativen Vorzeichen versehen.

In diesem Kontext nimmt es nicht wunder, daß auch der von den Surrealisten geträumte weibliche Körper von Sartres Erzähler abgewertet wird und einer misogynen Polemik zum Opfer fällt: "Der weibliche Körper hat einen im wesentlichen vegetativen Charakter, *Der Ekel* zeugt davon. Roquentin beschreibt die öffentlichen Parkanlagen, wo alle Gegenstände in der Existenz aufgehen, wie jene Frauen, die sich lachend gehen lassen und mit feuchter Stimme sagen: 'Lachen ist gesund' ... Das Weibliche und die Sexualität sind ein verfaulender Garten."[210]

---

208 J.-P. Sartre, *Der Ekel*, op. cit., S. 157. (*La Nausée*, op. cit., S. 119.)

209 G. M. M. Colville, "Eléments surréalistes dans *La Nausée*: une hypothèse de l'écriture", in: *L'Esprit créateur* 1, 1977, S. 23.

210 F. George, *Sur Sartre*, Paris, Bourgois, 1976, S. 427.

Diese Darstellung von François George bestätigt später Martin Dornberg, wenn er zu Recht von der "Gewalttätigkeit" des Sartreschen Subjekts spricht und Sartres Negation des Anderen (der Objektwelt, der Natur, der Weiblichkeit) erklärt: "Sie ist Folge eines Denkens und eines Erfahrens, welches das Andere als Gegenübergestelltes und Feindliches erfährt und definiert (...)."[211]

Sie ist zugleich die Langzeitfolge einer repressiven Metaphysik, die von Descartes bis Fichte und Hegel das Andere als Natur und Fremdheit aus dem geistigen Reich des reinen Denkens systematisch verbannt. Dieser Metaphysik erscheint das Zugrundeliegende als sich selbst genügende, autarke Einheit. Dabei wird übersehen, daß das Zugrundeliegende ein Unterworfenes ist, weil seine andere Hälfte unterdrückt wurde.

Sartre setzt diese metaphysische Tradition fort, wenn er schließlich in *Critique de la raison dialectique* versucht, das existentialistische Subjekt in die hegelianisch-marxistische Geschichte zu integrieren, die – wie Camus wußte[212] – auf ihre Art die Alterität der Natur negiert (vgl. I, 2, a). Sartre sieht sich auch deshalb genötigt, den historischen Entwurf der Marxisten zu akzeptieren, weil seine Auffassung der Subjektivität – trotz seiner Beschwörung der Kreativität – im wesentlichen negativ ist: *néantisation* als Ablehnung des Seienden. Diese Negativität hängt unmittelbar mit Sartres cartesianisch-rationalistischer Ablehnung des Anderen zusammen. Selbstdefinition wird primär als Negation des Anderen gedacht. In dieser destruktiven Haltung zu verharren ist schwierig: Sie weist über sich hinaus und mündet in die Unterwerfung unter neue kollektive und mythische Aktanten.

Als Kritiker des Rationalismus, Hegelianismus und Marxismus haben Adorno und Horkheimer versucht, eine kritische Theorie der Gesellschaft zu entwerfen, die auf das Andere ausgerichtet ist. Statt sich wie die Rationalisten und Sartres Erzähler Roquentin an den Fi-

---

211 M. Dornberg, *Gewalt und Subjekt*, op. cit., S. 227. Vgl. auch G. Zurhorst, *Gestörte Subjektivität. Einzigartigkeit oder Gesetzmäßigkeit – Ein kritischer Vergleich von Sartre und Holzkamp*, Frankfurt-New York, Campus, 1982, S. 110: Zurhorst betont zu Recht, daß es für Sartre keine überindividuelle Gemeinsamkeit im Sinne eines Kollektivsubjekts geben kann. Gemeinsamkeit wird zur reinen Strategie: "Solidarität kann es für Sartre nicht als metaphysische Einheit und Gemeinsamkeit oberhalb der individuellen Subjekte geben, sondern nur als die praktische Erfahrung einer gemeinsamen Objektivation durch einen Dritten und einer gemeinsamen Aktion gegen diese."

212 Vgl. A. Camus, *Der Mensch in der Revolte*, Hamburg, Rowohlt (1953), 1969, S. 58.

guren der Geometrie zu orientieren, erblickten sie in der mimetischen Sprache der Kunst eine Möglichkeit, sich der unterdrückten Natur zu nähern. Sie öffneten das begriffliche Denken der Alterität.

6. Von Nietzsche zur Kritischen Theorie: Subjektivität, Mimesis, Alterität

Schon im ersten Kapitel (I, 2, a) wurde daran erinnert, daß das Zugrundeliegende als metaphysisch-ideologisches Postulat nirgendwo so ausführlich und nuanciert kritisiert wurde wie in Adornos und Horkheimers Kritischer Theorie, die in frühen Entwürfen zur *Dialektik der Aufklärung* (1947) als "Urgeschichte der Subjektivität"[213] konzipiert worden war. Der Idealismus von Descartes bis Hegel, so lautet die These, negiert zusammen mit der Natur die Alterität schlechthin. Er neigt dazu, alles Andersartige dem eigenen Wesen anzugleichen, d.h. im Begriff aufzulösen. Dieser fatalen Tendenz, die aus dem Herrschaftsprinzip als Naturbeherrschung hervorgeht, begegnen Adorno und Horkheimer mit dem Entwurf eines mimetischen Denkens, das versucht, den herrschenden Trend umzukehren, indem es sich selbst dem Andersartigen angleicht.

Adorno faßt das Vorhaben der *Dialektik der Aufklärung* in einem kurzen Satz zusammen, wenn er Jahrzehnte später, in der postum erschienen *Ästhetischen Theorie*, schreibt: "Ratio ohne Mimesis negiert sich selbst."[214] Möglicherweise ist dies die prägnanteste Kurzdarstellung des europäischen Idealismus und seines Kernproblems. In der *Dialektik der Aufklärung* wird dieser lapidare Satz zugleich antizipiert und erläutert: "Die Ratio, welche die Mimesis verdrängt, ist nicht bloß deren Gegenteil. Sie ist selber Mimesis: die ans Tote. Der subjektive Geist, der die Beseelung der Natur auflöst, bewältigt die entseelte nur, indem er ihre Starrheit imitiert und als animistisch sich selber auflöst."[215] Die Herrschaft des Subjekts über die Objektwelt endet schließlich mit der Selbstvernichtung des Herrschenden: "Die Herrschaft des Menschen über sich selbst, die sein Selbst begründet, ist

213 Vgl. M. Horkheimer, Th. W. Adorno, *Dialektik der Aufklärung*, op. cit., S. 71.

214 Th. W. Adorno, *Ästhetische Theorie*, op. cit., S. 489.

215 M. Horkheimer, Th. W. Adorno, *Dialektik der Aufklärung*, op. cit., S. 73-74. Vgl. auch Th. W. Adorno, *Negative Dialektik*, op. cit., S. 264: "Denn je gründlicher das Subjekt, nach idealistischem Brauch die Natur sich gleichmacht, desto weiter entfernt es sich von aller Gleichheit mit ihr."

virtuell allemal die Vernichtung des Subjekts, in dessen Dienst sie geschieht."[216]

Adornos und Horkheimers Dialektik der Subjektivität fügt sich insofern in den hier (II, 3) kommentierten junghegelianischen Zusammenhang ein, als auch die Autoren der *Dialektik der Aufklärung* von Vischers und Nietzsches Grundgedanken ausgehen, daß es Hegel nicht wirklich gelungen ist, seinem eigenen Anspruch gerecht zu werden und Geist und Natur in ihrer Verschiedenheit zusammenzudenken. Bekanntlich drückt der Ausdruck "negative Dialektik" die "Differenz von Hegel"[217] aus. Diese Differenz erneuert in einem spätmodernen Zusammenhang die junghegelianische Entdeckung einer unversöhnten (menschlichen) Natur, die als Kontingenz, Zufall, Unbewußtes und Traum gegen Hegels alles begreifenden und umfassenden Geist revoltiert.

Vor diesem "junghegelianischen" Hintergrund ist Norbert W. Bolz' schon älterer, aber immer noch aktueller Aufsatz über "Nietzsches Spur in der Ästhetischen Theorie" zu lesen, in dem Nietzsche nicht als Vollender der herrschaftlichen Metaphysik im Sinne von Heidegger erscheint, sondern als Vorläufer einer Kritischen Theorie, die Naturbeherrschung als "Herrschaft über sich selbst" denkt: "Schon Nietzsche hat von der Unmöglichkeit gesprochen, einen von der Natur abgeschiedenen, reinen Begriff von Humanität zu gewinnen und an den 'unheimlichen Doppelcharakter' der Natur erinnert, den jeder Mensch an sich trage: Existenzbedrohung und zugleich Substrat von Menschlichkeit zu sein."[218]

Vor Adorno versprach er sich von der nichtbegrifflichen Kunst (vor allem der Musik) einen entscheidenden Impuls zur Versöhnung von Geist und Natur, von Subjekt und Objekt. Deshalb beruft sich Adorno auf seine Theorie des Künstlers und einer Kunst, die über die Metaphysik hinausweist und zugleich deren Utopien verwirklicht: "Nicht zwar vermag Metaphysik aufzuerstehen (...), vielleicht aber entsteht sie erst mit der Realisierung des in ihrem Zeichen Gedachten. Kunst antezipiert davon etwas. Nietzsches Werk fließt über von In-

---

[216] M. Horkheimer, Th. W. Adorno, *Dialektik der Aufklärung*, op. cit., S. 71.

[217] Th. W. Adorno, *Negative Dialektik*, op. cit., S. 143.

[218] N. W. Bolz, "Nietzsches Spur in der Ästhetischen Theorie", in: B. Lindner, W. M. Lüdke (Hrsg.), *Materialien zur ästhetischen Theorie Th. W. Adornos. Konstruktion der Moderne*, Frankfurt, Suhrkamp (1979), 1980, S. 376.

vektiven gegen die Metaphysik. Aber keine Formel beschreibt sie treuer als die des Zarathustra: Nur Narr, Nur Dichter."[219]

Obwohl Adorno als Sozialphilosoph, Soziologe und Dialektiker – global betrachtet – Marx näher steht als Nietzsche, verbindet ihn mit diesem die ästhetische Wende der Dialektik und die Abkehr von einem historischen Materialismus, der sich durchaus hegelianisch vom Proletariat eine Vollendung und Verwirklichung der Philosophie verspricht. Trotz seines konsequenten Festhaltens am begrifflichen Denken, das nachmoderne Vereinfacher davon abhalten sollte, ihn als postmodernen Philosophen oder gar Dekonstruktivisten zu lesen[220], hat Adorno "Ratio" und "Mimesis" so zusammengeführt, daß er (wie Nietzsche) dem Besonderen und Andersartigen eher mit Hilfe des Ästhetischen als durch theoretisch-begriffliche Verfahren gerecht wird.

Dies hat zur Folge, daß sein Diskurs, der das Besondere, Unverwechselbare anvisiert, über das sich alle Rationalisten und Systematiker von Descartes bis Hegel begrifflich hinwegsetzen, selbst so partikularistisch wirkt, daß er seine Dialogfähigkeit im philosophischen und sozialwissenschaftlichen Bereich einbüßt. In dieser Hinsicht hat Habermas recht, wenn er kritisch anmerkt, daß die Dialektik der Aufklärung der Moderne nicht gerecht wird und "daß Horkheimer und Adorno die kulturelle Moderne aus einem ähnlichen Erfahrungshorizont wahrnehmen, mit derselben gesteigerten Sensibilität, auch mit derselben eingeengten Optik, die gegenüber den Spuren und den existierenden Formen kommunikativer Rationalität unempfindlich macht".[221] Man muß zwar nicht gleich von einer "eingeengten Optik" sprechen, nur weil Adorno und Horkheimer eine "kommunikative Rationalität" nicht gelten lassen, die sie möglicherweise als durch den Tauschwert vermittelt kritisiert hätten[222]; aber die Ausrichtung ihrer

---

[219] Th. W. Adorno, *Negative Dialektik*, op. cit., S. 394.

[220] Vgl. z.B. S. Best, D. Kellner, *Postmodern Theory. Critical Interrogations*, London, Macmillan, 1991, S. 225, wo von "Adorno's proto-postmodern theory" die Rede ist. Die Autoren versäumen es, Adornos Nähe zu Postmoderne und Poststrukturalismus durch Hinweise auf seine Ferne von beiden zu ergänzen.

[221] J. Habermas, *Der philosophische Diskurs der Moderne*, op. cit., S. 155.

[222] Adornos radikale Kritik an der vom Tauschwert vermittelten Kommunikation im Spätkapitalismus ist bekannt, und es ist erstaunlich, daß Habermas in seiner *Theorie des kommunikativen Handelns* so tut, als gäbe es jenseits der von Macht und Geld dominierten Kommunikationsformen eine Welt authentischer Verständigung. Vgl. Th. W. Adorno, *Ästhetische Theorie*, op. cit., S. 476: "Künstlerisch zu erreichen sind die Menschen überhaupt nur noch durch den Schock, der

Theorie auf die künstlerische Mimesis und die von Adorno konsequent praktizierte Negativität schließen einerseits ein dialogisches Verhältnis zu den zeitgenössischen Sozialwissenschaften aus und vereiteln andererseits eine Ausrichtung auf gesellschaftliche Prozesse, die kritische und dialogische Elemente enthalten (etwa die europäische Integration).

Am kritischen Wert von Adornos Negativität sollte jedoch – wie sich im letzten Kapitel zeigen wird – nicht gezweifelt werden, denn sie ist es, die eine distanzierte Bewertung sowohl der Kommunikationssituationen als auch der gesellschaftlichen Prozesse ermöglicht und den Theoretiker daran hindern sollte, sich von seinem kommunikativen oder politischen Engagement blenden zu lassen. Sie ist auf das von Hegel vereinnahmte Partikulare ausgerichtet und auf das individuelle Subjekt, das sogar der Existentialist Sartre in seiner Spätphase den kollektiven Aktanten der Geschichte unterordnet.

Essay, Modell und Parataxis, die im ersten Kapitel (I, 2, a) bereits kommentiert wurden, sind Versuche, mimetisch dem Singulären, dem Objekt, gerecht zu werden, über das sich Hegel systematisch erhebt. Es gilt, sprachliche Formen zu finden, die im Denken das ermöglichen, was Adorno als "die Freiheit zum Objekt"[223] bezeichnet.

Sie ist nicht systematisch herbeizuführen, weil im System der Gegenstand vereinnahmt und begrifflich aufgelöst wird. Zugleich wird das individuelle Subjekt den systematischen Zwängen unterworfen, die es zum erkennenden Subjekt machen sollen, die es in Wirklichkeit aber blenden. Deshalb schlägt schon der junge Adorno im Anschluß an Walter Benjamin[224] die Konfiguration als mögliche Erkenntnisform vor. Es sei unvorstellbar, meint er, die neue Wahrheit in der herkömmlichen Sprache der Philosophie auszudrücken, denn ein solcher Versuch gehe von der Illusion aus, Form und Inhalt seien trennbar. Dem Philosophen bleibe keine andere Hoffnung als die, "die Worte so um die neue Wahrheit zu stellen, daß deren bloße Konfiguration die neue Wahrheit ergibt".[225] Neben "Konfiguration" ist hier "ergibt" das

---

dem einen Schlag erteilt, was die pseudowissenschaftliche Ideologie Kommunikation nennt (...)."

[223] Th. W. Adorno, *Negative Dialektik*, op. cit., S. 56: "Die Freiheit zum Objekt, die bei Hegel auf die Entmächtigung des Subjekts hinauslief, ist erst herzustellen."

[224] Vgl. W. Benjamin, "Über den Begriff der Geschichte", in: ders., *Gesammelte Schriften*, Bd. 1.2, Frankfurt, Suhrkamp, 1977, S. 702-703, wo der Autor das Wort "Konstellation" im historischen Kontext verwendet.

[225] Th. W. Adorno, "Thesen über die Sprache des Philosophen", in: ders., *Philo-*

Schlüsselwort: Wahrheit wird nicht postuliert, abgeleitet oder definiert, sondern ergibt sich gleichsam von selbst aus dem konfigurativen Verfahren. Zwischen der Skylla der Sprachlosigkeit und der Charybdis verwalteter Sprache erscheint Konfiguration dem jungen Adorno (Anfang der 30er Jahre) als ein Ausweg der Philosophie, als Möglichkeit, philosophische Subjektivität beredt zu machen: "Gegenüber den herkömmlichen Worten und der sprachlosen subjektiven Intention ist die Konfiguration ein Drittes."[226]

Dem Essayisten Adorno, der sich schließlich auch vom "Denken in Modellen" der *Negativen Dialektik* abwendet, weil es nicht in jeder Hinsicht dem Besonderen, das es erkennen sollte, gerecht wird, mußte beim Entwerfen der *Ästhetischen Theorie* wieder der Gedanke an die Konfiguration der Jugendjahre gekommen sein. Denn die parataktische Anordnung, die seinem letzten großen Werk zugrunde liegt, weist eine frappierende Verwandtschaft mit Hölderlins Parataxis auf, die Adorno als "reihende Technik"[227] und als "Reihung" bezeichnet. Von den Parataxen bei Hölderlin sagt er: "Unwiderstehlich zieht es Hölderlin zu solchen Bildungen. Musikhaft ist die Verwandlung der Sprache in eine Reihung, deren Elemente anders sich verknüpfen als im Urteil."[228] Diese Bemerkungen treffen auch auf die *Ästhetische Theorie* zu, deren reihendes, parataktisches Verfahren und "rondohaft assoziative Verbindung(en)"[229] an Hölderlins Dichtung erinnern.

Doch Theorie ist nicht Dichtung, und ihre mimetische Angleichung an die Kunst, die in der *Dialektik der Aufklärung* angekündigt wird, ist nur um den Preis eines Selbstwiderspruchs zu haben: dem Paradoxon einer nichttheoretischen Theorie. Dies haben die Herausgeber der postum erschienenen *Ästhetischen Theorie* (Gretel Adorno und Rolf Tiedemann) in ihrem Nachwort bestätigt. Zugleich weisen sie auf den Nexus zwischen der parataktischen Schreibweise und dem *individuum ineffabile* hin: "Eine Theorie jedoch, die am individuum ineffabile sich entzündet, am Unwiederholbaren, Nichtbegrifflichen wiedergutmachen möchte, was identifizierendes Denken ihm zufügte,

---

sophische Frühschriften. Gesammelte Schriften, Bd. I, Frankfurt, Suhrkamp, 1973, S. 369.

226 Ibid.

227 Th. W. Adorno, "Parataxis. Zur späten Lyrik Hölderlins", in: ders., *Noten zur Literatur III*, Frankfurt, Suhrkamp, 1965, S. 189.

228 Ibid., S. 185.

229 Ibid., S. 186.

gerät notwendig in Konflikt mit der Abstraktheit, zu der sie als Theorie doch genötigt ist."[230]

Es bleibt jedoch Adornos großes Verdienst, die Kritik der Junghegelianer, Romantiker, Kierkegaards und Nietzsches an Hegel konsequent zu Ende gedacht zu haben. Er hat dieser Kritik eine Form gegeben, die stark partikularisierend wirkt, die Begrifflichkeit der Theorie jedoch nicht preisgibt. Dazu heißt es unmißverständlich in der *Negativen Dialektik*: "Nur Begriffe können vollbringen, was der Begriff verhindert."[231] Schon deshalb ist es falsch, Adorno unter die "Poststrukturalisten" zu reihen oder ihn pauschal der Postmoderne zuzuschlagen, die partikularisierend am Begriff zweifelt.

Mit den nachmodernen Autoren verbindet ihn allerdings die Abneigung gegen System und Geschichte, denen Hegelianer und Marxisten das individuelle Subjekt opfern. Darüber setzen sich diejenigen hinweg, die Adorno leichtfertig als "Neomarxisten" bezeichnen. Wie irreführend diese Etikettierung ist, läßt die Kritik an Marx und Engels in der *Negativen Dialektik* erkennen, in der den Hegel-Erben eine "Vergottung der Geschichte"[232] vorgeworfen wird.

Zumindest in diesem einen Punkt trifft sich Adorno mit dem Sartre-Kritiker Camus, dessen Skepsis der christlich-hegelianischen und marxistischen Historie gegenüber kurz nach dem Erscheinen von *L'Homme révolté* (1951) in *Les Temps modernes* von Jeanson (in Sartres Auftrag) attackiert wird (vgl. I, 2, a). Sowohl Adorno als auch Camus lehnen die Eingliederung des Einzelsubjekts in ein Aktantenschema ab, in dem es einem übermächtigen mythischen oder kollektiven Auftraggeber unterworfen und einer historisch-narrativen Teleologie geopfert wird.

Im Gegensatz zum späten Sartre, der "den Marxismus für die unüberschreitbare Philosophie unserer Zeit" (vgl. I, 2, a) hält, faßt Adorno das individuelle Subjekt jenseits von allen historischen Teleologien als eigentliche Grundlage des kritischen Denkens und als letzte Chance der Kritik auf. Indem er gegen Hegel "die Nichtidentität von Subjekt und Objekt"[233] verteidigt, schafft er die Voraussetzungen für

---

230 G. Adorno, R. Tiedemann, "Editorisches Nachwort", in: Th. W. Adorno, *Ästhetische Theorie*, op. cit., S. 541-542.

231 Th. W. Adorno, *Negative Dialektik*, op. cit., S. 60.

232 Ibid., S. 313: "Es ging um die Vergottung der Geschichte, auch bei den atheistischen Hegelianern Marx und Engels."

233 Th. W. Adorno, *Drei Studien zu Hegel*, Frankfurt, Suhrkamp (1957), 1966, S. 44.

eine kritische Distanz und eine negative Kritik, die nur auf individueller Ebene vorstellbar sind. Nur das individuelle Subjekt, das sich mit keiner geschichtlichen Macht (Weltgeist, Nation oder Proletariat) identifiziert, muß nicht fürchten, von einem ideologischen Engagement geblendet zu werden, und kann ungehindert die Kraft des Gedankens entfalten.

Der Erkenntniswert von Adornos Theorie besteht u.a. darin, die von Hegel, Marx und zuletzt noch Sartre gerechtfertigte Unterwerfung des Einzelsubjekts unter mythische und kollektive Subjekt-Aktanten aufgekündigt und den Einzelnen als kritische Instanz freigesetzt zu haben: "Das individuelle Bewußtsein, welches das Ganze erkennt, worin die Individuen eingespannt sind, ist auch heute noch nicht bloß individuell, sondern hält in der Konsequenz des Gedankens das Allgemeine fest. Gegenüber den kollektiven Mächten, die in der gegenwärtigen Welt den Weltgeist usurpieren, kann das Allgemeine und Vernünftige beim isolierten Einzelnen besser überwintern, als bei den stärkeren Bataillonen, welche die Allgemeinheit der Vernunft gehorsam preisgegeben haben."[234] Im Gegensatz zu den herrschenden Mächten, die ihre partikularen Interessen als verallgemeinerungsfähig oder gar allgemeingültig anpreisen, ist der kritische Einzelne zur "Einsicht ins Negative der verwalteten Welt"[235] und zum Gedanken an eine menschenwürdigere noch fähig.

Parallel zu diesem Gedankengang faßt Adorno einen kritischen, seiner eigenen gesellschaftlichen Stellung bewußten Künstler wie Paul Valéry als Statthalter des "gesellschaftlichen Gesamtsubjekts"[236] auf. Indem sich seine Dichtung dem Kommunikationsbetrieb des anbrechenden kulturindustriellen Zeitalters verweigert, macht sie dessen Negativität sichtbar und bringt ein Kunstwerk hervor, das vom Rezipienten äußerste Konzentration verlangt und dadurch zum Analogon eines "seiner selbst mächtigen und bewußten Subjekts"[237] wird, das den Techniken der Kulturindustrie Widerstand leistet, das "nicht kapituliert", wie Adorno sagt.

Von allen Marxisten und Neomarxisten unterscheidet er sich wesentlich durch die Ausrichtung seines Denkens auf das individuelle

---

[234] Th. W. Adorno, *Kritik. Kleine Schriften zur Gesellschaft*, Frankfurt, Suhrkamp, 1971, S. 84-85.

[235] Ibid., S. 85.

[236] Th. W. Adorno, "Der Artist als Statthalter", in: ders., *Noten zur Literatur I*, op. cit., S. 195.

[237] Ibid., S. 193.

Subjekt,das sowohl im philosophisch-ästhetischen als auch im gesellschaftlichen Bereich zur letzten kritischen Instanz wird.

Anders als der Hegel- und Lukács-Schüler Lucien Goldmann, der Ausschau nach einem historischen Ersatz für das sich auflösende Proletariat hielt, und schließlich seine Variante des Marxismus mit der höchst problematischen, weil labil geschichteten "neuen Arbeiterklasse" (der *nouvelle classe ouvrière*) identifizierte, lehnt der Hegel-Kritiker Adorno eine Orientierung der Theorie an historischen Kollektivsubjekten ab. Obwohl er sich der kollektiven Faktoren (Werte, Normen) durchaus bewußt ist, aus denen philosophische Diskurse und Kunstwerke hervorgehen, erscheint ihm das Einzelsubjekt als die einzige für Gesellschaftskritik verantwortliche Instanz.

Auch das Subjekt der Dialogischen Theorie (vgl. I, 1, d), die im letzten Kapitel im Zusammenhang mit einer dialogischen Subjektivität betrachtet wird, ist individuell. Auch seine Wahrheitsfindung orientiert sich nicht am Erfolg oder Mißerfolg kollektiver Aktanten oder an einer mythisch verbrämten Geschichte. Von Adornos und Horkheimers theoretischem Subjekt unterscheidet es sich jedoch durch den Gedanken, daß negative Kritik als Einsicht in das "unwahre Ganze" durch Selbstreflexion, Selbstkritik und eine dialogischen Einstellung zum Anderen, "zum fremden Wort", würde Bachtin sagen, ergänzt werden soll. Denn der Kritischen Theorie der beiden Frankfurter Philosophen fehlt die autoreflexive und dialogische Erkenntnis, daß reine Negativität einen hermetischen Monolog (über die "verwaltete Welt", die "nahende Katastrophe", die "falsche Kommunikation") hervorbringen kann, der für die Wahrheitsmomente anderer Theorien blind macht. Er macht auch blind für das kritische Potential einer politischen Entwicklung wie der europäischen Integration, die durch ihre kulturelle und sprachliche Polyphonie über das monologische Denken der Metaphysik (z.B. Fichtes oder Hegels) und der Ideologien hinausweist.

Dennoch soll keine Identität oder Teilidentität (Goldmann) zwischen der Dialogischen Theorie und einer bestimmten gesellschaftlichen oder politischen Entwicklung postuliert werden. Allzu oft haben sich in der Vergangenheit Theoretiker durch politisches Engagement selbst geblendet. Von der politischen Wirklichkeit können und sollen theoretische Impulse ausgehen, aber in letzter Instanz sollte das überwiegen, was Norbert Elias treffend als "Distanzierung"[238]

---

[238] Vgl. N. Elias, *Engagement und Distanzierung*, Frankfurt, Suhrkamp, 1983, S.

bezeichnet. Und diese Distanzierung ist durchaus im Sinne von Adornos und Horkheimers Negativität zu deuten (vgl. V, 2).

7. Adorno, Freud und Broch: "Ichschwäche", "Unbehagen in der Kultur" und "Massenwahntheorie"

"Bei vielen Menschen ist es bereits eine Unverschämtheit, wenn sie Ich sagen"[239], notiert Adorno in den *Minima Moralia*. Dieser Satz, der im Kontext der Kritischen Theorie nicht als elitäre Geste, sondern als kritische Provokation gedeutet werden sollte, schlägt eine Brücke zu den nachmodernen französischen Theorien der Subjektlosigkeit, die das individuelle Subjekt (nicht ganz zu Unrecht) als Epiphänomen der Sprache (Lacan), als ideologischen Effekt (Althusser) oder als flüchtige Imago einer Macht- und Strukturkonstellation (Foucault) betrachten. Ihnen erscheint es als eine Schimäre des 19. und frühen 20. Jahrhunderts, die sich nach dem Ende des Existentialismus aufzulösen beginnt.

Wie bei den französischen Denkern sind auch in Adornos Theorie die Gründe für den Zerfall oder die Unterwerfung des Einzelsubjekts vielfältig. Adorno setzt sich bald mit der Vormachtstellung der Organisation (der Konzerne, der Gewerkschaften) in spätkapitalistischer Zeit auseinander, bald mit der Übermacht von Verdinglichung und Ideologie. Becketts *Endspiel* deutet er als eine Parodie der existentialistischen Ideologie, die sich über alle organisatorischen, kommunikativen und wirtschaftlichen Zwänge hinwegsetzt, wenn sie die Entscheidungsfreiheit des Einzelnen feiert. Von Beckett sagt er: "Er verlängert die Fluchtbahn der Liquidation des Subjekts bis zu dem Punkt, wo es in ein Diesda sich zusammenzieht, dessen Abstraktheit, der Verlust aller Qualität, die ontologische buchstäblich ad absurdum führt, zu jenem Absurden, in das bloße Existenz umschlägt, sobald sie in ihrer nackten sich selbst Gleichheit aufgeht."[240]

Auf seine "bloße Existenz" wird das individuelle Subjekt nicht nur durch die Übermacht von Organisationen, Ideologien und Kommunikationszusammenhängen reduziert, sondern auch durch bestimmte psychische Mechanismen, die gleichsam *in foro interno* für Anpas-

---

58.

239 Th. W. Adorno, *Minima Moralia*, op. cit., S. 57.

240 Th. W. Adorno, "Versuch, das Endspiel zu verstehen", in: ders., *Noten zur Literatur II*, Frankfurt, Suhrkamp (1961), 1970, S. 195.

sung an die herrschenden Mächte sorgen. In seinen – zusammen mit Else Frenkel-Brunswik, Daniel J. Levinson und R. Nevitt Sanford verfaßten – *Studien zum autoritären Charakter* (*The Authoritarian Personality*, 1950) werden diese Mechanismen, die eine Unterwerfung des Einzelnen unter individuelle, kollektive oder mythische Autoritäten bewirken, in allen Einzelheiten untersucht.

Adorno selbst kommentiert diese Studien später in einer Abhandlung über "Sexualtabus und Recht heute": "Eines der handgreiflichsten Ergebnisse der 'Authoritarian Personality' war, daß Personen von jener Charakterstruktur, die sie als totalitäre Gefolgsleute prädisponiert, in besonderem Maß von Verfolgungsphantasien gegen das nach ihrer Ansicht sexuell Abwegige, überhaupt von wilden sexuellen Vorstellungen geplagt werden, die sie von sich selbst abweisen und auf Außengruppen projizieren."[241] Komplementär zu dieser Einstellung verhält sich die narzißtische Identifikation mit der *in-group* und ihren Führergestalten. Auf sie wird die im liberalen Individualismus entstandene und im Spätkapitalismus vom Familienvater abgelöste Vaterimago projiziert: "Tatsächlich ist die individuelle Psyche gegenüber der Vormacht der realen Gesellschaftsprozesse sekundär, wenn man will: Überbau. Unter den kollektiven Mächten, die anstelle der individuellen Vaterautorität getreten sind, west, wie Freud bereits in 'Massenpsychologie und Ichanalyse' konstatierte, die Vater-imago fort."[242] An sie heftet sich die narzißtische Libido des ohnmächtigen Einzelsubjekts, das sich mit einem mächtigen *Wir* identifiziert, um die Selbstschätzung zu steigern oder überhaupt zu ermöglichen.

Die empirischen Untersuchungen, die in den *Studien zum autoritären Charakter* zusammengefaßt und kommentiert werden, zeigen u.a., wie das individuelle Subjekt in einem "autoritären Syndrom" aufgeht, wie es sich Konventionen, Autoritäten und Machtgestalten unterwirft. Die von den Autoren genannten neun Komponenten des autoritären Charakters veranschaulichen, was gemeint ist: "(a) *Konventionalismus.* Starre Bindung an die konventionellen Werte des Mittelstandes. (b) *Autoritäre Unterwürfigkeit.* Unkritische Unterwerfung unter idealisierte Autoritäten der Eigengruppe. (c) *Autoritäre Aggression.* Tendenz, nach Menschen Ausschau zu halten, die konventionelle Werte mißachten (...). (d) *Anti-Intrazeption.* Abwehr des Subjektiven, des Phantasievollen, Sensiblen. (e) *Aberglaube und Stereotypie* (...).

---

[241] Th. W. Adorno, *Eingriffe. Neun kritische Modelle*, Frankfurt, Suhrkamp, 1971 (7. Aufl.), S. 102.

[242] Ibid., S. 103.

(f) *Machtdenken und 'Kraftmeierei'*. Denken in Dimensionen wie Herrschaft-Unterwerfung, stark-schwach, Führer-Gefolgschaft (...). (g) *Destruktivität und Zynismus* (...). (h) *Projektivität*. Disposition, an wüste und gefährliche Vorgänge in der Welt zu glauben (...). (i) *Sexualität*. Übertriebene Beschäftigung mit sexuellen 'Vorgängen'."[243]

Die Autoren sprechen im Zusammenhang mit dieser autoritären Persönlichkeit von einer "sadomasochistischen Lösung des Ödipuskomplexes"[244], die darin besteht, daß der Einzelne sich der Vaterfigur (dem Führer), der Gruppe oder Organisation masochistisch unterwirft und mit sadistischer Attitüde eine analoge Unterwerfung von seinen "Untergebenen" erwartet. Daß in dieser sozialpsychischen Konstellation die individuelle Subjektivität auf der Strecke bleibt, bestätigt Erich Fromm in *Escape from Freedom* (1941): "Die verschiedenen Formen, welche die masochistischen Strebungen annehmen, haben alle nur das eine Ziel: *das individuelle Selbst loszuwerden, sich selbst zu verlieren*; oder anders gesagt: *die Last der Freiheit loszuwerden*."[245] Fromms Analysen ergänzen die *Studien* insofern, als sie die historischen und religiösen Ursprünge der Unterwerfung und des Selbstverzichts aufzeigen und dadurch eine Verbindung zwischen ferner Vergangenheit und totalitärer Gegenwart herstellen.[246]

Obwohl sich Autoren wie Adorno, Horkheimer und Fromm vorrangig auf die totalitären Systeme des Faschismus, Nationalsozialismus und Stalinismus beziehen, sind ihre Schriften für die nachmoderne Gesellschaft der zweiten Jahrhunderthälfte keineswegs irrelevant. Denn alle Formen des in Europa und anderen Weltgegenden wieder erstarkenden Nationalismus lassen die in den *Studien* analysierten Mechanismen der narzißtischen Identifikation mit der *in-group* erkennen. In der Sportwelt ist diese Identifikation stärker ausgeprägt denn je und daher auch Adornos Bemerkung zum Fußball aktuell: "Schon bei jedem Fußballmatch jubelt die jeweils einheimische Bevölkerung unter Mißachtung des Gastrechts schamlos dem eigenen Team zu (...)."[247] Daß diese Kritik in der gegenwärtigen sprachlichen

243 Th. W. Adorno et al., *Studien zum autoritären Charakter*, Frankfurt, Suhrkamp, 1973, S. 45.

244 Ibid., S. 325.

245 E. Fromm, *Die Furcht vor der Freiheit*, München, DTV, 2000 (8. Aufl.), S. 114.

246 Vgl. ibid., Kap. II und III.

247 Th. W. Adorno, *Eingriffe*, op. cit., S. 166.

Situation fast wie eine Naivität wirkt, zeigt nur, wie sehr kollektiver Narzißmus unter der Hand zu einer Selbstverständlichkeit wurde.

Die Faszination, die von narzißtisch sich gebärdenden autoritären Führern der totalitären Ära ausging, mag nachgelassen haben, weil sich die maskierte Persönlichkeit heutiger Politiker in den flüchtigen *images* des Fernsehens aufgelöst hat. Es ist jedoch eine Situation entstanden, in der alle öffentlich Kommunizierenden – Intellektuelle, Journalisten, Politiker – die narzißtische Libido in die intermedial vermittelte und erzwungene Image-Bildung investieren. Das libidinös besetzte Medienimage wird zu einem Ersatz-Ich, hinter dem keine Führergestalt mehr steht, sondern der anonyme Zusammenhang einer kommerzialisierten Kultur.

Im vierten Kapitel soll dieses mediale Pseudosubjekt im soziologischen Kontext näher untersucht werden. Vorerst mag der Hinweis genügen, daß Bourdieus soziologische Betrachtungen über das Fernsehen in vieler Hinsicht Adornos Kritik der autoritären Unterwerfung und des verdinglichten Kommunikationszusammenhangs fortsetzen: "Das Fernsehen ist ein Universum, das den Eindruck vermittelt, daß die Akteure, trotz allem Anschein von Wichtigkeit, von Freiheit, von Autonomie und manchmal sogar einer erstaunlichen Aura (...), Marionetten eines Zwangszusammenhangs sind, der zu beschreiben, einer Struktur, die herauszuarbeiten und ans Licht zu bringen ist."[248] Es ist die Struktur einer in das marktvermittelte Medienbild projizierten narzißtischen Libido.

Diese Grundstruktur haben bereits Freud und seine Anhänger beschrieben, als sie – etwa mit Bela Grunberger – davon sprachen, daß der Patient im Laufe der Analyse sein Ichideal auf die Person des Psychoanalytikers überträgt: "*en projetant sur l'analyste son Moi Idéal*".[249] Analog dazu kann der Marxist-Leninist sein Ichideal auf die Parteiführung, der Faschist auf den Duce und der mediensüchtige Intellektuelle oder Politiker auf das in allen Wohnzimmern strahlende Selbstbildnis übertragen. In diesem Fall entsteht die Illusion, daß die narzißtische Libido in ein grandioses *Ich* investiert wird. In Wirklichkeit handelt es sich jedoch um eine Entfremdung von sich selbst *par excellence*.

Sie ist der Entfremdung analog, die Freud in *Massenpsychologie und Ich-Analyse* beschreibt, wenn er die "libidinöse Konstitution einer

---

248 P. Bourdieu, *Über das Fernsehen*, Frankfurt, Suhrkamp, 1998, S. 53.

249 B. Grunberger, *Le Narcissisme. Essais de psychanalyse*, Paris, Payot, 1975, S. 67.

Masse" analysiert und resümierend feststellt: "*Eine solche primäre Masse ist eine Anzahl von Individuen, die ein und dasselbe Objekt an die Stelle ihres Ichideals gesetzt und sich infolgedessen in ihrem Ich miteinander identifiziert haben.*"[250] Wichtig ist hier nicht nur die Übertragung des Ichideals auf eine narzißtisch auftretende Führergestalt, sondern auch die libidinöse Identifikation der Massenindividuen miteinander. Dadurch entsteht in einer komplexen Industriegesellschaft, die von der *organischen oder funktionalen Solidarität* im Sinne der Durkheim-Schule geprägt wird, eine Solidarisierung auf *mechanischer* (Durkheim) Grundlage, d.h. im Sinne einer kulturell-affektiven *Ähnlichkeit* der Beteiligten. Es ist eine archaische und mythische Solidarität, die die funktionale Komplexität der spätkapitalistischen Verhältnisse überspielt, verdeckt.

Dieser soziale Kontext, der etwas verkürzt auch als "Rückfall ins Primitive und Archaische" dargestellt werden könnte, erklärt, weshalb Freud immer wieder *Massenbildung* und *Ichschwäche* miteinander verknüpft. So stellt er beim Massenindividuum eine verminderte Zurechnungsfähigkeit fest, die einerseits auf die Unterwerfung unter das vom Führer dominierte Kollektiv, andererseits auf die Entfesselung der Triebkräfte zurückzuführen ist: "Aber die Masse zeigt, wenn wir sie als Ganzes ins Auge fassen, mehr; die Züge von Schwächung der intellektuellen Leistung, von Ungehemmtheit der Affektivität, die Unfähigkeit zur Mäßigung und zum Aufschub, die Neigung zur Überschreitung aller Schranken in der Gefühlsäußerung (...)."[251] Als Rückfall in den Atavismus verknüpft die Massenbildung die Unterwerfung des Einzelsubjekts (unter Führer und Kollektiv) mit seiner Auflösung in der Affektivität, im Zusammenspiel der Triebe.

Möglicherweise wäre der gesamte Diskurs der Freudschen Psychoanalyse als ein ständiges Oszillieren zwischen dem Pol der kulturellen Unterwerfung und dem der Auflösung im Triebhaften zu lesen. In diesem Fall erschiene die Unterwerfung und Auflösung des Einzelsubjekts in der Masse als eine Kurzschließung der beiden Pole in einer Art von Ausnahmezustand, der zur Regel zu werden droht.

Freilich ging es Freud in nahezu allen seinen Schriften darum, diese Pathologie zu vermeiden und das zwischen Kultur-Überich und Es schwankende Ich zu stärken. Es ging ihm darum, sowohl den über-

---

[250] S. Freud, "Massenpsychologie und Ich-Analyse", in: ders., *Fragen der Gesellschaft. Ursprünge der Religion*, Studienausgabe, Bd. IX, Frankfurt, Fischer, 1982, S. 108.

[251] Ibid., S. 109.

höhten Anforderungen der Kultur als auch den kulturzersetzenden Impulsen des Es entgegenzuwirken. Seine Kommentare zum *Unbehagen in der Kultur* lassen indessen erkennen, wie prekär die Schwächung der kulturellen Kontrollmechanismen sein kann: "Diese Ersetzung der Macht des einzelnen durch die der Gemeinschaft ist der entscheidende kulturelle Schritt. Ihr Wesen besteht darin, daß sich die Mitglieder der Gemeinschaft in ihren Befriedigungsmöglichkeiten beschränken, während der einzelne keine solche Schranke kannte."[252] Nur wenige Zeilen später heißt es: "Die individuelle Freiheit ist kein Kulturgut."[253]

Dies alles klingt sehr vertraut, denn es klingt nach Hobbes, der nichts so sehr fürchtete wie den Rückfall der Individuen in den Naturzustand als *bellum omnium contra omnes*. Seine einleitenden Bemerkungen zum zweiten Teil des *Leviathan* ("Of Commonwealth") erhellen den historischen Zusammenhang, in dem Freud eine – wenn auch analytisch moderierte – Unterwerfung des Einzelsubjekts unter die Kultur guthieß: "The finall Cause, End, or Designe of men, (who naturally love Liberty, and Dominion over others,) in the introduction of that restraint upon themselves, (in which we see them live in Commonwealths,) is the foresight of their own preservation, and a more contented life thereby; that is to say, of getting themselves out from that miserable condition of Warre, which is necessarily consequent (...) to the naturall Passions of men (...)."[254] Es gilt also, einen Rückfall in den Naturzustand und seine "passions" zu vermeiden.

Ein solcher Rückfall droht auch in Freuds Psychoanalyse, in der das mit der Natur liierte Es immer wieder als unbändige und bedrohliche Macht erscheint. Thomas Mann hat mit dem ihm eigenen Gespür in dem zu stärkenden Ich ein Anhängsel des Es erkannt: "Es ist ein kleiner, vorgeschobener, erleuchteter und wachsamer Teil des 'Es' – ungefähr wie Europa eine kleine, aufgeweckte Provinz des weiten Asiens ist." Dann folgt ein Freud-Zitat: "Das Ich ist 'jener Teil des Es, der durch die Nähe und den Einfluß der Außenwelt modifiziert wurde (...)'."[255]

---

252 S. Freud, "Das Unbehagen in der Kultur", in: ders., *Fragen der Gesellschaft*, op. cit., S. 225.

253 Ibid., S. 226.

254 Th. Hobbes, *Leviathan*, London, Penguin, 1985, S. 223.

255 Th. Mann, "Freud und die Zukunft" (Vortrag gehalten in Wien am 8. Mai 1936 zur Feier von Sigmund Freuds 80. Geburtstag), in: S. Freud, *Abriß der Psychoanalyse. Das Unbehagen in der Kultur*, Frankfurt, Fischer, 1953, S. 139.

Das Aktantenmodell, das allen diesen Betrachtungen zugrunde liegt, sieht etwa so aus: Auf infraindividueller Ebene wird das Ich von zwei miteinander verfeindeten Auftraggebern beauftragt, zwei miteinander unvereinbare Programme zu verwirklichen: Während das Überich alles daransetzt, damit das Programm "Kultur" verwirklicht wird, drängt das Es mit Hilfe aller Triebe auf eine Realisierung des Programms "Natur". Aus dieser Konfliktsituation kann das Ich als Subjekt-Aktant nur selten ausbrechen – es sei denn, daß es ihm im Zustand der Massenbildung gelingt, den kulturellen und den triebhaften Pol zusammenzuschließen und die beiden Programme auf einen Nenner zu bringen.

Es kann durch Projektion seines Ichideals auf ein Kollektiv und seine(n) Führer den kulturellen Anforderungen eines historischen Augenblicks genügen und zugleich seinen Trieben und Aggressionen freien Lauf lassen. Dadurch mag es zeitweise dem Unbehagen in der Kultur entgehen. Freilich kann es, wenn ein totalitäres Wertsystem zusammenbricht und die tradierten (christlichen, demokratischen) Werte wieder zur Geltung kommen, die seit 1945 und 1989 bekannte Katerstimmung erleben; aber dies ändert nichts an der Tatsache, daß im "Massenwahn" (wie Broch sagt) die beiden Auftraggeber auf Kosten des Ichs und seiner Autonomie "Frieden schließen" können. Dieser Friedensschluß ist zumeist der Beginn einer Barbarei.

Vor ihr haben nicht nur Freud und Adorno, sondern auch Hermann Broch gewarnt. Ihre Schriften zeigen allerdings, daß gerade die Spätmoderne, die als Selbstkritik der Moderne in der rationalistischen und hegelianischen Auffassung des Zugrundeliegenden eine verkappte Unterwerfung erkennt, der Autonomie des individuellen Subjekts mit allergrößter Skepsis begegnet. An dem Willen dieser Autoren – wie auch Mallarmés, Valérys, Thomas Manns oder Musils –, die Autonomie zu retten, ist nicht zu zweifeln, sehr wohl aber an der Möglichkeit, dieses liberal-individualistische Vorhaben zu verwirklichen. Denn sowohl Adorno als auch Freud und Broch entdecken neue wirtschaftliche, soziale und psychische Faktoren, die den Spielraum des Einzelsubjekts immer weiter einengen und die Zwangsmechanismen ankündigen, deren Analyse einen Verzicht auf den Subjektbegriff in der Postmoderne nach sich zieht.

Während Adorno und Freud vor allem die Gefahren ins Auge fassen, die von der Verdinglichung, der Großorganisation, der Ideologie und der Massenpsychose ausgehen, stellt Broch eine Verbindung zwischen dem "Zerfall der Werte", wie er sagt, und der Schwächung des Einzelsubjekts her, das im *Massenwahn* aufzugehen droht.

Dabei geht er von den Folgen der gesellschaftlichen Differenzierung aus und zeigt im dritten Roman seiner Trilogie *Die Schlafwandler*, wie durch den arbeitsteiligen Prozeß die einzelnen Wertbereiche einander entfremdet werden: "(...) Gleich Fremden stehen sie nebeneinander, das ökonomische Wertgebiet eines 'Geschäftemachens an sich' neben einem künstlerischen des l'art pour l'art, ein militärisches Wertgebiet neben einem technischen oder einem sportlichen, jedes autonom, jedes 'an sich', ein jedes in seiner Autonomie 'entfesselt', ein jedes bemüht, mit aller Radikalität seiner Logik die letzten Konsequenzen zu ziehen und die eigenen Rekorde zu brechen."[256] Komplementär zu dieser noch zeitgemäßen Darstellung verhält sich Georg Lukács' im Anschluß an Schiller aufgeworfene Frage aus *Geschichte und Klassenbewußtsein*, "wie der gesellschaftlich vernichtete, *zerstückelte, zwischen Teilsystemen verteilte Mensch gedanklich wieder hergestellt werden soll*".[257] Die Antwort auf diese Frage bleiben alle Denker der Spätmoderne schuldig.

Sie stimmen aber in der Ansicht überein, daß die auch von Georg Simmel eingehend untersuchte soziale Differenzierung[258], die das Autonomiestreben der Teilsysteme vorantreibt, zur Zersetzung und Schwächung des individuellen Subjekts wesentlich beiträgt. Die Schwächung ist nicht nur eine Folge der Zerstückelung als Spezialisierung, die dem Einzelnen den Ausblick aufs Ganze verstellt, sondern auch eine Folge der *Ambivalenz der Werte*, die zwischen den Teilsystemen herrscht. Denn der absolut geltende Wert des einen Systems kann keinerlei Geltung im benachbarten System beanspruchen: Auf dem Fußballfeld gleicht der Lyriker Baudelaires abgestürztem Albatros.

Diese Ambivalenz kann in Indifferenz als Austauschbarkeit der Werte umschlagen, sobald klar wird, daß es kein umfassendes Wertsystem gibt (etwa Religion oder Ideologie), das jenseits der Relativität wäre. Von Huguenau, dem "wertfrei" denkenden Protagonisten des dritten *Schlafwandler*-Romans, heißt es im Kontext der Ambivalenz: "Das Rationale des Irrationalen: ein anscheinend absolut rationaler

---

256 H. Broch, *Die Schlafwandler. Eine Romantrilogie*, Frankfurt, Suhrkamp, 1978, S. 498.

257 G. Lukács, *Geschichte und Klassenbewußtsein*, op. cit., S. 252.

258 Vgl. G. Simmel, *Über sociale Differenzierung*, Leipzig, Duncker und Humblot, 1890.

Mensch wie Huguenau vermag Gut und Böse nicht zu unterscheiden. In einer absolut rationalen Welt gibt es kein absolutes Wertsystem, gibt es keine Sünder, höchstens Schädlinge."[259] In einer solchen Welt wird politische, ethische und ästhetische Orientierung zusehends schwieriger, weil dem individuellen Subjekt die *Relevanzkriterien* (vgl. I, 1, e) abhanden kommen, die nur im Rahmen eines Wertsystems gelten.

Orientierungslosigkeit als Ergebnis der arbeitsteiligen Zerstückelung und der Ambivalenz ist eine der Ursachen für das "Schlafwandeln" und das Aufgehen des Einzelnen in der Masse. Was Freud nicht erwähnt, das ergänzt Broch, wenn er uns vor Augen führt, wie das tradierte Kultur-Überich von der Arbeitsteilung geschwächt und im "Massenwahn" von der triebhaften Natur überwältigt wird. Vom Menschen im "Dämmerzustand" heißt es in der *Massenwahntheorie*: "Seine vegetativ-animalische Natur hat die Oberhand in ihm gewonnen, und was immer er denkt, plant oder unternimmt, handelnd oder nur vorstellungsmäßig, umweltfreundlich oder umweltfeindlich, es ist restlos ins Instinkthafte zurückgeglitten, es dient nur noch den unmittelbaren Triebbefriedigungen, und es vollzieht sich im Rahmen der vorhandenen Umwelt, im Rahmen der hic et nunc gegebenen Umweltbedingungen, deren Akzeptierung ihm von seinem Hindämmern geheißen wird."[260] Anders gesagt: Die triebhafte Natur (Freuds Es) setzt sich im individuellen Subjekt gegen das Ich durch und erstickt im Keime jede rationale Regung, die über die gegebenen Bedingungen hinausgeht. Es herrscht Eindimensionalität im Sinne von Marcuse.

An einer anderen Stelle der *Massenwahntheorie* tritt die Wechselbeziehung zwischen Wahnzustand und Wertkrise klar zutage: "Der Einzelmensch gerät in den Bann einer Vielzahl verselbständigter Untersysteme, von denen ein jedes Absolutgeltung beansprucht. Die Folge davon sind eine Hypertrophie der deduktiven Werte und entsprechend ein größerer Massenwahn."[261] Die Zerrissenheit des Einzelsubjekts zwischen den miteinander rivalisierenden Wertsystemen schwächt zusammen mit seinem Wertbewußtsein sein Überich und liefert es der Hypnose der Demagogen und neuerdings der Medien aus. Es schließt sich einem straff organisierten Kollektiv – einer Par-

---

259 H. Broch, *Die Schlafwandler*, op. cit., S. 597.

260 H. Broch, *Massenwahntheorie. Beiträge zu einer Psychologie der Politik*, Frankfurt, Suhrkamp, 1979, S. 133.

261 Ibid., S. 82-83.

tei, Sekte oder Bewegung – an, um nicht länger selbst rational entscheiden zu müssen. Es flieht aus Verantwortung und Freiheit, wie Fromm sagen würde. (Es ist merkwürdig, daß Niklas Luhmann, der eine Theorie der sozialen Systeme entworfen hat, eine Auseinandersetzung mit Broch meidet und statt die Auswirkungen der systematischen Ausdifferenzierung der Gesellschaft auf die individuelle Subjektivität zu untersuchen, kurzerhand auf den Subjektbegriff verzichtet. Im vierten Kapitel soll ausführlicher von dieser "Leerstelle" die Rede sein.)

Wie nahezu alle spätmodernen Kritiker der Moderne weigert sich Broch – darin mit Freud und Adorno solidarisch –, den liberal-individualistischen Subjekt- und Autonomiebegriff aufzugeben. In den *Schlafwandlern* gibt sein Erzähler der Hoffnung Ausdruck, daß das schlafwandelnde Subjekt der ausgehenden Moderne irgendwann aus seinem Traumzustand erwacht oder geweckt wird: "Unverloren und nicht minder schlafwandlerisch aber wirkt im Traumhaften die Sehnsucht nach Erweckung, erkenntnismäßiger und erkennender Erwekkung aus dem Schlaf, je nach dem subjektiven Vokabular 'Erlösung', 'Rettung', 'Lebenssinn', 'Gnade' genannt."[262] – Der Kritischen Theorie ist dieser Satz nicht fremd.

8. Die Krise des Subjekts in der Literatur des Modernismus: Natur und Kontingenz als Bedrohung und Befreiung

Die folgenden Betrachtungen knüpfen nicht nur an die spätmodernen Kritiker der Moderne Adorno, Freud und Broch an, sondern auch an den dritten Teil dieses Kapitels: vor allem an Friedrich Theodor Vischers Hegel-Kritik. Denn lange vor den Romanciers der Jahrhundertwende, lange vor Musil, Proust, Svevo und Pirandello entdeckte der Junghegelianer die repressiven Züge des systematischen Denkens und stellte – durchaus noch als Hegel-Schüler – fest, daß es dem Meister des Idealismus nicht gelungen war, Geist und Natur, Subjekt und Objekt zur Synthese zu bringen.

Die fiktiven Aufzeichnungen seines Romanhelden lassen den Entwurf einer Philosophie der Kontingenz erahnen, die Subjektivität als systematisch zugrunde gelegte, reine Ratio radikal in Frage stellt. Die Aussicht auf eine philosophische Bändigung von Naturwüchsigkeit

262 H. Broch, *Die Schlafwandler*, op. cit., S. 723.

und Kontingenz wird ironisch kommentiert: “In der unendlichen Tätigkeit aller, den Zufall zu verarbeiten, sind nun geheimnisvolle Gesetze tätig, denen die Philosophie der Geschichte mit wenig Erfolg nachforscht. (...) Da ist nicht zu helfen; darein muß man sich ergeben; da gibt es keinen Trost, als den: sollen die blinden Naturgesetze unendliches Leben schaffen und unendliches Wohl, so geht es nicht anders, sie müssen auch ihre Opfer haben.”[263] Angesichts dieser fundamentalen *Ambivalenz der Natur*, die die gesamte Problematik des Modernismus prägt, wird individuelle Subjektivität als ambivalente Einheit zwischen Natur und Kultur fragwürdig.

Vischers Held ahnt eine spätmoderne oder modernistische Zeit voraus, wenn er einerseits feststellt, daß die Alten “von dem Gespenste des Ichs eigentlich noch nichts gewußt”[264] haben, und sich anschließend dem Zweifel am Ich hingibt: “Wenn ich so nachts im Bett vor dem Einschlafen über das Ich nachdenke, fühle ich immer gar gut, wie man darüber wahnsinnig werden kann.”[265] Er kommt hier nicht nur auf eines von Prousts Lieblingsthemen zu sprechen, auf die Vielfalt der Person zwischen Tag und Traum, sondern nimmt die Zweifel nahezu aller Modernisten vorweg, die zwar (wie Brochs Erzähler zeigt) das Einzelsubjekt retten möchten, andererseits aber mit Besorgnis Machs These zur Kenntnis nehmen, das Ich sei unrettbar – ein Gespenst des 19. Jahrhunderts.

Ähnlich wie Vischer und viel später Adorno setzen moderne Romanciers wie Musil die junghegelianische Kritik an Hegels System- und Identitätsdenken fort, wenn sie die repressiven Aspekte des Systems beleuchten und nach Denkfiguren und Stilen Ausschau halten, die jenseits der begrifflichen Totalität wären. In Robert Musils Romanfragment *Der Mann ohne Eigenschaften*, das als antisystematischer, essayistischer Entwurf in vieler Hinsicht an Vischers philosophisch-literarisches Experiment *Auch Einer* erinnert, stößt der Leser auf eine Systemkritik, mit der Vischer und Adorno sympathisiert hätten. Vom Romanhelden Ulrich sagt der Erzähler: “Er war kein Philosoph. Philosophen sind Gewalttäter, die keine Armee zur Verfügung haben und sich deshalb die Welt in der Weise unterwerfen, daß sie sie in ein System sperren.”[266]

---

263 F. Th. Vischer, *Auch Einer*, Bd. II, op. cit., S. 462.
264 Ibid., S. 384.
265 Ibid., S. 384-385.
266 R. Musil, *Der Mann ohne Eigenschaften, Gesammelte Werke*, Bd. I, Hamburg, Rowohlt, 1978, S. 253.

Nicht nur Welt und Natur werden im System unterworfen, sondern auch das individuelle Subjekt, das letztlich für die Systemkonstruktion verantwortlich ist (wie Kierkegaard und Sartre gezeigt haben). Deshalb verspricht sich Musil – ähnlich wie später Adorno – vom essayistischen Denken und Schreiben eine Freiheit des Subjekts als *Freiheit zum Objekt* und als Freiheit von Herrschaft: "Ungefähr wie ein Essay in der Folge seiner Abschnitte ein Ding von vielen Seiten nimmt, ohne es ganz zu erfassen, – denn ein ganz erfaßtes Ding verliert mit einem Male seinen Umfang und schmilzt zu einem Begriff ein – glaubte er, Welt und eigenes Leben am richtigsten ansehen und behandeln zu können."[267] Diese Freiheit zum Objekt als Alternative zur Herrschaft über Objektwelt und Natur ist bei Musil insofern ambivalent, als sie die innere und äußere Natur als selbständige Kraft jenseits des Geistigen und Begrifflichen in Erscheinung treten läßt.

Wie sehr die Natur in Musils Werk die kulturelle Schicht durchbricht, ist nicht nur daran zu erkennen, daß der Romancier und Dramatiker parallel zur Psychoanalyse das Unbewußte, die Neurose und den Wahnsinn entdeckt, sondern auch daran, daß im Romanfragment der Inzestmythos in den Vordergrund tritt und das Inzesttabu von den beiden Protagonisten Agathe und Ulrich verletzt wird.[268] Dadurch wird die Differenz zwischen Natur und Kultur in Frage gestellt, von der Derrida im Zusammenhang mit Lévi-Strauss' strukturaler Anthropologie spricht.[269] Angezweifelt wird sie in gesellschaftlichen und sprachlichen Situationen, die von der *Ambivalenz als unaufhebbarer Einheit der Gegensätze* beherrscht werden. In solchen Situationen erscheint der Einzelne als unversöhntes Ineinander (und Gegeneinander) von Natur und Kultur, von Unbewußtem und Bewußtem, von Zufall und Notwendigkeit, von Moral und Ausschweifung.

Zugleich kommt es zu einer Verdoppelung der Werte, die Nietzsche in *Jenseits von Gut und Böse* ankündigt und die im literarischen Modernismus der Jahrhundertwende Wirklichkeit wird. Diese Ver-

---

[267] Ibid., S. 250.

[268] Vgl. T. Floreancig, *L'incesto nel moderno. Una prospettiva d'analisi su Bronnen, Pirandello, Musil e Nin*, Pasian di Prato (Udine), Campanotto, 2004, darin vor allem: "Incesto e utopia nell'*Uomo senza qualità*".

[269] Vgl. J. Derrida, *Die Schrift und die Differenz*, Frankfurt, Suhrkamp (1972), 1976, S. 429: "Einen Skandal kann es offensichtlich nur *innerhalb* eines Systems von Begriffen geben, das sich auf die Differenz von Natur und Kultur verläßt. Indem Lévi-Strauss sein Werk über dem *factum* des Inzestverbotes errichtet, faßt er dort Fuß, wo diese Differenz, die bislang als selbstverständlich hingenommen wurde, ausgelöscht oder in Frage gestellt ist."

doppelung ist selbst ambivalent, weil sie einerseits von der Krise des gesamten sozialen Wertsystems zeugt, andererseits kritisch-ironische Perspektiven eröffnet, die vor allem Broch, Musil, Svevo und Pirandello wahrnehmen.

In Brochs zweitem *Schlafwandler*-Roman sehnt sich der Ideologe Esch nach der verlorenen Eindeutigkeit: "Nichts ist eindeutig, dachte Esch voll Zorn, nicht einmal an solch schönem Frühlingstag."[270] Hier zeigt sich, wie sehr Eindeutigkeit zur *ideologischen* Subjektkonstitution beiträgt und wie sehr Ambivalenz ihr im Wege steht: Esch empfindet sie als Bedrohung seines Ichs und seiner Handlungsfähigkeit und orientiert sich an den manichäischen Mustern herrschender Ideologien.

Diese sind jedoch dem Verschleiß in der Marktgesellschaft ausgesetzt, die von der kulturellen Indifferenz des Tauschwerts beherrscht wird und von einander befehdenden ideologischen Gruppen, die durch ständige Polemiken ihre eigenen Wertsetzungen aushöhlen. Ergänzt wird dieses Szenario durch das von Broch so anschaulich dargestellte arbeitsteilige Nebeneinander der Wertsysteme, das zusammen mit den ideologischen Konflikten und dem Tauschgesetz die Wertambivalenz steigert, bis sie in Indifferenz umschlägt.[271]

Daß die Ambivalenz der Werte handlungsunfähig machen kann, erkennt parallel zu Brochs Esch auch Musils Diotima, von der der Erzähler sagt: "Jedesmal, wenn Diotima sich beinahe schon für eine solche Idee entschieden hatte, mußte sie bemerken, daß es auch etwas Großes wäre, das Gegenteil davon zu verwirklichen."[272] Daß ein solches *raisonnement* schließlich (d.h. in der Postmoderne) in die Erkenntnis mündet, alle Wertsetzungen seien austauschbar oder indifferent, liegt auf der Hand.

So weit möchten die Romanautoren des Modernismus jedoch nicht gehen, weil sie wissen, daß Wertsetzungen die Grundlage der Subjektivität bilden, die sie nicht preisgeben wollen. Deshalb stellt sich Italo Svevos Zeno Cosini hartnäckig die scheinbar naive Frage: "Bin ich gut oder schlecht?" ("Ero io buono o cattivo?")[273] Sie führt

---

270 H. Broch, *Die Schlafwandler*, op. cit., S. 226.

271 Zum Übergang von der Ambivalenz zur Indifferenz vgl. Vf., *Der gleichgültige Held. Textsoziologische Untersuchungen zu Sartre, Moravia und Camus*, Stuttgart, Metzler, 1983, Trier, Wiss. Verlag Trier, 2004 (2. Aufl.), Kap. I, 3, g.

272 R. Musil, *Der Mann ohne Eigenschaften*, Bd. I, op. cit., S. 229.

273 I. Svevo, *Zeno Cosini*, Hamburg, Rowohlt, 1959, S. 345. (*La coscienza di Zeno*, Mailand, dall'Oglio, 1938, S. 369.)

zu der ironisch-kritischen Einsicht in die grundsätzliche Ambivalenz der eigenen Person, die auch Zenos ambivalente Einstellung zur Psychoanalyse mitbedingt. Aus ihr geht ein ironischer und selbstironischer Diskurs hervor, der Sätze zeitigt wie diesen: "Ich halte mich für einen guten, aber dennoch in irgendeiner Hinsicht mit Blindheit geschlagenen Beobachter." ("Posso ritenermi un buon osservatore ma un buon osservatore alquanto cieco.")[274]

Auch bei Musil geht aus der Ambivalenz ein kritisch-ironischer und selbstironischer Diskurs hervor, der zu der bekannten Definition der Ironie als Selbstkritik führt: "Ironie ist: einen Klerikalen so darstellen, daß neben ihm auch ein Bolschewik getroffen ist, einen Trottel so darstellen, daß der Autor plötzlich fühlt: das bin ich ja zum Teil selbst. Diese Art Ironie – die konstruktive Ironie – ist im heutigen Deutschland ziemlich unbekannt."[275] Sie wird von Musil (ganz zu Recht) als "konstruktiv" bezeichnet, weil sie nicht einfach die Schwächen des anderen aufs Korn nimmt, sondern in eine Selbstkritik mündet, die ein dialogisches Verständnis für das Andere und Andersartige mit sich bringen kann. An diese modernistische oder spätmoderne Ambivalenz, die eine dialogische Subjektivität begründet, wird das letzte Kapitel anknüpfen.

Freilich ist diese Ambivalenz selbst ein zweischneidiges Schwert, das Kritik und Krise in einem ist und als Selbstkritik die Selbstauflösung des Subjekts zur Folge haben kann. Denn Ambivalenz ist einerseits – wie sich gezeigt hat – ein Aspekt der Wertkrise, andererseits ein Aspekt der kritischen Ironie, die sich sowohl gegen den anderen als auch gegen das Ich richten kann.

Nahezu die gesamte modernistische Literatur illustriert den Nexus von Ambivalenz und Ich-Zerfall: einen Nexus, der stets kritische und selbstkritische Komponenten aufweist, und den ansatzweise schon die Romantiker erkannt und untersucht haben. Sandro M. Moraldo beleuchtet sowohl die kreativen als auch die destruktiven Aspekte des *Doppelgängers*, der im Übergang von der Romantik zum Modernismus[276] zu einer der Hauptfiguren der Literatur wird: "Das Individuum sucht nach der Verwirklichung und Entfaltung der in ihm

---

274 Ibid., S. 75. (Ibid., S. 95.)

275 R. Musil, *Der Mann ohne Eigenschaften*, Bd. V, op. cit., S. 1939.

276 Zu der These, daß die Romantik einerseits den Realismus, andererseits den Ästhetizismus und alle modernistischen Bewegungen antizipiert, vgl. J. Barzun, *Classic, Romantic and Modern*, Chicago-London, Univ. of Chicago Press (1943), 1975, S. 99.

selbst angelegten vielfältigen Möglichkeiten. Der Doppelgänger wird ihm zur Projektionsfläche für unausgelebte Wünsche und Begehren."[277] Im Kontext der Ambivalenz werden also Entfaltungsmöglichkeiten wahrgenommen, die es z.B. im Rahmen eines ideologischen Dualismus (als Entweder/Oder) nicht gibt. Zu dieser Freiheit, die zugleich gesteigerte Kritikfähigkeit beinhaltet, gesellt sich jedoch die Gefahr des Zerfalls: "Die Abgründe des Unbewußten tun sich auf. Der Mensch wird sich in seiner individuellen Eigenart zum Problem; er verliert sozusagen sein psychisches Gleichgewicht. Zum einen entpuppt er sich als ein Konstrukt widersprüchlicher Pole. Zum anderen erkennt er 'le sue multiple identità, (...) la sua disidentità', die es in seiner Illusion, mit sich selbst identisch zu sein, erschüttern."[278]

Diese Erschütterung, die in der von Moraldo zitierten *Disidentità* (1988) von Giampaolo Lai auf ihren Höhepunkt zutreibt, ist im Modernismus am stärksten, weil dort die Ambivalenz als *unaufhebbare Einheit der Gegensätze* zum zentralen Problem wird und die Frage nach der Identität des individuellen Subjekts ins Zentrum der Diskussion rücken läßt. Der Übergang von der Ambivalenz zur Indifferenz, der eine nachmoderne Literatur zeitigt, drängt diese Frage an die Peripherie ab. Das Subjekt wird von vielen als *proton pseudos* oder ideologische Schimäre verabschiedet.

Im Modernismus hingegen werden, wie Moraldo zeigt, sowohl die Möglichkeiten als auch die Gefahren der subjektiven Verdoppelung oder Vielfalt wahrgenommen und stets von neuem kommentiert. So wird etwa die Alterität *im* eigenen Ich Pirandello zum Problem: "Wie sollte ich diesen Fremden in mir ertragen? Diesen Fremden, der ich selber war?" ("Come sopportare in me quest'estraneo? quest'estraneo che ero io stesso per me?")[279] Diese Fragen, die eine "unverdaute" Alterität aufkommen läßt, legen schon in Pirandellos Roman *Il fu Mattia Pascal* (1904) die Vermutung nahe, daß das Ich eine Erfindung oder Konstruktion ist: "Was war ich denn jetzt anderes als ein erfundener Mensch?" ("Ora che cos'ero io, se non un uomo inventato?")[280]

277 S. M. Moraldo, *Wandlungen des Doppelgängers. Shakespeare – E.T.A. Hoffmann – Pirandello*, Frankfurt-Berlin-Bern, Lang, 1996, S. 26.

278 Ibid.

279 L. Pirandello, *Die Ausgestoßene. Einer, keiner, hunderttausend. Zwei Romane, Gesammelte Werke*, Bd. V, Berlin, Propyläen, 1998, S. 279. (*Uno, nessuno e centomila*, Mailand, Mondadori [1941], 1985, S. 25.)

280 L. Pirandello, *Mattia Pascal*, Berlin, Wagenbach, 2000, S. 111. (*Il fu Mattia Pascal*, Mailand, Mondadori [1933], 1983, S. 121.)

Dieser Frage geht später der Erzähler von *Uno, nessuno e centomila* (1926) nach. Er gelangt zu der Erkenntnis, daß das Subjekt eine Schimäre ist, die sich von Betrachter zu Betrachter kaleidoskopisch wandelt. In den Augen eines jeden anderen bin ich ein anderer.[281]

Komplementär dazu ist in Hermann Hesses Roman *Der Steppenwolf* (1927) (im "Traktat vom Steppenwolf") vom "Wahn der Persönlichkeitseinheit"[282] die Rede, und dieser Zweifel an der subjektiven Identität nimmt den Zerfall des Subjekts im "Magischen Theater" vorweg, wo die Vielfalt des Ichs, die aus der Ambivalenz des Wolf-Menschen hervorgeht, als Befreiung erfahren wird: "Er hielt mir einen Spiegel vor, wieder sah ich darin die Einheit meiner Person in viele Ichs zerfallen, ihre Zahl schien noch gewachsen zu sein."[283]

Sowohl bei Hesse als auch bei seinen Zeitgenossen Svevo und Proust wird dieser Ich-Zerfall mit dem *Unbewußten* verknüpft, und Hesses "Magisches Theater" könnte durchaus als eine Metapher für das Unbewußte aufgefaßt werden. Denn in diesem Theater soll die gesellschaftliche *Persona* als "Maske des Schauspielers"[284] abgeworfen und das "Innere" des Subjekts ausgeleuchtet werden: seine verdrängten Regungen, Vorstellungen und Wünsche. "Ohne Zweifel haben Sie ja längst erraten, daß die Überwindung der Zeit, die Erlösung von der Wirklichkeit, und was immer für Namen Sie Ihrer Sehnsucht geben mögen, nichts anderes bedeuten als den Wunsch, Ihrer sogenannten Persönlichkeit ledig zu werden"[285], erklärt Pablo Harry Haller

---

281 Vgl. M. Rößner, "Nietzsche und Pirandello. Parallelen und Differenzen zweier Denk-Charaktere", in: J. Thomas (Hrsg.), *Pirandello-Studien. Akten des I. Paderborner Pirandello-Symposiums*, Paderborn-München-Wien, Schöningh, 1984, S. 16, wo der Autor versucht, Pirandellos Kritik der Subjektivität als eine Revolte gegen den sozialen Rollenbegriff zu verstehen. Zur Subjekt-Problematik im selben Band vgl. M. Schmitz-Emans, "Das gespaltene Ich. Pirandellos Theorie des Subjekts und ihre Korrespondenzen zu philosophischen Konzeptionen Schopenhauers und Nietzsches".

282 H. Hesse, *Der Steppenwolf*, Frankfurt, Suhrkamp, 1972, S. 66.

283 Ibid., S. 209. Vgl. zum Subjektproblem in Hesses Roman P. Petropoulou, *Die Subjektkonstitution im europäischen Roman der Moderne. Zur Gestaltung des Selbst und zur Wahrnehmung des Anderen bei Hermann Hesse und Nikos Kazantzakis*, Wiesbaden, Deutscher Universitäts-Verlag, 1997, S. 87: "In dieser Freiheit soll das Subjekt sich selbst jenseits aller Konventionalität entfalten, um die alles umfassende Identität der Unsterblichen erreichen zu können; eine Identität, die alle Antinomien umfaßt, so daß das Subjekt in jedem Umstand die entsprechenden Elemente des Ich einsetzen und das Beste daraus machen kann."

284 C. G. Jung, *Bewußtes und Unbewußtes*, Frankfurt, Fischer, 1957, S. 29.

285 H. Hesse, *Der Steppenwolf*, op. cit., S. 192.

vor Beginn der onirischen Vorstellung, in der Haller die verschütteten Bilder seiner Sehnsucht zu Gesicht bekommt.

Als Analogon zum "Magischen Theater" erscheint das Unbewußte als "unwillkürliche Erinnerung" oder *mémoire involontaire* in Marcel Prousts *Recherche* und vor allem in *Le Temps retrouvé*, wo die soziale Welt der *Intelligenz* (*intelligence*) dem *künstlerischen Instinkt*, dem *instinct artistique*, untergeordnet wird. Schon der Autor von *Contre Sainte-Beuve* stellte die Echtheit des mondänen Intellekts, des Intellekts der Konversation, in Frage und suchte die Lösung in den unbewußten Assoziationen einer Erinnerung, die sich der Kontrolle des intelligenten, diskursiven Denkens entzieht.[286]

Auf dieser Ebene trifft er sich mit Musil, der das literarische Schreiben ebenfalls jenseits der konventionellen Bewußtseinsformen ansiedeln möchte. Noch eindeutiger als Proust zweifelt der Kenner und Kritiker der Psychoanalyse an der Aussagekraft der etablierten Syntax: "Solange man in Sätzen mit Endpunkt denkt, lassen sich gewisse Dinge nicht sagen – höchstens vage fühlen. Andererseits wäre es möglich, daß man sich so auszudrücken lernt, daß gewisse unendliche Perspektiven, die heute noch an der Schwelle des Unbewußten liegen, dann deutlich und verständlich werden."[287]

Musils und Prousts Romane öffnen diese Perspektiven, die später von den Surrealisten erweitert und konkretisiert werden. In seinem psychoanalytischen Aufsatz "La Rhétorique du rêve. Swann et la psychanalyse" versucht Michel Grimaud sogar nachzuweisen, "wie sehr der ganze Proust wie ein Traum funktioniert".[288] Auf struktureller und narrativer Ebene wird diese Hypothese von Gérard Genette bestätigt, der auf die assoziative (Adorno würde sagen: "parataktische") Anordnung des Proustschen Romans hinweist, der eher den "reihenden" Verfahren des Traums als den deduktiven Prinzipien der diskursiven Syntax gehorcht: "Die Besonderheit des Anfangs der *Recherche* ist natürlich in der Vielfalt der sich erinnernden Instanzen zu suchen sowie in der Vielfalt der Anfänge, von denen jeder (bis auf den letzten) im nachhinein als einleitender Prolog erscheinen mag."[289] Diese "Vielfalt der Anfänge" prägt bekanntlich auch Musils großen Roman, der mit den – vom Erzähler ironisch kommentierten – "drei Versu-

---

286 Vgl. Vf., *L'Ambivalence romanesque*, op. cit., Kap. V.

287 R. Musil, *Aus den Tagebüchern*, Frankfurt, Suhrkamp, 1971, S. 19.

288 M. Grimaud, "La Rhétorique du rêve. Swann et la psychanalyse", in: *Poétique* 33, 1978, S. 98.

289 G. Genette, *Figures III*, Paris, Seuil, 1972, S. 88.

chen" beginnt, "ein berühmter Mann zu werden". Wie die *Recherche* stellt er die vom Bewußtsein organisierte narrative Syntax in Frage und erforscht essayistisch den Bereich einer assoziativen Schreibweise jenseits des sozialisierten Bewußtseins.

Mit diesem Vorstoß ins Unbewußte und Onirische knüpfen die modernistischen Romane Hesses, Prousts und Musils an Vischers "Naturseite des Geistes" an und antizipieren zugleich die surrealistische Schreibweise, die auf das Unbewußte, das *objet trouvé* und den *hasard objectif* ausgerichtet ist. So gewährleistet beispielsweise bei Proust der Zufall (eine Art *hasard objectif avant la lettre*) die Echtheit der mit dem Unbewußten liierten unwillkürlichen Erinnerung: "Aber gerade die Form eines unentrinnbaren Zufalls, unter der ich dieser Empfindung begegnet war, bedeutete gleichsam eine Gegenprobe auf die Wahrheit der Vergangenheit, die sie wiedererweckte (...)." ("Mais justement la façon fortuite, inévitable, dont la sensation avait été rencontrée contrôlait la vérité du passé qu'elle ressuscitait [...].")[290] Die Wiederbelebung des vergangenen Ichs erscheint hier als mit dem Unbewußten der *mémoire involontaire* und dem Zufall verbündet.

Auch bei Hesse beherrscht ein gewalttätiger, surrealistisch anmutender Zufall die Szenen des "Magischen Theaters". In einer Inszenierung des Unbewußten, die an Musils "allozentrischen Zustand" erinnert, wird das bewußte Ich außer Kraft gesetzt, der Kontingenz überantwortet: In der "Hochjagd auf Automobile" setzt sich jenseits von Gut und Böse jene "Willkür", jenes "arbitraire"[291] durch, von dem Breton in *Les Pas perdus* spricht: "'Schießen Sie denn auf jedermann, ohne Wahl?' 'Gewiß. Für manche mag es ja ohne Zweifel schade sein. Zum Beispiel um die junge hübsche Dame hätte es mir leid getan – sie ist wohl ihre Tochter?'"[292] Hier zeigt sich, daß kein schroffer Gegensatz zwischen Modernismus und Avantgarde (Surrealismus) konstruiert werden sollte. Denn Modernisten wie Proust und Hesse entwickeln avantgardistische Verfahren, wenn sie Unbewußtes und Kontingenz, die bei den Hegelianern, in der Klassik und im Realismus an den Rand des Geschehens verbannt wurden, in den Mittelpunkt ihrer Ästhetik rücken lassen. Mit Astradur Eysteinsson sollte die Avantgar-

---

290 M. Proust, *Auf der Suche nach der verlorenen Zeit. Die wiedergefundene Zeit II*, Frankfurt, Suhrkamp, 1974, S. 285. (*A la recherche du temps perdu*, Bd. III, Paris, Gallimard, Bibl. de la Pléiade, 1954, S. 879.)

291 A. Breton, *Les Pas perdus*, Paris, Gallimard, 1969, S. 73.

292 H. Hesse, *Der Steppenwolf*, op. cit., S. 201.

de daher als Komponente der Modernismus-Problematik betrachtet werden.[293]

Surrealisten wie Breton und Soupault waren sich in einem entscheidenden Punkt mit den meisten anderen Modernisten einig: Auch ihnen ging es darum, das individuelle Subjekt vom Joch der Konvention, der Ideologie und der rationalistischen Tradition zu befreien. Sie beabsichtigten nicht – wie ihnen Sartre in *Qu'est-ce que la littérature*? vorwirft (s.o.) –, die "Subjektivität aufzulösen", sondern versuchten, die von der Konvention verschütteten unbewußten Schichten der Person bloßzulegen, weil sie in ihnen das authentische (nicht unterworfene, nicht manipulierte) Substrat des Subjekts zu erkennen meinten. Deshalb spricht Gisela Steinwachs im Zusammenhang mit dem Surrealismus ganz zu Recht von einer "Rückverwandlung von Kultur in Natur"[294]: In Bretons Augen stellt sich die Befreiung des Einzelnen als Ausbruch aus der kulturellen Konvention und als Befreiung der Natur im Menschen dar.

Daß der Surrealismus keine Auflösung des Einzelsubjekts plante, wird in *Point du Jour* klar, wo Breton seiner Bewegung bescheinigt, sie wolle "die Persönlichkeit vereinheitlichen": "le surréalisme ne se propose rien moins que d'unifier cette personnalité".[295] Mit diesem Vorhaben knüpft Breton an die Werke Lautréamonts, Rimbauds und der Psychoanalyse an. Sein Projekt erweist sich jedoch als ebenso zweideutig wie das dieser Autoren und wie das Freuds, der die Zwänge des Kultur-Überichs lockern möchte, zugleich aber Kräfte auf den Plan ruft, die zusammen mit der Kultur auch das Ich bedrohen.

Diese Ambivalenz der Psychoanalyse (und der Avantgarde) fiel D. H. Lawrence, einem Kritiker der Psychoanalyse, auf, der in der "Rückverwandlung von Kultur in Natur" eine akute Bedrohung der Gesellschaft erblickte: "Die Psychoanalyse peilt unter therapeutischer Tarnung eine vollständige Beseitigung der moralischen Urteilskraft des Menschen an (...). Bei jedem Schritt setzt der unschuldigste und

---

[293] Vgl. A. Eysteinsson, *The Concept of Modernism*, Ithaca-London, Cornell Univ. Press, 1990, S. 155-166. In diesem Kontext könnte man etwas weiter ausholen und auch die Beziehungen zwischen Surrealismus und Romantik untersuchen, wie es Walter Fähnders tut: "'Projekt Avantgarde' – Vorwort", in: W. Asholt, W. Fähnders (Hrsg.), *"Die ganze Welt ist eine Manifestation": die europäische Avantgarde und ihre Manifeste*, Darmstadt, Wiss. Buchgesellschaft, 1997, S. 3-8.

[294] Vgl. G. Steinwachs, *Mythologie des Surrealismus*, op. cit.

[295] A. Breton, *Point du jour*, Paris, Gallimard, 1970, S. 181.

redlichste Therapeut einen kleinen Erdrutsch in Bewegung. Die alte Welt gibt unter unseren Füßen nach."[296]

Was Bretons Surrealismus betrifft, so besteht das von Adorno und Sartre in verschiedenen Zusammenhängen diagnostizierte Problem in einer undialektischen Gegenüberstellung von Einzelsubjekt und Gesellschaft (Kollektiv). Die Surrealisten scheinen zu übersehen, daß es dieses Subjekt nur als *sozialisiertes* geben kann. Der Widerspruch des Surrealismus und anderer modernistischer Strömungen ist die aporetische Suche nach rein individuellen Werten. Dies ist Christian Kellerer aufgefallen, der in seiner Darstellung des Surrealismus eine Antinomie zwischen individueller und kollektiver Symbolik aufzeigt: "Insofern es sich nämlich bei den Individualsymbolen häufig um Vorstellungskomplexe handelt, die nichts mit kollektiv-kultureller Wertung zu tun haben, ja oft sogar im Widerspruch dazu stehen, führen sie dazu, das Individuum vom Kollektivbewußtsein zu trennen, ihm eine eigene individuelle Wertwelt zu schaffen, die sich von der kollektiven oft sehr wesentlich unterscheidet."[297] Diese Deutung wird von Michel Carrouges bestätigt, der von einem surrealistischen *dédoublement* spricht, das eine übersoziale Persönlichkeit hervorbringt, die die soziale Welt mit Distanz und Ironie[298] betrachtet. In ihrem Streben nach einer Distanzierung vom Sozialen und Kulturellen stimmen die Surrealisten mit Modernisten wie Proust, Hesse oder Camus überein[299], die dazu neigen, das Unbewußte, Kontingente und Natürliche der kulturellen Konvention gegenüber aufzuwerten.

In diesem Punkt, in der Einschätzung des Spannungsverhältnisses von Natur und Kultur, scheiden sich allerdings die Geister des Modernismus. Während von Proust und Hesse eine Entwicklungslinie zum Surrealismus verläuft, die vom Unbewußten, vom "instinct artistique" (Proust), vom Zufall und vom Traumobjekt (Prousts "madeleine", seinen "pavés inégaux", seiner "serviette empesée") markiert wird[300],

---

[296] D. H. Lawrence, "Psychoanalysis vs. Morality", in: ders., *Fantasia of the Unconscious. Psychoanalysis and the Unconscious*, London, Penguin, 1983, S. 202.

[297] Ch. Kellerer, *Objet trouvé und Surrealismus. Zur Psychologie der modernen Kunst*, Hamburg, Rowohlt, 1968, S. 43.

[298] M. Carrouges, *André Breton et les données fondamentales du surréalisme*, Paris, Gallimard, 1950, S. 128.

[299] Vgl. Vf., *L'Ambivalence romanesque*, op. cit., Kap. VI, 4: "De Marcel Proust au surréalisme".

[300] Vgl. Vf., "Die Revolte der Natur in der Prosa der Moderne", in: K. Kürtösi, J. Pál (Hrsg.), *Celebrating Comparativism*, Szeged, Universität, 1994.

kann bei Autoren wie Kafka oder Sartre eine gegenläufige Tendenz aufgezeigt werden. Im Gegensatz zu Proust, Hesse und den Surrealisten betrachten sie die Welt an der "Naturseite des Geistes" nicht als Befreiung, sondern als Bedrohung.

Mit Skepsis, wenn nicht gar mit Abneigung, hätten sie auf Hesses nietzscheanischen Pakt mit Natur und Instinkt reagiert, der in der *Kurgast*-Novelle verkündet wird: "Solang es noch Marder gab, noch Duft der Urwelt, noch Instinkt und Natur, solange war für einen Dichter die Welt noch möglich, noch schön und verheißungsvoll."[301] In Kafkas Romanen und Novellen tritt die modernistische Kehrseite dieser Natur zutage: Sie erscheint dort als Rückfall ins Tierische, als Kretinismus und als Katastrophe, die zusammen mit der kulturellen Ordnung die Grundlagen individueller Subjektivität bedroht.

K.'s und Josef K.'s Aufklärungswille scheitert an der Naturwüchsigkeit einer Welt, die von nichtrationalen Tiermenschen besiedelt ist, deren Sexualität immer wieder animalische Züge annimmt. Als Josef K. entdeckt, daß Leni, die Geliebte des Advokaten, eine Flossenhaut zwischen zwei Fingern hat, ruft er aus: "Was für ein Naturspiel" und fügt hinzu: "Was für eine hübsche Kralle!"[302] In der Erzählung *Ein Landarzt* wird die Natur (die Sexualität, die "Schneewüste" und die "unirdischen Pferde") dem erzählenden Subjekt zum Verhängnis.

Im Gegensatz zu Proust, Hesse und Breton kann auch der junge Sartre der Kontingenz und dem Zufall keinerlei Reize abgewinnen. Schließlich[303] ist es die Kontingenz der *existence*, die in regelmäßigen Abständen Roquentins Ekelanfälle hervorruft. Wie Kafka und Lawrence fürchtet Sartre nichts so sehr wie eine surrealistische "Rückverwandlung von Kultur in Natur": So ist seine frühe Ablehnung der Psychoanalyse zu erklären (vgl. II, 5).

Die Ambivalenz des Modernismus, die hier zutage tritt, besteht darin, daß seine Vertreter inmitten eines "Unbehagens in der Kultur" einerseits die kulturellen Zwangsmechanismen erkennen, die die In-

---

301 H. Hesse, *Kurgast*, Frankfurt, Suhrkamp, 1972, S. 53.

302 F. Kafka, *Der Prozeß*, Frankfurt, Fischer, 1964, S. 82.

303 Vgl. J.-P. Sartre, *La Nausée* – "Notices, documents, notes et variantes", in: ders., *Œuvres romanesques*, Paris, Gallimard, Bibl. de la Pléiade, 1981, S. 1685: "Le rapport entre deux faits existants ne peut donc être ni de principe à conséquence ni de moyen à fin. C'est une transformation sans rigueur d'un fait en un autre fait. Ne possède pas la puissance de s'affirmer, ni d'exister tel quel, glisse hors du sujet. Du passage d'un état à un autre état il y a trop. Désordre, monotonie, tristesse."

dividuen zu Subjekten machen, andererseits die Gefahren, die vom Unbewußten, Instinktiven und Naturwüchsigen (Kontingenten) ausgehen und individuelle Subjektivität in Frage stellen können. Diese Gefahren werden von Proust, Hesse und den Surrealisten – wie schon von Nietzsche – eher als Chancen der Kreativität gedeutet. In diesem Kontext erscheint das spätmoderne Subjekt als eine ambivalente, zwischen Kultur und Natur zerrissene Instanz.

Ihre Zerrissenheit ist allerdings eine Folge der von nahezu allen Modernisten kritisch vorangetriebenen Herauslösung des individuellen Subjekts aus dem transzendenten Aktantenmodell. Solange das Walten eines göttlichen Auftraggebers als gesichert galt, konnten auch Natur und Kontingenz in das narrative Programm dieses Auftraggebers integriert werden. Nach dem Zerfall dieses Programms im Säkularisierungsprozeß treten menschliche Natur und menschliche Kultur auseinander, weil die Kontingenz der einen den Absolutheits- und Ewigkeitsanspruch der anderen negiert: Der Geist als Subjekt ist zum Verschwinden verurteilt, weil seine materielle Basis, der menschliche Körper, zerfällt. Dieses idealistische Skandalon, das Hegel systematisch zu überspielen suchte, bricht aus, sobald klar wird, daß der Geist des Einzelsubjekts nicht mehr mit dem göttlichen Subjekt kommuniziert, nicht mehr in ihm aufgehoben ist.

In dieser Situation wird ein völlig neuer Aspekt der Kontingenz sichtbar: ihre Absurdität. Dazu bemerkt Franz Josef Wetz: "Einst erschien das Ganze als kontingentes Faktum und war gerade als solches gerechtfertigt, da es Gottes Erwählung und Bejahung sicher sein konnte. Jetzt erscheint es als ungerechtfertigt, weil es keinen letzten Grund und Zweck mehr besitzt. *Daß alles ganz anders sein könnte und überhaupt nicht zu sein brauchte, beweist nur noch, daß es besser wäre, wenn es überhaupt nicht existierte.*"[304]

Aber die Erkenntnis, daß alles ganz anders sein könnte, muß weder zur Negation des Ganzen noch zur Selbstnegation führen. Sie kann auch den Entwurf einer dialogischen Subjektivität hervorbringen, der sich von dem Grundgedanken leiten läßt, daß das Eine ohne das Andere, daß *ego* ohne *alter* gar nicht vorstellbar ist und daß die Gegensätze des Modernismus zusammengedacht werden sollten. Wenn es zutrifft, daß *ego* als Subjekt ohne ständige Interaktion mit *alte*r nicht zustande käme, dann sind auch die Beziehungen zwischen Kultur und

[304] F. J. Wetz, "Kontingenz der Welt – Ein Anachronismus?", in: G. v. Graevenitz, O. Marquard (Hrsg.), *Kontingenz*, München, Fink, 1998, S. 95.

Natur, Bewußtem und Unbewußtem, Notwendigkeit und Kontingenz analog zu dieser Interaktion zu denken. Dies soll – jenseits von allen rationalistischen Ausgrenzungen der Natur, jenseits von Sartres *nausée* und Bretons Befreiung des Ichs im Unbewußten – im letzten Kapitel versucht werden.

9. Vom Modernismus zur Postmoderne: *A Clockwork Orange*

Das Folgende stellt nicht mehr als einen Epilog und Versuch dar, zur Thematik des nächsten Kapitels eine Brücke zu schlagen. Ohne die Illusion zu hegen, Anthony Burgess' Roman der Zeitenwende auf wenigen Seiten gerecht werden zu können, soll *A Clockwork Orange* (1962) als ein Übergangstext zwischen der kritischen und selbstkritischen Subjektivität des Modernismus einerseits und der Subjektskepsis der Postmoderne andererseits gelesen werden. Es ist ein Text, der in seinen Darstellungen von Subjektivität als Unterwerfung nicht nur Teile von Foucaults Philosophie vorwegnimmt, sondern auch eine nachmoderne Literatur, welche die als metaphysisch apostrophierte Frage nach den Möglichkeiten individuell-subjektiver Autonomie endgültig aufgegeben hat.

Um welche Aspekte der Subjektivität geht es in Burgess' Roman? Man könnte antworten: Es geht darum, im Rahmen einer gewalttätigen *Peer-Group*-Solidarität die Freiheit des Einzelsubjekts gegen eine konformistische Tauschgesellschaft der Nachkriegszeit zu verteidigen. Aber diese etwas zu glatte Antwort übersieht die Dialektik der Gewalt, die diesem entfremdeten und entfremdenden Text eingeschrieben ist. Denn die Subjektivität des etwa fünfzehnjährigen Ich-Erzählers Alex, der mit dem Sprachduktus des Heranwachsenden an die pikareske Tradition (*Lazarillo, Buscón*) anzuknüpfen scheint und seine Mitkämpfer mit "my brothers" anspricht, kommt durch eine Identifizierung mit dem *Peer-Group*-Kollektiv zustande. Die gewalttätige Jugendgruppe tritt im Roman als kollektiver Aktant auf, der von seinen Akteuren[305] als Einzelsubjekten Gehorsam, Disziplin und Unterwerfung verlangt.

Obwohl in Burgess' Roman Disziplin und Unterwerfung extreme Formen annehmen, weil sie von der Gewaltbereitschaft der Gruppe

---

[305] Der *Akteur* kann als eine dem *Aktanten* untergeordnete Instanz aufgefaßt werden. Vgl. dazu J. Courtés, *Introduction à la sémiotique narrative et discursive*, Paris, Hachette, 1976, S. 95-96: "Actants et acteurs".

und der ihr feindlichen sozialen Umgebung verstärkt werden, entsprechen sie durchaus den gängigen soziologischen Auffassungen der *peer groups* als sozialisierenden und vereinheitlichenden Instanzen, "die die 'Sozialisation in eigener Regie' übernehmen, einen eigenen Erfahrungs- und Erlebnisraum darstellen und die allgemeine Tendenz zur Bildung altershomogener Gruppen verstärken".[306] Der vom gesamtgesellschaftlichen ("bürgerlichen") Konformismus abweichende Konformismus der Gruppe ist hier das entscheidende Phänomen: Der Einzelne hat sich als Subjekt zu fügen und geht im kollektiven Aktanten auf.

Für den Übergang von der Spätmoderne zur Postmoderne ist Burgess' Roman aus folgenden Gründen symptomatisch: 1. Er inszeniert eine revoltierende Jugendgruppenkultur, die auf soziologischer Ebene über ihren antibürgerlichen Affekt durchaus mit den Revolten des Modernismus (z.B. Hesses) verknüpft werden kann. 2. Zugleich läßt er in der *peer group* eine neue Sozialisationsinstanz auf den Plan treten, die es in dieser Form vor dem Zweiten Weltkrieg nicht gegeben hat und die den Konformismus (wenn auch mit umgekehrten Vorzeichen) fördert. 3. Er rückt – stärker noch als Orwells *1984* und Huxleys *Brave New World* – die klinisch-ideologische Manipulation und Manipulierbarkeit des Einzelsubjekts, die Foucault und anderen nachmodernen Autoren zum Hauptthema wird, in den Mittelpunkt der Betrachtungen. 4. Er verharrt jedoch in der Spätmoderne, weil er eine gescheiterte *Emanzipationsgeschichte* erzählt und den rebellierenden Einzelnen zu Wort kommen läßt.

Der Ich-Erzähler Alex tritt insofern als Einzelsubjekt auf, als er von seinen Mitkämpfern verraten und an die "Gesellschaft" als Polizei, Klinik und Staatsapparat ausgeliefert wird. Am Ende spricht er zwar noch den mit russischen Sprachbrocken versetzten Jargon seiner Gruppe, denkt aber über seine Verlassenheit zwischen *peer group* und Gesellschaft nach. Aus nachmoderner Sicht erscheint der Roman als eine Erzählung von der Unmöglichkeit individueller Subjektivität, die als Ideologem oder Theologem verabschiedet wird.

In spätmoderner Perspektive könnte er als Erzählung einer kollektiven Revolte gegen eine eindimensional werdende Gesellschaft gelesen werden, die in zunehmendem Maße das Aufkommen individueller Subjektivität verhindert. Die spätmoderne Lektüre, die hier in

---

[306] B. Schäfers (Hrsg.), *Grundbegriffe der Soziologie*, Leverkusen, Leske-Budrich, 1986, S. 148.

kritisch-theoretischer Absicht vorgeschlagen wird, läßt sich also von der Annahme leiten, daß die "zweite Dimension" der Gesellschaft im Sinne von Marcuse sichtbar gemacht werden sollte, daß keine kritische Theorie auf den Subjektbegriff verzichten kann und daß individuelle Subjektivität trotz widrigster Bedingungen möglich ist.

A Clockwork Orange läßt, wenngleich in ironischer Absicht, eine "zweite Dimension" erkennen, die Züge der Adoleszenz trägt: In einer englischen Stadt haben sich Ende der 50er oder Anfang der 60er Jahre eine Handvoll Burschen zusammengerottet, um mit Gewaltakten aller Art – von der Prügelei bis zum Raubüberfall und Totschlag – gegen Familie, Schule, Polizei und alle anderen Einrichtungen der älteren Generation zu protestieren. Ihre Solidarität kommt in einem Gruppenjargon zum Ausdruck, der von russischen Vokabeln, die ans Englische angepaßt wurden, durchsetzt ist. Es ist die Sprache des damaligen Feindes, die von den Medien ideologisch-manichäisch verteufelt wird. Der Erzähler, der zusammen mit seinen *droogs* (*drug* = Freund, Kamerad) die öffentliche Aufmerksamkeit genießt, kommentiert: "All this was gloopy and made me smeck, but it was like nice to go on knowing one was making the news all the time, O my brothers. Every day there was something about Modern Youth, but the best veshch they ever had in the old gazetta was by some starry pop in a doggy collar who said that in his considered opinion and he was govoreeting as a man of Bog IT WAS THE DEVIL THAT WAS ABROAD and was like ferreting his way into like young innocent flesh, and it was the adult world that could take the responsibility for this with their wars and bombs and nonsense."[307]

Dieser Text kann synekdochisch als *pars pro toto* der damaligen sprachlichen Situation gelesen werden: Der Soziolekt der revoltierenden Gruppe orientiert sich an einer mythisch verbrämten Sowjetunion (von Freund und Feind immer wieder Rußland genannt). Er wird von den stets divergierenden Diskursen des *establishment* angefeindet und als subversives Instrument des Gegners kritisiert, widerlegt, angeschwärzt. Dr. Branom, einer der Ärzte in der Klinik, sieht es so : "But most of the roots are Slav. Propaganda. Subliminal penetration."[308]

Der Erzähler Alex geht trotz seiner pubertären Revolte gegen die Gesellschaft nicht in der Solidarität seiner *peer group* auf, obwohl er

---

307 A. Burgess, *A Clockwork Orange*, London, Penguin, 1962, S. 35.

308 Ibid., S. 91.

bis ans Ende des Romans ihrem Jargon, dem *nadsat talk*, treu bleibt. Er wird während eines Raubüberfalls von seinen *brothers* oder *droogs* verraten und von der Polizei, der er als rückfälliger Straftäter wohlbekannt ist, in eine futuristische Klinik eingewiesen, deren experimentierende Mediziner und Psychiater im wesentlichen darauf aus sind, Gewalttätern durch "psychotechnische Behandlung" (Adorno) ihre Gewaltbereitschaft auszutreiben. Sie versuchen, ihr Ziel einerseits durch die berüchtigten *Ludovico*-Infusionen zu erreichen, andererseits durch systematische Assoziation von unerträglicher Gewaltanwendung und klassischer Musik. Denn sie haben die zweite Dimension entdeckt, die in Alex' Phantasiewelt über die bestehenden Verhältnisse hinausweist: die unversöhnte und gewalttätige Musik Beethovens, Händels, Skadeligs.

Wie sehr der Erzähler diese Musik zunächst mit seiner eigenen Revolte gegen die Gesellschaft assoziiert, läßt sein Traum in der Gefängniszelle erkennen: "But it was not really like sleep, it was like passing out to another better world. And in this other better world, O my brothers, I was in like a big field with all flowers and trees, and there was a like goat with a man's litso playing away on a like flute. And then there rose like the sun Ludwig van himself with thundery litso and cravat and wild windy voloss, and then I heard the Ninth, last movement, with the slovos all a bit mixed-up like they knew themselves they had to be mixed up, this being a dream:

> Boy, thou uproarious shark of heaven,
> Slaughter of Elysium,
> Hearts on fire, aroused, enraptured,
> We will tolchock you on the rot and kick
> your grahzny vonny bum.

But the tune was right (...)."[309]

Nicht zufällig wird der eine utopische Gemeinschaft mimende *nadsat talk* der Gruppe mit Schillers bekanntem Text und Beethovens Symphonie verknüpft: Beide negieren die unversöhnten, gewalttätigen sozialen Verhältnisse mit sprachlicher und ästhetischer Gegengewalt. Ein Satz Adornos aus der *Philosophie der neuen Musik* rückt die Einstellung des Erzählers zur Kunst ins rechte Licht: "Die Unmensch-

[309] Ibid., S. 59.

lichkeit der Kunst muß die der Welt überbieten um des Menschen willen."[310]

Diese Unmenschlichkeit kehrt sich schließlich gegen den fiktiven, im Roman auftretenden und zwischen den Welten stehenden Autor von *A Clockwork Orange* selbst: Alex und seine Gefährten dringen in sein Haus ein, mißhandeln ihn und seine Frau und zerstören sein Manuskript.

Die manipulierenden Mediziner und Politiker in Burgess' Text scheinen etwas von dieser Inhumanität zu ahnen, wenn sie mit neuen Behandlungsmethoden versuchen, die Revolte der Jugend zusammen mit der Revolte der Kunst im Keime zu ersticken. Sie zwingen Alex, sich Filme über Krieg und Folter anzusehen, in denen technisch perfektionierter Massenmord von Beethovens Musik begleitet wird: "Then I noticed, in all my pain and sickness, what music it was that like crackled and boomed on the sound-track, and it was Ludwig van, the last movement of the Fifth Symphony, and I creeched like bezoomny at that. 'Stop!' I creeched."[311]

Auf Alex' Protest gegen diesen Mißbrauch von Klassikern wie Beethoven und Händel reagiert der ihn behandelnde Dr. Brodsky mit dem – in jeder Hinsicht modernistischen – Hinweis auf die Ambivalenz der Kultur, die vom Herrschaftsprinzip nicht zu trennen ist. Seine Antwort scheint dekonstruktivistische Argumentationsstrategien vorwegzunehmen: "Delimitation is always difficult. The world is one, life is one. The sweetest and most heavenly of activities partake in some measure of violence – the act of love, for instance (...)."[312] Die gesamte humanistische Tradition, der auch Beethovens Kompositionen angehören, scheint an dieser Gewalttätigkeit zu partizipieren. Deshalb kann sie, wie Merleau-Ponty in *Humanisme et terreur* (1947) richtig gesehen hat[313], durchaus auch für Herrschaftszwecke eingesetzt werden.

In *A Clockwork Orange* gelingt es den Manipulatoren in einem ersten Schritt, das aufbegehrende, sich sprachlich und ästhetisch konstituierende Subjekt in ein *sub-iectum*, ein Unterworfenes, zu verwan-

---

310 Th. W. Adorno, *Philosophie der neuen Musik*, Frankfurt-Berlin-Wien, Ullstein, 1972, S. 119.

311 A. Burgess, *A Clockwork Orange*, op. cit., S. 90.

312 Ibid., S. 91.

313 Vgl. M. Merleau-Ponty, *Humanisme et terreur. Essai sur le problème communiste*, Paris, Gallimard (1947), 1980, S. 306: "Est-ce notre faute si l'humanisme occidental est faussé parce qu'il est aussi une machine de guerre?"

deln. Im zweiten Teil des Romans wird das Wort *subject* ausschließlich in dieser an Foucault erinnernden Bedeutung verwendet: "At this stage, gentlemen, we introduce the subject himself. He is, as you will perceive, fit and well nourished."[314] Dr. Brodskys mephistophelische Ausführungen weisen in die Postmoderne, weil sie erkennen lassen, wie sehr das Subjekt ein Ergebnis seiner erfolgreichen Manipulationen ist: "Our subject is, you see, impelled towards the good by, paradoxically, being impelled towards evil. The intention to act violently is accompanied by strong feelings of physical distress. To counter these the subject has to switch to a diametrically opposed attitude. Any questions?"[315] Eine Frage aus dem Auditorium hat ethischen Charakter und betrifft die Entscheidungsfreiheit des Subjekts. Darauf reagieren Dr. Brodsky und der Innenminister als Vertreter einer technokratischen Vernunft mit der Antwort, daß sie "higher ethics" nicht interessieren, weil ihre Ziele "cutting down crime" und "relieving the ghastly congestion of our prisons"[316] sind. Die neue, subjektlose Ära kann sich Ethik nicht mehr leisten.

Daß sich die Revolte des Erzählers und seiner Freunde nicht gegen eine friedliche, sondern eine von endemischer Gewalt geprägte Gesellschaft richtet, zeigen die Ereignisse nach Alex' Heimkehr aus der Klinik. In der Bibliothek seiner Heimatstadt wird er von einigen älteren Menschen, die er vor seiner "Behandlung" attackiert hatte, erkannt und mißhandelt. Er kann sich nicht wehren, weil seine aggressiven Regungen von "strong feelings of physical distress" begleitet werden. Da auch die Polizei als gewalttätige Organisation auftritt, deren aggressive Subkultur sich von der einer Jugendbande nur durch den Schein der Legalität abhebt, drängt sich der Schluß auf, daß Alex' Jugendrevolte der ästhetischen Negativität der von ihm geliebten Musik homolog ist: Jede negiert auf ihre Art die Gewalt der Gegenwart.

Denn als manipulierend und gewalttätig erweisen sich auch die oppositionellen Kräfte, denen jedes Mittel recht ist, den Innenminister und seine Regierung zu diskreditieren. Als geeignetes Mittel erscheint ihnen Alex, dessen Schicksal sie propagandistisch ausschlachten: "What a superb device he can be"[317], meint einer der Oppositionellen im besten leninistischen Jargon. Doch Alex tritt nicht als das unterworfene Subjekt auf, zu dem ihn die Sozialisten machen möchten:

---

314 A. Burgess, *A Clockwork Orange*, op. cit., S. 97.
315 Ibid., S. 99.
316 Ibid.
317 Ibid., S. 127.

"Stop treating me like a thing that's like got to be just used. I'm not an idiot you can impose on (...)."[318]

Schließlich erkennt einer von ihnen – sein sich philanthropisch gebärdender Gastgeber – in ihm den rücksichtslosen Hooligan von früher, der seine Frau so schwer mißhandelt hat, daß sie kurz danach starb. Der Philanthrop sinnt auf Rache, sperrt Alex in sein Zimmer ein und läßt so lange Skadeligs dritte Symphonie ertönen, bis sein gefangener Gast in einer Mischung aus Verzweiflung und Schmerz aus dem Fenster springt. Die Verzweiflungstat soll als von der Regierung verschuldeter Selbstmord gedeutet und propagandistisch ausgeschlachtet werden.

Doch Alex überlebt den Sturz, wird ins Krankenhaus eingeliefert, und der Regierung gelingt es, den Spieß umzudrehen. Der rachsüchtige Oppositionelle wird verhaftet, und der Innenminister präsentiert sich am Krankenbett des irregeführten Jugendlichen als dessen Beschützer und Freund: "'When you leave here', said the Min, 'you will have no worries. We shall see to everything. A good job on a good salary. Because you are helping us'."[319] Er schenkt ihm eine Stereoanlage, und der Erzähler-Held läßt die Neunte Symphonie spielen, die immer noch Freiheit, Gewalt und Glück konnotiert: "When it came to the Scherzo I could viddy myself very clear running and running on like very light and mysterious nogas, carving the whole litso of the creeching world with my cut-throat britva. And there was the slow movement and the lovely last singing movement still to come. I was cured all right."[320]

Diese Genesung ist aber ambivalent wie die Neunte Symphonie selbst, wie die humanistische Tradition, in der sie steht. Alex, der in den National Gramodisc Archives eine gutbezahlte, von der Regierung vermittelte Stelle hat, wendet sich (wie das nachrevolutionäre Bürgertum) der romantischen Musik, der romantischen Innerlichkeit zu. Er verläßt seine *peer group*, weil er mit der ihm eigenen Luzidität erkennt, daß auch sie eine Machtkonstellation ist: "Power power, everybody like wants power."[321] Er beschließt, erwachsen zu werden und wie sein ehemaliger *droog* Pete eine Ehefrau zu suchen. Stärker als psychotechnische Behandlung und Ludovico-Infusionen, deren fatale Verwandtschaft mit den akustischen Infusionen des "Ludwig

[318] Ibid., S. 128.
[319] Ibid., S. 139.
[320] Ibid.
[321] Ibid., S. 143.

van" die modernistische Ambivalenz des Romans besiegelt, tragen auch in seinem Fall Verinnerlichung, Beruf und Ehe zur Integration in die herrschenden Verhältnisse bei.

1962 erschienen, antizipiert Burgess' Roman das Schicksal der 68er Generation, die das Unmögliche verlangte und zu zerstören versuchte, was sie "kaputt machte". Er antizipiert zugleich eine eindimensionale Postmoderne, die meint, ohne Utopien auszukommen, und den Subjektbegriff zusammen mit den antiquierten Vorstellungen eines "alteuropäischen Denkens" (Luhmann) verabschiedet.

Die Protagonisten vieler als postmodern bezeichneter Romane können nicht mehr nach einem Jenseits der bestehenden Verhältnisse fragen, weil sie die psychotechnische Behandlung gleichsam hinter sich haben und von psychischen oder materiellen Faktoren restlos determiniert werden. Sie sind nur noch Subjekte im Sinne des Unterworfen-Seins. In ihrer Welt ist Alex' Satz "Stop treating me like a thing" nicht mehr sagbar, weil sie selbst als psychisch-materielle Mechanismen auftreten und andere nur als ihresgleichen, d.h. als Mechanismen, verstehen können.

Eine der ersten nachmodernen Romangestalten ist wahrscheinlich Mathias in Alain Robbe-Grillets *nouveau roman Le Voyeur* (1955). Mathias ist ein Handelsreisender, dessen Denken und Tun sich im zweidimensionalen Koordinatensystem von Ökonomie und Sexualität abspielen. Er bereist eine Insel, versucht ihren Bewohnern Armbanduhren zu verkaufen, folgt unterdessen aber seiner Obsession, ein Mädchen namens Violette mit Fäden und Pflöcken an den Boden zu fesseln und zu vergewaltigen: *violer Violette*. Der Vorstellung von einer perfekten Vergewaltigung, die aus dieser primitiven Assoziation oder Alliteration hervorgeht und Mathias' Handeln beherrscht (jedes Stück Bindfaden, das er unterwegs sieht, belebt die Obsession), entspricht der Gedanke an einen idealen Uhrverkauf: "Mathias versuchte, sich diesen idealen Verkauf von nur vier Minuten vorzustellen (...)." ("Mathias tenta d'imaginer cette vente idéale qui ne durait que quatre minutes [...].")[322] Mathias' Welt ist streng eindimensional: *Selbstreflexion* im Sinne eines Nachdenkens über seine Vorstellungen und sein Tun ist ihm fremd.

Auch der Held Grenouille in Patrick Süskinds Roman *Das Parfum* (1985) kennt sie nicht. Da er "ohne eigenen Geruch" auf die Welt kam, wird er von der obsessiven Vorstellung beherrscht, er müsse sich

---

[322] A. Robbe-Grillet, *Le Voyeur*, Paris, Minuit, 1955, S. 35.

– notfalls durch Mord – einen Duft aneignen, der ihn unwiderstehlich macht. Nicht zufällig wird er vom Erzähler als Zecke bezeichnet: "Der Zeck hatte Blut gewittert."[323] Als Zecke verhält er sich bei seinem ersten mörderischen Überfall auf ein Mädchen: "Als er sie welkgerochen hatte, blieb er noch eine Weile neben ihr hocken, um sich zu versammeln, denn er war übervoll von ihr."[324] Schließlich gelingt es ihm, sich das perfekte Parfum anzueignen, unwiderstehlich zu werden und die anderen dem biologischen Determinismus des Geruchs zu unterwerfen, sie zu "Menschentieren" zu machen. "Die Luft war schwer vom süßen Schweißgeruch der Lust und laut vom Geschrei, Gegrunze und Gestöhn der zehntausend Menschentiere. Es war infernalisch."[325]

Es müssen nicht immer Sexualität und Duft sein: Auch der Ton kann – wie *A Clockwork Orange* zeigt – eine unwiderstehliche Wirkung ausüben. In Daniele Del Giudices Kurzgeschichte "L'orecchio assoluto", die 1997 in einem Band mit dem Titel *Mania* erschien, prädestiniert eine Melodie den Helden zum Mörder. Er hört sie in seinem Edinburger Hotelzimmer und verspürt einen "klaren und unwiderstehlichen Drang, jemanden zu töten" ("il bisogno lucidissimo e insopprimibile di uccidere qualcuno").[326] Er macht sich auf den Weg und findet schließlich sein Opfer. Ein *acte gratuit*? Keineswegs: eher ein *acte déterminé*, der alles andere ist als ein Gidescher Versuch, die Kruste der Konvention zu durchbrechen und ein Jenseits des Bestehenden anzupeilen.

Diese zweite Dimension scheint einer nachmodernen Literatur zu fehlen, die die modernistischen Utopien, wenn nicht völlig verdrängt, so doch an den Rand der literarischen Welt verbannt hat. Freilich ist sie nicht mit den Werken Del Giudices, Süskinds und Robbe-Grillets identisch. Sie hat auch experimentelle und gesellschaftskritische Texte im Sinne von Jürgen Becker oder Thomas Pynchon hervorgebracht – oder lesbare Literatur im traditionellen Erzählstil (Eco, Fowles). Sie kennt möglicherweise auch die kollektive Utopie im Sinne der ökologischen Bewegungen (Callenbach), des Feminismus und Ökofemi-

---

323 P. Süskind, *Das Parfum. Die Geschichte eines Mörders*, Zürich, Diogenes (1985), 1994, S. 90.

324 Ibid., S. 56.

325 Ibid., S. 304.

326 D. Del Giudice, "L'orecchio assoluto", in: ders., *Mania*, Turin, Einaudi, 1997, S. 13.

nismus (Piercy).[327] Ihren Protagonisten fehlt aber die Vorstellung von "this other better world", von der bei Burgess noch die Rede ist.

Der Gedanke, der auch den folgenden Kapiteln zugrunde liegt, ist: daß ohne das Festhalten an der Idee einer "besseren Welt" als zweiter Dimension der bestehenden das autonome Subjekt als kritische Instanz verschwindet.

[327] E. Callenbach, *Ecotopia Emerging*, Toronto-New York, Bantam, 1982; M. Piercy, *Woman on the Edge of Time*, London, Women's Press, 1983.

III. Zerfall und Unterwerfung des individuellen Subjekts in der Postmoderne: Philosophie und Psychologie

Insofern als Burgess' Roman *A Clockwork Orange* das Ende der literarischen Moderne ankündigt, indem er die Entmündigung des individuellen Subjekts in Gesellschaft und Sprache in den Vordergrund stellt, kündigt er zugleich den Anfang einer Ära an, die sowohl am Subjekt als auch am Subjektbegriff verzweifelt. Die als postmodern bezeichneten Autoren (Lyotard, Vattimo, Foucault) sprechen offen aus, was im literarischen Modernismus, bei Adorno und Burgess nur anklingt: daß das individuelle Subjekt zerfallen oder verschwunden ist. Sie lassen die gesellschaftlichen, psychischen und sprachlichen Mechanismen zutage treten, die das Subjekt zu dem machen, was es in Wirklichkeit ist: ein Effekt der Ideologie, des Unbewußten, der Sprache. Es erscheint ihnen als eine Art Fata Morgana, die darüber hinwegtäuscht, daß dort, wo verheißungsvoll die *imago* einer Oase flimmerte, in Wirklichkeit nur Sand ist.

Den Subjektbegriff relegieren sie in den historischen Bereich eines alteuropäischen Denkens, dessen Vertreter noch immer nicht begriffen haben, daß das Subjekt als *Zugrundeliegendes* (*hypokeimenon, subiectum*) eine metaphysische Illusion ist, der nur Unwissende nachlaufen, die die optische Täuschung der Fata Morgana noch nicht durchschaut haben. In Wirklichkeit, sagen sie, ist das Subjekt eine Scheineinheit, die sich bei näherem Hinsehen auflöst: entweder weil der gesellschaftliche und sprachliche Sinn, der Subjektivität scheinbar gewährleistet, nie vergegenwärtigt, nie vereinheitlicht werden kann (Deleuze, Derrida, Vattimo), oder weil der Einzelne ideologisch, strukturell und sprachlich überdeterminiert ist, so daß von einem Subjekt als autonom handelnder Instanz nicht die Rede sein kann (Althusser, Foucault, Baudrillard).

Zwischen diesen beiden Betrachtungsweisen besteht insofern ein Widerspruch, als die erste vom *Sinnzerfall* ausgeht, während die zweite – trotz aller Differenzen zwischen den einzelnen Autoren – eher zu der Vorstellung einer massiven und subjektnegierenden *Sinnpräsenz* neigt. Dieser nachmoderne Widerspruch, der weitgehend mit dem hier zugrunde gelegten Gegensatz zwischen marktbedingter Indifferenz und Ideologie übereinstimmt, läßt den spätmodernen Kritiker hoffen, der sich durchaus vorstellen kann, daß sich zwischen Sinnzerfall und Sinndeterminismus ein Freiraum bildet, den der Einzelne kreativ nutzt. Im ersten Kapitel zeigte sich schon, wie nach dem Zerfall einiger Großideologien (nach 1945, nach 1989) neue Spielräume entstanden waren.

Im folgenden soll deshalb im Anschluß an die in *A Clockwork Orange* skizzierte spätmoderne Situation immer wieder der *Übergang* von der spätmodernen zur postmodernen Problematik[1] beobachtet werden. Denn in den – durchweg konstruierten – Übergängen von Adorno zu Lyotard, von Laing zu Vattimo oder von Laing zu Foucault wird stets von neuem die Differenz sichtbar, die spätmoderne Kritik von postmoderner Zerlegung als Dekonstruktion trennt: Während spätmoderne Autoren wie Adorno, Burgess und Laing ihre Kritik mit einem Wahrheitsbegriff und der Vorstellung von einer "besseren Welt" (Burgess) verbinden, analysieren nachmoderne Autoren Ideologien, Machtstrukturen und intermediale Determinismen, ohne sich am utopischen Gedanken der *Überwindung*, des *dépassement*, des *overcoming* zu orientieren. Laing nimmt zwar mit Vattimo zur Kenntnis, daß das *Ich* geteilt ist; aber er fügt hinzu, daß diese Pathologie von einer falschen Gesellschaftsordnung zeugt.[2] Immer wieder beruft er sich auf Marcuses Kritik der eindimensionalen Gesellschaft und unterscheidet sich dadurch wesentlich von Vattimo, der die kritische *Überwindung* durch die Heideggersche *Verwindung* ersetzt.

Betrachtet man aus dieser Sicht den allmählichen Übergang vom philosophischen, psychologischen und literarischen Modernismus zur Postmoderne, so stellt man fest, daß die Diskurse, die auf die Utopie und die Überwindung der bürgerlichen Verhältnisse abzielten, allmählich von eindimensionalen Sprachen abgelöst werden, die das Machbare hervorheben oder einer aussichtslosen Revolte das Wort reden (Lyotard). Ob sie sich nun auf Foucaults Rückzug in eine klassizistisch verbrämte Privatsphäre, Vattimos *pensiero debole* oder Lyotards Kritik der *métarécits* berufen, sie alle lehnen die als verhängnisvoll apostrophierten Utopien der Moderne und des Modernismus (als Spätmoderne) ab: die rationalistischen, revolutionären und ästhetischen Entwürfe, die dem individuellen Subjekt seine *raison d'être* geben sollten. In Lyotards radikaler Ästhetik des Erhabenen wird das Subjekt, das Adorno mit Hilfe des Erhabenen dem Zugriff

---

1 Zur ausführlicheren Definition des Verhältnisses von Spätmoderne (Modernismus) und Postmoderne vgl. Vf., *Moderne/Postmoderne. Gesellschaft, Philosophie, Literatur*, Tübingen-Basel, Francke, 2016 (4. Aufl.), Kap. I und IV.

2 Vgl. R. D. Laing, *Phänomenologie der Erfahrung*, Frankfurt, Suhrkamp, 1969, S. 9-10.

der Kulturindustrie entziehen wollte, grundsätzlich in Frage gestellt, dem Zerfall preisgegeben.

Zwischen den Problematiken der Spätmoderne und der Postmoderne nehmen Althusser und Lacan hybride Positionen ein, weil sie einerseits dem Gedanken des *dépassement* im Rahmen ihrer Diskurstraditionen verpflichtet sind, andererseits jedoch erkennen lassen, daß eine Überwindung im Sinne der Spätmoderne an der verdinglichenden Wirkung wirtschaftlicher und ideologischer Strukturen (Althusser) oder an der Entfremdung des Subjekts in der Sprache (Lacan) scheitern könnte. Dennoch wird hier Lacans Werk, in dem an zahlreichen Stellen von *Wahrheit* (*vérité*) und einem *vollen Sprechen* (*parole pleine*) die Rede ist, einer Spätmoderne zugerechnet, die – wie Burgess' Roman – die nachmoderne Problematik der Eindimensionalität ankündigt.

Beherrscht wird diese Problematik, wie sich schon in *Moderne/Postmoderne* (1997) gezeigt hat, von der *Indifferenz* als Austauschbarkeit im Sinne einer immer umfassender wirkenden Vermittlung durch den Tauschwert: "Die Postmoderne, wie sie im folgenden dargestellt wird, ist die Ära der Indifferenz: der austauschbaren Individuen, Beziehungen, Wertsetzungen und Ideologien. Damit soll nicht suggeriert werden, daß es in der postmodernen Marktgesellschaft keine moralischen, ästhetischen oder religiösen Werte gibt, sondern daß diejenigen, die in ihrem Namen agieren, es im Rahmen der herrschenden Tauschwertproblematik tun."[3] Diese Problematik ist in letzter Instanz dafür verantwortlich, daß eine Überwindung von den meisten nicht mehr angestrebt wird und daß ein Soziologe wie Zygmunt Bauman die Suche nach Alternativen aufgibt (vgl. III, 4). Das politische *engagement*, das ohne Wertsetzungen nicht auskommt, weicht der Indifferenz.

Wie sehr diese Art von Indifferenz als Austauschbarkeit (nicht als Gleichgültigkeit, die *eine* ihrer Folgen sein *kann*) individuelle Subjektivität in Frage stellt, läßt Erving Goffmans Buch *Stigma* erkennen, das im vierten Abschnitt dieses Kapitels eine wichtige Rolle spielen wird. Der Identitätszerfall, dem der Einzelne ausgesetzt ist, wird als Markterscheinung erkannt: "Die durchschnittliche Ensembletänzerin ändert ihren Namen fast so oft wie ihre Frisur, in Übereinstimmung mit den gängigen Tendenzen der Popularität beim Theater, mit Show-

---

3 Vf., *Moderne/Postmoderne*, op. cit., S. 26.

business-Aberglauben oder auch, um die Gewerkschaftsbeiträge zu vermeiden."[4]

Religionen (Sekten) und Ideologien bieten sich dem Einzelnen bisweilen als Alternativen zu dieser subjektlosen Indifferenz als Zerfall an; aber ihre verdinglichende Vereinnahmung läuft schließlich auf eine andere Art von Heteronomie, nämlich auf Unterwerfung, hinaus. Zwischen diesen beiden Heteronomien, der Indifferenz des Marktes und der ideologischen Unterwerfung, entfaltet sich die postmoderne Problematik: d.h. zwischen Vattimos Pluralismus und Althussers Subjektivität als Ideologie. Die Frage, die es hier zu beantworten gilt, lautet: Wie groß ist der Spielraum zwischen diesen beiden Extremen?

Einige Antworten zeichnen sich in den Subjekttheorien des zeitgenössischen Feminismus ab, der keineswegs pauschal als "postmodern" bezeichnet werden kann, der aber im Rahmen einer Postmoderne agiert, in der sich die Grenzen einer männlich dominierten Wachstumsgesellschaft immer klarer abzeichnen. Die Auseinandersetzung mit einigen feministischen Subjekttheorien soll zugleich die Frage aufwerfen, wie eine Subjektivität aussieht, die nicht von Männern konzipiert wurde.

Das Kapitel ist so aufgebaut, daß im ersten Teil eher der marktbedingte *Zerfall* des Subjekts in Sprache, Psyche und Gesellschaft in Erscheinung tritt (Abschn. 1-3), während im zweiten Teil vorwiegend seine *Verdinglichung*, *Ideologisierung* und *Normalisierung* in den Vordergrund gerückt werden (Abschn. 4-7).

1. Von Adorno zu Lyotard: Die Ambivalenz des Erhabenen zwischen Moderne und Postmoderne

Der Kerngedanke dieses Abschnitts, der an den sechsten Abschnitt des vorigen Kapitels anknüpft, in dem Adornos "ästhetische Wende" der Dialektik als ein letzter Versuch gedeutet wurde, das Einzelsubjekt zu retten, kann in wenigen Worten wiedergegeben werden: Das Kantische Erhabene, das bei Mallarmé, Valéry und Adorno dem Negativ-Schönen einverleibt wurde, um im Zeitalter der Kulturindustrie die ästhetische Autonomie des Subjekts zu stärken, wird von

4 A. Hartman, in: E. Goffman, *Stigma. Über Techniken der Bewältigung beschädigter Identität*, Frankfurt, Suhrkamp (1967), 1975, S. 77.

Lyotard als formsprengendes und kohärenzbrechendes Prinzip *gegen* das Subjekt gewendet.

Es geht hier also um einen *Bedeutungswandel des Erhabenen* zwischen Spätmoderne und Postmoderne: Während in der Spätmoderne das Erhabene (im Sinne von Kant) von Mallarmé bis Adorno als kritisches Instrument aufgefaßt wurde, welches das Subjekt gegen den allgegenwärtigen Kommunikationsbetrieb (Mallarmés *universel reportage*) einsetzen konnte, wird es in Lyotards Nachmoderne gegen das Subjekt und dessen Einheit gerichtet. Es sollte allerdings um der Kohärenz willen sogleich hinzugefügt werden, daß Mallarmés und Adornos Aufnahme des Erhabenen ins Negativ-Schöne ein prekärer Schritt ist, der, wie sich zeigen wird, schon bei Mallarmé die subjektive Identität tendenziell in Frage stellt. Indem Lyotard eine Ästhetik des Erhabenen entwirft, die sich gegen das individuelle Subjekt kehrt, zerstört er ein spätmodernes Gleichgewicht, das ohnehin labil geschichtet war.

Um diese einleitenden Bemerkungen zu konkretisieren, sei an Joseph Tabbis Buch *Postmodern Sublime* erinnert, in dem die Negation des Subjekts durch das Erhabene im Zusammenhang mit einem Autor wie Thomas Pynchon veranschaulicht wird. Tabbi zeigt, wie sich bei Pynchon das Subjekt zwischen Paranoia (dem Glauben an Zusammenhänge) und Relativismus auflöst, weil der eine Zustand den anderen negiert: "Pynchon neigt dazu, Personen in seelischen Zuständen darzustellen, die zwischen der Totaltheorie einer paranoiden Illusion und den ironischen 'mindless pleasures' eines völligen Relativismus schwanken. Die überdeterminierten und rein privaten Bedeutungen des ersten Zustandes werden im zweiten Zustand von einer Ironie aufgelöst, die jede stabile Bedeutungsgrundlage auflösen würde."[5] Es ist aufschlußreich zu beobachten, wie Tabbi diese postmoderne Ironie zu Tauschwert und Marktgesetz in Beziehung setzt und dadurch das Indifferenz-Theorem bestätigt: "In einer nachmodernen Kultur, in welcher der einzige absolute Wert von den Weltmärkten bestimmt wird, werden Ironie und Unbestimmtheit (in der Werbung, im Fernsehen und sogar in der Corn-Belt-Politik) zu mächtigen Legitimierungsinstanzen, zu Anpassungsmodi an das wirtschaftlich Absolute, die bei all dem einen modischen Radikalismus kultivieren."[6] Tatsächlich verdrängt in Fernsehgesprächen, Zeitungskommentaren und sogar in so-

---

5 J. Tabbi, *Postmodern Sublime. Technology and American Writing from Mailer to Cyberpunk*, Ithaca-London, Cornell Univ. Press, 1995, S. 77.

6 Ibid., S. 78.

zialwissenschaftlichen Publikationen ein unverbindlicher Radikalismus umfassende Gesellschaftskritik.

Bei Mallarmé, Valéry und Adorno war *diese* Art von Kritik (d.h. Kritik im modernen und spätmodernen Sinn) die Aufgabe des isolierten Einzelnen, dessen Stellung in der Gesellschaft von Tag zu Tag prekärer wird. Von der Einsicht ins Negativ-Unmenschliche des Ganzen und von einer konsequent negativen Schreibweise, die Konzessionen an das kommerzialisierte Wort der Kulturindustrie meidet, versprachen sich diese drei Autoren der Spätmoderne einen rettenden Impuls in dürftiger Zeit. "Das Schöne ist negativ"[7], überschreibt Valéry eine seiner Betrachtungen und gibt im Anschluß an Mallarmé die Richtung vor, die später Adornos Diskurs einschlägt: Durch anhaltende Innovation, Verfremdung und Negation aller Stereotypen der Kulturindustrie soll das literarische Subjekt (und das Kunstsubjekt allgemein) versuchen, seinen Sturz in Ideologie und Kommerz zu vermeiden, dem Kommunikationsbetrieb Widerstand zu leisten.

Doch wie lange? Wie lange ist Innovation als Negation des Bestehenden diesseits des *Schweigens* möglich? Sowohl Jean-Paul Sartre als auch Hugo Friedrich weisen darauf hin, daß Mallarmés Dichtung – vor allem in ihren späteren Entwicklungsphasen – ständig vom Verstummen bedroht wird. Friedrich spricht von der "Nähe des Schweigens"[8], und Sartre bemerkt ironisch: "In Wahrheit hat er *nichts* zu sagen, da er vorab alles mit einem Verbot belegt hat."[9] Anders gesagt, Mallarmés Dichtung ist eine Entdeckungsreise an die äußerste Grenze der Sprache, an der das lyrische Subjekt mit dem Verstummen, dem Tod konfrontiert wird.

In diesem Grenzbereich droht Mallarmés Schönheitsideal, das von den Forderungen nach Autonomie und Harmonie geprägt ist, durch das zeitweise Aufleuchten des Erhabenen radikal in Frage gestellt zu werden. Der Dichter spricht zwar im Zusammenhang mit seiner "poésie pure" von einem "pacte avec la Beauté"[10], aber sein Gedicht *L'Azur* ist ein erster Versuch, das Undarstellbare darzustellen

---

7 P. Valéry, "Le Beau est négatif", in: ders., *Œuvres I*, Paris, Gallimard, Bibl. de la Pléiade, 1957, S. 374.

8 H. Friedrich, *Die Struktur der modernen Lyrik. Von der Mitte des neunzehnten bis zur Mitte des zwanzigsten Jahrhunderts*, Hamburg, Rowohlt, 1970 (3. Aufl.), S. 117.

9 J.-P. Sartre, "L'Engagement de Mallarmé", in: *Sartre, Obliques* (numéro spécial 18-19), 1979, S. 190.

10 S. Mallarmé, "Quant au livre", in: ders., *Œuvres complètes*, Paris, Gallimard, Bibl. de la Pléiade, 1945, S. 378.

und ein Jenseits des Harmonisch-Schönen anzupeilen: das Erhabene des grenzenlosen *Azur*. Zum Gegensatz zwischen dem Schönen und dem Erhabenen bemerkt Kant im Hinblick auf die Natur: "Das Schöne der Natur betrifft die Form des Gegenstandes, die in der Begrenzung besteht; das Erhabene ist dagegen auch an einem formlosen Gegenstande zu finden, sofern *Unbegrenztheit* an ihm oder durch dessen Veranlassung vorgestellt und doch Totalität derselben hinzugedacht wird (...)".[11] Mallarmés *azur*, das im gleichnamigen Gedicht formlos und unbegrenzt ist, scheint alle diese Bedingungen zu erfüllen. Es treibt das lyrische Subjekt zur Verzweiflung: "Je suis hanté. L'Azur! L'Azur! L'Azur! L'Azur!"[12] Zu Recht weist Paul Bénichou darauf hin, daß der Widerstreit, der dem Undarstellbaren innewohnt, das lyrische Subjekt in den Wahnsinn treibt, in eine "anomalie mentale": "Die gängige Rhetorik läßt seit der Bibel die dreifache Wiederholung als gebräuchliche Figur zu; er aber ruft viermal 'L'Azur!'. Die Zahl 4 steht hier für endlose Wiederholung, d.h. für geistige Anomalie."[13] Trotz solcher Exkurse ins Reich des Erhabenen bleibt Mallarmés Dichtung dem Schönheits- und Autonomie-Ideal im Sinne von Kant sowie dem "pacte avec la Beauté" treu.

Dies gilt auch von Paul Valérys Werk, das einerseits auf die kantianischen Ideale von Autonomie, Harmonie und Schönheit ausgerichtet ist, andererseits alle diese Ideale durch konsequente Negation erneuern möchte. Ähnlich wie Mallarmés Ästhetik ist die Valérys ein großangelegter Innovationsversuch im Sinne der sprachlichen Negation. Wie sehr Valérys Diskurs von Mallarmés Negation beseelt ist, wird in dem schon erwähnten Text deutlich, der den symptomatischen Titel "Le Beau est négatif" trägt. Dort heißt es gleich zu Beginn: "Das Schöne wirkt als Unsagbares, Unbeschreibbares, Unaussprechbares. Und dieser Begriff sagt als solcher NICHTS aus. Es gibt keine Definition von ihm, denn die einzig wahre Definition ist nur als Konstruktion möglich."[14] Diese Konstruktion betrachtet Valéry in nahezu allen Phasen seiner dichterischen Tätigkeit im Kontext einer kantianischen Schönheitsästhetik, deren Negativität nur selten über den Bereich des

---

11 I. Kant, *Kritik der Urteilskraft*, Hamburg, Meiner, 1968 (6. Aufl.), S. 87. – Zu Recht bemerkt Gernot Böhme in "Lyotards Lektüre des Erhabenen", in: *Kant-Studien* 2, 1998, S. 213: "Kant hat das Erhabene als ein Prinzip künstlerischer Darstellung nicht gedacht."

12 S. Mallarmé, "L'Azur", in: ders., *Œuvres complètes*, op. cit., S. 38.

13 P. Benichou, *Selon Mallarmé*, Paris, Gallimard, 1995, S. 82.

14 P. Valéry, "Le Beau est négatif", in: ders., *Œuvres I*, op. cit., S. 374.

Harmonisch-Gefälligen hinausgeht. Wie bei Kant ist ästhetische Harmonie zwar nicht begrifflich definierbar (sie gefällt "ohne Begriff""), aber daß Harmonie das Ziel ist, daran wird kaum gezweifelt: "Die Kraft der Verse geht aus einer *undefinierbaren* Harmonie zwischen dem, was sie *sagen,* und dem, was sie *sind,* hervor."[15] Er spricht von einem "univers poétique", das als Konstruktion nicht unmittelbar mit der Wirklichkeit kommuniziert.

Dennoch findet man auch bei Valéry – ähnlich wie bei Mallarmé – Andeutungen, die ein Jenseits der vom Schönheitsideal geprägten Autonomieästhetik anvisieren. In einem Text aus dem Jahr 1929 stellt er unumwunden fest, daß das Schönheitsideal und die ihm entsprechende Ästhetik des Schönen der Vergangenheit angehören: "Die Schönheit ist eine Art Tote. Das Neue, das Intensive, das Fremde, kurzum all die *Schockwerte* (*valeurs de choc*) haben sie verdrängt. Die unmittelbare, rohe Erregung ist die souveräne Herrscherin über die neuen Seelen; und den Werken fällt neuerdings die Aufgabe zu, uns aus dem kontemplativen Zustand, dem *verweilenden Glück* (*bonheur stationnaire*) herauszureißen, dessen Vorstellung einst aufs engste mit der allgemeinen Schönheitsidee verflochten war."[16]

Diese Passage, die sich auf die Avantgarden der 20er Jahre bezieht, nimmt Walter Benjamins Aura-Theorie sowie seinen Gedanken an eine "Zertrümmerung der Aura"[17] vorweg; sie wird von Benjamin jedoch nicht zitiert.[18] Es fragt sich allerdings, ob sie einen so klaren Bruch zwischen dem Schönheitsideal der Autonomieästhetik und der avantgardistischen Ästhetik bezeichnet, wie Valéry es suggeriert. Denn das Negativ-Schöne, für das er und Mallarmé sich einsetzten, kennt durchaus das "Neue", das "Intensive" und das "Fremde", auch wenn man zögern würde, diese Erscheinungen im Zusammenhang mit Mallarmés oder Valérys Werk als "valeurs de choc" zu bezeichnen.

Daß der Übergang von Mallarmé zur Avantgarde auf dieser Ebene fließend ist, fiel bereits Adorno in der *Ästhetischen Theorie* auf, wo er ganz zu Recht darauf hinweist, daß die "extrem vergeistigte Kunst wie die von Mallarmé her datierende und die Traumwirrnis des Sur-

---

15 P. Valéry, "Tel Quel", in: ders., *Œuvres II*, Paris, Gallimard, 1960, S. 637.

16 P. Valéry, "Léonard et les philosophes", in: ders., *Œuvres I*, op. cit., S. 1240-1241.

17 W. Benjamin, *Charles Baudelaire. Ein Lyriker im Zeitalter des Hochkapitalismus*, Frankfurt, Suhrkamp (1955), 1974, S. 149.

18 Vgl. W. Benjamin, *Das Kunstwerk im Zeitalter seiner technischen Reproduzierbarkeit*, Frankfurt, Suhrkamp (1963), 1970, S. 9-13.

realismus (...) viel verwandter [sind], als es dem Bewußtsein der Schulen gegenwärtig ist (...)."[19] Dem Bewußtsein der Schulen scheint auch entgangen zu sein, daß das gemeinsame Anliegen, das Mallarmé, Valéry und die Avantgarde-Bewegungen verbindet, die sprachliche Negativität ist, und der Versuch, mit Hilfe dieser Negativität das individuelle Subjekt zu retten.

Das war auch Adornos Hauptanliegen, an dem er trotz des von ihm immer wieder analysierten Niedergangs gesellschaftlicher Subjektivität festhielt. Diese Paradoxie der Hoffnung formuliert Daniel Kipfer in seiner ansonsten luziden und anregenden Studie als einfachen Widerspruch, wenn er schreibt: "Die Möglichkeit von Widerstand gegen den globalen Atomisierungs-, Integrations- und Uniformisierungsprozeß liegt alleine beim liquidierten Einzelnen selbst. Das liquidierte Individuum ist in diesem Theorieansatz die einzige Instanz, welche der Liquidation des Individuellen widerstehen kann."[20] Läßt man diese Formulierung, die durch verschiedene Textstellen in Adornos Werk gestützt wird[21], stehen, dann muß man mit Kipfer tatsächlich von einer Unstimmigkeit sprechen. Betrachtet man jedoch Adornos Diskurs in seiner Gesamtheit, d.h. auch die hoffnungsvollen Aussagen über Valérys Auffassung des Kunstwerks als "Gleichnis des seiner selbst mächtigen und bewußten Subjekts, dessen, der nicht kapituliert"[22], dann wird man Kipfers Partizip Perfekt meiden und statt von einem "liquidierten Einzelnen" von einem in die Enge getriebenen oder untergehenden Einzelnen bei Adorno sprechen. Diese Umformulierung wird eher einer von Paradoxien durchsetzten Theorie gerecht, die *trotz allem* am Einzelsubjekt festhält und nur so ihren Sinn bewahrt. Dies meint auch Aldo Rescio, wenn er an Adornos Vorhaben in der *Negativen Dialektik* erinnert, "mit der Kraft des Subjekts den Trug konstitutiver Subjektivität zu durchbrechen"[23], und hinzufügt: "Im Gegenteil: sich dem Zerfall und der reinen Diskontinuität hingeben, würde nur zu einer Versöhnung mit Herrschaft und Tod führen."[24]

---

19 Th. W. Adorno, *Ästhetische Theorie*, Frankfurt, Suhrkamp, 1970, S. 145.

20 D. Kipfer, *Individualität nach Adorno*, Tübingen-Basel, Franke, 1999, S. 82.

21 Vgl. z.B. Th. W. Adorno, "Individuum und Organisation", in: ders., *Kritik. Kleine Schriften zur Gesellschaft*, Frankfurt, Suhrkamp, 1971, S. 83-84.

22 Th. W. Adorno, "Der Artist als Statthalter", in: ders., *Noten zur Literatur I*, Frankfurt, Suhrkamp (1958), 1969, S. 192-193.

23 Th. W. Adorno, *Negative Dialektik*, Frankfurt, Suhrkamp, 1966, S. 8.

24 A. Rescio, "Sujet et critique du sujet chez Adorno", in: A. Verdiglione (Hrsg.), *Psychanalyse et sémiotique* (Actes du colloque de Milan, 1974), Paris, UGE

In dieser Hinsicht erscheint Adorno nicht nur als antizipierender Kritiker der Dekonstruktion (vgl. III, 2), sondern auch als unmittelbarer Erbe Mallarmés, Valérys und Georges. Mit ihnen teilt er die Ansicht, daß Literatur der Innovation bedarf, um sich dem Zugriff der Ideologien und der kommerzialisierten Kommunikation zu entziehen. "Seine Zuflucht", heißt es in der *Ästhetischen Theorie*, "hat das Alte allein an der Spitze des Neuen; in Brüchen, nicht durch Kontinuität".[25] Ohne Innovation ist subjektive Autonomie in Literatur und Kunst nicht mehr vorstellbar. Doch der Innovationsprozeß treibt auf die "valeurs de choc" (Valéry) zu, die künstlerische Subjektivität prinzipiell in Frage stellen.

Diese Dialektik von Innovation und Subjektzerstörung zeichnet sich bereits in Mallarmés *L'Azur* ab, einem Gedicht, in dem, wenn man Paul Bénichous Argumentation folgt, das surrealistische "dérèglement de tous les sens" antizipiert wird. Der viermalige Ausruf "Je suis hanté!" kündigt eine Literatur an, in der das Schöne jederzeit ins Undarstellbar-Erhabene oder Unermeßliche umschlagen kann, das Subjektivität als Kohärenz bedroht.

Dessen war sich Adorno bewußt, als er die Spur des Erhabenen in der modernistischen und avantgardistischen Kunst nachzeichnete. Diese Kunst wird – Adorno zufolge – durch die Aufnahme des Erhabenen gekennzeichnet, das Kant als ästhetische Kategorie dem Naturbereich vorbehielt: "Das Erhabene, das Kant der Natur vorbehielt, wurde nach ihm zum geschichtlichen Konstituens von Kunst selber. Das Erhabene zieht die Demarkationslinie zu dem, was später Kunstgewerbe hieß."[26] Immer wieder wird das Erhabene von Adorno als Negativität definiert, die sich gegen eine Aufnahme in den herrschenden Kulturbetrieb sperrt: "Erbe des Erhabenen ist die ungemilderte Negativität, nackt und scheinlos wie einmal der Schein des Erhabenen es verhieß."[27] Wenn man Adorno glauben darf, so ist die entscheidende Erneuerung der Kunst im Zeitalter der Spätmoderne oder des Modernismus die Aufnahme des Erhabenen als Negativität ins Kunstwerk selbst. Daß sich diese Wende zum Erhabenen nicht erst in der Avantgarde, sondern schon bei Mallarmé und Valéry ankündigt, sollte hier dargetan werden.

(10/18), 1975, S. 199.

[25] Th. W. Adorno, *Ästhetische Theorie*, op. cit., S. 40.

[26] Ibid., S. 293.

[27] Ibid., S. 296.

Allerdings wird diese Wende, die den ästhetischen Spielraum des Einzelsubjekts erweitern sollte, von Adorno nicht in der Radikalität vollzogen, die für Lyotards postmoderne Auffassung des Erhabenen kennzeichnend ist. Denn in der *Ästhetischen Theorie* bleibt das Erhabene – wie bei den beiden französischen Dichtern – dem Schönen untergeordnet, das als "beau négatif" die Autonomie des Kunstwerks und des Subjekts gewährleisten sollte. Insofern gilt vom Erhabenen, was Adorno vom Häßlichen sagt: "In der Absorption des Häßlichen ist Schönheit kräftig genug, durch ihren Widerspruch sich zu erweitern."[28] Bei Adorno stellen weder das Häßliche noch das Erhabene die Dominanz des Schönen in Frage; freilich handelt es sich nicht mehr um das Ästhetisch Schöne im Sinne von Kant oder Hegel – eher um das Negativ-Schöne im Sinne von Mallarmé und Valéry.

Insofern hat Albrecht Wellmer recht, wenn er Wolfgang Welschs etwas pauschale Annahme kritisiert, Adornos Ästhetik sei eine Ästhetik des Erhabenen: "Im Gegensatz zu Welsch glaube ich aber, daß die Kategorie des Erhabenen bei Adorno eine zentrale Stelle *innerhalb* seiner versöhnungsphilosophischen Konstruktion der Kunst besetzt hält (...)."[29] Adorno verharrt insofern in der Spätmoderne, als er sich weigert, das Erhabene als zerstörerische Aporie zu denken, die über das Schöne hinausweist und die Einheit des individuellen Subjekts radikal in Frage stellt.

Eine solche Ästhetik des sprengenden Widerspruchs und der Aporie hat in nachmoderner Zeit Jean-François Lyotard im Anschluß an Kant und Adorno entwickelt, als er in seinen *Leçons sur l'Analytique du sublime* die Kantische Kategorie systematisch für den ästhetischen Bereich und hier vor allem für die Avantgarde fruchtbar machte. Der zeitgenössische Kapitalismus, meint er, ist nur noch durch das Erhabene zu erfassen; das Schöne, auch das Negativ-Schöne wird ihm nicht mehr gerecht. "Es ist etwas Erhabenes in der kapitalistischen Ökonomie"[30], stellt er fest und fordert eine Avantgarde, die das Erhabene des Kapitalismus ästhetisch gestaltet. Im Hinblick auf das individuelle Subjekt ist dieses Erhabene aporetisch, weil es Lust

---

28 Ibid., S. 407.

29 A. Wellmer, "Adorno, die Moderne und das Erhabene", in: W. Welsch, Ch. Pries (Hrsg.), *Ästhetik im Widerstreit. Interventionen zum Werk von Jean-François Lyotard*, Weinheim, VCH, 1991, S. 47. (Vgl. auch W. Welsch, "Adornos Ästhetik: eine implizite Ästhetik des Erhabenen", in: Ch. Pries [Hrsg.], *Das Erhabene*, Weinheim, VCH, 1989.)

30 J.-F. Lyotard, *Das Inhumane*, Wien, Passagen, 1989, S. 184.

und Unlust, Bewunderung und Schrecken zusammenzwingt und dadurch ein unerträgliches Oszillieren der Einbildungskraft zwischen zwei unversöhnlichen Gegensätzen bewirkt. Als *Widerstreit* (*différend*) zwischen dem von der Vernunft Denkbaren und dem im Rahmen der Einbildungskraft Vorstellbaren wird das Erhabene für das Subjekt zu einer Zerreißprobe. Das historisch Erhabene, das in revolutionären Umbrüchen und Kriegskatastrophen zutage tritt, erscheint ihm als ein Phänomen "am Rande des Wahnsinns".[31] Es wurde schon in Mallarmés *L'Azur* als *agonie* angekündigt.

Mit Hilfe einer Allegorie veranschaulicht Lyotard, worum es geht. Der mit dem Schönen liierte Verstand verläßt die Bühne, die Vernunft tritt auf und verlangt von der Einbildungskraft, sie möge doch das Absolute darstellen, das von der Vernunft gedacht wird: "Sie fordert das einbildende Denken heraus: mach das Absolute, das ich begrifflich vorstelle, durch deine Formen präsent! Die Form ist nun aber Begrenzung (...). Sie kann das Absolute nicht darstellen."[32] Das Erhabene sprengt also alle Formen und ist verstandesmäßig, d.h. im Rahmen des Schönen, nicht erfaßbar. Es sprengt zugleich die Einheit des Subjekts, das zwischen Lust und Unlust, Verstand und Vernunft hin- und hergerissen wird.

Hier wird der erste Bruch sichtbar, der Lyotard von Adorno trennt: Die Form, die die Autonomie des Negativ-Schönen gewährleistet, wird durch die Vernunft und das Erhabene grundsätzlich in Frage gestellt, weil sie begrenzt ist und dem grenzenlosen Erhabenen, das zu denken die Vernunft sehr wohl imstande ist, nicht gerecht werden kann. Dennoch erwartet Lyotard von der zeitgenössischen Avantgarde, daß sie das Unmögliche ermöglicht, das Undarstellbare darstellt und das Erhabene zu ihrem Gegenstand macht. Nicht das Subjekt ist das eigentliche Anliegen dieser Kunstrichtung, sagt Lyotard, sondern absolute Dürftigkeit: *dénuement*. Armut, Dürftigkeit und Entbehrung sollen eine Kunst kennzeichnen, die alles daransetzt, um die – schon von Adorno gerügte – Üppigkeit der Kulturindustrie herauszufordern. Insofern ist Lyotard durchaus als "Adornianer" zu lesen.

Anders als bei Adorno kehrt sich bei ihm aber die auf das Erhabene ausgerichtete Ästhetik der Avantgarde gegen das individuelle Subjekt, das es in allen Varianten der Kritischen Theorie zu retten gilt. Der zweite Punkt, in dem Lyotard mit der Kritischen Theorie und der

---

31 J.-F. Lyotard, *Der Enthusiasmus. Kants Kritik der Geschichte*, Wien, Passagen, 1988, S. 63.

32 J.-F. Lyotard, *Die Analytik des Erhabenen*, München, Fink, 1994, S. 141.

gesamten modernen Tradition bricht, ist daher im Bereich der Subjektproblematik zu orten: an der Stelle, an der das Negativ-Schöne als Form und Stütze der Subjektivität fungierte. Bei Lyotard schlägt Negativität, die von Mallarmé bis Adorno mit den Freiräumen des Subjekts deckungsgleich war, in Subjektnegation um. Schon in seiner *Thèse d'Etat*, die unter dem Titel *Discours, figure* erschien (1971), stellt Lyotard Subjektivität als ästhetische Kategorie radikal in Frage: "Man muß auf das Ich als einheitliche Instanz verzichten (...)."[33] Den endgültigen Abschied vom Subjekt besiegelt in den *Leçons sur l'Analytique du sublime* die Theorie des Erhabenen, die die Negativität gegen das Subjekt wendet: "Der Geschmack versprach ihm ein schönes Leben, das Erhabene droht ihm mit dem Tod."[34]

Was ist geschehen? Einerseits setzt Lyotard die von Mallarmé, Valéry und Adorno entwickelte Ästhetik des Negativen fort; andererseits bricht er mit dieser Ästhetik, indem er sie in den Bereich des Erhabenen überführt und dort gegen das Subjekt wendet, dessen Autonomie sie von Mallarmé bis Adorno gewährleisten sollte.

In diesem Kontext ist Lyotards Kritik der "transavantgardistischen", der "konsumierbaren" Postmoderne zu verstehen. Sofern er die Tradition der spätmodernen Negativität fortsetzt (und *ad absurdum* führt), muß er die rückwärtsgerichtete Innovation eines Jencks, Eco, Barth oder Oliva verurteilen, die sich eine Aktualisierung tradierter Formen vornimmt und dadurch auf formaler Ebene Adornos Satz negiert: "Seine Zuflucht hat das Alte allein an der Spitze des Neuen." Konsequent distanziert sich Lyotard von diesem postmodernen Plädoyer fürs Konsumierbare und wirft dem "Transavantgardismus" eines Bonito Oliva vor, das Erbe der Avantgarden zu verschleudern.[35] Diese Kritik könnte sich zweifellos auch Adorno zu eigen machen, der jede Annäherung an den kulturindustriell präformierten "Normalverbraucher" ablehnt.

Dennoch berühren sich die beiden postmodernen Extreme – Lyotard und Oliva, Lyotard und Eco –, wenn man sie aus der Sicht der Kritischen Theorie betrachtet, und zwar in einem Punkt, der wiederum im Bereich der Subjektproblematik anzusiedeln ist: Denn sowohl Lyotard als auch die Vertreter einer konsumierbaren postmodernen Kunst verzichten auf die Mallarmé, Valéry und Adorno gemeinsame Forderung nach einem "seiner selbst mächtigen und bewußten Sub-

---

33 J.- F. Lyotard, *Discours, figure*, Paris, Klincksieck, 1971, S. 18.

34 J.-F. Lyotard, *Die Analytik des Erhabenen*, op. cit., S. 163.

35 Vgl. J.-F. Lyotard, *Das Inhumane*, op. cit., S. 220.

jekt" (Adorno), das nicht aufgibt. Während Lyotard eine Ästhetik entwirft, die dieses Subjekt zerrüttet, leisten die "Transavantgardisten" der Integration des individuellen Subjekts in den Kulturbetrieb Vorschub und beschleunigen dadurch den Niedergang der Kritik im Indifferenzzusammenhang. Denn Kritik ist nur dort möglich, wo autonome Subjekte von klar definierten Wertsetzungen ausgehen können.

2. Die sprachliche Subversion des Subjekts: Zwischen Iterabilität und Iterativität

Die Grundthese der nachmodernen Denker, zu denen in den deutschsprachigen und englischsprachigen Ländern auch Derrida und Deleuze gerechnet werden, lautet, daß das individuelle Subjekt fremdbestimmt ist, weil es sich an das Andere des Unbewußten, der Sprache oder der Natur verliert. Bei Lyotard verliert es sich an die Natur als Erhabenes (im Sinne von Kant: vgl. III, 1), welches das Fassungsvermögen des Verstandes und der Einbildungskraft übersteigt. Bei Derrida, dessen Subjektkritik hier – zusammen mit der von Gilles Deleuze und Gianni Vattimo – im Mittelpunkt steht, verliert es sich an die Naturseite der Sprache als Zusammenwirken sinnfreier Signifikanten, die eine Subversion subjektiver Sinngebung bewirken.

Da diese Betrachtungsweise Sprachwissenschaftler (und andere Wissenschaftler) nicht ohne weiteres überzeugen wird, erscheint ein kurzer Exkurs zu Martinets These über die *double articulation du langage* sinnvoll. Der französische Linguist geht zunächst von der Frage aus, wie die Sprache "ihre eigenen Werte begründet und wie sie den Phonemen, also Einheiten ohne Signifikate, die Bildung ihrer Signifikanten anvertraut und diese dadurch der Sinngebung entzieht".[36] Später hebt er die Willkür als wesentlichen Aspekt dieser Sinnfreiheit hervor: "Aus der zweiten sprachlichen Artikulation hervorgegangen, erscheinen die Phoneme somit als Garanten der willkürlichen Beschaffenheit des Zeichens."[37] Es leuchtet ein, daß eine Sprachphilosophie wie diejenige Derridas, die die Signifikanten den Signifikaten gegenüber aufwertet, eine erhebliche Schwächung des logisch-begrifflichen Denkens bewirkt und Erscheinungen an der "Naturseite des Geistes" (Vischer) wie *Sinnfreiheit* und *Willkür* in den Mittelpunkt

36 A. Martinet, *La Linguistique synchronique. Etudes et recherches*, Paris, PUF, 1968, S. 27.

37 Ibid., S. 28.

der Betrachtungen rückt. Zugleich entmachtet sie das Subjekt als Geist, d.h. als begrifflich definierende Instanz.

In *L'Ecriture et la différence* zeigt sich, wie sehr Derrida im Anschluß an Bataille an Vischers junghegelianische Problematik anknüpft, d.h. an die Erkenntnis, daß Hegel systematisch ausgrenzte, was im logisch-begrifflichen Denken nicht aufgeht: den Traum und den Zufall, das Lachen und die Ekstase, die Poesie und das Spiel. Dazu bemerkt Bataille: "Im 'System' sind Poesie, Lachen und Ekstase nichts. Hegel entledigt sich ihrer mit Eile: er kennt nur das Endziel des Wissens."[38] Derrida setzt diesen Gedankengang fort, wenn er über Hegel schreibt: "Indem er die Negativität als Arbeit deutete, indem er auf den Diskurs, den Sinn, die Geschichte usw. setzte, hat Hegel gegen das Spiel und den Zufall gewettet."[39] Das war schon Vischer klar, der im Gegensatz zu den Postmodernen allerdings noch nicht auf den Gedanken kam, *gegen* den Sinn, die Geschichte und das Subjekt zu wetten.

Genau dies tut aber Derrida, wenn er eine Sprachtheorie entwirft, die von dem Gedanken ausgeht, daß es einen stabilen, identifizierbaren Sinn aus zwei Gründen nicht geben kann: erstens, weil jedes sprachliche Zeichen in einem unabschließbaren, offenen Kontext von Differenzen bedeutet, der es uns nicht gestattet, dieses Zeichen auf einen eindeutigen Sinn festzulegen; zweitens, weil die Wiederholung eines solchen Zeichens im Kontext zu immer neuen Abweichungen und Sinnverschiebungen führt, die ebenfalls Eindeutigkeit (als endgültige Sinngegenwart oder Sinnpräsenz) vereiteln.

Derrida bezeichnet den ersten Fall mit dem Neologismus *différance* (dt. *Differänz* = endlose Sinnverschiebung), den zweiten als *itérabilité* (dt. *Iterabilität* = Wiederholung mit Sinnverschiebung). Es leuchtet ein, daß eine solche Auffassung der Sprachsemantik, die jede Art von Sinnpräsenz als Definierbarkeit und Identifizierbarkeit leugnet, eine Verselbständigung der Signifikanten und eine drastische Schwächung der Signifikate (Begriffe) mit sich bringt: Das Definieren von Begriffen als Vergegenwärtigung von Sinn ist im Kontext der Dekonstruktion unmöglich. Als illusorisch erscheint in diesem Kontext auch die Identität des individuellen Subjekts, das der *différance* und der *itérabilité* überantwortet wird und sich im Zusammenspiel der Signifikanten auflöst.

---

[38] G. Bataille, in: J. Derrida, *Die Schrift und die Differenz*, Frankfurt, Suhrkamp (1972), 1976, S. 389.

[39] Ibid., S. 393.

Um den Zerfall des Subjekts und der Subjektivität allgemein (auch der kollektiven) in Derridas Dekonstruktion konkreter zu verstehen, ist es notwendig, *Differänz* und *Iterabilität* näher zu betrachten, weil sie nicht nur die Sinngegenwart, sondern auch die Selbstvergegenwärtigung (Identifizierung) des Subjekts in der Sprache vereiteln. Es wird sich zeigen, daß beide Termini eine nietzscheanische Kritik an Descartes und Hegel beinhalten.

Der Rationalist und Cartesianer Saussure meinte noch, Funktion und Sinn einzelner Wortzeichen im Rahmen des von ihm konstruierten Sprachsystems begrifflich fixieren zu können, und stellte sich ein selbst-bewußtes und für die Eindeutigkeit der *parole* verantwortliches Subjekt vor. Bekanntlich hat seine synchrone Sprachauffassung einen systematisch-funktionalen Charakter: d.h. ein bestimmtes phonetisches oder lexikalisches Element kann nicht isoliert, unabhängig von anderen Sprachelementen definiert werden, sondern nur im Kontext, in dem es mit anderen Elementen interagiert. Saussure selbst erklärt: "Innerhalb einer und derselben Sprache begrenzen sich gegenseitig alle Worte, welche verwandte Vorstellungen ausdrücken: Synonyma wie *denken, meinen, glauben* haben ihren besonderen Wert nur durch ihre Gegenüberstellung; wenn *meinen* nicht vorhanden wäre, würde sein ganzer Inhalt seinen Konkurrenten zufallen."[40]

Derrida übernimmt zwar Saussures These, der zufolge die Bedeutung eines Wortes nicht an und für sich, sondern nur im Hinblick auf seine Differenzen im Vergleich mit anderen Worteinheiten bestimmt werden kann; er radikalisiert sie aber und durchbricht den rationalistischen Rahmen, wenn er hinzufügt, daß auch Saussures differentielle Betrachtung eine Wortbedeutung nicht fixieren kann. Die Vergegenwärtigung des Sinnes, die *Sinnpräsenz* als *présence du sens*, sagt Derrida, ist nicht zu haben: weil der sprachliche Kontext nie aufhört und folglich auch nicht der Differenzierungsprozeß, von dem Sinnkonstitution abhängt. Ein Text erscheint ihm als offenes Zusammenspiel von Signifikanten, deren Sinn nie eindeutig bestimmbar ist: "Und wenn die Bedeutung des Sinns (in der allgemeinen Bedeutung des Wortes Sinn, nicht aber von Bezeichnung) unendliches Einbegriffensein ist? Die unbestimmte Rückverweisung eines Signifikanten auf einen Signifikanten? Wenn seine Kraft eine gewisse reine und unendliche Mehrdeutigkeit ist, die dem bezeichneten Sinn keinen

---

40 F. de Saussure, *Grundfragen der Allgemeinen Sprachwissenschaft*, Berlin, de Gruyter, 1967 (2. Aufl.), S. 138.

Aufschub und keine Ruhe läßt, die ihn in seiner eigenen *Ökonomie* auffordert, zum Zeichen zu werden und sich selbst *aufzuschieben*?"[41]

Derrida nennt diese endlose Aufschiebung des Sinnes *différance* (vom frz. verb *différer* = verschieben, vertagen, sich unterscheiden). Was bedeutet nun der Ausdruck "in seiner eigenen *Ökonomie*"? Er bedeutet, daß der Sinn nur als Sinnverschiebung, als Differänz existiert und nicht als statische Idee im Sinne von Plato oder als immer schon gegenwärtiges Signifikat, dessen Existenz auch Saussure vorauszusetzen scheint.

In Derridas *différance* manifestiert sich der die gesamte Postmoderne (von Lyotard bis Vattimo) durchziehende Partikularisierungsgedanke[42], der in diesem konkreten Fall zu einer drastischen Aufwertung des partikularen Signifikanten dem verallgemeinerungsfähigen Begriff gegenüber führt. Mit Recht spricht Jochen Hörisch in diesem Zusammenhang von einer "Suprematie des Signifikanten über das Signifikat".[43] Denn wenn Derrida behauptet, daß eine Fixierung der Wortbedeutung als Begrifflichkeit (als Signifikat im Sinne von Saussure) nicht möglich ist, wertet er die Ebene der Signifikanten der begrifflichen Ebene der Signifikate gegenüber auf. Zugleich partikularisiert er die Bedeutung, indem er die Möglichkeit eines definierbaren (eingrenzbaren) und allgemeingültigen Begriffs leugnet. Für ihn gibt es nur "die unbestimmte Rückverweisung eines Signifikanten auf einen Signifikanten", kein bestimmbares Signifikat und folglich auch keine begrifflich fixierbare Bedeutung eines Textes.

Für die individuelle und kollektive Subjektivität bedeutet dies, daß sie auf keine Sinnpräsenz gegründet werden kann und sich im stets offenen, unabschließbaren Differenzierungsprozeß der Signifikanten auflöst. Sie zerfällt, weil sie seit Descartes mit dem begrifflichen *cogito* und der Definierbarkeit des Begriffs verbunden ist. Wo Begrifflichkeit einer endlosen Verkettung von Signifikanten unterworfen wird, dort büßt Subjektivität ihre noetische Grundlage ein.

Dieser Zerfallsprozeß soll nun in abgewandelter Form im Zusammenhang mit Derridas Terminus der *Iterabilität* oder *itérabilité* dargestellt werden, der begrifflich konkreter bestimmbar ist als die *différance*. *Iterabilität* (*iter* = Weg, *iterum* = wiederum, *reiterare* = wie-

---

41 J. Derrida, *Die Schrift und die Differenz*, op. cit., S. 44-45.

42 Zur Partikularisierungstendenz innerhalb der postmodernen Problematik vgl. Vf., *Moderne/Postmoderne*, op. cit., Kap. I-II.

43 J. Hörisch, "Das Sein der Zeichen und die Zeichen des Seins", in: J. Derrida, *Die Stimme und das Phänomen*, Frankfurt, Suhrkamp, 1979, S. 43.

derholen) bedeutet im wesentlichen Wiederholung. Während rationalistische Semiotiker wie Algirdas J. Greimas (wie sich noch zeigen wird) behaupten, daß die Wiederholung eines Wortes oder eines größeren Textelements die Textkohärenz stärkt und die thematische Definition dieses Textes erleichtert, stellt Derrida die Gegenthese auf: Die Wiederholung eines Wortes oder Textelements stärkt nicht die Textkohärenz, sondern zersetzt den Sinn. Sie zersetzt den Sinn, weil das Wort, sobald es in einem etwas anderen Zusammenhang (im selben Text, aber in einem anderen Kontext) wiederholt wird, eine etwas andere Bedeutung annimmt. Es kommt also bei jeder Wiederholung zu einer Sinnverschiebung, die dazu führt, daß die Identität eines Wortes oder Textelements nie eindeutig bestimmt werden kann. Folglich gilt auch im Hinblick auf die Iterabilität, was Derrida in seinen Kommentaren zur *différance* sagt: Sinngegenwart als begriffliche Definition ist nicht möglich.

Daß wir es hier mit einem gegen Descartes, Kant und Hegel gewendeten Nietzscheanismus zu tun haben, wird klar, sobald Nietzsches partikularisierende Aussagen zur Begriffsbildung und zur Subjektivität vergegenwärtigt werden, die den vierten Abschnitt des vorigen Kapitels eröffnen: "Jeder Begriff entsteht durch Gleichsetzen des Nichtgleichen."[44] Ist das nicht eine Theorie der Iterabilität *avant la lettre*? Parallel dazu sind die Bemerkungen zum Subjekt zu lesen: "'Subjekt' ist die Fiktion, als ob viele *gleiche* Zustände an uns die Wirkung *eines* Substrats wären (...)."[45] Auch Subjektivität erscheint hier als Fiktion, die nur entstehen kann, weil wir Differenzen und Sinnverschiebungen unterschlagen.

Deshalb hält Derrida in seiner Kritik an Austins Sprechakttheorie den Gedanken an eine sich selbst gegenwärtige und im Sprechakt sich artikulierende Intention des Subjekts für illusorisch: "Damit sich ein Kontext in dem von Austin geforderten Sinne erschöpfend bestimmen läßt, ist es zumindest notwendig, daß die bewußte Intention sich selbst und den anderen vollkommen gegenwärtig und wirklich transparent sei, da sie ein bestimmender Mittelpunkt des Kontextes ist."[46] Eine solche Transparenz ist jedoch unmöglich, wendet Derrida gegen die Sprechakttheoretiker ein, weil Differänz und Iterabilität die Wieder-

---

44 F. Nietzsche, "Über Wahrheit und Lüge im außermoralischen Sinn", in: ders., *Werke*, Bd. V, München, Hanser, 1980, S. 313.

45 F. Nietzsche, "Aus dem Nachlaß der Achtzigerjahre", in: ders., *Werke*, Bd. VI, München, Hanser, 1980, S. 627.

46 J. Derrida, *Randgänge der Philosophie*, Wien, Passagen, 1988, S. 311.

holung eines und *desselben* Sprechakts stets vereiteln. Die Wiederholung eines Sprechakts bringt in einem sich wandelnden Kontext zwangsläufig einen neuen (etwas anderen) Sprechakt hervor.

Diese permanente Sinnverschiebung läßt auch keine mit sich selbst identische Subjektivität entstehen. Dazu bemerkt Rudolf Bernet: "Daraus folgt, daß es keine einfache und unmittelbare Gegenwart des Bewußtseins für es selbst gibt und daß der Bewußtseinsstrom sich in der Differenz zwischen dem, was er jetzt ist, was er nicht mehr ist und was er noch nicht ist, darstellt."[47] In der Differenz zwischen dem Nicht-Mehr und dem Noch-Nicht verschwindet das Subjekt als undefinierbare, nicht-identifizierbare Erscheinung, deren begriffliche Basis zerbröckelt ist.

In diesem Zusammenhang faßt Gilles Deleuze in *Différence et répétition* (einem Werk, das man durchaus parallel zu Derridas *L'Ecriture et la différence* lesen kann) Wiederholung als ständige Sinnverschiebung auf, die es uns nicht gestattet, von einem Wiederauftreten des Selben zu sprechen. Im Anschluß an Nietzsche spricht er sich gegen das Wesen und für den Schein, gegen die Wahrheit und für das Trugbild aus: "Das Subjekt der ewigen Wiederkehr ist nicht das Selbe, sondern das Differente, nicht das Ähnliche, sondern das Unähnliche, nicht das Eine, sondern das Viele, nicht die Notwendigkeit, sondern der Zufall. Viel eher impliziert die Wiederholung in der ewigen Wiederkunft die Zerstörung aller Formen, die deren Funktionieren behindern, der Kategorien der Repräsentation, die in der Vorbedingung des Selben, des Einen, des Identischen und des Gleichen verkörpert sind."[48] Identitäten und Definitionen sind – wie schon bei Nietzsche – Fiktionen oder Illusionen, die es zu dekonstruieren gilt.

Deleuze faßt die "Möglichkeit von begriffslosen Differenzen"[49] ins Auge und läßt erkennen, worum es in der Postmoderne geht: um die begriffliche Entmachtung des individuellen Subjekts, das in Lyotards Theorie des Erhabenen (buchstäblich) um seinen Verstand gebracht wird, und bei Deleuze im Anonymen einer verdinglichenden Sprache aufgeht: "*Man* (die Sprache) wiederholt, weil *man* (die Wörter) nicht real ist, weil man nur über eine nominale Definition verfügt. *Man* (die Natur) wiederholt, weil *man* (die Materie) keine Interiorität besitzt, weil man *partes extra partes* ist. *Man* (das Unbewußte) wie-

---

[47] R. Bernet, "Derrida et la voix de son maître", in: Derrida, *Revue philosophique* 2 (April-Juni), 1990, S. 161.

[48] G. Deleuze, *Differenz und Wiederholung*, München, Fink, 1992, S. 165.

[49] Ibid., S. 338.

derholt, weil *man* (das Ich) verdrängt, weil *man* (das Es) kein Erinnern, keine Rekognition und kein Selbstbewußtsein besitzt (...)."[50]

Beschrieben wird hier – kritisch-theoretisch und modernistisch betrachtet – die *Entfremdung* des individuellen Subjekts in "transsubjektiven" Bereichen wie Sprache, Natur, Materie, Unbewußtes und Es. Das Einzelsubjekt gibt es nicht mehr, weil es sich an das Andere verliert: an all die Bereiche, die es als begriffslose Instanz nicht mehr erfassen und beherrschen kann. Die modernistische- Kritik des herrschaftlich-idealistischen Subjekts, des Zugrundeliegenden, hat hier einen Endpunkt erreicht, an dem Subjektivität in Fremdbestimmung und Heterogenität aufgelöst wird. In einer Gesellschaft, in der alle Wertsetzungen im Hinblick auf den dominierenden Tauschwert austauschbar erscheinen, wird es selbst *in-different*. Es ist von der Sprache, der Natur, der Materie, dem Unbewußten nicht mehr zu unterscheiden. In diesem Zusammenhang könnte Goffman sagen, daß die Ensembletänzerin (vgl. Einleitung) in ihren zahlreichen Namen, Frisuren und "Tendenzen der Popularität" aufgeht.

Den Ich-Verlust in der Sprache hat Jürgen Becker zwei Jahre nach *Différence et répétition* in den *Umgebungen* anschaulich dargestellt: "Wolf hat früher weiche Sätze gemacht, als die Zeit der weichen Sätze war. Will die Menge weiche Sätze? Wolf hat plötzlich Angst, daß er nicht weiß, was die Menge für Sätze will. Wolf weiß, daß er es wissen muß, denn er weiß, daß, als er noch nicht gewußt hat, was die Kamera und das Mikro will, keine Kamera und kein Mikro gekommen ist."[51] Sowohl Wolf als auch der Ensembletänzerin ist klar, daß sich das Angebot an der Nachfrage zu orientieren hat. Dabei spielt die ästhetische, moralische oder politische Qualität des Angebots keine Rolle.

Dies ist natürlich nicht, was Deleuze und die anderen nachmodernen Denker sagen wollen; sie gehen aber von diesem *fait accompli* aus. Ihnen ist es – durchaus im Anschluß an das Projekt der Kritischen Theorie – um eine radikale Kritik der herrschaftlichen Subjektivität, Identität und Begrifflichkeit (als Logozentrismus, Derrida) zu tun. Sofern sich Deleuze aber eine "Möglichkeit von begriffslosen Differenzen" vorstellt (statt sich wie Adorno vorzunehmen, "über den Begriff durch den Begriff hinauszugelangen"), kann er wie Derrida nur zu dem Ergebnis kommen, daß jede Art von Wiederholung (von Ge-

---

50 Ibid., S. 338.

51 J. Becker, *Umgebungen*, Frankfurt, Suhrkamp (1970), 1974, S. 72.

danken, Ereignissen, Textelementen) Identität und Subjektivität zersetzen muß: "Sie fragmentiert die Identität selbst (...)."[52] Man meint Derrida zu lesen, wenn es bei Deleuze heißt: "Immer wenn wir auf eine Variante, eine Differenz, eine Verkleidung, eine Verschiebung stoßen, werden wir sagen, es handle sich um Wiederholung (...)."[53] Wie schon bei Derrida zersetzt diese Art von Wiederholung die Identität des Subjekts, d.h. sie läßt Subjektivität erst gar nicht aufkommen.

Philosophen des *déjà vu* könnten nun einwenden, dies habe es im Empirismus und Nominalismus schon alles gegeben. Ihr Hinweis sollte nicht als banal abgetan werden; nicht nur, weil er Deleuzes Interesse für Hume erklärt[54], sondern weil er auch zur Suche nach Affinitäten zwischen postmodernem Dekonstruktivismus und dem älteren Empirismus ermutigt. Tatsächlich äußert sich Deleuze zu diesen Affinitäten, wenn er in einem Gespräch mit Claire Parnet zum Stichwort Empirismus bemerkt: "Eine Vielheit ist nichts, was in den Gliedern steckte, einerlei wie viele es sind, in deren Menge oder in der Totalität. Sie steckt allein im UND (...)."[55] Wie Derridas Dekonstruktion, so ist auch Deleuzes Neo-Empirismus eine teils offene, teils versteckte Kritik am Totalitätsdenken Hegels, der zu Humes Skeptizismus bemerkte, "tiefer [könne] man im Denken nicht herunterkommen".[56] Er würde sich zu Deleuze und Derrida wohl nicht anders äußern. Doch eine Rückkehr zu Hegel kommt schon deshalb nicht in Frage, weil sie sich über die noetische Problematik unserer Zeit hinwegsetzen und die Wahrheitsmomente des postmodern-dekonstruktiven Denkens übergehen würde.

Daß es sich um eine Problematik als Ensemble von Problemen, Fragen und Antworten handelt, läßt die Verwandtschaft zwischen Derrida, Deleuze und dem italienischen Philosophen Vattimo im Bereich der Subjektproblems erkennen. Vattimo, der im nächsten Abschnitt ausführlicher mit Laing verglichen wird, geht wie die beiden französischen Philosophen von dem Grundgedanken aus, daß Wiederholung ein Differenzierungsprozeß ist, der Subjektivität zersetzt. Er

---

[52] G. Deleuze, *Differenz und Wiederholung*, op. cit., S. 339.

[53] Ibid.

[54] Vgl. G. Deleuze, *Empirisme et subjectivité. Essai sur la nature humaine selon Hume*, Paris, PUF, 1993 (5. Aufl.), Kap. V: "Empirisme et subjectivité".

[55] G. Deleuze, C. Parnet, *Dialoge*, Frankfurt, Suhrkamp, 1980, S. 64.

[56] G. W. F. Hegel, *Vorlesungen über die Geschichte der Philosophie*, Bd. III, Frankfurt, Suhrkamp, 1996 (3. Aufl.), S. 279.

spricht von "Differenz als Durchschlagung"("la differenza come sfondamento")[57] und argumentiert – im Anschluß an Nietzsche, Heidegger und Derrida –, daß sich in unserer Zeit in Kunst und Philosophie eine "radikale Hermeneutik" ("ermeneutica radicale") entfaltet, die das Subjekt dekonstruiert und sich dadurch dem Zugriff des technologischen Herrschaftsdenkens entzieht: "Die Welt der symbolischen Formen – die Philosophie, die Kunst, die Kultur insgesamt – behauptet insofern ihre Autonomie, als sie der Ort ist, an dem sich das von der Technik zur Weltherrschaft ermächtigte Subjekt als unterworfenes Subjekt (soggetto-assoggettato) und letzte Verkörperung der Herrschaftsstrukturen zer-legt, disloziert und destrukturiert (dis-pone, disloca, destruttura)."[58]

An dieser Stelle wird einerseits die Verwandtschaft zwischen den drei nachmodernen Denkern sichtbar, andererseits ihr Bruch mit dem Erbe der Kritischen Theorie: Wie Lyotard opfern sie das individuelle Subjekt einer ultraradikalen (d.h. eher konformistischen) Kapitalismus- und Technologiekritik und übersehen dabei, daß dieses Subjekt Grundlage aller Kritik und allen Widerstandes ist. Vattimos Einverständnis mit der technokratisch verwalteten Kulturindustrie und ihrem indifferenten Pluralismus[59] zeigt, wohin seine Subjektkritik führt.

Schon deshalb erscheint zum Abschluß eine Kritik dieser Kritik angebracht, die sich, um sich nicht in den Weiten der Problematik zu verlieren, auf das Problem der *Wiederholung* konzentrieren wird. Das Argument lautet: Individuelle Subjektivität setzt weder Sinnpräsenz noch Sinnkonstanz, noch eine starre Identität (x = x) voraus, sondern ist (wie im ersten Kapitel) als *Zusammenwirken von narrativen Programmen und als dialogischer Prozeß aufzufassen, d.h. als ständige Auseinandersetzung mit dem Anderen.*

Individuelle Subjekte wandeln sich und bleiben sich treu wie Ich-Erzähler in Romanen, die durchaus in der Lage sind, sich selbstironisch vom eigenen Ich zu distanzieren, ohne es/sich deshalb aufzugeben. Zourabichvili bemerkt im Zusammenhang mit Deleuze: "Der Sinn ist Divergenz, Dissonanz, Disjunktion."[60] Das ist er sicherlich

---

57 G. Vattimo, *Le avventure della differenza. Che cosa significa pensare dopo Nietzsche e Heidegger*, Mailand, Garzanti, 1980, S. 9.

58 Ibid., S. 121.

59 Vgl. G. Vattimo, *Die transparente Gesellschaft*, Wien, Passagen, 1992, S. 92-95.

60 F. Zourabichvili, *Deleuze. Une philosophie de l'événement*, Paris, PUF, 1994, S. 39.

auch: sowohl im gesellschaftlichen Alltag als auch im Roman. Wir werden – wie die Romanhelden – mit Widersprüchen, Ungereimtheiten und sinnlosen Begebenheiten konfrontiert, die uns den Weg verstellen, und die Wiederholung eines affektiven, beruflichen oder wissenschaftlichen Versuchs *kann* bisweilen die "Divergenz, Dissonanz, Disjunktion" des Ganzen bestätigen. Sie *muß* es aber nicht tun – wenn wir keine Dekonstruktivisten sind. Widerspruch und Kontingenz können, wie sich im letzten Kapitel zeigen wird, sowohl destruktiv als auch produktiv wirken.

Wenn wir Rationalisten sind, glauben wir nicht an die *Iterabilität* und ihre endlosen Verschiebungen, sondern an die *Iterativität*, und stellen mit dem Semiotiker Greimas zuversichtlich fest: "Die Iterativität ist die Reproduktion auf syntagmatischer Achse von identischen oder vergleichbaren Größen, die auf derselben Analyse-Ebene vorkommen."[61] Komplementär dazu wird der *Isotopie*-Begriff definiert als "wiederholtes Auftreten von Klassemen auf einer syntagmatischen Achse, die die Homogenität des Diskurses als Aussage gewährleistet".[62]

Von Verschiebung, Dissonanz und Zerfall ist hier nirgendwo die Rede. Oder doch? Deleuze und die Dekonstruktivisten würden den Ausdruck "oder vergleichbare Größen" sicherlich zum Anlaß nehmen, die rationalistische Definition anhand dieser Einschränkung oder Konzession zu dekonstruieren. "Differenz ist ebenso wichtig wie die Wiederholung"[63], würden sie möglicherweise mit dem amerikanischen Dekonstruktivisten J. Hillis Miller einwenden.

Aber dieser Einwand ist leicht in die rationalistische (und die dialektische) Semiotik zu integrieren: Denn sowohl in der Lebens- als auch in der Romanerzählung kann es Abweichungen und Widersprüche nur im Hinblick auf etwas Vorhandenes, d.h. im Hinblick auf einen durch Wiederholung von Aussagen und Handlungen konstituierten *Kontext als Kohärenz* geben. Anders gesagt: Abweichungen als Abweichungen von etwas und Widersprüche als Widersprüche zu etwas setzen Kohärenzen voraus. Und vor diesem Hintergrund kann ein Semiotiker wie Greimas behaupten, daß im Prozeß der

61 A. J. Greimas, J. Courtés, *Sémiotique. Dictionnaire raisonné de la théorie du langage*, Paris, Hachette, 1979, S. 199.

62 Ibid., S. 197.

63 J. Hillis Miller, *Fiction and Repetition. Seven English Novels*, Cambridge (Mass.), Harvard Univ. Press, 1982, S. 128.

Iterativität Abweichungen und Neuerungen den Diskurs (den Handlungsablauf) bereichern – und nicht zu seinem Zerfall führen.

Analog dazu ist die semiotische Subjektivität zu betrachten: Wird sie dynamisch als dialogisch-narrativer Prozeß aufgefaßt, dann ist nicht Sinnpräsenz im metaphysischen oder dekonstruktiven Sinne für sie relevant, sondern Sinnentfaltung als narrativer Ablauf, der unablässig Verschiebungen und Widersprüche zeitigt. Deren Ambivalenz hat zur Folge, daß sie einerseits zur Bereicherung und Stärkung der individuellen oder kollektiven Subjektivität beitragen, daß sie sie andererseits aber auch zersetzen, zerstören können.

Die Aufgabe einer Theorie des Subjekts besteht darin, die Thesen der rationalistischen Semiotik (Wiederholung als Sinnkonstitution) und der Dekonstruktion (Wiederholung als Sinnzerfall) dialektisch zusammenzudenken. Denn das Wahrheitsmoment der Dekonstruktion (im allgemeinsten Sinne) kommt in der Erkenntnis zum Ausdruck, daß das Kohärenzdenken der Rationalisten und Hegelianer eine Illusion ist, weil literarische, philosophische und wissenschaftliche Texte keine eindeutig bestimmbaren, geschlossenen Totalitäten sind, sondern von ihren Sinnverschiebungen (Iterabilitäten) und Widersprüchen *leben,* und weil auch individuelle und kollektive Subjekte ihre Kreativität und ihren Handlungsspielraum solchen Sinnverschiebungen und Ungereimtheiten verdanken.

Allerdings sind solche Abweichungen nur im Hinblick auf Kohärenzen zu verstehen. Dies haben die Dekonstruktivisten übersehen, weil sie wie andere postmoderne Denker, wie Lyotard, eine extreme Position beziehen, ohne die Wahrheiten der Gegenposition dialogisch-dialektisch wahrzunehmen.

3. Von Laing zu Vattimo: "divided self" und "soggetto scisso"

Der hier konstruierte Übergang von Laing zu Vattimo, vom *divided self* zum *soggetto scisso,* entspricht den modern-postmodernen Übergängen von Adornos Erhabenem zum Erhabenen Lyotards und von der rationalistisch-hermeneutischen zur dekonstruktivistischen Wiederholung. Es soll gezeigt werden, daß die Spaltung des Subjekts bei Laing eine ganz andere Bedeutung hat als bei Vattimo, der im Anschluß an Nietzsche und Heidegger die als metaphysisch apostrophierte Vorstellung von einem einheitlichen Einzelsubjekt aufgegeben hat.

Der Übergang von einer spätmodernen zu einer postmodernen Problematik soll diesen Bedeutungswandel erklären.

Es ist wohl kein Zufall, daß die beiden wirkungsmächtigsten Bände Laings *The Divided Self* (1959) und *The Politics of Experience* (1967) derselben Epoche angehören wie Anthony Burgess' *A Clockwork Orange* (1962). Es war sowohl in Großbritannien als auch im restlichen Europa die Zeit der Auflehnung gegen eine als entfremdend und verdinglichend empfundene Gesellschaft, die Erfahrung verhindert und subjektive Kreativität unterdrückt. Es war die Zeit der Revolten gegen eine sich abzeichnende soziale Eindimensionalität, die eines Tages Menschen daran hindern würde, sich ein Jenseits der bestehenden Verhältnisse vorstellen zu können.

Das "passing out to another better world"[64], von dem in Burgess' Roman die Rede ist, gehört auch zu den wichtigsten Leitmotiven von Laings Werk, das sowohl von Sartres Existentialismus als auch von Marcuses kritischer Gesellschaftstheorie beeinflußt wurde. In einem seiner Edinburger Vorträge gab Laing in sartrianischem Sprachduktus zu bedenken, daß die Gesellschaft die Individuen sozialisiert, diszipliniert und zurechtstutzt, weil sie Angst vor dem Nichts, dem *néant*, hat. Kreativität aber, die sie den Subjekten versagt, ist vom negativen Prinzip der *néantisation* (Sartre) nicht zu trennen. Diese Kreativität droht in einer Organisationsgesellschaft, die nur noch kommerzialisierte Surrogate anzubieten hat, im Keime zu ersticken.

Der in seinem Werk zentrale Begriff der *Erfahrung* (*experience*) verbindet Laing mit der späten Kritischen Theorie, die den anhaltenden Niedergang der individuellen Subjektivität mit der Atrophie der gesellschaftlichen, psychischen und physischen Erfahrung verknüpft. "Das Mark der Erfahrung ist ausgesaugt; keine, auch nicht die unmittelbar dem Kommerz entrückte, die nicht angefressen wäre"[65], heißt es in Adornos *Ästhetischer Theorie*. Die Affinität zwischen den beiden theoretischen Perspektiven tritt schon in der Einleitung zu *The Politics of Experience* in Erscheinung, wo der Erfahrungsverlust in einer unwirklich werdenden Wirklichkeit zur Sprache kommt: "Den Pseudo-Ereignissen um uns passen wir uns an im falschen Bewußtsein, sie seien wahr, real und sogar schön. In der menschlichen Gesellschaft liegt Wahrheit jetzt weniger in dem, was die Dinge sind, als in dem, was sie nicht sind."[66] Dies bedeutet konkret, daß jedes unmit-

---

64 A. Burgess, *A Clockwork Orange*, London, Penguin (1962), 1972, S. 59.

65 Th. W. Adorno, *Ästhetische Theorie*, op. cit., S. 54.

66 R. D. Laing, *Phänomenologie der Erfahrung*, op. cit., S. 9.

telbare Sich-Verhalten zur Umwelt entfremdend wirkt und Erfahrung verhindert: Jeder Versuch, sich an "sympathischen oder unsympathischen Persönlichkeiten" im politischen Alltag zu orientieren, läuft auf Verkennung der politisch-wirtschaftlichen Strategien und ihrer Folgen hinaus.

Der semantische Gegensatz zwischen *Entfremdung* (*alienation*) und *Wahrheit* (*truth*) oder *Authentizität* (*authenticity*), der Laings gesamten Diskurs strukturiert, läßt die Zugehörigkeit dieses Diskurses zur spätmodernen sprachlichen Situation und Problematik erkennen. "Die Humanitas ist ihren Möglichkeiten entfremdet"[67], heißt es ebenfalls in der Einleitung, in der sich Laing jedoch von Marcuses Buch *Der eindimensionale Mensch* distanziert, weil er meint, in dieser Schrift ein Zusammenfallen von Wahrheit und Hoffnungslosigkeit zu erkennen. Es ist zu bedauern, daß Laing – ähnlich wie Foucault[68] – die Kritische Theorie nur oberflächlich kannte und deshalb die bei Adorno und Marcuse herrschende Spannung zwischen Hoffnungslosigkeit, Wahrheitsanspruch, Kritik und Hoffnung nicht wahrnahm.

Er geht jedoch unabhängig von Adorno, Horkheimer oder Marcuse von einigen Prämissen dieser Theorie aus, wenn er die Spaltung des individuellen Subjekts als eine Folge der Entzweiung oder Entfremdung zwischen *Erfahrung* (*experience*) und *Verhalten* (*behaviour*) auffaßt. Das individuelle Subjekt kann sich aus dem Bereich des entfremdeten und verdinglichten sozialen Verhaltens in eine verinnerlichte Erfahrungswelt zurückziehen, die den anderen unzugänglich ist. Sie nehmen nur die verdinglichten Verhaltensmuster wahr, die ihren eigenen entsprechen.

Am Anfang von *The Politics of Experience* geht Laing von der phänomenologischen These aus, daß sich die Erfahrungen des anderen meiner Wahrnehmung entziehen: "Deine Erfahrung von mir ist nicht in dir, und meine Erfahrung von dir ist nicht in mir; aber *deine Erfahrung von mir ist unsichtbar für mich, und meine Erfahrung von dir ist unsichtbar für dich.*"[69] Diese Kommunikationssituation der "blinden Flecken" wird zum Ausgangspunkt eines Entfremdungsprozesses, der – wie schon angedeutet – Erfahrung vollends unterdrückt, so daß nur noch das Verhalten als *behaviour* in unserem Bewußtsein ist und Er-

---

67 Ibid., S. 10.

68 Vgl. M. Foucault, "Structuralisme et poststructuralisme", in: ders., *Dits et écrits IV*, Paris, Gallimard, 1994, S. 439, wo Foucault bedauert, die Kritische Theorie Adornos und Horkheimers so spät kennengelernt zu haben.

69 R. D. Laing, *Phänomenologie der Erfahrung*, op. cit., S. 12.

fahrung als zweite soziale Dimension in Vergessenheit gerät. Dann gilt auch nicht mehr Laings Feststellung: “Aber ich erfahre dich als Erfahrenden.”[70] Denn in einer Gesellschaft, die für jede Aussage und jede Handlung Stereotypen und Schablonen bereithält, wird Erfahrung allmählich aus dem Bewußtsein verdrängt. Übrig bleibt das normierte Verhalten.

Institutionen wie Familie, Schule und Gesundheitswesen scheinen sich zu verschwören, um die Erfahrungsfähigkeit des Einzelsubjekts auf ein Minimum zu reduzieren. “Die Familie als Schutz-Bande”[71], notiert Laing, um anzudeuten, wie sehr die Schutzfunktion der Familie in eine Bevormundungs- und Normalisierungsfunktion verkehrt wird, die bewirkt, daß die Erfahrungswelt des Kindes zu einem Fluchtpunkt in dessen “Innenleben” zusammenschrumpft und sich im sozialen Umgang mit anderen nicht mehr bemerkbar macht. Sie wird vom normierten Verhalten überlagert, unkenntlich gemacht. Diese Normalisierungsfunktion der Familie wird in der Regel von Institutionen wie Schule oder Klinik noch verstärkt, so daß der Rückzug der Erfahrung aus der sozialen Welt mit fortschreitendem Alter beschleunigt wird.

Diese Entwicklung hat zur Folge, daß es zu einer Spaltung des *self*, des Subjekts kommt, die der Trennung zwischen Erfahrung und Verhalten entspricht. Laing faßt das Hauptanliegen seines Werks *The Divided Self* in einem Satz zusammen: “Ich habe ein ganzes Buch der Beschreibung von Versionen der Isolierung gewidmet, die zwischen Erfahrung und Verhalten besteht.”[72] Wie sieht nun dieser *split* aus?

Bei näherem Hinsehen stellt sich heraus, daß es um eine neue Sondierung der von der romantischen, modernistischen und avantgardistischen Literatur erforschten Kluft zwischen gesellschaftlichem Schein und innerem Sein geht: um einen entfremdeten und entfremdenden Rückzug aus der sozialen Welt in eine phantastische Welt der Erfahrung, der “Innerlichkeit”: “Die Änderungen, die das ‘innere’ Selbst durchmacht, sind teilweise schon beschrieben worden. Sie können wie folgt zusammengefaßt werden:

1. Das Selbst wird ‘phantastisch’ oder ‘verflüchtigt’ und verliert darum jede festverankerte Identität.
2. Es wird unreal.

[70] Ibid., S. 13.
[71] Ibid., S. 57.
[72] Ibid., S. 47.

3. Es verarmt, wird leer, tot und gespalten.
4. Es belädt sich immer mehr mit Haß, Furcht und Neid.

Dies sind vier Aspekte eines einzigen Prozesses nach verschiedenen Gesichtspunkten.

James führte diesen Prozeß bis zu den Grenzen der geistigen Gesundheit, vielleicht sogar darüber hinaus. Dieser junge Mann von achtundzwanzig hatte, wie es so oft der Fall ist, mutwillig die Spaltung kultiviert zwischen dem, was er als sein 'wahres' Selbst und dem, was er als ein falsches Selbst-System betrachtete."[73]

Dieses "detachment from everyday routines"[74], wie Anthony Giddens die von Laing geschilderte Spaltung bezeichnet, ist ein bekanntes ästhetisches Phänomen des Modernismus und des Surrealismus. Ähnlich wie Laings Patient James entdeckt auch Hesses "Steppenwolf" Harry Haller ein "inneres Selbst" jenseits der sozialen Welt und deren Alltagsroutine, der er mit Haß und Furcht begegnet. Freilich ist Haller nicht ohne weiteres mit dem klinischen Fall "James" zu vergleichen, denn ihm geht es als Ich-Erzähler eines Romans – wie auch dem Theorie-Erzähler Laing – um die Wiederentdeckung einer verschollenen, weil routinisierten und normalisierten Erfahrung: "Ich erlebte eine Stunde aus meinem letzten Knabenjahre wieder."[75] Das Schlüsselwort ist hier das Verb "erleben", das die verschüttete Erfahrung konnotiert, um die es letztlich auch Prousts Marcel (und Marcel Proust selbst) zu tun ist, wenn er in *Le Temps retrouvé* mit Hilfe der unwillkürlichen Erinnerung jenseits von Salongesellschaft und mondäner Konversation die Eindrücke und Empfindungen der Jugendjahre wiederfindet.

Der Surrealismus gehört insofern der Problematik des Modernismus an, als er wie die Werke Prousts, Musils und Hesses[76] eine als authentisch apostrophierte Welt der Erfahrung gegen einen als falsch empfundenen gesellschaftlichen Alltag ausspielt. Bretons bekanntes *statement* am Ende des ersten Manifests : "Die Existenz ist anderswo"

---

[73] R. D. Laing, *Das geteilte Selbst. Eine Studie über geistige Gesundheit und Wahnsinn,* Köln, Kiepenheuer und Witsch (1972), 1994, S. 172.

[74] A. Giddens, *Modernity and Self-Identity. Self and Society in the Late Modern Age*, Cambridge-Oxford, Polity-Blackwell, 1991, S. 61.

[75] H. Hesse, *Der Steppenwolf,* Frankfurt, Suhrkamp, 1972, S. 216.

[76] Zum Übergang von Marcel Proust und Hermann Hesse zum Surrealismus vgl. Vf., *Roman und Ideologie. Zur Sozialgeschichte des modernen Romans*, München, Fink (1986), 1999, Kap. II.

("L'existence est ailleurs")[77] wird im zweiten Manifest durch einen Rückzug in die von Kindheitserfahrungen beherrschte Innenwelt ergänzt und konkretisiert. Dort ist von einer *féerie intérieure*, einem inneren Zauber die Rede, der als Alternative zum normierten Alltagsbewußtsein (zum "Verhalten", würde Laing sagen) gepriesen wird: "Neben diesem Zauber kann die Rückkehr zu jeder vorbedachten geistigen Tätigkeit – und wenn sie auch den Neigungen der meisten Zeitgenossen entspräche – nur ein armseliges Schauspiel bieten".[78] Die "phantastische", "unreale" und feindselige Einstellung der Surrealisten dem bürgerlich organisierten Alltag gegenüber ist bekannt.[79] Ihr entspricht in mancher Hinsicht die gewalttätige Attitüde der Protagonisten in *A Clockwork Orange*.

Wie sie, wie die Surrealisten und Modernisten hält Laing die schizophrene Spaltung des *Ich* für eine Anomalie, für ein Symptom spätkapitalistischer Entfremdung: "Unserer Meinung nach stellen dabei *ohne Ausnahme* Erfahrung und Verhalten, wenn sie als schizophren gelten, *eine spezielle Strategie dar, die jemand erfindet, um eine unerträgliche Situation ertragen zu können*".[80] Grundsätzlich spricht sich Laing für eine Änderung der unerträglichen Verhältnisse aus, die für das beschädigte Leben verantwortlich sind; er faßt allerdings auch eine Genesung unter verdinglichten Bedingungen ins Auge und setzt sich so dem Vorwurf aus, einer affirmativen Therapie das Wort zu reden.[81] Dieser Vorwurf zielt insofern ins Leere, als eine Psychotherapie, die die Umwälzung der bestehenden Verhältnisse zur Voraussetzung hätte, ihren eigentlichen Gegenstand, nämlich das Einzelsubjekt, aus den Augen verlöre.

Bisweilen stellt Laing die gesellschaftlich domestizierte Subjektivität auf eine Art dar, die postmoderne Verhältnisse zu antizipieren scheint: Verhältnisse, in denen subjektive Autonomie und Einheit als eitle Schimären verabschiedet werden. Er spricht von der "Illusion

---

[77] A. Breton, *Manifeste des Surrealismus*, Hamburg, Rowohlt, 1986, S. 43. *(Manifestes du surréalisme*, Paris, Gallimard, 1969, S. 64.)

[78] A. Breton, *Manifeste des Surrealismus*, op. cit., S. 81.

[79] Vgl. A. Breton, *Manifeste des Surrealismus*, op. cit., S. 42: "Diese Welt, in der ich ertrage (man frage nicht was), diese moderne Welt also, zum Teufel! Was soll ich nur damit anfangen?"

[80] R. D. Laing, *Phänomenologie der Erfahrung*, op. cit., S. 104.

[81] Vgl. R. Jacoby, "The Politics of Subjectivity", in: ders., *Social Amnesia: A Critique of Conformist Psychology from Adler to Laing*, Boston (Mass.), Beacon Press, 1975, S. 101-118.

(...), wir seien autonome *Egos*"[82], und fügt hinzu: "Wir alle wurden auf Prokrustesbetten behandelt."[83] Solche Aussagen erinnern nicht nur an Goffman, mit dem Laing in der Ansicht übereinstimmt, daß der psychiatrische Patient im Verlauf der Behandlung auf ein Objekt ("nichtverantwortliches Objekt")[84] reduziert wird und als "non-agent" seine Subjektivität einbüßt. (Er hört auf, ein Subjekt-Aktant zu sein, und wird in die Rolle eines Objekt-Aktanten gedrängt. Statt sein eigenes narratives Programm zu entfalten, wird er zum Gegenstand in fremden narrativen Programmen, könnte man auf semiotischer Ebene ergänzen.) Solche Aussagen erinnern auch an Foucaults Untersuchungen über die Entwicklung der Klinik, in denen die Verwaltung menschlicher Individuen als entsubjektivierter Körper beschrieben wird.

Zugleich nehmen sie Gianni Vattimos These über die "Auflösung der Subjektivität" in der Postmoderne vorweg: allerdings in einer völlig anderen Perspektive. Während Laing noch von entfremdeten Verhältnissen spricht ("unsere abgekartete Verrücktheit nennen wir geistige Gesundheit")[85], die es zu *überwinden* gilt, verzichtet Vattimo explizit auf die Überwindung im Sinne der 60er Jahre und ersetzt sie in den 80er Jahren, während die Postmoderne-Diskussion ihrem Höhepunkt zustrebt, durch die Heideggersche *Verwindung*: "(...) Die Modernisierung findet nicht durch die Abwendung von der Tradition, sondern durch eine Art ironischer Interpretation derselben, eine 'Distorsion' statt (Heidegger spricht in einer ähnlichen Bedeutung von *Verwindung*), die sie zwar aufrechterhält, aber zum Teil auch entleert."[86]

Vattimos Diskurs der "ironischen Interpretation" ist in einer ähnlichen gesellschaftlichen und sprachlichen Situation entstanden wie die von Hegel kritisierte romantische Ironie. Wie diese erhebt sich die postmoderne Ironie über die Geschichte, weil sie den historischen Prozeß nicht mehr als Entfaltung neuer Möglichkeiten und als Überwindung des Bestehenden denken kann (vgl. II, 2). Nach dem Scheitern der 68er Revolte, der letzten großen Rebellion des 20. Jahrhunderts, erscheint vielen die spielerisch-romantische Distanz als die einzig mögliche Attitüde. Denn das System hat die Revolution integriert:

---

82 R. D. Laing, *Phänomenologie der Erfahrung*, op. cit., S. 65.

83 Ibid.

84 Ibid., S. 100.

85 Ibid., S. 65.

86 G. Vattimo, *Die transparente Gesellschaft*, op. cit., S. 62.

“Selbst die Revolution als Erneuerung erscheint heute als ein im System automatisch enthaltenes Faktum (...).”[87] Der Überwindungsdrang ist verwunden.

Vattimos Nietzsche-Buch, von dem der Autor sagt, es sei im Anschluß an die 68er Ereignisse entstanden, läßt die von Adorno, Marcuse und Laing erhoffte Auflehnung des Einzelnen gegen Verdinglichung und Entfremdung als eine Illusion erscheinen, weil es in einem nietzscheanischen Kontext von der Auflösung der Wahrheit, der (modernistischen) Kritik und der Subjektivität ausgeht. Die von Laing und Marcuse postulierte Authentizität als zweite Dimension wird von Vattimo ausgeblendet: “Es gibt keine Befreiung jenseits des Scheins, in einem vorgeblichen Bereich authentischen Seins (...).”[88]

Wo der nietzscheanische Schein zum absoluten Herrscher aufsteigt, kann auch das individuelle Subjekt keinen “Kern”, keine Tiefenstruktur aufweisen; es löst sich in einem Zusammenspiel von Masken auf: “Befreit entscheidet sich das Dionysische ganz bewußt für eine Vielzahl von Masken.”[89] Konsequent spricht Vattimo in seinem Nietzsche-Buch von einer “Auflösung der Subjektivität, welche die Idee der ewigen Wiederkehr, radikal genug gedacht, notwendig mit sich bringen muß.”[90] Daß die ewige Wiederkehr Nietzsches auch anders, nämlich als Fundierung einer neuen Subjektivität, gedacht werden kann, wurde im zweiten Kapitel (II, 4) deutlich.

Vattimo löst das individuelle Subjekt nicht nur im Schein der Masken auf, sondern auch auf sprachlicher Ebene, wo es als rhetorisch-metaphorische Figur erscheint. Analog zu Nietzsches Auflösung der metaphysischen Wahrheit in ein “bewegliches Heer von Metaphern” spricht er von der “Begründung-Auflösung des Subjekts als Ergebnis eines komplexen Metaphernspiels”.[91] Diese Betrachtungsweise trifft sich mit der im vorigen Abschnitt kommentierten semantischen Wiederholung als Sinnverschiebung.

Das Erhabene, die Wiederholung, die Metaphorisierung werden im Kontext der postmodernen Problematik allesamt zu subjektnegierenden Faktoren, die vor allem Vattimo nicht mehr im Hinblick auf Kritik und Überwindung, sondern im Zusammenhang mit der rück-

---

87 G. Vattimo, *Al di là del soggetto. Nietzsche, Heidegger e l'ermeneutica*, Mailand, Feltrinelli, 1991 (4. Aufl.), S. 14.

88 Ibid., S. 11.

89 G. Vattimo, *Friedrich Nietzsche*, Stuttgart-Weimar, Metzler, 1992, S. 129.

90 Ibid., S. 65.

91 G. Vattimo, *Al di là del soggetto*, op. cit., S. 47.

wärtsgerichteten oder stagnierenden Verwindung deutet. Allerdings widerspricht er sich an entscheidender Stelle in *La fine della modernità*, wenn er von zeitgenössischen Denkrichtungen spricht, die – ganz in seinem Sinn – eine "Überwindung des Subjektbegriffs" ("oltrepassamento della nozione di soggetto")[92] ins Auge fassen. Fortschritt scheint also doch noch möglich zu sein: aber nur als Kapitulation des Einzelnen vor der Übermacht der Verhältnisse.

Die Spaltung des Einzelsubjekts, die Laing noch im Anschluß an die Kritische Theorie für eine gesellschaftlich bedingte Pathologie ansah, wird von Vattimo als *conditio humana* schlechthin aufgefaßt: als endlich erkannte Realität, die jahrhundertelang von metaphysischen Illusionen verdeckt wurde. Er spricht im Zusammenhang mit Nietzsche vom "grundsätzlich gespaltenen Charakter des Subjekts" ("carattere costitutivamente scisso del soggetto")[93] und fügt hinzu, daß das Gespalten-Sein als "'normaler' Zustand des postmodernen Menschen" ("condizione 'normale' dell'uomo post-moderno")[94] anzusehen sei. Der Einzelne erfährt sich als "Vielheit" ("individualità come molteplicità").[95]

Nun könnte man einwenden, daß die psychiatrische "Spaltung" (*division*) Laings mit der philosophischen "Spaltung" (*scissione*) Vattimos nicht zu vergleichen ist und daß "Spaltung" und "Vielheit" im Sinne von Vattimo als Begriffe zu vage sind, als daß man sie an irgendeiner sozialen und psychischen Wirklichkeit überprüfen könnte (immerhin handelte es sich bei Laing um den klinisch definierten Zustand der Schizophrenie). Die Auseinandersetzung mit beiden Einwänden ist wichtig und sollte neues Licht auf den hier angestellten Vergleich werfen.

Zunächst versteht es sich von selbst, daß nur verschiedene unterscheidbare Größen verglichen werden können, sofern sie in einigen Aspekten übereinstimmen. Vergleichbar sind *division* und *scissione* insofern, als beide Autoren den Zerfall der Ich-Einheit beschreiben und die Folgen dieses Zerfalls kommentieren. Sie unterscheiden sich jedoch auf struktureller Ebene dadurch, daß Laing eine Spaltung in zwei Hälften (im Sinne der Schizophrenie) analysiert, während Vattimo eher einen soziokulturellen Prozeß beschreibt, in dessen Verlauf

---

92 G. Vattimo, *Das Ende der Moderne*, Stuttgart, Reclam, 1990, S. 52. (*La fine della modernità*, Mailand, Garzanti, 1987 [2. Aufl.], S. 53.)

93 G. Vattimo, *Al di là del soggetto*, op. cit., S. 48.

94 Ibid., S. 49.

95 Ibid., S. 49.

sich das Einzelsubjekt in eine "Vielzahl von Masken" und Metaphern auflöst. Wir haben es in diesem Fall also nicht mit einer Spaltung im wörtlichen Sinne, sondern mit einer Zerfallserscheinung zu tun.

Der zweite und wesentliche Unterschied, auf den sich das Hauptargument dieses Abschnitts bezieht, betrifft den Bedeutungswandel des Subjektzerfalls zwischen Spätmoderne und Postmoderne: Während Laing schizophrenes Verhalten im Zusammenhang mit einem spätkapitalistisch vermittelten "Unbehagen in der Kultur" betrachtet und das System des "falschen Ichs" ("false self")[96] überwinden möchte, um – in humanistischer Tradition – die menschliche Einheit wiederherzustellen, verabschiedet sich Vattimo vom "Pathos der Authentizität"[97] und akzeptiert das postmoderne Fazit der In-Differenz.

Insofern vereinfacht Peter Caravetta allzu sehr, wenn er in seinem Kommentar zu Vattimos "postmoderner Hermeneutik" bemerkt: "Die moderne Gesellschaft ist Zeugin eines Niedergangs, ja schließlich sogar eines Verschwindens des Subjektbegriffs und der Subjektivität (...)."[98] Mag sein, daß das individuelle Subjekt seit dem Ende des 19. Jahrhunderts zunehmend in Bedrängnis gerät. Einige strukturelle Bedingungen dieses Niedergangs wurden bereits erwähnt; mit den gesellschaftlichen wird sich das nächste Kapitel (IV, 1) ausführlicher befassen. Aber der Subjektbegriff ("notion of subject", Caravetta) ist noch lange nicht verschwunden, weil er sich in einer Semiotik oder Soziologie des Handelns auch auf *kollektive* Subjekt-Aktanten bezieht und weil er zusammen mit anderen spätmodernen Begriffen wie *Herrschaft*, *Verdinglichung*, *Entfremdung*, *Überwindung* und *Kritik* im Mittelpunkt der Auseinandersetzungen zwischen Modernisten und Postmodernisten steht. Nur wer meint, mit gutem Gewissen auf Gesellschaftskritik verzichten zu können, kann auch den Subjektbegriff verabschieden.

---

96 R. D. Laing, *The Divided Self. An Existential Study in Sanity and Madness*, London, Penguin (1959), 1973, S. 95.

97 G. Vattimo, *Das Ende der Moderne*, op. cit., S. 27. (Der Übersetzer gibt das italienische Wort *autenticità*, das sich auch auf den französischen Existentialismus und den Marxismus bezieht, unbesorgt mit "Eigentlichkeit" wieder, d.h. heideggerianisch ... Vgl. *La fine della modernità*, op. cit. [Anm. 92], S. 31.)

98 P. Caravetta, "On Gianni Vattimo's Postmodern Hermeneutics", in: *Theory, Culture and Society* 2-3, *Postmodernism*, 1988, S. 395.

4. Von Laing zu Goffman und Foucault: Stigmatisierung und verwaltete Erfahrung

"Gentlemen, we introduce the subject himself"[99], heißt es an entscheidender Stelle in *A Clockwork Orange*, wo das Wort "Subjekt" vorwiegend das unterworfene, manipulierte und objektivierte Individuum konnotiert. Diese Konnotationen nimmt es auch – als *Ich*, *Individuum* oder *Subjekt* – bei Erving Goffman und Michel Foucault an, die im Gegensatz zu Laing eher deskriptiv vorgehen und nicht gegen eine als falsch definierte Gesellschaft anschreiben. In ihren zahlreichen Fallstudien wird eher das menschliche "Existenzminimum" oder das "Fazit der Beschädigung"[100] sichtbar, von dem Adorno im Zusammenhang mit Beckett spricht, als die "bessere Welt", die noch Laings Werk und Burgess' Roman evozieren.

Doch schon bei Laing wird klar, daß Goffmans von Funktionalismus und Behaviorismus beeinflußte Theorie durchaus kritische Komponenten aufweist, weil sie immer wieder die Subjektivität psychiatrischer Patienten beredt macht und dadurch die Diskurse des Überwachungsapparats relativiert.[101] Ähnliches kann von Foucault gesagt werden, dessen Studien die Verwaltungsmechanismen zerlegen, denen Subjekte in einer verwissenschaftlichten Welt ausgesetzt sind. Seine philosophische Anthropologie geht weder im Schlagwort "Strukturalismus" noch im Schlagwort "Postmoderne" auf, vereinigt aber insofern eine strukturale mit einer nachmodernen Perspektive, als sie die strukturellen Determinanten hervortreten läßt, die individuelle (und möglicherweise auch kollektive) Subjekte daran hindern, das "Projekt der Moderne" (Habermas) als Aufklärung und Emanzipation zu vollenden.

Wollte man in wenigen Worten Goffmans und Foucaults Originalität erläutern, so könnte man sagen, daß der Wahrheitsgehalt ihrer Theorien in der Erkenntnis zum Ausdruck kommt, daß das cartesische Verhältnis von Geist und Materie, Subjekt und Objekt umkehrbar ist. Das Subjekt erscheint ihnen nicht länger als souveräner Geist oder als

---

99 A. Burgess, *A Clockwork Orange*, op. cit., S. 97.

100 Th. W. Adorno, "Versuch, das Endspiel zu verstehen", in: ders., *Noten zur Literatur II*, Frankfurt, Suhrkamp (1961), 1970, S. 191 und S. 197.

101 Vgl. z.B. E. Goffman, *Asyle. Über die soziale Situation psychiatrischer Patienten und anderer Insasssen*, Frankfurt, Suhrkamp, 1972: "Die Welt des Personals".

chose qui pense (*res cogitans*), sondern als unterworfene, zurechtgestutze Einheit: als *chose pensée*.

Wie weit die Objektivierung des Subjekts im Übergang von der Moderne zur Postmoderne fortgeschritten ist, wird klar, sobald die im zweiten Kapitel skizzierte Position Descartes' mit einigen ernüchternden Darstellungen Goffmans konfrontiert wird. Von Descartes sagt (der in II, 1 bereits zitierte) Christian Link: "*Seine* Vernunft – von jeder Bindung an die Welt freigesprochen – wird nun zum Instrument, das den neuzeitlichen Traum des Menschen als eines autonomen 'maître et possesseur de la nature' verwirklicht."[102] Von diesem herrschaftlichen Traum des frühen Idealismus bleibt bei Goffman wenig übrig. Über die Aufnahme des "Patienten" in die psychiatrische Klinik schreibt er: "Diese Aufnahmeprozeduren sind eher als ein 'Trimmen' oder eine 'Programmierung' zu bezeichnen, denn durch diese Form der Isolierung wird es möglich, den Neuankömmling zu einem Objekt zu formen, das in die Verwaltungsmaschinerie der Anstalt eingefüttert und reibungslos durch Routinemaßnahmen gehandhabt werden kann."[103] Daß in diesem Prozeß "die Verkörperung des Selbst (...) entwürdigt"[104] wird, wie es an anderer Stelle heißt, versteht sich fast von selbst.

Aus soziosemiotischer Sicht erscheint "Programmierung" in der zitierten Passage als ein Schlüsselwort, das an die Einheit der *narrativen Programme* erinnert, die als sprachliche Strukturen und Handlungsstrukturen Subjektivität konstituieren. Denn zahlreiche Kommentare Goffmans lassen erkennen, daß die Vereinnahmung, Unterwerfung und Verwaltung des individuellen Subjekts durch eine *Usurpation seiner narrativen Modalitäten* und durch seine *aktantielle Eingliederung in das narrative Programm* der Anstalt oder Klinik erreicht wird. Es ist auch methodologisch interessant, in Goffmans Ausführungen zu beobachten, wie zwei grundsätzlich heterogene Theorien – Sozialpsychologie und Soziosemiotik – in einem wesentlichen Punkt ineinandergreifen, einander ergänzen.

Der als Patient definierte Einzelne wird von der Institution sowohl als sprechender wie auch als handelnder Subjekt-Aktant (sowohl auf der Ebene der *énonciation* wie auch auf der Ebene des *énoncé*) in seinen Möglichkeiten drastisch eingeschränkt und in das übergeordne-

---

[102] Ch. Link, *Subjektivität und Wahrheit. Die Grundlegung der neuzeitlichen Metaphysik durch Descartes*, Stuttgart, Klett-Cotta, 1978, S. 47.

[103] E. Goffman, *Asyle*, op. cit., S. 27.

[104] Ibid., S. 33.

te Programm der Anstalt integriert: “Kurz gesagt, durch die Hospitalisierung wird der Patient überlistet, indem er der üblichen Ausdrucksformen beraubt wird, durch welche der einzelne sich dem Zugriff der Organisation entziehen kann: Respektlosigkeit, Schweigen, *sotto voce* geäußerte Bemerkungen, unkooperatives Verhalten, mutwillige Zerstörung von Einrichtungsgegenständen usw.; solche Zeichen des Sich-Ausschließens werden nun als Anzeichen der rechtmäßigen Zugehörigkeit des Urhebers gewertet.”[105] Hier zeigt sich, wie das narrative Programm des Einzelnen “umfunktioniert”, “umprogrammiert” wird, bis es auf beiden Ebenen – als Aussage und als Handlungsablauf – im institutionellen Programm aufgeht.

Das Ziel ist die Anerkennung dieses Programms durch die Insassen: “Die Insassen müssen dazu gebracht werden, sich selbst in der Weise zu steuern, daß sie leicht zu verwalten sind.”[106] An dieser Stelle zeichnet sich eine Analogie zwischen dem sozialpsychologischen Bereich individueller Subjektivität und dem politikwissenschaftlichen Bereich kollektiver Subjektivität ab. Ähnlich wie die von Goffman beschriebenen Anstalten versuchen auch Besatzungsmächte, die von ihnen eroberten Staaten in ihre narrativen Programme einzubinden. Auf aktantieller Ebene werden *Helfer* (Kollaborateure) gesucht, die der eigenen Bevölkerung die Erzählung der Besatzer plausibel machen sollen. So versuchte beispielsweise die sowjetische Besatzungsmacht, sowohl in der Tschechoslowakei des Jahres 1968 als auch im Afghanistan des Jahres 1980, die Invasion als brüderliche Hilfe *erzählen* zu lassen und die Widerstände gegen dieses narrative Programm als Ursachen für die Invasion und als Indizien für deren Notwendigkeit zu deuten.

Goffman beschreibt das dialektische Verhältnis von individuellen und kollektiven Subjekt-Aktanten, wenn er in *Asylums* bemerkt: “Unser Gefühl, jemand zu sein, kann daraus resultieren, daß wir einer größeren sozialen Einheit angehören; unser Gefühl der Individualität kann sich in den kleinen Maßnahmen bewähren, durch die wir deren Sog widerstehen.”[107] Es fragt sich allerdings, ob das Einzelsubjekt in nachmoderner (post-cartesischer) Zeit noch in der Lage ist, dem Sog der Konzerne, Gewerkschaften, Institutionen und Medien, auf die es

[105] Ibid., S. 292.
[106] Ibid., S. 89.
[107] Ibid., S. 304.

in seiner Subjektivität angewiesen ist, Widerstand zu leisten, um eine gewisse Autonomie zu wahren (vgl. V, 1, 3).[108]

Goffman trifft sich mit Laing und der Kritischen Theorie Adornos und Horkheimers, wenn er zeigt, wie dieser Widerstand im Bereich der *Erfahrung* ausgehöhlt wird. Das als epileptisch, kriminell oder homosexuell stigmatisierte Einzelsubjekt erfährt sich nicht primär selbst, sondern so, wie es von anderen erfahren wird. Die ihm aufoktroyierte gesellschaftliche *imago* verdrängt nicht nur sein Selbstverständnis, sondern auch seine Selbsterfahrung. Es sieht sich genötigt, mit dem Wort "Ich" eine ihm fremde Vorstellung zu bezeichnen, die die Vertreter der Stigmatisierten in Umlauf bringen.

Ihre gutgemeinten Interventionen laufen auf eine Entfremdung des Stigmatisierten von seiner spontanen Ich-Erfahrung hinaus. Vom zweideutigen Schicksal der Stigmatisierten heißt es bei Goffman: "Es fordert jene, die die Stigmatisierten repräsentieren, konstant heraus, indem es diese Professionellen zwingt, eine kohärente Identitätspolitik zu präsentieren, und sie die 'unauthentischen' Aspekte anderer empfohlener Programme sehr schnell sehen läßt, sie aber tatsächlich sehr langsam sehen läßt, daß es vielleicht überhaupt keine 'authentische' Lösung gibt. – Das stigmatisierte Individuum findet sich solcherart in einer Arena detaillierter Argumentation und Diskussion über das, was es über sich denken sollte, das heißt über seine Ich-Identität."[109]

Diese Passage aus Goffmans *Stigma* zeichnet sich insofern durch besondere semantische Dichte aus, als sie wesentliche Aspekte seiner Studie bündelt und zugleich an die Thematik von Laings *The Politics of Experience* anknüpft: Sie zeigt, wie durch "professionelle Repräsentation" Identitätspolitik zustandekommt und die Fähigkeit zu Erfahrung und Selbsterfahrung atrophiert. Sie läßt – wie schon *Asylums* – den narrativ-diskursiven Charakter subjektiver Identität erkennen, die hier ebenfalls durch Einverleibung in fremde "Programme", d.h. durch professionelle Verwaltung, usurpiert wird. Das (Pseudo-)Subjekt spricht und handelt im Rahmen von narrativen Programmen,

---

[108] Mit dem Problem der *Selbstdisziplinierung* in der zeitgenössischen Wirtschaft befassen sich verschiedene soziologische Arbeiten. Vgl. M. Moldaschl, G. G. Voß (Hrsg.), *Subjektivierung von Arbeit*, München-Mering, Rainer Hampp Verlag, 2002 sowie U. Bröckling, *Das unternehmerische Selbst. Soziologie einer Subjektivierungsform*, Frankfurt, Suhrkamp, 2007.

[109] E. Goffman, *Stigma. Über Techniken der Bewältigung beschädigter Identität*, Frankfurt, Suhrkamp, 1998 (13. Aufl.), S. 155.

die es nicht selbst entworfen hat. Sein eigentliches Objekt, seine Identität, wird zum Objekt des Widersachers.

Das Subjekt fällt – wie schon bei Laing – einer "Politik der Erfahrung" als "Identitätspolitik" (Goffman) zum Opfer. Ist es Zufall, daß sowohl bei Laing als auch bei Goffman das Wort "Politik" negative Konnotationen annimmt, während Wörter wie "Erfahrung", "Selbsterfahrung" und "Selbstverständnis" in beiden Fällen eher positiv konnotiert sind? Allerdings fällt auf, daß Goffman im Gegensatz zu Laing psychiatrische Kontrolle und Stigmatisierung nicht als Herrschaftsmechanismen und Symptome einer kranken Gesellschaft auffaßt, sondern funktional: "Als Konklusion kann ich wiederholen, daß ein Stigma nicht so sehr eine Reihe konkreter Individuen umfaßt, die in zwei Haufen, die Stigmatisierten und die Normalen, aufgeteilt werden können, als vielmehr einen durchgehenden sozialen Zwei-Rollen-Prozeß, in dem jedes Individuum an beiden Rollen partizipiert, zumindest in einigen Zusammenhängen und in einigen Lebensphasen."[110] Hier wird die funktionalistische Perspektive von *The Presentation of Self in Everyday Life* bestätigt: Die Gesellschaft erscheint Goffman als Rollenspiel oder als Zusammenwirken von *frames*[111], nicht jedoch als Herrschaftsstruktur, die Ängste, Aggressionen, Entfremdung und Apathie produziert und reproduziert.

Dennoch lassen seine Untersuchungen Affinitäten zum Werk von Michel Foucault erkennen, das völlig unabhängig vom amerikanischen Funktionalismus den funktionalen Nexus von Rationalismus, Effizienzpostulat und der immer raffinierter werdenden Organisation individueller Subjektivität als Physis und Psyche hervortreten läßt. Fast gleichzeitig mit Foucault stellt Goffman einen Zusammenhang zwischen der rationalen Verwaltung menschlichen Lebens und dessen Beschädigung her. Wie Foucault zeigt er, daß die durchrationalisierte Verwaltung kein *habeas corpus* kennt und vor dem menschlichen Körper keineswegs halt macht: "So wie die persönliche Habe des Patienten den reibungslosen Arbeitsablauf der Anstalt beeinträchtigen kann und aus diesem Grunde weggenommen wird, können auch Teile des Körpers mit einem effektiven Management in Konflikt geraten,

---

110 Ibid., S. 169-170.

111 Vgl. hierzu: E. Goffman, *Frame Analysis. An Essay on the Organization of Experience*, London, Harper and Row, 1974, Kap. II: "Primary Frameworks" sowie: ders., *The Presentation of Self in Everyday Life*, London, Penguin, 1972, Kap. IV: "Discrepant Roles".

und dieser Konflikt wird mitunter zugunsten der Effektivität gelöst."[112]

Es wäre sicherlich trivial, Erving Goffman in die immer länger werdende Ahnenreihe postmoderner Autoren einzugliedern; dennoch kündigt sein Werk eine nachmoderne Zeit an: 1. weil es die gesellschaftlichen Mechanismen bloßlegt, die das individuelle Subjekt zu einem unterworfenen machen; 2. weil es – wie Foucaults Sozialphilosophie – das Irrational-Gewalttätige der rationalistischen Vernunft zutage treten läßt. Allerdings würde man bei Goffman vergeblich nach einer Kritik dieser Vernunfttradition Ausschau halten.

Diese Kritik artikuliert auf allen Ebenen und durchaus in partieller Übereinstimmung mit Adorno und Horkheimer das Werk Foucaults, das insofern der Nachmoderne zugerechnet werden kann, als es die mit einem Universalanspruch auftretende Vernunft Descartes' als partikulare Machtausübung im Rahmen anonymer Strukturkonstellationen und Diskurse erscheinen läßt. Seine entlarvende Kritik gipfelt in der bekannten Feststellung: "Vernunft ist Folter."[113] Im Anschluß an diese Extremdiagnose ist das zur Zeit vorherrschende postmoderne Mißtrauen gegenüber der modernen Universalvernunft zu verstehen. "Kurzum, die Moderne setzte sich als rücksichtsloser Angriff des Profanen gegen das Heilige, der Vernunft gegen die Leidenschaft, der Norm gegen die Spontaneität, der Struktur gegen die Strukturverneinung, der Sozialisierung gegen das Soziale durch"[114], erklärt Zygmunt Bauman in *Postmodern Ethics*. Dieses Buch ist ein Plädoyer fürs Partikulare und Ephemere, das in der gleichschaltenden Universalvernunft nicht aufgeht. Es ist zugleich eine Kritik dessen, was Bauman im Anschluß an Foucault als *pastoral power*, als ordnende, überwachende Gewalt bezeichnet.[115]

Es zählt sicherlich zu den Verdiensten Foucaults, parallel zur Kritischen Theorie und zu den Werken Laings und Goffmans auf die Umkehrbarkeit des vom europäischen Idealismus etablierten Verhältnisses von Subjekt und Objekt, Geist und Materie hingewiesen zu haben. Das individuelle Subjekt stellt sich ihm nicht länger als ein Zugrundeliegendes dar, das am göttlichen Geist partizipiert, sondern als sozialisierte, gesellschaftlich unterworfene Physis, die von einer

---

112 E. Goffman, *Asyle*, op. cit., S. 83.

113 M. Foucault, "La Torture, c'est la raison", in: ders., *Dits et écrits III*, Paris, Gallimard, 1994, S. 390.

114 Z. Bauman, *Postmodern Ethics*, Oxford, Blackwell, 1993, S. 135.

115 Ibid., S. 103.

immer effizienter werdenden, aus anonymen Machtkonstellationen hervorgehenden Vernunft beherrscht wird.

Die Umkehrung des idealistischen Verhältnisses tritt in *Les Mots et les choses* klar zutage, wo der Mensch als "unterworfener Souverän, betrachteter Betrachter"[116] erscheint. Er wird nicht primär als Geist, sondern als Körper gesehen: als Objekt der Verwaltung. Foucault knüpft an die von Laing und Goffman entworfene Thematik der "Normalisierung" und "Stigmatisierung" an, wenn er in *Naissance de la clinique* den normativen Charakter der Sozialwissenschaften aus deren Ausrichtung auf die älteren Naturwissenschaften (vor allem die Biologie und die Medizin) ableitet: "Aber ihr Gegenstand – der Mensch mit seinen individuellen und kollektiven Verhaltensweisen und Realisationen – wurde in einem Feld konstituiert, das vom Gegensatz zwischen dem Normalen und dem Pathologischen bestimmt ist."[117] Ausgehend vom normativen Gegensatz *normal/pathologisch* konstituieren die Sozialwissenschaften des 19. Jahrhunderts einen normativen Sprachbereich, in dem individuelle Subjekte als Abweichler stigmatisiert und normalisiert werden können.

Freilich ist dies eine etwas einseitige Vision der Sozialwissenschaften, die ihr emanzipatorisches Potential, das möglicherweise noch nicht ganz versiegt ist, unterschlägt. Insofern mag Habermas recht behalten, wenn er kritisch zu Foucaults Ansatz anmerkt: "Und die Humanwissenschaften interessieren ihn von Anbeginn nur als Medien, die in der Moderne den unheimlichen Prozeß dieser Vergesellschaftung, nämlich die Vermachtung konkreter, leibvermittelter Interaktionen, verstärken und vorantreiben."[118] Er übersieht allerdings den Wahrheitsgehalt von Foucaults Analysen, der vor allem an den Stellen zutage tritt, an denen sich der Diskurs des Sozialphilosophen mit den Diskursen Laings und Goffmans überschneidet – und an denen Affinitäten zur Kritischen Theorie Adornos und Horkheimers sichtbar werden. Der Aufklärer Habermas vertraut zu stark dem emanzipatorischen Versprechen der Humanwissenschaften und vergißt mitunter, wie sehr sie das Humane als *Erfahrung* und *Erkenntnis des Partikularen* unterdrücken.

---

116 M. Foucault, *Die Ordnung der Dinge*, Frankfurt, Suhrkamp, 1980 (3. Aufl.), S. 377.

117 M. Foucault, *Die Geburt der Klinik. Eine Archäologie des ärztlichen Blicks*, Frankfurt-Berlin-Wien, Ullstein, 1976, S. 53.

118 J. Habermas, *Der philosophische Diskurs der Moderne. Zwölf Vorlesungen*, Frankfurt, Suhrkamp, 1985 (2. Aufl.), S. 285.

Um diese unterdrückten Aspekte menschlicher Subjektivität ist es aber Foucault zu tun. Er zeigt z. B. – analog zu Goffman –, wie der Patient im Krankenhaus zum Objekt, zum Fall, d.h. zum Unterworfenen (*sujet*) seiner Krankheit gemacht wird: "Im Spital ist der Kranke *Subjekt* seiner Krankheit, d.h. es handelt sich um einen *Fall*; in der Klinik geht es nur um ein *Beispiel*: hier ist der Kranke ein Akzidens seiner Krankheit, das vorübergehende Objekt, dessen sie sich bemächtigt hat."[119]

Zugleich lassen seine Untersuchungen erkennen, wie sehr z.B. in der Medizin des ausgehenden 18. Jahrhunderts alles, was der Erfahrung unmittelbar zugänglich ist, eher gering geschätzt und dem verallgemeinerungsfähigen Begriff als Wesen subsumiert wird. Von der "Reinheit des Wesens" ("pureté de l'essence") sagt er in diesem Zusammenhang: "Um zur Reinheit des Wesens zu gelangen, mußte man sie schon besitzen und von ihr aus mußte man dann den überflüssigen Erfahrungsgehalt ausschließen (...)."[120] Hier trifft er sich mit den Autoren der *Dialektik der Aufklärung*, die ebenfalls die Unterdrückung der Erfahrung durch die klassifizierende und kalkulierende Ratio beschreiben. Daß diese Unterdrückung einer "Methexis am Toten" (Adorno) gleichkommt, wird am Ende von *Naissance de la clinique* klar, wo das Nebeneinander und das Ineinander von menschlicher Individualität und Tod in der Medizin und in der modernen Kultur allgemein aufgezeigt wird: "Aus der Einfügung des Todes in das medizinische Denken ist eine Medizin geboren worden, die sich als Wissenschaft vom Individuum präsentiert. Ganz allgemein ist vielleicht die Erfahrung der Individualität in der modernen Kultur an die Erfahrung des Todes gebunden (...)."[121] Vom Sezierer Bichat bis zu Freud, dem Theoretiker des Todestriebs, ist die Wissenschaft vom Menschen unzertrennlich mit dessen Ende verbunden.

Roddey Reid versucht, Foucaults Gedanken über das Ende des Einzelsubjekts in der Medizin zu Ende zu denken, wenn er im Zusammenhang mit der schwindelerregenden Entfaltung der Gentechnologie den endgültigen Tod des Menschen im "medizinischen Humanismus"[122] ins Auge faßt. Individualität als sozialisierte Körperlichkeit wird dann ausgelöscht, wenn sie gentechnisch dekodiert und

119 M. Foucault, *Die Geburt der Klinik*, op. cit., S. 75.

120 Ibid., S. 116.

121 Ibid., S. 207-208.

122 R. Reid, "Corps clinique, corps génétique", in: L. Giard (Hrsg.), *Michel Foucault. Lire l'œuvre*, Grenoble, Millon, 1992, S. 126.

in das biologische Kontinuum eingereiht werden kann. Die Vervollkommnung der Gentests läßt erkennen, wie beherrschbar sie mittlerweile geworden ist.

Doch dieser Nexus von Vernunft, Herrschaft und Tod wird von Foucault nicht nur – wie es tendenziell in der *Dialektik der Aufklärung* geschieht – als Unterordnung des Partikularen unter das Universelle, des Konkreten unter das Abstrakte gesehen, sondern als physische Machtausübung. Der Satz "Vernunft ist Folter" ist nicht nur so zu verstehen, daß sich der abstrakte Logos die menschliche Individualität unterwirft, sondern auch so, daß dieser Logos aus der Machtausübung hervorgeht, die materiellen Ursprungs ist: "In Wirklichkeit ist nichts materieller, physischer, körperlicher als die Machtausübung ..."[123] Diese Machtausübung bringt *Wissen* hervor: "Weit davon entfernt, es zu behindern, bringt Macht Wissen hervor. Das Wissen über den Körper hat man sich mit Hilfe einer Anzahl militärischer und schulischer Disziplinen angeeignet."[124] Wissen erscheint hier als etwas Machtgebundenes, *ad hoc* Entwickeltes und Partikulares – ganz im Gegensatz zur cartesianisch-kantianischen Universalvernunft.

Daß die Herrschaft dieses partikularen Wissensmodus, der als Vernunft oder *raison* auftritt, von Foucault als gewalttätig empfunden wird, nimmt in dem hier skizzierten Zusammenhang nicht wunder. Er erscheint als geteiltes Wissen, als eine geteilte Vernunft, die ihr Anderes systematisch ausgrenzt: den Wahnsinn, den Schlaf und den Traum. Foucaults Kritik an Descartes, dem er vorwirft, alle diese Aspekte des menschlichen Bewußtseins aus dem Bereich des Wissens getilgt zu haben, erinnert an die Hegel-Kritik der Junghegelianer und Adornos: "Descartes stellt nun diese Hypothese auf, die *alle sinnlichen Grundlagen* der Erkenntnis ruiniert und nur die intellektuellen Grundlagen der *Gewißheit* gelten läßt."[125] In *Histoire de la folie* wird die von Descartes begründete rationalistische Vernunft – wie in der *Dialektik der Aufklärung* – als halbierte Vernunft erkannt: "Die menschliche Wahrheit, die der Wahnsinn entdeckt, ist aber der unmittelbare Widerspruch dessen, was die moralische und gesellschaftliche Wahrheit des Menschen ist."[126] Diese Wahrheit wird auf institutioneller Ebene vom

[123] M. Foucault, "Pouvoir et corps", in: ders., *Dits et écrits II*, Paris, Gallimard, 1994, S. 756.

[124] Ibid., S. 757.

[125] M. Foucault, "Mon corps, ce papier, ce feu", in: ders., *Dits et écrits II*, op. cit., S. 246.

[126] M. Foucault, *Wahnsinn und Gesellschaft. Eine Geschichte des Wahns im Zeital-*

Staat und seinen Hilfsorganisationen – Familie, Schule, Klinik – verwaltet und durchgesetzt.

Während Foucault in *Histoire de la folie* schildert, wie die bürgerliche Familie im Laufe des 18. Jahrhunderts zu einer Agentin und Vermittlerin von Vernunft wird ("un des critères essentiels de la raison")[127], setzt Jacques Donzelot diesen Gedankengang fort, um zu zeigen, wie in der zweiten Hälfte des 19. Jahrhunderts und vor allem im 20. Jahrhundert die Familie in zunehmendem Maße der staatlichen Kontrolle unterworfen wird. Mit der Entstehung der öffentlichen Fürsorge, der Psychiatrie und der Familienberatung "wird das Konnivenzverhältnis zwischen Staat und Familie umgekehrt, um die Familie in einen Bereich direkter Interventionen, in ein Missionsgebiet des Staates zu verwandeln".[128] Psychiatrie und Psychoanalyse werden so zu Handlangern des Staatsapparats, indem sie wesentlich zur "Medikalisierung der Sexualität" ("médicalisation de la sexualité")[129] und zur "sozialen Normalisierung"[130] beitragen.

Es geht hier nicht um die Frage, inwiefern Donzelots Buch, das an Deleuzes und Guattaris *Anti-Oedipe* (1972/73) anknüpft, von Foucaults Argumentation abweicht, sondern um die Erkenntnis, daß Vernunft implizit und explizit von Goffman und Foucault bis Donzelot einerseits als *total* aufgefaßt wird, weil sie tendenziell die gesamte Gesellschaft erfaßt, andererseits als *partikular*, ja als *willkürlich*, weil sie das individuelle Subjekt als Physis und Psyche negiert. Reproduziert wird hier der von Hobbes geforderte Übergang vom gefahrvollen Naturzustand zum *Commonwealth*, der in eine Unterwerfung aller unter einen universell anerkannten und doch als partikular durchschauten Staatswillen[131] mündet.

In diesem Kontext kann Foucaults Denken durchaus als gesellschaftskritisch im Sinne der Kritischen Theorie bezeichnet werden, weil es die Vereinnahmung und Verstümmelung individueller Subjekte als ein *skandalon* der abendländischen Vernunfttradition anprangert. Doch diese Kritik ist – wie alle postmodernen Kritiken – eindimensional, weil sie nicht mehr nach historischen Alternativen

---

ter der Vernunft, Frankfurt, Suhrkamp, 1969, S. 547 (gekürzte Ausgabe).

127 M. Foucault, *Histoire de la folie à l'âge classique*, Paris, Gallimard, 1972, S. 104. (Dieser Text ist den Kürzungen zum Opfer gefallen.)

128 J. Donzelot, *La Police des familles*, Paris, Minuit, 1977, S. 86.

129 Ibid., S. 180.

130 Ibid.

131 Vgl. Th. Hobbes, *Leviathan*, London, Penguin, 1985, S. 380-394.

fragt. Dadurch unterscheidet sie sich nicht nur von der Kritischen Theorie, in der die zweite Dimension stets gegenwärtig ist, sondern auch von Laings Werk und von Burgess' Roman.

Der späte Foucault wußte um seine Nähe zur Kritischen Theorie, die erst im Laufe der 70er Jahre in Frankreich rezipiert wurde[132]: "Es ist nun sicher, daß ich mir viel Arbeit erspart hätte, wenn ich die Frankfurter Schule gekannt hätte, wenn ich sie rechtzeitig kennengelernt hätte (...)."[133] Aus dieser Bemerkung spricht nicht nur die dem Philosophen eigene Bescheidenheit, sondern auch echtes Bedauern, ein verwandtes Denken so spät entdeckt zu haben.

Diese Verwandtschaft hat jedoch ihre Grenze dort, wo sich spätmoderne und nachmoderne Kritik der herrschaftlichen Vernunft und ihrer Subjektivität entzweien: an der Stelle nämlich, an der im spätmodernen Kontext nach einer besseren Welt jenseits von Verdinglichung und Entfremdung gefragt wird und an der im postmodernen Kontext das Fragen verstummt. Es verstummt angesichts von Vattimos (Heideggers) *Verwindung*, angesichts von Zygmunt Baumans Feststellung, daß wir nun ohne Alternativen zum Spätkapitalismus auskommen müssen: "Living without an alternative".[134] Es verstummt auch angesichts von Foucaults spätem Rückzug in eine stilisierte Antike, den Christopher Norris nicht zu Unrecht als "private self-fashioning"[135] bezeichnet.

Er stellt Foucaults Oszillieren zwischen Gesellschaftskritik und stilisierter Privatsphäre anschaulich dar, wenn er über dessen Werk schreibt: "Es schwankt zwischen dem Pol eines strengen Determinismus (der Idee, daß Subjektivität im und durch den Diskurs restlos beherrscht wird) und dem Pol einer Ethik – oder Ästhetik – der autonomen Selbstschöpfung, die dieser Determiniertheit irgendwie entgeht."[136] Das Wörtchen "irgendwie" bezeichnet hier die *Verwindung* oder Alternativlosigkeit nachmodernen Denkens: Foucaults Rückzug in den Bereich eines "private self-fashioning" in *Histoire de la sexua-*

---

132 Vgl. J.-M. Vincent, *La Théorie critique de l'Ecole de Francfort*, Paris, Galilée, 1976 und Vf., *L'Ecole de Francfort. Dialectique de la particularité*, Paris (1974), L'Harmattan, 2005 (erweiterte Auflage).

133 M. Foucault, "Structuralisme et poststructuralisme", in: ders., *Dits et écrits IV*, op. cit., S. 439.

134 Z. Bauman, *Intimations of Postmodernity*, London-New York, Routledge, 1992, S. 175.

135 Ch. Norris, *The Truth about Postmodernism*, Oxford, Blackwell, 1993, S. 70.

136 Ibid., S. 47.

lité ist eine Form der Verwindung und zeugt von der Unvorstellbarkeit der Überwindung im Kontext der postmodernen Problematik.

Diese Unvorstellbarkeit erklärt auch, weshalb Foucault im Gegensatz zu Adorno und Horkheimer, die Begriff und Mimesis zusammenzudenken versuchen, und im Gegensatz zu Habermas, der für eine kommunikative Vernunft plädiert, keine Vernunftform *jenseits* des Herrschaftszusammenhangs ins Auge fassen kann. Ihm erscheint alle Vernunft als ein fataler Nexus von Denken und Macht.

Im Übergang von Adorno zu Lyotard, von Laing zu Vattimo und von der Kritischen Theorie zu Foucault geht jene zweite Dimension verloren, vor deren Verlust Marcuse warnte. Es käme hingegen darauf an, die Kritische Theorie so weiterzudenken, daß sich eine neue individuelle und kollektive Subjektivität herauskristallisiert, aus deren Sicht eine Überwindung des Bestehenden wieder möglich erscheint.

5. Ideologische Verdinglichung und "Normalisierung" des Subjekts: Von Foucault und Althusser zum Normalismus

Es mag nun, wenn auch zwischen den Zeilen, klar geworden sein, weshalb sowohl der oft als Strukturalist bezeichnete Foucault als auch der Dekonstruktivist Derrida aus der Sicht einer Subjekttheorie als nachmoderne Denker erscheinen. Trotz der Unvereinbarkeit ihrer Ansätze[137] sind sie sich in einem Punkt einig: Das "seiner selbst mächtige" (Adorno), autonome Subjekt ist eine Illusion, die es aufzulösen gilt. Während Foucault die Unterwerfung des Einzelsubjekts unter den Strukturzwang beschreibt, zeichnet Derrida den Zerfall individueller Subjektivität in den semantischen Desintegrationsprozessen der *Iterabilität* und der *Differänz* nach. So gesehen sind Strukturalismus (Foucault) und Dekonstruktion keine absoluten Gegensätze, sondern extreme Positionen, die sich berühren, und Zeichen einer nachmodernen Zeit.[138]

---

[137] Vgl. dazu: M. Foucault, "Réponse à Derrida", in: ders., *Dits et écrits II*, op. cit., S. 284-285.

[138] Daß diese Überlegungen für den wesentlich älteren tschechischen Strukturalismus nicht gelten und daß folglich nicht von einem "subjektlosen" Strukturalismus allgemein die Rede sein sollte, hat Květoslav Chvatík in seinen Kommentaren zu Foucault gezeigt. Vgl. K. Chvatík, *Tschechoslowakischer Strukturalismus. Theorie und Geschichte*, München, Fink, 1981, S. 107-110.

Natürlich kann es nicht mehr darum gehen, Foucaults subjektloser Archäologie historischer Diskursformationen die trotzige Bejahung des Subjekts entgegenzusetzen, die die erste Phase der deutschen Foucault-Rezeption (vor allem in hermeneutischen Kreisen) prägte.[139] Schließlich haben Laings und Goffmans komplementäre Analysen das zentrale Wahrheitsmoment von Foucaults Sozialphilosophie erkennen lassen: Das individuelle Subjekt ist ein Produkt von Machtkonstellationen, die als diskursive Formationen beschreibbar sind. (Man denke an die diskursive Vereinnahmung des Einzelnen durch die totale Anstalt bei Goffman.) Deshalb kommt es im folgenden darauf an, die im vorigen Abschnitt kommentierten Probleme der individuellen Subjektivität auf die sprachlich-diskursive Ebene zu projizieren, um zu zeigen, wie diskursive Formationen (Foucault), Ideologien (Althusser), Interdiskurse (Pêcheux) und normalistische Verfahren (Link) Individuen zu Subjekten machen.

Denn ein Plädoyer für Subjektivität, wie es diesem Buch zugrunde liegt, setzt eine sorgfältige Auseinandersetzung mit den Faktoren und Mechanismen voraus, die Subjektivität in nachmoderner Zeit verhindern. Eine vorschnelle Ablehnung von Goffmans, Foucaults oder Althussers Unterwerfungsanalysen wäre die beste Voraussetzung für das Scheitern der Subjekttheorie. Diese lebt von der Auseinandersetzung mit ihrem Negat.

Wie alle nachmodernen Kritiker der Moderne, die zwischen Hegel und Nietzsche stehen[140], entscheidet sich Foucault für Nietzsche. Zwei Schriften, die er beide im Jahre 1971 veröffentlichte – "Nietzsche, la généalogie, l'histoire" sowie *L'Ordre du discours* –, lassen drei wesentliche Abweichungen von Hegel zutage treten, die alle nietzscheanischen Ursprungs sind: 1. Die Geschichte ist kein *grand design*, dem eine subjektive Intention oder Teleologie zugrunde liegt, sondern eine von Brüchen und Verwerfungen gekennzeichnete Bewegung, eine Aufeinanderfolge von Machtkonstellationen, die bestimmte diskursive Formationen hervorbringen. 2. Das Einzelsubjekt partizipiert nicht länger an einer mythisch-historischen Subjektivität (Hegels Weltgeist: vgl. II, 2), sondern funktioniert, ohne sich dessen bewußt

---

[139] Vgl. U. Jaeggi, *Theoretische Praxis. Probleme eines strukturalen Marxismus*, Frankfurt, Suhrkamp, 1976.

[140] Vgl. M. Foucault, "Nietzsche, la généalogie, l'histoire", in: ders., *Dits et écrits II*, op. cit., S. 149. Zu Foucaults Kritik an Hegel vgl. M. Gans, *Das Subjekt der Geschichte. Studien zu Vico, Hegel und Foucault*, Hildesheim-Zürich-New York, Olms, 1993, Teil C.

zu sein, im Rahmen einer diskursiven Machtkonstellation, die es zum Subjekt macht. 3. Die Wahrheit ist weder eine überhistorische reine Form im Sinne von Plato noch ein historisches *telos* im Sinne von Hegels "absoluter Idee", sondern kontingente, partikulare Erkenntnis und ein Produkt von Machtausübung. Geschichte, Subjekt und Wahrheit werden – wie schon bei Nietzsche (vgl. II, 4) – durch eine Verquickung mit dem Machtfaktor drastisch partikularisiert und fragmentiert.

Im Gegensatz zu Hegel, der Kontingenz, Zufall und Besonderheit der historischen Notwendigkeit (Gesetzmäßigkeit) unterwarf, wertet Foucault im Anschluß an Nietzsche die Kontingenz auf und liefert ihr das historische Geschehen aus: "Die Kräfte, die in der Geschichte zusammenkommen, gehorchen weder einer Zielsetzung noch einem Mechanismus, sehr wohl aber dem Zufall des Kampfes (lutte)."[141] Dieser nietzscheanische Zufall des Mächtespiels entscheidet über die Richtung, die die gesellschaftliche Entwicklung – zeitweise – einschlägt. Der nächste Zufall kann ganz andere Machtverhältnisse zeitigen und zusammen mit ihnen einen neuen Sprachgebrauch, neue Wahrheiten und neue Subjektivitäten.

In *L'Ordre du discours* betont Foucault in einem junghegelianisch-nietzscheanischen Kontext die Rolle des Zufalls, der Diskontinuität und der Materialität: "le *hasard*, le *discontinu* et la *matérialité*".[142] Er faßt eine "Theorie unverbundener Systematiken" ("une théorie des systématicités discontinues")[143] ins Auge, die zugleich sprachliche, diskursive Formationen bilden, in denen Subjekte und Wahrheiten auf völlig kontingente Art zustande kommen.

Von der Geschichte sagt er, in antihegelianischer, nietzscheanischer Tradition stehend, sie verfolge nicht den Zweck, "die Wurzeln unserer Identität zutage zu fördern, sondern im Gegenteil: sie aufzulösen; sie bewirkt nicht, daß wir den einzigen Ursprung, aus dem wir hervorgegangen sind und zu dem wir den Metaphysikern zufolge wie in unsere erste Heimat zurückkehren werden, zu Gesicht bekommen; sie läßt alle Brüche zutage treten, die uns durchziehen".[144] Nicht nur die Geschichte der idealistischen Philosophie fällt dem Bruch und der

---

141 Ibid., S. 148.

142 M. Foucault, *L'Ordre du discours*, Paris, Gallimard, 1971, S. 61. (*Die Ordnung des Diskurses*, Frankfurt, Fischer, 1991, S. 38.)

143 Ibid., S. 60. (Ibid., S. 38.)

144 M. Foucault, "Nietzsche, la généalogie, l'histoire", in: ders., *Dits et écrits II*, op. cit., S. 154.

Diskontinuität zum Opfer, sondern auch das Ereignis und das Subjekt. Beide können von Machtkonstellation zu Machtkonstellation, von Diskursformation zu Diskursformation radikal ihre Bedeutung ändern. Und Foucault trifft sich als nachmoderner Kritiker der Metaphysik und als Erbe Nietzsches mit den Nietzscheanern Deleuze und Derrida (vgl. III, 2), in deren Augen die Verzeitlichung von Ereignis und Subjekt mit deren Auflösung zusammenfällt.

Auch die metaphysische Wahrheit fällt diesem Auflösungsprozeß zum Opfer, denn sie erscheint sowohl Foucault als auch Deleuze und Derrida als vielfältig und disparat, als kontingent und partikular. Denn sie ist – bei Foucault – zeit-, macht- und diskursgebunden: Jede Diskursformation hat ihre Wahrheiten und unterwirft alle Einzelsubjekte diesen Wahrheiten, deren Pluralität und Partikularität in schroffem Gegensatz zum Universalanspruch der cartesianischen oder hegelianischen Wahrheit stehen.

In einem solchen Zusammenhang kann das individuelle Subjekt nur als kontingentes Produkt eines sich sprachlich artikulierenden Machtgefüges aufgefaßt werden: "Es handelt sich um die Zäsuren, die den Augenblick zersplittern und das Subjekt in eine Vielzahl möglicher Positionen und Funktionen zerreißen."[145] Allerdings zeigt Foucault nicht, wie dies geschieht. Da er seinen Diskursbegriff vorwiegend auf pragmatischer Ebene (als macht-sprachliche Relation), nicht jedoch auf semantisch-narrativer Ebene darstellt, wird nicht klar, weshalb das individuelle Subjekt auf diskursiver Ebene keine (relative) Einheit erlangen kann. Seine Unterwerfung unter eine diskursive Formation oder einen ihrer Diskurse schließt diese Einheit jedenfalls nicht aus. Um das "Zerbrechen" des Augenblicks und des Subjekts plausibel zu machen, hätte Foucault eine dekonstruktivistische Sprachtheorie im Sinne von Deleuze oder Derrida entwickeln müssen.

Es ist wohl kein Zufall, daß eine solche Theorie bei ihm fehlt: Denn sein Denken ist primär auf *Unterwerfung* (*assujettissement*) des individuellen Subjekts durch überindividuelle Sprachstrukturen ausgerichtet, und eine solche Unterwerfung impliziert Identität mit der unterwerfenden Instanz, nicht Zerfall. Die historischen Zäsuren, von denen Foucault spricht, bringen zwar den Zerfall des historischen Subjekts im Sinne von Hegel oder Marx mit sich, nicht jedoch den Zerfall des unterworfenen Einzelnen, der ja seine Einheit seiner Unterwerfung verdankt.

---

[145] M. Foucault, *Die Ordnung des Diskurses*, op. cit., S. 37.

Wie sehr Foucault subjektive Unterwerfung nicht nur als körperlich-psychische Disziplinierung (vgl. III, 4), sondern auch und vor allem als sprachlichen Vorgang auffaßt, lassen einige seiner Schriften der 80er Jahre erkennen. Die Sprache, heißt es in *La Pensée du dehors*, werde von niemandem gesprochen: "Jedes Subjekt bezeichnet dort nur eine grammatische Falte (pli grammatical)."[146] Schließlich ist im Zusammenhang mit der Sprache und ihren Mechanismen von der "Auslöschung dessen, der spricht" ("effacement de celui qui parle")[147] die Rede. Beantwortet werden hier Fragen, mit denen sich Foucault in nahezu allen seinen Schriften befaßt und die er in einem Vortrag am Collège de France ("Subjectivité et vérité", 1981) noch einmal aufwirft: "Wie sind Selbsterfahrung und das Wissen um diese Selbsterfahrung mit Hilfe bestimmter Schemata organisiert worden? Wie sind diese Schemata definiert, bewertet, empfohlen, auferlegt worden?"[148] Obwohl der späte Foucault auf diese Fragen ganz anders antwortet als der Theoretiker des *grand enfermement*, umkreist sein Diskurs stets ein und dasselbe Problem: *die Produktion von Subjektivität.*

Mit diesem Problem haben sich auch Louis Althusser und Michel Pêcheux in zahlreichen Arbeiten befaßt. Da Althussers Subjekttheorie schon im ersten Kapitel kurz kommentiert wurde, soll sie hier vor allem im Anschluß an Foucault, im Hinblick auf die Moderne-Postmoderne-Diskussion und als Voraussetzung für Michel Pêcheux' *Interdiskurs*-Begriff (der als Synthese von Foucaults und Althussers Terminologien aufgefaßt werden kann) wieder aufgegriffen werden.

Althussers (und Pêcheux') Denken ist insofern mit Foucaults Sozialphilosophie verwandt, als es das individuelle Subjekt "spinozistisch" (würde Annie Guédez sagen)[149] aus dem Zusammenwirken von Systemen oder Strukturen ableitet. Schon Spinoza entwarf – Althusser und Macherey zufolge[150] – eine subjektlose Philosophie, die Althusser und seine Schüler stets als Alternative zum Hegelianismus und zum humanistischen Marxismus betrachteten. Althusser lobt Spinoza, weil er einen "Prozeß ohne Subjekt" ("procès sans Sujet")[151] ins Auge gefaßt habe, und erklärt, weshalb er entscheidend zur Ent-

---

[146] M. Foucault, *La Pensée du dehors*, Paris, Fata Morgana, 1986, S. 56.

[147] Ibid., S. 56.

[148] M. Foucault, "Subjectivité et vérité", in: ders., *Dits et écrits IV*, op. cit., S. 213.

[149] Vgl. A. Guédez, *Foucault*, Paris, Ed. Universitaires, 1972, S. 91-94: "Le Spinozisme retrouvé?".

[150] Vgl. P. Macherey, *Hegel ou Spinoza*, Paris, Maspero, 1979, S. 74-94.

[151] L. Althusser, *Eléments d'autocritique*, Paris, Hachette, 1974, S. 74.

mystifizierung des Hegelianismus beiträgt: "Dadurch entdeckte Spinoza für uns das Geheimbündnis zwischen dem Subjekt und seiner Finalität, das die Hegelsche Dialektik 'mystifiziert'."[152] Gesellschaft und Wissenschaft sind demnach als Prozesse ohne kollektive, ohne individuelle Subjekte zu denken.

Lange vor Luhmann, der sich, einem nachmodernen Trend folgend, z.B. in *Die Wissenschaft der Gesellschaft* einen subjektlosen Erkenntnisprozeß vorstellt[153], versucht Althusser seit *Lire le Capital* (1965), den Subjektbegriff aus dem wissenschaftlichen Diskurs zu verbannen. Der späte Marx, erklärt er, habe sich von seiner hegelianischen und von Fichte inspirierten Subjektphilosophie der Frühschriften getrennt und vor allem in *Das Kapital* eine subjektlose Wissenschaft der Geschichte[154] begründet.

Diese Auffassung, die eher spinozistisch als strukturalistisch ist, wie Althusser selbst sagt[155], stimmt trotz aller Differenzen und Abweichungen in zweierlei Hinsicht mit Foucaults Geschichts- und Subjekttheorie überein: Die von einer subjektiven Finalität getragene historische Teleologie ist nicht mehr gegeben; das Einzelsubjekt steht weder frei noch autonom im (wissenschaftlich gesehen) subjektlosen Prozeß, sondern wird von der gerade herrschenden Ideologie unterworfen und zu dem gemacht, was es ist: zum Subjekt als *sub-iectum*, zum *sujet assujetti*.

Deshalb ist für Althusser der Subjektbegriff der ideologische Begriff *par excellence*. Er stellt eine Affinität zwischen dem philosophischen und dem juristischen Denken fest, wenn er zur Kategorie des Subjekts bemerkt: "Diese Kategorie ist nichts als eine Neubestimmung im philosophischen Bereich der ideologischen Bezeichnung 'Subjekt', die ihrerseits wiederum aus der juristischen Kategorie des 'Rechtssubjekts' hervorgeht."[156] Kurzum, das Subjekt ist ein Untertan im Sinne von *His* oder *Her Majesty's subject*, das sein Unterworfensein zusammen mit dem ursprünglichen Akt der Unterwerfung

---

152 Ibid.

153 Vgl. N. Luhmann, *Die Wissenschaft der Gesellschaft*, Frankfurt, Suhrkamp, 1990, S. 346-354.

154 Vgl. L. Althusser, E. Balibar, *Das Kapital lesen*, Bd. I, Hamburg, Rowohlt, 1972, S. 80-93.

155 Vgl. L. Althusser, *Eléments d'autocritique*, op. cit., S. 55-64: "Structuralisme?" ("Mais nous n'avons pas été structuralistes.", S. 64).

156 L. Althusser, *Philosophie et philosophie spontanée des savants (1967)*, Paris, Maspero, 1974, S. 93-94.

verdrängt hat, so daß es sich in der Ideologie, die es *unbewußt* lebt, frei und autonom wähnt.

Im ersten Kapitel war schon von Althussers These die Rede, die besagt: "Die Ideologie ruft die Individuen als Subjekte an".[157] Dieses Theorem hat einen nicht zu unterschätzenden Erkenntniswert, weil es den ideologischen Mythos von einem souveränen und autonomen Einzelsubjekt zerfallen läßt: Fichtes idealistisches Ich ist das Produkt eines aufkeimenden Nationalismus, der den Philosophen als Subjekt anruft, ohne daß er sich dessen bewußt wäre. Wie sehr die nationalsozialistische oder marxistisch-leninistische Ideologie Individuen zu Subjekten machen kann, wurde im ersten Kapitel anhand von biographischen Beispielen dargestellt.

Ähnlich wie Foucault denkt Althusser die Unterwerfung des Einzelnen unter eine Machtstruktur wie die Ideologie als *materiellen Prozeß* oder als Disziplinierung des Körpers: "Wir werden von Handlungen sprechen, die in *Praxen* eingegliedert sind. *Und* wir werden bemerken, daß diese Praxen durch *Rituale*, in die sie sich einschreiben, innerhalb der *materiellen Existenz eines ideologischen Apparats* geregelt werden."[158] Zu den wichtigsten ideologischen Staatsapparaten gehören neben der Polizei und dem Militär (als "Schule der Nation") die Schule, die Universität – und sogar die Kirche, weil Althusser die Religion fälschlich (wie schon Marx) für eine Ideologie hält.[159] Alle diese ideologischen Staatsapparate haben ihre Rituale entwickelt, die Individuen auf materieller Ebene zu Subjekten machen: im Gruß, im Gebet, in der akademischen Zeremonie.

Die Ineinssetzung von Religion und Ideologie (die im Unterschied zu den Großreligionen ein Produkt der bürgerlich-individualistischen, säkularisierten Ära ist) ist einer der Gründe, weshalb Althusser mit geradezu idealistischem *acharnement* behauptet, die Ideologie sei transhistorisch, ewig: "Wenn unter 'ewig' verstanden wird, nicht jede (zeitliche) Geschichte transzendierend, sondern allgegenwärtig, transhistorisch, also der Form nach unveränderlich über die

---

157 L. Althusser, *Ideologie und ideologische Staatsapparate. Aufsätze zur marxistischen Theorie*, Hamburg-Berlin, VSA, 1977, S. 140.

158 Ibid., S. 138.

159 Zur Unterscheidung von Religion und Ideologie vgl. Vf., *Ideologie und Theorie. Eine Diskurskritik*, Tübingen-Basel, Francke, 1989, S. 29-34. Zur Differenzierung der ideologischen Staatsapparate bei Althusser vgl. B. Descourvières, *Utopie des Lesens. Eine Theorie kritischen Lesens auf der Grundlage der Ideologietheorie Louis Althussers*, St. Augustin, Gardez! Verlag, 1999, S. 37-38.

gesamte Geschichte sich erstreckend, dann greife ich den Freudschen Ausdruck Wort für Wort auf und sage: *Die Ideologie ist ewig*, ebenso wie das Unbewußte ewig ist."[160]

Es ist keineswegs sicher, daß das Unbewußte ewig ist; die Ideologie als moderne Erscheinung einer säkularisierten Gesellschaft ist es jedenfalls nicht. Ihre Entstehung fällt mit dem Aufkommen der bürgerlichen Intellektuellen zusammen, die die Theologen teilweise ablösen und *ad hoc* bestimmte Wertsysteme und Ideenkomplexe wie Konservativismus, Liberalismus, Faschismus oder Marxismus-Leninismus *konstruieren*. Die Ideologie unterscheidet sich von einer Großreligion wie dem Christentum oder dem Islam, die zeitweise mit der Kultur koextensiv ist, durch ihren künstlichen, konstruierten und ephemeren Charakter. In *dieser* Hinsicht ist sie der Theorie stärker verwandt als der Religion, weil sie im Gegensatz zu dieser aus der Verwissenschaftlichung der Gesellschaft hervorgeht.[161]

Indem Althusser die Ideologie für *ewig*, *allgegenwärtig* und *unbewußt* erklärt, stattet er sie mit einer mythischen Übermacht aus und stilisiert sie zu einem *mythischen Aktanten als Auftraggeber*, der Hegels Weltgeist in nichts nachsteht. Dadurch entwertet er seine im Ansatz sehr brauchbare These über die ideologische Subjektkonstitution, die auch von Adorno bestätigt wird, der von einem Spätkapitalismus spricht, "in dem die lebendigen Menschen zu einem Stück Ideologie wurden".[162]

Althussers partielle Mythisierung des Ideologiebegriffs und seine rigide Trennung von Ideologie und (marxistischer) Wissenschaft hat drei weitreichende Folgen: 1. Ideologie kann nicht mehr als historische Erscheinung einer säkularisierten bürgerlichen Gesellschaft untersucht werden. 2. Die undialektische Trennung von Ideologie und Wissenschaft verhindert das Nachdenken über die ideologischen Prämissen der eigenen Wissenschaft und der eigenen Subjektkonstitution. 3. Diese Trennung vereitelt auch eine Wechselwirkung von Theorie und Praxis und eine Beantwortung der Frage, wie wissenschaftliche Erkenntnisse für die "revolutionäre Praxis" fruchtbar gemacht werden können.

Hätte Althusser die Ideologie nicht nach spinozistischer Manier für ewig erklärt, hätte er der hochaktuellen Frage nachgehen können,

---

[160] L. Althusser, *Ideologie und ideologische Staatsapparate*, op. cit., S. 133.

[161] Vgl. Vf., *Ideologie und Theorie*, op. cit., Kap IX: "Ideologie in der Theorie: Soziologische Modelle".

[162] Th. W. Adorno, *Negative Dialektik*, op. cit., S. 262.

wie Ideologie entstanden ist, wie sie ihre Form ändert und wie sie möglicherweise von anderen Integrationsmechanismen der spätkapitalistischen oder postmodernen Gesellschaft zurückgedrängt oder gar ersetzt wird. Ist der *Normalismus*, den Jürgen Link theoretisch aufgearbeitet hat (vgl. weiter unten), nicht ein viel raffinierterer Kontrollmechanismus, der Individuen effizienter zu Subjekten macht und die Ideologie an den Rand des postmodernen Geschehens abdrängt? Althusser und seine Schüler können diese Frage gar nicht stellen. Sie können es nicht, weil sie sich die komplementäre Frage nach dem Ende der Ideologien (Aron, Bell, Luhmann)[163] aufgrund ihrer mythischen Prämissen vorenthalten mußten.

In Althussers Ohren hätte der Einwand, sein eigener wissenschaftlicher Marxismus gehe – wie auch der Marxens und Lenins – von ideologischen Voraussetzungen aus, sicherlich wie ein Sakrileg geklungen. Was im Jahre 1970 viele als Sakrileg empfunden hätten, ist heute eine Selbstverständlichkeit: Althussers Behauptung in *Lénine et la philosophie* (1972), Marx habe analog zum mathematischen Kontinent der Griechen und zum physikalischen Kontinent Galileis den historischen Kontinent "entdeckt"[164], wird angesichts der sich durchsetzenden (und leicht ideologisierbaren) "Skepsis gegenüber den Metaerzählungen" (Lyotard) bestenfalls Kopfschütteln auslösen. Wer so naiv war, sich in den 60er oder 70er Jahren vom Althusserschen Marxismus (als Wissenschaft?) zum Subjekt machen zu lassen, wird sich längst nach einem anderen Soziolekt umgesehen haben – etwa dem Lyotards oder Baudrillards.

Die Abkoppelung der wissenschaftlichen Theorie von der Praxis, die auch von der Einführung verschiedener Theorieebenen[165] nicht rückgängig gemacht wird, bereitete in den 70er und 80er Jahren vor allem deutschen, britischen und niederländischen Marxisten Kopfzerbrechen. Mit Recht hoben Autoren wie Urs Jaeggi, Ted Benton, Piet Steenbakkers und André Van de Putte die Sinnlosigkeit einer mar-

---

163 Zum Thema "Ende der Ideologien" vgl. R. Aron, "Fin de l'âge idéologique?", in: *Sociologica I. Aufsätze Max Horkheimer zum 60. Geburtstag gewidmet*, Köln, Europäische Verlagsanstalt, 1974; D. Bell, *The End of Ideology. On the Exhaustion of Political Ideas in the Fifties*, London, Collier Macmillan (1960), 1967; N. Luhmann, "Wahrheit und Ideologie. Vorschläge zur Wiederaufnahme der Diskussion", in: H.-J. Lieber (Hrsg.), *Ideologie – Wissenschaft – Gesellschaft*, Darmstadt, Wiss. Buchgesellschaft, 1976.

164 Vgl. L. Althusser, *Lénine et la philosophie – suivi de Marx et Lénine devant Hegel*, Paris, Maspero, 1972, S. 53.

165 Vgl. L. Althusser, *Für Marx*, Frankfurt, Suhrkamp, 1974, S. 126.

xistischen Wissenschaft hervor, aus der in der Praxis "bemerkenswerterweise nichts hervorgeht" (Musil).

So bemerkt beispielsweise Van de Putte: "Die praktisch-philosophische Dimension des Marxismus wird nicht zur Sprache gebracht, ja sie wird sogar als unmarxistisch zurückgewiesen."[166] Die Zurückweisung dieser "grob vereinfachenden" Kritik durch die letzten Althusserianer[167] ändert nichts an der Tatsache, daß Althussers rationalistische und szientistische Variante des Marxismus durch die Verbannung des Subjektbegriffs aus dem theoretisch-wissenschaftlichen Bereich ins Ideologische und durch die einseitige Auffassung von Subjektivität als Unterwerfung jene subjektlose Postmoderne ankündigt, die sich im *Nouveau Roman* seit den 50er Jahren abzeichnete (vgl. II, 8). Althusser, der dem in jeder Hinsicht modernen Diskurs des Marxismus verpflichtet bleibt, ist zwar als postmoderner Denker nicht zu verstehen. Insofern aber, als er auf den Gedanken an eine (individuelle und kollektive) gesellschaftliche Subjektivität verzichtet, die als *kritisch-theoretische* oder *wissenschaftliche* Instanz einzig in der Lage wäre, die bestehenden Verhältnisse zu *überwinden*, antizipiert er eine eindimensionale Zeit der *Verwindung* (Heidegger, Vattimo).

Der Überwindung der Verhältnisse steht in den Diskursen der Althusserianer auch der Gedanke an eine *herrschende Ideologie* (*idéologie dominante*) im Wege, der den Ausblick auf die Heterogenität aller modernen Gesellschaften, auch der totalitären, verstellt.[168] Sicherlich können einige Ideologien – z.Z. etwa die neoliberale – in bestimmten historischen Phasen und gesellschaftlichen Kreisen eine Vormachtstellung einnehmen. Diese bleibt aber nicht unangefochten, sondern wird in regelmäßigen Abständen von extrem Links bis extrem

---

166 A. Van de Putte, in: P. Steenbakkers, *Over kennis en ideologie bij Louis Althusser*, Groningen, Konstapel, 1982, S. 104. Vgl. auch T. Benton, *The Rise and Fall of Structural Marxism. Althusser and his Influence*, London, Macmillan, 1984, Part I: "Althusser" sowie R. Aron, *Marxismes imaginaires. D'une sainte famille à l'autre*, Paris, Gallimard, 1970: "Althusser ou la lecture pseudo-structuraliste de Marx" (S. 193-354).

167 Vgl. z.B. M. Pêcheux, "Ideologie – Festung oder paradoxer Raum?", in: *Das Argument* 139, Mai-Juni 1983 sowie die Replik von W. F. Haug, "Notiz zu Michel Pêcheux' Gedanken über den 'ideologischen Bewegungskampf'", in: *Das Argument* 139, op. cit., S. 389: "Die größte Schwäche der Thesen von Pêcheux zeigt sich mir, wenn ich nach der Praktizierbarkeit seiner Vorschläge frage, nach den gesellschaftlichen 'Subjekten' oder 'Akteuren', die sein Text anspricht, auf die hin seine Perspektive gebaut ist."

168 Vgl. z.B. H. Stehle, *Nachbar Polen*, Frankfurt, Fischer, 1963, Kap. IV: "Der 'polnische Weg'".

Rechts von den ökologischen, feministischen, sozialistischen und nationalistischen Bewegungen herausgefordert. Jedenfalls ist die in vieler Hinsicht brauchbare postmoderne These über eine pluralisierte und fragmentierte Gesellschaft[169] mit der Vorstellung von *einer* herrschenden Ideologie unvereinbar.

Althusser hat schon immer versucht, diese Heterogenität zu überspielen, und dies ist einer der Gründe, weshalb er in einer postmodernen Zeit der Fragmentierung von den meisten Intellektuellen nicht mehr goutiert wird. Über die ideologischen Staatsapparate schreibt er, sie seien homogen "in dem Maße wie die Ideologie, auf deren Grundlage sie funktionieren, trotz ihrer Vielfältigkeit und ihrer Widersprüche, immer faktisch vereinheitlicht wird *unter der herrschenden Ideologie*, die diejenige der 'herrschenden Klasse' (...) ist" ("qui est celle de la 'classe dominante'").[170] Diese Reduktion der Komplexität ist entschieden zu einfach: Jedenfalls ist nicht einzusehen, wie im zeitgenössischen Frankreich Sozialisten, Kommunisten, Gaullisten, Grüne, Frauenbewegungen und Nationalisten (Front National) auf einen ideologischen Nenner gebracht werden könnten. Auch die zu Koalitionen bereiten (fähigen) Sozialisten, Liberalen, Kommunisten und Gaullisten bilden nicht das politische Exekutivkomitee einer Klasse. Althusser kann nur deshalb von der völligen Unterwerfung des Einzelsubjekts unter die herrschende Ideologie ausgehen, weil er die politische Heterogenität der Gesellschaft, die Historizität der Ideologie und den aus diesen Faktoren resultierenden Spielraum individueller und kollektiver Subjekte nicht wahrnimmt.

Den Althusserianern scheint weiterhin das Modell der christlich-feudalen Hegemonie vorzuschweben, das Françoise Gadet und Michel Pêcheux beschreiben: "Der Feudalismus erhält die herrschende Ordnung, indem er sie in die für die unterworfenen Klassen spezifischen Vorstellungsformen und Bilder 'übersetzt'."[171] Mag sein; aber der Feudalismus ist eine ständische, keine Klassengesellschaft, und die Klassengesellschaften des 19. und 20. Jahrhunderts sind aufgrund ihrer politischen und religiösen Heterogenität mit dem Ständestaat kaum zu vergleichen.

---

[169] Zur Darstellung der Postmoderne als Pluralismus vgl. W. Welsch, *Unsere postmoderne Moderne*, Weinheim, VCH, 1991 (3. Aufl.), S. 36.

[170] L. Althusser, *Ideologie und ideologische Staatsapparate*, op. cit., S. 122. ("Idéologie et appareils idéologiques d'Etat", in: *Positions*, Paris, Ed. Sociales, 1976, S. 99.)

[171] F. Gadet, M. Pêcheux, *La Langue introuvable*, Paris, Maspero, 1981, S. 35.

Michel Pêcheux übernimmt Althussers These über eine *idéologie dominante*, wenn er im Anschluß an Foucault versucht, die Ideologie analog zur *diskursiven Formation* und zum *Interdiskurs* darzustellen, wobei allerdings das Verhältnis von Diskurs und Ideologie nie klar definiert wird.[172] Zur diskursiven Formation heißt es in *Les Vérités de la Palice*: "Wir bezeichnen von nun an als *diskursive Formation*, was innerhalb einer bestimmten ideologischen Formation, d.h. ausgehend von einer bestimmten Position, die vom Zustand des Klassenkampfes determiniert wird, darüber entscheidet, '*was gesagt werden kann und gesagt werden soll*'."[173] Diese Definition ist zweifellos nützlich und fruchtbar, weil sie das Augenmerk auf die Grenzen des Sagbaren richtet, die jede Art von Subjektivität determinieren: Es ist nicht möglich, individuell oder kollektiv aus seiner Zeit "hinauszuspringen", aus der sprachlichen Situation der eigenen Kultur auszubrechen.

Die komplementäre Definition des *Interdiskurses* zeigt allerdings, daß Pêcheux die Heterogenität moderner Gesellschaften nicht wahrnimmt und lediglich danach strebt, Althussers Auffassung der "herrschenden Ideologie" auf sprachlicher (diskursiver) Ebene zu präzisieren: "Wir wollen diese 'komplexe Ganzheit mit einer Dominanten' der diskursiven Formationen Interdiskurs nennen (...)."[174] Die Gesamtheit der herrschenden Diskurse mag noch so komplex sein; sie wird von einer Dominanten zusammengehalten. Von oppositionellen Diskursen, die in diesem Komplex nicht aufgehen, ist nicht die Rede. Schon deshalb ist das Fazit von Pêcheux' Subjekttheorie ebenso deterministisch wie das Althussers: "Wir können nun präzisieren, daß die Anrufung des Individuums als Subjekt seines Diskurses durch die Identifizierung [des Subjekts] mit der diskursiven Formation, die es beherrscht, zustandekommt."[175] Was geschieht aber, wenn diese diskursive Formation – z.B. der Marxismus-Leninismus, dem Pêcheux als *Wissenschaft ohne Subjekt* subjektlos huldigt – im Weltmaßstab zusammenbricht? Was geschieht, wenn alle Ideologien zusammenbrechen und das kritisch reflektierende Subjekt die Möglichkeit ins Auge faßt, daß sich Subjektivität außerhalb der ewigen Ideologie bildet? Dann ist Ideologie eben nicht ewig und Althussers marxistische Wissenschaft nicht wissenschaftlich.

---

172 Pêcheux faßt die Ideologie nicht *als* Diskurs, d.h. *als* semantisch-narrative Struktur auf, sondern (unvermittelt) als Instanz, die auf Diskurse einwirkt.

173 M. Pêcheux, *Les Vérités de La Palice*, Paris, Maspero, 1975, S. 144.

174 Ibid., S. 146.

175 Ibid., S. 148.

Diesen Bereich jenseits der Ideologie, den sich die Althusserianer durch ihre Dogmen selbst versperrt haben, hat – ebenfalls im Anschluß an Foucault – Jürgen Link erforscht. Seine These lautet: Nach dem Zweiten Weltkrieg wird die westeuropäische und nordamerikanische Gesellschaft nicht so sehr durch Ideologien zusammengehalten und kontrolliert, sondern durch einen quantifizierenden (statistisch fundierten) *flexiblen Normalismus*, der die Individuen scheinbar zwanglos zu Subjekten macht (vgl. I, 2, a).

Link kann sich sehr wohl eine Schwächung der ewigen Ideologie vorstellen, die unter Althusserianern weder denkbar noch sagbar gewesen wäre: "Tatsächlich scheinen *alle*, auch die westlichen, Ideologien und Utopien geschwächt. Eines der deutlichsten Symptome dieser Lage dürfte gerade jene Karriere der 'Normalität' als interdiskursiver, vor allem mediopolitischer und allgemein-kultureller Wertbegriff sein (...). 'Normalität' scheint geradezu an jene Stelle im Interdiskurs gerückt zu sein, die zuvor von Ideologien und Utopien eingenommen worden war."[176] Statt wie Aron und Bell abstrakt (und, wie sich später zeigte, voreilig)[177] ein "Ende der Ideologien" zu verkünden, geht Link von konkreten und präzisen Untersuchungen aus, die erkennen lassen, daß eine hochentwickelte Marktgesellschaft neuartige Kontrollmechanismen[178] entwickelt, die auf sehr diskrete Art (diskreter als jede Ideologie oder Propaganda) Individuen zu spre-

---

[176] J. Link, *Versuch über den Normalismus. Wie Normalität produziert wird*, Opladen, Westdeutscher Verlag, 1997, S. 407. – Zum Verhältnis von Normalismus und Ideologie bemerkt Jürgen Link in seinem Kommentar zu diesem Abschnitt (Brief vom 5. 3. 2000): "Mit den normativen Normen hängen die Ideologien zusammen: Man könnte sogar mutmaßen, daß die dichotomische Struktur, die Du treffend den Ideologien zuschreibst, vielleicht mit der binären (ja/nein, entweder/oder) Struktur aller normativen Normen zusammenhängen könnte. Jedenfalls sage ich nirgends, daß der Normalismus Religion und Ideologie ablösen könnte". – Aber weshalb nicht? Das Dreiecksverhältnis von flexiblem Normalismus, Marktgesetz und Ideologie sollte konkreter bestimmt werden. Vor allem der Protonormalismus scheint eine ideologische Erscheinung zu sein.

[177] Vgl. Anm. 163.

[178] Dazu bemerkt Jürgen Link in dem in Anm. 176 zitierten Kommentar: "Ich verstehe den Normalismus (als das Ensemble aller 'Normalitäten' einschließlich der dazu 'passenden' Subjektivitäten produzierenden Diskurse, Verfahren, Instanzen und Institutionen) nicht bloß als 'Kontrollmechanismen', sondern als Möglichkeiten der Versicherung, d.h. des Sich-sicher-fühlen-Könnens." In seinem Schreiben vom 24. 7. 2000 fügt er hinzu: "Ich halte den Normalismus für ein Netz von Diskursen und Dispositiven mit Subjekteffekten, das in erster Linie praktisch operational ist." – Auch in diesem Fall scheint Normalismus Funktionen von Religion und Ideologie zu übernehmen.

chenden und handelnden Subjekten machen. Er zeigt vor allem, wie die Wörter *normal* und *Normalität* Schlüsselpositionen in sehr verschiedenen – fachsprachlichen, politischen, kommerziellen – Diskursen besetzen und dadurch einen normalistischen *Interdiskurs* entstehen lassen, der zumindest tendenziell alle Bereiche unserer Kultur durchdringt. Indem Link den Interdiskurs-Begriff auf lexikalisch-semantischer und narrativer Ebene mit dem Vokabular und den Erzählungen des Normalismus ausfüllt, nimmt er ihm die bei Pêcheux vorherrschende Abstraktion (zumal bei Pêcheux das Verhältnis von Ideologie und Interdiskurs im Vagen blieb).

Doch was ist Normalismus? Der Begriff unterscheidet sich von Normativität oder Normensystem durch die Negation einer festen und klar fixierten Norm. Normalität wird in der Zeit des flexiblen Normalismus dadurch produziert, daß es zwischen grundverschiedenen sozialen Diskursen zu einem gleichsam spontanen Konsens darüber kommt, was (noch) als normal gelten kann und was (im Extremfall) jenseits der Normalität liegt. Die Grenzen dieser Normalität sind jedoch *flexibel* und können von einer wirtschaftlich-politischen Situation zur nächsten neu definiert werden.

Dadurch unterscheidet sich der *flexible Normalismus* vom (ideologischen?) *Protonormalismus*, der nach Link im Nationalsozialismus, Faschismus und (Neo-)Stalinismus vorherrschend war. Er gründete auf relativ fixen Normen, die von Zeit zu Zeit von der Partei neu definiert werden konnten, insgesamt aber stabil waren: "Ich nenne die Strategie der maximalen Komprimierung der Normalitäts-Zone, die mit ihrer tendenziellen Fixierung und Stabilisierung einhergeht, die *protonormalistische Strategie*, da sie insbesondere zu Beginn des Normalismus dominierte. Die entgegengesetzte, auf maximale Expandierung und Dynamisierung der Normalitäts-Zone zielende Strategie nenne ich die *flexibel-normalistische*."[179] Zu Recht betont Link, daß es sich sowohl beim Protonormalismus als auch beim flexiblen Normalismus um *Idealtypen* handelt, die in einer und derselben Gesellschaft koexistieren können: Eine schwere Wirtschafts- oder Umweltkrise kann auch in unserer z.Z. "flexiblen" Gesellschaft protonormalistische (ideologische?) Reaktionen auslösen und zu einer Eindämmung der Flexibilität führen.

Es liegt auf der Hand, daß die Frage nach der gesellschaftlichen Konstruktion von Normalität zugleich eine Frage nach der Kon-

[179] J. Link, *Versuch über den Normalismus*, op. cit., S. 78.

stitution von Subjekten ist. Mit dieser Frage knüpft Link (vgl. I, 2, a) an Foucault an, von dem er sagt: "Und offensichtlich erblickte er im Diskurskomplex 'normalisation' einen wesentlichen Faktor der Produktion moderner Subjekte."[180] Wie werden nun individuelle Subjekte im flexiblen Normalismus produziert?

Diese Frage kann noch am ehesten im Zusammenhang mit Links Kommentaren zu den amerikanischen *Kinsey-Reports* konkret beantwortet werden. Trotz seines scheinbar deskriptiven, neutralen Charakters suggeriert dieser Bericht: Mach's wie die anderen, dann bist du einer von uns, dann hast du Erfolg. Dazu sagt Link: "Zweifellos handelt es sich bei den Reports also insofern um Dokumente eines dynamischen, flexibilisierten Normalismus, als ihr eigentlicher Subjekt-Appell die Leistungssteigerung (...) ist."[181] Hier klingt unterschwellig Althussers und Pêcheux' Theorem der ideologischen Anrufung (*interpellation*) nach. Bei Link scheint allerdings der Diskurs über die Normalität, der zugleich ein Diskurs der Normalität und der Normalisierung ist, die Ideologie zu verdrängen. Die veröffentlichten Statistiken der Psychologen, Betriebspsychologen, Familienberater und *social workers* sorgen dafür, daß Individuen, die sich "spontan" am statistischen Durchschnitt oder an der gepriesenen Höchstleistung orientieren, zu normalen Subjekten werden: "Dabei ist es eigentlich die Selbst-Adjustierung der Subjekte in Richtung des symbolisch markierten Durchschnitts, die schließlich (...) Normalverteilung allererst schafft."[182] Wie Althussers Individuen, die sich scheinbar freiwillig und autonom der Ideologie unterwerfen, unterwerfen sich die "normalistischen" Individuen einer dehnbaren und unsichtbaren, weil von vielen heterogenen Diskursen im Interdiskurs vermittelten Norm.

Der Normalismus-Begriff besticht durch seinen zeitgemäßen Charakter, weil er erkennen läßt, daß eine von der Wertindifferenz (vgl. II, 8, 9) geprägte Marktgesellschaft sehr wohl in der Lage ist, Regulierungs- und Kontrollmechanismen zu entwickeln, die von ideologischen Diskursen relativ unabhängig sind. Wie sehr Normalismus ein quantitatives Phänomen ist, das aus dem *Wieviel* der Tauschgesellschaft hervorgeht, verdeutlicht die folgende Passage aus Links Buch: "So konstituiert sich die 'lockere' Einheit des normalistischen 'Archi-

---

[180] J. Link, "Von der 'Macht der Norm' zum 'flexiblen Normalismus': Überlegungen nach Foucault", in: J. Jurt (Hrsg.), *Zeitgenössische französische Denker*, Freiburg, Rombach, 1998, S. 260.

[181] J. Link, *Versuch über den Normalismus*, op. cit., S. 95.

[182] Ibid., S. 171.

pels' als hegemoniales gesellschaftliches Netz, in dem die normalistischen Subjekte spontan *spüren*, daß sowohl ein Elternsprechtag über alarmierend schiefe Verteilungen der Noten im Englischtest wie eine Anhebung der Vollkaskosätze, sowohl die Einführung der Pflegeversicherung wie ein Magazinartikel über den Zusammenhang zwischen Stress und sinkender Befriedigung im Sex, dazu dienen, Denormalisierungen zu vermeiden, und daß eine neue Empfehlung von ökonomischen 'Weisen' über das Risiko einer anormalen *Ausuferung des Zielkorridors* der Staatsverschuldung mit all dem und mit der sich öffnenden *Schere* des Generationsvertrags 'irgendwie zusammenhängt'."[183]

Dieser Text weist drei komplementäre Aspekte auf: 1. Das wiederholte Auftreten semantischer Einheiten (*Sememe*, Greimas), die Quantität oder Quantifizierbarkeit beinhalten: *Verteilungen, Vollkaskosätze, Pflegeversicherung, Zusammenhang, Staatsverschuldung, Schere des Generationsvertrags.* 2. "Normalisierung" und "Denormalisierung" erscheinen hier als quantifizierbare Größen, deren Ausdehnung nicht durch festgesetzte Normen abgesteckt, sondern durch fluktuierende Statistiken im Alltagsbewußtsein flexibel vergegenwärtigt wird. Diese Flexibilität konnotieren Ausdrücke wie *lockere Einheit* und *spontan spüren.* 3. Im Gegensatz zur religiösen, ideologischen oder rechtlichen Norm ist die von Link beschriebene Normalität flexibel, weil sie sich als quantitative Größe der Bewegung der Marktgesetze anpaßt. (Die Höhe der Vollkaskosätze ist von der Nachfrage, der Anzahl der Unfälle usw. abhängig.)

Es wird nun deutlich, weshalb der Normalismus-Begriff wesentlich für die Beschreibung zeitgenössischer westeuropäischer und

---

[183] Ibid., S. 427. – Allerdings möchte Link den Normalismusbegriff nicht auf die Wirtschaftsgesellschaft des Spätkapitalismus beschränken. In seinem Kommentar (vgl. Anm. 176) bemerkt er zur Homologie von Normalismus und Kapitalismus: "Dagegen sprechen all jene normalistischen Subjektivierungsstrategien, die (nach Foucault) nicht aus dem Kapitalismus, sondern z.B. aus dem christlichen Kloster oder aus dem Militär, aus der Medizin und der Psychiatrie, der Psychologie usw. stammen. Ich sehe den Normalismus also als multideterminiertes, nicht 'letztinstanzlich' ökonomisch determiniertes Phänomen." – Alles hängt davon ab, was man mit der Konstruktion dieses Phänomens bezweckt: Will man die gesamte soziale Entwicklung vom christlichen Kloster bis zum Kinsey-Report erfassen und erklären, oder will man die Konformismen und Sicherheitsbedürfnisse der zeitgenössischen Marktgesellschaft als qualitativ neue Erscheinungen besser verstehen? Der Normalismus-Begriff scheint vor allem letzteres zu leisten.

nordamerikanischer Gesellschaften ist: Er zeigt, daß spätkapitalistische Gesellschaften über Mechanismen der *Selbstregulierung* verfügen, die – wie religiöse und ideologische Diskurse – Subjektivität produzieren, weil sie individuelle Subjekte "anrufen" und von ihnen verinnerlicht werden. Die Frage, die sich in dem hier konstruierten Zusammenhang aufdrängt, lautet: Hat der flexible Normalismus Religion und Ideologie an den Rand des gesellschaftlichen Geschehens abgedrängt oder gar aufgelöst?

Die Antwort lautet, daß dies wahrscheinlich nicht der Fall ist und daß der Normalismus-Begriff – ähnlich wie Ulrichs Becks Risiko-Begriff – überdehnt wurde. Die Ideologie mag zwar nicht "ewig" sein, wie Althusser mystifizierend meint, aber tot ist sie gewiß nicht, wie ältere und neuere Publikationen zeigen.[184] Ohne sie gäbe es nicht die für die Postmoderne charakteristischen *Bewegungen* der Frauen, der Grünen, der ethnischen Minderheiten, aber auch der Nationalisten und der Rechtsradikalen, deren starke Präsenz in den Medien und im Internet nicht zu übersehen ist. Diese Bewegungen, die von Ulrich Beck, vor allem aber von Alain Touraine als das hervorstechendste Merkmal unserer Gesellschaften dargestellt werden, orientieren sich nicht nur an quantitativen Größen (Populärstatistiken), sondern gründen ihre kollektiven und individuellen Subjektivitäten auf ideologischen Dualismen wie *Patriarchat/Feminismus*, *Ökonomie/Ökologie*, *Volk/Ausland* usw. Ähnliches kann von radikalisierten Gruppen innerhalb der Großreligionen (den Fundamentalisten) und der wachsenden Anzahl religiöser Sekten[185] gesagt werden. Sie sind im Rahmen des Normalismus nicht zu verstehen: weil sie – wie die gegen die Globalisierung Aufbegehrenden – auf die Indifferenz des Marktes reagieren, indirekt also auf den Normalismus, der die Tauschgesellschaft auf quantitativem Wege stabilisieren soll. Die Bewegungen und radikalen Gruppen werden aber von qualitativen (religiösen, ideologischen) Wertsetzungen, die nicht quantifizierbar sind, zu Subjekten gemacht.

Deshalb erscheint es sinnvoll, den flexiblen Normalismus als "Pufferzone" zwischen marktbedingter Indifferenz, die Subjektivität

---

[184] Vgl. vor allem: I. Mészáros, *The Power of Ideology*, New York-London, Harvester-Wheatsheaf, 1989, S. 57-58.

[185] Zur wachsenden Anziehungskraft der religiösen Sekten vgl. G. Knörzer, "Subjektive versus soziale Identität. Verschwindet das Subjekt in neueren religiösen Bewegungen? – Pastoraltheologische Vorüberlegungen", in: H. Schrödter (Hrsg.), *Das Verschwinden des Subjekts*, Würzburg, Königshausen und Neumann, 1994.

auflöst, und ideologischer Reaktion, die Subjektivität behauptet, aufzufassen. Der so eingegrenzte und konkretisierte Normalismus-Begriff steht für einen neuen *Säkularisierungsschub* hochentwickelter Marktgesellschaften, die Subjektivität – zumindest tendenziell – jenseits von Religionen, Ideologien und Utopien konstituieren können. Doch die ideologischen Reaktionen auf diese Tendenz bleiben nicht aus: weil in der marktbedingten Flexibilität des Normalismus auf die Dauer keine subjektive Stabilität zu finden ist.

6. Von Althusser zu Lacan: Das "dezentrierte Subjekt" als Unterworfenes und Zerfallendes

"Der Mensch ist nicht Herr im eigenen Haus" ("L'homme n'est pas ici maître chez lui")[186], sagt Lacan in einem seiner Seminare und setzt auf seine Art Althussers Argumentation fort, die das individuelle Subjekt als ein Unterworfenes der Ideologie erscheinen läßt. Lacan ist dennoch nicht (ebensowenig wie Althusser) als postmoderner Autor zu verstehen[187], weil er an eine psychoanalytische Tradition anknüpft, die im Sprachduktus der Aufklärung einer Stärkung des *Ichs* das Wort redet. Da Freuds Theorie in einem spätmodernen Kontext entstanden ist, in dem es Philosophen, Schriftstellern und Wissenschaftlern darum ging, das Einzelsubjekt *in extremis* zu retten, haftet dem Ausdruck "postmoderne Psychoanalyse" Widersinn an. Denn die Postmoderne wird hier – wie schon in *Moderne/Postmoderne* – als eine Problematik aufgefaßt, deren Vertreter auf den Subjektbegriff verzichten oder ihn dekonstruieren.

Lacan verzichtet zwar nicht auf den Subjektbegriff, der in seiner Terminologie eine Schlüsselposition einnimmt, er faßt ihn aber so auf, daß das individuelle Subjekt als ein zugleich Unterworfenes und Zerfallendes erscheint: als *sujet décentré*.[188] Obwohl er also nicht ohne

---

[186] J. Lacan, *Le Séminaire, livre II. Le Moi dans la théorie de Freud et dans la technique de la psychanalyse*, Paris, Seuil, 1978, S. 354. (Aus sprachlichen Gründen wird im folgenden nach dem frz. Original zitiert, das ganz oder teilweise in Klammern wiedergegeben wird.)

[187] Dennoch wird Lacan immer wieder der Postmoderne zugerechnet. Vgl. z.B. R. G. Renner, *Die postmoderne Konstellation. Theorie, Text und Kunst im Ausgang der Moderne*, Freiburg, Rombach, 1988, Kap. IV: "Postmoderne als Poststrukturalismus": 4. 4. "Die Sprache des Unbewußten: Jacques Lacan".

[188] J. Lacan, *Ecrits*, Paris, Seuil, 1966, S. 292 sowie J. Lacan, *Le Séminaire, livre II*, op. cit., S. 164.

weiteres für eine subjektlose Postmoderne reklamiert werden kann, steht er an einer Zeitenwende, an der eine immer radikaler werdende Subjektkritik die globale Ablehnung der Kategorie "Subjektivität" ankündigt. Er ist, ähnlich wie Althusser und Foucault, ein strukturaler Denker, der an der Schwelle zur Postmoderne die Übermacht der Struktur und die Unterwerfung des Einzelnen unter diese Struktur analysiert.

Zu Recht stellt Anika Lemaire Lacan als Strukturalisten dar ("Jacques Lacan est structuraliste")[189]; sie hätte aber der Vollständigkeit halber hinzufügen können, daß er auch ein Dekonstruktivist *avant la lettre* ist, dem Derrida wesentliche sprachanalytische Theoreme verdankt.[190] Denn Lacan unterscheidet sich dadurch von Althusser und Foucault, daß er die beiden Momente der Subjektkrise, die strukturelle Unterwerfung und den sprachlich bedingten Zerfall, *zusammendenkt*. Deshalb ist er für das nachmoderne Denken, das diese beiden Momente zumeist isoliert in den Vordergrund rückt, so wichtig. Dem Zugriff postmoderner Proselyten entzieht er sich dennoch: nicht nur weil er an Freuds Vorhaben einer Stärkung des Einzelsubjekts festhält, sondern auch deshalb, weil er parallel zu Adornos *Wahrheitsgehalt* das "wahre Wort" ("parole vraie")[191] seinen Betrachtungen der 60er Jahre zugrunde legt. In der von Nietzsches "Destruktion der Metaphysik" geprägten Postmoderne fällt der Wahrheitsbegriff zusammen mit dem auf ihm gründenden Subjektbegriff Lyotards postmoderner *incrédulité* oder *Skepsis* zum Opfer.

Im folgenden soll allerdings gezeigt werden, daß Lacans Denken in dieser Skepsis ausmündet, weil sich die "Sprachmauer" ("le mur du langage")[192], von der in seinen Seminaren der 50er Jahre die Rede ist, als unüberwindlich erweist. Die Entfaltung der Subjektivität vollzieht sich in Lacans Theorie von Entfremdung zu Entfremdung (*aliénation*), so daß schließlich nicht mehr ohne weiteres angenommen werden kann, daß am Ende der psychoanalytischen Behandlung die *parole vraie* oder *parole pleine*[193] ertönt. Möglicherweise ist die Kur endlos,

---

[189] A. Lemaire, *Jacques Lacan*, Sprimont, Mardaga, 1977 (8. Aufl.), S. 26.

[190] Vgl. J. Derrida, "Freud und der Schauplatz der Schrift", in: ders., *Die Schrift und die Differenz*, op. cit., S. 302-350.

[191] Vgl. J. Lacan, *Ecrits*, op. cit., S. 283.

[192] J. Lacan, *Le Séminaire, livre II*, op. cit., S. 286.

[193] P. Julien zeigt in seinem Buch *Pour lire Lacan*, Paris, EPEL, 1990, daß sich Lacan in seinen späteren Schriften vom Begriff (Wert) der *parole pleine* entfernt: "Er zweifelt immer mehr an der schöpferischen Kraft des Wortes, um schließlich im Jahre 1980 zu behaupten, daß es sie gar nicht gibt." Vgl. auch J.

weil das wahre Wort inmitten einer entfremdeten Sprache nicht mehr ausgesprochen werden kann.

Dies war in gewisser Weise auch Althussers Problem: Sein Diskurs umkreist die Frage nach einer wissenschaftlichen Sprache jenseits der Ideologie. Er meint, diese Sprache, wenngleich in elementarer Form, in Marxens Spätwerk *Das Kapital* zu finden, und trennt sie durch einen *epistemologischen Schnitt* im Sinne von Gaston Bachelard von der humanistisch-idealistischen Sprache des Frühwerks, das er im Einflußbereich Hegels und Fichtes ansiedelt.[194] Lacan argumentiert ähnlich, wenn er behauptet, Freuds Wissenschaft des Unbewußten sei jenseits von Hegels anthropozentrischem Humanismus: "Hegel steht an der Grenze der Anthropologie. Freud hat sie verlassen. Seine Entdeckung kommt in der Erkenntnis zum Ausdruck, daß der Mensch mit sich selbst nicht übereinstimmt (que l'homme n'est tout à fait dans l'homme). Freud ist kein Humanist."[195] Im Frankreich der 60er und 70er Jahre wurde eine solche Bemerkung als Kompliment gelesen: als Indiz für Wissenschaftlichkeit. "Das eigentliche Zentrum des menschlichen Wesens ist nicht mehr am selben Ort, den ihm die humanistische Tradition zuwies"[196], ergänzt Lacan an anderer Stelle, an der er die Freudsche Revolution mit der Kopernikanischen vergleicht.

Doch die wahre, wissenschaftliche Sprache, die Althusser mit Marx und Lacan mit Freud assoziiert, ist längst einem postmodernen Zweifel zum Opfer gefallen, der mit der ihm eigenen Skepsis dort ideologische Interferenzen vermutet, wo vor einigen Jahrzehnten reine Wissenschaftlichkeit deklariert wurde. Stellt sich aber heraus, daß es die reine, wissenschaftliche Sprache des Marxismus oder der Psychoanalyse nicht gibt, weil auch sie von partikularen Interessen und Ideologemen durchsetzt ist, dann kommt berechtigter Zweifel an der *parole vraie* oder *parole pleine* auf, die sich am Ende der Therapie einen Weg durch die entfremdete Sprache bahnen soll.

Althusser geht es in seinem Aufsatz über Freud und Lacan in erster Linie darum zu zeigen, daß der von ihm beschriebenen Unterwerfung des Einzelnen unter die Ideologie bei Lacan die Eingliederung des Einzelnen in die kulturelle Ordnung entspricht: "Lacan hat

---

Lacan, "Variantes de la cure-type", in: ders. *Ecrits* op. cit., S. 361-362.

194 L. Althusser, *Für Marx*, op. cit., Kap. II.

195 J. Lacan, *Le Séminaire, livre II*, op. cit., S. 92. Vgl. auch J. Lacan, *Ecrits*, op. cit., S. 857.

196 J. Lacan, *Ecrits*, op. cit., S. 401.

gezeigt, daß dieser Übergang von der (im Grenzfall rein biologischen) Existenz zur menschlichen Existenz (Menschenkind) unter dem Gesetz der Ordnung (Loi de l'Ordre) stattfindet, das ich Kulturgesetz nennen will, und daß dieses Gesetz der Ordnung in seiner *formellen* Gestalt mit der Sprachordnung übereinstimmt."[197]

Althusser versäumt jedoch, auf einen wesentlichen Unterschied zwischen den beiden Positionen hinzuweisen: auf den Umstand, daß er das Kulturgesetz als Ideologie ausschließlich mit negativen Konnotationen versieht und im Gegensatz zur Wissenschaft darstellt, während Lacan die Eingliederung des Individuums in die sprachliche oder symbolische Ordnung als Subjektwerdung des Ichs durchweg positiv (bisweilen sogar euphorisch) konnotiert: als Befreiung von den Wirrungen des *imaginären Stadiums*. Ist die Subjektwerdung des Einzelnen innerhalb der kulturell-sprachlichen Ordnung nun eine entfremdende Unterwerfung oder eine Befreiung? Im folgenden soll verdeutlicht werden, weshalb die Frage auf die grundsätzliche Ambivalenz und die eigentliche Schwachstelle in Lacans Theorie zielt.

Diese Theorie geht bekanntlich von der Wechselbeziehung zwischen dem Imaginären, dem Symbolischen und dem Realen aus: Das der Sprache noch nicht mächtige *infans* spiegelt sich im Blick des anderen (der Mutter) und gewinnt dadurch eine gewisse Einheit ohne Subjektivität; erst im Übergang von der imaginären zur symbolischen Ordnung entsteht individuelle Subjektivität als Unterwerfung unter die Gesetze der Sprache (der Kultur); das Reale ist noch am ehesten Kants "Ding an sich" vergleichbar, denn es erscheint nie als solches. Es ist wichtig, nochmals daran zu erinnern, daß Lacan das imaginäre Stadium negativ, die symbolische Ordnung hingegen positiv *bewertet* und nicht müde wird, die Bedeutung des Übergangs von der imaginären zur symbolischen Ordnung für die Subjektkonstitution hervorzuheben. Diese wird von ihm keineswegs – wie von Althusser – als blinde Unterwerfung gesehen, sondern als ein Mündig- und Erwachsenwerden.

Die negativen Konnotationen des Imaginären sind sogar in das von Jean-Baptiste Fages erstellte lacanianisch-strukturalistische Lexikon eingegangen, wo *l'imaginaire* wie folgt definiert wird: "Kennzeichnet die jeglicher unterscheidbaren Individualität bare Beziehung in einer Situation, in der kein echter Zugang zur Sprache gegeben

[197] L. Althusser, "Freud et Lacan", in: ders., *Positions*, op. cit., S. 30.

ist."[198] Symmetrisch dazu wird das Symbolische als "koextensiv mit der gesamten Sprachordnung"[199] definiert. In diesem Zusammenhang gehört das *Ich* als *Moi* dem Kontext des Imaginären an. Es ist "die Instanz des Individuums, solange es sich auf der Ebene des Imaginären befindet. Es steht im Gegensatz zum *Subjekt* (...)."[200] Mit anderen Worten: *Lacans Subjekt ist ein Produkt der Eingliederung des Individuums in die symbolisch-sprachliche Ordnung.*

Doch zurück zum Imaginären: Wie wird es von Lacan selbst gesehen? Es wird als Spiegelstadium, als narzißtische Identifikation des *Moi* mit dem anderen, der Mutter, dargestellt: als eine labil geschichtete Konstellation, in der das *Ich* sich gleichsam als Spiegelbild im Verlangen der Mutter konstituiert und jenseits des Inzesttabus (d.h. jenseits der kulturell-symbolischen Ordnung) danach strebt, den Vater bei der Mutter zu ersetzen, für die Mutter zum Phallus zu werden. In dieser Situation, erklärt Lacan, "existiert das Verlangen nur auf der Ebene der imaginären Beziehung des Spiegelstadiums, das auf den anderen projiziert und in ihm entfremdet (aliéné) wird".[201] Diesen Sachverhalt stellt Antoine Mooij knapp und klar dar, wenn er feststellt, daß das Kind sich "auf imaginäre Art (...) mit dem Objekt des Verlangens seiner Mutter"[202] identifiziert. Lacan selbst faßt zusammen: "Le moi (...) est une fonction imaginaire."[203]

Dies bedeutet konkret, daß sich in dem von der Spiegelbeziehung dominierten Imaginären keine stabile Identität heranbilden kann, weil das *Moi* von der "Vermittlung durch das Verlangen des anderen" ("médiatisation par le désir de l'autre")[204] abhängt und "aus dem *Ich* (*je*) jenen Apparat macht, für den ein jeder Instinktschub zur Gefahr wird" ("fait du *je* cet appareil pour lequel toute poussée des instincts sera un danger").[205] Anika Lemaire stellt mit bemerkenswerter Offenheit den Anschluß dieser Gedankengänge an die philosophische Me-

198 J.-B. Fages, *Comprendre Jacques Lacan*, Paris, Dunod, 1997, S. 119.
199 Ibid., S. 122.
200 Ibid., S. 120.
201 J. Lacan, *Le Séminaire, livre I. Les Ecrits techniques de Freud*, Paris, Seuil, 1975, S. 267.
202 A. Mooy, *Taal en verlangen. Lacans theorie van de psychoanalyse*, Meppel, Boom, 1977 (3. Aufl.), S. 156.
203 J. Lacan, *Le Séminaire, livre II*, op. cit., S. 50.
204 J. Lacan, *Ecrits*, op. cit., S. 98.
205 Ibid.

taphysik her, wenn sie sagt: "Das Ich (moi) ist das, was am hartnäkkigsten der Wahrheit des Seins Widerstand leistet."[206]

Diese Aussage mag an Heidegger erinnern; sie ist aber hegelianisch zu lesen und auch auf Hobbes' Kritik des Naturzustandes zu beziehen. Wer noch das zweite Kapitel in Erinnerung hat, wird unwillkürlich an das Hobbes-Hegel-Sartre-Szenario denken, wenn er Lacan in einem seiner Seminare vom Imaginären sagen hört: "Daraus ergibt sich die Unmöglichkeit menschlicher Koexistenz."[207] Das Imaginäre erscheint hier als eine Art Naturzustand, der nur durch den Eintritt des Einzelnen in die symbolische Ordnung der Sprache überwunden werden kann: "Aber Gott sei Dank (Dieu merci) befindet sich das Subjekt in der symbolischen Welt, das heißt in der Welt der anderen, die sprechen."[208] Wenn ein Pariser Intellektueller in den 50er oder 60er Jahren "Dieu merci" sagt und auch noch drucken läßt, dann bringt er eine starke Empfindung zum Ausdruck.

In diesem Fall weist sie auf die Tiefenstruktur (Greimas) von Lacans Diskurs hin: auf den semantischen Gegensatz *Natur/Kultur*, dem synekdochisch die Gegensätze *imaginär/symbolisch* und *mütterlich/väterlich* entsprechen. Lacan setzt insofern Hobbes', Hegels und (trotz seines Strukturalismus) auch Sartres Diskurs fort, als er um jeden Preis eine modernistisch-surrealistische "Rückverwandlung von Kultur in Natur" und den mit ihr einhergehenden Rückfall (*rechute*: vgl. weiter unten) in den Naturzustand verhindern möchte. Der hier gemeinte Rückfall ist freilich keine Rückkehr in Staatenlosigkeit und Bürgerkrieg, sondern ein Rückfall ins Imaginäre, in die narzißtische Mutter-Kind-Beziehung.

Als Alternative stellt sich Lacan eine Subjektkonstitution innerhalb der symbolischen Ordnung (der Sprache) vor: Das Kind verzichtet (im Verlauf einer gelungenen Sozialisation) darauf, Phallus für die Mutter *sein* zu wollen, erkennt seine eigene Kastration (d.h. die Tatsache, daß es den Phallus *noch* nicht besitzt), anerkennt den Vater als Besitzer des Phallus und strebt danach, wie der Vater den Phallus zu *besitzen*. Es nimmt den Namen des Vaters an und tritt in die symbolische Ordnung ein, von der es zum Subjekt gemacht wird. Dem Vater fällt dabei die Funktion zu, das sexuelle Verlangen aus dem inzestuösnarzißtischen Zusammenhang der mütterlich-imaginären Welt herauszulösen: "Die eigentliche Funktion des Vaters besteht darin (...), ein

[206] A. Lemaire, *Jacques Lacan*, op. cit., S. 109.
[207] J. Lacan, *Le Séminaire, livre I*, op. cit., S. 267.
[208] Ibid.

Verlangen mit dem Gesetz zu verbinden (statt zu entzweien)." ("La vraie fonction du Père [...] est d'unir [et non pas d'opposer] un désir à la Loi.)[209] Nicht nur der feministische[210], sondern auch der soziologische Einwand liegt auf der Hand: Hier wird eine Gesellschaftsordnung psychoanalytisch-strukturalistisch festgeschrieben, deren Vater-Funktionen und Vater-Figuren historisch ebenso variabel sind wie die Sprache. Wie soll die Sozialisierung durch die väterliche Instanz in einer "vaterlosen Gesellschaft"[211] im Sinne von Mitscherlich aussehen?

Es wäre natürlich zu simpel, Lacan ahistorisches Denken vorzuwerfen; denn er ist sich des sozialen Wandels durchaus bewußt. Allerdings scheint er die symbolische Ordnung aus der historischen Entwicklung herauszuheben: ähnlich wie Hegel die "Sittlichkeit" des (preußischen) Staates. In direkter Anspielung auf Hegel möchte Lacan die "dialektische Sackgasse der Schönen Seele" ("l'impasse dialectique de la belle âme")[212] überwinden, läßt aber das individuelle Subjekt in einer symbolischen Ordnung aufgehen, deren entfremdeten und entfremdenden Charakter er offen bekennt.[213]

Insofern ist er hellsichtiger als Hegel, von dessen *Phänomenologie des Geistes* er immer wieder ausgeht. Am Ende dieses Werks wird die Sprache als "Dasein des Geistes" in einem Stil aufgewertet, der an Lacans "Dieu merci" erinnert: "Wir sehen hiermit wieder die *Sprache* als das Dasein des Geistes. Sie ist das *für andere* seiende Selbstbewußtsein, welches unmittelbar *als solches vorhanden* und als *dieses* allgemeines ist. Sie ist das sich von sich selbst abtrennende Selbst, das als reines Ich = Ich sich gegenständlich wird, in dieser Gegenständlichkeit sich ebenso als *dieses* Selbst erhält, wie es unmittelbar mit den anderen zusammenfließt und *ihr* Selbstbewußtsein ist; es vernimmt ebenso sich, als es von den anderen vernommen wird, und

---

209 J. Lacan, *Ecrits*, op. cit., S. 824.

210 Zur feministischen Kritik an Lacan vgl. J. Kristeva, *La Révolution du langage poétique. L'Avant-garde à la fin du XIXe siècle: Lautréamont et Mallarmé*, Paris, Seuil, 1974, S. 61-67 sowie: D. Elam, *Feminism and Deconstruction*, London-New York, Routledge, 1994, S. 53-56.

211 Vgl. A. Mitscherlich, *Auf dem Weg zur vaterlosen Gesellschaft. Ideen zur Sozialpsychologie*, München, Piper, 1973, S. 182: "Wir können nicht mehr sagen als dies, daß die gesellschaftlichen Prozesse die *Väterkultur* mehr und mehr funktionslos gemacht haben (...)."

212 J. Lacan, *Ecrits*, op. cit., S. 281.

213 Vgl. J. Lacan, *Ecrits*, op. cit., S. 689.

das Vernehmen ist eben das *zum Selbst gewordene Dasein.*"[214] Kurzum, in der philosophischen Sprache als "Dasein des Geistes" kommt die Einheit von Subjekt und Objekt zustande. Lacan wäre insofern einverstanden, als auch er in der sprachlich-symbolischen Konstitution des Subjekts eine Überwindung aller Naturwüchsigkeiten (des Imaginären) erblickt. Dies ist der Grund, weshalb er so häufig Hegel zitiert und mit ihm das romantisch-imaginäre Bewußtsein der "Schönen Seele" kritisiert.

Dennoch ist Lacan kein Hegelianer, sondern ein zwischen Spätmoderne und Postmoderne stehender Denker der Entfremdung als *Spaltung*. Was bedeutet dieses Wort *Spaltung/fente* (auch *division*) in Lacans Diskurs? Es bezeichnet – in einem Satz zusammengefaßt – die Kluft, die sich zwischen dem Bewußten und dem Unbewußten nach dem Eintritt des Individuums in die symbolische Ordnung der Sprache auftut. Das Subjekt verdoppelt sich auf sprachlicher Ebene: Es teilt sich in eine bewußte und eine unbewußte Instanz, die einander diskursiv überlagern, ineinandergreifen und in der Alltagssprache kaum zu unterscheiden sind. Sie können nur im Verlauf der Analyse als Differenzierungsprozeß entflochten werden.

Das zwischen Bewußtem und Unbewußtem gespaltene Subjekt erscheint *dezentriert*, weil es unablässig zwischen Bewußtem und Unbewußtem oszilliert und folglich nicht weiß, *von wo aus* es spricht: als Bewußtsein oder als Unbewußtes. Lacan stellt diese Zweideutigkeit des Subjekts im Zusammenhang mit dem Träumer anschaulich dar, der von seinen eigenen Träumen so sehr geängstigt wird, daß er sie der Zensur unterwirft: "*In seiner Einstellung zu seinen geträumten Verlangen erscheint der Träumer somit als aus zwei Personen bestehend, die jedoch durch eine innige Gemeinschaft zusammengehalten werden.*"[215] Dieser Gedanke wird im nächsten Satz als *décentrement du sujet*[216] umschrieben.

Es ist kein neuer Gedanke, denn er geht auf die psychologischen Theorien der *multiple personality* zurück, die im ersten Kapitel (I, 2, c) kommentiert wurden. Er wird selbstverständlich auch von den Modernisten (etwa Proust, Svevo und Hesse) vorweggenommen, die Ambivalenzen, Fehlleistungen[217] und Traumbilder im Zusammenhang

---

214 G. W. F. Hegel, *Phänomenologie des Geistes*, Frankfurt, Suhrkamp, 1970, S. 478-479.

215 J. Lacan, *Le Séminaire, livre II*, op. cit., S. 164.

216 Ibid.

217 Zur "Fehlleistung" im modernen Roman vgl. I. Svevo, *La coscienza di Zeno*,

mit dem Unbewußten analysieren. Man könnte ihn bis zu Nietzsche, Vischer und Hegel zurückverfolgen, der sehr wohl wußte oder ahnte, weshalb er Kontingenz, Zufall und Traum aus seinem System verbannte: Schließlich konnte er seinen vom Weltgeist getragenen Diskurs nicht in eine Spaltung des Subjekts und eine Krise der Subjektivität münden lassen. Diese Krise brach erst bei den Junghegelianern und Nietzsche aus.

Lacan ist insofern ein Nietzscheaner und Hegel-Kritiker, als er die Krise mit den Worten des sprachlichen Strukturalismus ausdrückt; eines Strukturalismus allerdings, der bei ihm lange vor Derrida in eine Dekonstruktion *avant la lettre* umschlägt. Denn die von der symbolischen Ordnung bewirkte Unterwerfung des Imaginären (unter das Gesetz des Vaters) läßt im Prozeß der Verdrängung das *Unbewußte* entstehen, das als *Produkt der Spaltung*[218] immer wieder seine Stimme hören läßt, die *anderswo* ertönt als dort, wo das sprechende *Ich* (*je*) zu sein meint. Es ist die Stimme des Imaginären: "Es gibt eine Inertie des Imaginären, das in den Diskurs des Subjekts eindringt, das ihn verwirrt, das bewirkt, daß ich jemandem schlecht gesinnt bin, wenn ich ihm gut gesinnt bin, daß ich mich selbst liebe, wenn ich ihn liebe und daß ich gerade in dem Augenblick, in dem ich meine, mich selbst zu lieben, einen anderen liebe. Es ist die Aufgabe des dialektischen Verfahrens der Analyse, diese imaginäre Verwirrung aufzulösen und dem Diskurs seinen Sinn als Diskurs (son sens de discours) wiederzugeben."[219]

Hier zeigt sich, weshalb Lacan Strukturalist und Dekonstruktivist zugleich ist: Die Unterwerfung des Einzelnen unter die Ordnung der Sprache, die die eigentliche Subjektivität jenseits des imaginären *Moi* hervorbringt und das strukturalistische Moment darstellt, läßt zugleich die Spaltung und das Unbewußte entstehen, das als eigene Sprache den bewußten Diskurs verdoppelt, vervielfacht, zersetzt. Allerdings geht Lacan als Modernist an der Schwelle zur Postmoderne nicht so weit wie Derrida: Er sieht zwar die Ambivalenzen des Subjekts und seiner Diskurse, hält aber an der Möglichkeit und Notwendigkeit, den wahren Sinn des Diskurses ("son sens de discours") zu finden, fest. Das postmoderne Moment seines Denkens besteht, wie noch zu zei-

---

Mailand, dall'Oglio, 1938. In diesem Roman kommt die Heirat des Helden Zeno mit Augusta durch eine Fehlleistung zustande.

[218] Vgl. J. Dor, *Introduction à la lecture de Lacan. 1. L'Inconscient structuré comme un langage*, Paris, Denoël, 1985, S. 128.

[219] J. Lacan, *Le Séminaire, livre II*, op. cit., S. 353.

gen sein wird, in der Erkenntnis, daß in einer falschen Sprache keine Wahrheit mehr zu entziffern ist.

Uwe Rosenfeld stellt die Verdoppelung des Subjekts im Diskurs anschaulich dar: "Dieser zweite, unbewußte Diskurs, die potentiell vorliegende Möglichkeit/Notwendigkeit, alles andere in der aktuellen verbalen Äußerung zu bezeichnen, als das, was geäußert wird, bricht im Versprechen, in den Fehlleistungen, im Witz und in den Unterbrechungen des Redeflusses punktuell hervor. Es verschafft sich ein Diskurs Geltung, der, 'durch 'Verdrängung' unkenntlich, die Kette des verbalen Diskurses des menschlichen Subjekts verdoppelt'."[220]

Lacan zeigt, wie dies geschieht, wenn er im Anschluß an Saussure und Jakobson beschreibt, wie sich das Unbewußte auf der Ebene der Signifikanten als ein Netz von Symptomen, von verdrängten Bedeutungen bildet: "Das Symptom ist hier der Signifikant eines verdrängten Signifikats im Bewußtsein des Subjekts." ("Le symptôme est ici le signifiant d'un signifié refoulé de la conscience du sujet.")[221] Die Signifikanten, deren Bedeutungen in der Alltagsrede ungewiß sind, gehen metaphorische und metonymische Verbindungen ein, die Charles Mauron als *métaphores obsédantes*[222] bezeichnet und die auch bei Lacan zu Triebfedern der unbewußten Rhetorik werden. Diese Rhetorik ist nicht Ausdruck des Unbewußten, sondern ist für dieses konstitutiv. Deshalb bemerkt Lacan in seinem Vorwort zu Anika Lemaires Buch: "Ich behaupte nun, daß die Sprache die Bedingung des Unbewußten ist."[223] Hier schließt sich der Kreis seiner Argumentation: Durch den Eintritt des Einzelnen in die symbolische Ordnung der Sprache kommt es auch zu einer *sprachlichen Spaltung* auf subjektiver Ebene, indem eine Sprache des Unbewußten entsteht, die mit der des Bewußtseins konkurriert.

Lacans bekanntes "Seminar über E. A. Poes 'Der entwendete Brief'" ("Le séminaire sur 'La Lettre volée'")[224] folgt zwei Grund-

---

220 U. Rosenfeld, *Der Mangel an Sein. Identität als ideologischer Effekt*, Gießen, Focus-Verlag, 1984, S. 56.

221 J. Lacan, *Ecrits*, op. cit., S. 280.

222 Vgl. Ch. Mauron, *Des Métaphores obsédantes au mythe personnel. Introduction à la psychocritique*, Paris, Corti, 1983, Kap. I.

223 J. Lacan, "Préface", in: A. Lemaire, *Jacques Lacan*, op. cit., S. 12.

224 Vor allem im Zusammenhang mit dem "entwendeten Brief" treten die für Lacans Werk charakteristischen sprachlichen Probleme auf. Dazu bemerken die deutschen Übersetzer: "Im Original lautet der Titel Baudelaires Übersetzung folgend Le séminaire sur 'La lettre volée'. In der deutschen Übersetzung geht auch verloren, daß *lettre* Brief und Buchstabe heißt, was wir bei Gelegenheit

gedanken: In Poes Erzählung ist der gestohlene Brief als Repräsentant des Unbewußten der Hauptaktant: der *Auftraggeber* aller anderen Subjekt-Aktanten der Handlung, würde Greimas sagen. Und: *La lettre* (als Brief, Buchstabe, Signifikant und weibliche Instanz) beherrscht das Subjekt. Lacan spricht in seinem Kommentar zu Poes Erzählung von "der Übermacht des Signifikanten im Subjekt" ("la suprématie du signifiant dans le sujet").[225]

In der Seminardiskussion, die 1955 stattfand, erläutert er diesen Sachverhalt: "Anders gesagt, wenn diese Geschichte exemplarisch gelesen wird, so ist der Brief für jeden sein eigenes Unbewußtes. Es ist sein Unbewußtes mit allen Folgen, d.h. daß in jedem Augenblick des symbolischen Kreislaufs jeder zu einem anderen Menschen wird."[226] Jeder Aktant erfüllt seine narrative Funktion in Abhängigkeit vom Brief-Buchstaben (*lettre*) oder vom Unbewußten, dessen Inhalt er nicht kennt, dem er aber wie einem Auftraggeber jederzeit gehorcht.

Hier wird Descartes, der das Subjekt mit dem *cogito* identifizierte und als *res cogitans* definierte, auf den Kopf gestellt: Nicht die logische *cogitatio*, sondern deren cartesischer Widerpart, das Unbewußte, wird zum Subjekt (oder gar zum Auftraggeber aller Subjekte). Zu dieser Umkehrung bemerkt Alain Juranville: "Dieses von Descartes entdeckte Subjekt wird nun von Lacan als Subjekt des Unbewußten bestimmt."[227] Fages verallgemeinert diesen Sachverhalt mit den Feststellungen: "Freuds Entdeckung führt zu einem Umsturz von Descartes' Grundsatz: *ich denke, also bin ich.* Freuds Revolution zwingt uns zu sagen: 'Ich denke, wo ich nicht bin, also bin ich, wo ich nicht denke'."[228] (Der letzte Satz ist ein Lacan-Zitat.)

---

mit dem Kunstwort 'Letter' umschreiben." (J. Lacan, *Schriften I*, Olten, Walter-Verlag 1996 [4. Aufl.], S. 7.) (Was ging aber in Baudelaires Poe-Übersetzung verloren? Danach hat im Zusammenhang mit Lacans Deutung niemand gefragt.)

225 J. Lacan, *Ecrits*, op. cit., S. 20.

226 J. Lacan, *Le Séminaire, livre II*, op. cit., S. 231.

227 A. Juranville, *Lacan et la philosophie*, Paris, PUF (1984), 1996, S. 112. Vgl. auch B. Péquignot, *Pour une critique de la raison anthropologique*, Paris, L'Harmattan, 1990: "J. Lacan et R. Descartes: la division du sujet", S. 41-46. Péquignot zeigt, wie Lacan die beiden Teile von Descartes' These "je pense, donc je suis" voneinander trennt.

228 J.-B. Fages, *Comprendre Jacques Lacan*, op. cit., S. 50. (Vgl. J. Lacan, *Le Séminaire, livre II*, op. cit., S. 286: "Le sujet ne sait pas ce qu'il dit, et pour les meilleures raisons, parce qu'il ne sait pas ce qu'il est.")

Lacans dezentriertes Subjekt ist zugleich eine Umkehrung von Fichtes bekannter Formel *Ich = Ich*. Die neue Formel lautet: *Ich = Ich*. Sie dementiert zugleich Hegels "zum Selbst gewordenes Dasein", von dem weiter oben die Rede war, und das letztlich auf Fichtes Bestrebungen, Ich und Welt ineinszusetzen, zurückzuführen ist. Sie ergänzt außerdem Jürgen Links Normalismus-Theorie, die erkennen läßt, wie "Normalisierungsverfahren" auf das Unbewußte einwirken und eine Subjektivität konstituieren, die ganz *woanders* ist, als wo das sprechende Ich zu sein meint.

Angesichts dieser Übermacht des Unbewußten und angesichts der Tatsache, daß Lacan in der Alltagssprache die Entfremdung *par excellence* erblickt (*aliénation*), nimmt es nicht wunder, daß das von der symbolischen Ordnung zum Subjekt gemachte Individuum stets von einem Rückfall ins Imaginäre bedroht wird. Dieser Rückfall erfolgt möglicherweise dann (aber das sagt Lacan nicht), wenn der Einzelne an die "Sprachmauer" stößt, an den "mur du langage qui s'oppose à la parole".[229] "In dem Maße", erklärt Lacan, "wie die Sprache (le langage) funktionaler wird, wird sie der Aussage (la parole) inadäquat; indem sie aber zu partikular für uns wird, büßt sie ihre Funktion als Sprache ein".[230] In diesem Fall stärkt sie nur, wie Philippe Julien richtig bemerkt, den Narzißmus des *Moi*. Er fügt hinzu: "Kurzum, es herrscht ein Widerspruch zwischen Sprache (langage) und Aussage (parole)."[231] Lacan stellt diesen Widerspruch mit der für ihn eigenen Metaphorik dar: "Ich identifiziere mich in der Sprache, aber nur, um mich dort wie ein Objekt zu verlieren."[232] Wenn das der Fall ist, dann ist der Rückfall ins Imaginäre vorprogrammiert: Denn es stellt sich heraus, daß die symbolische Ordnung der Sprache ebenso entfremdet ist wie die imaginäre des vorsprachlichen Stadiums.

Dieses Oszillieren des Subjekts zwischen zwei entfremdeten Ordnungen stellt Joël Dor in aller Knappheit dar, wenn sie bemerkt: "Gerade durch den Eintritt des Subjekts ins Symbolische wird sein Rückfall (rechute) ins Imaginäre ermöglicht, der im Erscheinen des Moi gipfelt."[233] Lacan selbst spricht freudianisch von einer Regression, "die bisweilen bis ins Spiegelstadium reicht" ("régression, souvent

---

229 J. Lacan, *Ecrits*, op. cit., S. 282.
230 Ibid., S. 298-299.
231 P. Julien, *Pour lire Jacques Lacan*, op. cit., S. 76.
232 J. Lacan, *Ecrits*, op. cit., S. 299-300.
233 J. Dor, *Introduction à la lecture de Lacan*, op. cit., S. 156.

poussée jusqu'au stade du miroir").[234] Doch er erklärt sie nicht; jedenfalls nicht auf sozio-historischer Ebene.

Es ist natürlich richtig, daß der Neurotiker, wie Lacan sagt, den "Tod des Vaters" und (metonymisch) der gesamten symbolischen Ordnung wünscht: "Der vom Neurotiker herbeigewünschte Vater ist, wie man sieht, der tote Vater."[235] Aber die soziologische und soziokritische Frage lautet: Weshalb nimmt die Anzahl der Neurotiker und Psychotiker stetig zu, so daß Neurose und Psychose zu kollektiven Erscheinungen werden? *Eine* Antwort lautet: Weil die symbolische Ordnung als Kommunikationssystem und Sprache von der gesellschaftlichen Arbeitsteilung, den ideologischen Konflikten und der marktbedingten Vermittlung durch den Tauschwert entwertet wird. Auf diesen Tatbestand spielt Lacan metaphorisch immer wieder an; er erkennt ihn aber nicht als Resultat historischer und soziolinguistischer Prozesse.

Wie könnte er sonst das auch ihm, dem Mallarmé-Leser[236], vertraute Paradox erklären, daß letztlich nicht der geheilte Patient und auch nicht der Psychoanalytiker das wahre Wort, die *parole pleine,* findet, sondern der neurotische Dichter? Von ihm sagt Adorno: "Nicht einmal am Horizont regt sich die Frage, ob er als psychisch Gesunder die Fleurs du mal hätte schreiben können, geschweige denn, ob durch die Neurose die Gedichte schlechter wurden."[237]

Das von Lacan gesuchte wahre Wort ist möglicherweise *woanders*. Und es kann nicht dort sein, wo mit allen Listen der Vernunft eine Integration in die falsche Gesellschaftsordnung versucht wird. Naiv klingt angesichts solcher Bedenken Anika Lemaires Definition der Heilung: "*Die Heilung* ist der Übergang vom nicht-symbolisierten Imaginären zum symbolisierten Imaginären, anders gesagt, sie *ist der Zugang zur Wahrheit des persönlichen Kodes des Kranken.*"[238] Denn die Neurose entsteht durch "den Verlust der symbolischen Referenz der Signifikanten".[239] Wie aber, wenn die "Wahrheit des persönlichen Kodes des Kranken" die Krankheit der Gesellschaft und ihrer Sprache

234 J. Lacan, *Ecrits*, op. cit., S. 282.

235 Ibid., S. 824.

236 Vgl., ibid., S. 251, wo Lacan in Übereinstimmung mit dem Sprachkritiker Mallarmé die Entfremdung in der Sprache als eine Folge der Tauschverhältnisse auffaßt.

237 Th. W. Adorno, *Ästhetische Theorie*, op. cit., S. 20.

238 A. Lemaire, *Jacques Lacan*, op. cit., S. 110.

239 Ibid., S. 276.

wäre? “SPRACHE: Wie widerlich die Sprache sich durch sich verdeutlicht, verteidigt, vernichtet”[240], bemerkt der postmoderne Werner Schwab.

Hätte Lacan die sprachlich-symbolische Ordnung so betrachtet, hätte er die Analyse nicht ohne weiteres als einen Re-Integrationsprozeß in diese Ordnung auffassen können. Es ist wohl kein Zufall, daß im Verlauf seiner Seminardiskussionen immer wieder die Frage nach der Unabschließbarkeit der Therapie gestellt wurde. Daß ein Verzweifelter wieder zu sich kommen kann, wenn er den richtigen Gesprächspartner findet, ist nicht auszuschließen; aber auf kollektiver Ebene stößt die Psychoanalyse auf jene *Sprachmauer*, von der bei Lacan die Rede ist, und die immer höher und dicker wird. Da seine Theorie vor dieser Mauer halt macht, mündet sie in eine eindimensionale Postmoderne der *Verwindung* (Heidegger, Vattimo). Als auf den Einzelnen ausgerichtete Therapie lebt sie von der sozialen Entfremdung und von ihrem eigenen Unvermögen, diese zu beseitigen.

“Wir sind hineingeboren in eine Welt, in der uns Entfremdung erwartet”[241], schreibt Laing und stellt vorab die symbolische Ordnung und deren vernünftigen Charakter in Frage. So sieht Lacan es nicht: Er wertet diese Ordnung auf und versucht, sich eine gelungene Integration ins Sprachliche vorzustellen. Dadurch redet er Vattimos postmoderner Verwindung das Wort. Nicht zufällig liest er – wie Althusser – Marxens *Das Kapital* als *science économique*, “die nicht unbedingt als Revolutionsmacht verwendet werden muß”.[242] Seine Ablehnung der 68er Revolte[243] bestätigt diese Lesart.

Diese Revolte war aber nicht nur ein ödipales Aufbegehren gegen die Ordnung der Väter, sondern auch ein Angriff auf die von Mallarmé bis Schwab kritisierte falsche Sprache als falsche Gesellschaft. Mag sein, daß sie von untauglichen Prämissen ausging; aber sie bezeichnete zugleich die Schwachstelle in Lacans Diskurs: die einseitige Aufwertung des Symbolischen dem Imaginären gegenüber.

---

240 W. Schwab, *Mesalliance. Aber wir ficken uns prächtig*, in: ders., *Königskomödien*, Graz-Wien, Droschl, 1992, S. 123. – Zu diesem Problem bemerkt Hermann Lang in *Die Sprache und das Unbewußte. Jacques Lacans Grundlegung der Psychoanalyse*, Frankfurt, Suhrkamp (1973), 1986, S. 255: “Findet das Subjekt ausgerechnet da eine Heimstätte, wo die Sprache selbst durchlöchert ist, dann ermangelt es gerade jenes Signans, das es benennen und bedeuten könnte.”

241 R. D. Laing, *Phänomenologie der Erfahrung*, op. cit., S. 10.

242 J. Lacan, *Ecrits*, op. cit., S. 869.

243 Vgl. P. Julien, *Pour lire Jacques Lacan*, op. cit., S. 86.

Die kollektive Regression ins Imaginäre, die in den 60er und 70er Jahren inszeniert wurde, kann jedoch durchaus im Kontext von Lacans Psychoanalyse gedeutet werden: als Rückfall in eine narzißtische Phase, in der das Verlangen des Kindes das Verlangen der Mutter zum Gegenstand hat. Es ist das Verlangen nach dem Verlangen, dessen Dynamik Ogilvie schildert: "Ein Verlangen haben, ist nicht nach dem anderen verlangen, sondern nach seinem Verlangen." ("Désirer, ce n'est pas désirer l'autre, mais désirer le désir de l'autre.")[244]

Im folgenden Abschnitt soll gezeigt werden, daß die postmoderne Kultur der Indifferenz eine narzißtische Kultur im Sinne von Lacan ist, weil in ihr alle kollektiven Wertsysteme so weit von der Vermittlung durch den Tauschwert ausgehöhlt wurden, daß der Einzelne sich selbst zum obersten Wert wird. Da er den anderen aber nichts gilt, in ihren Augen nur Mittel (Verlangen) ist, werden alle individuellen Subjekte tendenziell austauschbar, nichtig.

7. Psychosoziologie des Narzißmus: Das Einzelsubjekt in postmoderner Indifferenz

Im Hinblick auf dieses Szenario soll nun die Narzißmus-Theorie von Christopher Lasch im Zusammenhang mit Lacans Psychoanalyse und dem Indifferenz-Postulat des ersten und zweiten Kapitels gedeutet werden. Für die hier vorgebrachte Kritik an Lacan ist Lasch insofern wichtig, als er die Faktoren zutage treten läßt, die die symbolische Ordnung als "Ordnung des Vaters" diskreditieren und schwächen. Lasch erklärt mit anderen Argumenten, aber in einem Kontext, der den des vorigen Abschnitts ergänzt, weshalb die Flucht aus dem Symbolischen ins Reich des Imaginären zum sozio-psychischen Symptom unserer Zeit wird. Zugleich wird sein Ansatz durch die Narzißmus-Theorie Lacans und der *Ecole freudienne de Paris* konkretisiert.

Im Anschluß an die soziologischen Theorien Daniel Bells und David Riesmans[245] weist Lasch auf drei komplementäre Entwicklungen in der zeitgenössischen Gesellschaft (seit dem Zweiten Welt-

---

[244] B. Ogilvie, *Lacan. La Formation du concept de sujet (1932-1949)*, Paris, PUF, 1988 (2. Aufl.), S. 105.

[245] Vgl. D. Bell, *Die nachindustrielle Gesellschaft*, Frankfurt-New York, Campus, 1989 sowie: D. Riesman, *Die einsame Masse. Eine Untersuchung der Wandlungen des amerikanischen Charakters*, Darmstadt-Berlin-Neuwied, Luchterhand, 1956, Kap. I: "Charakter und Gesellschaft".

krieg) hin: 1. die Schwächung des Familienkollektivs und seiner Werte; 2. den Niedergang der väterlichen Autorität und 3. die Regression der atomisierten Einzelsubjekte in die "imaginäre" (Lacan) Welt des Narzißmus.

Zunächst hebt er in Übereinstimmung mit zahlreichen Soziologen hervor, "daß die Bedeutung der Familie in unserer Gesellschaft über einen Zeitraum von mehr als hundert Jahren stetig zurückgegangen war".[246] Mit Jacques Donzelot (vgl. III, 4), aber unabhängig von ihm, beobachtet er, wie die Sozialisationsfunktionen der Familie von *peer groups*, Sozialarbeitern und Massenmedien usurpiert werden.

Daß dieser Langzeitprozeß schließlich eine Schwächung der väterlichen Autorität zur Folge hat, versteht sich von selbst. Diese Schwächung ist jedoch zugleich, mit Lacan ausgedrückt, eine Schwächung der symbolischen Ordnung, die die Mutter- von der Vaterrolle differenziert und zugleich den Generationsunterschied zwischen Eltern und Kindern festschreibt: "Die affektive Abwesenheit des Vaters wurde immer wieder von Forschern der modernen Familie beobachtet. Aus unserer Sicht besteht ihre Bedeutung darin, daß eine wichtige Einschränkung des kindlichen Allmachtwahns wegfällt. Unsere Kultur schwächt nicht nur die Eindämmung dieser Illusion, sondern gibt der Illusion durch die kollektive Schimäre einer Generationsgleichheit Auftrieb".[247] Hier wird klar ausgesprochen, was Lacan nicht sagen konnte oder wollte, ohne sein theoretisches Gebäude radikal in Frage zu stellen: Eine Subjektkonstitution innerhalb der symbolischen Ordnung ist nur dann möglich und sinnvoll, wenn es sich um eine *Ordnung* handelt und nicht um einen *Zerfallsprozeß*, in dem alle tradierten Normen in Bewegung geraten sind.

Die Frage, die Lasch an Lacan stellen könnte, lautet: Erscheint das individuelle Subjekt der strukturalen Psychoanalyse nicht deshalb als Unterworfenes und Zerfallendes, weil es in eine symbolische Ordnung eingegliedert werden soll, die der Anomie und dem Zerfall preisgegeben ist? Die Entfremdung in der Sprache, die Lacan so anschaulich beschreibt, tritt doch nur deshalb in den Vordergrund, weil die "Sprache der Väter" hohl klingt und der modernistischen Kritik Baudelaires, Prousts oder Kafkas zum Opfer fällt.[248]

---

[246] Ch. Lasch, *Das Zeitalter des Narzißmus*, Hamburg, Hoffmann und Campe, 1995, S. 332.

[247] Ch. Lasch, *The Minimal Self. Psychic Survival in Troubled Times*, New York-London, Norton, 1984, S. 192.

[248] Vgl. P. Schärer, *Zur psychischen Strategie des schwachen Helden. Italo Svevo*

Diese Kritik läutet in der Spätmoderne die gegen die väterliche Ordnung revoltierende Regression in den mütterlich-imaginären Bereich ein. Was Lasch über diese Regression (im Sinne von Freud) schreibt, ergänzt einerseits Lacans Betrachtungen; andererseits stellt es sie in Frage, weil der amerikanische Autor die Fragwürdigkeit des Symbolischen (der Kultur) zum Thema macht: "Wenn die Bezeichnung der zeitgenössischen Kultur als Kultur des Narzißmus ein Verdienst hat, so hängt das damit zusammen, daß diese Kultur regressive statt 'evolutionäre' Lösungen begünstigt (...)."[249] An diesen "evolutionären Lösungen" hält aber Lacan unbeirrt fest, so als sähe er den Verfallsprozeß nicht, der den Bezugspunkt seiner Theorie in Frage stellt.

Die Struktur der imaginären Welt faßt Lasch so ähnlich auf wie Lacan, stellt sich allerdings die Mutter-Kind-Dyade etwas anders vor als der Pariser Psychoanalytiker: Das Kind versucht nicht, "Phallus für die Mutter zu sein" (Lacan), sondern "stattet die Mutter mit einem Phallus aus" (Lasch).[250] Trotz dieses erheblichen Unterschieds, der nachdenklich stimmt, kommt er zum gleichen Ergebnis: Das Kind will zum Ausdruck bringen, daß die Mutter den Vater nicht braucht. Aus dieser "vaterlosen" Konstellation geht das narzißtische Verlangen hervor, das Lacan als absolutes Verlangen, als "désir de l'autre"[251] in der Genitiv-Bedeutung bezeichnet: als Verlangen *des* anderen, nicht als Verlangen *nach* ihm.

Die Struktur dieses narzißtischen Verlangens stellt Moustafa Safouan, Lacan-Schüler und Mitglied der *Ecole freudienne de Paris*, in ihrer Dynamik dar, indem er vom Inzest-Tabu ausgeht und von der Unzugänglichkeit der Mutter aus der Sicht des Kindes: "Das höchste Gut existiert nicht, die Mutter ist verboten."[252] Da die *Verwirklichung* des Verlangens *nach* der Mutter untersagt ist, kommt es zu einer Verselbständigung des Verlangens als *désir du désir*: "Anders gesagt, das Verlangen nach der Mutter wird durch ein Verlangen nach ihrem Verlangen erhalten. Da dieses Verlangen dem Subjekt verborgen bleibt (es ist dies auch für die Mutter selbst, da es unbewußt ist), wird das

---

im Vergleich mit Kafka, Broch und Musil, Diss., Philosophische Fakultät I, Univ. Zürich, 1978: Schärer richtet sein Augenmerk auf die Vater-Sohn-Beziehung.

249 Ch. Lasch, *The Minimal Self*, op. cit., S. 185.

250 Ibid., S. 184.

251 J. Lacan, *Le Séminaire, livre I*, op. cit., S. 341.

252 M. Safouan, "De la structure en psychanalyse. Contribution à une théorie du manque", in: O. Ducrot u. a., *Qu'est-ce que le structuralisme?*, Paris, Seuil, 1968, S. 262.

Verlangen nach dem Verlangen (le désir du désir) zu einem Verlangen, begehrt zu werden (désir de demande)."[253] Es ist also ein Verlangen nach Liebe ("désir d'être aimé", sagt Safouan)[254], welches das eigene Spiegelbild in den Augen der Mutter zum Gegenstand hat und als narzißtisch bezeichnet wird.

Dieses ist das Ideal-Ich[255] im Sinne von Lacan (nicht im Sinne von Freud), d.h. "eine vor allem narzißtische Bildung, die ihren Ursprung auf der Spiegelstufe hat und der Ebene des Imaginären zugehört".[256] Auch Giorgio Sassanelli betont in diesem Zusammenhang den "mütterlichen, primitiven und narzißtischen Ursprung des Ideal-Ichs".[257] Dieses Ideal-Ich macht der Narziß zum eigentlichen Gegenstand der *demande* des anderen oder der anderen. Sein Verlangen ist eine rastlose Suche nach Liebe: Er will geliebt, bewundert, begehrt werden.

In dieser Situation ist also durchaus eine Objektbeziehung vorhanden (eine Beziehung zum anderen), aber der andere ist nur Mittel zum Zweck: Er soll lieben, ohne geliebt zu werden. Dazu bemerkt Heinz Kohut: "Die Antithese zum Narzißmus ist nicht die Objekt*beziehung*, sondern die Objekt*liebe*."[258] Auch an dieser Stelle trifft sich Laschs Narzißmus-Theorie mit derjenigen der Lacan-Schule. Denn vom Narziß sagt der amerikanische Autor, er erwarte "von anderen eine Bestätigung des Selbstwertgefühls". Er fügt hinzu: "Er braucht Bewunderung für seine Schönheit, seine Anziehungskraft, seine Berühmtheit oder seine Macht – Attribute, die gewöhnlich im Laufe der Zeit dahinwelken."[259] Wie sehr diese Struktur des Sich-Spiegelns in den Augen anderer den Übergang von der Spätmoderne zur Postmoderne überdauert hat, soll nun in aller Knappheit anhand von drei Modellen veranschaulicht werden: dem Dandy, Prousts Erzähler Marcel und Patrick Süskinds "Held" Grenouille.

---

253 Ibid., S. 265.

254 Ibid.

255 Vgl. Vf., *Narzissmus und Ichideal. Psyche – Gesellschaft – Kultur*, Tübingen, Francke, 2009, S. 88-101.

256 J. Laplanche, J.-B. Pontalis, *Das Vokabular der Psychoanalyse*, Frankfurt, Suhrkamp, 1973, S. 218.

257 G. Sassanelli, *Le basi narcisistiche della personalità*, Turin, Boringhieri, 1982, S. 53.

258 H. Kohut, *Die Zukunft der Psychoanalyse. Aufsätze zu allgemeinen Themen und zur Psychologie des Selbst*, Frankfurt, Suhrkamp, 1975, S. 142.

259 Ch. Lasch, *Das Zeitalter des Narzißmus*, op. cit., S. 296.

“Der Dandy ist ein Narziß”, schreibt Philippe Jullian in seinem Buch über Robert de Montesquiou: “Er will sich in bewundernden Augen spiegeln und späht im Porträt nach den Komplimenten seines Spiegelbildes.”[260] Der Dandy kultiviert Distanz und Kälte[261], um die gesellschaftliche Nachfrage (als *demande sociale*) ins Unermeßliche zu steigern. Er liebt nicht, um geliebt zu werden. Dadurch inszeniert er stets von neuem die imaginäre Mutter-Kind-Situation des Spiegelstadiums.

Marcel Proust war nicht nur ein mondäner Dandy, der sich weigerte, dieses Stadium zu verlassen, sondern auch ein Romancier des narzißtischen Verlangens, der seinen Erzähler Marcel alle Varianten des *désir du désir* durchspielen läßt. Es sei hier lediglich an Marcels Begegnung mit dem kleinen Fischermädchen erinnert, in dessen Augen der mondäne Held begehrenswert erscheinen will. Es gelingt ihm, durch das Aussprechen, der magischen Wörter *marquise* und *deux chevaux* das Verlangen des Mädchens zu wecken und sein eigenes zu tilgen: “Mais quand j’eus prononcé les mots ‘marquise’ et ‘deux chevaux’, soudain j’éprouvai un grand apaisement.”[262] Der andere als Objekt wird zwar gebraucht, aber nur als Vorwand, als *demande* oder Nachfrage, nicht als Liebesobjekt.

Diese narzißtische Struktur, die für den Ästhetizismus und einige Varianten des Modernismus kennzeichnend ist, wird in Patrick Süskinds postmodernem Roman parodiert, karikiert und ins Phantastische projiziert. Sein Held, der unter der Anomalie leidet, keinen Körpergeruch zu verbreiten, wird zum Mörder schöner Mädchen, deren Körpergeruch er aufnimmt. Schließlich gelingt es ihm, ein Parfum zu erzeugen, das ihn unwiderstehlich macht und ihm für immer das Begehren (die Nachfrage) der anderen sichert. Sein vom Erzähler indirekt wiedergegebener Diskurs zeugt von einem ins Maßlose gesteigerten Ideal-Ich: “Er war noch größer als Prometheus. Er hatte sich eine Aura erschaffen, strahlender und wirkungsvoller, als sie je ein Mensch vor ihm besaß. Und er verdankte sie niemandem – keinem Vater, keiner Mutter und am allerwenigsten einem gnädigen Gott – als einzig *sich selbst*. Er war in der Tat sein eigener Gott, und ein herrlicherer

---

260 P. Jullian, *Robert de Montesquiou. Un Prince 1900*, Paris, Perrin, 1965, S. 64.

261 Zur Kultivierung der Distanz durch den Dandy vgl. H. Gnüg, *Kult der Kälte. Der klassische Dandy im Spiegel der Weltliteratur*, Stuttgart, Metzler, 1988, S. 21-26.

262 M. Proust, *A la recherche du temps perdu*, Paris, Gallimard, Bibl. de la Pléiade, 1954, Bd. I, S. 717.

Gott als jener weihrauchstinkende Gott, der in den Kirchen hauste. Vor ihm lag ein leibhaftiger Bischof auf den Knien und winselte vor Vergnügen."[263] Wenn jemals ein Ideal verwirklicht wurde, dann sicherlich hier: allerdings von dem überaus häßlichen Antihelden Grenouille, der seine Unwiderstehlichkeit einer Eigenschaft verdankt, die er sich *angeeignet* hat, die nicht Attribut seiner Person ist und die sich im Prinzip jeder aneignen könnte, der sich (etwa durch eine List) des sagenhaften Parfums zu bemächtigen wüßte.

Obwohl allen drei Modellen das narzißtische Verlangen als *désir du désir*, als Verlangen nach Begehren, gemeinsam ist, unterscheidet sich das Dandy-Modell wesentlich von den beiden anderen: Während der Dandy immer noch durch seine Person, durch seinen Habitus (seine Eleganz, seine Redegewandtheit, seine Geistesgegenwart) besticht, wecken Prousts Marcel und Süskinds Grenouille die *demande* durch *Aneignung* bestimmter Werte: der Wort-Werte *marquise* und *deux chevaux* im ersten Fall, des Parfums (als Ersatz für einen physischen Mangel) im zweiten. Freilich eignet sich auch der Dandy einen Habitus im Sinne von Bourdieu an; aber dieser Habitus ist integraler Bestandteil seiner *Person*, seiner natürlichen Gaben. Bekanntlich sind Eleganz, Geistesgegenwart und Redegewandtheit nicht jedermanns Sache. Einen stotternden Dandy hat es wohl niemals gegeben.

Dieser Unterschied ist hier deshalb wichtig, weil er eine Homologie zwischen Marcels Wort-Werten sowie Grenouilles Parfum einerseits und dem Geld andererseits erkennen läßt. Während der Dandy seinen Bewunderern noch physische und sprachliche Qualitäten bietet, offerieren Marcel und Grenouille nur Tausch-Werte, um die *demande* zu steigern: prestigeträchtige Wörter und ein unwiderstehliches Parfum. Beide Werte entsprechen funktional dem Geldwert, von dem der junge Marx sagt: "Die Eigenschaften des Geldes sind meine – seines Besitzers – Eigenschaften und Wesenskräfte. Das was ich *bin* und *vermag*, ist also keineswegs durch meine Individualität bestimmt. Ich *bin* häßlich, aber ich kann mir die *schönste* Frau kaufen. Also bin ich nicht *häßlich*, denn die Wirkung der *Häßlichkeit*, ihre abschreckende Kraft, ist durch Geld vernichtet."[264] Ersetzt man an dieser Stelle das Wort "Geld" durch das Wort "Parfum", so erhält man das Szenario

---

[263] P. Süskind, *Das Parfum. Die Geschichte eines Mörders*, Zürich, Diogenes (1985), 1994, S. 304-305.

[264] K. Marx, *Die Frühschriften. Von 1837 bis zum Manifest der kommunistischen Partei 1848*, Stuttgart, Kröner, 1971, S. 298.

von Süskinds Roman: Die Wirkung des *angeeigneten* Parfums hebt die Wirkung von Grenouilles Häßlichkeit restlos auf.

Zugleich wird das narzißtische Verlangen als eine durch den Tauschmechanismus der Marktgesellschaft vermittelte psychische Struktur erkennbar: Zwischen dem Narziß und seinen Bewunderern herrscht ein rigoroses Tauschverhältnis. Wie der Dandy, wie Marcel tauscht der Narziß symbolisches Kapital (Namen, Auftritt, Sprache, Stimme) gegen die *demande* als individuelle oder kollektive Bewunderung.

Diese nimmt in der postmodernen Gesellschaft immer häufiger einen *quantitativen* Charakter an: Über eine erfolgreiche Mobilisierung der *demande* im Fernsehen entscheiden die Einschaltquoten, über einen erfolgreichen Auftritt der Sängerin die ekstatisch taumelnden Massen. Über Qualität wird immer seltener diskutiert, weil sie durch die meßbare *demande* als Nachfrage narzißtisch verdrängt wird (durchaus auch im psychoanalytischen Sinn).

In dieser durch den Tausch vermittelten Situation ersetzt allmählich ein libidinös besetzter Schein, den Baudrillard so trefflich beschreibt (vgl. IV, 2), die Wirklichkeit. Der Auftritt des sich narzißtisch gebärdenden Filmstars *muß* hervorragend sein, weil er von allen heiß begehrt wird und weil sich Zahlen, Einschaltquoten und Gagen in Millionenhöhe nicht irren können: Schließlich zahlt niemand für Unsinn ... Dazu bemerkt Lasch: "In einer so weitgehend auf Illusionen und äußerlichem Schein beruhenden Gesellschaft haben Kunst und Religion als die höchsten Illusionen keine Zukunft."[265] Der Niedergang dieser "Illusionen" wirkt sich auf die Stabilität des individuellen Subjekts aus, das in der wertindifferenten Welt des Tauschwerts an Substanz verliert.

Im Bereich der Subjektivitäten schlägt sich diese Indifferenz als Tausch- und Austauschbarkeitsverhältnis nieder. In der Dialektik zwischen narzißtischem Verlangen und Begehrtwerden, in der die Begehrenden ihr Ideal-Ich mit dem des bewunderten Idols identifizieren, herrscht Leere. Denn die eigene Person ist ebenso leer wie die des Begehrenden, des Bewundernden. Das öffentlich, in den Medien auftretende Ich ist reines, quantitativ meßbares Begehrtsein, die anderen sind ein statistisch erfaßbares Kollektivbegehren. Es wäre naiv, hinter dem Erfolg des Medienstars eine diesem Erfolg entsprechende Qualität zu vermuten: Sie *kann*, muß aber nicht vorhanden sein. Anders

---

265 Ch. Lasch, *Das Zeitalter des Narzißmus*, op. cit., S. 145.

gesagt: Die Übereinstimmung von Qualität und Quantität, von Gebrauchswert und Tauschwert ist kontingent und wird kontingenter in dem Maße, in dem der Tauschwert immer mehr Lebensbereiche erfaßt.

Der subjektiven Indifferenz als reinem Begehrtsein, als Idol oder Star, entspricht die intersubjektive Indifferenz als *Austauschbarkeit von Personen*. Der Medienstar von heute wird von einem jungen Nachfolger abgelöst, ohne daß sich die narzißtische Wechselbeziehung zwischen reinem Begehrtwerden und reinem Begehren ändern würde. Wichtig ist lediglich, daß das bewunderte Idol neu und jung ist. "Aber immer war das Alte schlecht und das Neue gut"[266], erläutert Lasch diesen Sachverhalt und erklärt: "Die Angst vor dem Alter entspringt aber nicht dem 'Jugendkult', sondern dem Kult des Ich."[267] Es ist die narzißtische Angst vor einer sinkenden Nachfrage; es ist die Angst des verbannten Dandys Oscar Wilde, in der Provinz ohne bewundernde Blicke leben zu müssen; es ist die Angst des Narziß, den Spiegel zu verlieren.

Auch in dieser Situation wird die Dezentrierung eines Subjekts erkennbar, das sich selbst zum Objekt gemacht hat[268] und das durch die Nachfrage der anderen fern- und fremdgesteuert wird. Der durch das Tauschgesetz vermittelte mythische Andere wird zu seinem *destinateur* und seinem *destin*: zu seinem Auftraggeber, der es durch Verweigerung der Nachfrage jederzeit ins Nichts befördern kann. Denn das Für-Andere-Sein schließt einen Rückzug auf das eigentliche, wirkliche Ich aus: Dieses gibt es nicht mehr; es hat sich im Schein der Tauschverhältnisse aufgelöst. Daher die allgegenwärtige Angst vor der Gleichgültigkeit der anderen, die aber unvermeidlich ist, weil sie schon immer in der *Struktur* des tauschvermittelten Narzißmus angelegt war.

Die narzißtische Angst zeigt, wie labil geschichtet individuelle Subjektivität im hyperindividualistischen Medienzeitalter ist: Sie zerfällt, weil sie als reines Verlangen oder Begehrtsein weder von reli-

---

266 Ibid., S. 305. Zum Verhältnis von Narzißmus und Marktgesetz (Vermittlung durch den Tauschwert) vgl. auch: P. Barcellona, *L'egoismo maturo e la follia del capitale*, Turin, Boringhieri, 1988, Kap. II, "L'istituzionalizzazione della vita e la deriva del desiderio".

267 Ch. Lasch, *Das Zeitalter des Narzißmus*, op. cit., S. 305.

268 Zur Subjekt-Objekt-Beziehung im Narzißmus vgl. auch: K. R. Eißler, *Todestrieb, Ambivalenz, Narzißmus*, München, Kindler, 1980, S. 34: "Narzißmus ist *nicht* die Energie, die vom Subjekt zur Welt fließt."

giösen noch von politischen, ethischen oder ästhetischen Werten getragen wird. Der zeitgenössische Künstler polemisiert und provoziert nicht, weil er wie Breton oder Brecht nach einer alternativen Gesellschaftsordnung strebt, sondern um auf sich aufmerksam zu machen. Die anderen Intellektuellen verhalten sich nicht wesentlich anders; auch ihnen kommt es primär darauf an, die *demande* zu steigern. Aber in einer gesellschaftlichen und sprachlichen Situation, in der jeder narzißtisch auf sich selbst zeigt, um das Begehren des anderen zu wecken, werden schließlich alle austauschbar und einander gleichgültig.

8. Feministische Subjektentwürfe zwischen Moderne und Postmoderne: Von Virginia Woolf zur dialogischen Subjektivität

Die Auseinandersetzung mit feministischen Subjekttheorien wird an dieser Stelle eingeleitet, weil einige dieser Theorien als ideologische Antworten einer wachsenden Bewegung auf die postmoderne Indifferenz gedeutet werden können und zugleich die Thematik des nächsten Kapitels (Abschn. 4) ankündigen: die Wechselbeziehung zwischen individueller und kollektiver Subjektivität, zwischen Einzelsubjekt und Bewegung im Sinne von Alain Touraine. Andere feministische Theorien gehen von Derridas Dekonstruktion aus, die zusammen mit der Sinnpräsenz (vgl. III, 2) das "phallozentrische" und "logozentrische" Subjekt in Frage stellt, das der Sinnpräsenz seine eigene Gegenwart verdankt. Schließlich werden auch ambivalente Positionen im Sinne des Modernismus (vgl. II, 8) bezogen: nicht nur von Virginia Woolf und Simone de Beauvoir, die versuchen, sich eine androgyne Subjektivität vorzustellen, sondern auch von Judith Butler in den USA und von Julia Kristeva in Europa, die die Möglichkeiten einer ambivalenten (männlich-weiblichen) Subjektivität diskurskritisch ausloten.

Wie ist die Koexistenz dieser drei theoretischen Idealtypen, die in den Texten der einzelnen Autorinnen oftmals ineinander übergehen, zu erklären? Zunächst sollte daran erinnert werden, daß die Frauenbewegung nicht nur eine spätmoderne und postmoderne Erscheinung ist, die tradierte Subjektkonzeptionen in Frage stellt, sondern eine Erbin der Moderne und der Aufklärung, die sich auf individueller und kollektiver Ebene um die Entstehung eines weiblichen Selbstbewußtseins und einer weiblichen Subjektivität bemüht – also um eine *prise de conscience* im aufklärerisch-marxistischen Sinne.

In dieser Gestalt kann die Frauenbewegung nicht an der Dekonstruktion (Zerlegung) oder gar Aufgabe des Subjektbegriffs interessiert sein. Im Gegenteil, ihr liegt viel daran, diesen Begriff für die einzelne Frau und die Bewegung als ganze neu zu definieren, um sie als individuellen oder kollektiven Aktanten *handlungsfähig* zu machen. Die Modalität der Handlungsfähigkeit wird in den englischsprachigen Ländern als *agency* bezeichnet. Um diese *agency* ist es Feministinnen, die in der modernen und aufklärerischen Tradition stehen und vor allem im sozialwissenschaftlichen Bereich aktiv sind, primär zu tun.

Feministinnen, die dekonstruktivistisch vorgehen und den Subjektbegriff radikal in Frage stellen, sind keineswegs unpolitisch, wie bisweilen behauptet wird.[269] Nicht zu Unrecht betrachten sie mit Skepsis und Sorge ihre aufklärerisch agierenden Mitstreiterinnen, die sie immer wieder daran erinnern, daß Subjektivität eine von Männern *vorkonstruierte Form* ist, der sich Frauen nicht unbesehen anpassen sollten. Nicht unbesehen bedeutet, daß sie mit Foucault und Derrida nach den Machtkonstellationen fragen sollten, die in verschiedenen Epochen Subjekte als ausschließlich männliche Aktanten konstituieren. Sie weisen auf die Bedeutung der Geschlechter*differenz* hin und auf die ideologische und logozentrische Gefahr, die jedem Versuch innewohnt, Position, Rolle und Zukunft der Frau eindeutig festzulegen.

Aber ist politisches Handeln ohne diese Eindeutigkeit möglich? Mündet eine Dekonstruktion der Subjektivität nicht in Unentscheidbarkeit und letztlich in jene postmoderne In-Differenz, gegen die *alle* ideologischen Bewegungen der Postmoderne (auch die ökologischen und die konservativen) aufbegehren? – Eine Auseinandersetzung mit diesen Fragen ist nicht nur für den Feminismus von Bedeutung.

Die dritte feministische Position, die eingangs mit den Begriffen *Ambivalenz* und *Androgynie* umschrieben wurde, ist als Einheit der Gegensätze (ohne Synthese) im modernistischen Sinn und durchaus auch als dialogische Alternative zur ideologischen Eindeutigkeit und zur dekonstruktiven Differenzierung aufzufassen. Es geht im wesentlichen darum, sich dem Anderen zu öffnen, ohne es zu vereinnahmen und ohne in ihm aufzugehen. Die Möglichkeit einer solchen ambiva-

---

[269] Vgl. D. Cornell, A. Thurschwell, "Feminism, Negativity, Intersubjecitivity", in: S. Benhabib, D. Cornell (Hrsg.), *Feminism as Critique. Essays on the Politics of Gender in Late-Capitalist Societies*, Cambridge-Oxford, Polity-Blackwell, 1987.

lent-dialogischen oder androgynen Subjektivität, die Virginia Woolf in ihrem *Orlando*-Roman wohl als erste ins Auge faßte, haben später Simone de Beauvoir, Elisabeth Badinter und Judith Butler in sehr verschiedenen Kontexten erforscht. Julia Kristeva hat sie in einer Auseinandersetzung mit Lacans Auffassung der symbolischen Ordnung konkretisiert. Sie kündigt die im letzten Kapitel vorgeschlagene Konzeption einer dialogischen Subjektivität an.

Allen drei Varianten des Feminismus ist zunächst das Anliegen gemeinsam, die historisch-gesellschaftliche Genese der Subjektivität(en) und des Subjektbegriffs zu untersuchen. Dabei rückt der Gedanke, daß die spätkapitalistische Gesellschaft in nahezu allen Bereichen zu einer Tauschgesellschaft wird, ins Zentrum der Diskussion. Es wird klar, "daß der Markt, der Tausch, die Grundlage des Kapitalismus also, aufgrund der Subjekt/Objekt-Dichotomie, die wesentlich zum Patriarchat gehört, überhaupt erst denkbar wird".[270] Nicht die Frage, ob der Marxismus die Geschlechterverhältnisse im Kapitalismus erklärt oder ob die feministische Kritik marxistische Defizite aufzeigt, ist hier entscheidend, sondern die den beiden Theoriekomplexen gemeinsame Erkenntnis, daß die Objektivierung der Frau mit ihrer Rolle als Tauschobjekt zusammenhängt. Luce Irigaray faßt die seit Marcel Mauss[271] immer komplexer werdenden Gedankengänge zu diesem Thema knapp zusammen, wenn sie bemerkt: "*Die Frau hat also Wert nur, sofern sie getauscht werden kann.*"[272] Die tauschenden Subjekte sind nach wie vor Männer. Im Anschluß an diese Überlegung kann Irigaray die Kerngedanken ihres Buches *Speculum de l'autre femme* zusammenfassen: "So wird die Frau ein weiteres Mal der Architektonik des Diskurses einverleibt, die nun mächtiger ist denn je, sie wird in sie eingefügt und ihrer phallischen Struktur entsprechend hergerichtet. (...) Sie ist ohne Subjektivität, die sie zur Kenntnis nehmen, die sie als eigene anerkennen könnte."[273]

Sollte diese Aussage zutreffen, dann könnte sich schon die Vorstellung von einer Frauenbewegung als aporetisch erweisen: Denn wie

---

270 H. Möckel-Rieke, *Fiktionen von Natur und Weiblichkeit. Zur Begründung femininer und engagierter Schreibweisen bei Adrienne Rich, Denise Levertov, Susan Griffin, Kathleen Fraser und Susan Howe*, Trier, Wissenschaftlicher Verlag, 1991, S. 28.

271 Vgl. M. Mauss, *Die Gabe. Form und Funktion des Austauschs in archaischen Gesellschaften*, Frankfurt, Suhrkamp, 1988.

272 L. Irigaray, *Das Geschlecht, das nicht eins ist*, Berlin, Merve, 1979, S. 183.

273 L. Irigaray, *Speculum. Spiegel des anderen Geschlechts*, Frankfurt, Suhrkamp, 1980, S. 180.

soll ein kollektiver Subjekt-Aktant zustandekommen, wenn seine Akteure[274] "ohne Subjektivität" sind? Dies ist einer der Gründe, weshalb Feministinnen stets von neuem nach der sozio-linguistischen Genese von Subjektivität fragen. Sie tun es wie Judith Butler im Anschluß an Foucault und Bourdieu: "Die Hervorbringung des Subjekts kommt nicht durch die Regulierung der Sprache dieses Subjekts zustande, sondern durch die Regulierung des gesamten Sozialbereichs möglicher Diskurse."[275] Was aber in einer bestimmten Situation gesagt oder nicht gesagt werden kann, das wird, wie Michel Pêcheux wußte, von den Machtverhältnissen vorentschieden. Aus feministischer Sicht bestimmen männliche Machthaber die sprachlichen Spielregeln – von der Grammatik bis zum Aktantenmodell des Diskurses.[276]

Sie entscheiden auch darüber, welcher Diskurs als *legitim* anzusehen ist, d.h. auf pragmatischer Ebene als kompetent und folglich glaubwürdig eingestuft wird: "So ist für Bourdieu die Unterscheidung von erfolgreichen und erfolglosen performativen Sprechakten im Zusammenhang mit der sozialen Macht des Sprechenden zu sehen. Wer über legitime Macht verfügt, macht Sprache zur Handlung; wer nicht über sie verfügt, wird ergebnislos dieselbe Formel rezitieren."[277] Konkret: Wenn sich Vater zu den wirtschaftlichen Verhältnissen der Familie oder zum Auto-Kauf äußerte, hörten ihm Kinder und Verwandte angespannt zu; die Einwände der Mutter wurden häufig *cum grano salis* zur Kenntnis genommen. (Möglicherweise ist es inzwischen anders.)

Besonders wichtig erscheint in diesem Kontext, was Diane Elam über die Wechselwirkung von *Sexualität* als biologischer und *Gender* als sozialer Variable schreibt. Sie fragt sich, ob weibliche oder männliche Sexualität als scheinbar biologische Gegebenheit (Konstante) in Wirklichkeit nicht diskursiv *vorkonstruiert* ist: "Statt dessen bringt Geschlechtlichkeit als diskursives Element den Glauben hervor, daß es so etwas wie vordiskursive oder innere Sexualität gibt. Das heißt, daß Sexualität im Rückblick als ein Produkt von *gender* erscheint, so

[274] Zum Verhältnis von Akteuren und Aktanten vgl. J. Courtés, *Introduction à la sémiotique narrative et discursive*, Paris, Hachette, 1976, S. 95: "Actants et acteurs".

[275] J. Butler, *Excitable Speech. A Politics of the Performative*, New York-London, Routledge, 1997, S. 133.

[276] Zum Verhältnis von Geschlecht und Sprache vgl. L. F. Pusch, *Das Deutsche als Männersprache*, Frankfurt, Suhrkamp, 1984.

[277] J. Butler, *Excitable Speech*, op. cit., S. 146.

daß in dieser Hinsicht *gender* der Sexualität *vorausgeht*."[278] Dies ist allerdings nur insofern richtig, als Kinder in bestimmte gesellschaftliche und sprachliche Situationen hineingeboren werden, deren Geschlechterrollen vorkonstruiert sind; sie kommen aber mit einem bestimmten biologischen Geschlecht zur Welt.

Jedenfalls hat Elam nicht ganz unrecht, wenn sie gegen diejenigen, die "gleiche Rechte" für Frauen fordern, einwendet, ihr Plädoyer für Gleichberechtigung hätte eine Angleichung des weiblichen an das männliche Geschlecht, also Gleichschaltung, zur Folge: "Feminism is destined to lose the entire argument, since the equal rights to which women aspire turn out to mean the right to be a hu-MAN."[279] Geht man von Foucaults und Althussers Gedanken an eine Überdeterminierung der Subjekte durch Machtkonstellationen und ideologische Diskurse aus, so erscheint Elams Vorstellung durchaus realistisch, zumal sie hinzufügt: "Subjekte entscheiden nicht autonom über ihre Rechte; vielmehr bringen Rechte Subjekte hervor, die sie ausüben können."[280] Nicht nur für die ständische, sondern auch für die bürgerlich-individualistische Klassengesellschaft trifft diese Aussage teilweise zu. Dennoch ist sie zu deterministisch, weil sie die Kehrseite des Problems verdeckt: etwa die Tatsache, daß Frauen sich Rechte erkämpft haben, z.B. das Recht auf Abtreibung, das ihren sozialen Handlungsspielraum (den Bereich der Modalitäten) erweitert und nicht als "männlich überdeterminiert" aufgefaßt werden kann.

Dieses Argumentationsmuster machen sich Feministinnen zu eigen, die, in modern-aufklärerischer Tradition stehend, alle Einwände mit Mißtrauen betrachten, die auf eine Schwächung oder Verabschiedung des Subjektbegriffs hinauslaufen: auf Aporie, Unentscheidbarkeit oder unabschließbare Differenzierung im Sinne von Derridas *différance*. Sie scheinen zu befürchten, daß in einer von der tauschbedingten Indifferenz (de-)strukturierten und vom flexiblen Normalismus (vgl. III, 5) regulierten Gesellschaft jede Art von Dekonstruktion lediglich den Indifferenzzusammenhang bestätigt.

Françoise Gaspard in Frankreich, Sabina Lovibond in Großbritannien und Honi Fern Haber in den USA setzen sich im soziologischen, modernen und neostrukturalistischen Kontext für eine Stärkung weiblicher Subjektivität auf individueller und kollektiver Ebene

---

278 D. Elam, *Feminism and Deconstruction*, London-New York, Routledge, 1994, S. 49.

279 Ibid., S. 78.

280 Ibid.

ein. Diese drei Kontexte ergänzen einander insofern, als Alain Touraines *sociologie de l'action*, auf die sich F. Gaspard beruft, von der spätmodernen (nicht postmodernen) Hoffnung getragen wird, daß die individuelle Subjektivität von den diversen sozialen Bewegungen gestärkt oder gar neu strukturiert wird.

Gaspard, die ihre Argumente auf gründliche soziologische Untersuchungen stützen kann[281], geht von dem – auch strukturalistischen – Gedanken aus, daß Frauenbewegungen nur im Kontext der Geschlechterbeziehungen zu verstehen sind, an denen sie sich orientieren und die sie verändern. Ihr Ansatz ist insofern genetisch-dialektisch, als er eine einseitige Auffassung der Überdeterminierung meidet, die revoltierenden Frauen keine andere Wahl läßt, als sich von der männlich dominierten Gesellschaft zu verabschieden.

Ohne die überdeterminierende Wirkung von Handlungsmustern, Rechten und Rollen aus den Augen zu verlieren, stellt sie fest: "In der Zwischenzeit haben sich die gesellschaftlichen Beziehungen durch die Einwirkung der Frauen jedoch verändert. Folglich hat die Handlungssoziologie (sociologie de l'action) ein riesiges Gebiet vor sich und nicht nur im Hinblick auf Frauen als handelnde Instanzen in Frauenbewegungen, sondern als handelnde Instanzen allgemein, als Subjekte der Geschichte (comme sujets de l'histoire)."[282] Es wird hier leider nicht ganz klar, wie Frauen individuell, d.h. außerhalb von sozialen Bewegungen, als "Subjekte der Geschichte" auftreten können – zumal der hegelianische Begriff "Subjekt der Geschichte" immer häufiger in Frage gestellt wird.

Obwohl Gaspard im Zusammenhang mit sozialen Bewegungen fast wörtlich Ulrich Becks Diagnose[283] wiederholt, wenn sie sagt, "daß sie kommen und gehen" ("qu'ils vont et viennent")[284], zeigt sie anhand der französischen Frauenbewegung eine *Eigengesetzlichkeit* auf, die vermuten läßt, daß diese Bewegung nicht als Epiphänomen großer gesellschaftlicher Umwälzungen zu verstehen ist: "Kollektiv handeln die Frauen weniger im Jahre 1789 als im Jahre 1791, weniger

---

281 Vgl. F. Gaspard, *Les Femmes dans la prise de décision en France et en Europe*, Paris, L'Harmattan, 1997.

282 F. Gaspard, "Le Sujet est-il neutre?", in: F. Dubet, M. Wieviorka (Hrsg.), *Penser le sujet. Autour d'Alain Touraine (Colloque de Cerisy)*, Paris, Fayard, 1995, S. 152.

283 Vgl. U. Beck, *Gegengifte. Die organisierte Unverantwortlichkeit*, Frankfurt, Suhrkamp, 1988, S. 99.

284 F. Gaspard, "Le Sujet est-il neutre?", in: F. Dubet, M. Wieviorka (Hrsg.), *Penser le sujet*, op. cit., S. 150.

im Jahre 1968 als nach 1970."[285] Die Sozialgeschichte der Frauen – etwa auf europäischer Ebene – wäre noch zu schreiben. Zu Recht bemerkt Gaspard, daß "der feministische Protest von der offiziellen Geschichte unterbewertet wurde".[286]

Ausgehend von Habermas' Gedanken, daß die Moderne ein noch "unvollendetes Projekt" ist, spricht sich auch Sabina Lovibond für eine Stärkung weiblicher Subjektivität in nachmoderner Zeit aus: "Das Streben nach einer vollentwickelten Subjektivität gipfelt in dem Versuch, die gegenwärtigen Grenzen unseres Denkens zu überschreiten."[287] Die Vorstellung von einer "fully integrated subjectivity" mag in postmodern-dekonstruktivistischer Zeit, in der alle Subjektbegriffe als Relikte der Metaphysik verabschiedet werden, auf den ersten Blick naiv erscheinen; er zeugt aber von dem ideologischen Willen feministischer, ethnischer, regionaler und religiöser Bewegungen, sich nicht von postmodernen Subjektkritiken einschüchtern und ins archaische Abseits drängen zu lassen. Diese Bewegungen reagieren aufklärerisch, konservativ, nationalistisch oder sozialistisch auf die nachmodernen Dekonstruktivismen und Negativismen, die sich alle auf die Indifferenz zubewegen, auch wenn sie sich ausdrücklich von ihr distanzieren.

Lovibond hebt zwar die kritisch-kämpferische Seite des Feminismus hervor, bekennt sich zugleich aber zu einer aufgeklärten Utopie, wenn sie vom Feminismus sagt, er strebe danach, den Krieg zwischen Männern und Frauen zu beenden und einen Zustand der Transparenz und der Wahrhaftigkeit herzustellen.[288] Sie wendet sich als Vertreterin spätmoderner Aufklärung gegen eine postmoderne Pluralisierung und Partikularisierung, von der sie nicht zu Unrecht behauptet, daß sie die Frauenbewegung schwächt und den Herrschenden zugute kommt.

Sie distanziert sich von der Postmoderne, die sie als Weltanschauung oder Theorie mißversteht, bekennt sich zur aufgeklärten Moderne ("Enlightenment modernism")[289] und wehrt sich gegen die Auffassung des Feminismus als einer weiteren Erscheinung in der

---

[285] Ibid., S. 151.

[286] Ibid.

[287] S. Lovibond, "Feminism and Postmodernism", in: R. Boyne, A. Rattansi (Hrsg.), *Postmodernism and Society*, London, Macmillan, 1990, S. 159.

[288] Ibid. S. 167: "(...) aspires to *end the war between men and women* and to replace it with communicative transparency, or truthfulness."

[289] Ibid., S. 179.

postmodernen Landschaft ("as one more 'exciting' feature ... in a postmodern social landscape").[290] Dabei übersieht sie, daß der heutige Feminismus als heterogenes Ensemble von Gruppen und Kräften *innerhalb* der postmodernen *Problematik*[291] auf viele verschiedene Arten *auf* diese von der Indifferenz eingefaßte Problematik reagiert: 1. durch eine ideologische Negation der Indifferenz und der Tauschverhältnisse und durch eine eindeutige Behauptung der Subjektivität; 2. durch eine postmoderne Dekonstruktion dieser Subjektivität, die die Indifferenz tendenziell bestätigt (als Austauschbarkeit partikularer Positionen im Pluralismus); 3. durch den Entwurf einer neuen, ambivalenten Subjektivität, die an den Modernismus als Spätmoderne anknüpft, ohne einfach "modernistisch" zu sein.

In den USA wird die erste – ideologische – Reaktion auf die Postmoderne von Honi Fern Haber nachvollzogen, die Lyotard, Rorty und Foucault vorwirft, durch ihren Pluralismus, ihre Ironie und ihren Relativismus weibliche Solidarität und Subjektivität auszuhöhlen. Ihr erscheinen diese "männlichen" Philosophien als Versuche, die aufkeimende weibliche *prise de conscience* im entscheidenden historischen Augenblick zu verhindern: "Postmoderne Politik stellt *keine* Option dar (...), denn sie schließt Gemeinschaftsbildung und zusammenhängende Subjekte (coherent subjects) aus, die beide für die Identitätsbildung des Andersartigen wesentlich sind."[292]

Das ist völlig richtig: Jeder Soziologe, jeder Politikwissenschaftler (und Politiker) wird bestätigen, daß ohne Leitbilder, ohne Solidarität und subjektive Identität keine Politik zu machen ist. Aber wie reagieren Dekonstruktivisten auf Reizwörter wie *Kohärenz*, *Subjektivität* und *Identität*? Sie reagieren zunächst so wie alle anderen Theoretiker: ideologiekritisch, skeptisch. Schon Adorno setzte der Forderung nach Leitbild und Kohärenz als Alternativen Negativität und Dissonanz entgegen.[293]

Hier zeichnet sich das grundsätzliche Dilemma ab, das aus dem Spannungsverhältnis von Ideologie und Theorie hervorgeht: Die Ideologie macht die Individuen zu handlungsfähigen Subjekten, spornt sie

---

290 Ibid.

291 Zur Definition der Postmoderne (der Periode) als *Problematik* vgl. Vf., *Moderne/Postmoderne*, op. cit., Kap. I.

292 H. Fern Haber, *Beyond Postmodern Politics. Lyotard, Rorty, Foucault*, New York-London, Routledge, 1994, S. 130.

293 Vgl. Th. W. Adorno, "Ohne Leitbild", in: ders., *Ohne Leitbild. Parva Aesthetica*, Frankfurt, Suhrkamp, 1967, S. 18.

aber nicht gerade zum kritischen Nachdenken an; die kritischen Theorien fördern dieses Nachdenken, sind aber "von des Gedankens Blässe angekränkelt" (Goethe über Hamlet) und verhindern tendenziell das Handeln. Niemand wird den Feministinnen verdenken, dieses uralte Dilemma nicht überwunden zu haben.[294]

Jedenfalls tut man gut daran, Hannelore Möckel-Riekes Warnung vor einer Ideologisierung des Weiblichen, wie sie bei Hélène Cixous anzutreffen ist, ernst zu nehmen. Möckel-Rieke wirft Cixous "eine Identifikation des Femininen mit dem libidinösen Körper, mit Naturhaftigkeit und Trieb"[295] vor und erklärt: "Diese Identifikation bedeutet einen Rückfall in eine ahistorische, dualistische und idealistische Unterscheidung der Geschlechter, die es anfangs gerade zu überwinden gegolten hatte."[296] Das Problem besteht darin, daß Dualismen wie *wahr/falsch, schön/häßlich, gut/böse* handlungsfähig machen, während die Dekonstruktion dieser Dualismen die Erkenntnis fördert.

Hier treten die Vertreterinnen der feministischen Dekonstruktion mit dem Argument auf den Plan: *in dubio pro cognitione*. Sie glauben natürlich nicht, handlungsunfähig oder gar "von des Gedankens Blässe angekränkelt" zu sein, sondern versuchen, politisch im dekonstruktiven Sinne zu wirken. Barbara Vinken faßt das Vorhaben des dekonstruktiven Feminismus zusammen, indem sie die negativen Momente dieser Denkrichtung hervorhebt und den identitätsbildenden ideologischen Dualismus verwirft: "Weiblichkeit 'ist' somit eine negative Potenz, Figur der Defiguration, Ent-stellung. Weiblichkeit 'ist' deshalb das Moment, das Identität durchkreuzt; 'Frau' der Ort, wo die Fixiertheit des Geschlechtes durch das Spiel von Differenz und Division ver-rückt wird, wo Geschlecht, Bedeutung und Identität gleichzeitig erschaffen und zersetzt werden."[297] Sie fügt programmatisch hinzu: "Dekonstruktiver Feminismus ist auf eine ständige Subversion der Geschlechterrollen aus, wie sie ganz unzweifelhaft funktionieren, in diesem Funktionieren aber nicht als Realität, sondern als Illusion ausgestellt werden müssen."[298] Der konsequente Dekonstruktivist

[294] Zur Konkretisierung dieses Dilemmas im Spannungsverhältnis von Ideologie und Theorie vgl. Vf., *Ideologie und Theorie*, op. cit., Kap. XII.

[295] H. Möckel-Rieke, *Fiktionen von Natur und Weiblichkeit*, op. cit., S. 24.

[296] Ibid.

[297] B. Vinken, "Dekonstruktiver Feminismus – Eine Einleitung", in: B. Vinken (Hrsg.), *Dekonstruktiver Feminismus. Literaturwissenschaft in Amerika*, Frankfurt, Suhrkamp, 1992, S. 19.

[298] Ibid., S. 26.

kommt hier allerdings nicht auf seine Kosten: Er hat nichts davon, daß der metaphysische Gegensatz zwischen dem Weiblichen und dem Männlichen gegen den platonischen Dualismus Illusion/Realität eingetauscht wird. Wo bitte geht's hier zur Realität? – wird er radikal konstruktivistisch-dekonstruktivistisch fragen.

Auf derlei Fragen braucht sich Luce Irigaray, die in *Speculum* eine lacanianische Dekonstruktion *avant la lettre* praktiziert, gar nicht einzulassen. Denn sie geht nicht vom Gegensatz zwischen Illusion und Realität aus, sondern von dem Gedanken, daß die gesamte männliche Metaphysik (von Plato bis Freud) in einer Art "Spiegelstadium" verharrt, in dem sich das männliche Subjekt durch seine Spiegelung im Negativ-Weiblichen, das es systematisch ausgrenzt, konstituiert. "Jede bisherige Theorie des Subjekts hat dem 'Männlichen' entsprochen"[299], stellt Irigaray fest und bemerkt an anderer Stelle, daß die männliche Rede ein Diskurs ist, "der die Besonderheit ihrer [der Frau] Lust leugnet und der sie, natürlich zensuriert, als Hohlseite, als Umkehrung, als Negativ der phallischen Manifestationen in sich integriert".[300] So kommt es, sagt sie, daß Freud die Sexualität des kleinen Mädchens der des kleinen Jungen angleicht, dem Mädchen einen "Penis-Neid" andichtet und allgemein dazu neigt, die Frau als unvollkommenen Mann mit der opaken Natur zu assoziieren, die der männliche Geist nur mit Mühe erschließt. (Tatsächlich sind Freuds Kommentare zum "Penis-Neid", wie schon Juliet Mitchell in ihrer luziden Studie festgestellt hat[301], bestenfalls kurios. Wenn in der Wissenschaft schon von "Neid" die Rede sein soll, so drängt sich jedenfalls die argumentationstheoretische Frage auf, weshalb sich der Rationalist Freud nicht symmetrisch-rationalistisch einen männlichen "Gebärmutter-Neid" vorstellen konnte ...)

Irigarays Kritik ist dekonstruktivistisch *avant la lettre*, weil sie mit Hilfe ihrer Spiegelmetapher die verdrängte Weiblichkeit als unverarbeiteten, unverdauten "Rest" wieder einführt und dadurch das logozentrische und phallozentrische System in Frage stellt. Negiert wird die scheinbare Autarkie des männlich-idealistischen Systems,

---

299 L. Irigaray, *Speculum*, op. cit., S. 169.

300 Ibid., S. 179.

301 Vgl. J. Mitchell, *Psychoanalyse und Feminismus. Freud, Reich, Laing und die Frauenbewegung*, Frankfurt, Suhrkamp, 1976, S. 125: "Und obzwar er den Begriff Penisneid fortentwickelte, ist doch das, was er über das Mädchen sagt, bislang noch reine Spekulation."

seine “logozentrische Begrenzung” (“clôture logocentrique”) [302], wie Derrida sagen würde, die das Weibliche als das “Außen” definiert. Irigaray will zeigen, daß dieses “Außen” immer schon “innen” war.

Judith Butler sieht es so: “Irigarays Antwort auf den Ausschluß des Weiblichen aus der Ökonomie der Repräsentation ist letztlich: Gut, ich will ohnehin nicht in eure Ökonomie aufgenommen werden, und ich will euch zeigen, was dieses nicht-intelligible Aufnehmende in eurem System anrichten kann; ich werde keine schlechte Kopie in eurem System sein, aber ich werde euch trotzdem ähnlich sein, indem ich die Textpassagen *mimetisch* vorführe, durch die ihr euer System konstruiert, und indem ich zeige, daß dasjenige, was nicht hinein darf, bereits drin ist (als sein notwendiges Außen) (...).”[303] Dieses “Außen” ist deshalb notwendig, weil der Mann sich nicht ohne seinen weiblichen Spiegel – gleichsam *ex negativo* – als philosophisches oder psychoanalytisches Subjekt hätte konstituieren können. Es wäre aufschlußreich, Irigarays These zu erweitern und der Frage nachzugehen, inwiefern Philosophen wie Descartes, Hegel und Fichte ihre Systeme nicht ebenfalls *ex negativo*, d.h. durch die Ausgrenzung des Anderen und des Fremden konstruieren. (Vgl. II, 1, 2.)

Diese Kritik an einer männlich dominierten, “phallogozentrischen” Philosophie hat Autorinnen wie Nancy Fraser und Linda Nicholson veranlaßt, mit der gesamten philosophischen Tradition zu brechen und sich eine Gesellschaftskritik ohne Philosophie vorzustellen: “Social Criticism without Philosophy”.[304] Dieses Vorhaben ist nicht nur deshalb widersprüchlich, weil Gesellschaftskritik seit Plato, Hobbes und Marx mit der Philosophie liiert ist, sondern auch deshalb, weil die beiden Autorinnen in ständiger Auseinandersetzung mit

---

302 J. Derrida, *Positionen*, Wien-Graz, Passagen, 1986, S. 81. (*Positions*, Paris, Minuit, 1972, S. 49.)

303 J. Butler, *Körper von Gewicht. Die diskursiven Grenzen des Geschlechts*, Berlin, Berlin Verlag, 1995, S. 71-72.

304 Vgl. N. Fraser, L. Nicholson, “Social Criticism without Philosophy: An Encounter between Feminism and Postmodernism”, in: *Theory, Culture and Society, Postmodernism* 2-3, 1988, S. 373. Daß es auch *mit* der Philosophie geht, zeigt Linda Singer in: “Feminism and Postmodernism”, in: J. Butler, J. W. Scott (Hrsg.), *Feminists Theorize the Political*, New York-London, Routledge, 1992, S. 469: “Considered in this light, it is possible to construct a narrative of common origins or parentage for feminism and postmodernism in post-Hegelian critical traditions of thought like Marxism, existentialism, and Psychoanalysis.” Das ist zweifellos richtig; nur übersieht die Autorin, daß Feminismus und Postmoderne keine homogenen Einheiten bilden.

Marx, Foucault und vor allem Lyotard den Universalismus kritisieren und die Differenz betonen. In schroffem Gegensatz zu Françoise Gaspard, die sich vornimmt, das weibliche historische Subjekt zu stärken, verzichten sie auf dieses Subjekt: “Schließlich würde postmoderne feministische Theorie ohne den Gedanken an ein Subjekt der Geschichte auskommen. Sie würde einheitliche Vorstellungen von ‘der Frau’ und von ‘weiblicher Geschlechtsidentität’ durch komplex strukturierte Auffassungen von gesellschaftlicher Identität ersetzten (...).”[305] Der Verzicht der Autorinnen auf den idealistischen Begriff des “historischen Subjekts” ist durchaus nachvollziehbar; nicht jedoch ihr Verzicht auf eine Auseinandersetzung mit den theoretisch brauchbaren Begriffen der kollektiven und der individuellen Subjektivität (vgl. I, 1-2). Jedenfalls konvergieren alle ihre Argumente in einer Dekonstruktion (kritischer Zerlegung) des individuellen Subjekts als Einheit.

An ihre Argumentation scheint Diane Elam in *Feminism and Deconstruction* anzuknüpfen. An die Adresse von Feministinnen wie Gaspard richtet sie den folgenden – in jeder Hinsicht ernst zu nehmenden – Einwand: “Dieses Erreichen einer endgültigen und kalkulierbaren Subjektivität ist, wie Derrida bemerkt, nicht einfach eine Befreiung. Ja der Subjektivitätszwang tritt auch dann klar in Erscheinung, wenn Subjektivität Handlungsfähigkeit ermöglicht, wir uns aber vor Augen führen, daß Frauen nur zu Subjekten werden, wenn sie sich spezifischen und berechenbaren Subjektrollen anpassen”[306] Dies ist zweifellos richtig, und es zeigt sich hier, daß jedes Streben nach Macht, wie die Autoren der *Dialektik der Aufklärung* wußten, mit Selbstverleugnung und Selbstblendung einhergeht.

Dieser Blendung möchte Elam auf dekonstruktivistischem Weg entgehen. Sie plädiert – parallel zu Geoffrey H. Hartman im Bereich des *literary criticism*[307] – für eine “radical indeterminacy”[308] im politischen Bereich, beruft sich auf die Literaturwissenschaftlerin Barbara Johnson, die behauptet, “the undecidable *is* the political”[309], und kommt zu dem Schluß, der Feminismus müsse eine “Politik der Unentscheidbarkeit” praktizieren: “Der spezifische Charakter des Femi-

---

305 N. Fraser, L. Nicholson, “Social Criticism without Philosophy”, op. cit., S. 391.

306 D. Elam, *Feminism and Deconstruction*, op. cit., S. 29.

307 Vgl. G. H. Hartman, *Criticism in the Wilderness. The Study of Literature Today*, New Haven-London, Yale Univ. Press, 1980, S. 270.

308 D. Elam, *Feminism and Deconstruction*, op. cit., S. 59.

309 B. Johnson, in: D. Elam, *Feminism and Deconstruction*, op. cit., S. 82.

nismus besteht also in seiner Behauptung, daß die Politik der Unentscheidbarkeit (zwischen mehreren Richtungen) vom Standpunkt der Unentscheidbarkeit der politischen *Möglichkeiten* zu betrachten ist."[310] Wie sieht eine solche Politik konkret aus? Elam führt als Beispiel das Problem der Abtreibung an: "Um die Debatte über Abtreibung zu gewinnen, müßte man das *Unentscheidbare* zulassen, wobei Abtreibung weder eine Entscheidung wäre, die vorab gefällt werden könnte, noch eine Entscheidung, die ein für allemal für alle Frauen gelten würde."[311] Abgesehen davon, daß diese Taktik der Unentscheidbarkeit vorab denjenigen männlichen und weiblichen Gruppen das politische Feld überläßt, die sich von manichäischen Ideologien und eindeutigen Subjekt-Vorstellungen leiten lassen, läßt sie (wie viele andere dekonstruktivistische Vorgehensweisen) die Tendenz zur Indifferenz erkennen. Schließlich erscheinen alle Entscheidungen, die die Abtreibung betreffen, als so individuell und so partikular, daß sie austauschbar werden: Jede ist begründbar und genauso "gut" oder "schlecht" wie jede andere. Es herrscht ein postmoderner Pluralismus, dem sich Feministinnen wie Gaspard und Lovibond widersetzen.

Alle Versuche, die Dekonstruktion zu politisieren oder sie gar mit dem Marxismus (der Philosophie der Praxis, Gramsci) zu kombinieren[312], scheitern letztlich an der Negativität einer Philosophie, deren Einsicht in den Herrschaftscharakter der rationalistischen und hegelianischen Begrifflichkeit sie in einem bald destruktiven, bald spielerischen *suspense* verharren läßt. Diese Negativität, die auch Adornos Festhalten am Begriff und an der Autonomie des individuellen Subjekts desavouiert, wird schließlich zur Methexis an der Indifferenz des Tauschwerts.

Den Ausweg aus dem Dilemma, das sich in den Kontroversen zwischen subjektorientierten und dekonstruktivistischen Feministinnen abzeichnet, weist möglicherweise Virginia Woolfs Roman *Orlando* (1928), den Frank Kermode als "a fantastic 'biography' of a man-woman"[313] charakterisiert. Es ist ein modernistischer Roman der extremen Ambivalenz, wie sie am Ende des vorigen Kapitels (II, 8)

---

310 D. Elam, *Feminism and Deconstruction*, op. cit., S. 84.

311 Ibid.

312 Dies versucht beispielsweise M. Ryan in seinem Buch *Marxism and Deconstruction. A Critical Articulation*, Baltimore-London, The Johns Hopkins Univ. Press, 1982.

313 F. Kermode, "Biographical Preface", in: V. Woolf, *Orlando. A Biography*, Oxford, Univ. Press, 1992, S. IX.

beschrieben wurde: einer Ambivalenz, die aus dem Zerfall der Hegelschen Synthese hervorgeht und dennoch die Einheit der Gegensätze herbeiführt. Daß diese Einheit nicht dekonstruktivistisch als Aporie oder Unentscheidbarkeit aufgefaßt werden muß, sondern als Wahrheitsmoment im dialektischen Sinne zu verstehen ist, wird bei Walter Benjamin klar: "Die Darstellung einer Idee kann unter keinen Umständen als geglückt betrachtet werden, solange virtuell der Kreis der in ihr möglichen Extreme nicht abgeschritten ist."[314] Nicht um die Zersetzung der Idee geht es hier, sondern um die Vereinigung der Extreme um der Wahrheit willen.

In ihrer anregenden Arbeit *Virginia Woolf and the Problem of the Subject* liest Makiko Minow-Pinkney den *Orlando*-Roman in einem nachhegelianisch-modernistischen Kontext, wenn sie zu Woolfs Gestalt des Androgynen bemerkt: "Die Autorin stellt sich Androgynie nicht als hegelianische Synthese von Mann und Frau vor; Orlando lebt in der Alternation, nicht in einer Aufhebung der Gegensätze."[315] Nichts anderes geschieht aber in einem von der Ambivalenz als *coincidentia oppositorum* ausgehenden Dialog: Es geht darum, sich dem Anderen zu öffnen, um anders zu werden; nicht darum, das Andere zu werden oder es zu vereinnahmen. Deshalb bemerkt Makiko Minow-Pinkney zu Recht: "Aber Verflechtung meint nicht Verschmelzung zu einer homogenen Einheit, denn die Differenz der Geschlechter 'reicht sehr tief'."[316] An anderer Stelle betont sie: "Androgyny is the rejection of sameness."[317] Woolfs Roman scheint also als ein Text lesbar zu sein, der die männliche Ausgrenzung-Vereinnahmung des Weiblichen in Frage stellt, ohne in Aporien auszumünden.

Denn Orlando lebt und handelt. Zwischen den Geschlechtern stehend und beide in sich vereinigend, handelt er-sie trotz aller Ambivalenzen, von denen die Handlung eingefaßt wird. Liebe, der Zustand *par excellence* traditioneller Romanheldinnen und Romanhelden, wird von der Erzählerin als ambivalente Einheit, als Berührungspunkt der Extreme dargestellt: "For Love, to which we may now return, has two faces; one white, the other black; two bodies; one smooth, the other hairy. It has two hands, two feet, two nails, two, indeed, of every

---

314 W. Benjamin, *Ursprung des deutschen Trauerspiels*, Frankfurt, Suhrkamp (1963), 1972, S. 31.

315 M. Minow-Pinkney, *Virginia Woolf and the Problem of the Subject*, Brighton, The Harvester Press, 1987, S. 131.

316 Ibid., S. 130.

317 Ibid., S. 9.

member and each one is the exact opposite of the other. Yet, so strictly are they joined together that you cannot separate them."[318] Nicht Zerfall ist das Ergebnis dieser widersprüchlichen Einheit, sondern Spannung, Zwiegespräch.

Wie in so manchen anderen modernistischen Romanen – Svevos, Musils, Kafkas oder Hesses – stellt sich diese aus der Ambivalenz hervorgehende Spannung der Handlung in den Weg. Sie fördert zwar die kritische Distanz und die Reflexion, stellt aber die Handlungsfähigkeit der androgynen Gestalt in Frage. Schließlich betrachtet Orlando beide Geschlechter mit Skepsis: "And here it would seem from some ambiguity in her terms that she was censuring both sexes equally, as if she belonged to neither; and indeed, for the time being, she seemed to vacillate; she was man; she was woman; she knew the secrets, shared the weaknesses of each. It was a most bewildering and whirligig state of mind to be in. The comforts of ignorance seemed utterly denied her. She was a feather blown on the gale."[319] Diese "comforts of ignorance" bleiben dem gesamten, von Ambivalenz, Selbstreflexion und Ironie geprägten Modernismus vorenthalten.

Die Selbstreflexion, die Virginia Woolfs Erzählweise durchwirkt, führt im Endstadium dazu, daß sich androgyne Dialogizität in Polyphonie verwandelt: "For she had a great variety of selves to call upon, far more than we have been able to find room for, since a biography is considered complete if it merely accounts for six or seven selves, whereas a person may well have as many thousand."[320] Diese Vielfalt hindert Orlando zwar nicht am Handeln; sie führt letztlich aber dazu, daß sie dem Abenteuer- und Liebesleben tradierter Romanformen absagt und sich – wie die Protagonisten Prousts und Svevos – dem Schreiben zuwendet. Auch ihr wird das Schreiben als reflexiv-kritische Auseinandersetzung zu einem Mittel der Identitätssuche und der Identitätswahrung.

Auch bei Simone de Beauvoir, die von Françoise Rétif als Autorin der Androgynie gelesen wird[321], ist Ambivalenz die Grundstruktur modernistischer (spätmoderner) Subjektivität: "Laßt uns unsere grundsätzliche Zweideutigkeit annehmen"[322], schreibt sie in *Pour une*

---

[318] V. Woolf, *Orlando*, op. cit., S. 112-113.
[319] Ibid., S. 152.
[320] Ibid., S. 295.
[321] Vgl. F. Rétif, *Simone de Beauvoir. L'Autre en miroir*, Paris, L'Harmattan, 1998, Kap. II: "De l'un et l'autre côté du miroir ou l'androgyne réinventé".
[322] S. de Beauvoir, *Pour une morale de l'ambiguïté*, Paris, Gallimard, 1947, S. 13.

morale de l'ambiguïté und erklärt: "Der Existentialismus hat sich von Anfang an als Philosophie der Zweideutigkeit definiert; indem er den irreduziblen Charakter der Zweideutigkeit behauptete, bezog Kierkegaard Position gegen Hegel (...)."[323] Diese Bemerkungen zum Existentialismus Kierkegaards schlagen nicht nur eine Brücke zum zweiten Kapitel (II, 3), sondern lassen auch erkennen, wie sehr der gesamte Modernismus der junghegelianisch-nietzscheanischen Kritik an Hegel verpflichtet ist.

Françoise Rétif stellt auf dieser Ebene eine Verbindung zwischen Simone de Beauvoir und Virginia Woolf her, wenn sie im Zusammenhang mit Beauvoirs *Pour une morale de l'ambiguïté* sagt: "Der Mensch muß die Gegensätze versöhnen, indem er sie bewahrt; er kann sich also nur 'finden', d.h. vereinheitlichen, indem er sich *zwischen* den verschiedenen Polen *bewegt*, ohne mit sich selbst *übereinzustimmen*. Der Begriff der Zweideutigkeit (ambiguïté) erhält hier das ganze Gewicht seiner Etymologie (...)."[324] Diese Zweideutigkeit (in dem hier konstruierten Kontext: Ambivalenz) erscheint Rétif als die Grundstruktur der Androgynie, so wie sie sich in Beauvoirs Werk darstellt: "Der Androgyne *ist* derselbe und der andere, der identische und der differente, der maskuline und der feminine, alles in einem."[325] Androgynie als ambivalente Figur des Modernismus erscheint hier nicht nur als Alternative zur Ideologisierung des Subjekts und zur dekonstruktivistischen Unentscheidbarkeit, sondern auch zur "multiplen Persönlichkeit" als Pathologie, die Ursula Link-Heer auf verschiedenen Ebenen anschaulich darstellt.[326]

Die androgyne Dialogizität Beauvoirs und Woolfs wird von Julia Kristeva ins Psychoanalytische gewendet, wenn sie der *symbolischen Ordnung* Lacans symmetrisch eine *semiotische Ordnung* hinzufügt, die nicht von der Vater-, sondern von der Mutterfigur beherrscht wird, und die nicht aus Sprache besteht, sondern mit der vorsprachlichen Zeichen-Welt des Kleinkindes zusammenfällt: mit den von ihm wahrgenommenen Bewegungen, Formen, Farben. Den Übergang von der semiotischen zur symbolischen Ordnung bezeichnet sie als die *thetische* Phase (im Sinne von Husserls transzendentalem *ego*), in der sich das Subjekt als sprachliches konstituiert.

---

323 Ibid.

324 F. Rétif, *Simone de Beauvoir*, op. cit., S. 60.

325 Ibid., S. 70.

326 Vgl. U. Link-Heer, "Doppelgänger und multiple Persönlichkeiten. Eine Faszination der Jahrhundertwende", in: *Arcadia* 1-2, 1996, S. 294-296.

Bei Kristeva stellt das Thetische (und dies ist ein wesentlicher Unterschied zu Lacan) eine permanente Verbindung zwischen dem Symbolischen und dem Vorsprachlich-Semiotischen her. Der Einbruch des Vorsymbolischen ins Symbolische wird nicht mehr als pathologischer Rückfall (wie bei Lacan: vgl. III, 6) aufgefaßt, sondern als dialogisches Verhältnis zweier heterogener, aber gleichberechtigter Ordnungen und als konstitutives Element einer heterogenen, dialogischen Subjektivität: "Aber dieses Semiotische, das wir in den Bedeutungspraktiken (pratiques signifiantes) beobachten, kehrt nach der symbolischen These immer wieder zurück: Es handelt sich hier also um das Semiotische, das nach dem symbolischen Einschnitt aufkommt und das sowohl im psychotischen Diskurs als auch in der Praxis, die als 'Kunst' bezeichnet wird, analysiert werden kann."[327]

Kristeva spricht von einer "explosion du sémiotique dans le symbolique"[328], wie man es in den vorsprachlichen Elementen der avantgardistischen Kunst beobachten kann, und schließt sich – wie Simone de Beauvoir und Virginia Woolf – der junghegelianischen und modernistischen Kritik an, wenn sie betont, daß diese Explosion des Semiotischen im Symbolischen keine synthetisierende Aufhebung im Sinne Hegels bewirkt, sondern einen Prozeß: den Prozeß der Subjektivität.

Dieser Prozeß ist einerseits als Krise, andererseits als "subject in process"[329] aufzufassen, wie Rosalind Coward und John Ellis sagen. Er ist krisenhaft und kann scheitern: sowohl im Bereich individueller als auch im Bereich kollektiver Subjekte (z.B. Bewegungen). Er ist aber auch als Kreativität und Produktivität im Sinne von Virginia Woolfs *Orlando* zu verstehen.

Im letzten Kapitel soll im Anschluß an das erste und an die feministischen Theorien gezeigt werden, wie eine dialogische Subjektivität als Ensemble von narrativen Prozessen auf individueller und kollektiver Ebene gedacht werden kann. Möglicherweise gilt auch für einen sich bildenden historischen Aktanten, was die Schriftstellerin von ihrer Heldin, ihrem Helden sagt: "She reaped a twofold harvest by this device; the pleasures of life were increased and its experiences multiplied."[330]

---

327 J. Kristeva, *La Révolution du langage poétique*, op. cit., S. 67.

328 Ibid., S. 68.

329 R. Coward, J. Ellis, *Language and Materialism. Developments in Semiology and the Theory of the Subject*, London, Routledge and Kegan Paul, 1977, S. 146.

330 V. Woolf, *Orlando*, op. cit., S. 211.

IV. Die Dialektik individueller Subjektivität aus soziologischer Sicht

Zur Position und Funktion dieses Kapitels ist folgendes zu sagen: Es soll Licht auf die gesellschaftlichen Rahmenbedingungen moderner und nachmoderner Subjektivität werfen und zugleich die bisherigen Darstellungen und Kritiken im sozialen Kontext konkretisieren. Denn nach dem bisher Gesagten drängt sich die Frage auf, *warum* in spätmodernen und nachmodernen Zusammenhängen das Subjekt nicht mehr metaphysisch als Zugrundeliegendes, sondern als Unterworfenes oder Zerfallendes gesehen wird: als *sujet assujetti, divided self* oder *soggetto scisso*.

Die Antwort knüpft an das Ende des ersten Kapitels an, wo einige der sozialen Faktoren genannt wurden, die für den Niedergang individueller Subjektivität verantwortlich sind: soziale Differenzierung, Bürokratisierung, Konzernwirtschaft, Vermittlung durch den Tauschwert und Verdinglichung, Individualisierung als Atomisierung, ideologische Unterwerfung und Vereinnahmung durch die Medien. Letztlich können alle diese Faktoren auf drei Prinzipien zurückgeführt werden, die die Begründer der Soziologie und ihre Erben stets beschäftigt haben und immer noch beschäftigen: *Differenzierung*, *Marktgesetz* und *Ideologie* (als Reaktion auf die Indifferenz des Marktes).

Die Gefahr, der sich eine soziologische Darstellung individueller Subjektivität aussetzt, besteht darin, daß die *Ambivalenz* dieser Prinzipien nicht wahrgenommen wird, wenn sie ausschließlich als Hemmnisse oder Einschränkungen individueller Freiheit aufgefaßt werden. Denn man könnte und sollte nach gut Kantischem Brauch die Antithese aufstellen, die bei Marx, Durkheim und Max Weber die These über den Zwangscharakter der Modernisierung begleitet: die Behauptung nämlich, daß Differenzierung, Marktgesetz und Ideologie individuelle Subjektivität im modernen Sinne überhaupt erst ermöglichen. Um der Antithese Nachdruck zu verleihen, könnte man mit gespielter Naivität fragen, ob denn ohne funktionale Ausdifferenzierung der Gesellschaft, ohne Geldwirtschaft, mediale Kommunikation und ideologische Wertsetzung modernes Menschsein überhaupt möglich wäre.

Wie schon in Kants *Kritik der Urteilskraft*, wo an entscheidender Stelle nach der Verallgemeinerungsfähigkeit bzw. Nicht-Verallgemeinerungsfähigkeit ästhetischer Urteile gefragt wird, kann auch hier die Zusammenführung von These und Antithese das Dilemma überwinden, das durch die Erkenntnis der Ambivalenz aller hier genannten Faktoren aufgelöst wird. Die Differenzierung, die die Menschen aus der mechanischen Solidarität (Durkheim) archaischer oder feudaler Gesellschaften hinausführt und individualisiert, bedroht ihre Subjektivität in fortgeschrittenen Stadien; der Markt, der den Besitzindividualismus begünstigt und sowohl den Einzelnen als auch die Kunst aus der Verstrickung in religiöse Dogmen herauslöst und von der Willkür des Mäzenats befreit, bedroht schließlich beide, indem er sie der Heteronomie des Tauschgesetzes unterwirft; und die Ideologien der säkularisierten Marktgesellschaft stärken zwar dem Einzelnen den Rücken, wenn es gilt, den Emanzipationsprozeß gegen Kirche, Staat und Kapital aufklärerisch fortzusetzen, vereinnahmen ihn aber restlos, sobald sie von totalitären Parteien und anderen Organisationen instrumentalisiert werden.

Diese Dialektik der modernen Subjektivität, die Rudolf zur Lippe in dem prägnanten Titel *Autonomie als Selbstzerstörung*[1] zum Ausdruck brachte und die durchaus parallel zu Horkheimers und Adornos *Dialektik der Aufklärung* zu betrachten ist, soll im ersten Abschnitt dieses Kapitels zunächst im Hinblick auf die hier genannten Faktoren entfaltet werden. Es wird sich zeigen, daß weder die Begründer der Soziologie noch ihre Erben in der Ansicht übereinstimmen, das individuelle Subjekt sei zum Verschwinden verurteilt. Vor allem Alain Touraine läßt sich von einer Zuversicht leiten, die im philosophischen Bereich nur noch von Hermeneutikern wie Rüdiger Bubner, Manfred Frank oder Paul Ricœur geteilt wird.

Dennoch läßt die Auseinandersetzung mit Autoren wie Durkheim, Max Weber und Simmel eine Skepsis erkennen, die damit zusammenhängt, daß Differenzierung, Vermarktung und Ideologisierung vorwiegend als Prinzipien der Selbstzerstörung (zur Lippe) und weniger als Prozesse der Emanzipation aufgefaßt werden. Verschwunden ist bereits in der sich fachlich konstituierenden Soziologie der Glaube an Hegels Gesellschaftssynthese, die rational über Hobbes' erzwungene Zivilgesellschaft hinausweist: "An die Stelle der egoistischen Interessengemeinschaft im Hobbesschen Gesellschaftszustand trat bis hin zu Hegel immer mehr das Selbstverständnis des Bürgertums als Repräsentation einer vernünftig sich organisierenden Gattung."[2] Die Soziologie geht in ihrer Gesamtheit aus dem Zweifel an diesem Rationalisierungsprozeß hervor: Es ist nicht mehr sicher, ob das Ein-

---

1 Vgl. R. zur Lippe, *Autonomie als Selbstzerstörung. Zur bürgerlichen Subjektivität*, Frankfurt, Syndikat-EVA, 1984.

2 Ibid., S. 62.

zelsubjekt und “seine” Organisationen auf Autonomie oder Selbstzerstörung zusteuern. In dieser von der Ambivalenz geprägten Lage sind sowohl Spekulationen *à la hausse* als auch Spekulationen *à la baisse* möglich.

Zu den Soziologen, die systematisch (obwohl systemfeindlich) *à la baisse* spekulieren, gehört seit langem Jean Baudrillard, in dessen Theorie sich das individuelle Subjekt zusammen mit der Wirklichkeit im Schein der Tauschmechanismen auflöst. Obwohl von Niklas Luhmann sicherlich nicht behauptet werden kann, er knüpfe an Baudrillard an oder akzeptiere dessen Gesellschaftsdiagnosen, kann seine Differenzierungstheorie, die von wesentlichen Aspekten der Wirklichkeit abstrahiert und sowohl das individuelle als auch das kollektive Subjekt durch das System ersetzt, als eine Bestätigung dieser Diagnosen gedeutet werden. Dies ist der Grund, weshalb sie hier im Anschluß an Baudrillard kommentiert wird.

Auf sie antwortet (wenn auch nicht systematisch) die Soziologie Alain Touraines, die seit Jahrzehnten auf die Begriffe *Handlung*, *Subjektivität* und *soziale Bewegung* ausgerichtet ist. Sie bildet den Übergang zum letzten Kapitel, in dem eine dialogische Theorie des Subjekts auf sozio-semiotischer Grundlage vorgeschlagen wird.

Allerdings entgeht auch Touraines Entwurf nicht der hier skizzierten Ambivalenz: Schon die Autorinnen des Feminismus haben (z.T. selbstkritisch) daran erinnert, daß die ideologisch motivierten Bewegungen, die dem Einzelsubjekt unter die Arme greifen sollen, es zugleich vereinnahmen könnten. In diesem Kontext erscheint es nicht als Zufall, daß Touraine den faschistischen Bewegungen die bei ihm stets euphorisch konnotierte Bezeichnung *mouvement* kurzerhand verweigert. Anscheinend will er nur “gute” Bewegungen als solche anerkennen. Aber ein solches Klassifizierungsverfahren ist an sich schon ein (bedenkliches) ideologisches Manöver. Dennoch soll seine subjektorientierte Handlungstheorie – wenn auch modifiziert – in das dialogische Modell eingehen.

1. Die Krise des individuellen Subjekts in der spätmodernen Soziologie

In Durkheims umfangreicher Analyse der funktionalen Ausdifferenzierung der Gesellschaft, in deren Verlauf die auf Gemeinschaft (Tönnies) gründende *mechanische Solidarität* von der funktionalen oder *organischen Solidarität* abgelöst wird, zeichnet sich bereits die Dialektik von Autonomie und Selbstzerstörung ab. Im Zustand der mechanischen Solidarität, erklärt Durkheim, "ist unsere Individualität gleich Null".[3] Erst der Differenzierungsprozeß, der die auf Ähnlichkeit beruhenden mechanischen *face to face relations* durch arbeitsteilig oder funktional bedingte Abhängigkeitsverhältnisse in zunehmender Anonymität ersetzt, führt zur Befreiung des Einzelnen von Tradition, Autorität und gemeinschaftlicher Kontrolle.

Doch dieser Emanzipationsprozeß ist zweischneidig und hat seinen Preis: Die Herauslösung aus der Tradition bringt nicht nur eine erweiterte individuelle Autonomie in urbaner Umgebung mit sich, sondern auch eine Preisgabe des Einzelnen an die Mechanismen des Marktes. Als Produzent und Konsument ist er dem Warentausch ausgeliefert, der ihn als Arbeitskraft und Kaufkraft tendenziell auf seine quantitativen Aspekte reduziert. Als Spezialist und Tauschender zerfällt er in berufliche und freizeitliche, private und öffentliche Komponenten oder Rollen, zwischen denen das Geld als Tauschwert vermittelt.

Anschaulich stellt diesen Sachverhalt Georg Simmel dar, der in seiner *Philosophie des Geldes* zwar die "Bedeutung der Geldwirtschaft für die individuelle Freiheit"[4] hervorhebt, an anderer Stelle aber feststellt, daß der abstrakte Verstand, der sich über alles Individuell-Spezifische hinwegsetzt, dem Tauschgesetz gehorcht: "Der rein verstandesmäßige Mensch ist gegen alles eigentlich Individuelle gleichgültig, weil aus diesem sich Beziehungen und Reaktionen ergeben, die mit dem logischen Verstande nicht auszuschöpfen sind – gerade wie in das Geldprinzip die Individualität der Erscheinungen nicht eintritt."[5]

Differenzierungsprozeß und Geldwirtschaft greifen dadurch ineinander, daß organische Solidarität keine Solidarität im herkömmlichen Sinn ist, sondern funktionale Interdependenz, deren Kommunikationssystem ohne finanzielle Grundlage nicht auskommt. Diese sorgt für Pünktlichkeit und Leistungsorientierung: "Durch die Anhäufung so vieler Menschen mit so differenzierten Interessen greifen

---

3 E. Durkheim, *Über soziale Arbeitsteilung: Studie über die Organisation höherer Gesellschaften*, Frankfurt, Suhrkamp, 1988 (2. Aufl.), S. 182.

4 G. Simmel, *Philosophie des Geldes*, Berlin, Duncker-Humblot, 1977 (6. Aufl.), S. 311.

5 G. Simmel, "Die Großstädte und das Geistesleben", in: ders., *Das Individuum und die Freiheit. Essais*, Berlin, Wagenbach, 1984, S. 193-194.

ihre Beziehungen und Betätigungen zu einem so vielgliedrigen Organismus ineinander, daß ohne die genaueste Pünktlichkeit in Versprechungen und Leistungen das Ganze zu einem unentwirrbaren Chaos zusammenbrechen würde."[6] Funktionale Differenzierung setzt das Einzelsubjekt einerseits aus traditionsbedingten Zwangslagen frei, unterwirft es andererseits aber den Tauschgesetzen, dem Leistungsdruck und dem Terminkalender. Klarer als bei Durkheim tritt bei Simmel der Nexus von Geldwirtschaft und Differenzierungsprinzip zutage.

Dieses Prinzip stellt die Autonomie des Einzelsubjekts nicht nur durch die funktionale, marktorientierte Negation seiner Besonderheit in Frage, sondern durch die Arbeitsteilung selbst: Der hochspezialisierte Mensch (Ingenieur, Jurist, Wissenschaftler) mag noch so souverän sein Fach beherrschen, die Spezialgebiete der anderen Experten sind für ihn Bücher mit sieben Siegeln. Dieser Umstand begünstigt eher Vereinzelung und Atomisierung als "Solidarität" im umgangssprachlichen Sinn. Dies ist Simmel in seiner Studie *Über sociale Differenzierung* (1890) aufgefallen: "Nach vielen Seiten ist die menschliche Natur und sind die menschlichen Verhältnisse so angelegt, daß, wenn die Beziehungen des Individuums eine gewisse Größe des Umfangs überschreiten, es um so mehr auf sich selbst zurückgewiesen wird."[7] Doch dies ist nur ein Aspekt der Differenzierung, auf den auch Durkheim zu sprechen kommt, wenn er sich mit Folgen der Arbeitsteilung wie Vereinzelung, Egoismus und Anomie befaßt.[8]

Der andere Aspekt ist die immer tiefer werdende Kluft zwischen *subjektiver* und *objektiver Kultur*: zwischen dem Wissen, das sich das individuelle Subjekt im Laufe seines Lebens aneignen kann, und dem Wissen, das von der Gesamtgesellschaft arbeitsteilig im Laufe der Jahrhunderte hervorgebracht wird. In diesem Zusammenhang spricht Simmel von der "Atrophie der individuellen durch die Hypertrophie der objektiven Kultur"[9] und stellt fest: "Jedenfalls, dem Überwuchern der objektiven Kultur ist das Individuum weniger und weniger ge-

---

6 Ibid., S. 195.

7 G. Simmel, *Über sociale Differenzierung. Sociologische und psychologische Untersuchungen*, Leipzig, Duncker-Humblot, 1890, S. 59.

8 Vgl. E. Durkheim, "Staat und Individuum. Das Vaterland", in: ders., *Physik der Sitten und des Rechts. Vorlesungen zur Soziologie der Moral*, Frankfurt, Suhrkamp, 1991, S. 100-107.

9 G. Simmel, "Die Großstädte und das Geistesleben", op. cit., S. 203.

wachsen."[10] An anderer Stelle heißt es: "Die Differenzierung treibt die subjektive und die objektive Kultur immer weiter auseinander (...)." Dies hat zur Folge, "daß die kulturelle Steigerung der Individuen hinter der der Dinge – greifbarer wie funktioneller wie geistiger – merkbar zurückbleiben kann."[11]

Diese Entwicklung bewirkt, daß die Autonomie des Einzelsubjekts, die aus dem Zerfall traditioneller Bindungen im Rahmen der mechanischen Solidarität hervorging, fragwürdig wird. Denn der Einzelne droht nicht nur in der Anonymität des marktbedingten Indifferenzzusammenhangs unterzugehen; er wird auch mit wissenschaftlichen Erkenntnissen, technischen Einrichtungen und neuen Verwaltungsformen konfrontiert, für deren Herstellung er nicht verantwortlich ist und die sich seinem Verständnis entziehen. Dadurch wird sein Spielraum auf zwei Ebenen drastisch eingeschränkt: auf der *Ebene der Aussage* (des sachverständigen Kommentars) und auf der *Ebene des kompetenten Handelns*. Auf beiden Ebenen wird er als Subjekt-Aktant von der Atrophie bedroht.

Simmels Bemerkungen zu diesem Thema verdeutlichen, daß es ihm nicht nur um Kultur als Bildung zu tun ist, sondern um den gesamten Kulturbereich der Institutionen, wissenschaftlichen Erkenntnisse und technischen Einrichtungen. Auf diesen Bereich bezieht sich auch Alfred Weber, wenn er von der "Tragik des Kulturprozesses" spricht und erklärt, "daß wir, indem wir uns in kultureller Formung auszuwirken suchen, dadurch ins Leben Objektivationen setzen, die uns schließlich selbst zerbrechen, weil sie ein eigengesetzliches Dasein gewinnen, dem wir uns unterwerfen müssen, statt es zu gestalten."[12] Das Gefühl der Entfremdung, das angesichts dieser "Tragik des Kulturprozesses" aufkommt, hängt nach Simmel damit zusammen, daß sich der "Einheits- und Ganzheitstrieb"[13] gegen diese Zerstückelung des Lebens in Spezialbereiche und gegen die Übermacht opaker Einrichtungen sträubt. Dies mag durchaus zutreffen, obwohl ein solcher Trieb weder soziologisch noch psychologisch nachweisbar ist.

---

[10] Ibid.

[11] G. Simmel,"Die Arbeitsteilung als Ursache für das Auseinandertreten der subjektiven und der objektiven Kultur (1900)", in: ders., *Schriften zur Soziologie. Eine Auswahl* (Hrsg. H.-J. Dahme, O. Rammstedt), Frankfurt, Suhrkamp, 1983, S. 123 und S. 118.

[12] A. Weber, *Ideen zur Staats- und Kultursoziologie*, Berlin, Junker und Dünnhaupt, 1927, S. 45.

[13] G. Simmel, *Grundfragen der Soziologie. Individuum und Gesellschaft*, Berlin-New York, De Gruyter, 1984 (4. Aufl.), S. 69.

Wichtiger als die Nachweisbarkeit solcher Triebe ist in diesem Zusammenhang die Tatsache, daß Max Webers Theorie der Bürokratie im Sinne von legaler Herrschaft als Ergänzung der hier kommentierten Differenzierungstheorien gelesen werden kann. Max Weber selbst bemerkt dazu: "Die Bürokratie ist der technisch reinste Typus der legalen Herrschaft."[14] Schon der Ausdruck "reinste Typus" deutet auf Differenzierungsprozesse hin, die an anderer Stelle als juristisch-organisatorische Spezialisierungsformen dargestellt werden: "Mit dem Siege des *formalistischen* juristischen Rationalismus trat im Okzident neben die überkommenen Typen der Herrschaften der *legale Typus* der Herrschaft, dessen nicht einzige, aber reinste Spielart die *bürokratische* Herrschaft war und ist."[15]

Die Ausdifferenzierung dieser Herrschaftsform ist ein weiteres Beispiel für die Hypertrophie der objektiven Kultur, von der bei Simmel die Rede ist. Der Bürger, der im Alltag immer wieder mit der "Zuständigkeit" oder "Nicht-Zuständigkeit" von Behörden, Abteilungen und Beamten konfrontiert wird, definiert diese Situation nicht als effiziente Arbeitsteilung, sondern als eine ihm fremde Welt und fühlt sich in Kafkas *Prozeß*-Roman versetzt.

Weber war sich dieser Ambivalenz der Bürokratie als Rationalisierung *und* Hypertrophie, als Fortschritt *und* Bedrohung der Gesellschaft durchaus bewußt und erblickte daher im Politiker eine Gegenkraft zur *inertia* des Bürokraten: "Wo immer Weber das Berufsbild des Politikers genauer zeichnet, stellt er es nicht dem des Wissenschaftlers, sondern dem des Beamten gegenüber."[16] Das heißt, daß bei Weber der Politiker die subjektive Initiative verkörpert, die zumindest im politischen Bereich die Hypertrophie der objektiven Kultur (im Sinne von Simmel) eindämmen soll. Sie soll die Menschen vor dem "Gehäuse der Hörigkeit"[17] bewahren, vor dem Max Weber warnt, und sie artikuliert sich am klarsten "im charismatischen Parteiführer oder charismatischen Staatsmann", in dem der Soziologe "die wirksamste

---

14 M. Weber, "Die drei reinen Typen der legitimen Herrschaft", in: ders., *Soziologie. Universalgeschichtliche Analysen. Politik* (Hrsg. J. Winckelmann), Stuttgart, Kröner, 1973 (5. Aufl.), S. 153.

15 M. Weber, "Einleitung in die Wirtschaftsethik der Weltreligionen", in: ders., *Soziologie. Universalgeschichtliche Analysen*, op. cit., S. 437.

16 W. Schluchter, *Rationalismus und Weltbeherrschung. Studien zu Max Weber*, Frankfurt, Suhrkamp, 1980, S. 64.

17 M. Weber, *Gesammelte politische Schriften*, Tübingen, Mohr-Siebeck, 1921, S. 151.

Gegenkraft gegen die Gefahren dieser Beamtenbürokratie sieht".[18] Doch die Rationalität charismatischer Gestalten ist alles andere als vernünftig und zeugt eher von Webers Neigung zu einem spätkapitalistischen Irrationalismus als von einer theoretisch akzeptablen Lösung. Zu sehr erinnern seine Charisma-Analysen an Thomas Hobbes' Versuch, verallgemeinerungsfähige Vernunftregeln durch partikulare Machtausübung zu ersetzen.[19]

Es kommt hinzu, daß der charismatische Führer kaum etwas an der Eigengesetzlichkeit und Unaufhaltsamkeit des Differenzierungs- und Bürokratisierungsprozesses ändern kann. Claus Offe betrachtet diesen Prozeß sogar als subjektloses Geschehen: "Dabei liegt für mich der zentrale methodische Gesichtspunkt bei Weber darin, daß Modernisierungsprozesse (oder Rationalisierungsprozesse oder der Prozeß der 'Entzauberung' oder der Prozeß der Differenzierung – alle diese Termini können sich weitgehend gegenseitig vertreten) als die Abfolge eines nicht-intentionalen, nicht-revolutionär herbeigeführten, nicht mit Willen und Bewußtsein gemachten Geschichtsprozesses angesehen werden, sondern als Verkettung von Umständen, als evolutionäres und subjektloses Geschehen eines historisch, zeitlich und räumlich sehr spezifischen, sehr unwahrscheinlichen Kulturzusammenhanges von Lebenstatsachen, die dann globale Konsequenzen haben."[20]

Zu diesen globalen Konsequenzen gehört auch der um die vorige Jahrhundertwende einsetzende Zweifel am individuellen Subjekt, der sich nicht nur in Philosophie, Psychoanalyse und Literatur, sondern auch in der entstehenden Soziologie als spätmoderner Wissenschaft bemerkbar macht. Soziologen der Nachmoderne wie Jean Baudrillard und Niklas Luhmann verzichten ein halbes Jahrhundert später auf den Subjektbegriff, weil sie Offes Diagnose zustimmen und sie zugleich als eine Bankrotterklärung der Subjektivität und ihrer Begrifflichkeit deuten. Andere zeitgenössische Soziologen wie Alain Touraine lehnen diese Diagnose zwar nicht ab, ziehen aber andere Konsequenzen: Sie entwerfen eine Soziologie des Akteurs und des Subjekts, die als Ideo-

---

18 G. Weipert, in: "Diskussion zum Thema: Industrialisierung und Kapitalismus", in: *Max Weber und die Soziologie heute. Verhandlungen des fünfzehnten deutschen Soziologentages*, Tübingen, Mohr-Siebeck, 1965, S. 183.

19 Vgl. Th. Hobbes, *Leviathan*, London, Penguin (1951), 1985, S. 232-233 sowie S. 722.

20 C. Offe, in: "Max Weber und das Projekt der Moderne. Eine Diskussion mit Dieter Henrich, Claus Offe und Wolfgang Schluchter", in: Ch. Gneuss und J. Kocka, *Max Weber. Ein Symposion*, München, DTV, 1988, S. 158.

logie (im allgemeinen Sinn) gesellschaftliche Subjektivität stärken soll. Beide Denkrichtungen stimmen jedoch in der Ansicht überein, daß individuelle Subjektivität im zwanzigsten Jahrhundert immer mehr in Bedrängnis gerät.

Diese Ansicht wurde zwischen den Weltkriegen und nach dem Zweiten Weltkrieg vor allem auf der Ebene der *Institutionalisierung* von Arnold Gehlen bestätigt, der die in den Irrationalismus führende These aufstellt, daß alle Versuche von Einzelsubjekten, den funktionalen Zusammenhang der Gesellschaft und deren Institutionalisierungsprozesse durchschaubar zu machen, illusorisch sind. Da es seiner Ansicht nach unmöglich ist, die Kulturtradition kritisch-rational zu reflektieren, plädiert er (unter dem Motto "zurück zur Kultur!") für eine unreflektierte Annahme dieser Tradition. Deren Infragestellung kann nur einen Rückfall der Gesellschaft in Natur und Chaos zur Folge haben: "Das Chaos ist ganz im Sinne ältester Mythen vorauszusetzen und *natürlich*, der Kosmos ist göttlich und *gefährdet*."[21] Statt sich vorzunehmen, die Gesamtheit gesellschaftlicher Beziehungen kulturkritisch zu erfassen, sollte sich der einzelne Soziologe mit einer Teilansicht begnügen und andere Teilansichten gleichberechtigt gelten lassen. Die Möglichkeit, solche Teilansichten dialogisch zu vermitteln, faßt Gehlen nicht ins Auge. Er bleibt bei dem aus Max Webers Soziologie ableitbaren Fazit der Entmachtung des Einzelsubjekts stehen, dessen Befreiung von institutionellen Zwängen in seinen Augen nur einen Sturz ins Natürlich-Chaotische zur Folge hätte.

Diese Entmachtung des Subjekts beschreibt die Soziologie komplexer Organisationen, die zahlreiche Theoreme Marxens, Durkheims und Max Webers aufnimmt, auf ihre Art. Der von Marx stammende Gedanke[22], daß die Entwicklung des kapitalistischen Systems zu immer größeren Ballungen, d.h. zur Konzern- und Kartellwirtschaft führt, wird in den 60er Jahren von Marxisten wie Paul A. Baran und

---

21 A. Gehlen, *Philosophische Anthropologie und Handlungslehre*, Gesamtausgabe, Bd. IV, Frankfurt, Klostermann, 1983, S. 132. Zu Recht bemerkt Johannes Weiß in *Weltverlust und Subjektivität. Zur Kritik der Institutionenlehre Arnold Gehlens*, Freiburg, Rombach, 1971, S. 210: "'Subjektivität' ist so für Gehlen primär und fundamental eine Rechaotisierung der Antriebe und Bedürfnisse."

22 Vgl. K. Marx, *Das Kapital I. Der Produktionsprozeß des Kapitals*, Frankfurt-Berlin-Wien, Ullstein, 1981, S. 579: "Die durch die Zentralisation über Nacht zusammengeschweißten Kapitalmassen reproduzieren und vermehren sich wie die anderen, nur rascher, und werden damit zu neuen mächtigen Hebeln der gesellschaftlichen Akkumulation."

Paul M. Sweezy auf den amerikanischen Monopolkapitalismus angewandt. Sie bestätigen die These von Ernest Mandel und Herbert Marcuse[23], der zufolge die individualistische Ära des liberalen Unternehmers zu Ende geht und von der Zeit der "Monopole" oder "Oligopole" (*oligopolies*) abgelöst wird: "The tycoon was interested in self-enrichment: he was an individualist. The modern manager is dedicated to the advancement of the company: he is a 'company man'."[24] Obwohl diese Feststellung mit dem Hinweis relativiert werden kann, daß gerade im Zeitalter der Großkonzerne hochspezialisierte Kleinbetriebe ihre Existenz der individuellen Initiative von *tycoons* verdanken, wird sie an der Schwelle zum 21. Jahrhundert täglich bestätigt. Denn das Fusionsfieber der Großkonzerne steigt eher, als daß es abnimmt, und die Größe multinationaler Unternehmen läßt individuelle Verantwortung und Initiative zu einer sekundären Erscheinung werden.

In solchen Unternehmen fallen Entscheidungen nicht in *foro interno* eines allein verantwortlichen Einzelsubjekts, sondern im Team. Das zeigen – völlig unabhängig von marxistischen Theorien – Tom Burns und G. M. Stalker in ihrer empirischen Studie *The Management of Innovation* (1961), in der die These entwickelt wird, daß sich die funktionale Differenzierung auch in Großbetrieben durchgesetzt hat, in denen Entscheidungsprozesse nicht mehr hierarchisch oder "vertikal", sondern "horizontal" ablaufen: Nicht der für alle verantwortliche *tycoon* beschließt gleichsam von oben herab, sondern das funktional ausdifferenzierte Team entscheidet kollektiv und trägt die Verantwortung.[25]

In Frankreich, wo Touraine und andere Soziologen die Bürokratisierung der Wirtschaft (durch Kartellbildungen und Fusionen) als eine Bedrohung individueller Subjektivität betrachten, wird diese Verlagerung der Entscheidungsfindung vom Einzelnen aufs Team von Michel Crozier als Erfolg verbucht. Er erblickt in dieser Veränderung eine Form der Demokratisierung: "Aber diese souveräne Unab-

---

23 Vgl. E. Mandel, *Le Troisième âge du capitalisme*, Paris, Ed. de la Passion, 1997, ders., *Les Ondes longues du développement capitaliste*, Paris, Page Deux, 1998 sowie H. Marcuse, *Kultur und Gesellschaft II*, Frankfurt, Suhrkamp (1965), 1970, S. 129.

24 P. A. Baran, P. M. Sweezy, *Monopoly Capital. An Essay on the American Economic and Social Order*, London, Penguin, 1966, S. 42-43.

25 Vgl. T. Burns, G. M. Stalker, *The Management of Innovation*, London, Pergamon Press, 1961.

hängigkeit des erfolgreichen Mannes wurde um den Preis einer viel größeren Unterwerfung all derer erkauft, die auf die Rolle von Untergebenen eingeschränkt wurden (...)."[26] In dieser Perspektive kritisiert er den amerikanischen Soziologen William H. Whyte Jr., der den Niedergang des liberalen Unternehmers als einen Rückschritt bedauert, der für die Schwächung des individuellen Subjekts in der gesamten Gesellschaft symptomatisch ist.[27]

Es mag durchaus sein, daß "der tolerante und 'konformistische' Direktor von heute ein wahres Modell der Leistungsfähigkeit"[28] im Vergleich zum autoritären Industriekapitän von früher darstellt, wie Crozier meint. Aber das ist nicht der springende Punkt, den Whyte anvisiert, wenn er den Rückgang der individuellen Initiative und Kreativität im wirtschaftlichen Bereich als ein Symptom des Niedergangs individueller Subjektivität in der gesamten Gesellschaft deutet. Es geht um die sich durchsetzende Erkenntnis, daß analog zum abdankenden *tycoon* auch der Politiker eines Nationalstaates nicht mehr erfolgreich gegen die Interessen multinationaler Konzerne und übernationaler Verwaltungsapparate agieren kann. Um der politischen Initiative (im Sinne von M. Weber) zum Erfolg zu verhelfen, wäre es notwendig, wenigstens über den nationalstaatlichen Rahmen hinauszugehen.

Denn die internationale Wirtschaft hat diesen Rahmen längst gesprengt. Dabei gehorcht sie den komplementären Prinzipien der Differenzierung und des Tausches: Die fusionierenden Autokonzerne rationalisieren ihre Produktion, indem sie weniger entwickelte Spezialbereiche dem Partnerunternehmen überlassen und dabei Personal einsparen, dafür aber andere Bereiche ausbauen, um sich größere Marktanteile zu sichern. Politische, soziale oder gar kulturelle Überlegungen sind in solchen Fällen bestenfalls zweitrangig. Entscheidend ist der Markterfolg, der Tauschwert, der alle qualitativen Werte (Religion, Politik, Kultur) ins Nebensächliche abdrängt. "Denn das Geld", schreibt Simmel, "fragt nur nach dem, was ihnen allen gemeinsam ist, nach dem Tauschwert, der alle Qualität und Eigenart auf die Frage nach dem bloßen Wieviel nivelliert."[29]

---

26 M. Crozier, *Le Phénomène bureaucratique*, Paris, Seuil, 1963, S. 352.

27 Vgl. W. H. Whyte, *The Organization Man*, New York, Simon and Schuster, 1956.

28 M. Crozier, *Le Phénomène bureaucratique*, op. cit., S. 353.

29 G. Simmel, "Die Großstädte und das Geistesleben", op. cit., S. 194.

Kulturelle Qualität und Eigenart sind aber die Grundlagen individueller Subjektivität. Daher hat Giuseppe Antonio di Marco recht, wenn er Marxens und Max Webers soziologische und wirtschaftliche Problematik in den nietzscheanischen Kontext zurückprojiziert: "Insofern folgt die Wirtschaft sowohl im reaktiven Sinne als auch im Sinne einer positiven Gegenbewegung der Entwicklung des Nihilismus. Dem völlig nihilistischen Charakter der Gegenwart entspricht ihr völlig wirtschaftlicher Charakter: Die Wirtschaft wirkt immer stärker auf 'Menschen und Dinge' ein – in diesem Gedanken würden sich sowohl Marx als auch Weber wiederfinden."[30] Nicht nur Marx und Weber, sondern auch Nietzsche, der, wie sich gezeigt hat (vgl. II, 4), das Schicksal des Einzelsubjekts mit der Überwindung des Nihilismus durch den Übermenschen verknüpfte. Ist Webers charismatischer Führer nicht eine Art Übermensch im Sinne von Nietzsche?

Diese Wendung ins Irrationale, die Weber mit Nietzsche vollzieht, sollte nicht über die bescheidenen Möglichkeiten des isolierten Einzelnen in der Wirtschaftsgesellschaft hinwegtäuschen. Seine Möglichkeiten sind deshalb stark eingeschränkt, weil Differenzierung und Herrschaft des Tauschwerts die Gruppensolidarität schwächen[31], die als *conscience collective* die Grundlage individueller Werthaltungen und Orientierungen bildet. Zu den Ergebnissen dieser Entwicklung gehören die "einsame Masse", die David Riesman so anschaulich beschreibt (vgl. I, 2, b), und die von Christopher Lasch analysierte Flucht in den das Subjekt isolierenden Narzißmus (vgl. III, 7).

Ein weiteres Ergebnis, das sowohl die Vereinsamung als auch die narzißtische Wende mitbedingt, ist die von Alexander Mitscherlich inszenierte "vaterlose Gesellschaft", die einerseits vom Niedergang der väterlichen Autorität gekennzeichnet wird, andererseits von der Auflösung der Familie und der Vereinsamung des Einzelnen. Es ist wohl kein Zufall, daß Mitscherlich die Schwächung der Vatergestalt mit zwei der hier kommentierten Faktoren verknüpft: mit der sozialen Differenzierung (als Arbeitsteilung) und mit dem Verschwinden des

---

30 G. A. Di Marco, *Marx – Nietzsche – Weber. Gli ideali ascetici tra critica, genealogia, comprensione*, Neapel, Guida, 1984, S. 119.

31 Zur Schwächung der Solidarität und des Kollektivbewußtseins durch Arbeitsteilung und Differenzierung vgl. J. Neyer, "Individualism and Socialism in Durkheim" sowie: P. Bohannan, "Conscience collective and Culture", beide in: E. Durkheim et al., *Essays on Sociology and Philosophy* (ed. K. H. Wolff), New York, Harper and Row, 1964, S. 47-48 und S. 89. Zur Schwächung des Kollektivbewußtseins durch die Marktgesetze vgl. L. Goldmann, *Soziologie des Romans*, Frankfurt, Suhrkamp, 1984, S. 33-40.

liberalen Unternehmers (des selbständigen Produzenten). Zur "Entleerung der Autorität" heißt es in seiner bekannten Studie: "Die fortschreitende Arbeitsfragmentierung im Zusammenhang mit maschineller Massenproduktion und einer komplizierten Massenverwaltung, die Zerreißung von Wohn- und Arbeitsplatz, der Übergang vom selbständigen Produzenten in den Stand des Arbeiters und Angestellten, der Lohn empfängt und Konsumgüter verbraucht, hat unaufhörlich zur Entleerung der *auctoritas* und zur Verringerung der innerfamiliären wie überfamiliären *potestas* des Vaters beigetragen."[32]

Mitscherlich weist darauf hin, daß die väterliche Autorität als Verinnerlichung von Werten und Verhaltensnormen von *peer groups* und Organisationen abgelöst wird. Dieser Wandel im Bereich der Sozialisation hat u.a. zur Folge, daß der autonome Einzelne der liberal-individualistischen Ära, der *inner-directed type* im Sinne von Riesman, vom außengelenkten Typus, vom *other-directed* type, abgelöst wird. Dieser neue – man könnte auch sagen: postmoderne – Typus ist zwar wendiger und flexibler als der von der väterlichen Autorität geprägte; er orientiert sich aber am Ephemeren und Opportunen: "Denn zum Lebensraum des 'other-directed' gehört der überraschende Zuruf neuer kurzfristiger Ziele, die er schnell ergreift und aufgibt."[33] Es ist der Lebensraum der postmodernen In-Differenz, die alle Wertsetzungen relativiert und die Austauschbarkeit aller Werturteile möglich erscheinen läßt. Man hat sich für eine bestimmte Partei oder Ideologie entschieden – aber man hätte sich ebensogut für die Gegenpartei und ihre Ideologie entscheiden können.

Diese gesellschaftliche Situation schildert Alberto Moravia in seinem Roman *Il conformista* (1951), in dem das konformistische Verhalten des Helden im Faschismus aus dem "vaterlosen" Zustand seiner (von der Mutter und vom "Imaginären") beherrschten Familie abgeleitet wird. "Alles [war] der inkonsistenten, angsteinjagenden, unerträglichen Freiheit des väterlichen Hauses vorzuziehen"[34], erläutert der Erzähler den Sachverhalt und fügt hinzu, daß sich Marcello

---

[32] A. Mitscherlich, *Auf dem Weg zur vaterlosen Gesellschaft. Ideen zur Sozialpsychologie*, München, Piper, 1973, S. 183. Auf S. 186 beruft sich Mitscherlich auf D. Riesmans bekannte Studie *Die einsame Masse. Eine Untersuchung der Wandlungen des amerikanischen Charakters*, Darmstadt-Berlin-Neuwied, Luchterhand, 1956.

[33] Ibid., S. 186-187.

[34] A. Moravia, *Il conformista*, Mailand, Bompiani, 1951, Mondadori, 1976, S. 22.

nach “irgendeiner Normalität” (“una normalità purchessia”)[35] sehnt. Diese Normalität findet er schließlich in der erstarkenden faschistischen Ideologie, die aus dem schwankenden Individuum ein Subjekt macht, das eine Zeitlang weiß, wo die Guten und wo die Bösen sind. Ihm erscheint ideologische Vereinnahmung als Erlösung.

Moravias spätmoderner (modernistischer) Roman stellt anschaulich die Wechselbeziehung zwischen marktbedingter Wert-Indifferenz und ideologischem Engagement dar. Die unerträgliche Freiheit, die aus dieser Indifferenz hervorgeht, läßt die Flucht in die Ideologie als einzigen Ausweg erscheinen. Nicht nur der italienische Faschismus und der deutsche Nationalsozialismus, sondern auch die Ideologien der Nachkriegszeit wurden zu Zufluchtsstätten einer geschwächten Subjektivität. Solche Ideologien sind alles andere als “freischwebend”; sie sind es ebensowenig wie die von Karl Mannheim aufgewerteten Intellektuellen.[36] Denn hinter ihnen stehen Organisationen wie Parteien, Gewerkschaften und Bewegungen, die mit Hilfe von “heteronomen Intellektuellen” (Bourdieu) Wertsysteme konstruieren und adaptieren, um große Gruppen oder Massen lenken zu können. Schon Robert Michels hat um die Jahrhundertwende gezeigt, wie sehr diese Organisationen (vor allem politische Parteien) zu Oligarchisierung und Verkrustung neigen.[37] Das von ihm postulierte “eherne Gesetz der Oligarchie” verstärkt nur die Vereinnahmung des Einzelnen durch die Ideologie, die unter oligarchischen Bedingungen (z.B. in der stalinistischen KPdSU) von niemandem kritisch reflektiert werden kann.

Diese Verflechtung von Ideologie und Bürokratie (als Oligarchie) beschreibt in allen Einzelheiten Helmut Fleischer: “Systembuchhalter konnten die Macht des Sowjetsystems als eine Summe aus den Machtgrößen der Subsysteme ansehen und dabei auch der Macht der Ideologie ihren Anteil zuerkennen. Gerade sie aber war keine Macht eigenen

---

[35] Ibid.

[36] Vgl. K. Mannheim, *Ideologie und Utopie*, Frankfurt, Schulte-Bulmke, 1978 (6. Aufl.), S. 135. Zur Kritik am Begriff der “freischwebenden Intelligenz” vgl. Vf. *Ideologie und Theorie. Eine Diskurskritik*, Tübingen-Basel, Francke, 1989, S. 99-107.

[37] Vgl. R. Michels, *Zur Soziologie des Parteiwesens in der modernen Demokratie*, Leipzig, Kröner, 1925, vor allem Teil VI: “Synthese: Die oligarchischen Tendenzen der Organisation”. Dort heißt es auf S. 504: “Die Bildung von Oligarchien im Schoße der mannigfaltigen Formen der Demokratien ist eine *organische*, also eine Tendenz, der jede Organisation, auch die sozialistische, selbst die libertäre, notwendigerweise unterliegt.”

Ursprungs, sondern Derivat einer anderen, der politbürokratischen Macht."[38] Robert Michels würde sagen: der oligarchischen Macht, die nur noch dem Primat der Selbsterhaltung verpflichtet ist.

An dieser Stelle schließt sich der Kreis, den man von Michels' Oligarchie zu Barans und Sweezys Oligopol schlagen kann: Mehr als je zuvor erscheint das individuelle Subjekt an der Schwelle zum 21. Jahrhundert als ein Spielball von multinationaler Konzernwirtschaft und Partei- oder Gewerkschaftsbürokratie. Wenn nun trotz dieser mißlichen Lage ein Soziologe wie Alain Touraine oder der Autor dieser Zeilen nach Möglichkeiten von individueller Subjektivierung und Subjektivität Ausschau hält, so nicht deshalb, weil das "Feld der Subjektivität" (Bürger, vgl. I, 2, d) als ständiges Oszillieren zwischen Subjektaffirmation und Subjektnegation darstellbar wäre, sondern weil nach dem Zerfall der Großideologien und der Machtblöcke neue Spielräume und neue Perspektiven erkennbar werden.

Wer diese wahrnimmt, sollte den Blick jedoch nicht von dem neuesten Szenario abwenden, welches das individuelle Subjekt als einen Kämpfer in arger Bedrängnis erscheinen läßt: von den Medien. Denn im medialen Bereich interagieren Differenzierungs-, Kommerzialisierungs- und Ideologisierungsprozesse so erfolgreich, daß sie nicht nur in den Augen des Durchschnittsbürgers, sondern auch aus der Sicht vieler Politiker zur Ersatzwirklichkeit werden. Es fragt sich mittlerweile, ob nicht auch Politiker ihre Kenntnisse bestimmter Länder und Kulturen den Massenmedien verdanken. Daß sie keine Zeit zum Lesen haben und daß Kurzbesuche in "exotischen" Gegenden keine profunden Einsichten vermitteln, ist bekannt. Wie soll aber ein dürftig informierter, mediengeschulter Politiker als Initiator einer neuen Politik seinen spezialisierten Beamten und Experten begegnen? Diese Frage führt zum Anfang dieser Betrachtung zurück: zu Webers Theorie der sich ausdifferenzierenden Bürokratie und seiner Hoffnung auf den subjektiven Faktor der Politik. Sie soll nicht beantwortet, sondern von der Frage nach dem "medialen" Subjekt und seinem Verschwinden bei Bourdieu und vor allem Baudrillard abgelöst werden.

---

[38] H. Fleischer, "Marxismus: Sieg der Ideologie über die Ideologiekritik", in: H. Fleischer (Hrsg.), *Der Marxismus in seinem Zeitalter*, Leipzig-Stuttgart, Reclam, 1994, S. 223.

2. Medialer Subjektverlust: Von Bourdieu zu Baudrillard oder “Die Antiquiertheit des Menschen”

Das Wort “medial” wird hier mit zweifacher Bedeutung ausgestattet: Es soll sich sowohl auf den medialen Bereich (z.B. des Fernsehens) als auch auf die Vermittlung durch den Tauschwert als *mediatio* beziehen. Diese Doppelsinnigkeit ist insofern kein bloßes Wortspiel, als bei Baudrillard die gesamte gesellschaftliche Wirklichkeit mit ihren Vermittlungen, Statistiken und Normalisierungsverfahren im Sinne von Link zu einem globalen Bildschirm wird, zu einem *écran total*.[39] Dieser Bildschirm verwandelt sich in Baudrillards Spätwerk in eine Metapher für den von Tausch, Äquivalenz und Indifferenz beherrschten Informationszusammenhang, der in der postmodernen Welt die Wirklichkeit ersetzt.

Auch der zweite Teil des Titels ist klärungsbedürftig, weil die Verknüpfung von Bourdieus und Baudrillards Theorien nicht ohne weiteres einleuchten will: Während Bourdieu als kritischer Soziologe gegen die zunehmende Kommerzialisierung des *journalistischen Feldes* (des *champ journalistique*) polemisiert, um eine oppositionelle Subjektivität auf individueller und kollektiver Ebene zu wecken, beruft sich Baudrillard vor allem in seinen neueren Schriften[40] eher auf die Anthropologie und verabschiedet mit postmoderner und posthistorischer Rhetorik “alteuropäische” Begriffe wie “Wirklichkeit”, “Geschichte”, “Subjektivität” und “Kritik”. Insofern ergänzt er – wie sich im nächsten Abschnitt zeigen wird – eher Luhmann als Bourdieu, der sorgsam alle postmodernen Gesten meidet.

Dennoch bestätigen die heterogenen Diskurse Bourdieus und Baudrillards einander in wesentlichen Punkten[41] und vor allem im Bereich der Subjektivität: Während Bourdieu die sprachlichen, medialen und kommerziellen Zwänge analysiert, denen das Diskurse, Nachrichten und Bewertungen *produzierende* journalistische Subjekt unterworfen ist, schildert Baudrillard den Niedergang des *rezipierenden* Subjekts in einer Welt, die so vollständig vom Tauschwert beherrscht wird, daß der Gegensatz von Gebrauchswert und Tauschwert ver-

39 Vgl. J. Baudrillard, *Ecran total*, Paris, Galilée, 1997.

40 Vgl. J. Baudrillard, *Le Paroxyste indifférent. Entretiens avec Philippe Petit*, Paris, Grasset-Fasquelle, 1997, S. 70-71: “Non, je n'ai jamais été sociologue dans ce sens-là”.

41 Um solche Überschneidungen heterogener Diskurse geht es in der Dialogischen Theorie: vgl. Kap. V, 2.

schwindet und letzterer nicht mehr benannt werden kann: Er wird zum Wert schlechthin in einer eindimensionalen Welt. Beiläufig sei daran erinnert, daß Baudrillard wesentliche Gedanken aus Günther Anders' Buch *Die Antiquiertheit des Menschen* (1956) aufgreift, ohne Anders zu nennen.

Bourdieu läßt an einigen Stellen seines Werks erkennen, wie die Dialektik der Subjektivität im sprachlich-symbolischen Bereich die emanzipatorischen Momente zurücknimmt und in der Unterwerfung des Einzelnen unter die Struktur (des Feldes, der Institution) ausmündet. Schon in *Ce que parler veut dire* sollte dargetan werden, daß die Sprache nicht einfach ein System oder Repertoire ist, dessen sich der Einzelne nach Belieben bedient, um eine *parole* (Saussure) oder eine *performance* (Chomsky) grammatisch korrekt hervorzubringen, sondern ein symbolisches Machtgefüge, das einigen Subjekten wesentlich mehr Spielraum gewährt als anderen.

Während die einen über genügend symbolisches und sprachliches Kapital verfügen, um in bestimmten sozialen Situationen das Richtige sagen zu können und akzeptiert zu werden, müssen andere verstummen, weil sie "nicht reden können": "Die Sprachkompetenz, die ausreicht, um Sätze zu bilden, kann völlig unzureichend sein, um Sätze zu bilden, *auf die gehört wird*, Sätze, die in allen Situationen, in denen gesprochen wird, als *rezipierbar* anerkannt werden können. Auch hier ist die soziale Akzeptabilität nicht auf die Grammatikalität beschränkt. Sprecher ohne legitime Sprachkompetenz sind in Wirklichkeit von sozialen Welten, in denen diese Kompetenz vorausgesetzt wird, ausgeschlossen oder zum Schweigen verurteilt."[42] Anders gesagt: Wem der Habitus und die Kompetenz fehlen, im politischen, juristischen oder literarischen Feld die autorisierte oder legitime Sprache zu sprechen, der wird als Subjekt nicht wahrgenommen oder zumindest nicht ernstgenommen. Der Bauer, erläutert Bourdieu diesen Sachverhalt, mag dasselbe behaupten wie der Präfekt; man wird ihn nicht ernstnehmen, weil er nicht den im *Feld* als legitim anerkannten *langage autorisé* spricht. Dieser Bemerkung könnte man eine tragikomische Wende geben und hinzufügen, daß man aufgrund der im *Feld* herrschenden Legitimitätsverhältnisse dem Bauern auch dann nicht zuhören wird, wenn er etwas viel Intelligenteres vorbringt als der Präfekt.

---

[42] P. Bourdieu, *Was heißt sprechen? Die Ökonomie des sprachlichen Tausches*, Wien, Braumüller, 1990, S. 32.

Für die individuelle und kollektive Subjektivität bedeutet dies, daß sie den aus bestimmten Herrschaftsverhältnissen hervorgehenden Legitimationszwängen des *Feldes* unterworfen ist. Selbstverständlich genießt der Präfekt mehr Handlungsspielraum, mehr Freiheit als der Bauer, aber auch er hat sich den politischen, wirtschaftlichen und sprachlichen Regeln der Institution zu unterwerfen.

Im Anschluß an diese Überlegungen versucht Bourdieu in seinen Kommentaren zum *journalistischen Feld* zu zeigen, welchen Zwangsmechanismen Journalisten sowohl in der Welt der Printmedien als auch in der des Fernsehens unterliegen. Auf seine Weise bestätigt er damit Max Webers und Arnold Gehlens Thesen zur Übermacht der sozialen Institution, die eine Eigendynamik entfaltet und tendenziell zum Selbstzweck wird.

"Die Entscheidungen, die im Fernsehen getroffen werden, sind gewissermaßen subjektlos"[43], bemerkt er. Weshalb? Weil das journalistische Feld zu einem geschlossenen Kreislauf, einem Teufelskreis, wie Bourdieu sagt, geworden ist: "Um die Undurchlässigkeit dieses Teufelskreises zu ermessen, braucht man bloß den Versuch zu unternehmen, eine nicht ins Schema passende Nachricht über Algerien, über den Status von Ausländern in Frankreich oder dergleichen einzuschleusen, in der Hoffnung, sie würde in die Öffentlichkeit gelangen: Pressekonferenz, Presseerklärung – nichts hilft (...)."[44] Weshalb nicht? Weil das journalistische Feld zugleich eine sprachliche Situation ist, die von bestimmten ideologischen, vor allem aber kommerziellen *Soziolekten* beherrscht wird, die darüber entscheiden, was zu einem bestimmten Thema gesagt werden kann und was nicht. Sie definieren den autorisierten, den legitimen Sprachgebrauch, den jede Institution (Presse, Fernsehen, Börse, Bank) auf ihre Art bestimmt.

Deshalb kann Bourdieu von einem *choix sans sujet* sprechen: Obwohl Reflexion prinzipiell jederzeit möglich ist, spürt jeder Journalist instinktiv, daß er auf die Dauer seinen Arbeitsplatz riskiert, wenn er sich nicht den autorisierten Sprachgebrauch des gerade herrschenden Soziolekts zu eigen macht. Wer aber autorisiert diesen Sprachgebrauch? Bourdieu scheint keinen Augenblick daran zu zweifeln, daß es der Marktmechanismus ist: "Vor knapp dreißig Jahren noch, und das seit der Mitte des 19. Jahrhunderts, seit Baudelaire, Flaubert usw., war der unmittelbare Verkaufserfolg bei Avantgardeschriftstellern (...)

[43] P. Bourdieu, *Über das Fernsehen*, Frankfurt, Suhrkamp, 1998, S. 33.

[44] Ibid., S. 34.

verdächtig (...). Gegenwärtig dagegen gilt der Markt mehr und mehr als legitime Legitimationsinstanz."[45]

Dies bedeutet nicht nur, daß der Bestseller oft unmittelbar (d.h. ohne die Vermittlungen durch den Tauschwert) als gutes Buch wahrgenommen wird, sondern auch, daß der Sprachgebrauch des journalistischen Feldes marktbedingt ist. Die Marktherrschaft setzt sich wiederum über das Konkurrenzprinzip durch, das über die semantischen Relevanzkriterien entscheidet: die Selektion von Themen, Titeln und Bezeichnungen: "Kurzum, es gibt Themen, die den Zuschauern aufgedrängt werden, weil sie sich den Produzenten der Sendung aufdrängen; und sie drängen sich ihnen auf, weil die Konkurrenzsituation sie ihnen aufdrängt, in der sie sich gegenüber anderen Produzenten von Sendungen befinden."[46] Dieser Konkurrenzkampf um Marktanteile und Einschaltquoten hat u.a. zur Folge, daß Fernsehprogramme immer mehr zu *Shows* verkommen. Politische Ereignisse werden kaum analysiert (und wenn, dann zu vorgerückter Stunde), sondern laufen als Spektakel ab: "als Ereignisabfolgen, die ohne Erklärung auftauchen und ohne Lösung verschwinden, heute Zaire, gestern Biafra und morgen der Kongo (...)".[47]

Dieser sinnzersetzende Impressionismus läßt sowohl beim produzierenden als auch beim rezipierenden Subjekt ein Ohnmachtgefühl aufkommen: das Gefühl, daß man es mit einer "absurden Reihenfolge von Katastrophen zu tun hat, die man nicht versteht und die man nicht beeinflussen kann".[48] Bei den Produzenten geht dieses Ohnmachtgefühl oftmals in blanken Zynismus über ("cynisme professionnel des producteurs de télévision")[49], der in einer Vermischung von Politik, Kultur und Werbung zum Ausdruck kommt: Alles läuft im Stil des Werbespots ab. Bourdieu kommt zu dem Schluß, daß das Fernsehen – viel stärker als die Zeitungen – das Denken entpolitisiert und dabei "die Zeitungen in den Abgrund der Demagogie und der kommerziellen Zwänge mitreißt".[50]

Anders als Baudrillard, der sich damit begnügt, das Verschwinden von Wirklichkeit, Geschichte und Politik in der Indifferenz

---

45 Ibid., S. 36.
46 Ibid., S. 38.
47 P. Bourdieu, *Contre-feux. Propos pour servir à la résistance contre l'invasion néo-libérale*, Paris, Raisons d'agir, 1998, S. 83.
48 Ibid., S. 83.
49 Ibid., S. 84.
50 Ibid., S. 89.

ironisch zu kommentieren, macht Bourdieu aus seiner oppositionell-kritischen Haltung kein Hehl. Stärker noch als in seiner Streitschrift *Über das Fernsehen* polemisiert er in *Contre-feux* gegen die "heteronomen Intellektuellen", die wesentlich dazu beitragen, daß die Marktgesetze im kulturellen Feld als legitim anerkannt werden. Im Gegensatz zu allen postmodernen Denkern hält er am Begriff des *kritischen Intellektuellen*, des *intellectuel critique*[51], fest, der nicht nur von Baudrillard, sondern auch von Luhman (mitsamt der Kritik) verabschiedet wird.

Im kritischen Intellektuellen Bourdieus tritt noch einmal das kritische Subjekt der Spätmoderne auf den Plan, von dem der Soziologe erwartet, daß es einerseits den kritischen Journalisten den Rücken stärkt, die gegen die Herrschaft der Marktgesetze in ihrem *champ* aufbegehren, andererseits die sozialen Bewegungen (z.B. die Gewerkschaften oder die Organisationen der Arbeitslosen) mit praktischen Ratschlägen begleitet. Seine Rede vor dem Deutschen Gewerkschaftsbund gipfelt in der Frage, "wie man die Grundlagen eines neuen Internationalismus auf gewerkschaftlicher, intellektueller und populärer Ebene schaffen könnte".[52] Daß er diesen Internationalismus in erster Linie als europäischen Prozeß auffaßt, an dessen Ende ein europäischer Staat steht[53], ist möglicherweise ein Indiz dafür, daß die französischen Intellektuellen beginnen, Europa wahrzunehmen.

Diese Perspektive einer kritischen Subjektivität fehlt völlig in Günther Anders' luzider Abhandlung über *Die Antiquiertheit des Menschen*, die viele Themen und Thesen von Baudrillards Werk vorwegnimmt. Zunächst knüpft Anders an einen der wichtigsten Topoi der Soziologie (Riesmans, Laschs) an, wenn er die Atomisierung der Einzelsubjekte in den Mittelpunkt seiner Betrachtungen rückt: "Der Typ des *Massen-Eremiten* war entstanden; und in Millionen von Exemplaren sitzen sie nun, jeder vom anderen abgeschnitten, dennoch jeder dem anderen gleich, einsiedlerisch im Gehäus (...)."[54] In dieses

---

51 Ibid., S. 16.

52 Ibid., S. 71.

53 Vgl. ibid., S. 68. Ganz zu Recht fordert er "la création d'un Etat européen capable de contrôler la Banque européenne (...)" ("die Schaffung eines europäischen Staates, der in der Lage wäre, die Europäische Bank zu kontrollieren").

54 G. Anders, *Die Antiquiertheit des Menschen*, Bd. I. *Über die Seele im Zeitalter der zweiten industriellen Revolution*, München, Beck, 1983 (6. Aufl.), S. 102.

"Gehäus" dringt nun der Fernseher ein, für den der isolierte Einzelne zahlt, damit er "sich selbst verkauft".[55]

Er verkauft seine Selbständigkeit, seine Erfahrung und seine Kritikfähigkeit, "denn was nun durch TV zu Hause herrscht, ist die gesendete – wirkliche oder fiktive – *Außenwelt*; und diese herrscht so unumschränkt, daß sie damit die Realität des Heims – nicht nur die der vier Wände und des Mobiliars, sondern die des gemeinsamen Lebens, ungültig und phantomhaft macht".[56] Anschaulich stellt Anders dar, wie der Fernseher den Familientisch aus dem Zentrum des Geschehens verdrängt und dadurch zum *negativen Familientisch*[57] wird, der die vaterlose Familie weiter dezentriert und zersetzt. Das neue Gegenüber ist nicht mehr der andere Familienangehörige, sondern das Gerät, das ununterbrochen spricht und dadurch sprachlos macht: "*Da uns die Geräte das Sprechen abnehmen, nehmen sie uns auch die Sprache fort.*"[58]

Diese Betrachtungen ergänzen Bourdieus Ansatz, weil sie erkennen lassen, daß dem sprachlich reglementierten Subjekt im Produktionsbereich ein sprachlich atrophierendes Subjekt im Rezeptionsbereich entspricht. Während sich der Journalist der vom Markt diktierten Sprachregelung zu unterwerfen hat, büßt der Zuseher seine Fähigkeit ein, sich sprachlich auszudrücken und "in der Wirklichkeit" Erfahrungen zu sammeln. Denn diese Wirklichkeit, in der man sich fortbewegen, verständigen und orientieren mußte, wird nun als mediale Welt frei Haus geliefert: als eine Welt von unverständlichen "Ereignisabfolgen" (Bourdieu), von Assoziationen, *highlights* und Werbespots. Sowohl die Produzenten als auch die Rezipienten werden von den immer stärker kommerzialisierten Fernsehprogrammen zu *sozialer Aphasie* verurteilt.[59] Dadurch wird ihre Subjektivität als sprachliche, als diskursive Autonomie in Frage gestellt.

Sie wird auch deshalb fragwürdig, weil der Einzelne vom TV zur medialen Eindimensionalität verurteilt wird. Er nimmt nichts wahr als die Ersatzrealität, die ihm das Gerät täglich liefert: "Wenn es [das Ereignis] erst in seiner Reproduktionsform, also als Bild sozial wichtig

---

[55] Ibid., S. 103.

[56] Ibid., S. 105.

[57] Vgl. ibid., S. 106.

[58] Ibid., S. 107.

[59] Vgl. Vf., "Wie man gedacht wird. Soziale Aphasie als Entmündigung des Subjekts", in: J. Wertheimer, P. V. Zima (Hrsg.), *Strategien der Verdummung*, München, Beck, 2001.

wird, ist der Unterschied zwischen Sein und Schein, zwischen Wirklichkeit und Bild aufgehoben."[60] Diese Eindimensionalität läßt eine von der Empirie abgehobene Haltung entstehen, die Anders als "Idealismus" bezeichnet. Als medialer Weltkonsument wird der Mensch zum "Idealisten", dessen Erfahrungsfähigkeit zusehends verkümmert. Doch ist er sich dieses Verlustes nicht bewußt: ebensowenig wie sich manche Journalisten der Tatsache bewußt sind, daß sie marktbedingten Sprachregelungen gehorchen. Auch das kritische Reflexionsvermögen verschwindet, weil das Fernsehen den Konsumenten des Scheins "auch noch gegen die Tatsache seiner Blindheit blind macht, ihn vergessen läßt, wie das Wirkliche wirklich aussah (...)".[61]

Am Ende dieser Atrophie von Autonomie, Erfahrung und kritischer Reflexion steht ein geschwächtes, zerfallendes Ich: "Denn aus der Unterstellung, wir, ausschließlich mit Ersatz, Schablonen und Phantomen genährten Wesen wären noch Iche mit einem Selbst, könnten also noch davon abgehalten werden, 'wir selbst' zu sein oder zu 'uns selbst' zu kommen, spricht vielleicht ein heute nicht mehr gerechtfertigter Optimismus."[62]

An diese Argumentation knüpft Baudrillard an, radikalisiert und vereinseitigt sie aber, indem er Anders' vorsichtiges Vielleicht kurzerhand durchstreicht. Für ihn ist das Verschwinden des Subjekts, der Erfahrung, der Wirklichkeit und der Geschichte eine ausgemachte Sache. Er ist auch deshalb radikaler – und einseitiger – als Anders und Bourdieu, weil er zusammen mit dem Gegensatz *Gebrauchswert/Tauschwert* die komplementären Gegensätze *Sein/Schein, Signifikat/Signifikant, Wahrheit/Täuschung, Subjekt/Objekt* für nichtig erklärt: Der Tausch ist längst allgegenwärtig und daher als Wert nicht mehr benennbar. Sein und Wahrheit haben sich längst im allgegenwärtigen Schein aufgelöst, und das Subjekt hat sich im Objektiven verflüchtigt. Seine Radikalität kommt auch darin zum Ausdruck, daß er das Fernsehen nicht nur als besonderes Medium auffaßt, sondern es als "totalen Bildschirm"[63] metaphorisch auf die gesamte Gesellschaft ausdehnt. Diese Überdehnung hat zwar den Nachteil, daß sie der wil-

---

60 G. Anders, *Die Antiquiertheit des Menschen*, op. cit., S. 111.

61 Ibid., S. 125.

62 Ibid., S. 128.

63 Vgl. J. Baudrillard, *Ecran total*, op. cit., Kap. I-II sowie J. Baudrillard, *L'Echange impossible*, Paris, Galilée, 1999, S. 135: "L'écran de la communication a brisé le miroir de la représentation. Seules circulent des ombres statistiques sur l'écran des sondages."

den Spekulation Tür und Tor öffnet, sie hat aber den Vorteil, daß im folgenden – in Übereinstimmung mit dem Thema des Kapitels – wieder von Subjektivität und Gesellschaft allgemein die Rede sein kann.

Seit seiner Kritik am Marxismus in *Pour une critique de l'économie politique du signe* (1972) stellt Baudrillard den fundamentalen Gegensatz zwischen Gebrauchswert und Tauschwert in Frage, ohne den Schlüsselbegriffe der materialistischen Dialektik wie Wesen und Erscheinung, Kritik und Entfremdung, Subjekt und Objekt sinnlos werden. Begriffe wie "Tauschwert", "Warenfetischismus" oder "falsches Bewußtsein", gibt er zu bedenken, "setzen das Ideal-Phantom (fantôme idéal) eines nicht entfremdeten Bewußtseins, eines objektiven, 'wahren' Status' des Objekts voraus: den Gebrauchswert".[64] Baudrillards Gesamtwerk könnte als ein großangelegter Versuch gelesen werden, dieses "Trugbild" des Gebrauchswerts aufzulösen und den Gegensatz von Gebrauchswert und Tauschwert zu dekonstruieren.

In diesem Zusammenhang unterscheidet er vier Stadien der wirtschaftlich-gesellschaftlichen Entwicklung: Während das "natürliche Stadium" noch vom Gebrauchswert in allen seinen Formen beherrscht wird, gewinnt im "merkantilen" und im "strukturalen Stadium" ("le stade marchand, le stade structural")[65] der Tauschwert die Oberhand. "Im vierten Stadium, dem fraktalen oder vielmehr viralen oder noch besser bestrahlten Stadium des Werts", meinet Baudrillard, "gibt es überhaupt keinen Bezugspunkt mehr, der Wert strahlt in alle Richtungen, in alle Lücken, ohne irgendeine Bezugnahme auf irgend etwas, aus reiner Kontiguität."[66]

Diese Passage, die eher schillert als strahlt, weil sie sich aus lauter schillernden Begriffen zusammensetzt, ist so zu verstehen, daß auch nicht vom Tauschwert *gesprochen* werden kann, weil die aus dem Gebrauchswert ableitbare Gegenbegrifflichkeit fehlt. Deshalb ist im Hinblick auf das "fraktale Stadium" ("stade fractal") vom Wert allgemein die Rede: Was jenseits des (Tausch-)Werts wäre, kann nicht mehr bezeichnet werden. Dadurch wird die Eindimensionalität der spätkapitalistischen Marktgesellschaft zum *fait accompli*. In *Le Miroir de la production* stellt Baudrillard diese Entwicklung zur Eindi-

---

[64] J. Baudrillard, *Pour une critique de l'économie politique du signe*, Paris, Gallimard, 1972, S. 97.

[65] J. Baudrillard, *La Transparence du Mal. Essai sur les phénomènes extrêmes*, Paris, Galilée, 1990, S. 13.

[66] J. Baudrillard, *Transparenz des Bösen. Ein Essay über extreme Phänomene*, Berlin, Merve, 1992, S. 11.

mensionalität als Reduktion des Gebrauchswerts auf den Tauschwert dar: "Diese Totalreduktion des Prozesses auf einen seiner Terme, dessen Widerpart nur noch als Alibi fungiert (Gebrauchswert als Alibi des Tauschwerts, Referent als Alibi des Kodes), bezeichnet mehr als nur eine Entwicklung der kapitalistischen Produktionsweise: sie bezeichnet eine Mutation."[67] In nahezu allen seinen Werken der 80er und 90er Jahre beschreibt Baudrillard auf verschiedenen Ebenen die Folgen dieser Mutation. Er gibt die in *L'Echange symbolique et la mort* entworfene Utopie einer aus dem "symbolischen Tausch" archaischer Gesellschaften hervorgehenden menschlichen Gemeinsamkeit auf ("das Symbolische macht Schluß mit diesem Code der Trennung")[68] und stellt eine eindimensionale Welt dar, die von der Indifferenz des Tausches als Äquivalenzprinzip beherrscht wird.

Er spricht in diesem Kontext von einer "indifférenciation" und einer "indistinction des valeurs" ("Ununterscheidbarkeit von Werten")[69], die u.a. zur Folge hat, daß alle qualitativen Unterschiede zwischen dem Wirtschaftlichen, dem Politischen oder dem Ästhetischen verschwinden. Deshalb ist in *La Transparence du Mal* von einer "Transökonomik" und einer "Transästhetik" die Rede sowie vom "Transsexuellen"[70], das als proliferierende Sexualität überall und nirgends anzutreffen ist. Die Allgegenwart des Tauschwerts in der Gesellschaft läßt keine Unterscheidungen mehr zu.

Dies ist der Grund, weshalb immer wieder von Indifferenz, Ununterscheidbarkeit (*indistinction*) und Beliebigkeit (*indétermination*) die Rede ist.[71] Aber diese Indifferenz oder Ununterscheidbarkeit ist – wie der Tauschwert – so allgegenwärtig, so umfassend, daß sie kaum mehr bezeichnet werden kann. Denn das Indifferente kann (wie der Tauschwert) nur im Hinblick auf die Differenz, den Sinn, die Ideologie, die Subjektivität bedeuten. Doch der Sinn als das Andere der Indifferenz hat sich aufgelöst: "Wir fahren fort, Sinn zu fabrizieren, obwohl wir wissen, daß es ihn nicht gibt."[72] Deshalb kann auch die Indifferenz nicht mehr benannt werden. Sie ist gleichsam sich selbst

---

67 J. Baudrillard, *Le Miroir de la production – ou l'illusion critique du matérialisme historique*, Paris, Galilée, 1975, S. 92.

68 J. Baudrillard, *Der symbolische Tausch und der Tod*, München, Matthes und Seitz, 1982, S. 210.

69 J. Baudrillard, *L'Illusion de la fin – ou La Grève des événements*, Paris, Galilée, 1992, S. 136.

70 Vgl. J. Baudrillard, *La Transparence du Mal*, op. cit., S. 22-42.

71 J. Baudrillard, *Le Paroxyste indifférent*, op. cit., S. 13.

72 J. Baudrillard, *Le Crime parfait*, Paris, Galilée, 1995, S. 34.

zum Opfer gefallen und teilt dadurch das Schicksal des Tauschwerts: "Noch etwas ist uns gestohlen worden: die Indifferenz."[73] Gemeint ist hier die Gleichgültigkeit des Denkers, die in einer restlos in-different gewordenen Welt als sich distanzierende Attitüde gar nicht wahrgenommen wird.

Angesichts dieser Hegelschen "Furie des Verschwindens"[74], die Sinn und Unsinn, Engagement und Gleichgültigkeit mit sich reißt, nimmt es nicht wunder, daß Baudrillard in *L'Echange impossible* schließlich auch den Tausch für unmöglich erklärt. Denn wo der Tauschwert alles beherrscht, verschwindet auch das Andere, das gegen das Eine getauscht werden könnte. Wo alles gegen alles getauscht werden kann, wird letztlich nichts mehr getauscht, da jeder Tausch Qualitäten und Differenzen voraussetzt: "Alles, was sich gegen etwas eintauschen will, stößt letztendlich an die Mauer des unmöglichen Tausches. (...) Und nicht erst im Anschluß an irgendeine künftige Katastrophe, sondern hier und jetzt schon wird die gesamte Werteskala gegen das Nichts getauscht."[75]

Ohne Sinn, Differenz und Alterität wird auch individuelle Subjektivität nichtig. Die Entfremdung wurde nicht überwunden, sondern in der in-differenten Identität ohne Alterität verwunden: "Dieses unteilbare Individuum ist die verwirklichte Utopie des Subjekts: das perfekte Subjekt, das Subjekt ohne den Anderen. Ohne innere Alterität (altérité intérieure) ist es zu einer Identität ohne Ende verurteilt."[76] An der Nichtigkeit dieses Subjekts läßt Baudrillard nicht den geringsten Zweifel aufkommen. Für ihn ist es das serielle, "fraktale", zerfallende Massensubjekt *par excellence*: "Der Einzelne wird als solcher zur Masse – denn die Masse findet sich hologrammatisch in jedem individuellen Fragment wieder."[77]

An dieser Stelle knüpft er, ohne es zu sagen, sowohl an Riesmans "einsame Masse" als auch an die Position von Günther Anders an. Von beiden Autoren unterscheidet er sich wesentlich dadurch, daß er zusammen mit dem Gebrauchswert alle Faktoren verschwinden läßt, die die kritische Erinnerung an eine Welt diesseits oder jenseits von Indifferenz und Tauschwert wachhalten könnten: Geschichte, Ideo-

---

73 Ibid., S. 147.

74 Auf deutsch in: J. Baudrillard, *Simulacres et simulation*, Paris, Galilée, 1981, S. 231.

75 J. Baudrillard, *L'Echange impossible*, op. cit., S. 15.

76 Ibid., S. 72.

77 Ibid., S. 66.

logie und politisches Engagement werden in einer Gesellschaft der totalen Simulation, in der das Simulakrum die Wirklichkeit ersetzt, nichtig.

Schon Anders, der nicht vom Simulakrum, sondern vom Phantom spricht, das die Wirklichkeit verdrängt, fragt: "Was sollte denn jenen Mächten, die unsere Welt verfremden, daran liegen, unsere Blicke auf sich zu lenken?"[78] Dieser Schlüsselfrage geht auch Baudrillard nach und kommt zu dem Ergebnis, daß in der medialen Gesellschaft Entfremdung gar nicht wahrgenommen wird, weil ihr Anderes (der Gebrauchswert, die Wirklichkeit) nicht mehr benannt werden kann.

Diese eindimensionale Welt des Simulakrums und der Simulation[79] wird durch das Fernsehen metaphorisch-metonymisch zusammengefaßt. Von den Medien allgemein sagt Baudrillard, man solle sie sich als "eine Art von genetischem Kode vorstellen, der die Mutation des Realen ins Hyperreale bewirkt".[80] Damit kommt er wieder Günther Anders recht nahe, der (allerdings in nüchtern-verständlichem Sprachduktus) auf die Verdrängung der Wirklichkeit durch den Fernsehschirm aufmerksam macht. Dazu bemerkt Baudrillard: "Wir nehmen alles zur Kenntnis, aber wir glauben nicht daran, denn *wir sind selbst zu Fernsehschirmen geworden*, und wer kann schon von einem Fernsehschirm verlangen, daß er an das, was er registriert, glaubt?"[81] Er fügt in Übereinstimmung mit Anders hinzu, daß das Fernsehbild nur auf sich selbst verweist ("image qui ne renvoie qu'à elle-même")[82] und daß der Gegenstand verschwindet: "Der wirkliche Gegenstand wird durch die Information vernichtet – nicht nur verfremdet: abgeschafft."[83] Zusammen mit dem Objekt verschwindet auch das Subjekt, das nur existieren kann, solange es am Objekt als Wirklichkeit Erfahrungen sammelt.

---

78 G. Anders, *Die Antiquiertheit des Menschen*, op. cit., S. 126.

79 Sowohl in *Le Crime parfait*, op. cit. als auch in *L'Echange impossible*, op. cit. erklärt Baudrillard Gesellschaftskritik für illusorisch und nichtig. In *Le Crime parfait* spricht er von "l'illusion de la critique elle-même" (S. 48), und in *L'Echange impossible* bezeichnet er das kritische Denken als "trügerisch" ("trompeuse") (S. 28). Auch in diesem Punkt trifft er sich mit Luhmann, der ebenfalls ohne Gesellschaftskritik auszukommen meint.

80 J. Baudrillard, *Simulacres et simulation*, op. cit., S. 54.

81 J. Baudrillard, *Les Stratégies fatales*, Paris, Grasset-Fasquelle, 1983, S. 122-123.

82 J. Baudrillard, *L'Illusion de la fin*, op. cit., S. 85.

83 Ibid.

Dies bedeutet freilich das Ende der historischen Dialektik (im Sinne von Hegel und Marx), das Ende der modernen Überwindung und der Emanzipation. Nicht zufällig spricht der postmoderne[84] Baudrillard in Übereinstimmung mit Heideggers und Vattimos *Verwindung*, aber wahrscheinlich unabhängig vom italienischen Philosophen, von einer *Implosion* des Sozialen, einer "involution violente du social"[85], und bemerkt zu den Maiereignissen des Jahres 1968: "Mai 68 war zweifellos die erste implosive Episode (...)."[86] Zugleich ist bei ihm von einer "Sättigung des Sozialen" ("saturation du social")[87] die Rede, und dieser Ausdruck konnotiert nicht nur die *Verwindung* (als Unmöglichkeit der Überwindung), sondern auch Baudrillards Auffassung der *posthistoire*, die als "notre posthistoire"[88] integraler Bestandteil seines Postmoderne-Konzepts ist.[89]

Insgesamt wird deutlich, daß sowohl bei den Klassikern der Soziologie als auch bei so verschiedenen Autoren wie Bourdieu, Anders und Baudrillard die Dialektik von Emanzipation und Unterwerfung (bzw. Zerfall) als Niedergang der kollektiven und der individuellen Subjektivität aufzufassen ist. Anscheinend haben sich die medialen Technologien mit allen anderen Technologien (wie Automatisierung und Gentechnologie) verschworen, um die Emanzipation der Subjekte in Unterwerfung umschlagen zu lassen. Techniken der Information, von denen man sich eine schnellere Verfügbarkeit von Daten und eine bessere Übersicht für den Einzelnen erhofft hat, verwandeln sich in Techniken der Manipulation, ohne daß die Manipulatoren eindeutig benennbar wären. Insofern sind die drei Ansätze von Bourdieu, Anders und Baudrillard trotz ihrer erheblichen Divergenzen komplementär: Während Bourdieu zeigt, wie das *journalistische Feld* einen bestimmten Habitus und ein bestimmtes marktvermitteltes Sprachverhal-

---

84 Baudrillard verwendet das Adjektiv "postmodern" an verschiedenen Stellen seines Werks, z.B. in *Simulacres et simulation*, op. cit., S. 229. Zur Stellung Baudrillards innerhalb der postmodernen Problematik vgl. Vf., *Moderne/Postmoderne. Gesellschaft, Philosophie, Literatur*, Tübingen-Basel, Francke, 2016 (4. Aufl.), S. 106-124.

85 J. Baudrillard, *Simulacres et simulation*, op. cit., S. 111.

86 Ibid.

87 Ibid.

88 J. Baudrillard, *L'Illusion de la fin*, op. cit., S. 112.

89 "Posthistoire" und "Postmoderne" schließen einander keineswegs aus, wie W. Welsch meint, denn die "Posthistoire" ist durchaus aus Lyotards Skepsis den "Metaerzählungen" gegenüber ableitbar. (Vgl. W. Welsch, *Unsere postmoderne Moderne*, Weinheim, VCH, 1991 [3. Aufl.], S. 152.)

ten der Produzenten erzwingt, beschreiben Anders und Baudrillard – der eine nüchtern-ironisch, der andere im apokalyptischen Ton –, wie Objekt und Wirklichkeit medial aufgelöst werden und wie das rezipierende Subjekt in diesem Strudel des Verschwindens mitgerissen wird.

Man ist freilich nicht gezwungen, sich Anders' resignierende und Baudrillards apokalyptische Diagnosen zu eigen zu machen. Es genügt, sich Bourdieus Appell an die kritischen Intellektuellen zu vergegenwärtigen, um zu erkennen, daß die Situation nicht ausweglos ist, zumal wenn man die Kritiken an Baudrillard berücksichtigt. Ein grundsätzlicher Einwand von Klaus Kraemer lautet: "Waren im allgemeinen und massenmedial erzeugte Kulturwaren im besonderen besitzen einen unhintergehbaren symbolischen Gebrauchswert, der erst im Prozeß der alltagsweltlichen Rezeption und 'Konsumtion' generiert wird. Während der funktionale Gebrauchswert einen konkret-praktischen Nutzen stiftet, dient der symbolische Gebrauchswert der Distinktion und dem ästhetischen Selbstausdruck des Rezipienten."[90] Dieser völlig richtige Einwand läßt Baudrillards Reduktion des Gebrauchswerts auf den Tauschwert angesichts einer konsum- und medienorientierten Gesellschaftsordnung als apokalyptische Einseitigkeit erscheinen. Natürlich verdankt Baudrillards Rhetorik den apokalyptischen Übertreibungen ihren Markterfolg in einer von Risiken und Katastrophen verunsicherten Welt.

Es kommt hinzu, daß Baudrillards Diskurs seine eigenen Thesen und Prognosen unablässig Lügen straft, weil er das, was verschwunden sein soll – Wirklichkeit, Gebrauchswert, Geschichte, Politik, Subjektivität –, ständig thematisiert oder zumindest evoziert. Seine Dekonstruktion des Gegensatzes zwischen Signifikant und Signifkat ist ebenso problematisch wie die Derridas: Wie will er z.B. die vier Stadien der Wertentwicklung (das "natürliche", das "merkantile", das "strukturale" und das "fraktale") unterscheiden, wenn ihm der Begriff als Signifikat abhanden gekommen ist? Wie will er das "fraktale" Stadium *definieren*, wenn ihm die Ebene der Signifikate fehlt? Baudrillard spricht in einem seiner Bücher von der "göttlichen Linken".[91] Könnte es sein, daß er als Sozialphilosoph mit göttlicher Attitüde einer medial geblendeten Menschheit zusieht, wie sie hilflos umhertappt, weil sie nicht merkt, daß ihre Wirklichkeit längst verschwunden

90 K. Kraemer, "Schwerelosigkeit der Zeichen? Die Paradoxie des selbstreferentiellen Zeichens bei Baudrillard", in: R. Bohn, D. Fuder (Hrsg.), *Baudrillard. Simulation und Verführung*, München, Fink, 1994, S. 68.

91 Vgl. J. Baudrillard, *Die göttliche Linke*, München, Matthes und Seitz, 1986.

ist? In seinem Diskurs fehlt die Ebene des Realen – vom Signifikat bis zum Referenten "Beaubourg"[92] – keineswegs.

Wo sich aber das Verschwinden des Gebrauchswerts, der Wirklichkeit und des Signifikats als diskursiver Trick erweist, dort ist auch das individuelle und kollektive Subjekt nicht endgültig verloren. Dort kann auch Baudrillards voreiliger Verzicht auf den Handlungsbegriff mit kritischer Distanz betrachtet werden, etwa wenn er behauptet: "Alles ist ins Operationale abgeglitten. Statt Kategorien des Handelns (de l'action) zu sein, werden alle Kategorien zu Kategorien der Operation."[93]

Hier geht es nicht mehr darum, Baudrillard zu kritisieren oder ihn gar (was ein grober Fehler wäre) als einen Guru der Apokalypse aus dem wissenschaftlichen Feld zu verbannen, sondern darum, seinen Diskurs als *Symptom* einer Zeit zu lesen, in der Subjektivität problematischer erscheint denn je. Im "symptomatischen" Kontext wird klar, daß dieser Diskurs nicht nur ein exzentrisches Phänomen ist, sondern ein Zeichen der postmodernen Zeit, das mit anderen Zeichen durchaus übereinstimmt. Denn der Satz über die Verwandlung von Kategorien des Handelns in Kategorien der Operation könnte auch von Luhmann sein. Die entsprechenden Aussagen bei Luhmann lauten: "Erkenntnistheoretisch gesehen tritt mithin die Annahme eines rekursiv operierenden, eigene Beobachtungen produzierenden Systems an die Stelle, wo früher das Subjekt die Funktion hatte, sich selbst über a priori geltende Bedingungen des Erkennens zu vergewissern."[94] Oder in *Die Gesellschaft der Gesellschaft*: "Jede Operation dieses Systems produziert, wie man es auch dem Subjekt zugestehen mußte, eine Differenz von System und Umwelt."[95]

Dieser typologische Vergleich zwischen einem zeitgenössischen französischen und einem zeitgenössischen deutschen Soziologen ist nicht völlig kontingent: Er läßt u.a. erkennen, wie gründlich die nachmodernen Soziologen, zu denen hier auch *malgré lui* Luhmann gerechnet wird, die Krise des individuellen Subjekts in der "klassischen Soziologie" (vgl. Abschn. 1) verarbeitet haben. Sie kommen

---

92 Vgl. J. Baudrillard, *L'Effet Beaubourg*, Paris, Galilée, 1977.

93 J. Baudrillard, "Facticité et séduction", in: J. Baudrillard, M. Guillaume, *Figures de l'altérité*, Paris, Ed. Descartes, 1992, S. 109.

94 N. Luhmann, *Die Wissenschaft der Gesellschaft*, Frankfurt, Suhrkamp, 1990, S. 690-691.

95 N. Luhmann, *Die Gesellschaft der Gesellschaft*, Bd. II, Frankfurt, Suhrkamp, 1997, S. 874.

angesichts der strukturellen Zwänge und der medialen Illusionsbildung zu dem Schluß, daß der Subjektbegriff antiquiert und daher aufzugeben sei.

Es wird sich allerdings zeigen, daß sich dieser Begriff gerade dort, wo er pauschal negiert wird, als sehr zählebig erweist – was einen Verzicht auf ihn waghalsig erscheinen läßt. Zugleich wird klar, daß der interdiskursive Konsens zwischen so verschiedenen Autoren wie Baudrillard und Luhmann trotz seiner großen symptomatischen Bedeutung soziologische Alternativen nicht ausschließt. Es gibt durchaus Soziologien des Handelns neben oder jenseits der postmodernen Subjektlosigkeit.

3. Die Liquidierung des Subjekts durch seine Allgegenwart: Niklas Luhmann

Diese Subjektlosigkeit ist keine rein individuelle, kontingente Option, sondern aus den Individualismus- und Subjekttheorien der soziologischen "Klassiker" ableitbar, die mit ihren Begriffen der funktionalen Differenzierung (Durkheim, Simmel), der Bürokratisierung (M. Weber) und der Institutionalisierung (Gehlen)[96] die nachmoderne Subjekt-Skepsis ankündigen. Insofern kann Niklas Luhmann als konsequenter und kritischer Erbe der spätmodernen Soziologie gelesen werden, die die Dialektik der Subjektivität in vielen Fällen als einen Prozeß der Entsubjektivierung auffaßt: Subjektive Mechanismen der Machtausübung und Naturbeherrschung wie Arbeitsteilung und Verwaltung lassen letztlich eine Übermacht des Sozialen entstehen, die eine Unterwerfung des Einzelsubjekts unter die von ihm geschaffenen Strukturen zur Folge hat.

Zu Recht spricht Helga Gripp-Hagelstange im Zusammenhang mit Luhmanns Systemtheorie von einer "Aufwertung des Sozialen und [der] damit einhergehende(n) Abwertung des Individuellen".[97]

---

[96] Zur soziologischen Auseinandersetzung mit den wichtigsten Formen der Institutionalisierung vgl. A. C. Zijderveld, *Institutionalisering: een studie over het methodologisch dilemma der sociale wetenschappen*, Meppel, Boom, 1974 sowie neuerdings V. Tournay, *Penser le changement institutionnel. Essai sur la logique évolutionnaire*, Paris, PUF, 2014, vor allem Kap. III : "Le changement institutionnel. Figures, modalités d'existence et formes d'attestation".

[97] H. Gripp-Hagelstange, *Niklas Luhmann. Eine Einführung*, München, Fink, 1997 (2. Aufl.), S. 121.

Jedoch sind diese Bewertungen nicht neu und auch nicht für Luhmann spezifisch, denn sie sind schon für die Diskurse Durkheims, Mauss' und Talcott Parsons' kennzeichnend, in denen sich die Übermacht des *fait social* oder der sozialen Struktur immer wieder bemerkbar macht.[98] Insofern sind diese Begriffe, wie bereits angemerkt, als Symptome für den sozialen Niedergang von Subjektivität zu deuten.

Im folgenden soll jedoch gezeigt werden, daß sich die Dialektik der Subjektivität nicht in der hier skizzierten Wechselbeziehung von Macht und Ohnmacht erschöpft, sondern einen bisher nicht beleuchteten Aspekt aufweist: Mit der von Luhmann vorgeschlagenen Verabschiedung des Subjektbegriffs ist das Problem nicht gelöst, weil die Negation dieses Begriffs zu seiner Mythisierung auf "höherer" Ebene, auf der Ebene der abstrakten Subjekt-Aktanten, führt. Anders gesagt: In Luhmanns Diskurs verschwindet das Subjekt zwar als transzendentale und individuelle Instanz, setzt sich aber als abstrakter Subjekt-Aktant (vgl. I, 1, b) voll durch: als "Differenzierung", "System", "Operation" oder "Kommunikation". Das Problem besteht darin, daß abstrakte Aktanten, die in keinem theoretischen Diskurs zu vermeiden sind, zu mythischen Aktanten werden, weil sie nicht mit individuellen und kollektiven Subjekten *interagieren*, sondern diese *ersetzen* und dadurch deren Funktionen *verdecken*.

Es ist selbstverständlich möglich zu behaupten, daß das Rechtssystem oder das Wirtschaftssystem bestimmte Operationen "zuläßt" und andere nicht, und es geht hier keineswegs um die schulische Binsenweisheit, man möge derlei Anthropomorphismen doch meiden – schließlich sei ein System kein Mensch und könne folglich nicht handeln. Es geht hier um die linguistische (saussurianische) Überlegung, daß sich die Tilgung einer semantischen, syntaktischen oder aktantiellen Funktion auf die benachbarten Funktionen auswirkt. Verzichtet man auf die Begriffe des transzendentalen, individuellen und kollektiven Subjekt-Aktanten, so muß man damit rechnen, daß die verbliebenen abstrakten Subjekt-Aktanten deren narrative Funktionen übernehmen. Systeme und Operationen "bewirken", "entscheiden",

[98] Vgl. B. Karsenti, *Marcel Mauss. Le fait social total*, Paris, PUF, 1994, vor allem Kap. III: "De l'individuel au collectif" sowie T. Parsons, *The Social System*, London, Routledge and Kegan Paul, 1951, S. 51-57. Die Affinität zwischen Luhmann und der Durkheim-Schule macht sich auch in Luhmanns Vorwort zu Durkheims Buch *Über soziale Arbeitsteilung*, op. cit. im Zusammenhang mit dem Differenzierungsbegriff bemerkbar: N. Luhmann, "Arbeitsteilung und Moral. *Durkheims Theorie*", S. 21.

"verhindern", und die individuellen und kollektiven Interessen und Intentionen, die diesen Vorgängen zugrunde liegen, verschwinden aus dem Blickfeld. Die Frage *cui bono*? ist nicht mehr zu beantworten. Alle Vorgänge laufen anonym ab wie in Robbe-Grillets *nouveau roman*.[99]

Schließlich stellt sich heraus, daß der Verzicht auf individuelle und kollektive Subjektivität, der im Anschluß an Durkheims, Simmels und Gehlens Theorien der Sachzwänge durchaus plausibel erscheinen mag, nicht zu einer Auflösung der Subjektivität und zu einer Lösung des "metaphysischen" Subjektproblems führt, sondern zu einer Mythisierung von Subjektivität durch ihre Projektion auf die Ebene der abstrakt-mythischen Aktanten. Es soll gezeigt werden, daß diese semiotischen Überlegungen die marxistische Kritik an Luhmann in jeder Hinsicht ergänzen; denn Marxisten wie Sigrist[100] haben schon in den 80er Jahren darauf hingewiesen, daß Luhmanns Verzicht auf den Subjektbegriff zu einer systematischen Ausblendung von Gewaltanwendung, Herrschaftsverhältnissen und Interessen führt.

Daß Luhmanns postmoderner Bruch mit dem alteuropäischen Humanismus (der an Foucault, Althusser und Lacan erinnert) in eine platonisch-idealistischen Revolte gegen die natürliche Sprache mündet, läßt die folgende Passage aus *Soziale Systeme* erkennen: "Es gehört zu den schlimmsten Eigenschaften unserer Sprache (und die Gesamtdarstellung der Systemtheorie in diesem Buche ist aus diesem Grunde inadäquat, ja irreführend), die Prädikation auf Satzsubjekte zu erzwingen und so die Vorstellung zu suggerieren und schließlich die alte Denkgewohnheit immer wieder einzuschleifen, daß es um 'Dinge' gehe, denen irgendwelche Eigenschaften, Beziehungen, Aktivitäten oder Betroffenheiten zugeschrieben werden."[101]

Im Werk eines Systematikers wie Luhmann, der gern Wörter wie "nüchtern" und "unaufgeregt" verwendet, nimmt sich diese Passage geradezu exotisch aus. Seine Aufregung über die Sprache, die eher an

---

[99] Vgl. z.B. A. Robbe-Grillet, *Instantanés*, Paris, Minuit, 1962, S. 78-79: "(...) L'escalier entier poursuit sa montée, s'élève avec régularité d'un mouvement uniforme, rectiligne, lent, presque insensible, oblique par rapport aux corps verticaux." Wie bei Luhmann wird der Mensch in seine Bestandteile zerlegt. Er bildet kein System, keine Einheit: "La plus élevée de ces deux mains est celle d'un homme en complet gris (...)."

[100] Vgl. Ch. Sigrist, "Das gesellschaftliche Milieu der Luhmannschen Theorie", in: *Das Argument* 6, November-Dezember 1989, S. 839.

[101] N. Luhmann, *Soziale Systeme. Grundriß einer allgemeinen Theorie*, Frankfurt, Suhrkamp (1984), 1987, S. 115.

Mallarmé, Ponge oder Robbe-Grillet erinnert als an irgendeinen Soziologen, führt mitten in die Subjektproblematik hinein. Denn Luhmann geht es offenkundig darum, jenseits der anthropomorphen natürlichen Sprache einen Sprachgebrauch zu finden, der die materialistische These über die Intentions- und Interessengebundenheit des Wortes kurzerhand eliminiert. Dieser utopische Sprachgebrauch klingt etwa so: "Insofern ermöglicht die Sachdimension Anschlußoperationen, die zu entscheiden haben, ob sie noch bei demselben verweilen oder zu anderem übergehen wollen."[102]

Die Frage, die sich während der Lektüre solcher Sätze aufdrängt, lautet, ob der Verzicht auf den Subjektbegriff tatsächlich den von Luhmann erhofften Erkenntnisgewinn zeitigt oder zu Verschleierungen führt: etwa der banalen, aber nicht unwichtigen Tatsache, daß nur individuelle oder kollektive Subjekte (z.B. Organisationen) "entscheiden" können, ob sie irgendwo "verweilen oder zu anderem übergehen wollen". Wer "Anschlußoperationen" mit mythischen Modalitäten wie "entscheiden" und "wollen" ausstattet, handelt sich Probleme ein, die Luhmann selbst zu antizipieren scheint, wenn er seine "Gesamtdarstellung der Systemtheorie" als "inadäquat, ja irreführend" bezeichnet. Sie ist es aber aus einem Grund, den er nicht im Blickfeld hat, weil er mit dem semantischen Gegensatz *System/Umwelt* nicht nur die Subjektproblematik unterdrückt, sondern auch den Nexus von Sprache, Ideologie und Subjektivität.

Ihn haben Bachtin und Vološinov auf ihre Art beschrieben: "Wir sprechen in Wirklichkeit keine Wörter aus und hören keine Wörter, sondern hören Wahrheit oder Lüge, Gutes oder Schlechtes, Angenehmes oder Unangenehmes usw. *Das Wort ist immer mit ideologischem oder aus dem Leben genommenem Inhalt und Bedeutung erfüllt.*"[103] Das heißt: Es drückt immer subjektive Absichten und Interessen aus. Indem sich Luhmann im Rahmen der fundierenden semantischen Unterscheidung von System und Umwelt über diese Tatsache hinwegsetzt und den "Subjektivismus" der Sprache beklagt, statt ihn theoretisch zu verarbeiten, läßt er sich als Beobachter Wesentliches entgehen.

Im folgenden kommt es darauf an, seine – in jeder Hinsicht anregenden – Aussagen über den Beobachter auf ihn selbst anzuwenden. Er fragt sich u.a., "ob ein Beobachter zweiter Ordnung sich nicht dar-

---

[102] Ibid., S. 114.

[103] V. N. Vološinov, *Marxismus und Sprachphilosophie*, Frankfurt-Berlin-Wien, Ullstein, 1975, S. 126.

auf konzentrieren könnte, das zu beobachten, was der Beobachter erster Ordnung *nicht* beobachten kann, und wir wissen: nicht beobachten kann er die Unterscheidung, die er seinem Beobachten zugrunde legt. (...) Denn man kann nicht sehen, daß man nicht sieht, was man nicht sieht."[104] Dies gilt freilich auch für den Autor dieser Zeilen, der allerdings trotz seines Wissens um die eigene Partialperspektive der Frage nachgehen will, welche "blinden Flecken" in Luhmanns Diskurs durch die Ausblendung des Subjektbegriffs entstehen. Doch zunächst die Frage: Wie kommt es bei Luhmann zu dieser Ausblendung?

Zunächst durch die Ausrichtung seiner gesamten Systemtheorie auf den durkheimianischen Begriff der *funktionalen Differenzierung*. Wäre man im Rahmen einer dichotomischen Fragestellung gezwungen, Luhmann *entweder* der durkheimianischen *oder* der weberianischen Tradition zuzuordnen, so müßte man ihn zweifellos als "Durkheimianer" bezeichnen. Denn im Gegensatz zu Max Weber, dem es auch in seinen Analysen verschiedener Herrschaftstypen um *Handlungssysteme*, d.h. um zweckrationales, wertrationales und affektuelles Handeln ging, richtete Durkheim sein Augenmerk primär (obwohl nicht ausschließlich) auf sich ausdifferenzierende Organisationsformen und auf den gesellschaftlichen Zusammenhalt.[105] Diese Akzentverlagerung vom subjektiven Handeln zur systematischen Ausdifferenzierung der Gesellschaft setzt sich bei Luhmann fort und nimmt extreme Formen an.

Luhmann scheint die durkheimianische gegen die marxistische Tradition ausspielen zu wollen, wenn er bemerkt: "So verdeckt die Gesellschaftstheorie des 19. und 20. Jahrhunderts durch die Beschreibung als Klassengesellschaft die gravierenden Konsequenzen funk-

---

104 N. Luhmann, "Wie lassen sich latente Strukturen beobachten?", in: P. Watzlawick, P. Krieg (Hrsg.), *Das Auge des Betrachters. Beiträge zum Konstruktivismus*, München, Piper, 1991, S. 66. Vgl. auch: N. Luhmann, "Die Richtigkeit soziologischer Theorie", in: *Merkur* 1, Januar 1987, S. 37: "Die anderen Subjekte beobachten nicht mehr dieselbe Realität wie man selbst. Man beobachtet daraufhin mit Vorliebe das, was die anderen nicht beobachten können." – Beobachten kann man hier einen Widerspruch, der darin besteht, daß Luhmann, der in *Soziale Systeme*, op. cit. schreibt "Wir können damit auch den Subjektbegriff aufgeben" (S. 111), diesen Begriff drei Jahre später wieder verwendet.

105 Vgl. E. Durkheim, *Regeln der soziologischen Methode*, Neuwied-Berlin, Luchterhand, 1970 (3. Aufl.), S. 179-182.

tionaler Differenzierung (...)."[106] Dieses Argument ist natürlich umkehrbar, denn die Theorie der sozialen Differenzierung verdeckt ihrerseits (seit Durkheim)[107] "die gravierenden Konsequenzen" von subjektiver Herrschaft, Unterwerfung, Selbstunterwerfung und Ausbeutung.

Der Verzicht auf dieses Vokabular zwingt Luhmann schließlich, den Handlungsbegriff, den er nicht aufgibt, nicht auf Individuen oder Gruppen, sondern auf die sich ausdifferenzierenden sozialen Systeme anzuwenden. Handlungen erscheinen ihm als Elemente von Systemen, nicht als Attribute von individuellen oder kollektiven Subjekten. Von den sozialen Systemen sagt er: "Ihre Letztelemente sind kommunikative Handlungen, also Ereignisse, die ihre Einheit darin haben, daß sie ein bestimmtes Muster der Verknüpfung mit anderen Handlungen wählen (...)."[108] Der Gedanke, daß Ereignisse etwas "wählen" (wie geschieht das konkret?) wird selbst denjenigen nicht ganz geheuer sein, die den Subjektbegriff mit Skepsis betrachten. Zu Recht bemerkt Rainer Greshoff zu Luhmann: "Es geht ihm aber 'nicht um einen Verzicht auf den Handlungsbegriff schlechthin' (...), sondern um dessen 'Rekonstruktion', (...), die die genannten Defizite vermeidet."[109] Diese Defizite scheinen größtenteils in der Subjektorientiertheit des Weberschen Handlungsbegriffs angelegt zu sein.

Insgesamt zeigt sich, daß Luhmann sowohl mit der marxistischen als auch mit der weberianischen Tradition bricht, indem er kollektive und individuelle Subjekt-Aktanten (Klassen oder charismatische Individuen) durch einen anonymen Differenzierungsprozeß ersetzt: durch einen Prozeß ohne Subjekt. Diese funktional-systematische Auffassung der gesellschaftlichen Entwicklung ist typologisch mit Althussers Auffassung von Hegels und Marxens Geschichtsphilosophie als "Prozeß *ohne Subjekt*" ("procès *sans sujet*")[110] vergleichbar: "Es

---

106 N. Luhmann, *Die Gesellschaft der Gesellschaft*, Bd. II, op. cit., S. 886.

107 Vgl. die Kritik von A. W. Gouldner am Funktionalismus als Herrschaftsdenken in A. W. Gouldner, *Die westliche Soziologie in der Krise*, Bd. I, Hamburg, Rowohlt, 1974, S. 405: "Der Funktionalismus kann und wird zur Zementierung jeglicher Form von Industrialismus beitragen, sobald sie sich etabliert hat."

108 N. Luhmann, *Gesellschaftsstruktur und Semantik*, Bd. I, Frankfurt, Suhrkamp, 1980, S. 245. In *Soziale Systeme*, op. cit., S. 531 definiert Luhmann sogar Konflikte als Systeme: "Konflikte sind demnach soziale Systeme (...)." Den Gedanken, daß Konflikte systemsprengenden Charakter haben könnten, läßt der konservative (und systemerhaltende) Soziologe erst gar nicht aufkommen.

109 R. Greshoff, *Die theoretischen Konzeptionen des Sozialen von Max Weber und Niklas Luhmann im Vergleich*, Opladen, Westdeutscher Verlag, 1999, S. 117.

110 L. Althusser, *Lénine et la philosophie suivi de Marx et Lénine devant Hegel*,

gibt kein Subjekt des Prozesses: Der Prozeß selbst ist Subjekt, *insofern als es kein Subjekt gibt*."[111] Sicherlich hätte Luhmann Althussers strukturalen Marxismus verworfen, aber diesem Satz hätte er möglicherweise zugestimmt.

Denn die Argumente, mit denen Luhmann sowohl das transzendentale Subjekt der Philosophen als auch das individuelle Subjekt der Soziologen und Psychologen verabschiedet, sind den Argumenten Althussers und seiner Schüler gar nicht unähnlich. Betrachtet man Luhmanns Kommentare zum transzendentalen und historischen Subjektbegriff näher, so wird man bisweilen an Althussers Argumentationsmuster erinnert. Vor allem zwei Motive dieses Musters springen ins Auge: das Subjekt als Ideologem und Produkt eines anachronistisch werdenden Humanismus.

Der transzendentale Subjektbegriff der humanistischen Tradition erscheint problematisch, denn: "Ein Subjekt, das sich selbst und der Welt zu Grunde liegt und außer sich selbst keine Vorgegebenheiten erkennen und anerkennen kann, liegt auch allen anderen 'Subjekten' zu Grunde. Also jedes jedem? Dies kann nur behauptet werden, wenn man dem Subjektbegriff eine transzendentaltheoretische Deutung gibt (...)."[112] Diese läuft jedoch auf eine großangelegte Tautologie (im Sinne von Fichtes Ich = Ich) hinaus: "Individualität wird nicht individuell, sondern als das Allgemeinste schlechthin gedacht, indem man auch in dieser Hinsicht Subjekt und Objekt, nämlich den Begriff des Individuellen (...) und die Individuen selber in eins setzt. Das macht jedoch im Prinzip jede Kommunikation überflüssig."[113] Wenn das transzendentale Universalsubjekt allen individuellen Subjekten zugrunde liegt, müßte deren Denken einem und demselben Muster folgen.

Diese Annahme konnte nur im Rahmen einer allgemein anerkannten humanistischen Weltsicht plausibel gemacht werden: "Die Flucht in das Subjekt hatte von humanistischen Prämissen gezehrt, das heißt: von der Annahme, daß naturale oder dann transzendentale Prämissen im Einzelmenschen ein Mindestmaß an sozialer Übereinstimmung garantierten."[114] Diese Übereinstimmung als gegenseitige (An-)Erkennung im Subjekt ist letztlich ideologisch fundiert, weil die

Paris, Maspero, 1972, S. 67.

111 Ibid., S. 69.

112 N. Luhmann, *Die Gesellschaft der Gesellschaft*, Bd. II, op. cit., S. 1027-1028.

113 Ibid., S. 1028.

114 Ibid., S. 1033.

"Figur des Subjekts", wie Luhmann sagt, "sowohl in liberalistischen als auch in sozialistischen Ideologien verwendet wurde, also in der dominierenden politisch-ideologischen Kontroverse der letzten hundertfünfzig Jahre auf *beiden* Seiten vorausgesetzt war".[115] Dieser inter-ideologische Konsens ersetzt bei Luhmann Althussers *idéologie dominante*, die die Individuen zu Subjekten macht. Das individuelle Subjekt erscheint also auch im systemtheoretischen Kontext als humanistisches Ideologem.

Daß sich Luhmann nicht nur vom transzendentalen Subjektbegriff der Philosophen, sondern auch vom individuellen Subjektbegriff der Sozialwissenschaften trennt, wird ebenfalls in *Die Gesellschaft der Gesellschaft* deutlich. Dort wird mit einem polemischen Seitenblick auf Habermas festgestellt, das "Projekt der Moderne" könne mit Hilfe des Subjektbegriffs nicht erfaßt werden: "Es kann nicht auf der Basis des Subjektbegriffs ausgeführt werden, wenn dieser Begriff weiterhin nur das individuelle Bewußtsein bezeichnet."[116] Dieser Satz klingt merkwürdig, weil er Luhmanns Kommentare zum transzendentalen Subjektbegriff zu annullieren scheint. Er setzt sich außerdem über die Tatsache hinweg, daß vor allem im Marxismus das Kollektiv (die Klasse) als Subjekt-Aktant eine entscheidende soziale und historische Rolle spielt. Sind nicht eher Kollektivsubjekte (Gruppen, Organisationen, Gremien) als Systeme für Handlungen, Operationen und Kommunikationen verantwortlich?

Das Problem besteht vor allem darin, daß Luhmann die verschiedenen subjektiven Instanzen als Aktanten nicht klar voneinander unterscheidet. In den meisten Fällen neigt er dazu, den Subjektbegriff mit dem individuellen oder transzendentalen Subjekt zu identifizieren[117] und das komplexe Beziehungsgeflecht zwischen individuellen, infra-individuellen, kollektiven, abstrakten und mythischen Subjekten zu übersehen. Diese *bévue* (wie Althusser sagen würde) hängt u.a. damit zusammen, daß er sein Augenmerk auf die funktionale Ausdifferenzierung der Systeme richtet, der in seinem Diskurs das individuelle Subjekt zum Opfer fällt.

Denn der einzelne Mensch wird von Luhmann keineswegs als "Mikrosystem" oder als System-Äquivalent aufgefaßt. Er erscheint – ähnlich wie bei Foucault – als zwischen den sich ausdifferenzierenden Systemen *aufgeteilt*: "Der Mensch mag für sich selbst oder für Beob-

---

[115] Ibid., S. 1032.
[116] Ibid., S. 1142.
[117] Vgl. ibid., S. 1030.

achter als Einheit erscheinen, aber er ist kein System. Erst recht kann aus einer Mehrheit von Menschen kein System gebildet werden. Bei solchen Annahmen würde übersehen, daß der Mensch das, was in ihm an physischen, chemischen, lebenden Prozessen abläuft, nicht einmal selbst beobachten kann. Seinem psychischen System ist sein Leben unzugänglich, es muß jucken, schmerzen oder sonstwie auf sich aufmerksam machen, um eine andere Ebene der Systembildung, das Bewußtsein des psychischen Systems, zu Operationen zu reizen."[118]

Luhmann unterscheidet drei System*typen*: den neuro-physiologischen, den psychischen und den sozialen Typus. Während der erste aufgrund von biologischen Prozessen funktioniert, besteht der zweite aus Gedanken und der dritte aus Kommunikationen. Diese Systemtypen sind zwar über "Reize" oder "Irritationen" aneinander "gekoppelt"[119], kommunizieren aber nicht direkt miteinander (ebensowenig wie das Gehirn mit den anderen Organen des Körpers). Der Mensch als individuelles Subjekt erscheint in diesem Zusammenhang antiquiert, weil er in ein neuro-physiologisches und ein psychisches *System* zerfällt und am sozialen System überhaupt nicht teilhat, sondern als Zusammenwirken von biologischen und psychischen Faktoren zu dessen *Umwelt* gehört.

Zunächst geht es hier nicht darum, diese Konstruktion, die ihre plausiblen und ihre skurrilen Seiten hat, zu kritisieren, sondern um die Frage, wie sie sich auf den Subjektbegriff auswirkt. Die erste Antwort auf diese Frage lautet, daß Luhmanns Auffassung der gesellschaftlichen Entwicklung als Differenzierungsprozeß auf eine Negation individuell-subjektiver Einheit hinausläuft: Da der Einzelmensch kein autonomes oder autopoietisches System – im Sinne von Körper, Psyche oder Gesellschaft – ist, sondern als *zwischen* verschiedenen autopoietischen Systemen angesiedelt erscheint, wird er als autonom auftretende Einheit undenkbar. Es kommt hinzu, daß die soziale Differenzierung *in der Umwelt des Menschen* abläuft (also jenseits von Physis und Psyche) und schon deshalb zu einem Vorgang wird, den der Einzelne und die Gruppe nicht ohne weiteres überblicken und beherrschen können.

Insgesamt ließe sich im Zusammenhang mit Luhmanns Soziologie wiederholen, was Foucault von seiner "Archäologie" sagte: "Die

118 N. Luhmann, *Soziale Systeme*, op. cit., S. 67-68.

119 Vgl. N. Luhmann, *Soziale Systeme*, op. cit., S. 286: "Wir wählen den Ausdruck 'Mensch', um festzuhalten, daß es sowohl um das psychische als auch um das organische System des Menschen geht."

Instanz des schöpferischen Subjekts als *raison d'être* eines Werkes und Prinzip seiner Einheit ist ihr fremd."[120] Ähnlich wie Foucault faßt schließlich auch Luhmann den von der Differenzierung zerstückelten Menschen als "unterworfene(n) Souverän, betrachtete(n) Betrachter"[121] auf, der als "Subjekt" nicht mehr zu verstehen ist.

Die zweite Antwort auf die Frage, wie sich Luhmanns Konstruktion des Differenzierungsprozesses auf den Subjektbegriff auswirkt, lautet, daß sie die Dialektik zwischen Freisetzung und Unterwerfung individueller Subjekte illustriert. In dieser Hinsicht knüpft der Systemtheoretiker an die Argumentationsmuster Marx', Durkheims, Webers und Simmels an: Die moderne Freisetzung des Einzelnen aus traditionsbedingten Zwangslagen bietet ihm zwar als Politiker, Wissenschaftler oder Künstler neue Spielräume, negiert ihn aber als menschliche Einheit, indem sie ihn auf *eine* seiner Fähigkeiten oder Möglichkeiten reduziert. Soziale Differenzierung bringt – zumindest tendenziell – Spezialisten hervor, denen die "objektive Kultur" als Gesamtheit der sich ausdifferenzierenden Systeme fremd ist. Sie tritt ihnen als anonymer Zwangsmechanismus entgegen.

Es fragt sich nun, ob Luhmanns Diskurs als semantisch-narrative Struktur nicht selbst von der Anonymität dieses Zwangsmechanismus zeugt. In *Die Wissenschaft der Gesellschaft* bestätigt Luhmann die Annahme, die der hier vorgebrachten Kritik an seiner Soziologie zugrunde liegt: daß nämlich das *System* zusammen mit seinen *Operationen* oder *Kommunikationen* den *Subjektbegriff* und die *Handlung als subjektive Kategorie* ersetzt.[122]

Diskurssemiotisch betrachtet, nimmt bei ihm das Wort "Funktion" eine Schlüsselposition ein: Es läßt erkennen, daß die Funktion des Aktanten "Subjekt" vom Aktanten "System" übernommen wird. Dieser Aktant ist aber *nach wie vor* ein *Subjekt-Aktant*, der systematisch mit den Prädikaten individueller und kollektiver Subjekte ausgestattet wird. Analog zu diesen Subjekten ist Luhmanns "System" als *kognitives* (*sujet cognitif*), *handelndes* (*sujet de faire*) und *semiotisch-narratives* (*sujet sémiotique*) Subjekt im Sinne von Greimas beschreibbar.[123] Es fragt sich allerdings, was auf semantischer Ebene

---

[120] M. Foucault, *Archäologie des Wissens*, Frankfurt, Suhrkamp, 1981, S. 199.

[121] M. Foucault, *Die Ordnung der Dinge*, Frankfurt, Suhrkamp, 1980 (3. Aufl.), S. 377.

[122] Vgl. N. Luhmann, *Die Wissenschaft der Gesellschaft*, op. cit., S. 690-691.

[123] Vgl. A. J. Greimas, J. Courtés, *Sémiotique. Dictionnaire raisonné de la théorie du langage*, Paris, Hachette, 1979, S. 370-371.

geschieht, wenn ein Begriff wie “System” als abstrakter Aktant (und niemand kann leugnen, daß es sich um einen Subjekt-Aktanten handelt) mit Prädikaten und Modalitäten individueller und kollektiver Subjekte ausgestattet wird.

Die Antwort lautet, daß es zu einer Mythisierung des Diskurses kommt, die darin besteht, daß ein abstrakter Begriff als Subjekt-Aktant die semantisch-narrativen Funktionen individueller und kollektiver Aktanten übernimmt. Diese Aktanten werden zwar ihrem Namen nach eliminiert, aber *alle* ihre subjektiven Modalitäten (*sein, können, wollen, wissen*) gehen in den mythisierten Subjekt-Aktanten “System” ein, der etwas “kann”, etwas “will”, etwas “beobachtet”, etwas “weiß” usw.

Das sieht dann so aus: “Das System kann auf diese Weise Distanz von der Umwelt gewinnen und sich gerade dadurch der Umwelt aussetzen. Es kann sein Verhältnis zur Umwelt konditionieren und dabei doch der Umwelt die Entscheidung überlassen, wann welche Bedingungen gegeben sind. (...) Kein sinnkonstituierendes System kann also der Sinnhaftigkeit aller eigenen Prozesse entfliehen.”[124] Nun mag es “fliehende Pferde” geben – aber fliehende Systeme? Die systematische Tilgung von Subjektivität hat bei Luhmann lediglich dazu geführt, daß sie sein gesamtes System durchwirkt, ohne daß er es merkt, weil er Subjektivität – allzu impressionistisch und unsystematisch – mit individueller und transzendentaler Subjektivität gleichsetzt. Aber Subjektivität ist eine Kategorie, die dem ganzen Sprachsystem (mit oder ohne *Ich*-Pronomen) und der menschlichen Kommunikation zugrunde liegt. Luhmann selbst muß dies geahnt haben. Nur so ist seine verzweifelte Polemik gegen den Subjektivismus der Sprache zu verstehen.

Dieses Problem läßt sich jedoch nicht nur aus semiotischer Sicht beobachten. Auch ein Soziologe wie Rainer Greshoff bemerkt: “Dagegen gebraucht Luhmann immer wieder ‘Kompaktformulierungen’ wie ‘die Kommunikation/das System macht etwas/stellt etwas her’. Es

---

[124] N. Luhmann, *Soziale Systeme*, op. cit., S. 104-105. Ähnliche Aussagen finden sich in Luhmanns *Beobachtungen der Moderne*, Opladen, Westdeutscher Verlag, 1992, S. 77, wo behauptet wird, “daß ein System sich *operativ* aus der Umwelt *ausschließt* und sich *beobachtend* in sie *einschließt*, indem es die Differenz zur Umwelt als Unterscheidung von Selbstreferenz und Fremdreferenz den systemeigenen Beobachtungen zu Grunde legt”. Abermals stellt sich die Frage, wer beobachtet und handelt: denn innerhalb der Systeme prallen individuelle und kollektive Interessen aufeinander, deren Proponenten sehr unterschiedlich beobachten.

entsteht der Eindruck, daß dies nicht zufällig geschieht, sondern eine Besonderheit ausgedrückt werden soll – die emergente Eigenständigkeit von Sozialem."[125] Nun meint Greshoff, dem es primär um einen Vergleich von Webers Handlungssoziologie mit Luhmanns Systemtheorie geht, nicht die "Aufwertung des Sozialen" im Sinne einer "Abwertung des Individuellen" wie Helga Gripp-Hagelstange (s.o.). Es fragt sich aber, ob der Ausdruck "Eigenständigkeit von Sozialem" im Zusammenhang mit Luhmann nicht auch als "Verselbständigung des Sozialen" im Sinne von Gehlen gelesen werden könnte.

Jedenfalls läuft Luhmanns Anthropomorphisierung der System-Aktanten auf soziologischer Ebene auf eine anonyme Darstellung sozialer Prozesse hinaus. Wie sehr sich diese Anonymität auch in der Sekundärliteratur zu Luhmanns Werk durchgesetzt hat, läßt Helga Gripp-Hagelstanges Definition der Beobachtung erkennen: "Als *Operation* ist die Beobachtung gleichsam blind. Sie tut, was sie tut: also unterscheiden- und-bezeichnen, und sonst nichts."[126] Getilgt ist der individuelle oder kollektive Beobachter – ähnlich wie in einigen *nouveaux romans* (Claude Simons, Robbe-Grillets, Ricardous), in denen beobachtet wird, ohne daß man sagen könnte, von wem.

Zusammen mit dem beobachtenden und handelnden Subjekt sind auch die subjektiven Kategorien verschwunden, mit deren Hilfe Soziologen bisher versuchten, die Dynamik der Gesellschaft zu erklären: *Intention*, *Interesse* und *Kritik*. Bekanntlich verzichtet Luhmann auch auf den "alteuropäischen" Begriff der *Herrschaft*, ohne den das Gegeneinander von Intentionen, Interessen und Kritiken kaum zu verstehen ist. Was aber bleibt vom gesellschaftlichen Geschehen übrig, wenn die Herrschaftsverhältnisse zwischen individuellen und kollektiven Subjekten aus dem Blickfeld verschwinden? Übrig bleiben die "Selbstregulierungsmechanismen"[127], von denen bei Lucien Goldmann im Zusammenhang mit dem Spätkapitalismus die Rede ist.

---

[125] R. Greshoff, "Lassen sich die Konzepte von Max Weber und Niklas Luhmann unter dem Aspekt 'Struktur und Ereignis' miteinander vermitteln?", in: R. Greshoff, G. Kneer (Hrsg.) *Struktur und Ereignis in theorievergleichender Perspektive. Ein diskursives Buchprojekt*, Opladen, Westdeutscher Verlag, 1999, S. 43. Zum Weber-Luhmann-Vergleich siehe auch: K. Grimm, *Niklas Luhmanns 'soziologische Aufklärung' oder Das Elend der aprioristischen Soziologie. Ein Beitrag zur Pathologie der Systemtheorie im Licht der Wissenschaftslehre Max Webers*, Hamburg, Hoffmann und Campe, 1974.

[126] H. Gripp-Hagelstange, *Niklas Luhmann*, op. cit., S. 44.

[127] Vgl. L. Goldmann, *Soziologie des Romans*, op. cit., S. 206.

Sie stellt im Zusammenhang mit der Systemtheorie Manfred Füllsack knapp und anschaulich dar: "Systeme schaffen sich durch Erhöhung ihrer Eigenkomplexität, also durch Differenzierung, Mögichkeiten, um die Komplexität ihrer Umwelt zu reduzieren und damit ihre eigene Reproduktion dieser Umwelt zu sichern."[128] Hier tritt Luhmanns Aktantenmodell (wenn auch in vereinfachter Form) klar zutage: Systeme treten als Subjekt-Aktanten gegen die komplexe Umwelt als Anti-Subjekt an, um sich mit Hilfe der zentralen Modalität "Differenzierung" den Besitz eines für sie lebenswichtigen Objekt-Aktanten zu sichern: der Selbstreproduktion. Die Frage, weshalb Systeme an ihrer Selbstreproduktion "interessiert" sein sollten, kann Luhmann nicht beantworten, weil er nicht sieht, daß in diesem Fall "Reduktion von Komplexität" ein Herrschaftsmechanismus ist, der nur im Zusammenhang mit Begriffen wie "Subjektivität" und "Naturbeherrschung" erklärt werden kann. Denn Systeme reproduzieren sich nicht spontan, sondern werden von Ständen, Gruppen, Klassen und Individuen am Leben erhalten und den Umständen entsprechend angepaßt, perfektioniert. Insofern ist Christian Sigrist recht zu geben, wenn er Luhmann vorwirft, den Gegensatz von "Kapital" und "Arbeit" zu bagatellisieren und sich über "die unterschiedlichen Strömungen der Arbeiterbewegung"[129] hinwegzusetzen. "Auch hier", schließt Sigrist, "rächt sich die Entsubjektivierungsoperation, der die Gesellschaftstheorie durch den Systemtheoretiker unterzogen wird."[130]

---

128 M. Füllsack, "Geltungsansprüche und Beobachtungen zweiter Ordnung. Wie nahe kommen sich Diskurs- und Systemtheorie?", in: *Soziale Systeme* 1, 1998, S. 189.

129 Ch. Sigrist, "Das gesellschaftliche Milieu der Luhmannschen Theorie", op. cit., S. 847. Komplementär argumentiert Hans-Joachim Giegel in seinem Buch *System und Krise. Kritik der Luhmannschen Gesellschaftstheorie (Theorie-Diskussion Supplement 3. Theorie der Gesellschaft oder Sozialtechnologie)*, Frankfurt, Suhrkamp, 1975, S. 138, wenn er bemerkt, "daß es in der Form dieser Wissenschaft liegt, die Subsumtion des Subjekts unter die vorgegebenen gesellschaftlichen Verhältnisse zu betreiben".

130 Ch. Sigrist, "Das gesellschaftliche Milieu der Luhmannschen Theorie", op. cit., S. 847. Komplementär dazu argumentieren E. Bolay und B. Trieb in ihrem Buch *Verkehrte Subjektivität. Kritik der individuellen Ich-Identität*, Frankfurt-New York, Campus, 1988, S. 81-82: "Mit dem Durchgang durch die logische Genesis der Wertformen hin zur Kapitalform zeigten wir auf, wie sich dieses Subjekt-Objekt-Verhältnis als verkehrtes Verhältnis von Gesellschaftlichkeit darstellt, dessen Resultat die Existenz einer den Subjekten äußerlichen, sie jedoch formenden und formierenden Instanz ist." Im Falle von Luhmann ist diese Instanz das System.

Sie rächt sich auch dort, wo es darauf ankäme, die herrschaftlichen Beziehungen zwischen verschiedenen sozialen Systemen zu erklären und sie als Versuche individueller und kollektiver Subjekte zu verstehen, in "fremde" Systeme heteronom hineinzuregieren. Es klingt durchaus plausibel, wenn Luhmann im Hinblick auf das politische System den Gegensatz *Regierung/Opposition* für relevant erklärt, im Hinblick auf das wirtschaftliche den Gegensatz *Zahlung/Nichtzahlung* und im Hinblick auf das wissenschaftliche den Gegensatz *wahr/unwahr*. Allerdings neigt er dazu, die Verflechtung von Wirtschaft und Politik in eine herrschaftsfreie Idylle zu verwandeln: "Teilsysteme kommunizieren denn auch mit Systemen in ihrer Umwelt (und nicht nur: über ihre Umwelt). Die Wirtschaft zum Beispiel zahlt Steuern und ermöglicht damit Politik."[131] Der Subjekt- und Herrschaftstheoretiker wird parodierend ergänzen: "Die Wirtschaft zum Beispiel zahlt Schmiergelder und zerstört dadurch Politik." Jedenfalls scheint der Gegensatz *Zahlung/Nichtzahlung* auch im politischen und im wissenschaftlichen System täglich an Bedeutung zu gewinnen.

Freilich ist Luhmann nicht so naiv, die Autonomie der ausdifferenzierten Systeme für völlig unproblematisch zu halten. "Auch die wissenschaftliche Forschung sieht ihre Autonomie in Frage gestellt"[132], heißt es etwa in *Die Wirtschaft der Gesellschaft*. Später ergänzt Luhmann in *Die Wissenschaft der Gesellschaft*, "daß es externe Interventionen geben kann"[133], und kommentiert die Einwirkung der Politik auf das wissenschaftliche Geschehen: "Sie kann bevorzugte Nomenklaturen vorgeben (Frieden, Frauen, Umwelt, Technikfolgen, Kultur) und die Wissenschaft anregen, in Anträgen oder Darstellungen entsprechende Terminologien zu übernehmen. Aber damit sind noch keine Begriffe gebildet, geschweige denn Forschungsresultate an die Hand gegeben."[134] Der letzte Satz ist jedoch schlicht falsch. Man muß nicht die gesamte sozio-semiotische Forschung[135] in Betracht ziehen,

---

131 N. Luhmann, *Die Wirtschaft der Gesellschaft*, Frankfurt, Suhrkamp, 1988, 1994, S. 50.

132 Ibid., S. 67.

133 N. Luhmann, *Die Wissenschaft der Gesellschaft*, op. cit., S. 622.

134 Ibid., S. 639.

135 Hier vor allem: A. J. Greimas, *Sémiotique et sciences sociales*, Paris, Seuil, 1976, vor allem Kap. I: "Du Discours scientifique en sciences sociales"; E. Landowski, *La Société réfléchie*, Paris, Seuil, 1989, vor allem Kap. X: "Simulacres et construction" sowie Vf., *Ideologie und Theorie. Eine Diskurskritik*, Tübingen-Basel, Francke, 1989, vor allem Kap. XI: "Reflexion und Diskurs".

um zu erkennen, daß sich die Selektion von Themen und Terminologien auf lexikalischer und semantischer Ebene auf die *Begriffsbildung* auswirkt und möglicherweise auch auf die narrativen Abläufe der beteiligten Diskurse: d.h. auf die "Forschungsresultate". Kurzum: Wenn Politiker oder Vertreter der Wirtschaft im wissenschaftlichen Bereich die *Relevanzkriterien* festlegen können (z.B. "Gender Studies" statt "Psychologie" oder "German Studies" statt "German Literature" an einer britischen Universität), dann wirken sie unmittelbar auf die Begriffsbildung und mittelfristig auch auf den Gegensatz *wahr/falsch* ein. Denn im Rahmen von "German Studies" kann der Autonomiestatus von Literatur eher in Frage gestellt (als "unwahr" bezeichnet) werden als im Kontext von "German Literature".

Gerade im ästhetischen Bereich haben in verschiedenen Zusammenhängen Jean Baudrillard und Scott Lash auf eine *Entdifferenzierungstendenz*[136] hingewiesen, die vor allem bei Baudrillard mit der Vermittlung des künstlerischen Lebens durch Tauschwert und Marktgesetze zusammenhängt. Baudrillard spricht von einer *transesthétique*, in der Kunst, Ware und Werbung ineinander übergehen. Von der Kunst sagt er, sie versuche "wie alle verschwindenden Formen, sich in der Simulation zu verdoppeln, aber bald [werde] sie völlig erloschen sein und ein riesiges künstliches Museum (musée artificiel) und die entfesselte Werbung zurücklassen".[137] Wie Luhmann blendet Baudrillard die herrschaftlichen Interessen individueller und vor allem kollektiver Subjekte aus. Auch bei ihm haben sich Operationen als mythische Aktanten verselbständigt, so daß die Usurpation des einen Systems durch das andere weder im Hinblick auf Intentionen noch auf Interessen zu erklären ist. Der "Wert", wie Baudrillard sagt, überwuchert alles, ohne daß man wüßte, weshalb.

Doch der Prozeß der Entdifferenzierung ist nicht unabhängig von subjektiven Interessen zu verstehen. Diese Erkenntnis ignoriert Luhmann, wenn er versucht, "Entdifferenzierung" auf "Differenzierung" zurückzuführen: "Entdifferenzierung kann aber nicht heißen, daß man die Differenzierung vergessen könnte, denn dann hätte auch das 'Ent-' keinen Sinn."[138] Das ist zweifellos richtig, aber man sollte vor allem

---

136 Vgl. J. Baudrillard, *La Transparence du Mal*, op. cit., S. 22-42 sowie S. Lash, *Sociology of Postmodernism*, London-New York, Routledge, 1990, vor allem: "Part Two: Postmodernist Culture", wo es um die Entdifferenzierung kultureller Produktion und Rezeption geht.

137 J. Baudrillard, *La Transparence du Mal*, op. cit., S. 24.

138 N. Luhmann, *Die Gesellschaft der Gesellschaft*, Bd. II, op. cit., S. 1145.

nicht vergessen, daß sowohl Differenzierung als auch Entdifferenzierung ohne die treibenden Kräfte subjektiver Interessen nicht zu verstehen sind: Nicht nur wissenschaftliche Forschung wird durch die Einwirkung wirtschaftlicher und politischer Interessen auf ihre Relevanzkriterien und ihre Begriffsbildung heteronom gesteuert; auch in das politische System und das Kunstsystem dringen in zunehmendem Maße heteronome Interessen ein. Die politischen Krisen, die in nahezu allen europäischen Ländern die Parteienfinanzierung hervorruft, sind wirtschaftlichen Ursprungs und legen die Vermutung nahe, daß der semantische Gegensatz *zahlen/nicht zahlen*, den Luhmann für das Wirtschaftssystem reklamiert, auch in anderen sozialen Systemen bereitwillig akzeptiert wird. Denn: Wer nicht zahlt, setzt seine *politischen Interessen im wirtschaftlichen System* nicht durch. In diesem Zusammenhang lediglich von einer "Kopplung"[139] der Systeme zu sprechen ist naiv. Das Wort "Vereinnahmung" wäre realistischer, weil es stets zur Frage nach dem vereinnahmenden Subjekt führt.

Es erweist sich auch im Zusammenhang mit dem Kunstsystem als zutreffend. Baudrillards "Transästhetik" nimmt im Literaturbetrieb konkrete Formen an, wo Verleger "ihre" Autoren mit allen ihnen zur Verfügung stehenden Mitteln ermuntern, Romane zu schreiben – und keine experimentelle Prosa oder gar Gedichte. In vorauseilendem Gehorsam kündigen Autoren wie Robert Schneider *Bestseller* an und dementieren dadurch die von Luhmanns Differenzierungstheorie vorausgesetzte Autonomie und Autopoiesis der Kunst. Denn der *Bestseller* ist nicht nur eine durch den Tauschwert vermittelte Gattung, die Luhmanns These dementiert, daß Kunstsystem und Wirtschaftssystem nicht von "gemeinsam akzeptierten Kriterien"[140] gesteuert werden, sondern zugleich eine Konstruktion von Verlagen, deren Relevanzen und Selektionen sich primär an Bestsellerlisten orientieren (d.h. am Markt).

Als weltfremd erscheint in diesem Kontext Luhmanns Einschätzung der künstlerischen Autonomie: "Im Laufe einer längeren Selbstbeobachtung kann das Kunstsystem auf der Ebene von Kompositions- und Stilfragen Eigenständigkeit gegenüber dem Auftraggeber beanspruchen, also die Beurteilungskriterien in die eigene Hand neh-

---

139 Hier hilft auch die Unterscheidung von "strikter" und "loser" Kopplung nicht weiter: Vgl. N. Luhmann, *Die Gesellschaft der Gesellschaft*, Bd. I, op. cit., S. 525-526.

140 N. Luhmann, *Die Kunst der Gesellschaft*, Frankfurt, Suhrkamp (1995), 1998 (2.Aufl.), S. 267.

men und dynamisieren."[141] Man fragt sich an dieser Stelle, ob die Künstler die Heteronomie des Mäzenats nicht gegen die Heteronomie des Marktes eingetauscht haben. Diese setzt sich freilich nicht abstrakt, sondern über konkrete soziale Interessen durch.

In diesem Sinn hat Erich Köhler in seinem zu wenig beachteten Aufsatz "Gattungssystem und Gesellschaftssystem" Luhmanns Theorie kritisch konkretisiert und gezeigt, wie sehr Aufstieg und Niedergang von Gattungen innerhalb des literarischen Systems mit ständischen Belangen und Klasseninteressen verquickt sind. Das feudale Epos büßt seine zentrale Funktion im literarischen System ein, sobald sich die *noblesse d'épée* politisch nicht mehr durchsetzen kann: "Jedoch vermag die nationalistische Ideologie, die immer wieder Versuche einer Erneuerung inspiriert, eine Gattung nicht zu retten, die nicht darauf verzichten kann, Krieg und heroische Existenz einer Klasse zu feiern, deren parasitäre Existenz und Funktionslosigkeit trotz ihres gesellschaftlichen Prestiges allzu offenkundig war."[142] An dieser Stelle wäre es falsch, rein funktional zu argumentieren und zu behaupten, das literarische System "registriere" eben die Veränderungen im politischen System und "gebe dem Anpassungsdruck nach". Diese mythische Redeweise wäre durch das Argument zu ersetzen, daß der feudale Adel nicht mehr in der Lage ist, seine Interessen im wirtschaftlichen, politischen und künstlerischen System durchzusetzen. Seine *Herrschaft* wird durch die absolutistische Allianz von König und Bürgertum in Wirtschaft, Politik und Kunst (z.B. in der Tragödie als höfischer Gattung) abgelöst. Indem Luhmann auf subjektive Kategorien wie Intention, Interesse und Herrschaft verzichtet, kann er diese Veränderungen nicht adäquat erklären.

Als Anomalien oder Anachronismen müssen ihm die Vereinnahmungen des Kunst- oder Wirtschaftssystems durch die kommunistischen Parteien der Sowjetunion, Chinas, Nordkoreas und Kubas oder durch die islamische Regierung des Iran erscheinen. Es ist jedoch keineswegs sicher, daß es sich einfach um Anachronismen handelt, die die europäische und nordamerikanische Entwicklung weit hinter sich gelassen hat. Denn Luhmann kann im Rahmen seines Modells nicht erklären, weshalb die in jeder Hinsicht ausdifferenzierte römische Gesellschaft, die ein autonomes Rechtssystem und ein autonomes Kunstsystem kannte, von der christlich-feudalen Heteronomie abge-

[141] Ibid., S. 262.

[142] E. Köhler, "Gattungssystem und Gesellschaftssystem", in: *Romanistische Zeitschrift für Literaturgeschichte* 1, 1977, S. 14.

löst wurde. Seine Erklärung fällt spärlich aus: "Für ein Durchhalten dieser Tendenz [der Differenzierung] reichten jedoch weder die kommunikationstechnischen noch die sozialstrukturellen Vorgaben aus. Regressive Entwicklungen hielten diesen Umbau um mehr als tausend Jahre auf."[143] Wieso wurde aber die Differenzierungstendenz von der griechischen Antike bis in die spätrömische Kaiserzeit durchgehalten? Weshalb entstanden gerade im "verwissenschaftlichten" 20. Jahrhundert neue Heteronomien? Diese Fragen sind innerhalb einer jeden Theorie schwer zu beantworten (auch Marx hatte keine Erklärung für den Übergang von der römischen Marktgesellschaft zur christlich-feudalen Ordnung); aber alle Erklärungsversuche werden durch den systematischen Verzicht auf subjektive Faktoren erheblich erschwert. Systeme und Operationen handeln, entscheiden oder passen sich an, und die eigentlichen Akteure lösen sich in der Abstraktion auf.

Daß diese Akteure als Subjekt-Aktanten Luhmanns Text untilgbar eingeschrieben sind, lassen seine Kommentare zur Systemkonstitution in der *doppelten Kontingenz* erkennen. Soziale Systeme kommen dadurch zustande, daß die Akteure Ego und Alter (die Termini stammen von Parsons und Shils) die auf beide wirkende Kontingenz durch vertrauensbildende Maßnahmen überwinden. Doch es handelt sich nicht einfach um Personen (wie im amerikanischen Funktionalismus): "Die Begriffe Ego und Alter sollen mithin offen halten, ob es sich um psychische oder um soziale Systeme handelt (...)."[144] In beiden Fällen handelt es sich aber um individuelle oder kollektive Subjekt-Aktanten, deren Subjektivität den Bezeichnungen Ego und Alter innewohnt. Nicht zufällig wird *ego* im *Concise Oxford Dictionary* als "a conscious thinking subject" definiert. Und diese Subjektivität durchwirkt auch die nachmoderne Sprache Luhmanns, der es nicht gelingt, das Apriori des Systems plausibel zu machen. Das Subjekt liegt diesem System zugrunde und meldet sich in seinen Lücken zu Wort.

Indem Luhmann am subjektlosen Prozeß der Differenzierung festhält, verstärkt er im soziologischen Kontext den postmodernen

---

143 N. Luhmann, *Die Gesellschaft der Gesellschaft*, Bd. II, op. cit., S. 959.

144 N. Luhmann, *Soziale Systeme*, op. cit., S. 152. Zu den Begriffen "doppelte Kontingenz", "Ego" und "Alter" bei Luhmann vgl. R. Greshoff, "Notwendigkeit einer 'konzeptuellen Revolution in der Soziologie'? Kritische Überlegungen zu Luhmanns Anspruch am Beispiel von 'doppelter Kontingenz'", in: *Österreichische Zeitschrift für Soziologie* 2, 1999, S. 19-24: Greshoff stellt vor allem Luhmanns Versuch in Frage, psychische und soziale Systeme zu trennen.

Partikularismus, in dem "Sprachspiele" (Lyotard), "Kulturen" (Vattimo) oder "Ethiken" (Bauman) einander unvermittelt gegenüberstehen. Diese soziale und sprachliche Situation nahm Hermann Broch modernistisch vorweg, als er im Zusammenhang mit dem "Zerfall der Werte" und der Verselbständigung der einzelnen Wertsysteme schrieb: "Gleich Fremden stehen sie nebeneinander, das ökonomische Wertgebiet eines 'Geschäftemachens an sich' neben einem künstlerischen des l'art pour l'art, ein militärisches Wertgebiet neben einem technischen oder einem sportlichen, jedes autonom, jedes 'an sich', ein jedes in seiner Autonomie 'entfesselt', ein jedes bemüht, mit aller Radikalität seiner Logik die letzten Konsequenzen zu ziehen und die eigenen Rekorde zu brechen."[145] (Vgl. II, 7.) Dies ist Systemtheorie *avant la lettre* und zugleich *le postmoderne avant la lettre*.

Denn die Partikularisierung der Systeme, die zu ihrer autopoietischen Abkapselung führt (Wirtschaft um des Profits willen, Kunst um der Kunst willen, Sport um der Sportlichkeit willen), bildet die Grundlage von Luhmanns Erklärung der Postmoderne im Sinne von Lyotard. "Postmoderne" als "Skepsis gegenüber den Metaerzählungen"[146] erscheint ihm als ein Ergebnis der Differenzierung: "Dabei kann man auf die strukturelle und operative Autonomie (Geschlossenheit) der Funktionssysteme hinweisen, von denen jedes seine eigene System/Umwelt-Beschreibung und damit seine eigene Gesellschaftsbeschreibung anbietet. Das führt zum Verlust eines einheitlichen 'métarécit' (Lyotard) und zu einer polykontexturalen Gesellschaftsbeschreibung (...)."[147]

Luhmann setzt nicht nur Hermann Brochs modernistische Argumentation (freilich mit ganz anderen Absichten) fort, sondern antizipiert den postmodernen Baudrillard, dessen Buch *L'Echange impossible* (1999) er nicht mehr erlebt hat. In diesem Buch heißt es gleich zu Beginn: "Die anderen Sphären, die politische, die juristische, die ästhetische, sind von der gleichen Inäquivalenz und daher von der gleichen Exzentrik geprägt. Sie haben buchstäblich keinen Sinn außerhalb ihrer selbst und können gegen nichts getauscht werden."[148] Auch hier erscheint die postmoderne Partikularisierung als Ergebnis des Differenzierungsprozesses.

---

145 H. Broch, *Die Schlafwandler*, Frankfurt, Suhrkamp, 1978, S. 498.

146 J.-F. Lyotard, *Das postmoderne Wissen*, Wien, Böhlau-Passagen, 1986, S. 14.

147 N. Luhmann, *Gesellschaftsstruktur und Semantik*, Bd. IV, Frankfurt, Suhrkamp, 1995, S. 174.

148 J. Baudrillard, *L'Echange impossible*, op. cit., S. 12.

Sie kommt allerdings nicht nur durch Differenzierung zustande, sondern auch durch die Revolte der kulturellen, religiösen, politischen und ideologischen Besonderheiten oder Fundamentalismen, die Lyotard, Deleuze und Vattimo schildern (vgl. III, 2, 3). Es sind Revolten gegen die Indifferenz des Tauschwerts, die wesentlich dazu beiträgt, daß keine größere Metaerzählung mehr entstehen kann, die zwischen den ausdifferenzierten Systemen und den anderen Partikularismen vermitteln könnte. Der radikale Pluralismus des postmodernen Denkens (in allen seinen Varianten) ist nur die Kehrseite der marktbedingten Indifferenz als Austauschbarkeit aller Partikularismen, die als kontingent und willkürlich erfahren werden.

Luhmann ist trotz seiner Dementis ein postmoderner Denker *par excellence*, weil er wie kein anderer Autor der Postmoderne eine Theorie der Partikularismen (der Systeme) mit einer Theorie des wertindifferenten Universalismus verknüpft: mit einer Theorie der *Weltgesellschaft* auf abstraktestem Niveau. Es ist eine Theorie, die selbst aus dem Differenzierungsprozeß hervorgeht und die partikularen Systeme – Kulturen, Religionen, Rechtssysteme, Wirtschaftssysteme – einander im Kontext der Weltgesellschaft funktional gleichsetzt.

Das Verhältnis von Partikularität (Pluralität) und Universalität als funktionaler Äquivalenz stellt Luhmann selbst im Zusammenhang mit dem Postmoderne-Begriff anschaulich dar: "Man muß nur eine Pluralität von Selbstbeschreibungen zulassen, im 'Diskurs' der Selbstbeschreibung also eine Mehrheit von Möglichkeiten, die einander weder tolerieren noch nicht tolerieren, sondern einander nur nicht mehr zur Kenntnis nehmen können. Das haben wir mit der These vorweggenommen, daß universalistische (sich selbst einschließende) Selbstbeschreibungen nicht einzig-richtige, nicht exklusive Selbstbeschreibungen sein *müssen*. Wenn man auf die Funktion von Selbstbeschreibungen achtet, wird man hinzufügen müssen: nicht exklusiv sein *können*, denn die Funktion der Funktion ist es, funktionale Äquivalente zuzulassen."[149] Wie die ausdifferenzierten Systeme, wie Lyotards Partikularsprachen nehmen die "Selbstbeschreibungen" Luhmanns einander "nicht mehr zur Kenntnis", weil klar-

[149] N. Luhmann, *Die Gesellschaft der Gesellschaft*, Bd. II, op. cit., S. 1144-1145. Vom abstrakten (unvermittelten) Auseinandertreten des Universellen und des Partikularen zeugt Luhmanns Buch *Beobachtungen der Moderne*, op. cit., in dem es auf S. 126 heißt: "(...) Regionale Besonderheiten sind weltgesellschaftlich nicht universalisierbar." Es fragt sich, ob das gesellschaftliche Gewebe nicht gerade aus diesen Besonderheiten besteht.

geworden ist, daß alle Partikularitäten in der Indifferenz des Pluralismus austauschbar werden. Luhmanns universalistische Theorie der Weltgesellschaft (die bei Lyotard fehlt) gründet auf dieser marktvermittelten Austauschbarkeit aller gesellschaftlichen Besonderheiten.

Kneer und Nassehi haben zweifellos recht, wenn sie zu bedenken geben: "Entscheidend ist jedoch, daß der Begriff einer einheitlichen Weltgesellschaft nicht die radikale Differenziertheit der modernen Gesellschaft einzieht (...)."[150] Natürlich nicht, denn die Abstraktion der tauschwertvermittelten Weltgesellschaft (als Geld- und Wirtschaftsgesellschaft) geht unmittelbar aus dem beziehungslosen Nebeneinander der Partikularismen hervor, das die Differenzierung bewirkt: aus der Austauschbarkeit der Kontingenzen.

Was jedoch fehlt, das ist die Einsicht in den tiefen Antagonismus, der die Weltgesellschaft als universelle Tauschgesellschaft von den kulturellen, religiösen, ideologischen und ästhetischen Partikularitäten trennt. Es fehlt die Erkenntnis, daß die nachmoderne Wirtschaftsgesellschaft[151] im kulturellen Bereich immer heftigere Reaktionen individueller und kollektiver Subjekte provoziert. Wo Indifferenz universal herrscht, meldet sich alsbald die Ideologie manichäisch zu Wort. Es ist wohl kein Zufall, daß Luhmann, der Macht und Geld mit Parsons als *Medien* der Kommunikation auffaßt[152], das Wort "Gewalt" nur selten zu Papier bringt.[153]

---

[150] G. Kneer, A. Nassehi, *Niklas Luhmanns Theorie sozialer Systeme*, München, Fink, 1997 (3. Aufl.), S. 153.

[151] Vgl. G. Lohmann, *Indifferenz und Gesellschaft. Eine kritische Auseinandersetzung mit Marx*, Frankfurt, Suhrkamp, 1991: Der Autor beschreibt das Verhältnis von Wirtschaft und Indifferenz anhand von Marxens Werk.

[152] Vgl. N. Luhmann, *Die Wirtschaft der Gesellschaft*, op. cit., S. 68: "Ein Schritt zu weiterer Klärung läßt sich vollziehen, wenn man die Anregung von Talcott Parsons aufgreift und Geld als ein symbolisch generalisiertes Medium auffaßt, das, darin der Sprache ähnlich, Operationen durch einen bestimmten Code steuert." Geld als Herrschaftsinstrument kommt bei Luhmann ebensowenig vor wie bei Parsons. Bei beiden Systemtheoretikern wird es einseitig als Kommunikationsmedium aufgefaßt.

[153] In den *Sozialen Systemen*, op. cit. kommt das Wort "Gewalt" nur einmal vor (S. 539): als "physische Gewalt". Es gibt interessantere Formen der Gewalt. Vgl. dazu H. Tyrell, "Physische Gewalt, gewaltsamer Konflikt und der 'Staat' – Überlegungen zu neuerer Literatur", in: *Berliner Journal für Soziologie* 9, 1999, S. 285-286.

4. Alain Touraines Alternative: Subjekt und Bewegung

Im Gegensatz zu Luhmann, der eher an Durkheim und Parsons als an Max Weber anknüpft[154], steht Alain Touraine in der Tradition von Webers Soziologie des Handelns. Davon zeugen nicht nur seine Frühschriften – etwa seine umfangreiche *Sociologie de l'action* (1965) –, sondern auch die Kommentare von Pierre Ansart, die Touraine als einen Theoretiker erscheinen lassen, der sowohl Parsons' Integration der Akteure in das Gesellschaftssystem als auch ihre Unterwerfung unter die Geschichte und den ökonomischen Faktor im Marxismus ablehnt. Diesen Auffassungen, erklärt Ansart, stellt Touraine "M. Webers Kritik gegenüber, der zufolge die Aufgabe der Soziologie darin besteht, den von den Akteuren 'gemeinten Sinn' nachzuvollziehen (...)."[155] Insofern kann auch Touraines Entwurf als *verstehende Soziologie* und als historische Hermeneutik des Handelns aufgefaßt werden.

Touraine selbst wendet sich – vor allem in dem von Luhmann[156] geschmähten Werk *Le Retour de l'acteur* (1984) – gegen eine "Soziologie der Ordnung" ("sociologie de l'ordre")[157], die sich wie die herrschende Klasse "hinter der 'natürlichen' Entwicklung der Dinge versteckt (...)."[158] Im Gegenzug zu allen "Ordnungstheorien", die die moderne Rationalisierung, Differenzierung und Institutionalisierung als Unterwerfung des individuellen Subjekts bestätigen oder gar rechtfertigen, entwirft der französische Soziologe eine subjektzentrierte Theorie, die er selbst als "romantisch" bezeichnet: "Von daher die neue Bedeutung, die dem Subjektbegriff zuteil wird und die die Di-

---

154 R. Greshoff kommt in seiner Studie *Die theoretischen Konzeptionen des Sozialen*, op. cit. zu dem Ergebnis, daß Luhmanns Versuch, organische, psychische und soziale Systeme autopoietisch voneinander zu unterscheiden, scheitert, weil "die sozialen Systeme 'nicht loskommen' von den psychischen Systemen, sondern (...) mit deren Möglichkeiten (weiter-) betrieben werden, so daß sie Gedankliches umfassen" (S. 269). Zugleich schließt er, "daß das, was mit Luhmanns Konzepten zu erfassen ist, auch mit Webers Konzepten erfaßt werden kann – und mehr" (S. 313).

155 P. Ansart, *Les Sociologies contemporaines*, Paris, Seuil, 1990, S. 56.

156 Vgl. N. Luhmann, *Beobachtungen der Moderne*, op. cit., S. 183.

157 A. Touraine, *Le Retour de l'acteur. Essai de sociologie*, Paris, Fayard, 1984, S. 84. In diesem Ausdruck trifft er sich mit einem Vertreter der Kritischen Theorie wie P. Kellermann, dessen Buch *Kritik einer Soziologie der Ordnung. Organismus und System bei Comte, Spencer und Parsons*, Freiburg, Rombach, 1967 eine implizite Kritik an Luhmanns Systemdenken enthält.

158 A. Touraine, *Le Retour de l'acteur*, op. cit., S. 85.

stanzierung der Individuen und Kollektive von Institutionen, Praktiken und Ideologien meint. Diese dritte Gesellschaftsbetrachtung kann als *romantisch* bezeichnet werden."[159]

Im Anschluß an solche Aussagen drängt sich geradezu die Frage nach der Dialektik der individuellen Subjektivität auf: Wie können sich Einzelsubjekte von Institutionen, sozialen Praktiken und Ideologien distanzieren, die sie zu Subjekten machen? Haben wir es hier nicht mit einer Weltflucht-Romantik zu tun, die versucht, "wahre Subjektivität" jenseits von Gesellschaft, Institution und Ideologie anzusiedeln? Sollte das der Fall sein, würde sich Touraine über die in diesem Buch allgegenwärtige soziologische Erkenntnis hinwegsetzen, die Martin Rudolf Vogel in einem Satz prägnant zusammenfaßt: "Subjektivität ist also zwar auch als Bestimmung der Individuen, keineswegs indessen als eine ausschließlich aus ihnen selbst kommende zu begreifen, vielmehr als eine vorrangig über allgemeine gesellschaftliche Formen ihnen zufallende."[160] Bei näherem Hinsehen zeigt sich jedoch, daß Touraine diesen Gedanken keineswegs ausblendet, sondern ihn im Rahmen seines Ansatzes weiterentwickelt und konkretisiert.

In einem ersten Schritt verabschiedet er den Subjektbegriff der idealistischen Philosophie, die, wie sich im zweiten Kapitel gezeigt hat, das individuelle Subjekt mit der Vernunft oder der Geschichte identifizierte. Dadurch wurde Subjektivität zu einer asketischen Abstraktion, die die lebenden Subjekte unterdrückte. Touraine schildert eine Abwärtsbewegung von göttlicher Allmacht zu irdischer Bescheidenheit, die schließlich bei der lebendigen Erfahrung halt macht, auf die er seinen eigenen Subjektbegriff gründet: "Die Idee des Subjekts hat eine Reihe von Mutationen durchgemacht und ist dabei vom Ideenhimmel zunächst in den politischen Bereich, dann in den der gesellschaftlichen Arbeitsbeziehungen herabgestiegen und wird nun mit der gelebten Erfahrung verknüpft."[161] Touraine beruft sich auf Foucault, wenn er daran erinnert, daß der Subjektbegriff in seinen idealistischen und politischen Phasen von den Herrschenden dazu mißbraucht wurde, die lebenden individuellen und kollektiven Subjekte der Vernunft, der Geschichte oder der Partei des Proletariats zu un-

---

[159] Ibid., S. 78.

[160] M. R. Vogel, *Gesellschaftliche Subjektivitätsformen. Historische Voraussetzungen und theoretische Konzepte*, Frankfurt-New York, Campus, 1983, S. 14.

[161] A. Touraine, *Pourrons-nous vivre ensemble? Egaux et différents*, Paris, Fayard, 1997, S. 123.

terwerfen.[162] Seine Alternative zu den "starken" Subjektivitäten des Idealismus (Descartes', Fichtes, Hegels, aber auch Sartres) ist eine "schwache" Subjektivität, die in mancher Hinsicht an das *pensiero debole* erinnert, das Gianni Vattimo für die pluralisierte Postmoderne empfiehlt.[163]

In einem zweiten Schritt spricht Touraine von einem "Subjekt, das ums Überleben kämpft" ("Sujet luttant pour sa survie")[164], und siedelt es – als individuelles Subjekt – zwischen den sozialen Großbereichen des Marktes und der Kulturgemeinschaft (im Sinne von Etzionis Kommunitarismus)[165] an: "Das Individuum der hypomodernen Gesellschaften ist unablässig zentrifugalen Kräften ausgesetzt: dem Markt einerseits, der Gemeinschaft andererseits. Ihr Gegensatz führt oftmals zu einer Spaltung des Individuums, das bald als Konsument, bald als Anhänger einer Glaubenslehre auftritt. Das Subjekt manifestiert sich zunächst und vor allem durch seinen Widerstand gegen diese Spaltung, durch sein Verlangen nach Individualität (désir d'individualité), d.h. durch seinen Wunsch, in jedem Auftreten und in jeder sozialen Beziehung als es selbst erkannt zu werden."[166]

Diese Darstellung der individuellen Subjektivität an der Schwelle zum 21. Jahrhundert ist einerseits für die gesamte zeitgenössische Subjektproblematik kennzeichnend, die von einer allseitigen Ablehnung der metaphysischen Subjektbegriffe (von Descartes bis Sartre) geprägt ist; sie überschneidet sich andererseits mit der in diesem Buch vorgeschlagenen Subjekt-Konstruktion. Denn auch hier wird versucht, die Dynamik individueller Subjektivität zwischen der Indifferenz des Marktes und der Ideologie (den "qualitativen Werten der Gemeinschaft") zu verstehen. Dies ist der Grund, weshalb Touraines Soziologie den Übergang zum letzten Kapitel bildet, das an diese Soziologie und an das erste Kapitel anknüpft.

Sie wird hier allerdings auch als eine Kritik an Luhmanns Systemtheorie und an der marxistischen Subjektphilosophie (von Marx bis Lukács) gelesen, mit der sich Touraine seit seinem Frühwerk auseinandersetzt. Im folgenden soll zunächst gezeigt werden, wie seine

---

162 Vgl. A. Touraine, *Critique de la modernité*, Paris, Fayard, 1992, S. 115.

163 Vgl. A. Touraine, *Pourrons-nous vivre ensemble?*, op. cit., S. 118 und 134.

164 Ibid., S. 146.

165 Vgl. A. Etzioni, *The Spirit of Community. Rights, Responsibilities and the Communitarian Agenda*, London, Fontana, 1995, vor allem den Anhang, der die Form eines Manifests annimmt: S. 251-267.

166 A. Touraine, *Pourrons-nous vivre ensemble?*, op. cit., S. 134.

Alternative aus seiner Kritik an der Systemtheorie und am Marxismus hervorgeht; anschließend soll der für sein Denken zentrale Nexus von Historizität, sozialer Bewegung und individueller Subjektivität untersucht werden. Die Betrachtung schließt mit einer Darstellung von Touraines Kritik der Moderne als Spannungsverhältnis zwischen Rationalisierung und Subjektivierung und einem Vergleich von Touraines, Giddens' und Becks Subjektbegriffen.

Touraines Hinweise auf Luhmann sind ebenso spärlich wie Luhmanns Hinweise auf Touraine und lassen vermuten, daß deutsche und französische Soziologen erst beginnen, einander (jenseits von Namen wie Bourdieu und Baudrillard) zur Kenntnis zu nehmen.[167] Umso erstaunlicher ist es, daß Touraine mit dem ihm eigenen theoretischen Feingefühl Luhmanns Werk der Problematik der Postmoderne zurechnet, einer Problematik, die der deutsche Soziologe für ein *proton pseudos* hält: "Die Postmoderne behauptet die völlige Entkoppelung von System und Akteur: Das System ist autoreferentiell, *autopoietisch*, sagt Luhmann, während die Akteure nicht länger im Hinblick auf soziale Beziehungen, sondern durch ihre kulturelle Differenz unterschieden werden."[168] Obwohl die zweite Hälfte dieses Satzes auf Luhmanns Werk nicht anwendbar ist, weil die Systemtheorie keine Akteure im Sinne von Touraine kennt, ist die Aussage als ganze aufschlußreich, weil sie die These des vorigen Abschnitts bestätigt, der zufolge der subjektlose Differenzierungsprozeß für die Postmoderne symptomatisch ist.

An anderer Stelle wirft Touraine, der sich in *Production de la société* (1973) für eine "kritische Soziologie" ("sociologie critique")[169] stark macht, der Systemtheorie ihren pathologischen Charakter vor: "Aber dieses Nebeneinander autopoietischer Systeme und nutzensuchender Akteure (acteurs utilitaristes) ist weit davon entfernt, das gesamte Feld der soziologischen Analyse zu erfassen, und entspricht einer pathologischen Zerfallsform des Gesellschaftslebens."[170] Er hät-

---

167 Insofern hat sich seit der Entstehung der Soziologie in der Zeit Durkheims und M. Webers wenig geändert. Vgl. E. A. Tiryakian, "Ein Problem für die Wissenssoziologie: Die gegenseitige Nichtbeachtung von Emile Durkheim und Max Weber", in: W. Lepenies (Hrsg.), *Geschichte der Soziologie. Studien zur kognitiven, sozialen und historischen Identität einer Disziplin*, Bd. IV, Frankfurt, Suhrkamp, 1981, S. 23-24. (Methodologische Divergenzen und Nationalismus scheinen die größten Hindernisse gewesen zu sein.)

168 A. Touraine, *Critique de la modernité*, op. cit., S. 290.

169 A. Touraine, *Production de la société*, Paris, Seuil, 1973, S. 188.

170 A. Touraine, "La Formation du sujet", in: F. Dubet, M. Wieviorka (Hrsg.), *Pen-*

te hinzufügen können, daß die Systemtheorie aus der nachmodernen Kollision eines marktbedingten Universalismus mit einer (schon von Broch beobachteten) Partikularisierungs- und Fragmentierungstendenz hervorgeht.

In einem wesentlichen Punkt überschneidet sich seine Kritik an der Systemtheorie mit der des vorigen Abschnitts: Man versteht die gesellschaftliche Entwicklung nicht, solange man nur auf der Systemebene argumentiert und dadurch die Ebene der Subjekt-Aktanten und ihrer Handlungen ausblendet: "Die soziologische Analyse wird unablässig von der Trennung zweier Sphären bedroht: der des *Systems* und der der *Handlung*."[171] Es gehört zu Touraines Hauptanliegen, diese beiden Sphären aufeinander zu beziehen. Deshalb spricht er schon in den 60er und 70er Jahren von einem "système d'action historique".[172]

Die andere Art, individuelle und kollektive Subjekte durch Abstraktionen zu tilgen, findet Touraine im hegelianisch-marxistischen Historismus, der das Handeln der historischen Gesetzmäßigkeit und der Parteidisziplin unterwirft. Die Auseinandersetzung mit dem Marxismus ist für die *sociologie de l'action* deshalb von grundlegender Bedeutung, weil Touraine in seinem Frühwerk die *Klasse* nicht als ein von der Partei organisiertes historisches Subjekt auffaßt, sondern als *soziale Bewegung* (im Sinne der Arbeiterbewegung). In *Production de la société* heißt es noch: "Unter gesellschaftlichen Bewegungen verstehe ich im Prinzip *das konfliktträchtige Handeln sozialer Klassen als Handlungsinstanzen, die um die Vorherrschaft im historischen Handlungssystem kämpfen*."[173] Rund zwei Jahrzehnte später läßt Touraine in *Critique de la modernité* den Klassenbegriff fallen: "Der Begriff der *sozialen Klasse* entsprach jedenfalls einem historizistischen Denken. (...) Aus diesem Grunde soll der Begriff der *sozialen Bewegung* den der sozialen Klasse ersetzen, so wie die Analyse der Handlung die Analyse von Situationen ersetzen soll."[174]

---

ser le sujet. Autour d'Alain Touraine (Colloque de Cerisy), Paris, Fayard, 1995, S. 44.

171 A. Touraine, *Pour la sociologie*, Paris, Seuil, 1974, S. 33.

172 A. Touraine, *Production de la société*, op. cit., S. 404.

173 Ibid., S. 347.

174 A. Touraine, *Critique de la modernité*, op. cit., S. 282. Dieser Übergang von der sozialen Klasse zur sozialen Bewegung wird in den 80er Jahren in *Le Retour de l'acteur*, op. cit., S. 114 angekündigt: "Il devient alors préférable, pour marquer cet important changement, de parler de mouvements sociaux plutôt que de classes sociales."

Der Klassenbegriff, den die Physiokraten in die Diskussion eingebracht haben[175], nimmt im Marxismus hegelianisch-metaphysische Konnotationen an. Marx, der seine Philosophie als "Kopf des Proletariats" versteht, beauftragt die revolutionäre Klasse (als mythischen Aktanten) mit der Inbesitznahme eines mythischen Objekts: der "klassenlosen Gesellschaft". Dabei büßt die Arbeiterklasse als Bewegung ihre Handlungsautonomie ein, zumal ihr später die leninistische Partei im Rahmen der richtigen Ideologie vorschreibt, welches Bewußtsein sie zu welchem Zeitpunkt annehmen und was sie tun bzw. unterlassen soll. So wird die Klasse einer historischen Teleologie und einer diese Teleologie deutenden politischen Organisation unterworfen. Dazu bemerkt Touraine: "Die Rolle der Partei wird von Lenin stark betont, und die Eroberung des Staates ist es, die zum Umsturz der bestehenden Ordnung führt, und nicht die wachsende Macht einer sozialen Bewegung."[176] Komplementär dazu heißt es später in *Critique de la modernité*: "Marxens Denken eliminiert den sozialen Akteur (acteur social)."[177] Dort distanziert sich Touraine von Marx und Lukács, "für die der Akteur nur als Agens einer historischen Notwendigkeit wichtig ist".[178]

Kurzum, er verabschiedet sowohl das Systemdenken der Funktionalisten Parsons und Luhmann als auch das der hegelianischen Marxisten. Allen Systemdenkern wirft er vor, daß sie sich über das *soziale Handeln* kollektiver und individueller Subjekte hinwegsetzen und deshalb nicht in der Lage sind, die Entwicklung der Gesellschaft konkret – d.h. im Zusammenhang mit den Bedürfnissen, Anliegen und Absichten der Subjekte – zu erklären.

Sein Buch *Le Retour de l'acteur*, das die Subjektproblematik in den Vordergrund rückt, ist ein Versuch, die Gesellschaft aus der Sicht der handelnden Subjekte zu rekonstruieren. Der Autor weist darauf hin, daß politische Parteien immer mehr zu "politischen Unternehmen" verkommen, "während die gesellschaftlichen Forderungen viel direkter von sozialen Bewegungen ausgedrückt werden, die sich von politischen Parteien unterscheiden".[179] Als Alternative zum Sy-

---

[175] Vgl. Th. L. M. Thurlings, "De Physiocraten", in: ders., *Turgot en zijn tijdgenoten. Schets van de bevestiging van de economische wetenschap*, Wageningen, Veenman en Zonen, 1978, S. 132.

[176] A. Touraine, *Production de la société*, op. cit., S. 422.

[177] A. Touraine, *Critique de la modernité*, op. cit., S. 100.

[178] Ibid., S. 424.

[179] A. Touraine, *Le Retour de l'acteur*, op. cit., S. 67.

stemdenken funktionalistischer und hegelianischer Provenienz entwirft er sein eigenes triadisches Gesellschaftsmodell: "Also sind die drei Hauptelemente des Gesellschaftslebens: *das Subjekt* als Distanzierung von organisierten Praktiken; *die Historizität* als ein Ensemble von Kulturmodellen – kognitiver, wirtschaftlicher, ethischer Art – und als Gegenstand des zentralen Gesellschaftskonflikts; *die sozialen Bewegungen*, die einander bekämpfen, um diesen kulturellen Orientierungen eine gesellschaftliche Gestalt zu geben."[180]

Es ist zugleich das Modell einer *postindustriellen oder programmierten Gesellschaft*, die der französische Soziologe im Gegensatz zu Daniel Bell[181] nicht als Vorherrschaft der Wissenschaft und des Dienstleistungssektors definiert, sondern im Hinblick auf drei komplementäre Faktoren: das Verschwinden des Industrieproletariats und der ihm entsprechenden Produktionsorientierung; den Aufstieg der sozialen Bewegungen, die sich in zunehmendem Maße am Konsum orientieren; den Niedergang der "metasozialen Garanten der sozialen Ordnung" ("garants méta-sociaux de l'ordre social").[182] Zu ihnen rechnet Touraine die metaphysischen, rationalistischen und hegelianisch-marxistischen Ideologien, die gleichsam über der Gesellschaft schwebten und von dort aus die sozialen Akteure mit Sinn versahen. Die Ähnlichkeit mit Lyotards postmodernem Zweifel an den "Metaerzählungen" ist nicht zu übersehen; insofern sind die Begriffe der postmodernen und der postindustriellen Gesellschaft durchaus verwandt, wenn auch nicht identisch.

Sie sind nicht identisch, weil aus Touraines Sicht das Verschwinden der "metasozialen Garanten" den Aufstieg der kollektiven Subjekte, der sozialen Bewegungen, ermöglicht und deren Handlungsspielraum merklich erweitert. In der nachindustriellen Gesellschaft[183] wird im Rahmen einer radikalen Säkularisierung und jenseits von metaphysischen Erzählungen ein direktes Einwirken der Akteure auf das gesellschaftliche Geschehen möglich: eine "*action de la société sur elle-même*".[184]

---

180 Ibid., S. 78.

181 Vgl. D. Bell, *Die nachindustrielle Gesellschaft*, Frankfurt-New York, Campus (1975), 1989, S. 118-120 sowie A. Touraine, *La Société postindustrielle*, Paris, Denoël, 1969, Kap. I.

182 A. Touraine, *Production de la société*, op. cit., S. 187.

183 Vgl. A. Touraine, "Klassen, soziale Bewegungen und soziale Schichtung in einer nachindustriellen Gesellschaft", in: H. Strasser, J. Goldthorpe (Hrsg.), *Die Analyse sozialer Ungleichheit*, Wiesbaden, Westdeutscher Verlag, 1985.

184 A. Touraine, *Production de la société*, op. cit., S. 189.

Dadurch ändert sich im Übergang von der industriellen zur postindustriellen Gesellschaft der Kontext der Historizität. Während die industrielle Klasse ihr Bewußtsein aus einer *bestimmten Situation* schöpfte, die oftmals von marxistischen Intellektuellen oder einer marxistischen Partei als "Avantgarde des Proletariats" definiert wurde, begreift sich die soziale Bewegung selbst *in actu*: als handelnde Instanz, die in Übereinstimmung mit ihren Absichten und Interessen auf die soziale Historizität einwirkt: "Was aber die soziale Bewegung von der Klasse unterscheidet, ist der Umstand, daß diese als Situation definierbar ist, während die soziale Bewegung ein Handeln ist, das Handeln eines Subjekts, nämlich des Akteurs, der die soziale Gestaltung der Historizität in Frage stellt."[185] Doch wie geschieht das konkret? Wie entwickeln sich zeitgenössische soziale Bewegungen, und welche Typen von Bewegungen gibt es?

In dem Maße, wie die soziale Bewegung den Charakter einer Klassenbewegung im Sinne der Arbeiterklasse verliert, kommt sie nicht so sehr aufgrund eines Gruppen- oder Klassenbewußtseins zustande, sondern definiert sich selbst im Hinblick auf bestimmte historische, soziale und politische Konstellationen und Ereignisse: im Hinblick auf einen konkreten *Handlungsbedarf*. In diesem Zusammenhang erscheint Touraine der Mai 1968 als die Geburtsstunde des *mouvement social*: "Im Mai 1968 wurde die Unabhängigkeit der sozialen Bewegung ausgerufen (...)."[186] Damit ist folgendes gemeint: Neben der Arbeiterbewegung, ihren Gewerkschaften (CFDT, CGT) und ihren Parteien (PS, PSU, PCF) entstehen neue Arbeiterbewegungen, Studentenbewegungen und Intellektuellenbewegungen und fordern die etablierten Organisationen spontan heraus. Sie revoltieren gegen bestimmte Mißstände sowie gegen den Staat und seine Eliten, die sie für diese Mißstände verantwortlich machen. Gewerkschaften und Parteien bremsen den Elan dieser unangekündigt auftretenden Konkurrenten, die ihre Forderungen auf die Spitze treiben ("exigeons l'impossible!") und sich alsbald auflösen. Hier hat zweifellos Ulrich Beck recht, wenn er ironisch bemerkt: "*Soziale Bewegungen* – bedeuten, einmal wörtlich genommen, Kommen und Gehen. Vor allem Gehen. Die Selbstauflösung ist ihr führendes Mitglied."[187]

---

185 A. Touraine, *Le Retour de l'acteur*, op. cit., S. 113.

186 A. Touraine, *Pourrons-nous vivre ensemble?*, op. cit., S. 176.

187 U. Beck, *Gegengifte. Die organisierte Unverantwortlichkeit*, Frankfurt, Suhrkamp, 1988, S. 99.

Obwohl Touraine die Bewegung als kollektiven Aktanten mit wesentlich mehr Zuversicht betrachtet, ist auch er sich dieser Dynamik bewußt. In seinem Frühwerk (in den 70er Jahren) meint er noch, drei Phasen in der Entwicklung von Bewegungen unterscheiden zu können: "die des anti-institutionellen Bruchs, die der politischen Konfrontation, die des institutionellen Einflusses".[188] Dieser Einfluß kann auch einen "konstantinischen" Charakter annehmen und analog zur christlichen Kirche unter Kaiser Konstantin zu einer staatstragenden Macht werden.[189] Von der Bewegung sagt Touraine in *Production de la société*: "il peut devenir 'constantinien'".[190] Doch er faßt auch die Möglichkeit der Auflösung sowie der Flucht in die Gewalttätigkeit ins Auge.[191]

Jedenfalls betrachtet er die Bewegungen nuancierter als Beck, der sie vorwiegend mit der Auflösung assoziiert. Indessen lassen gerade die Entwicklungen der ökologischen und feministischen Bewegungen die Möglichkeit institutioneller Einflußnahme erkennen, die nicht ohne weiteres als Integration in das bestehende System zu deuten ist. Denn durch die Einflußnahme der "Grünen" oder der Frauen verändern sich Politik und Gesellschaft, und es kommt zu einer Wechselbeziehung zwischen Integration und Wandel. Genau das meint Touraine, wenn er von Bewegungen spricht, die um die Richtung kämpfen, die die "Historizität" einschlagen soll: "mouvements sociaux luttant pour la direction de l'historicité".[192] Den "Grünen" und den Frauenbewegungen geht es u.a. um eine andere Ausrichtung der "sozialen Marktwirtschaft" und um eine Neudefinition des Wortes "sozial".

Sie unterscheiden sich dadurch wesentlich von der Arbeiterbewegung als traditioneller *Gesellschaftsbewegung* (*mouvement sociétal*, sagt Touraine), daß sie nicht primär sozio-historische Interessen einer relativ homogenen Gruppe verteidigen, sondern auf die Entwicklung der gesamten Gesellschaft einwirken wollen. Den Frauen ist es nicht einfach um Gleichstellung zu tun, sondern um eine Neuordnung und Neubestimmung der Geschlechterverhältnisse – auch auf sprachlicher,

---

188 A. Touraine, *Pour la sociologie*, op. cit., S. 198.

189 Die "konstantinische Wende" des Christentums und des Marxismus stand in den 60er Jahren im Mittelpunkt des Dialogs zwischen Christen und Marxisten: Vgl. R. Garaudy, J. B. Metz, K. Rahner, *Der Dialog – oder ändert sich das Verhältnis zwischen Katholizismus und Marxismus?* Hamburg, Rowohlt, 1966, S. 96.

190 A. Touraine, *Production de la société*, op. cit., S. 430.

191 Ibid., S. 415.

192 A. Touraine, *Le Retour le l'acteur*, op. cit., S. 97.

auf kultureller Ebene. Noch weniger als die Frauen sind die "Grünen" als sozial homogene "Interessengruppe" zu verstehen: Sie gehen aufs Ganze, weil sie das Verhältnis von Gesellschaft und Natur neu bestimmen möchten.

Deshalb unterscheidet Touraine die alten *mouvements sociétaux* von den neuen *kulturellen* und *historischen Bewegungen*, die nicht durch ein Gesellschafts- oder Klassenbewußtsein, sondern durch ein Problembewußtsein zusammengehalten werden. Sie sind eher den religiösen Bewegungen der Vergangenheit als den Klassenbewegungen vergleichbar: "Die wichtigsten kulturellen Bewegungen der Geschichte waren die religiösen Bewegungen; in unserer Welt, die aus der Industriegesellschaft hervorgegangen ist, sind die Frauenbewegungen und die ökologisch-politischen die bedeutendsten (...)."[193] Beide Bewegungen agieren im Feld der Historizität, um dieser eine neue Wende zu geben.

Die neuen sozialen Bewegungen, sagt Touraine, verteidigen nicht mehr soziale Anliegen im engen Sinne (politische Interessen, Lebensstandard, Bildung), sondern die Subjektivität als solche, Subjektivität als Menschlichkeit: "Die neuen sozialen Bewegungen, lehnen es ab, mit einer sozialen Kategorie identifiziert zu werden; sie appellieren an das Subjekt als solches, an seine Würde oder an sein Selbstwertgefühl (...)."[194] Diese Aussage läßt durchaus "defensive" Interpretationen zu: Die kollektiven Subjekte verteidigen ihre Lebenswelt und wehren sich gegen ihre Entsubjektivierung, ihre Verdinglichung durch die Systeme (im Sinne von Habermas).

Tun sie dies im welthistorischen Maßstab, indem sie sich beispielsweise gegen Folgen der Globalisierung wie Umweltzerstörung, Kommerzialisierung und Technokratie auflehnen, werden sie von Touraine als *historische Bewegungen* bezeichnet: "Die historischen Bewegungen stellen eher eine Elite als eine herrschende Klasse in Frage und appellieren an das Volk gegen den Staat (...). Die großen ökologischen Proteste wenden sich nicht nur gegen die Politik eines Landes oder eines Unternehmens, sondern gegen eine allgemeine Entwicklungstendenz."[195]

Trotz dieser plausiblen Darstellungen, die Touraine als kritischen Geistesverwandten von Habermas erkennen lassen, auf den er sich als

---

193 A. Touraine, *Pourrons-nous vivre ensemble?*, op. cit., S. 177.

194 Ibid., S. 180.

195 Ibid., S. 185.

Theoretiker der Lebenswelt beruft[196], wirft sein Begriff der sozialen Bewegung Fragen auf. Sind beispielsweise die Bewegungen der Obdachlosen und der Arbeitslosen oder der *sans papiers* (der illegal Eingewanderten), von denen in *Comment sortir du liberalisme*? die Rede ist[197], ohne weiteres mit den kulturellen Bewegungen der Frauen oder der "Grünen" zu vergleichen? Handelt es sich nicht eher um Gruppen, die ganz konkrete, partikulare Interessen vertreten und keine Vorstellung von einem globalen Gesellschaftswandel haben? Können sie als Bewegungen derselben logischen Klasse zugerechnet werden wie die historischen Bewegungen?

Nicht diese soziologische Grundsatzfrage soll hier beantwortet werden, sondern die Frage nach der Unterscheidbarkeit von Bewegungen und Antibewegungen. Von diesen sagt Touraine: "Was sie grundsätzlich von den Gesellschaftsbewegungen unterscheidet, ist die Tatsache, daß sie sich mit einem besonderen historischen Dasein identifizieren: einer Gruppe, einer ethnischen Einheit, einer Religionsgemeinschaft oder einer anderen Gemeinschaft, und daß sie sich nie auf den Subjektbegriff berufen und auf den Universalismus, der ihm innewohnt."[198] Als Antibewegungen werden von Touraine nationalistische, faschistische, fundamentalistische sowie bolschewistische Gruppierungen definiert.[199]

Es fragt sich allerdings, ob der Gegensatz zwischen "demokratischen Bewegungen" und "undemokratischen Antibewegungen" in dieser Form vertretbar ist. Identifizieren sich nicht auch die Obdachlosen und die Arbeitslosen "mit einem besonderen historischen Dasein"? Konstituieren nicht auch (und gerade) undemokratische Bewegungen Subjektivität? Kam Benito Mussolini nicht ursprünglich aus der revolutionär-syndikalistischen Bewegung Georges Sorels, die linke und rechte Ideologeme vermischte? Bildeten nicht bolschewistische Organisationen den Kern zahlreicher Friedensbewegungen, deren Abwesenheit während des Afghanistan-Krieges und der nachjugoslawischen Bürgerkriege ins Auge springt? – Es ist unmöglich,

---

196 Vgl. A. Touraine, *Critique de la modernité*, op. cit., S. 390-391, wo Touraine Habermas vorwirft, daß er die Gesellschaft zu sehr auf kommunikative Konsensbildung reduziert und dabei das Subjekt der Intersubjektivität unterwirft: "Das Subjekt und nicht die Intersubjektivität, die Selbsterzeugung und nicht die Kommunikation bilden die Grundlage des Bürgerdaseins und geben der Demokratie einen positiven Inhalt".

197 A. Touraine, *Comment sortir du libéralisme?*, Paris, Fayard, 1999, S. 75-103.

198 A. Touraine, *Pourrons-nous vivre ensemble?*, op. cit., S. 196.

199 Ibid., S. 198-204.

auf diese Fragen einzugehen, ohne den Rahmen dieser Analyse zu sprengen. Fest steht, daß auch Touraines Antibewegungen für sich die Stärkung individueller und kollektiver Subjektivität in Anspruch nehmen.

Um die Stärkung dieser Subjektivität ist es aber dem französischen Soziologen zu tun, wenn er die Wechselbeziehung von sozialer Bewegung und Einzelperson in der postindustriellen Gesellschaft beschreibt. Dabei geht er, wie sich gezeigt hat, von der Unmöglichkeit einer idealistischen Subjektivität aus, die als Geist oder Seele mit sich selbst identisch ist. Für ihn ist das individuelle Subjekt eine Suche, eine *recherche*: "Es ist eine persönliche Suche des Individuums nach Bedingungen, die es ihm gestatten, Akteur seiner eigenen Geschichte zu sein."[200] Touraine setzt sich keineswegs über die Hindernisse hinweg, die dieser Suche im Wege stehen: Bürokratien, Marktgesetze und kommunitaristische Ideologien hermetischer Gemeinschaften. Ihm erscheint der Einzelne als ein Subjekt, "das ums Überleben kämpft" (s.o.) "zwischen dem instrumentellen Handeln und der kulturellen Identität, wobei es sich im ersten Fall auf die Welt der Ware bezieht, im zweiten Fall auf die der Gemeinschaft".[201] Es geht aber im Prozeß der Subjektwerdung darum, sich sowohl der Warenwelt und ihren verdinglichenden Mechanismen als auch der *communauté* und ihren Ideologien zu entziehen. In die Sprache dieses Buches übersetzt, könnte man sagen: Es geht darum, sowohl der marktbedingten Indifferenz als Austauschbarkeit der Werte als auch dem Dualismus der Ideologien (die hier freilich nicht nur mit dem Kommunitarismus assoziiert werden) Widerstand zu leisten.

Bei Alain Touraine ist dieser Widerstand nicht ohne die Rückendeckung durch das Kollektivsubjekt der Bewegung denkbar. In *Critique de la modernité* heißt es gar: "Das Subjekt existiert nur als *soziale Bewegung* (...)."[202] Etwas später wird diese Aussage im Hinblick auf die Beziehung zwischen kollektivem und individuellem Subjekt konkretisiert: "Die enge Verknüpfung der persönlichen Subjektkonstruktion mit der sozialen Bewegung bildet den Kern dieses Buches."[203] Schon in *Le Retour de l'acteur* (1984) war von einem "Übergang vom Wir zum Ich" ("passage du nous au Je")[204] die Rede.

---

200 Ibid., S. 102.

201 Ibid., S. 111.

202 A. Touraine, *Critique de la modernité*, op. cit., S. 273.

203 Ibid., S. 331.

204 A. Touraine, *Le Retour de l'acteur*, op. cit., S. 135.

Obwohl diese Argumentation durchaus einleuchtend ist, weil der Einzelne Sinn und Identität in einer ökologischen, feministischen, anarchistischen – aber auch nationalistischen oder faschistischen – Bewegung finden kann, stellt sich abermals die Frage nach der Dialektik der individuellen Subjektivität. Es ist die Frage der dekonstruktivistisch denkenden Feministinnen: Gibt das individuelle Subjekt nicht seine Freiheit preis, wenn es sich von einer Bewegung zum Subjekt machen (d.h. unterwerfen) läßt? (Vgl. III, 8.) Auch hier wird also die Zweideutigkeit der Subjektivität als Freiheit und Unterwerfung zum Problem.

Vor allem in seinem Spätwerk versucht Touraine, dieses Problem dadurch zu lösen, daß er sich ein Einzelsubjekt vorstellt, das die instrumentelle Vernunft gegen die Gemeinschaft und die aus der Gemeinschaft hervorgehende kulturelle Identität gegen den Instrumentalismus des Marktes wendet: "Es entzieht sich der Gemeinschaft durch die instrumentelle Vernunft und dem Markt durch die kollektive und zugleich persönliche Identität."[205] Auch dieser Satz kann in der hier verwendeten Sprache paraphrasiert werden: Das ideologische Engagement wird durch die Indifferenz (als Einsicht in die Austauschbarkeit der Werte und Ideologien) relativiert und von der Distanzierung im Sinne von Norbert Elias[206] im Zaum gehalten. Diese Wechselbeziehung zwischen Engagement und Distanzierung wird im letzten Kapitel im Zusammenhang mit der Dialogischen Theorie näher betrachtet.

Touraine knüpft hier offensichtlich an die soziologische Tradition von Durkheim und Tönnies bis Simmel an, indem er einerseits die Bedeutung des Marktes und des Stadtlebens für die individuelle Freiheit hervorhebt, andererseits die geschlossene Traditionsgemeinschaft durch die Bewegung und ihre Wertvorstellungen ersetzt. Insofern ist sein zentraler Ansatz als "spätmodern" zu bezeichnen, weil der Autor am individuellen und kollektiven Subjektbegriff festhält, zugleich aber versucht, einen Rückfall ins traditionalistische ("kommunitaristische") Denken zu vermeiden, indem er die urbane Bewegung als Rettungsanker vorschlägt. Das spätmoderne Programm, das er gegen den "Zerfall der Moderne" und die Postmoderne geltend macht, lautet:

---

[205] A. Touraine, "La Formation du sujet", op. cit., S. 32.

[206] Vgl. N. Elias, *Engagement und Distanzierung. Arbeiten zur Wissenssoziologie I*, Frankfurt, Suhrkamp, 1983.

"Bildung neuer sozialer Akteure und (...) einer neuen wirtschaftlichen und sozialen Politik".[207]

Was aber stellt sich Touraine genau unter "Spätmoderne" und "Postmoderne" vor? Zunächst wirft er der "Frankfurter Schule" – völlig zu Unrecht – ihren "Kampf gegen die Idee des Subjekts" ("la lutte contre l'idée de Sujet")[208] vor und reiht in einem zweiten Schritt (nicht ganz zu Unrecht) Foucault und Baudrillard in eine negativistische Tradition ein, die zusammen mit dem Subjekt die gesamte Moderne als zerstörerisches Herrschaftsprinzip ablehnt. Gegen diese einseitige und globale Negation der Moderne wendet sich Touraine, wenn er über die Vertreter der französischen Postmoderne bemerkt: "Es genügt (...), sich vor Augen zu führen, mit welcher Geschwindigkeit die reine Kritik der Moderne zu einem Bruch mit der Idee der Moderne als solcher führte und sich selbst zerstörte, indem sie der Postmoderne verfiel. Dies war vor allem die Entwicklung Jean Baudrillards, der Foucault attackierte, um den eigenen Übergang vom kritischen Gauchismus zur Postmoderne zu erklären."[209]

Dieser postmodernen Verabschiedung der Moderne stellt Touraine sein spätmodernes Modell gegenüber, das die zerfallende Moderne *in extremis* retten soll. Denn die Moderne erscheint ihm als in vier autonome Sektoren zerfallen: *Sexualität* und *Konsum* auf individueller Ebene und *Nationalismus* und *Wirtschaftsunternehmen* auf kollektiver Ebene.[210] Anders als in der Zeit der aufgeklärten, rationalisierenden Hochmoderne, als die Nation diese vier Bereiche zusammenhielt und die Entfaltung des Einzelnen mit der des Wirtschaftsunternehmens verband, verwandelt sich in der Spätmoderne das Nationale ins Nationalistische, und die vier Sphären treten auseinander: "In der Sexualität wie im Konsum kommt es zu Verschleiß und Zerstörung; in der Politik der Unternehmen neigen Profit- und Machtstreben dazu, die Funktion der Produktion zu tilgen; und die Nationalismen gehen, wie alle Differenzierungen, mit dem Krieg schwanger."[211] Zugleich verspricht aber jede dieser vier Sphären, die Hoffnungen der Moderne einzulösen.

---

207 A. Touraine, *Comment sortir du libéralisme?*, op. cit., S. 15.

208 A. Touraine, *Critique de la modernité*, op. cit., S. 201. Als Gegendarstellung vgl. Vf., *L'Ecole de Francfort. Dialectique de la particularité*, Paris (1974), L'Harmattan, 2005 (erweiterte Auflage).

209 A. Touraine, *Critique de la modernité*, op. cit., S. 201.

210 Vgl. ibid., S. 124.

211 Ibid., S. 125.

Zu ihrer Verwirklichung kann – nach Touraine – noch am ehesten das Subjekt in seiner kollektiven und individuellen Gestalt beitragen. Zunächst wendet es sich gegen den hier beschriebenen Zerfall: "Was man Postmoderne nennt und was ich als extreme Zerfallsform des rationalisierenden Modells der Moderne bezeichnet habe, ist das, wogegen das Subjekt aufbegehrt."[212] Was kann aber das Subjekt gegen den Zerfallsprozeß der Spätmoderne ausrichten? Touraine sieht ein, daß es nicht mehr (wie seinerzeit die Nation) die vier Bereiche zusammenzwingen kann; aber es kann zwischen ihnen jenseits aller instrumentellen Strategien kommunikativ vermitteln.

Mit Habermas ausgedrückt: Es soll die Werte der Lebenswelt gegen die Systeme "Macht" und "Geld" verteidigen. Touraine drückt es so aus: "Das Subjekt kommt sowohl im Kampf gegen die Apparate als auch durch den Respekt des Anderen als Subjekt zustande; die soziale Bewegung ist das kollektive Handeln zur Verteidigung des Subjekts gegen die Macht der Ware, des Wirtschaftsunternehmens und des Staates."[213] Es fragt sich allerdings, ob die stark fluktuierenden sozialen Bewegungen, die im Gegensatz zu sozialen Klassen *ad hoc* konstituiert werden, diese ihnen zugedachte historisch-integrative Funktion erfüllen können.

An ihrer strukturellen Schwäche werden auch die Soziologen wenig ändern, von denen Touraine erwartet, daß sie als Helfer neuer Bewegungen auftreten.[214] Jedenfalls klingt Jacques Le Goffs Einschätzung des Touraineschen Ansatzes zu optimistisch, wenn er im Zusammenhang mit Touraines *Un désir d'histoire* bemerkt: "*Un désir d'histoire* ist der Wunsch, die Geschichte als Wirklichkeit möge die Gesellschaft wieder in Bewegung setzen und möge die Soziologie endlich nicht nur als Wissen, sondern auch als *Handeln* (*action*) anerkennen."[215]

Hier schließt sich der Kreis durch eine Rückkehr von der Postmoderne zum Anfang, zur *sociologie de l'action*. Diese erscheint nun als Soziologie, die Handeln nicht nur *verstehen*, sondern auch *ermöglichen* soll. Das ist möglicherweise zuviel verlangt. Denn auch mit

---

212 Ibid., S. 292.

213 Ibid., S. 331.

214 Ibid., S. 419-420 sowie A. Touraine, *Comment sortir du libéralisme?*, op. cit., S. 147-154: "Le Rôle des intellectuels".

215 J. Le Goff, "Alain Touraine et l'histoire. D'après *Un désir d'histoire* ", in: F. Dubet, M. Wieviorka (Hrsg.), *Penser le sujet*, op. cit., S. 97. Vgl. A. Touraine, *Un Désir d'histoire*, Paris, Stock, 1977.

soziologischer Hilfe werden die labil geschichteten Bewegungen keinen grundlegenden Wandel der bestehenden Verhältnisse bewirken können – vor allem wenn diese Verhältnisse weiterhin vorwiegend im nationalen Rahmen betrachtet werden. Im letzten Kapitel wird sich zeigen, daß ein weiterer Faktor hinzutreten muß, wenn Historizität sich ändern soll.

Touraine ist nicht der einzige europäische Soziologe, der die Stellung des individuellen Subjekts in spätmoderner Zeit analysiert. Außer Bourdieu und Baudrillard, von deren Theorien im zweiten Abschnitt die Rede war, haben sich auch Ulrich Beck und Anthony Giddens mit diesem Problem befaßt. Ihre Ansätze, die schon im ersten Kapitel kommentiert wurden, sollen nun in einer Schlußbetrachtung mit der *sociologie de l'action* verglichen werden.

Die drei Kerngedanken, die diese beiden Soziologen mit Touraine verbinden sind: 1. daß die moderne und spätmoderne Gesellschaft die traditionellen Wert- und Handlungsmuster auflöst, in denen individuelle Subjektivität früher zustande kam; 2. daß die industrielle Klassengesellschaft im Sinne von Marx von einer pluralisierten Gesellschaft abgelöst wird, in der die Arbeiterbewegung an Bedeutung verliert und neue Bewegungen in den Vordergrund treten; 3. daß der Einzelne jenseits von Traditionen und Klassenbindungen *selbst* nach einer Identität suchen muß.

Sieht man sich Giddens' theoretischen Werdegang näher an, so stellt man fest, daß er in seinem Frühwerk, zwischen Marx, Durkheim und Weber stehend, versucht, den Spätkapitalismus sowohl aus marxistischer als auch aus liberaler Sicht zu betrachten[216], und dabei an Marxens Klassenmodell festhält. So kann David Held Ende der 80er Jahre feststellen: "Giddens hält an der zentralen Rolle der Klasse in der zeitgenössischen Gesellschaft fest, erkennt aber an, daß diese Betrachtungsweise bestimmte Problembereiche aus dem Blickfeld verschwinden läßt."[217] Diese Bereiche treten in Giddens' späteren Arbeiten in Erscheinung, in denen – ähnlich wie bei Touraine – von der "Rolle der sozialen Bewegungen" die Rede ist: "The Role of Social

216 Vgl. A. Giddens, *Capitalism and Modern Social Theory. An Analysis of the Writings of Marx, Durkheim and Max Weber*, Cambridge, Univ. Press, 1971, S. 243-247.

217 D. Held, "Citizenship and Autonomy", in: D. Held, J. B. Thompson (Hrsg.), *Social Theory of Modern Societies. Anthony Giddens and his Critics*, Cambridge, Univ. Press, 1989, S. 183.

Movements".[218] In diesem Zusammenhang spricht er von der "einseitigen Betonung von Kapitalismus oder Industrialismus"[219] und eröffnet spätmoderne Perspektiven, in denen der Einzelne als auf sich selbst gestellt erscheint.

Im Gegensatz zum französischen Soziologen stellt er keine Verbindung zwischen Bewegung und individueller Subjektivität her. Sein Hauptanliegen in *Modernity and Self-Identity* (1991) ist zu zeigen, wie individuelle Identität in der Spätmoderne durch *Reflexion* (*reflexivity*) zustande kommt: durch *Identitätsarbeit*, würden einige deutsche Autoren sagen.[220] Sie faßt Giddens als *self-identity* auf: "Anders gesagt, Selbst-Identität ist nicht etwas Gegebenes, etwas, das aus den Kontinuitäten des individuellen Handlungssystems hervorgeht, sondern etwas, das in der Alltagsroutine des Einzelnen und durch seine reflexive Tätigkeit hervorgebracht und verteidigt werden muß."[221] Diese "reflexive Tätigkeit" faßt Giddens als Arbeit an der eigenen Biographie auf, die auch den Körper einschließt: "Der Körper selbst wurde emanzipiert – als Bedingung für seine reflexive Neustrukturierung (reflexive restructuring)."[222]

Giddens wendet sich gegen Foucaults Auffassung der Subjektivierung als Unterwerfung und erinnert daran, "daß der Körper nicht einfach zu einer bewegungslosen Einheit verkommt, die der Verdinglichung oder der 'Disziplin' im Sinne von Foucault unterworfen ist".[223] Mag sein, daß er auch recht hat; aber er sagt nicht weshalb. Einerseits durchschaut er die von ihm genannten Sach- und Handbücher, die dem Einzelnen bei seiner Identitätsfindung behilflich sein sollen, nicht als verkappte Werbetexte und als Instrumente der Normalisierung im Sinne von Link; andererseits nimmt er (anders als Touraine) keine kollektive Instanz wahr, die individuelle Subjektivität stärken und stabilisieren könnte.

Insofern ist seine Soziologie keine Theorie gesellschaftlicher Subjektivität. Denn eine solche Theorie geht immer von der Interaktion zwischen kollektiver und individueller Subjektivität aus und

---

218 A. Giddens, *The Consequences of Modernity*, Cambridge, Polity Press, 1990, S. 158.

219 Ibid., S. 159.

220 Vgl. H. Keupp et al., *Identitätskonstruktionen. Das Patchwork der Identitäten in der Spätmoderne*, Hamburg, Rowohlt, 1999, S. 65.

221 A. Giddens, *Modernity and Self-Identity. Self and Society in the Late Modern Age*, Cambridge, Polity Press, 1991, S. 52.

222 Ibid., S. 218.

223 Ibid.

fragt mit Cornelius Castoriadis nach "der Möglichkeit von Institutionen, die Autonomie begünstigen" ("la possibilité d'institutions qui favorisent l'autonomie").[224] Solange der institutionell-politische und der aktantielle Kontext (vgl. I, 1, b) unberücksichtigt bleiben, kann auch die spätmoderne *self-identity* nicht konkret erklärt werden.

Dieses Argument gilt auch für Ulrich Becks Darstellungen der *Risikogesellschaft*, die als eine Welt jenseits von Tradition und Industrialismus erscheint. In dieser Welt können weder Tradition noch Klasse für die Entstehung von Subjektivität ausschlaggebend sein. Marktbedingte Individualisierung ist hier (wie bei Simmel, Riesman und Giddens) der Kerngedanke: "Individualisierungsprozesse rauben den sozialen Klassenunterschieden ihren lebensweltlichen Identitätsgehalt (...)."[225] Die Freisetzung als Atomisierung der Individuen läßt ihre Markt- und Modeabhängigkeit zutage treten: "Die freigesetzten Individuen werden arbeitsmarktabhängig und *deshalb* bildungsabhängig, konsumabhängig, abhängig von sozialrechtlichen Regelungen und Versorgungen, von Verkehrsplanungen, Konsumangeboten, Möglichkeiten und Moden in der medizinischen, psychologischen und pädagogischen Beratung und Betreuung."[226] Sichtbar wird hier auch die Ambivalenz der Freiheit in der spätkapitalistischen Gesellschaft: Sie ist von der Unfreiheit als Fremdbestimmung durch Markt, Werbung, Mode und Ideologie nicht zu trennen.

Als fragwürdig erscheint deshalb eine selbstzentrierte Ethik, die bei Beck – ähnlich wie bei Giddens und dem späten Foucault – auf die Pflege des eigenen *Ichs* ausgerichtet ist: "Dieses Wertsystem der Individualisierung enthält zugleich auch Ansätze einer neuen Ethik, die auf dem Prinzip der 'Pflichten gegenüber sich selbst' beruht."[227] Doch diese Selbstpflege wird ständig mit dem Nichts konfrontiert, da das *Ich* zeitlich begrenzt ist, solange es nicht an ein *Wir* oder einen historischen Entwurf angeschlossen wird. Beides fehlt bei Beck (wie bei Giddens) – ebenso wie eine Theorie gesellschaftlicher Subjektivität im Sinne von Touraine. Denn diese Art von Subjektivität geht weit über den individuellen Bereich hinaus. Was aber jenseits dieses Be-

---

224 C. Castoriadis, *L'Institution imaginaire de la société*, Paris, 1975, S. 159.

225 U. Beck, "Jenseits von Stand und Klasse?", in: U. Beck, E. Beck-Gernsheim (Hrsg.), *Riskante Freiheiten*, Frankfurt, Suhrkamp, 1994, S. 57.

226 U. Beck, *Risikogesellschaft. Auf dem Weg in eine andere Moderne*, Frankfurt, Suhrkamp, 1986, S. 210.

227 U. Beck, "Jenseits von Stand und Klasse?", in: U. Beck, E. Beck-Gernsheim (Hrsg.), *Riskante Freiheiten*, op. cit., S. 56.

reichs liegt – z.B. die Dynamik der sozialen Bewegungen – kommt bei Beck entschieden zu kurz: Mit dem Verhältnis von individueller und kollektiver Subjektivität befaßt er sich kaum.

Auch deshalb wird das letzte Kapitel an Touraines *sociologie de l'action* anknüpfen, die in zunehmendem Maße in der Wirtschaftswissenschaft angewandt wird, wo z.B. Blaise Ollivier nach dem *nouvel acteur économique* fragt.[228] Denn es stellt sich bei aller kritischen Distanzierung die Frage, wie neue Formen individueller Subjektivität trotz aller Widerstände und Widrigkeiten auf sozialer, politischer und historischer Ebene ermöglicht werden können.

[228] Vgl. B. Ollivier, *L'Acteur et le sujet. Vers un nouvel ordre économique*, Paris, Desclée de Brouwer, 1995.

V. Theorie des Subjekts: Für eine dialogische Subjektivität

Im Anschluß an die modernen Entwürfe und die postmodernen Kritiken individueller Subjektivität stellt sich die Frage, mit der sich dieses Kapitel auseinandersetzt: Wie ist individuelle Subjektivität angesichts der sozialen, psychischen und sprachlichen Widerstände in einer nachmodernen Welt noch möglich? Die komplementäre Frage lautet, ob es gegenwärtig denkbar ist, am Begriff eines "seiner selbst mächtigen und bewußten Subjekts"[1] festzuhalten, ohne einem Identitätsjargon zu verfallen, der – z.B. bei einem Soziologen wie Giddens – nur als ideologische Reaktion auf die gesellschaftliche Krise des Subjekts und die postmoderne Kritik am Subjektbegriff zu verstehen ist.[2]

Die Kurzantwort auf die zweite Frage lautet: Der Ideologisierung von Begriffen wie Subjektivität und Identität entgeht nur eine Theorie der Ambivalenz, die in ihrem Plädoyer für das Subjekt die soziologischen Analysen und die postmodernen Dekonstruktionen ironisch mitdenkt. Auf die erste Frage, die nahezu alle hier angeschnittenen Probleme bündelt, antwortet nicht nur das letzte Kapitel als *pars pro toto*, sondern das Buch als ganzes.

Sein Ende ist nicht nur eine Rückkehr zum ersten Kapitel, sondern auch zur Problematik der Kritischen Theorie der Nachkriegszeit[3], die in Negativität und Nichtidentität die einzigen Garantien gegen die Vereinnahmung des Einzelsubjekts durch Markt, Ideologie und Kulturindustrie sah. Aus der Sicht der zeitgenössischen Dialektik sollte Negativität jedoch nicht der Weisheit letzter Schluß sein. Im dritten Kapitel (III, 1) wurde klar, daß reine Negativität letztlich nur Ohnmacht und Verstummen des Subjekts zur Folge hat, weil – wie Sartre in seiner Kritik an Mallarmé sagt – alle Alternativen zur radikalen Ablehnung der bestehenden Verhältnisse dem Tabu unterliegen.

Negativität im Sinne von Adorno und Horkheimer enthält allerdings – neben der bloßen Verneinung – einen zweiten Gedanken, der hier im ersten Abschnitt weitergedacht wird: den Gedanken, daß

---

1 Th. W. Adorno, "Der Artist als Statthalter", in: *Noten zur Literatur I*, Frankfurt, Suhrkamp, 1958, S. 192-193.

2 Vgl. A. Giddens, *Modernity and Self-Identity. Self and Society in the Late Modern Age*, Cambridge, Polity, 1991.

3 Vgl. R. Wiggershaus, *Die Frankfurter Schule. Geschichte. Theoretische Entwicklung. Politische Bedeutung*, München, Hanser, 1989 (2. Aufl.), Kap. VII und VIII.

Nichtidentität zugleich Verzicht auf Vereinnahmung des Objekts, des Anderen und des Fremden bedeutet. Diese Art von Negativität bleibt nicht bei der globalen Ablehnung stehen, sondern mündet in einen offenen Dialog mit dem Anderen: der anderen Sprache, der anderen Kultur, der anderen Theorie. Diese Art von Dialog schließt jedoch, wie Bachtin richtig gesehen hat, ein kritisch-polemisches Verhältnis zur Alterität nicht aus. Das Andere soll zwar nicht hegelianisch vereinnahmt, sehr wohl aber kritisch betrachtet werden – durchaus im Sinne der Kritischen Theorie Horkheimers.[4] Dieser kritischen Distanz zum Anderen entspricht die ironisch-kritische Distanz zur eigenen Subjektivität. Dies bedeutet auf theoretischer Ebene, daß es möglich sein muß, den eigenen Standpunkt und die eigene Theorie radikal zu revidieren, wenn sie sich in einem offenen Dialog nicht bewähren. Das ist der kritisch-rationalistische Aspekt der hier vorgeschlagenen Dialogizität: ein Aspekt, den sich der Autor in zahlreichen Auseinandersetzungen mit kritischen Rationalisten angeeignet hat.

Aus der selbstkritischen Einstellung im offenen Dialog ergibt sich auch eine ironisch-kritische Betrachtung des eigenen politischen Engagements. Stets wird dieses Engagement für die politische Integration Europas, das im letzten Abschnitt zur Sprache kommt, von der theoretischen Distanzierung im Sinne von Norbert Elias[5] begleitet: von dem Gedanken, daß jede ideologische Parteinahme den Theoretiker blenden kann, der seinen Diskurs nicht auf Erkenntnis, sondern auf politische Praxis ausrichtet. Zugleich gilt aber die These, daß es ohne politisches Engagement nie eine kritische Theorie der Gesellschaft gegeben hätte: weder eine marxistische noch eine kritisch-rationalistische noch eine feministische.[6] Auch Adornos und Horkheimers Plädoyer für Negativität ist ohne ihr soziales Engagement für das individuelle Subjekt der Spätmoderne nicht zu verstehen. Diese Negativität bleibt hier in der Nichtidentität mit dem Objekt und der Unabschließbarkeit des Dialogs erhalten.

Der Dialog als Auseinandersetzung zwischen heterogenen Subjekten und Sprachen (Diskursen, Soziolekten) und als kritische Über-

---

4 Vgl. M. Horkheimer, *Traditionelle und kritische Theorie*, Frankfurt, Fischer, 1970, S. 30: "Das kritische Denken enthält einen Begriff des Menschen, der sich selbst widerstreitet, solange diese Identität nicht hergestellt ist."

5 Vgl. N. Elias, *Engagement und Distanzierung. Arbeiten zur Wissenssoziologie I*, Frankfurt, Suhrkamp, 1983, S. 58.

6 Vgl. Vf., "Idéologie, théorie et altérité: l'enjeu éthique de la critique littéraire", in: *Etudes littéraires* 3, 1999, S. 17-18.

prüfung auf theoretischer Ebene hat nichts mit Jürgen Habermas' *idealer Sprechsituation* zu tun. Es wird sich zeigen, daß Habermas' Kommunikationstheorie die partikularen Interessen und Wertsetzungen universalistisch unterdrückt (vgl. I, 2, a und V, 2), während Dialogische Theorie – als Fortsetzung der *Negativen Dialektik* Adornos – eine Brücke vom Partikularen zum Universellen schlagen möchte, ohne dem Partikularen Gewalt anzutun.

Als Kritik eines einseitigen postmodernen Partikularismus und Pluralismus wird sie sich nicht damit begnügen, diesen Partikularismus in den nachmodernen Subjekt-Kritiken (Lyotards, Derridas) aufzudecken, um besser für das Einzelsubjekt plädieren zu können. Plädoyers dieser Art gibt es genug. So beanstandet beispielsweise Calvin O. Schrag Lyotards extreme Partikularisierung der "Sprachspiele" und "Sprachregelsysteme" mit dem – zweifellos richtigen – Argument, daß es zwischen diesen Sprachwelten auch Verbindungen gibt, die das individuelle Subjekt nutzen kann.[7] Anschließend faßt er den Entwurf einer neuen Subjektivität ins Auge: "our refigured portrait of the self after postmodernity".[8]

Abgesehen davon, daß diese Kritik an Lyotard in dem von Schrag ignorierten deutschen Sprachraum schon vorgebracht wurde[9], überzeugt sein Entwurf deshalb nicht, weil er sich als rein philosophische Rekonstruktion von Subjektivität über die wirtschaftlichen, sozialen, sprachlichen und psychischen Verwerfungen und Unwägbarkeiten hinwegsetzt, mit denen das individuelle Subjekt in der Nachmoderne konfrontiert wird. Dies ist der Grund, weshalb in diesem Buch – trotz aller Probleme und Unzulänglichkeiten, die sie mit sich bringt – eine interdisziplinäre Darstellung von Subjektivität anvisiert wurde. Denn will man heute deren Möglichkeiten und Grenzen abstecken, so genügt es nicht, Lyotard oder Derrida nachzuweisen, sie hätten Sprache und sprachliche Kommunikation zu partikularistisch aufgefaßt; zugleich muß die Frage nach der Position des Einzelnen im soziohistorischen Prozeß aufgeworfen werden. Das soll im folgenden vor allem im Anschluß an das vierte Kapitel geschehen.

---

7 C. O. Schrag, *The Self after Postmodernity*, New Haven-London, Yale Univ. Press, 1997, S. 30: "The slide from diversity, plurality, and multiplicity to heterogeneity, paralogy, and incommensurability is too hurried (...)."

8 Ibid., S. 32.

9 Vgl. W. Welsch, *Vernunft. Die zeitgenössische Vernunftkritik und das Konzept der transversalen Vernunft*, Frankfurt, Suhrkamp, 1996, Kap. X.

1. Subjektivität als Dialog

Das individuelle Subjekt, das im ersten Kapitel als Wechselbeziehung zwischen Individualität und Identität (analog zu Ricœurs *ipséité* und *mêmeté*) definiert wurde, soll nun als dynamisch-dialogische Instanz aufgefaßt werden, die von *Ambivalenz* und *Negation, Dialogizität* und *Alterität, Reflexivität, Narrativität* und *Identitätskonstruktion* lebt.

Man könnte auch sagen: *stirbt.* Denn im Anschluß an die Kritische Theorie, an die Arbeiten R. D. Laings, Ulrich Becks und Heiner Keupps, ist längst klargeworden, daß Erscheinungen wie Ambivalenz, Negation oder Alterität als Auseinandersetzung mit dem Fremden auch zur Desorientierung und zum Zerfall individueller Subjektivität führen können. Daher mündet eine dialogische Theorie des Subjekts in die spätmoderne oder modernistische Problematik, die von der *Ambivalenz als unaufhebbarer Einheit der Gegensätze* (als Wertgegensatz) strukturiert wird. Romane wie Prousts *A la recherche du temps perdu*, Musils *Der Mann ohne Eigenschaften* oder Pirandellos *Uno, nessuno e centomila* erinnern daran, daß der Einzelne durchaus Chancen hat, wenn er Ambivalenz, Alterität, Reflexivität, Narrativität, Unbewußtes und Zufall zu nutzen weiß: Als Instrumente der Kritik können Ambivalenz und Ironie Subjektivität stärken. Die drei Romane erinnern aber auch an die Risiken, denen das Subjekt als erzählende oder erlebende Instanz ausgesetzt ist: Unentscheidbarkeit, Unentschlossenheit, Sprachlosigkeit des Erzählers und Zerfall der Romanhandlung.[10]

Sogar Bachtin, dessen für diesen Abschnitt so wichtige Theorie des offenen Dialogs, der Ambivalenz und der Alterität im folgenden eine wichtige Rolle spielen wird, versuchte, die Gefahr des Subjekt-Zerfalls im spätmodernen Roman zu bannen: “Was Bachtin Dostoevskij vorwirft, das ist sein Zweifel an der umfassenden Exotopie, an der Stabilität, der beruhigenden Wirkung des Autorenbewußtseins, die es dem Leser ermöglichte, stets die Wahrheit im Auge zu behalten.”[11] Der Theoretiker der Vielstimmigkeit und des Dialogs distanziert sich also von seinem Lieblingsautor, dessen Polyphonie ihm zu weit geht: über die Grenzen der Subjektivität hinaus.

---

[10] Zum Verstummen des Erzählers im Roman vgl. Vf., *Roman und Ideologie. Zur Sozialgeschichte des modernen Romans*, München, Fink, 1999 (Nachdruck), Kap. X: “Der Tod des Erzählers: Michel Butors ‘Degrés’. Zwischen Rationalismus und Empirismus”.

[11] T. Todorov, “Bakhtine et l’altérité”, in: *Poétique* 40, 1979, S. 507.

Hier zeichnet sich wieder das schon im ersten Kapitel formulierte Dilemma der individuellen Subjektivität ab: Wie ist es möglich, jenseits von ideologischer Vereinnahmung, d.h. in der Ambivalenz der Werte und im offenen Dialog, Subjektivität als Konsistenz, Kohärenz und Identitätskonstruktion gegen alle gesellschaftlichen Widrigkeiten durchzusetzen? Die provisorische Antwort lautet: Es ist nur dann möglich, wenn klar wird, daß nicht nur individuelle, sondern auch kollektive Subjektivität (einer Regierung, einer Partei) stets eine Gratwanderung zwischen Selbstbehauptung und Selbstaufgabe ist. Nur wer bereit ist, sich radikal zu ändern, umzudenken oder mit einem völlig neuen narrativen Programm anzutreten, kann Ambivalenz, Dialog, Alterität und Reflexivität als Instrumente der Identitätskonstruktion nutzen. Freilich muß eine radikale Änderung nicht in Selbstaufgabe ausmünden; auch nicht in Inkohärenz. Identitätskonstruktion kann aber nicht heißen "Kohärenz um jeden Preis": Das wäre Ideologie.

Schon deshalb sind die hier entwickelten Vorstellungen von einer ambivalenten, dialogischen und reflexiven Subjektivität mit dem zugrundeliegenden Transzendentalsubjekt der idealistischen Philosophie unvereinbar. Descartes' *cogito* strebte ebenso nach Autarkie wie Kants *ich denke*, und Fichtes *Ich* unterdrückte alles Andersartige. Im Gegensatz dazu ist dialogische Subjektivität auf Alterität ausgerichtet: Sie lebt trotz aller Verwerfungen, die der Dialog mit sich bringt, von ihrem Anderen, auch von ihrem Gegenteil.

(a) Ambivalenz und Negation

Ambivalent ist nicht nur die Stellung des modernistischen Romansubjekts. Ambivalent ist auch die Position des individuellen Subjekts in der nachmodernen Problematik, die von der Indifferenz als Austauschbarkeit der Wertsetzungen strukturiert wird. Alain Touraine hat diese Position auf seine Art definiert und den postindustriellen Menschen zwischen den instrumentell, zweckrational organisierten Markt und die wertrational denkende Gemeinschaft gestellt. Er sieht ihn in seinem Spätwerk "zwischen instrumentellem Handeln und kultureller Identität" ("entre l'action instrumentale et l'identité culturelle")[12] oszillieren und hofft, daß es den individuellen und kollektiven Akteuren

[12] A. Touraine, *Pourrons-nous vivre ensemble? Egaux et différents*, Paris, Fayard, 1997, S. 111.

der späten *modernité* gelingt, sowohl der Auflösung im quantitativ-instrumentellen Bereich als auch der Vereinnahmung durch die Gemeinschaft (Sekte, ethnische Gruppe) zu entgehen.

Dabei traut Touraine dem Einzelsubjekt zu, daß es die Skylla des Kollektivismus gegen die Charybdis des Marktes ausspielt und umgekehrt.[13] Persönliche Identität geht, wie sich am Ende des vorigen Kapitels gezeigt hat, nicht aus der Gemeinschaft, sondern aus dem Zusammenwirken von individueller und kollektiver Subjektivität der Bewegungen hervor. Aber auch sie können den Einzelnen vereinnahmen, und Touraine müßte z.B. den Feministinnen, die ihre Identität nicht im Kollektiv der Bewegung aufgehen lassen wollen, raten, sich zugleich auf die individualisierenden Mechanismen des Marktes zu verlassen.[14]

Wie bereits angedeutet (IV, 4), entspricht Touraines Auffassung einer ambivalenten Subjektivität zwischen Gemeinschaft und Markt der hier vorgeschlagenen Konstruktion der Postmoderne. In dieser *Problematik*[15], die alles andere ist als eine homogene Weltanschauung, nimmt das individuelle Subjekt eine prekäre Position zwischen der dualistischen Ideologie und der marktbedingten Indifferenz (als Austauschbarkeit von Wertsetzungen, nicht als Gleichgültigkeit) ein.

Freilich ist hier mit "Entsprechung" eher Vergleichbarkeit als Identität gemeint: Denn "Ideologie" umfaßt alle dualistisch strukturierten Diskurse vom "Kommunitarismus" und Nationalismus bis hin zum Ökologismus und Feminismus, und mit der "Indifferenz" des Marktes sind nicht nur dessen quantitative und instrumentelle Aspekte gemeint, sondern vor allem auch seine Negation qualitativer (politischer, ethischer, ästhetischer) Wertsetzungen. Touraines Darstellung der spätmodernen Subjektivität zwischen Gemeinschaft und Markt kann also in das hier entworfene Modell einer individuellen Subjektivität zwischen Ideologie und Indifferenz eingehen.

---

13 Vgl. A. Touraine, "La Formation du sujet", in: F. Dubet, M. Wieviorka (Hrsg.), *Penser le sujet. Autour d'Alain Touraine (Colloque de Cerisy)*, Paris, Fayard, 1995, S. 32.

14 Indirekt tut Touraine dies in seinem Buch *Comment sortir du libéralisme?*, Paris, Fayard, 1999, S. 116-117.

15 Daß "Spätmoderne" und "Postmoderne" Problematiken (d.h. noetische Systeme, die von bestimmten Problemen oder Fragestellungen beherrscht werden) sind und nicht homogene Weltanschauungen, hat Vf., in *Moderne/Postmoderne*, Tübingen-Basel, Francke, 1997, Kap. I gezeigt.

Dieses Modell, das auf der *Ambivalenz als unaufhebbarer coincidentia oppositorum* gründet, geht einerseits von den negativen Dialektiken der Nachhegelianer (von Vischer bis Adorno) aus[16], andererseits von den Literaturen des Modernismus, die – parallel zu Freuds Psychoanalyse – den Einzelnen als ambivalente Einheit entdecken. Es ist ein modernistisches Modell, das als politische und theoretische Alternative zu den partikularisierenden, pluralisierenden und entdifferenzierenden Modellen der Nachmoderne vorgeschlagen wird.

Adornos negative Dialektik erscheint einerseits als eine (junghegelianische)[17] Ablehnung von Hegels Aufhebung, Synthese und System: "Solche Dialektik ist negativ. Ihre Idee nennt die Differenz von Hegel. Bei diesem koinzidierten Identität und Positivität (...)."[18] Sie ist andererseits als ein Denken zu verstehen, das die Einheit der Gegensätze als Ambivalenz erhalten will, um *Erfahrung* zu ermöglichen. Deshalb wirft Adorno – komplementär zu seiner Kritik in der *Negativen Dialektik* – in der *Ästhetischen Theorie* den Rationalisten deren "intolerance of ambiguity" vor: "Die in Rede stehende Haltung ist die der 'intolerance of ambiguity', Unduldsamkeit gegen das Ambivalente, nicht säuberlich Subsumierbare; am Ende gegen das Offene, von keiner Instanz Vorentschiedene, gegen Erfahrung selbst."[19]

An dieser Stelle wird der *Übergang von der negativen Dialektik als offenem Diskurs zum offenen Dialog im Sinne von Bachtin* sichtbar: Ihnen ist das Anliegen gemeinsam, die Erfahrung des Partikularen und der Alterität zu ermöglichen.[20] Das verdeutlicht Robert Musils modernistisches Antidrama *Die Schwärmer*, in dem die kritische Entlarvung des anderen in ironische Selbsterkenntnis umschlägt: "Man findet einen Gefährten und es ist ein Betrüger! Man entlarvt einen Betrüger und es ist ein Gefährte!"[21] Dekonstruiert wird der ideo-

---

16 Vgl. Vf., "Ambivalenz und Dialektik: Von Benjamin zu Bachtin – oder: Hegels kritische Erben", in: V. Bohn (Hrsg.), *Romantik. Literatur und Philosophie*, Frankfurt, Suhrkamp, 1987, S. 236-242.

17 Vgl. Vf., *Literarische Ästhetik. Methoden und Modelle der Literaturwissenschaft*, Tübingen-Basel, Francke, 1995 (2. Aufl.), Kap. IV.

18 Th. W. Adorno, *Negative Dialektik*, Frankfurt, Suhrkamp, 1966, S. 143.

19 Th. W. Adorno, *Ästhetische Theorie*, Frankfurt, Suhrkamp, 1970, S. 176.

20 Vgl. Vf., *Essay / Essayismus. Zum theoretischen Potenzial des Essays: Von Montaigne bis zur Postmoderne*, Würzburg, Königshausen und Neumann, 2012, Kap. VI und IX. Vor allem in diesen beiden Kapiteln wird versucht, eine Brükke von Adornos auf Offenheit und Dialog ausgerichtetem Essayismus zur Dialogischen Theorie zu schlagen.

21 R. Musil, *Die Schwärmer*, in: *Gesammelte Werke*, Bd. VI, Hamburg, Rowohlt,

logische Manichäismus, der den Betrüger systematisch mit dem anderen identifiziert und die Erkenntnis der ambivalenten Einheit von "Gefährte" und "Betrüger" erst gar nicht aufkommen läßt. Der Dialog mit dem anderen ist aber nur jenseits des ideologischen Manichäismus möglich.

Diese Erkenntnis ist auf die ambivalente Position des Einzelsubjekts in der Postmoderne anwendbar: Es akzeptiert einerseits die Notwendigkeit des politisch-ideologischen Engagements, des Augustinischen *credo ut intelligam*, ohne das Theorie und Literatur zum Zeitvertreib verkämen; es nimmt andererseits die Austauschbarkeit ideologischer Wertsetzungen in der marktbedingten Indifferenz wahr und erwirbt so die Fähigkeit, das eigene Engagement mit kritisch-ironischer Distanz zu betrachten.

Mit Adorno und Hermann Broch denkt es die Ambivalenz als Paradoxie weiter und ist in der Lage, die Relativitätstheorie als "unabwendbaren Segen" zu begreifen. Auf dieses Paradoxon reagiert der autoritäre und dualistisch denkende Ideologe Zacharias in Brochs Roman *Die Schuldlosen* aggressiv: "'Oder halten Sie für sinnvoll, die Relativitätstheorie ein unabwendbares Übel zu nennen?' – 'Einen unabwendbaren Segen.' – 'Nun machen Sie gefälligst Schluß mit dem Geschwätz. Was soll das heißen?'"[22] Es soll heißen, daß z.B. auch die soziale Differenzierung als ambivalenter Prozeß, als "unabwendbarer Segen" aufzufassen ist, der sowohl Freiheiten als auch Einschränkungen mit sich bringt: ähnlich wie der Markt und das ideologische Engagement.

Auch zeitgenössische Soziologen wie Ulrich Beck und Elisabeth Beck-Gernsheim denken die soziale Evolution als Paradoxie und die Individualisierung als Zwang zu Freiheit und Selbstgestaltung: "Individualisierung ist ein Zwang, ein paradoxer Zwang allerdings, zur Herstellung, Selbstgestaltung, Selbstinszenierung (...)."[23] Dieser Prozeß der Selbstgestaltung weist selbst eine ambivalente Struktur auf, und Ian Craib hat durchaus recht, wenn er in der Erkenntnis und Er-

---

1978, S. 379.

22 H. Broch, *Die Schuldlosen*, Frankfurt, Suhrkamp, 1974, S. 147.

23 U. Beck, E. Beck-Gernsheim, "Individualisierung in modernen Gesellschaften – Perspektiven und Kontroversen einer subjektorientierten Soziologie", in: U. Beck, E. Beck-Gernsheim (Hrsg.), *Riskante Freiheiten*, Frankfurt, Suhrkamp, 1994, S. 14. Individualisierung als Risiko faßte schon J. W. Oerlemans im literaturwissenschaftlichen und ästhetischen Kontext auf. Vgl. J. W. Oerlemans, *Autoriteit en vrijheid. 1800-1914*, Assen, Van Gorcum, 1966, vor allem Kap. I: "Werkelijkheid en illusie".

forschung der individuellen Ambivalenz eine der Stärken der Freudschen Psychoanalyse erkennt: "that it recognizes ambivalence".[24]

Denn Ambivalenz ermöglicht nicht nur Erfahrung, wie Adorno und Musil wußten, sondern auch Selbsterfahrung: etwa in der Androgynie (vgl. III, 8), deren Bedeutung für die Subjektkonstitution die Modernistin Virginia Woolf erkannte und deren Funktion in der zeitgenössischen Gesellschaft immer intensiver diskutiert wird. So bemerkt beispielsweise Sophie Karmasin im Anschluß an Elisabeth Badinter: "Der einst geschlechtstypisierte Mensch ist zu einem androgynen Wesen geworden, das geschlechtsneutral handeln, urteilen und denken kann."[25] Es geht aber gar nicht darum, "geschlechtsneutral" zu handeln, sondern um die Fähigkeit von Frau und Mann, die Einheit der Gegensätze zu verwirklichen und – nach Bedarf – männlich oder weiblich auftreten zu können. Es geht also auch nicht um eine Vertauschung der Rollen, um Bisexualität oder gar Geschlechtsumwandlung, sondern um die volle Entfaltung der eigenen – stets ambivalenten – Subjektivität; eine Entfaltung, die in der antiken und feudalen Gesellschaft zeitweise möglich war, im bürgerlichen Zeitalter der Askese jedoch unterdrückt wurde.[26]

Wichtig erscheint in diesem Zusammenhang die ambivalente Anerkennung des anderen im Selbst. Sie ist nicht nur eine Alternative zum repressiven Monolog Fichtes, der sowohl auf erkenntnistheoretischer als auch auf politischer Ebene alles Andersartige ausgrenzte (vgl. II, 1), sondern bildet die Voraussetzung für einen fruchtbaren Dialog mit dem sozialen Anderen. Zu Recht bemerkt Francis Jacques in den einleitenden Bemerkungen zu seiner Studie über den Dialog: "Der Gedanke drängt sich auf, daß der Kern der Persönlichkeit selbst relationaler Natur ist. So sehr, daß es denkbar ist, daß die dem Subjekt eigenste Tätigkeit durchaus nicht ihm allein angehört, sondern wenigstens zwei Pole aufweist."[27] Dieser Gedanke soll nun in dem hier entworfenen Zusammenhang weitergedacht werden.

---

24 I. Craib, *Experiencing Identity*, London, Sage, 1998, S. 55.

25 S. Karmasin, "Das Androgyniekonzept als soziale und personale Durchsetzungsstrategie", in: *Österreichische Zeitschrift für Soziologie* 3, 1992, S. 4.

26 Vgl. E. Zolla, *L'Androgino. L'umana nostalgia dell'interezza*, Como, Red Edizioni, 1989.

27 F. Jacques, *Über den Dialog. Eine logische Untersuchung*, Berlin-New York, De Gruyter, 1986, S. 6.

(b) Dialogizität und Reflexivität

Er ist insofern nicht neu, als schon Michail M. Bachtin in nahezu allen seinen philosophischen und literaturwissenschaftlichen Arbeiten von der These ausging, daß die Identität des sprechenden und handelnden Einzelsubjekts in ständiger Auseinandersetzung mit dem anderen, dem fremden Wort zustandekommt. Ihm erscheint die Sprache selbst als offener Dialog der Sprachen, und er nimmt die hier im ersten Kapitel beschriebene *sozio-linguistische Situation* (vgl. I, 1, c) vorweg, wenn er den sprachlichen Charakter der von Antagonismen geprägten Gesellschaft hervorhebt: "Ohne tiefes Verständnis der Redevielfalt, des Dialogs der Sprachen einer Epoche kann die stilistische Analyse des Romans nicht produktiv sein."[28] Freilich dürfen Redevielfalt und Dialog nicht zu einem rein linguistisch-stilistischen Anliegen verkommen: "Notwendig sind vielmehr das gründliche Verstehen des sozioideologischen Sinns einer jeden Sprache und eine genaue Kenntnis der sozialen Verteilung aller ideologischen Stimmen der Epoche."[29] Diese Stimmen wurden im ersten Kapitel einerseits als *Soziolekte*, andererseits als *Diskurse* rekonstruiert.

Aus Bachtins Sicht erscheint vor allem die "*Heterogenität* der Sprachgattungen" beachtenswert: "*raznorodnost'* recejnych zanrov".[30] Sprachliche Äußerungen sind nicht – wie Saussures *parole* oder Chomskys *performance*[31] – neutrale Realisationen des Sprachsystems, sondern drücken Interessen, Intentionen und Ideologien aus. Deshalb ist jeder Text nur dialogisch, gleichsam als modellhaft-metonymische Darstellung oder Momentaufnahme einer Epoche und ihrer Sprachenvielfalt zu verstehen. Er ist stets eine Reaktion auf andere gesprochene oder geschriebene Sprachformen, die er zustimmend zitiert, im Pastiche nachahmt oder parodiert.

Bachtin hat nie versucht, Gesellschaft durch Sprache zu ersetzen; vielmehr unternahm er – gemeinsam mit Medvedev und Vološinov[32] –

---

28 M. M. Bachtin, *Die Ästhetik des Wortes* (Hrsg. R. Grübel), Frankfurt, Suhrkamp, 1979, S. 296.

29 Ibid.

30 M. M. Bachtin, "Problema rečejnych žanrov", in: ders., *Estetika slovensogo tvorčestva*, Moskau, Iskusstvo, 1979, S. 237.

31 Vgl. A. Ponzio, *Michail Bachtin. Alle origini della semiotica sovietica*, Bari, Dedalo, 1980, S. 175-176. Und: A. Ponzio, "La dislocazione ideologica dei modelli linguistici di Saussure e di Chomsky", in: ders., *Segni e contraddizioni. Fra Marx e Bachtin*, Verona, Bertani, 1981.

32 Vgl. vor allem V. N. Vološinov, *Marxismus und Sprachphilosophie*, Frankfurt-

alles, um “Sprachgattungen” als Artikulationsformen gesellschaftlicher Anliegen zu verstehen. Diese Auffassung bestätigt Goranka Lozanović, wenn sie bemerkt: “Das Wort, die Aussage, das Gespräch als konkrete Realisationen dieser Vielschichtigkeit sind wertend-expressive Träger der gesellschaftlichen Vielschichtigkeit.”[33] Die Nationalsprache ist alles andere als homogen, und folglich erscheint auch die Identität des Einzelsubjekts als Einheit in der Vielfalt.

Denn dieses Subjekt wird unablässig mit zahlreichen Alteritäten konfrontiert, auf die es zustimmend, gleichgültig oder ablehnend reagieren kann. In dieser Hinsicht ist es mit dem dialogisch strukturierten, polyphonen Roman Bachtins vergleichbar, in dem unvereinbare Positionen und Sprachen zusammenwirken. Das Wort “zusammenwirken” soll hier das (durchaus ambivalente) Streben nach Kohärenz und Identität konnotieren, das bei Bachtin immer wieder zum Ausdruck kommt. Weit davon entfernt, einem postmodernen Ichzerfall das Wort zu reden, sucht er in seinen Romananalysen nach der einheitsstiftenden Perspektive des Autors: “Wir spüren deutlich den unterschiedlichen Grad der Präsenz des Autors und seiner *letzten Sinninstanz* in den verschiedenen Momenten seiner Sprache.”[34]

Könnte “Identitätsarbeit”[35] nicht analog zum Schreiben des Romanciers aufgefaßt werden, der die Sprachenvielfalt seiner Gesellschaft bündelt, um sich auf den letzten Seiten seiner Suche als die “letzte Sinninstanz” präsentieren zu können, von der Bachtin spricht? Diese Frage zielt nicht nur auf Marcel Prousts *Le Temps retrouvé* und Jean-Paul Sartres *La Nausée*, sondern auch auf die polyphonen Romane Musils und Kafkas, die in die offene Ambivalenz münden. Beides ist im Rahmen dieser Ambivalenz (als Grundstruktur der Spätmoderne) möglich: das rettende *Eureka* im letzten Augenblick oder die Einsicht in die Sinnlosigkeit des eigenen Strebens. Identität ist sowohl auf individueller als auch auf kollektiver Ebene als ständiges Oszillieren zwischen diesen beiden Möglichkeiten aufzufassen. Und dieses Oszillieren wird stets vom glücklichen oder unglücklichen *Zufall* be-

---

Wien-Berlin, Ullstein, 1975.

33 G. Lozanović, “Roman i dialogičnost u Bahtina”, in: *Umjetnost Riječi* 3-4, 1993, S. 211.

34 M. M. Bachtin, *Die Ästhetik des Wortes*, op. cit., S. 205.

35 Im Sinne von H. Keupp, *Riskante Chancen. Das Subjekt zwischen Psychokultur und Selbstorganisation. Sozialpsychologische Studien*, Heidelberg, Asanger, 1988, S. 141-151.

gleitet, von dem am Ende dieses Abschnitts wieder die Rede sein wird.

Fest steht, daß Identität in dem hier konstruierten Zusammenhang nur als Dialogizität, als Auseinandersetzung mit dem Anderen, dem Fremden konkret verstanden wird. In diesem Punkt trifft sich der Soziologe Castoriadis mit dem Hermeneutiker Bachtin, wenn er individuelle Autonomie folgendermaßen erklärt: "Wenn das Problem der Autonomie darin besteht, daß das Subjekt in sich selbst einen Sinn antrifft, der nicht ihm gehört und den es umgestalten muß, indem es sich seiner bedient; wenn Autonomie die Beziehung meint, in der die anderen schon immer als Alterität und Selbstheit des Subjekts gegenwärtig sind – dann ist Autonomie, schon im philosophischen Sinne, nur als soziales Problem und soziale Beziehung denkbar."[36]

Wie schon in Bachtins Werk und im ersten Kapitel dieses Buches (vgl. I, 3) zeichnet sich in dieser Passage eine Alternative zu Descartes', Kants, Fichtes und Hegels monologischen Subjektkonstruktionen ab: *Das individuelle Subjekt erscheint nun als dialogische, offene Einheit, die einerseits von der Alterität lebt, andererseits aber von ihr bedroht wird.* Und diese Ambivalenz der Alterität wird von Bachtin und Castoriadis kaum wahrgenommen: Ich kann eine Fremdsprache und eine fremde Kultur aufnehmen und dadurch meine Identität stark erweitern, nuancieren; ich kann mich aber auch im Fremden verlieren und schließlich den Rückzug antreten, weil ich mich überfordert fühle. Dieser stets gegenwärtige Aspekt wird allzu oft in einer Zeit ausgeblendet, deren Intellektuelle dazu neigen, das Andersartige und Fremde einseitig aufzuwerten. Aber der Andere ist beides: Chance und Gefahr. Das gilt auch für die andersartige Theorie: Eine Auseinandersetzung mit ihr ist (wie sich zeigen wird) lebenswichtig, aber sie kann auch zu Eklektizismus, Inkohärenz und Sterilität führen.

Kristeva hat recht, wenn sie zu bedenken gibt, daß wir uns selbst Fremde sind: auf kultureller, sprachlicher, psychischer Ebene: "Fortan wissen wir, daß wir uns selbst fremd sind, und es ist allein dieser Rückhalt, von dem aus wir versuchen können, mit anderen zu leben."[37] Sie übersieht jedoch, daß es einerseits Ideologeme und Kulturelemente gibt, die ich dialogisch aufnehmen kann, daß ich andererseits aber auf fremde Gedanken und Sitten stoße, die aus Kohärenzgründen nicht Eingang in die eigene Subjektivität finden können: z.B.

---

36 C. Castoriadis, *L'Institution imaginaire de la société*, Paris, Seuil, 1975, S. 159.
37 J. Kristeva, *Fremde sind wir uns selbst*, Frankfurt, Suhrkamp, 1990, S. 184.

nationalistische Stereotypen, Polygamie, Menschenopfer, rituelle Verstümmelung – oder Fuchsjagd.

Den integrierbaren und nichtintegrierbaren Alteritäten in Kultur, Sprache, Ideologie und Theorie ist indes eines gemeinsam: Sie regen im dialogischen Prozeß zur Reflexivität an. Die Begegnung mit dem Andersartigen reizt zum Nachdenken über sich selbst und die eigene Subjektkonstitution. Sonderbar mutet in diesem Kontext Oswald Schwemmers apodiktische Feststellung an: "Das Subjekt ist eben jene Instanz unseres Denkens und Handelns, die alles zum Objekt, zum Gegenstand, machen kann außer eben sich selbst in ihrem Subjektsein."[38] Wenn im Anschluß an das erste Kapitel (I, 1, c) angenommen werden kann, daß *Identität* der Objekt-Aktant des sich als Subjekt konstituierenden Individuums ist, dann kann individuelle Subjektivität reflexiv als Selbstanalyse und Selbstkonstruktion aufgefaßt werden. Dies gilt in abgewandelter Form (nicht etwa auf psychischer Ebene) für kollektive Subjekte wie Parteien, Gewerkschaften oder Regierungen: Mit Hilfe von Experten beobachten sie sich selbst und versuchen, ihre Identität nach innen und außen zu konsolidieren und auszubauen.

Reflexivität ist also, wie Manfred Frank richtig bemerkt[39], eine Grundvoraussetzung für Subjektkonstitution. Es sollte gezeigt werden, daß die andere Voraussetzung der Dialog ist, der beim Einzelsubjekt Reflexionsprozesse auslöst, weil er es mit der Alterität konfrontiert. An dieser Stelle drängt sich allerdings die in nahezu allen Disziplinen vernachlässigte Frage auf, *was eigentlich reflektiert wird.* Sie soll im folgenden Abschnitt ansatzweise beantwortet werden.

(c) Identität als Semantik und Narrativität

Nachdenken kann der Einzelne über vieles: sein Innenleben, seine Träume, seine Berufsaussichten, seine sozialen Kontakte usw. Es geht hier nicht um die Untersuchung aller dieser Themenbereiche, sondern um die Frage, wie individuelle und kollektive Subjekte diese Bereiche auf semantischer, syntaktisch-narrativer und pragmatischer Ebene strukturieren. Dabei stehen die schon eingeführten Begriffe *sozio-*

---

38 O. Schwemmer, "Die symbolische Gestalt der Subjektivität oder Ein altes Rätsel noch einmal bedacht", in: W. Hogrebe (Hrsg.), *Subjektivität*, München, Fink, 1998, S. 50.

39 M. Frank, "Subjekt, Person, Individuum", in: M. Frank, G. Raulet, W. van Reijen (Hrsg.), *Die Frage nach dem Subjekt*, Frankfurt, Suhrkamp, 1988, S. 10-11.

linguistische Situation, *Soziolekt*, *Diskurs*, *Relevanz*, *Klassifikation* und *Erzählung* im Mittelpunkt (vgl. I, 1, c).

Die Frage, wie die meist ungeschriebene Biographie einer Einzelperson entsteht, ist in diesem Kontext konkreter zu beantworten, als wenn man von einem sehr allgemeinen Begriff der Erzählung oder Narrativität ausgeht. Es kommt vor allem auf die gesellschaftliche und sprachliche Situation an, in der Subjekte tätig werden, in der sie sich dialogisch aufeinander beziehen, ihre Beziehungen reflektieren und unablässig versuchen, sich der Vereinnahmung durch kollektive Aktanten (Familie, Institution, Organisation) zu entziehen. Dabei geht es einerseits um die Auflehnung gegen Indifferenz und Konsum, andererseits um die Auseinandersetzung mit Ideologie: um das Schwanken zwischen "Markt" und "Gemeinschaft", würde Touraine sagen. Wir haben es also mit einem permanenten Machtkampf auf gesellschaftlicher, sprachlicher und pragmatischer Ebene zu tun.

Diesen herrschaftlichen Aspekt von Kommunikation und Identitätsbildung übersehen Psychologen wie Heiner Keupp, denen Narrationen als Prozesse gelingender oder mißlingender "Anstrengungen" erscheinen: "Biographische Kernnarrationen sind das Ergebnis der narrativen Anstrengungen des einzelnen. Ihre Qualität wird vielleicht am deutlichsten, wenn man sie vom Idealtypus einer wohlgeformten Narration her betrachtet (...)."[40] Solche "Kernnarrationen" können aber auch aufgezwungen, von oben ideologisch verordnet sein, wie die im ersten Kapitel erwähnte Geschichte der Edelgard B. zu erkennen gibt (vgl. I, 1, c.). Ganz zu Recht sprechen Keupp und seine Mitarbeiter das Problem der Relevanzkriterien an: "Was ist das Wesentliche? Diese Wahl fällt dann leicht, wenn es ein stabiles Verständnisuniversum mit anderen gibt. Fehlt es, muß man mehr erklären, oder man wird nicht verstanden, kann also Empathie nur auf einer allgemeinen Ebene erwarten."[41]

Es geht aber bei der Entscheidung für Relevanzkriterien nicht nur um den durchaus relevanten Gegensatz von Verstehen und Nichtverstehen, sondern auch und vor allem um Herrschaftsstrukturen, in die der Einzelne seit seiner Geburt eingebettet ist. So ist es beispielsweise wahrscheinlicher, daß im Soziolekt einer bürgerlichen Familie der Gegensatz von *Lehre* und *Universität* im Hinblick auf das narrative Programm der Tochter oder des Sohnes nicht relevant ist, weil die Vor-

---

[40] H. Keupp et al., *Identitätskonstruktionen. Das Patchwork der Identitäten in der Spätmoderne*, Hamburg, Rowohlt, 1999, S. 229.

[41] Ibid., S. 330.

entscheidung “Universität” für alle Kinder der Nachbarschaft gilt, während das begabte Kind, das in eine Arbeiter- oder Arbeitslosenfamilie hineingeboren wird, gegen die Vorentscheidung für *Lehre* ankämpfen muß.

Dazu bemerkt Luis J. Prieto, daß das Einzelsubjekt stets einer Gruppe angehört, “in der das, was man als ‘symbolische Macht’ bezeichnen kann, bestimmte Standpunkte mit besonderer Legitimität ausstattet”.[42] Von diesen Standpunkten aus werden die Relevanzkriterien und die aus ihnen hervorgehenden Klassifikationen festgelegt. In vielen Arbeiterfamilien ist es eine Selbstverständlichkeit, daß für die Kinder nur eine Lehre in Frage kommt; in zahlreichen mexikanischen Familien gilt wiederum als ausgemacht, daß das Philologiestudium ein Studium für die Oberschicht (“estudio para señoritos”) ist. Mit kritischer Zuversicht behauptet Pierre Bourdieu: “Die Beherrschten können sich dem Zugriff der legitimen Klassifikation entziehen (...).”[43] Es fragt sich wie.

Die Kurzantwort könnte lauten: durch Reflexion ihrer sprachlichen Situation, ihres Soziolekts und der herrschenden Relevanzkriterien. Aber eine solche Reflexion wird in einer von den Massenmedien beherrschten Gesellschaft (in Baudrillards *écran total*) zunehmend schwieriger, so daß Rüdiger Bubners schon zitierte These – “Reflexion vermag jedem Schicksal die Spitze zu nehmen”[44] – als idealistische Vermessenheit erscheint.

Um entscheiden zu können, wie realistisch Bourdieus und Bubners emanzipatorische Thesen sind, ist es notwendig, konkreter auf die Reflexion semantischer und narrativer Verfahren durch das Subjekt einzugehen. Was wird reflektiert und unter welchen Bedingungen? Wird der *Relevanz*begriff im semantischen Sinn[45] auf die *soziolinguistische Situation* und den *Soziolekt* bezogen, so ergibt sich folgendes Bild: Das Einzelsubjekt kann im adoleszenten oder erwachsenen Stadium auf die “Vielstimmigkeit” (Bachtin) seiner sprachlichen Situation reagieren und anfangen, die Relevanzkriterien,

---

42 L. J. Prieto, *Pertinence et pratique. Essai de sémiologie*, Paris, Minuit, 1975, S. 148.

43 P. Bourdieu, *Leçon sur la leçon*, Paris, Minuit, 1982, S. 15.

44 R. Bubner, “Wie wichtig ist Subjektivität? Über einige Selbstverständlichkeiten und mögliche Mißverständnisse der Gegenwart”, in: W. Hogrebe (Hrsg.), *Subjektivität*, op. cit., S. 246.

45 Zu den verschiedenen Bedeutungen von Relevanz vgl. D. Sperber und D. Wilson, *Relevance. Communication and Cognition*, Oxford, Blackwell, 1986, Kap. III.

Klassifikationen und Definitionen seines Soziolekts (seiner Soziolekte) auf allen Ebenen in Frage zu stellen. Dies ist einer der Gründe, weshalb junge Menschen, die während ihres Studiums oder ihrer Ausbildung neue Gruppensprachen und deren Diskurse kennenlernen, oftmals die gesamte Semantik des Elternhauses über Bord werfen. In späteren Entwicklungsstadien mag sich eine frisch promovierte Wissenschaftlerin oder ein junger Wissenschaftler vom Wissenschaftsbegriff des Doktorvaters abwenden. Dies hängt nicht nur mit der ödipalen *anxiety of influence*[46] zusammen, die H. Bloom so anschaulich schildert, sondern auch und vor allem mit der *Vergleichbarkeit* von Relevanzkriterien und Definitionen in einer polyphonen Welt, in der die Soziolekte des Kritischen Rationalismus und der Systemtheorie mit denen des Feminismus, des Marxismus oder der Phänomenologie konkurrieren.

Hier erscheint die von Dan Sperber und Deirdre Wilson vorgeschlagene Unterscheidung von Relevanz als *classificatory concept* und Relevanz als *comparative concept* wichtig.[47] Es leuchtet ein, daß die Kollision der Soziolekte in einer Situation der Mehrsprachigkeit Relevanz zu einem komparativen Kriterium macht: Der Identitätsuchende wird nicht nur natürliche Sprachen im Hinblick auf ihre Ausdrucksmöglichkeiten vergleichen, sondern auch die ideologischen, religiösen und wissenschaftlichen Sprachen seiner Umgebung.

Dabei ist die "erste" Entscheidung für bestimmte Relevanzen und Definitionen vom Ende der Erzählung, von ihrem Telos, nicht zu trennen. Wenn eine Frau beschließt, Ingenieurin zu werden, dann ist ihre Laufbahn zwar von narrativer Sequenz zu narrativer Sequenz offen, aber das Ziel ist (wenn auch nicht eindeutig) vorgezeichnet. Gegeben ist die berufliche Identität als Objekt-Aktant; gefunden ist der Auftraggeber "Ingenieurwissenschaft", der zusammen mit Helfern und Widersachern (Universitätslehrern, skeptischen Männern) die angestrebte Identität dialogisch-polemisch prägt. Entscheidend ist, daß das eigene Aktantenmodell vom handelnden Subjekt auch reflektiert wird.

Bisweilen wird eine scheinbar stabile ideologische Identität angezweifelt, weil das Subjekt sein Unbewußtes und seine Geschlechtlichkeit entdeckt. In einem solchen Fall werden die bisher geltenden Relevanzkriterien, die semantische Grundlage des Diskurses, dessen Aktantenmodell und die aus ihm hervorgehende Erzählung in Frage

---

46 Vgl. H. Bloom, *The Anxiety of Influence. A Theory of Poetry*, Oxford, Univ. Press, 1973.

47 Vgl. D. Sperber, D. Wilson, *Relevance*, op. cit., S. 124.

gestellt. Veranschaulicht wird dieser Prozeß durch Victor J. Seidlers Übergang vom Marxismus zur Psychoanalyse: "Though Marxism is a deeply historical theory, it can often discourage a recognition of our personal, sexual and ethnic histories. The only way that I seemed to be able to come to terms with my history was to acknowledge it more deeply. At this point a historically sensitive formulation of psychoanalysis can be crucial."[48]

Unterschwellig klingen in dieser autobiographischen Passage, die einen Wendepunkt im Diskurs des Ich-Erzählers darstellt, alle hier verwendeten Begriffe an. Der ideologisch-theoretische Soziolekt des Marxismus, dessen Diskurse von abstrakt-mythischen und kollektiven Subjekt-Aktanten wie "Geschichte" (Auftraggeber), "Proletariat" (Subjekt), "Bürgertum" (Antisubjekt) und "klassenlose Gesellschaft" (Objekt) beherrscht werden, hindert das reflektierende Einzelsubjekt daran, seine sexuellen und ethnischen Erzählungen als Bestandteile seiner Identität zu entfalten. Diese Erkenntnis bricht in einer soziolinguistischen Situation durch, in der die verschiedenen, aber verwandten Diskurse des Marxismus sowohl auf ideologischer als auch auf theoretischer Ebene der polyphonen Konkurrenz anderer Sprachen ausgesetzt sind und nach dem Zerfall des Ostblocks sowie dem Verschwinden des Eurokommunismus einen Großteil ihrer Bedeutung für die individuelle Subjektbildung einbüßen. Unter diesen veränderten Bedingungen wird ein Ausbruch aus dem Marxismus leichter, und dieser Ausbruch führt zur Individualisierung (im Sinne von Beck und Giddens). Das Subjekt entdeckt mit Hilfe einer neuen Sprache, der Psychoanalyse, neue Relevanzkriterien, neue Definitionen und neue Möglichkeiten auf der semantischen *Isotopieebene* (vgl. III, 2) des "Unbewußten", das als neuer Auftraggeber erscheinen mag. Auf dieser Ebene treten andere Aktantenmodelle zutage, die sich zum Teil auf die infraindividuelle Sphäre beziehen: auf das Überich, das Ich, das Es und das Unbewußte, das nun mit Hilfe von Traumanalysen eine narrative Form annehmen und wesentlich zur Identitätsbildung (zur Inbesitznahme des Objekts "Identität") beitragen kann.

Es muß aber nicht identitätsbildend wirken, sondern kann durch ständige Sinnverschiebungen, durch *Iterabilität* (Derrida), die Kohärenz aller narrativen Programme des Subjekts in Zweifel ziehen. Kohärenzbildung als *Iterativität* (Greimas) kann dadurch radikal in Frage

[48] V. J. Seidler, *Rediscovering Masculinity. Reason, Language and Sexuality*, London-New York, Routledge 1989, S. 101.

gestellt werden, daß alle bisherigen Definitionen und Klassifikationen des Alltagsdenkens, des Marxismus, der Ethnizität im Kontext des Unbewußten neue und widersprüchliche Bedeutungen annehmen, so daß der Objekt-Aktant "Identität" wieder in weite Ferne rückt. Möglicherweise findet das Subjekt aus dem hermeneutischen Zirkel der Reflexion nicht mehr heraus. Dies scheint nicht Seidlers Fall zu sein, der sich vornimmt, seine *masculinity* neu zu definieren[49], und dadurch Kontinuität wahrt.

Freilich sind auch radikale Brüche denkbar, wie Marcel Prousts autobiographischer Roman *A la recherche du temps perdu* zeigt. Der Ich-Erzähler Marcel wächst in einer mondänen Salongesellschaft auf, die als Distinktions- und Statussymbol die elegante Konversation pflegt. Als Ideal dieser hermetischen Welt, deren symbolisches Kapital vom alten Adel des Faubourg Saint-Germain verwaltet wird, erscheint der brillante Redner, der *Causeur*. Geblendet von diesem Ideal, unternimmt Marcel alles, um sich die Modalitäten der Konversation als Habitus (Bourdieu) anzueignen: den geistreichen Einwurf, die brillante *repartie*, die erheiternde Anekdote. Von Salonauftritt zu Salonauftritt reift in ihm aber die Einsicht, daß die Konversation keine qualitativen (kognitiven, ethischen oder politischen) Unterschiede kennt, daß sie wertindifferent ist. Wichtig ist das richtige Wort im richtigen Augenblick unabhängig von allen Wertsetzungen. Der *Causeur* kann annullieren, was er vor wenigen Minuten sagte, solange er es auf brillante Art tut.

Doch die mondäne Konversation ist als Soziolekt nicht konkurrenzlos: Sie wird von den Diskursen der Kunst (des Komponisten Vinteuil, des Malers Elstir und des Schriftstellers Bergotte) immer wieder als leeres Gerede einer indifferenten Austauschbarkeit in Frage gestellt. Diese Polyphonie der mondänen Welt hält Marcel immer wieder zum kritischen Nachdenken über die Salongesellschaft und ihre Sprache an. Schließlich bricht er in *Le Temps retrouvé* mit dem Faubourg Saint-Germain, weil er durch Zufälle, die sein Unbewußtes und seine unwillkürliche Erinnerung ansprechen, den relevanten semantischen Gegensatz *Konversation/Schrift* entdeckt und zusammen mit ihm die Isotopieebene des Schreibens. Am Ende der *Recherche* fällt deshalb der Diskurs des erlebenden Ichs mit dem des erzählenden Ichs und dem des Autors tendenziell zusammen: Er stimmt in vieler Hinsicht mit der Sprache Prousts in *Contre Sainte-Beuve* und den

---

[49] Ibid., S. 200.

Carnets überein.[50] Der Erzähler als Autor findet im Schreiben *jene Welt der qualitativen Unterschiede* (*le monde des différences*)[51], die er in der mondänen Konversation vergeblich suchte. Eine neue semantische Relevanz läutet eine neue Geschichte ein, die nicht mehr erzählt wird. Prousts essayistischer, parataktisch strukturierter, fragmentarischer Roman läßt erkennen, wie problematisch Subjektivität in der Spätmoderne geworden ist.[52]

Ihre globale Ambivalenz besteht darin, daß stets beides denkbar ist: Kohärenz und Zerfall, *Iterativität* und *Iterabilität* im Sinne des dritten Kapitels. Es sollte gezeigt werden, daß diese Extreme dialektisch zusammengedacht werden müssen, wenn es gilt, die idealistisch-monologischen Subjektdefinitionen Descartes', Kants, Fichtes oder Hegels *und* die postmodernen Dekonstruktionen zu vermeiden. *Dialog*, *Alterität* und *Reflexivität* sind deshalb ambivalent, weil sie sowohl zur Subjektkonstitution als auch zum Subjektzerfall beitragen können. Diese Erkenntnis mündet nicht in eine generelle Skepsis dem Subjektbegriff gegenüber, sondern soll eine realistische und flexible Auffassung von Subjektivität begründen, die den postmodernen Angriffen standhält.

(d) Die Ambivalenz des Zufalls

Begriffe wie "Subjektkonstitution", "Identitätsbildung" oder "Identitätsarbeit" weisen alle intentionale Komponenten auf und suggerieren deshalb, daß narrative Programme stets den Absichten der *auctores* gehorchen, daß sie von Anfang bis Ende von diesen Absichten durchwirkt sind. Individuelle und kollektive Subjektivität ist aber nicht nur deshalb ambivalent, weil sie aus der dialogischen Auseinandersetzung mit dem Anderen, aus der Reflexivität gestärkt *oder* geschwächt hervorgehen kann, sondern auch deshalb, weil sie der Kontingenz des Zufalls ausgeliefert ist. Und bekanntlich hat der Zufall stets zwei Gesichter: ein glückliches und ein unglückliches. Es kommt hinzu, daß

---

50 Vgl. M. Proust, *Contre Sainte-Beuve*, Paris, Gallimard, Bibl. de la Pléiade, 1971, S. 598-599. Und: M. Proust, *Le Carnet de 1908* (établi et présenté par P. Kolb), Paris, Gallimard (Cahiers Marcel Proust), 1976, S. 97-98.

51 Vgl. Vf., "Von Marcel Proust zur Dekonstruktion: Le 'monde des différences'", in: U. Link-Heer, V. Roloff (Hrsg.), *Marcel Proust und die Philosophie*, Frankfurt, Insel, 1997.

52 Vgl. Vf., *Roman und Ideologie*, op. cit., Kap. II: "Krise des Subjekts als Krise des Romans".

ein Ereignis, das im ersten Augenblick nach einem glücklichen Zufall aussieht, wenige Augenblicke später zum Unglücksfall werden kann: Ein Autofahrer, der in verlassener Gegend eine Panne hat, freut sich, als er einen Wagen nahen hört; er ist verzweifelt, als er merkt, daß in dem Wagen sein ärgster Feind sitzt. Mag sein, daß diese karikierende Darstellung nicht realistisch ist, aber es geschieht immer wieder, daß sich das, was wir für einen glücklichen Zufall hielten, als fatales Ereignis entpuppt und umgekehrt.

Doch was ist ein Zufall? Hermann Lübbe antwortet: "In der praktischen Philosophie nennen wir Ereignisse oder Vorgänge 'kontingent', sofern sie mit Handlungen handlungssinnunabhängig interferieren."[53] Semiotisch und erzähltheoretisch ausgedrückt: Zufälle als kontingente Ereignisse sind Elemente, die im narrativen Programm des erzählend-handelnden Subjekts nicht vorgesehen sind. Es sollte nicht heißen: "nicht in das Programm hineingehören", denn glückliche Zufälle können sowohl auf kollektiver als auch auf individueller Ebene die Verwirklichung von Programmen stark beschleunigen. Lübbe erscheint jede Art von Zufall als Herausforderung an das Subjekt: "Stets sind Zufälle, die uns, modern gesprochen, handlungssinnwidrig betreffen, Herausforderungen zu versuchen, sie neu in Handlungssinn zu integrieren."[54] Ein Glück im Unglück kann ein ganz neues narratives Programm entstehen lassen: "Ein Unfall beendet eine ordentliche Pianistenkarriere, und eine außerordentliche Kritikerkarriere beginnt."[55] Anders gesagt: Ein zufallsbedingtes Scheitern in einem Bereich kann zum Erfolg in einem anderen Bereich führen.

Die grundsätzliche Ambivalenz des Zufalls scheint also darin zu bestehen, daß das kontingente Ereignis – ähnlich wie der Dialog mit dem Anderen und die aus ihm resultierende Reflexion – sowohl zur Subjektkonstitution als auch zum Subjektzerfall führen kann. Weder Hegel noch sein Schüler und Kritiker Friedrich Theodor Vischer trugen dieser Doppelwertigkeit und Zweigleisigkeit des Zufalls Rechnung: Der eine wollte den Zufall in systematisch-theologischem Eifer aus dem Diskurs verbannen, der andere erkannte zwar die Bedeutung des Zufalls, beurteilte ihn aber vorwiegend negativ.

Hegel hält an dem "unüberwindlichen Glauben" fest, "daß die Welt der Intelligenz und des selbstbewußten Wollens nicht dem Zufal-

[53] H. Lübbe, "Kontingenzerfahrung und Kontingenzbewältigung", in: G. v. Graevenitz, O. Marquard (Hrsg.), *Kontingenz*, München, Fink, 1998, S. 35.

[54] Ibid.

[55] Ibid.

le anheimgegeben sei, sondern im Lichte der sich wissenden Idee sich zeigen müsse".[56] Daß das von Unvernunft, Neid, Vergeßlichkeit und Trunksucht geprägte menschliche Handeln diesem hehren Anspruch auf Dauer nicht genügen konnte, ist nicht weiter verwunderlich. Wenige Jahrzehnte nach Hegels Tod stellte dessen kritischer Schüler Vischer die Antithese in Romanform auf. An dieser Stelle soll nur noch kurz an seinen skeptisch-heiteren Gegenentwurf in *Auch Einer. Eine Reisebekanntschaft* (1879) erinnert werden. Von der Kosmogonie des Helden Albert Einhart berichtet sein fiktiver Nachlaßverwalter und Erzähler: "Unter 'innere Teufel' versteht er die Stellen und Angriffspunkte, die der Mensch durch seinen Körper (natürlich ebensosehr als geistig höchst leidensfähiges Wesen), dem störenden Zufall darbietet; unter 'äußere Teufel' die Leiden verursachenden Gegenstände in unserer Umgebung."[57] In Vischers Roman ist immer wieder von der "Tücke des Objekts" (vgl. II, 3) die Rede: von der Zufallsbedingtheit der Dingwelt und der Natur.

Obwohl Hegel als Systematiker und Denker einer geistdurchwirkten Geschichte den Zufall der Notwendigkeit unterordnet, während Vischer dazu neigt, ihn mit einer grotesken Machtfülle auszustatten, sind sich beide Denker in einem Punkt einig: Der Zufall erscheint ihnen als etwas Negatives, als Trivialität, die weder Weltgeist noch Geschichte tangiert, oder als "Teufel", der uns von innen und außen zusetzt. Vischers Romanheld etwa leidet an einem chronischen Rachenkatarrh, der ihm in entscheidenden Augenblicken "zufällig" die Sprache verschlägt.

Der Zufall muß uns aber nicht die Sprache (als Subjektivität) verschlagen, sondern kann auch einen begeisterten Wortschwall auslösen: etwa wenn wir im mündlichen Abitur zufällig auf ein Thema angesprochen werden, das wir besonders gründlich vorbereitet haben. Dazu bemerkt Erich Köhler im Zusammenhang mit der Rolle des Zufalls bei Balzac, daß das kontingente Ereignis entscheidend zur Befreiung des Einzelnen aus den Zwangsmechanismen von Kausalität, Notwendigkeit und Fatalität beitragen kann. Es erweitert seinen Spielraum, stärkt seine Autonomie: "Zum andern aber korrigiert der gleiche Zufall die Kausalmotivierung, indem er diese, als die Instrumentierung der Fatalitätserfahrung, mit Momenten durchsetzt, in denen

---

[56] G. W. F. Hegel, *Vorlesungen über die Philosophie der Geschichte*, Frankfurt, Suhrkamp (1970), 1986, S. 22.

[57] F. Th. Vischer, *Auch Einer. Eine Reisebekanntschaft*, Bd. II, Wurmlingen, Schwäbische Verlagsgesellschaft, 1879 (Reprint, s.d.), S. 289.

autonome Entscheidungen gefällt werden können. Der Zufall stellt Alternativen bereit."[58]

Wir haben es also mit drei theoretischen Modellen des Zufalls zu tun: Während Hegel meint, das kontingente Ereignis sei trivial und nicht der Rede wert, wird es von Vischer dämonisiert und erscheint in Köhlers Balzac-Kommentar als ein befreiendes Prinzip.[59] Hier bietet sich eine Rückkehr zum zweiten Kapitel (vor allem II, 8) an: Während Hegelianer und Marxisten dazu neigen, alles Kontingente und Partikulare aus ihren Diskursen zu verbannen, verursacht die *contingence* beim jungen Sartre nur Ratlosigkeit und Niedergeschlagenheit; bei Hesse und den Surrealisten wird sie hingegen als befreiendes Ereignis erfahren, das die Mechanismen der Alltagskonvention und der Ideologie außer Kraft setzt.

Schließlich erscheint der Zufall als beides: als Befreiung und Bedrohung, als Chance und Risiko. In dieser Hinsicht stimmt er – aus der Sicht individueller und kollektiver Subjekte – mit der Alterität, dem Dialog und der Reflexion überein. Wie sie kann er sowohl produktiv als auch destruktiv wirken und zeugt von der globalen Ambivalenz der Subjektivität, die sich zwischen dem Pol des Aufbaus und dem des Zerfalls bewegt.

Der Zufall stimmt jedoch nicht nur formal (als Fremdelement im narrativen Programm) mit der Alterität überein: Er ist ein Aspekt dieser Alterität, weil er – wie Vischer wußte – das Natürliche, die "Naturseite des Geistes" (Vischer), in der Kultur vertritt. Dies ist der Grund, weshalb er nicht nur von Hegelianern und Marxisten, sondern von allen naturfeindlichen Ideologen negiert wird.

Davon zeugt Camus' Roman *L'Etranger*, dessen Ich-Erzähler Meursault aufgrund eines naturwüchsigen Zufalls einen Araber erschießt. Als Vertreter einer Justiz, die ausschließlich Diskurse zuläßt, die von der christlichen Teleologie strukturiert werden, läßt der Staatsanwalt den Zufall nicht gelten: "Der Staatsanwalt meinte, der Zufall habe in dieser Geschichte schon allerlei auf dem Gewissen." ("Le procureur a retorqué que le hasard avait déjà beaucoup de méfaits sur la conscience dans cette histoire.")[60] Diese ironische Bemer-

[58] E. Köhler, *Der literarische Zufall, das Mögliche und die Notwendigkeit*, München, Fink, 1973, S. 47.

[59] Vgl. ibid. S. 48-49.

[60] A. Camus, *Der Fremde*, Hamburg, Rowohlt (1961), 1981, S. 95-96. (A. Camus, *L'Etranger*, in: ders. *Theâtre, récits, nouvelles*, Paris, Gallimard, Bibl. de la Pléiade, 1962, S. 1193.)

kung bedeutet konkret: Nicht der Zufall, sondern ein verantwortliches Subjekt hat allerlei auf dem Gewissen. Doch dieses Subjekt wird erst von einer christlich-humanistischen Ideologie als solches "angerufen" (Althusser) und entzieht sich als Camus' Erzähler dieser Ideologie, indem es den Zufall und die Indifferenz der Natur gegen sie ausspielt. Es wird erst in den Diskursen der Justiz als christliches, dem Auftraggeber "Gott" verantwortliches Subjekt (d.h. als Unterworfenes) konstituiert, weil diese Diskurse keinen naturwüchsigen, durch Sonne und Wasser bedingten Zufall tolerieren können.[61] In ihrer "intolerance of ambiguity" (Adorno) treten der christliche Ursprung der Hegelschen Philosophie und der Hegelianismus des Christentums zutage. Beiden ist die von Nietzsche diagnostizierte Naturfeindschaft eigen: Ihre Polemiken gegen den Zufall richten sich, wie Vischer wußte, nicht gegen etwas Triviales, sondern gegen die Natur als das Andere des Geistes.

Dies bedeutet, daß eine ambivalent-dialektische Auffassung der Subjektivität, die im Zufall nicht nur eine Störung, sondern auch eine Herausforderung und eine Chance erblickt, das Subjekt seiner globalen Alterität öffnet: der inneren und äußeren Natur. In diesem Kontext erkennt das Subjekt als sich selbst konstituierende Identität (vgl. I, 1, c) das Individuum als *ipse*, als vergängliche Grundlage seines Strebens. Wie zufallsbedingt diese Grundlage ist, ahnt jeder, ohne es sich täglich vor Augen zu halten, auch ohne Nietzsches Satz "Die meisten Menschen sind offenbar *zufällig* auf der Welt" (vgl. II, 4) zu kennen. Zugleich erkennt das Subjekt die für alle lebenswichtige Natur, die nun schon seit Jahrhunderten cartesianisch-hegelianisch, *more geometrico* vom Geist gleichgeschaltet wird. Die im folgenden entwickelten Modelle einer Dialogischen Theorie und eines dialogischen Europas sollten auch als Reaktionen auf diesen Prozeß der Gleichschaltung gelesen werden.

2. Das Subjekt der Dialogischen Theorie

Über das theoretische Subjekt wurde im ersten Kapitel (I, 1, d) schon einiges gesagt, um den Standort des Autors anzugeben und seine Argumentation dadurch zugänglicher zu machen. Das Hauptargument, das im folgenden weiterentwickelt werden soll, lautete: Ständige Aus-

[61] Zur Subjektkonstitution von Camus' Ich-Erzähler durch den ideologischen Diskurs vgl. Vf., *Der gleichgültige Held. Textsoziologische Untersuchungen zu Sartre, Moravia und Camus*, Trier, Wiss. Verlag Trier, 2004 (2. Aufl.), Kap. IV.

einandersetzung mit dem Andersartigen (mit der heterogenen Theorie) kann zur Reflexion über Partikularität und Kontingenz des eigenen Diskurses und der eigenen sozio-linguistischen Situation führen; zugleich bietet die Fähigkeit, über die ideologischen Grundlagen der eigenen Theorie zu reflektieren, Schutz gegen ideologischen Dualismus und monologisches Identitätsdenken. In dieser Hinsicht unterscheidet sich das Subjekt der Theorie kaum vom dialogischen Subjekt des vorigen Abschnitts.

Anders als das Subjekt der Lebenspraxis verfolgt es aber ein besonderes theoretisches Ziel: Es möchte Dialog und Alterität für die *Theoriebildung* fruchtbar machen. Dabei geht es nicht – wie bei Karl-Otto Apel oder Jürgen Habermas[62] – um die transzendentalen Bedingungen oder die "Letztbegründung"[63] eines Argumentationszusammenhangs, sondern um die pragmatische Frage, wie in einer fragmentierten, pluralisierten und partikularisierten Gesellschaft theoretische Verständigung im sozialwissenschaftlichen Bereich möglich ist. Die provisorische Antwort lautet: *durch Reflexion der eigenen und fremden Rahmenbedingungen der Theoriebildung.*

Sie könnte die ironische Frage provozieren: Was gewinnt man, wenn man auf Rahmenbedingungen stößt, die so heterogen sind, daß ein Dialog nicht in Frage kommt? Diese Frage ist zu extrem, weil nicht inkommensurable Standpunkte aufeinander bezogen werden sollen, sondern Theorien, die denselben Gegenstandsbereich anvisieren (z.B. Religion, Ideologie, Kunst). Wichtiger als dieser Hinweis ist die Überlegung, daß alle Theorien als *Soziolekte* (ähnlich wie Ideologien oder literarische Texte) *sekundäre modellierende Systeme* im Sinne von Jurij Lotman sind[64], die aus dem *primären modellierenden System* der natürlichen Sprache hervorgehen. Sie sind auf dieses primäre System zwar nicht reduzierbar (sonst wären sie funktionslos), können aber über dieses System stets miteinander kommunizieren.

---

62 Vgl. K.-O. Apel, "Die Kommunikationsgemeinschaft als transzendentale Voraussetzung der Sozialwissenschaften", in: ders., *Transformation der Philosophie*, Bd. II, *Das Apriori der Kommunikationsgemeinschaft*, Frankfurt, Suhrkamp (1973), 1976. Und: J. Habermas, *Theorie des kommunikativen Handelns*, Bd. II, Frankfurt, Suhrkamp, 1981, S. 111-113.

63 Zur Kritik an Apel vgl. H. Albert, *Transzendentale Träumereien. Karl-Otto Apels Sprachspiele und sein hermeneutischer Gott*, Hamburg, Hoffmann und Campe, 1975, S. 147-149.

64 Vgl. J. Lotman, *Die Struktur des künstlerischen Textes*, Frankfurt, Suhrkamp, 1973, S. 64.

Insofern gilt auch Karl-Otto Apels These über die Funktion der Umgangssprache als letzter Metasprache.[65]

Dem Subjekt der Dialogischen Theorie geht es aber nicht nur darum, Möglichkeiten und Grenzen sozialwissenschaftlicher Verständigung in nachmoderner Pluralität abzustecken, sondern auch und vor allem darum, aus der Not der Fragmentierung eine theoretische Tugend zu machen und *durch die dialogische Konfrontation von Theorien sowohl der kritischen Überprüfung von Aussagen als auch der Theoriebildung neue Impulse zu geben.*

Dabei wird der individualistische und idealistische Grundsatz der *Intersubjektivität* in Frage gestellt: Die Zweideutigkeit dieses Grundsatzes besteht darin, daß er sich im Prinzip (wissenschaftstheoretisch verstanden) auf alle partizipierenden Wissenschaftler bezieht, in Wirklichkeit aber nur innerhalb einer Wissenschaftlergruppe und ihres Soziolekts Geltung beanspruchen kann. Was in einer Gruppe von kritischen Rationalisten bestätigt wird, wird in einer Gruppe von Systemtheoretikern aus "soziolektalen" Gründen möglicherweise gar nicht verstanden – oder als widersinnige Aussage belächelt. Ein für Psychoanalytiker wesentlicher Gedanke wird von kritischen Rationalisten als intersubjektiv überprüfbare Aussage gar nicht wahrgenommen, weil er nicht "falsifizierbar" ist.

Deshalb nimmt sich das Subjekt der Dialogischen Theorie vor, über das zweideutige Kriterium der Intersubjektivität hinauszugehen und es durch das Kriterium der interkollektiv (zwischen Gruppen und Soziolekten) geltenden Interdiskursivität zu ergänzen. Die Frage lautet nun: *Welche Theoreme, die intersubjektiv innerhalb einer Wissenschaftlergruppe überprüft wurden, gelten auch interkollektiv, d.h. zwischen heterogenen Wissenschaftlergruppen*? Die Bedeutung dieser Frage für die theoretische Subjektkonstitution liegt auf der Hand: Verharrt man in der Intersubjektivität, die *de facto* (trotz aller universalistischen Beteuerungen der Beteiligten) stets Intersubjektivität innerhalb einer Gruppe, eines Soziolekts ist, so läßt man sich von einer partikularen Ideologie-Theorie zum Subjekt machen. Erst die Konfrontation mit heterogenen Wissenschaftlergruppen und ihren Soziolekten macht Alterität sichtbar und genuinen Dissens möglich. Erst jenseits des eigenen Kollektivs, des "angestammten" Soziolekts, wartet individuelle Freiheit: Freiheit zu wissenschaftlicher *Erfahrung*.

---

[65] Vgl. K.-O. Apel, *Transformation der Philosophie*, Bd. II, op. cit., S. 341-343.

(a) Partikularismus vs. Universalismus: Lyotard und Habermas

Eine fruchtbare Konfrontation heterogener Diskurse, wie sie hier angestrebt wird, ist weder in Lyotards noch in Habermas' Sprachmodell möglich. Bei Lyotard scheitert sie an der postmodernen Tatsache, daß die im Alltag und in der Wissenschaft miteinander kollidierenden Sprachen als inkommensurabel erachtet werden; bei Habermas scheitert sie am modernen Streben nach sprachlicher Vereinheitlichung, d.h. an der Tilgung des Heterogenen und Partikularen. In beiden Fällen wird individuelle Subjektivität entmachtet: Lyotard macht ein Hinausgehen des Subjekts über die ihm gesellschaftlich zugefallenen Sprachgrenzen unmöglich, während Habermas den Gesprächs- oder Diskursteilnehmern universelle Sprachregeln verordnet.

Obwohl Lyotard den Subjektbegriff radikal in Frage stellt (vgl. III, 1), können seine beiden Werke *La Condition postmoderne* (1979) und *Le Différend* (1983) einerseits als Plädoyers für den Respekt besonderer Subjektivitäten in Sprache und Politik, andererseits als Dekonstruktionen individueller Subjektivität zwischen inkommensurablen Sprachspielen gelesen werden. Sehen wir uns seine Argumentation näher an.

"La raison est multiple", "die Vernunft ist vielfältig"[66], wendet er gegen Habermas' Irrationalismus-Vorwurf ein und gibt zu bedenken, daß der Respekt vor der Vielfalt der Vernunftformen (in Wissenschaft, Recht, Ethik und Ästhetik) alles andere als irrational ist. In diesem Punkt kann man ihm sicherlich zustimmen. Er selbst geht von dem politisch und erkenntnistheoretisch plausiblen Gedanken aus, daß es zugleich falsch, ungerecht und unergiebig ist, einen bestimmten Sprachgebrauch (hier Soziolekt) im Rahmen eines anderen Sprachgebrauchs zu beurteilen. So hielte er es beispielsweise für irreführend und ungerecht, Aussagen der Ethnomethodologie, der Dekonstruktion oder der Psychoanalyse im Rahmen des Kritischen Rationalismus als "nicht falsifizierbar" zu diskreditieren.[67]

Ausgehend von Lyotards Kritik des rationalistisch-cartesianischen Universalismus, sollten alle Theoretiker mit dem Bewußtsein an wissenschaftlichen Diskussionen teilnehmen, daß ihre Kriterien für Wissenschaftlichkeit oder "Theoriehaftigkeit" *zunächst* nur für sie selbst gelten, und daß sich erst im Verlauf der Diskussion (möglicher-

---

[66] J.-F. Lyotard, *Moralités postmodernes*, Paris, Galilée, 1993, S. 115.

[67] Vgl. Vf., *Moderne/Postmoderne*, op. cit., S. 183.

weise) konsensfähige Kriterien herauskristallisieren werden. Solche Überlegungen fördern den theoretischen Dialog, weil sie zum Respekt vor der Alterität als Subjektivität des anderen anhalten. (So würde es der Subjekt-Kritiker Lyotard allerdings nicht ausdrücken.)

Er argumentiert so partikularistisch, daß er den hier skizzierten Dialog heterogener Positionen gar nicht ins Auge faßt. Wenn er in *La Condition postmoderne* zu bedenken gibt, "daß es weder eine mögliche Vereinheitlichung noch eine Totalisierung der Sprachspiele in einem Metadiskurs gibt"[68], so hat er gewiß recht, weil Hegels Position der Totalisierung auf Vereinnahmung hinausläuft und den Dialog "aufhebt". Dazu bemerkt Francis Jacques: "Bis Hegel spricht der Philosoph für alle, im Namen aller; er anerkennt die andere Person nur als zu unterrichtenden Zuhörer oder als zu überzeugenden Gegner, dessen Äußerung wie ein Hindernis überwunden werden muß."[69] Als Hegel-Kritik enthält Lyotards Theorie des *différend* oder *Widerstreits* (Kant) zweifellos ein Wahrheitsmoment, das auch in Adornos Plädoyer für das von Hegel vereinnahmte Besondere zum Ausdruck kommt (vgl. II, 6).

Lyotard verfällt jedoch ins andere Extrem, wenn er die gesellschaftliche Welt der Sprachspiele als Inselwelt auffaßt, in der sich jede Insel radikal von allen anderen unterscheidet: "Die Prüfung der Sprachspiele konstatiert und bekräftigt, wie die Kritik der Vermögen, die Trennung der Sprache von sich selbst. Die Sprache ist ohne Einheit, es gibt nur Sprachinseln, jede wird von einer anderen Ordnung beherrscht, keine kann in eine andere übersetzt werden."[70] Er treibt diese Partikularisierungstendenz *ad absurdum*, wenn er behauptet, daß der *Widerstreit* (*différend*) einzelnen Diskursarten innewohnt, die heterogene Satz-Regelsysteme (aus Ethik, Recht oder Erkenntnistheorie) miteinander kombinieren, und wenn er "die Invasion einer Diskursart durch eine andere, vor allem der Ethik und des Rechts durch das Kognitive"[71], ablehnt. Es fällt einem jedoch schwer, sich Ethik und Recht ohne "das Kognitive" vorzustellen, da auch Ethik und Recht nicht ohne Logik und Argumentation auskommen.

---

68 J.-F. Lyotard, *Das postmoderne Wissen*, Graz-Wien, Böhlau-Passagen, 1986, S. 109.

69 F. Jacques, *Über den Dialog*, op. cit., S. 10.

70 J.-F. Lyotard, *Grabmal des Intellektuellen*, Wien-Köln-Graz, Passagen, 1985, S. 70.

71 J.-F. Lyotard, *Moralités postmodernes*, op. cit., S. 121.

Insgesamt ist zu Lyotards Sprachkritik folgendes zu sagen: (a) Es ist sicherlich richtig, daß den Aussagesubjekten (von denen bei Lyotard aber nie die Rede ist) ein *Unrecht* oder *tort* angetan wird, wenn heterogene Satz-Regelsysteme (etwa Predigt und Wissenschaft) miteinander so verquickt werden, daß sich ihre Funktionen und Intentionen auflösen. Es erscheint auch nicht legitim, heterogene sozialwissenschaftliche Theorien so aufeinander zu beziehen, daß ihre verschiedenen Erkenntnis- oder Wahrheitskriterien negiert oder verzerrt werden. (b) Im Eifer des postmodernen Gefechts für das Besondere und Unverwechselbare scheint Lyotard den zweiten Teil des nachmodernen Glaubensbekenntnisses vergessen zu haben: das auch für seinen Diskurs charakteristische Plädoyer für Heterogenität und Pluralität. Diskurse sind nämlich als monologische Monaden, die nie Andersartiges, Fremdes oder Heterogenes aufgenommen haben, gar nicht zu verstehen, wie Bachtin gezeigt hat. Denn jeder Soziolekt, jeder Diskurs ist als sekundäres modellierendes System aus dem primären System der natürlichen Sprache entstanden und kommuniziert mit anderen Soziolekten und Diskursen über das primäre System. Es kommt hinzu, daß nahezu jeder Soziolekt auf lexikalischer, semantischer und narrativer Ebene Elemente anderer Soziolekte aufgenommen hat: Der Marxismus geht aus dem Hegelianismus und der britischen Politischen Ökonomie hervor, der Kritische Rationalismus aus der liberalen Ideologie, den Diskursen des Wiener Kreises, der Weberschen Soziologie usw., die Dekonstruktion aus Nietzsches und Heideggers Kritik der Metaphysik, Saussures Linguistik, Freuds Psychoanalyse usw. Für alle diese Grenzüberschreitungen und sprachlichen Kombinationen sind kollektive und individuelle Subjekte verantwortlich, die, wie sich hier im ersten Abschnitt gezeigt hat, nur als Sprachsynthesen, d.h. dialogisch, zu verstehen sind. (c) Dies gilt auch für Lyotard, der als kreatives, synthetisierendes Subjekt selbst gegen die von ihm in *La Condition postmoderne* und *Le Différend* aufgestellten Sprachregeln verstößt, wenn er in nahezu allen seinen Schriften heterogene Sprachen (Marxismus und Psychoanalyse, Kant und Wittgenstein, Kant und Lévinas) miteinander kombiniert, um das hervorzubringen, was später unter dem Namen "postmodernes Denken" bekannt wurde.

Es ist aufschlußreich zu beobachten, daß Lyotard den Gedanken der sprachlichen Heterogenität analog zum Begriff des Erhabenen verwendet (vgl. III, 1): Er soll zu der Erkenntnis führen, daß Subjektivität durch die der Sprache innewohnenden Widersprüche zunichte gemacht wird. "Jedes vorgebliche Individuum ist in verschiedene Partner aufteilbar und wahrscheinlich aufgeteilt (...)."[72] Aufgrund von Lyotards durchaus heterogener, aber zugleich stark synthetisierender intellektueller Biographie kann man die Sache auch umgekehrt betrachten: Das Subjekt bemüht sich um eine dialogische Vereinigung heterogener Sprachspiele.

In den einleitenden Bemerkungen zu diesem Kapitel wurde schon Calvin O. Schrags Lyotard-Kritik erwähnt, die vor allem auf die Übergänge zwischen den verschiedenen Denkformen hinweist und feststellt, daß das Subjekt des Diskurses "sich selbst in seinen vielfältigen Sprachformen, diversen Sprachspielen und mannigfaltigen Erzählungen gegenwärtig bleibt (remains present to itself)".[73] Diese These nahm im deutschen Sprachraum Manfred Frank teilweise vorweg, als er daran erinnerte, daß kein *différend* total sein kann, weil sich nur Sprachen widersprechen können, die irgendwo Gemeinsamkeiten aufweisen.[74] Es käme also darauf an, die Dialektik zwischen Identität und Differenz konsequent auszutragen.

Dies tut Habermas keineswegs. Er zeiht zwar die postmodernen Denker des Irrationalismus, weil sie den modernen Universalismus zersetzen[75], führt selbst aber eine moderne Umkehrung der Verhältnisse herbei, indem er die kommunizierenden Subjekte und ihre Sprachen einem alles Heterogene tilgenden Universalismus unterwirft. Er selbst sieht es freilich anders, wenn er erklärt, daß man der wachsenden Vielfalt in der zeitgenössischen Gesellschaft nur begegnen kann, indem man den Abstraktionsgrad der Kommunikationsbedingungen steigert: "Und je größer diese Vielfalt, eine um so abstraktere Gestalt müssen die Regeln und Prinzipien annehmen, welche die Integrität und gleichberechtigte Koexistenz der füreinander immer fremder werdenden, auf Differenz und Andersheit beharrenden Subjekte und Lebensweisen schützen."[76] Kurzum, Habermas würde den Vorwurf eines repressiven Universalismus nicht gelten lassen, sondern behaupten, daß der hohe Abstraktionsgrad der in der idealen Sprechsituation gel-

---

72 Ibid., S. 125.

73 C. O. Schrag, *The Self after Postmodernity*, op. cit., S. 32-33.

74 Vgl. M. Frank, *Die Grenzen der Verständigung. Ein Geistergespräch zwischen Lyotard und Habermas*, Frankfurt, Suhrkamp, 1988, S. 79.

75 Vgl. J. Habermas, "Philosophie und Wissenschaft als Literatur?", in: ders., *Nachmetaphysisches Denken. Philosophische Aufsätze*, Frankfurt, Suhrkamp (1988), 1992, S. 242-247.

76 J. Habermas, *Erläuterungen zur Diskursethik*, Frankfurt, Suhrkamp, 1991, S. 202.

tenden Kommunikationsregeln die Besonderheiten der Kommunizierenden gerade schützen soll. Es fragt sich allerdings, wie Vorschriften, die seit Descartes und Kant alles Partikulare negieren (vgl. II, 1), dieses zugleich schützen können.

Jedenfalls ist Habermas' Hauptwerk, die *Theorie des kommunikativen Handelns*, ein großangelegter Versuch, alle Partikularismen, d.h. physische, psychische, kulturelle und ideologische Besonderheiten, universalistisch aufzuheben. Diese Aufhebung des Partikularen wird in zwei Schritten erreicht: erstens durch das Postulat einer homogenen, von allen Gesprächsteilnehmern geteilten Lebenswelt; zweitens durch die Reduktion der kommunikativen Aussagen auf Sprechakte als pragmatische Formen des Satzes und die komplementäre Ausblendung des Diskurses als transphrastischer, semantisch-narrativer Struktur.

Habermas unterscheidet eine *reale* (soziale) von einer *formalpragmatischen* Lebenswelt, die der idealen *Sprechsituation* homolog ist und in den *Vorstudien* folgendermaßen dargestellt wird: "Die Lebenswelt hat aber nicht nur eine *kontextbildende* Funktion. Sie bietet zugleich ein Reservoir von Überzeugungen, aus dem die Kommunikationsteilnehmer schöpfen, um den in einer Situation entstandenen Verständigungsbedarf mit konsensfähigen Interpretationen zu decken. Als *Ressource* ist die Lebenswelt für Prozesse der Verständigung *konstitutiv*."[77] Die formalpragmatische, versteht sich, die der Neokantianer Habermas von allen Strategien, Antagonismen und Verwerfungen der realen Lebenswelt gesäubert hat.

Es nimmt nicht wunder, daß zahlreiche Kritiker ihn drängten, die konsensorientierte Trennung von realer und formalpragmatischer Lebenswelt plausibel zu machen.[78] Selbst wenn man (wie der Autor dieser Zeilen) annimmt, daß es Habermas nie wirklich gelungen ist, diese Trennung zu rechtfertigen, weil die Idee einer homogenen Lebenswelt eher dazu angetan ist, Mißverständnisse zu zeitigen und die realen Verhältnisse zu verschleiern, so wird man die Funktion der Trennung in Habermas' Theorie leicht verstehen: Sie soll die Unterscheidung einer realen und einer idealen Sprechsituation ermöglichen und das

---

77 J. Habermas, *Vorstudien und Ergänzungen zur Theorie des kommunikativen Handelns*, Frankfurt, Suhrkamp, 1984, S. 591.

78 Vgl. z.B. J. Alexander, "Habermas' neue Kritische Theorie: Anspruch und Probleme", in: A. Honneth, A. Joas (Hrsg.), *Kommunikatives Handeln. Beiträge zu Jürgen Habermas' 'Theorie des Kommunikativen Handelns'*, Frankfurt, Suhrkamp, 1986, S. 95.

zentrale Argument fundieren, "daß wir in jedem Diskurs wechselseitig eine ideale Sprechsituation *unterstellen*".[79]

Wie sieht nun diese ideale Sprechsituation konkret aus? Sie ist in fünf Punkten beschreibbar: (a) Sie unterscheidet sich als Idealkonstrukt radikal von den wirklichen Kommunikationen des Alltags. (b) Sie ist frei von herrschaftlichen Zwängen und setzt die argumentative Chancengleichheit der am Gespräch (Diskurs) Beteiligten voraus. (c) Sie setzt die Austauschbarkeit der vorhandenen Dialogrollen voraus. (d) Sie läßt nur den Zwang des besseren Arguments zu. (e) Sie wird in jeder realen Kommunikationssituation von den Beteiligten immer schon vorausgesetzt oder "kontrafaktisch unterstellt".

Es soll nun in aller Knappheit gezeigt werden, daß diese Konstruktion in sich widersprüchlich ist, weil sie das negiert, was sie fördern soll – nämlich *Verständigung zwischen heterogenen Subjektivitäten*: (a) Eine ideale Sprechsituation, die von realen Verhältnissen abstrahiert, ist nur als Leerlauf, als Austausch nichtssagender Höflichkeitsfloskeln denkbar. (b) Denn alle Soziolekte und die aus ihnen hervorgehenden Diskurse als semantisch-narrative Strukturen beinhalten Werturteile und Interessen, die sich in den Relevanzkriterien, Klassifikationen und narrativen Abläufen niederschlagen, *die die an der Kommunikation teilnehmenden Subjekte konstituieren* (d.h. die sprechenden Subjekte können von diesen sprachlichen Strukturen nicht abstrahieren, ohne sich selbst als Subjekte durchzustreichen, ohne sprachlos zu werden). (c) In diesem Kontext erscheint die "Austauschbarkeit von Dialogrollen" unmöglich, weil meine Rolle von meinem Diskurs (indirekt: Soziolekt) vorgegeben wird (ich kann zwar den kritischen Rationalisten oder den Habermasianer "spielen", ohne aber an das Gesagte zu glauben, ohne "Wahrhaftigkeit"). (d) Die Vorstellung vom "Zwang des besseren Arguments" ist insofern naiv, als in jedem Soziolekt (in jedem Paradigma, würde Kuhn sagen) ein anderes Argument als "besser" oder "optimal" eingestuft wird (Apel und Habermas würden das kritisch-rationalistische Argument, daß ihre Aussagen nicht "falsifizierbar" sind, wahrscheinlich nicht gelten lassen).[80] (e) Man darf zwar in jeder realen Kommunikationssituation auf

---

[79] J. Habermas, "Vorbereitende Bemerkungen zu einer Theorie der kommunikativen Kompetenz", in: J. Habermas, N. Luhmann, *Theorie der Gesellschaft oder Sozialtechnologie – Was leistet die Systemforschung?*, Frankfurt, Suhrkamp, 1971, S. 136.

[80] Im Bereich sozialwissenschaftlicher Soziolekte wie im Bereich naturwissenschaftlicher Paradigmen gilt Kuhns Satz: "Jede Gruppe verwendet ihr eigenes

Verständigung und guten Willen hoffen, man darf aber nicht voraussetzen (wenn man nicht einer repressiven Sprachpolitik das Wort reden will), daß die Diskussionsteilnehmer ihre Soziolekte und Diskurse, also ihre Subjektivität, aufgeben.

Habermas scheint dies aber vorauszusetzen, wenn er feststellt: "Die kommunizierten Bedeutungen sind für alle Mitglieder der Sprachgemeinschaft grundsätzlich identisch."[81] In dekonstruktivistischen und postmodernen Ohren geradezu ominös klingt seine Behauptung (im Anschluß an R. Alexy): "Verschiedene Sprecher dürfen den gleichen Ausdruck nicht mit verschiedenen Bedeutungen benutzen."[82] Wer soll es ihnen verbieten? Die von Habermas verordnete homogene Gemeinschaft? Die "ideale Sprechsituation", die nicht nur von allen Zwangs-, Herrschafts- und Machtkonstellationen der realen sozio-linguistischen Situation, sondern auch von der konkreten sprachlichen Subjektivität der Kommunizierenden abstrahiert?

Habermas' linguistisches Problem besteht darin, daß er sich an der anglo-amerikanischen Sprechakttheorie orientiert, die den Diskurs als subjektkonstituierende, transphrastische Struktur nicht kennt: "Ein Sprechakt erzeugt die Bedingungen dafür, daß ein Satz in einer Äußerung verwendet werden kann; aber gleichzeitig hat er selbst die Form eines Satzes."[83] Entscheidend ist jedoch, daß nicht Sätze individuelle und kollektive Subjekte konstituieren (weil sie zumeist polysem und polyfunktional sind), sondern Diskurse als semantisch-narrative Strukturen. Da Habermas Diskurse in dieser semiotischen Form nicht wahrnimmt, kann er auch Subjektivität als wert- und interessegeleiteten Diskurs nicht wahrnehmen.

Einen komplementären Aspekt beleuchtet Rainer Leschke, wenn er bemerkt, "daß die Sprachstruktur von Habermas als anthropologische Konstante aufgefaßt wird". Er fügt hinzu: "Die historischen und sozio-ökonomischen Abhängigkeiten des Konstruktes herrschaftsfreier Kommunikation geraten vollkommen aus dem Blickfeld."[84]

Paradigma zur Verteidigung eben dieses Paradigmas." (Th. S. Kuhn, *Die Struktur wissenschaftlicher Revolutionen*, Frankfurt, Suhrkamp [1967], 1973, S. 106.)

81 J. Habermas, "Der Universalitätsanspruch der Hermeneutik", in: ders., *Kultur und Kritik. Verstreute Aufsätze*, Frankfurt, Suhrkamp, 1973, S. 283.

82 J. Habermas, *Moralbewußtsein und kommunikatives Handeln*, Frankfurt, Suhrkamp, 1983, S. 97.

83 J. Habermas, "Vorbereitende Bemerkungen zu einer Theorie der kommunikativen Kompetenz", op. cit., S. 103.

84 R. Leschke, *Metamorphosen des Subjekts. Hermeneutische Reaktionen auf die*

Tatsächlich handelt es sich um eine "Idealisierung konkreter Bedingungen"[85], wie Leschke sagt. Im folgenden geht es darum, dieser verschleiernden Idealisierung abzusagen und zu zeigen, daß die konkreten Bedingungen Chancen bieten, die weder Lyotard noch Habermas erkannt haben.

(b) Vom Partikularen zum Universellen: Kritische Überprüfung

Es hat sich gezeigt, daß sowohl bei Lyotard als auch bei Habermas individuelle Subjektivität entmachtet wird: bei Lyotard durch Zerfall zwischen den Sprachspielen, bei Habermas durch Unterwerfung unter einen abstrakten Regelkanon. Das theoretische Subjekt als flexible, dynamisch-dialogische Einheit verfügt jedoch über ganz andere Möglichkeiten, kreativ mit der Sprachenvielfalt einer fragmentierten Gesellschaft umzugehen.

Wie das Subjekt der Lebenspraxis (vgl. V, 1) betrachtet es sprachliche Heterogenität als eine Chance für Selbstentfaltung. Ausgehend von den Kritiken an Lyotard und von Lotmans These, daß alle Sprachspiele oder Soziolekte als *sekundäre modellierende Systeme* in das *primäre System* der allen gemeinsamen natürlichen Sprache eingebettet sind, trachtet es danach, heterogene theoretische Sprachen dialogisch-kritisch aufeinander zu beziehen. Dabei faßt es Alterität (wie in den Dialogen der Alltagssprache) als Katalysator im Erkenntnisprozeß auf.

Daß Alterität nicht nur ein interindividuelles, sondern auch (und vielleicht vor allem) ein interkollektives Problem ist, das in seiner ganzen Tragweite erst sichtbar wird, wenn sich heterogene Wissenschaftlergruppen über ein konkretes Problem verständigen sollen, haben in völlig verschiedenen Kontexten (Soziolekten) bereits Maurice Halbwachs und Karl Mannheim erkannt.

Maurice Halbwachs, ein französischer Soziologe der Durkheim-Schule, geht von dem Gedanken aus, daß die gesellschaftliche und wissenschaftliche Differenzierung verschiedene miteinander kollidierende "Gruppenlogiken" entstehen läßt, und stellt fest: "Auf diesem Wege sind ebenso viele verschiedene Logiken entstanden, von denen eine jede nur innerhalb der Gruppe Gültigkeit hat, die sich auf sie be-

---

(post-)strukturalistische Herausforderung, Bd. I, Frankfurt-Bern-Paris, Lang, 1987, S. 184.

[85] Ibid.

ruft und die sie hervorgebracht hat."[86] Anders als bei Lyotard führt diese Erkenntnis jedoch nicht zu dem Schluß, daß Sprache und Gesellschaft unwiederbringlich heterogen sind und Subjektivität zerfallen ist, denn: "Alle diese Teillogiken haben freilich einen und denselben Ursprung."[87]

Auch Mannheim sieht die Heterogenität der Gruppensprachen, aber auch er hält nach Verständigungsmöglichkeiten Ausschau. Wesentlich ist seine Unterscheidung zwischen Kommunikationen *innerhalb* einer Weltanschauung oder *Aspektstruktur* und Kommunikationen *zwischen Aspektstrukturen.* Innerhalb einer Aspektstruktur ist die Begrifflichkeit homogen und gewährleistet eine relativ unproblematische (intersubjektive) Verständigung. Komplementär zu Halbwachs entdeckt Mannheim, "daß wenn man aber in verschiedenen Aspektstrukturen steht, die 'Objektivität' nur auf Umwegen herstellbar ist, indem man nämlich hier das in beiden Aspektstrukturen richtig, aber verschieden Gesehene aus der Strukturdifferenz der beiden Sichtmodi zu verstehen bestrebt ist und sich um eine Formel der Umrechenbarkeit und Übersetzbarkeit dieser verschiedenen perspektivischen Sichten ineinander bemüht".[88]

Sowohl bei Halbwachs als auch bei Mannheim fällt auf, daß sie einerseits die Heterogenität wissenschaftlicher Weltanschauungen und Sprachen wahrnehmen, sie andererseits aber als ein Hindernis auffassen, das durch Rückführung auf einen gemeinsamen "Ursprung" oder durch "Übersetzung" überwunden werden kann. Das hier vorgeschlagene Modell unterscheidet sich wesentlich von dem der beiden Soziologen dadurch, daß es die Heterogenität der kommunizierenden Sprachen oder Soziolekte (Aspektstrukturen, Mannheim; Gruppenlogiken, Halbwachs) nicht nur als Hindernis, sondern auch als Chance auffaßt: als Herausforderung an das theoretische Subjekt, über sich selbst und die es konstituierenden Sprachstrukturen hinauszugehen und reflexiv zu werden.

Reflexiv werden bedeutet hier: den eigenen Diskurs, den eigenen Soziolekt und die eigene sozio-linguistische Situation im Hinblick auf die Sprachstrukturen des anderen zum Gegenstand der Analyse zu machen. Zugleich werden die eigene Ideologie und die eigene Kultur gleichsam von außen, d.h. mit den Augen eines Fremden, betrachtet.

---

86 M. Halbwachs, *Classes sociales et morphologie*, Paris, Minuit, 1972, S. 150.

87 Ibid., S. 151.

88 K. Mannheim, *Ideologie und Utopie*, Frankfurt, Schulte-Bulmke, 1978 (6. Aufl.), S. 258.

Dadurch wird die eigene Subjektivität, die sich in einem bestimmten Diskurs und Soziolekt konstituiert hat, in Frage gestellt: Wie ist mein Diskurs als semantisch-narrative Struktur beschaffen? Von welchen Relevanzkriterien, Klassifikationen und Aktantenmodellen geht er aus? Wie unterscheidet er sich auf dieser Ebene vom Diskurs des anderen? Welche Diskurse läßt ein marxistischer, kritisch-theoretischer, kritisch-rationalistischer oder feministischer Soziolekt überhaupt zu? Welche schließt er aus und weshalb? Welche blinden Flecken entstehen durch diesen Ausschluß?

Alle diese Fragen können zum Unbehagen im eigenen Soziolekt (in den eigenen Soziolekten) führen und zu der Einsicht, daß seine *Objekte* keineswegs mit der Wirklichkeit identisch sind, sondern als nur mögliche, hypothetische *Objektkonstruktionen* aufgefaßt werden müssen. Denn Gespräche mit andersdenkenden Wissenschaftlern führen uns immer wieder eines vor Augen: In anderen theoretischen Soziolekten werden dieselben Gegenstände (aber sind es noch dieselben?) anders konstruiert. Objekte wie "politische Partei", "Institution", "Ideologie", "Kunst" und "Subjekt" nehmen von Soziolekt zu Soziolekt eine andere Definition und Struktur an.

Will man angesichts dieser befreienden Erkenntnis nicht Fromms "Furcht vor der Freiheit"[89] verfallen und sich endgültig einem ideologisch-theoretischen Soziolekt (dem Marxismus, der Systemtheorie) unterwerfen, so wird man das individualistische Postulat der *intersubjektiven Testbarkeit oder Überprüfbarkeit* von Aussagen grundsätzlich anzweifeln. Denn dieses Postulat gründet auf der idealistisch-phänomenologischen Annahme, daß alle (individuellen) Subjekte einander "irgendwie ähnlich" sind, einander verstehen können: "denn ohne die Unterstellung von Intersubjektivität käme kein Subjekt auf die Idee, einem anderen Subjekt Zeichen zu verstehen zu geben".[90]

Sobald jedoch klar wird, daß wir es nicht einfach mit vernunftbegabten Individuen oder Wissenschaftlern zu tun haben, die eine Universalsprache sprechen, sondern mit Gruppen und Soziolekten, die längst nicht alle Begriffe und Argumente gelten lassen, kommt der Gedanke auf, daß Intersubjektivität als interindividuelle Prüfung von Aussagen nur innerhalb einer Gruppe (eines Soziolekts) gelten kann.

---

89 Vgl. E. Fromm, *Die Furcht vor der Freiheit*, München, DTV, 2000 (8. Aufl.), Kap. V.

90 R. Kurt, *Subjektivität und Intersubjektivität. Kritik der konstruktivistischen Vernunft*, Frankfurt-New York, Campus, 1995, S. 173.

Dieser Gedanke wird kaum jemals explizit vorgebracht; er wird in zahlreichen sozialwissenschaftlichen Arbeiten stillschweigend übergangen. So beginnt beispielsweise Ronald Kurt seine Abhandlung über *Subjektivität und Intersubjektivität* mit den folgenden drei Sätzen: "Soziologie hat es mit sozialem Handeln zu tun. Und soziales Handeln ist an Sinn synthetisierende Subjektivität gebunden. So gesehen ist Soziologie ohne Subjekt sinnlos."[91] Nun, im Soziolekt der von Alfred Schütz begründeten phänomenologischen Soziologie, auf die sich Kurt beruft, mag das so sein. In der Systemtheorie Luhmanns und seiner Schüler verhält es sich (vgl. IV, 3) gerade umgekehrt: Dort hat es Soziologie *nicht* mit sozialem Handeln von Subjekten zu tun, dort ist eine Soziologie *mit* Subjekt sinnlos. Kurzum: Aussagen, die im Soziolekt *A* mit intersubjektiver Bestätigung rechnen dürfen, werden im Soziolekt *B* als unsinnig (metaphysisch, irrational, alteuropäisch, absurd) verabschiedet.

Wenn es tatsächlich zutrifft, daß Intersubjektivität als Kriterium für die Richtigkeit von Aussagen *in der wissenschaftlichen Praxis* nur innerhalb eines Soziolekts gilt, so ist sie zwar ein durchaus brauchbares, aber doch sehr begrenztes kritisches Verfahren. Denn im Extremfall bestätigt sie lediglich eine kollektive Doxa. Mit ihr wird sich das dialogische Subjekt aber nicht begnügen wollen: Wie das Subjekt der Lebenspraxis, das sich zwischen den Ideologien und Sprachen bewegt, um nicht von einer von ihnen vereinnahmt zu werden, bewegt sich das theoretische Subjekt zwischen den wissenschaftlichen Soziolekten und verschafft sich dadurch reflexiv eine (stets partielle) Übersicht über die *sozio-linguistische Situation* seiner Zeit und die Artikulationsmöglichkeiten, die sie Theoretikern bietet.

Eine dieser Möglichkeiten ist zugleich eine Ergänzung und ein Korrektiv der individualistischen Intersubjektivität: *die Interdiskursivität* als interkollektive Überprüfung von Aussagen, Definitionen und Objektkonstruktionen. Dieser Übergang von der interindividuellen Testbarkeit innerhalb einer Gruppe zur Frage nach der interkollektiven oder interdiskursiven Testbarkeit ist daher alles andere als "kollektivistisch": Als autonome Instanz reflektiert das Einzelsubjekt nicht nur den Stellenwert des eigenen Soziolekts in einer besonderen sozio-linguistischen Situation, sondern auch den der anderen Soziolekte, zu denen es Kontakt aufnimmt. Dies ist der Grund, weshalb z.B. im vierten Kapitel eine Auseinandersetzung mit Luhmanns Sy-

---

91 Ibid., S. 5.

stemtheorie erfolgte: Es ging darum, ihre Position und Funktion in einer nachmodernen sprachlichen Situation näher zu bestimmen.

Diese Position des reflektierenden, dialogischen Theoretikers ist keineswegs "freischwebend"[92] im Sinne von Mannheim, denn dieser Theoretiker sieht im Prinzip keinen Grund, seine politischen und theoretischen Wertsetzungen zu relativieren oder gar aufzugeben. Aber sie ist – wie die Stellung des "praktischen" Subjekts – zwischen Indifferenz und Ideologie darstellbar. Die Auseinandersetzung mit der Indifferenz des Marktes, die alle ideologischen und theoretischen Positionen als austauschbar erscheinen läßt[93], nimmt der Theoretiker zum Anlaß, um alle, auch die eigenen kulturellen und ideologischen Wertsetzungen als kontingente Erscheinungen aufzufassen, und vor allem um ihre Auswirkungen auf die eigene Diskurskonstruktion distanziert zu betrachten.

Er fragt beispielsweise mit Luhmann, was er sich auf der Ebene des zweiten Beobachters entgehen läßt, wenn er die Welt aus der Sicht des Subjekts und nicht des Systems konstruiert.[94] Er fragt nach der eigenen Dialogfähigkeit und nach der Dialogfähigkeit des anderen, die nicht nur von dessen gutem Willen, sondern vor allem von der Struktur seines Diskurses abhängt. Ist dieser Diskurs dualistisch im Sinne der Ideologie strukturiert (vgl. I, 1, d), dann ist ein fruchtbarer Dialog nur schwer in die Wege zu leiten, weil das Bewußtsein der Ambivalenz und die Selbstironie fehlen. Das bedeutet: Die Perspektive der Indifferenz gestattet es ihm, reflexiv-relativierend *Distanz* zum eigenen theoretischen Vorhaben und zu den Vorhaben anderer zu gewinnen.

Diese marktorientierte Distanzierung würde jedoch in sterilen Relativismus münden, wenn sie nicht jederzeit an das ideologische *Engagement* gekoppelt wäre. Dazu schreibt Norbert Elias, von dem

---

92 Zur Kritik an K. Mannheims Begriff der "freischwebenden Intellektuellen" vgl. Vf., *Ideologie und Theorie. Eine Diskurskritik*, Tübingen-Basel, Francke, 1989, Kap. III, 2.

93 Zur Indifferenz als Austauschbarkeit aller theoretischen Positionen in der Literaturwissenschaft vgl. S. Fish, *Is There a Text in This Class? The Authority of Interpretive Communities*, Cambridge (Mass.)-London, Harvard Univ. Press, 1982 (2. Aufl.), S. 14-16. Zur Kritik an Fish vgl. Vf., *The Philosophy of Modern Literary Theory*, London, Athlone, 1999, Kap. IX.

94 Vgl. N. Luhmann, *Die Wissenschaft der Gesellschaft*, Frankfurt, Suhrkamp, 1990, S. 76, wo behauptet wird, "daß alles Beobachten durch einen Beobachter, also ein System durchgeführt werden muß und deshalb beobachtbar ist". Wer aber beobachtet die Systemtheorie und ihre blinden Flecken?

die Begriffe "Engagement" und "Distanzierung" stammen: "Das Problem, vor dem Menschenwissenschaftler stehen, läßt sich also nicht einfach dadurch lösen, daß sie ihre Funktion als Gruppenmitglieder zugunsten ihrer Forscherfunktion aufgeben. Sie können nicht aufhören, an den sozialen und politischen Angelegenheiten ihrer Gruppen und ihrer Zeit teilzunehmen, können nicht vermeiden, von ihnen betroffen zu werden. Ihre eigene Teilnahme, ihr Engagement ist überdies eine der Voraussetzungen für ihr Verständnis der Probleme, die sie als Wissenschaftler zu lösen haben."[95] *Credo ut intelligam*: Ohne konservatives, individualistisches, ökologisches, feministisches oder marxistisches Engagement wäre Wissenschaft nur ein eitles Spiel mit Worthülsen.

Wofür engagiert sich aber der dialogische Theoretiker? Für die dialogische Überwindung der eigenen und der fremden Partikularität und für eine gemeinsame Wahrheitssuche, die über die verschiedenen partikularen Positionen hinausgeht. In einer Diskussion über die Dialogische Theorie, die in *Ethik und Sozialwissenschaften* (4, 1999) abgedruckt wurde, sorgte die dialektische Verknüpfung von Partikularität und Universalität immer wieder für Mißverständnisse: Die Dialogische Theorie wurde bald als ein postmodernes Plädoyer für radikale Partikularisierung, bald als Versuch einer universalistischen Vereinnahmung mißverstanden (vgl. V, 2, d). Sie ist weder das eine noch das andere, sondern ein Entwurf, *der besondere theoretische Positionen aufeinander beziehen will, damit sie im Dialog neue Erkenntnisse zeitigen, die verallgemeinerungsfähig und daher jenseits der partikularen Standpunkte sind.*

Anders ausgedrückt: Es geht darum, die Vielstimmigkeit (Bachtin) der *realen Sprechsituation*, der sozio-linguistischen Situation, für den theoretischen Dialog zu nutzen und zu zeigen, daß es fruchtbaren *Konsens* nur im *Dissens* geben kann. Es soll gezeigt werden, daß der Konsens, der während der Auseinandersetzung mit einer fremden Position (einem fremden Soziolekt) zustande kommt, mehr Erkenntniswert hat als der intersubjektive Konsens innerhalb eines Soziolekts, weil er vom Dissens begleitet und korrigiert wird.

---

95 N. Elias, *Engagement und Distanzierung*, op. cit., S. 30.

(c) Interdiskursive Theoreme: Konsens im Dissens

Habermas' Modell der *idealen Sprechsituation* hat man nicht zu Unrecht als "konsensorientiert" bezeichnet, Lyotards Modell des Widerstreits hingegen als "dissensorientiert".[96] Das dialogische Subjekt, das sich weder dem Zerfall durch Partikularisierung preisgeben noch einem abstrakten Universalismus unterwerfen will, optiert für eine Dialektik von Konsens und Dissens. Der stets gegenwärtige Dissens meines Gesprächspartners erhält meine reflexive Distanz zum eigenen Soziolekt und sorgt dafür, daß mein Diskurs nicht im Dogma erstarrt.

Die Idee, daß sich das Subjekt der Dialogischen Theorie von der kantianischen Suche nach einer transzendentalen Letztbegründung der Erkenntnis, an der Apel und Habermas noch festhalten[97], verabschieden sollte, um sie durch die Heuristik der *kritischen Überprüfung* zu ersetzen, stammt aus dem Kritischen Rationalismus. Von ihm sagt Hans Albert: "In ihm wird das durch Aristoteles formulierte Erkenntnisideal und damit die Suche nach einem absolut sicheren Fundament der Erkenntnis aufgegeben und durch einen konsequenten Fallibilismus ersetzt, sowie durch einen methodischen Rationalismus, in dem an die Stelle der Begründungsforderung die Idee der kritischen Prüfung tritt."[98]

Die Frage, die von hier zur Dialogischen Theorie führt, lautet: Wer prüft? Die Antwort: kompetente Theoretiker, kompetente Wissenschaftler, befriedigt deshalb nicht, weil Sozialwissenschaft, wie sich gezeigt hat, heterogen ist und immer heterogener wird. Eine soziologische Hypothese, die von den Anhängern Alain Touraines als "brauchbar" oder "überprüfbar" akzeptiert wird, wird von Anhängern der Luhmannschen Systemtheorie womöglich als sinnlos verabschiedet, weil sie die Vokabel "Subjekt" enthält. Psychoanalytiker mögen sich noch so anstrengen, um ihren Hypothesen einen falsifizierbaren Charakter zu geben, und z.B. formulieren: Es gibt keine Sozialisation ohne Verdrängung.[99] Kritische Rationalisten werden

---

96 Vgl. z.B. M. Frank, *Die Grenzen der Verständigung*, op. cit., S. 10.

97 Vgl. K.-O. Apel, *Transformation der Philosophie*, Bd. 2, *Das Apriori der Kommunikationsgemeinschaft*, op. cit., S. 429. Und: J. Habermas, *Erläuterungen zur Diskursethik*, op. cit., S. 163.

98 H. Albert, *Die Wissenschaft und die Fehlbarkeit der Vernunft*, Tübingen, Mohr-Siebeck, 1982, S. 48.

99 Dieser Beispielsatz wird in Anlehnung an K. R. Poppers *Logik der Forschung*, Tübingen, Mohr-Siebeck, 1973 (5. Aufl.), S. 52-55 formuliert.

diese Hypothese dennoch nicht akzeptieren, weil sie den Begriff des Unbewußten ablehnen, der dem Wort "Verdrängung" innewohnt. Das heißt: Bestimmte Aussagen aus dem Soziolekt *A* werden in den Soziolekten *B*, *C* oder *D* nicht nur aus formalen, sondern auch (und vor allem) aus lexikalischen und semantischen, letztlich aus ideologischen Gründen abgelehnt.

Dieses bisher kaum beachtete Problem gehört, wie sich gezeigt hat, zum Kernbereich der Dialogischen Theorie. Diese Theorie geht von dem Gedanken aus, daß intersubjektive Überprüfung von Hypothesen innerhalb einer Wissenschaftlergruppe durchaus nützlich sein mag, jedoch keine Kritik im ideologiekritischen Sinne beinhaltet. Deshalb geht sie der Frage nach, ob und wie Überprüfung von Aussagen zwischen heterogenen Theorien und ihren Soziolekten als Wertsystemen möglich sei.

Diese Frage geht nicht nur auf die Auseinandersetzung mit dem Kritischen Rationalismus, mit Lyotard und Habermas, sondern auch auf Erfahrungen mit Diskussionen zwischen heterogenen Theorien aus der Vergangenheit zurück. Zu diesen Diskussionen gehört der Streit zwischen russischen Formalisten und Marxisten, der stark politisiert war und schließlich zum Verstummen der Formalisten im Totalitarismus führte. Er läßt aber erkennen, daß die kreative Freiheit des theoretischen Subjekts zwischen den Fronten zu suchen ist und nicht *entweder* im Marxismus *oder* im Formalismus. Denn die Formalisten fragten nach dem *Wie* des literarischen Textes, nach seinen Verfahren, Techniken und Stilmitteln, während die Marxisten hartnäckig die genetische Frage aufwarfen, *warum* ein Text in einer bestimmten soziohistorischen Situation entsteht. Noch während der Kontroversen, die in den Jahren nach der Revolution von 1917 stattfanden, vor allem aber in den westeuropäischen Diskussionen der 70er und 80er Jahre[100] wurde deutlich, daß die Frage nach dem *Wie* und die Frage nach dem *Warum* zusammengehören, obwohl sie aus politisch und ästhetisch heterogenen Theorien hervorgegangen sind.[101]

Die Soziosemiotik, die Textsoziologie, die kritische Narrativik fragen nun nach dem *Warum* des *Wie*: Weshalb ist eine bestimmte

[100] Vgl. z.B. H. Günther (Hrsg.), *Marxismus und Formalismus. Dokumente einer literaturtheoretischen Kontroverse*, Frankfurt-Berlin-Wien, Ullstein, 1976. Und: T. Benett, *Formalism and Marxism*, London, Methuen, 1979, Routledge, 1989.

[101] Zum hegelianischen Ursprung der marxistischen Ästhetik und zum kantianischen Kontext des russischen Formalismus vgl. Vf., *Literarische Ästhetik*, op. cit., Kap. II.

Schreibweise in einer besonderen gesellschaftlichen und sprachlichen Situation entstanden? Diese synthetisierende Fragestellung hätte nicht aus dem formalistischen *oder* aus dem marxistischen Diskurs hervorgehen können. Sie ist das Produkt einer Kollision zwischen heterogenen theoretischen Sprachen; sie hat *interdiskursiven* Charakter.

Im Anschluß an die Erfahrungen mit der Formalismus-Marxismus-Kontroverse drängt sich die Frage auf, welche theoretischen Aussagen zwischen Wissenschaftlergruppen, d.h. interdiskursiv, akzeptiert werden, welche auf Ablehnung stoßen und weshalb. Dabei wird eine Dialektik von Konsens und Dissens erkennbar: Da sich heterogene Soziolekte als sekundäre modellierende Systeme im primären System der Sprache auf lexikalischer und semantischer Ebene überschneiden, ermöglichen sie prinzipiell nicht nur Verständigung, sondern auch einen partiellen Konsens (vgl. unten). Sobald aber Aussagen vorgebracht werden, die für das lexikalische Repertoire und die Semantik des fremden Soziolekts charakteristisch sind, setzt im eigenen Soziolekt der Dissens ein: Auf die Frage, ob ihre Aussagen "falsifizierbar" seien, lassen sich Marxisten, Feministinnen und Psychoanalytiker nur ungern ein; kritische Rationalisten hingegen werden Begriffe wie "Mehrwert", "Androgynie" oder "Phallogozentrismus" nicht goutieren, weil es sich nicht um Begriffe (wie "vertikal" oder "horizontal") handelt, sondern um Wort-Werte, die für bestimmte Soziolekte und deren Interessen und Intentionen spezifisch sind.

Jeder theoretische Dialog stellt daher tendenziell die Subjektivität des anderen und meine eigene in Frage. Wenn etwa behauptet wird, "Androgynie" oder "Phallogozentrismus" sei metaphysischer Unsinn, dann soll möglicherweise die gesamte Geschlechterforschung als sinnlos verabschiedet werden. In solchen Fällen bleibt nichts anderes übrig, als mit Hilfe des eigenen Soziolekts und seines Vokabulars eben diesen Soziolekt und die eigene Subjektivität zu verteidigen. Dazu bemerkt Thomas S. Kuhn: "Jede Gruppe verwendet ihr eigenes Paradigma zur Verteidigung eben dieses Paradigmas."[102] Nun ist ein naturwissenschaftliches Paradigma natürlich etwas anderes als ein sozialwissenschaftlicher Soziolekt[103]; beiden ist aber ein sprachlicher, sozialer und narzißtischer Hermetismus eigen, der Verständigung

---

102 Th. S. Kuhn, *Die Struktur wissenschaftlicher Revolutionen*, op. cit., S. 106.

103 Zur naturwissenschaftlichen Spezifizität von Paradigmen vgl. K. Bayertz, *Wissenschaftstheorie und Paradigmabegriff*, Stuttgart, Metzler, 1981, S. 110. Dort wird der Paradigmabegriff zu Recht als komplementäre Bezeichnung zu "Normalwissenschaft" aufgefaßt.

nicht gerade begünstigt, denn: "Wie die Wahl zwischen konkurrierenden politischen Institutionen erweist sich die zwischen konkurrierenden Paradigmata als eine Wahl zwischen unvereinbaren Lebensweisen der Gemeinschaft."[104]

Es fragt sich, ob Kuhn an dieser Stelle nicht allzusehr einem postmodernen Partikularismus à la Lyotard huldigt. Denn einige seiner Gedanken zum Paradigmabegriff wurden, wie sich gezeigt hat, von Halbwachs und Mannheim in ganz anderen Soziolekten und sprachlichen Situationen vorweggenommen: etwa der Gedanke, daß jedes Denksystem einer besonderen Logik folgt und diese Logik auf sich selbst und die anderen Systeme anwendet. Es handelt sich also um ein interdiskursives Theorem, welches vermuten läßt, daß es zwischen den Systemen Brücken gibt, daß sie nicht so unvereinbar sind, wie Kuhn und Lyotard meinen. Ein Dialog zwischen ihnen scheint möglich zu sein.

Ein Ergebnis dieses interkollektiven oder interdiskursiven Dialogs könnten *interdiskursive Theoreme* sein, d.h. Theoreme, die nicht nur im Soziolekt einer Wissenschaftlergruppe verankert sind, sondern in zwei oder mehreren Soziolekten Geltung beanspruchen können. Der Suche nach interdiskursiv geltenden Aussagen oder Theoremen liegt der Gedanke zugrunde, daß im wissenschaftlichen Dialog Konsens und Dissens einander dialektisch bedingen und daß ein *Konsens im Dissens* mehr wert ist und interessanter ist als ein Konsens, der im Rahmen eines homogenen Soziolekts, d.h. innerhalb einer Wissenschaftlergruppe erreicht wurde. Konkret bedeutet dies, daß Dialogische Theorie weder konsens- noch dissensorientiert ist, sondern in der Wechselbeziehung von Konsens und Dissens die Triebfeder des Erkenntnisvorgangs sieht. Auch in dieser Hinsicht entspricht sie einer dialogischen Subjektivität, die in ihrer Lebenspraxis vom Dialog mit der Alterität lebt.

Wie sehr Konsens und Dissens im interdiskursiven Dialog miteinander verquickt sind, wie sehr der Konsens als Teilkonsens in den Dissens eingebettet ist, läßt die Konstruktion des Ideologiebegriffs in der Kritischen Theorie und im Kritischen Rationalismus erkennen. In beiden Fällen wird "Ideologie" als dualistisches, monologisches Denken aufgefaßt, das sich als "Identitätsdenken" (Adorno, Horkheimer) mit der Wirklichkeit identifiziert.

---

[104] Th. S. Kuhn, *Die Struktur wissenschaftlicher Revolutionen*, op. cit., S. 106.

Dazu bemerken Ernst Topitsch und Kurt Salamun: “Im Zusammenhang mit ideologischen Denkweisen läßt sich nun immer wieder die Erfahrung machen, daß die Weltorientierung in erster Linie über ein starres bipolares, dichotomisches oder alternativistisches Deutungsschema erfolgt, das auf möglichst alle gesellschaftlichen und politischen Phänomene, auch wenn sie noch so komplex sind, angewandt wird.”[105] Viel später kritisiert Kurt Salamun das vulgärpositivistische Identitätsdenken, wenn er fragt: “In welchem Ausmaß sind im Rahmen von Ideologien Wertprämissen offen als solche deklariert und in welchem Ausmaß sind sie als gleichsam selbstverständliche Tatsachen getarnt, die scheinbar mit zwingender Notwendigkeit aus Tatsachenerkenntnissen deduzierbar sind?”[106] In dieser Passage werden implizit sowohl die Identifikationsmechanismen (Diskurs = Wirklichkeit) als auch die Neigung zum Monolog (Diskurs = Wahrheit) zur Sprache gebracht.

Die dem Kritischen Rationalismus und der Kritischen Theorie gemeinsame Definition von “Ideologie” könnte demnach lauten: *Die Ideologie ist ein dualistischer und monologischer Diskurs, der seine Wertungen nicht als kontingente Setzungen reflektiert, sondern sich mit der Wirklichkeit identifiziert und dadurch den Dialog mit anderen Diskursen unmöglich macht.* (Vgl. I, 1, d.)

Im Anschluß an eine Diskussion mit kritischen Rationalisten könnte Kritische Theorie aufmerksamer als bisher ihr Augenmerk auf die *Immunisierungsstrategien* richten (z.B. implizite Annahmen, Leerformeln, schillernde Begriffe), von denen bei Salamun im Anschluß an Popper und Albert ebenfalls die Rede ist.[107] Die soziosemiotische Frage könnte lauten, wie Immunisierungsstrategien auf sprachlicher Ebene dargestellt werden können.

Freilich sollten diese Überlegungen nicht als ein Versuch mißverstanden werden, heterogene Standpunkte auf einen Nenner zu bringen, oder Kritische Theorie und Kritischen Rationalismus drei Jahrzehnte nach dem “Positivismusstreit”[108] miteinander zu “versöhnen”. Ein solcher Versuch würde nur Verwirrung stiften und den Dialog zugrunde

---

[105] E. Topitsch, K. Salamun, *Ideologie. Herrschaft des Vor-Urteils*, Wien, Langen-Müller, 1972, S. 57.

[106] K. Salamun, *Ideologie und Aufklärung. Weltanschauungstheorie und Politik*, Wien-Köln-Graz, Böhlau, 1988, S. 105.

[107] Vgl. ibid., S. 77, 105.

[108] Vgl. Th. W. Adorno et al., *Der Positivismusstreit in der deutschen Soziologie*, Darmstadt-Neuwied, Luchterhand (1969), 1972.

richten. Denn es handelt sich um einen Konsens im Dissens, und der Dissens tritt zutage, sobald klar wird, daß innerhalb der Kritischen Theorie die Alternative zum ideologischen Dualismus *Dialektik* ist und nicht *Sprachanalyse* oder *Falsifizierbarkeit* wie im Kritischen Rationalismus.

Der Dissens bricht auch dann aus, wenn Vertreter der Kritischen Theorie die Ideologiekritik der kritischen Rationalisten gegen deren nach Wertfreiheit strebenden Diskurs richten: Tarnt das Wertfreiheitspostulat nicht bestimmte Wertsetzungen, die den Relevanzkriterien und Klassifikationen des Diskurses (des Soziolekts in dessen Gesamtheit) zugrunde liegen?

Nicht auf die Beantwortung dieser Frage kommt es hier an, sondern auf die Einsicht, daß die interdiskursive Definition der Ideologie aus einem *Konsens im Dissens* hervorgeht und sich dadurch wesentlich von Definitionen unterscheidet, die *intradiskursiv*, d.h. innerhalb einer Gruppensprache (eines "Diskurstyps"), zustande kommen. Sie hat einen ganz anderen gesellschaftlichen und sprachlichen Status.

Zwischen Konsens und Dissens bewegt sich auch das Subjekt der Dialogischen Theorie, das im eigenen Soziolekt, in der eigenen Theorie nicht aufgehen möchte. Es bewegt sich zwischen den Sprachen und den Wissenschaftlergemeinschaften. Es verhält sich häretisch zu seiner eigenen Theorie, versetzt sie mit semiotischen Elementen und richtet sie auf das kritisch-rationalistische Postulat der kritischen Prüfung aus. Zugleich hält es an den Wertsetzungen der Kritischen Theorie – vor allem an der Forderung nach einem autonomen Einzelsubjekt – fest und erwartet von seinen Gesprächspartnern, daß auch sie an ihren Wertsetzungen und theoretischen Positionen festhalten. Denn ein Dialog mit dem anderen hat nur dann einen Sinn, wenn der andere seine Alterität nicht preisgibt.

(d) Die Praxis des Dialogs: Psyche, Sprache, Politik (Metakommentare zur Diskussion)

Die Dialogische Theorie in ihrer allgemeinen Form (nicht als Entwurf einer kritisch-dialogischen Subjektivität) wurde Ende 1999 zum Gegenstand einer bewegten Diskussion in der Zeitschrift *Ethik und Sozialwissenschaften* 4, die sich als "Streitforum für Erwägungskultur" (Untertitel) versteht. Obwohl Bachtin von den meisten Teilnehmerinnen und Teilnehmern, die vorwiegend dem philosophischen und sozialwissenschaftlichen Bereich angehörten, nicht erwähnt wurde, kam es zu einer polyphonen Auseinandersetzung im Sinne des russischen Philologen.

Ihre Grundsätze hat Anton Simons besonders prägnant zusammengefaßt: "Keiner der beiden Diskussionspartner hat die Wahrheit gepachtet. Jeder Behauptung folgt eine Replik des anderen, und diese Replik ist in ihrer Gesamtheit nie absehbar. Wir können zwar versuchen, den anderen zu überzeugen, aber schon dadurch rechnen wir mit der Möglichkeit, daß er unseren Standpunkt nicht teilt."[109] Der Dialog ist offen, unabschließbar und entspricht in dieser Hinsicht der dialogischen Subjektivität, deren strukturelle Unvollständigkeit alle ihre Entwicklungs- und Wachstumsmöglichkeiten birgt.

Längst nicht alle Kritiken der Dialogischen Theorie gingen von dieser Überlegung aus: Sie reichten von der Zustimmung und dem Versuch, Dialogische Theorie praktisch anzuwenden, bis zur schroffen Ablehnung. Insgesamt zeugten sie von einer durch wissenschaftliche Arbeitsteilung, ideologische Gegensätze und Gruppeninteressen fragmentierten postmodernen Kommunikationssituation. Vor diesem Hintergrund ist es nicht verwunderlich, daß der eine schreibt, "Zimas Absicht [könne] (...) uneingeschränkt zugestimmt werden"[110], während der andere "vor betonter Fortsetzung von Aktivitäten, wie Zima sie propagiert"[111], eindringlich warnt. Nur im Kontext einer dialogisch-polemischen Pluralität ist es zu erklären, daß der eine schreiben kann: "Das *Anliegen* ist klar"[112], während ein anderer ehrlich oder in polemischer Absicht eingesteht: "Ich habe diesen Text nicht verstanden".[113]

Solche Probleme sind sicherlich nicht im Zusammenhang mit individuellen Faktoren wie "guter Wille", "Sprachbeherrschung" oder "Intelligenzquotient" zu lösen. Deshalb ist die Dialogische Theorie (soweit vorhanden) trotz ihrer ethischen Aspekte[114], deren Existenz

---

[109] A. Simons, *Het groteske van de taal. Over het werk van Michail Bachtin*, Amsterdam, SUA, 1990, S. 9.

[110] W. Neuser, "Wissenschaftliche Kommunikation und wissenschaftliche Position", in: *Ethik und Sozialwissenschaften* 4, 1999, S. 635-636.

[111] G. Endruweit, "Regeln für interdisziplinäre Forschung statt einer Theorie des Holzwegs", in: *Ethik und Sozialwissenschaften*, op. cit., S. 614.

[112] H. Bußhoff, "Dialogische Theorie: Bedingung für Erkenntnisfortschritt in den Sozialwissenschaften?", in: *Ethik und Sozialwissenschaften*, op. cit., S. 607.

[113] W. Nothdurft, "Unverständnis und Vermutung – eine trostlose Lese-Erfahrung", in: *Ethik und Sozialwissenschaften*, op. cit., S. 638.

[114] Vgl. Vf., "Idéologie, théorie et altérité: l'enjeu éthique de la critique littéraire", op. cit.

nicht geleugnet wird, keine Ethik, kein "Vorschlag zur Güte"[115] und auch keine Theorie der individuellen Kognition, sondern eine Soziosemiotik bzw. Textsoziologie[116], die sich auf die *gesellschaftlichen und sprachlichen Rahmenbedingungen* bezieht, unter denen die hier erwähnten Individualfaktoren zur Geltung kommen (oder auch nicht). Wenn jemand keinen guten Willen mitbringt (aus psychischen oder gesellschaftlich-ideologischen Gründen), so sind alle Argumente in den Wind geredet. Für ihn wurde die Dialogische Theorie nicht konzipiert, sondern für diejenigen, die sich nicht von einem Soziolekt – dem der Kritischen Theorie, des Kritischen Rationalismus, der Systemtheorie oder des Marxismus – zum Subjekt machen lassen wollen; für diejenigen, die sich von einer Überschreitung der Soziolekt-Grenzen und einer Auseinandersetzung mit dem Anderen neue Erkenntnisse versprechen. Vorausgesetzt wird also (außer einer bestimmten Kompetenz) nur das Verlangen nach Erkenntnis, das monologisch nicht zu befriedigen ist.

Freilich hat die Diskussion in *Ethik und Sozialwissenschaften* auch erkennen lassen, daß es durchaus Wissenschaftler gibt, die auf Grenzgänge oder Grenzüberschreitungen keinen Wert legen, sondern es vorziehen, in ihrer Gruppensprache zu verharren.[117] Sie gleichen den Menschen, denen Gespräche in fremden Sprachen eher unangenehm sind (aber wie lange bleiben fremde Sprachen eigentlich fremd?), und die deshalb auch kaum Interesse für wissenschaftliche Diskussionen in anderen Kulturen zeigen. Das Interesse für die andere Kultur ist oftmals dem Interesse für den anderen Soziolekt oder die andere Wissenschaft homolog.[118] Der Wunsch, den eigenen Kultur- und Sprachbereich nicht verlassen zu müssen, zeugt von einer narzißtischen Angst vor dem Fremden: In der Fremde könnten die gesell-

---

115 Vgl. F. Apel, "Dialogische Theorie und Kanalbauwesen", in: *Ethik und Sozialwissenschaften*, op. cit., S. 597.

116 Vgl. Vf., *Textsoziologie. Eine kritische Einführung*, Stuttgart, Metzler, 1980.

117 Vgl. Ph. W. Balsinger, "Dialogische Theorie? – Methodische Konzeption!", in: *Ethik und Sozialwissenschaften*, op. cit., S. 604. Dort wird indirekt der Vorschlag gemacht, die Dialogische Theorie durch P. Lorenzens Konstruktivismus zu ersetzen. Aber damit ist – aus dialogischer Sicht – nichts gewonnen.

118 Es ist beispielsweise aufschlußreich zu beobachten, daß sich deutsche, englische und französische Ideologie-Debatten kaum berühren. Vgl. z.B. O. Reboul, *Langage et idéologie*, Paris, PUF, 1980 und K.-H. Roters, *Reflexionen über Ideologie und Ideologiekritik*, Würzburg, Königshausen und Neumann, 1998: Schon die Bibliographien zeugen von zwei grundverschiedenen Kultur- und Sprachwelten.

schaftlichen und sprachlichen Grundlagen der eigenen Subjektivität in Frage gestellt werden.

Doch nicht alle Diskussionsteilnehmer waren xenophob: Viele von ihnen halfen dem Autor, aus der Dialogischen Theorie eine "Baustelle"[119] zu machen, auf der mittelfristig ein brauchbares Forum oder ein babylonischer Turm (oder ein Forum mit Turm) entstehen könnte. Dabei traten vier grundsätzliche Fragen in den Vordergrund, die hier zum Abschluß erörtert werden sollen, weil dadurch möglicherweise Fragen beantwortet werden, die während der Lektüre des vorigen Abschnitts aufgekommen sind: (a) Wie kann man *homogene* von *heterogenen* Gruppensprachen unterscheiden? (b) Wie können Theoreme eines Soziolekts in die Sprache eines "fremden" Soziolekts *übersetzt* werden? (c) Welche Rolle spielen *kollektive Interessen und Herrschaftsstrukturen* im Dialog der Wissenschaftlergruppen? (d) Unterscheidet sich die Kommunikationssituation in den *Naturwissenschaften* von der in den *Sozialwissenschaften*?

Zur ersten Frage ist folgendes zu sagen: Theorien oder Theoriekomplexe können als Soziolekte *genetisch* oder *typologisch homogen* sein: entweder weil sie einander unmittelbar *beeinflußt* haben oder weil sie als *Typen* in ähnlichen sozialen Verhältnissen entstanden sind. In diesem Sinne sind alle phänomenologischen Ansätze in Philosophie, Soziologie, Linguistik und Literaturwissenschaft verwandt, weil sie aus Husserls Phänomenologie hervorgegangen sind und einander in vielen Fällen beeinflußt haben. Die Kritische Theorie ist mit der Freudschen Psychoanalyse verwandt, weil diese auf das Denken Adornos, Horkheimers, Marcuses und Fromms nachhaltig gewirkt hat. Auf typologischer Ebene (d.h. ohne nachweisbare Einflüsse oder einen eindeutig angebbaren gemeinsamen Ursprung) ist Kritische Theorie mit Alain Touraines *sociologie de l'action* (vgl. IV, 4) verwandt, die ebenfalls gesellschaftskritisch wirken und dem individuellen Subjekt den Rücken stärken möchte. Typologisch heterogen hingegen sind Theorien, die aus grundverschiedenen Sprachen hervorgehen, sich unvereinbarer Aktantenmodelle bedienen (z.B. kollektiv vs. individuell) und gegensätzliche soziale Interessen vertreten: z.B. die Kritische Theorie und der Kritische Rationalismus, deren Einstellungen zum liberalen Gesellschaftsmodell unvereinbar sind. Dies gilt auch für Baudrillards Sozialphilosophie und Luhmanns Systemtheorie.

---

[119] Vgl. H. Nicklas, "Die Dialogische Theorie: Eine Baustelle", in: *Ethik und Sozialwissenschaften*, op. cit., S. 637.

Deshalb ist der Dialog zwischen diesen vier heterogenen Theoriekomplexen von besonderem Interesse. Er kann interdiskursive Theoreme hervorbringen: etwa den kritischen Theoretikern und kritischen Rationalisten gemeinsamen Gedanken, daß Ideologien dualistische Diskurse sind, deren Dualismus sich in Krisenzeiten verschärft; oder den Baudrillard und Luhmann gemeinsamen Gedanken, daß Systemoperationen die Stellen einnehmen, die früher Subjekte innehatten. (Daß dieser subjektnegierende Gedanke auch für die Kritische Theorie und die *sociologie de l'action* von Bedeutung ist, muß nicht eigens betont werden.)

Es ist wichtig, daran zu erinnern, daß *Ähnlichkeiten* und *Abweichungen* stets auch theoretische Konstruktionen sind: Aus der Sicht der Luhmannschen Systemtheorie könnten Kritische Theorie und Kritischer Rationalismus als subjektzentrierte Handlungstheorien erscheinen. Diese – durchaus anregende – Rekonstruktion macht die beiden Theoriekomplexe jedoch weder auf sprachlicher noch auf ideologischer Ebene homogen.[120]

Das Problem der "soziolektalen" *Übersetzung* ist deshalb so schwer zu lösen, weil ideologische und theoretische Gruppensprachen als *sekundäre modellierende Systeme* (Lotman), die aus dem *primären System* der natürlichen Sprache hervorgehen, partikulare Standpunkte und Interessen artikulieren. Dadurch unterscheiden sie sich von den natürlichen Sprachen, die als solche keine besonderen Interessen ausdrücken: Linke und rechte Gruppierungen können ihre Manifeste oder Programme relativ problemlos in alle Sprachen übersetzen; aber eine marxistische Gruppierung wird das Wort "Klasse" nicht mit dem Wort "Schicht" übersetzen wollen, das aus dem amerikanischen Funktionalismus (*stratum*, *stratification*) stammt. Hier zeigt sich, wie schnell ideologische zu theoretischen Sprachproblemen werden können. Aber diese Heterogenität, die für permanenten Dissens sorgt, ist es gerade, die den Theoretiker des Dialogs reizt, weil sie ein faszinierendes Phänomen hervorbringt: Immer wieder überschneiden sich heterogene Theorien, und an ihren Schnittpunkten werden Theoreme erkennbar, die jenseits von Gruppenkonsens und Gruppendoxa liegen. Natürlich kann es nicht darum gehen, eine allen Soziolekten gemeinsame Sprache, eine *Universalsprache* im Sinne von Neurath, zu finden.[121] Denn

---

[120] Objektkonstruktionen in der Soziologie, der Psychologie oder der Literaturwissenschaft können stark voneinander abweichen, aber sie sind selten willkürlich, sondern überschneiden sich in wesentlichen Punkten.

[121] Vgl. O. Neurath, "Universaljargon und Terminologie", in: ders., *Gesammelte*

eine solche Universalsprache würde nur die Differenzen einebnen, auf die es ankommt, und die für die *Entstehung* theoretischer Sprachen entscheidend sind: Der Psychoanalytiker will eben etwas anderes ausdrücken als der Psychologe und braucht dazu eine andere Sprache. Wollten sich empirische Psychologen und Psychoanalytiker mit der natürlichen Sprache begnügen, so wären sie nicht, was sie sind: Sie würden ihre wissenschaftliche Subjektivität aufgeben. Dennoch ist die natürliche Sprache als primäres System und allgemeinste Metasprache für die Verständigung zwischen Soziolekten wesentlich: In ihr können Probleme der Übersetzbarkeit oder Nicht-Übersetzbarkeit, der Äquivalenz oder Nicht-Äquivalenz formuliert werden. Daß es eine Äquivalenz im logisch-mathematischen Sinne weder zwischen natürlichen Sprachen noch zwischen theoretischen Soziolekten geben kann, bestätigen Textlinguistik und Übersetzungswissenschaft.[122] Aber nicht auf semantische Äquivalenz (etwa des Wortes "Ideologie" im Kritischen Rationalismus und in der Kritischen Theorie) kommt es an, sondern auf die Konsensfähigkeit und Anwendbarkeit interdiskursiver Theoreme, etwa des Satzes: "In Zeiten politischer Krise verschärft sich der Dualismus aller ideologischen Diskurse in einer Gesellschaft".

Nicht zu Unrecht erinnert Wolfgang Fritz Haug an die entscheidende Rolle von *kollektiven Interessen und Herrschaftsstrukturen* im interdiskursiven Dialog. Gegen die Dialogische Theorie wendet er ein: "Bereits in der Problemformulierung dämpft Zima die Gegensätze zu Unterschieden und die Antagonisten zu für einander Fremden herab, auch 'Heterogene' genannt."[123] Anschließend fragt er: "Aber sind die 'heterogenen' nicht oft auch *antagonistisch*, weil antagonistische gesellschaftliche Gruppen repräsentierend? Sind daher wissenschaftliche Schulen wirklich primär 'Sprachkollektive' und nicht Sachkollektive?"[124] Hier hat sich offensichtlich ein Mißverständnis eingeschlichen, dem semiotische Theorien in marxistischen Argumentationen immer wieder zum Opfer fallen: Es wird angenommen, daß sie Wirt-

---

philosophische und methodologische Schriften, Bd. II, Hrsg. R. Haller, H. Rutte, Wien, Hölder-Pichler-Tempsky, 1981, S. 906. Dort geht es um die "Schaffung eines Universaljargons".

122 Vgl. W. Dressler, "Der Beitrag der Textlinguistik zur Übersetzungswissenschaft", in: V. Kapp (Hrsg.), *Übersetzer und Dolmetscher. Theoretische Grundlagen, Ausbildung, Berufspraxis*, Heidelberg, Quelle und Meyer, 1974, S. 62: "Eine vollständige, eindeutige (...) Übersetzungsäquivalenz gibt es nicht (...)".

123 W. F. Haug, "Möglichkeiten und Grenzen interparadigmatischer Kommunikation", in: *Ethik und Sozialwissenschaften*, op. cit., S. 619.

124 Ibid., S. 619-620.

schaft und Gesellschaft durch Sprache ersetzen. Dies ist nicht der Fall: Sprachkollektive sind selbstverständlich *auch* Sachkollektive, weil sich – wie immer wieder bemerkt wurde[125] – gesellschaftliche Positionen und Interessen im lexikalischen Repertoire, in der Semantik (in Relevanzkriterien und Klassifikationen) und in den narrativen Abläufen niederschlagen. Dies hat sich nicht nur in den tragischen Auseinandersetzungen zwischen russischen Formalisten und Marxisten gezeigt (s.o.), sondern wird uns täglich in hitzigen Debatten zwischen Systemtheoretikern und Feministinnen, Marxisten und kritischen Rationalisten, diesen und Vertretern der Kritischen Theorie vor Augen geführt. Alles hängt davon ab, wie man die Objekte "Gesellschaft" oder (konkreter) "sozio-linguistische Situation" *konstruiert*. Konstruiert man sie in kommunikativer Absicht, weil man nicht monologisch dozieren, sondern etwas *erfahren* möchte, so wird man dazu neigen, die Antagonismen in Unterschiede zu verwandeln. Wer wird sich schon im Ernst vornehmen, eine anregende Diskussion mit dem Klassenfeind herbeizuführen? Eine solche Diskussion endet meistens so: "Als er geendet hatte, antwortete ihm Schmeißer, mit Lippen, die sich vor Wohlgefallen an dem, was sie sagten, kaum voneinander trennen konnten: 'Die Partei hat solche Abenteuer nicht nötig; wir kommen auf unserem eigenen Weg ans Ziel!'"[126] Haug selbst berichtet, wie Marxisten-Leninisten eine von ihm organisierte Diskussion über "interparadigmatische Kommunikation" verließen.[127] Deshalb hätte er doch bedenken sollen, daß eine auf Antagonismus ausgerichtete Gesellschafts- und Sprachkonstruktion für ideologischen Dualismus anfällig ist: Werden Systemtheoretiker oder kritische Rationalisten allzu leichtfertig zu "Apologeten kapitalistischer Interessen" gestempelt, dann ist nicht nur der Dialog zu Ende, sondern auch die Autonomie des Subjekts. Denn diese besteht in der hier wahrgenommenen Freiheit des Einzelnen, sich kritisch und selbstkritisch zwischen den Soziolekten und Gruppen zu bewegen, ohne sich im Rahmen eines neuen Dualismus einer ideologisch-theoretischen Sprachregelung unterwerfen zu müssen. Insofern ist die Dialogische Theorie nicht nur ein Diskurs der Ambivalenz, der die Wahrheit selbstironisch beim Gegner

---

125 Vgl. Vf., *Ideologie und Theorie*, op. cit., Kap. VII, wo auf S. 228 "Relevanz" und "Klassifikation" als Herrschaftsinstrumente aufgefaßt werden.

126 R. Musil, *Der Mann ohne Eigenschaften*, *Gesammelte Werke*, Bd. IV, Hamburg, Rowohlt, 1978, S. 1455.

127 W. F. Haug, "Möglichkeiten und Grenzen interparadigmatischer Kommunikation", op. cit., S. 618.

sucht, sondern auch – und vielleicht vor allem – ein Diskurs der individuellen Freiheit.

In den Sozialwissenschaften ist diese Freiheit durch das ideologische Engagement ständig gefährdet, weil Subjekte dazu neigen, sich mit bestimmten ideologisch-theoretischen Programmen zu identifizieren. Der Soziologe Johann August Schülein und der Physiker Rudolf A. Treumann, die an der Diskussion in *Ethik und Sozialwissenschaften* teilnahmen, stimmten tendenziell in der Ansicht überein, daß Naturwissenschaftler eine gemeinsame Sprache sprechen, so daß Interdiskursivität in dem hier vorgeschlagenen Sinn für sie kaum von Interesse ist. So stellt beispielsweise Schülein fest, daß Naturwissenschaftler "eine gemeinsame Sprache haben (oder leichter finden)", so daß "der Kontakt zwischen Physikern und Chemikern (...) bei weitem nicht so problembeladen [ist] wie der von Utilitaristen und Systemtheoretikern innerhalb der Soziologie (vom Kontakt zwischen Soziologen und Historikern ganz zu schweigen)".[128] Diese These wird von Treumann bestätigt: "Natürlich liegt der Vorzug der naturwissenschaftlichen Methode in der Existenz einer objektiven Sprache, die die Stichhaltigkeit wie die Güte einer Theorie zu testen ermöglicht. Diese Sprache ist die Mathematik."[129] Aufgrund dieser Sprache, die die Subjektivitäten aller Naturwissenschaftler zu vereinheitlichen scheint, ist es für das Subjekt der Naturwissenschaften nicht schwierig, seine Ansichten zu korrigieren, im Gegenteil: "Nichts fällt ihm leichter, als angesichts einer neuen Beobachtung, Erkenntnis, Theorie, seine Meinung zu ändern."[130]

Nun mag dies eine maßlose Übertreibung oder Vereinfachung sein, wenn man die von Thomas S. Kuhn aufgezeigten paradigmatischen Hürden ernst nimmt oder die empirische Forschung von Karin Knorr-Cetina einbezieht, die im naturwissenschaftlichen Bereich auf soziale und sprachliche Heterogenität schließen läßt.[131] Insgesamt wird aber deutlich, daß die sprachliche und ideologische Vielfalt, die

---

128 J. A. Schülein, "Gegenstandslogik, Theoriestruktur, Institutionalisierung. Vom Problem der Dialogfähigkeit zum Problem der Theoriebalance", in: *Ethik und Sozialwissenschaften*, op. cit., S. 651.

129 R. A. Treumann, "Verständigung und Verstehen", in: *Ethik und Sozialwissenschaften*, op. cit., S. 652.

130 Ibid.

131 Vgl. K. Knorr-Cetina, *Die Fabrikation von Erkenntnis. Zur Anthropologie der Wissenschaft*, Frankfurt, Suhrkamp, 1984, S. 271-273. Dazu das Gespräch mit K. Knorr-Cetina, "Erforschte Forschung", in: *Heureka! Das Wissenschaftsmagazin im Falter* 2, 2000, S. 5.

die Sozialwissenschaften prägt, im naturwissenschaftlichen Bereich kaum anzutreffen ist. Anders als in den Naturwissenschaften führt in den Sozialwissenschaften sprachlich-ideologisches Engagement dazu, daß neue Erkenntnisse und Theorien etablierte Subjektivitäten (sowohl kollektive als auch individuelle) in Frage stellen: Wenn ein individualistisch denkender Soziologe oder Politologe (etwa Theodor Geiger)[132] den Begriff des Kollektivbewußtseins anzweifelt, so zerstört er nicht nur die Grundlage der Durkheimschen und Mannheimschen Soziologie, sondern "bedroht" die Durkheimschen Subjektivitäten, die sich aus ideologischen Gründen von einer Stärkung der *conscience collective* eine bessere Gesellschaft versprechen. *Eine* Antwort auf diese Bedrohung ist der ideologische Monolog.

In dieser Situation bietet interdiskursiver Dialog dem Einzelsubjekt die Möglichkeit, sein eigenes Engagement kritisch zu betrachten und – ohne relativistische Gesinnung – zu seiner eigenen Ideologie auf Distanz zu gehen. Denn letztlich bewahrt nur eine Distanzierung dieser Art das Einzelsubjekt vor einer unreflektierten Unterwerfung unter einen ideologisch-theoretischen Komplex. Nur wo die Stimme des anderen noch gehört wird, besteht Hoffnung auf Selbstentfaltung.

3. Der Dialog oder Europa

Dieser Epilog, der Abschluß und Ausblick zugleich ist, soll einerseits eine Brücke von der dialogischen Subjektivität zu der sich abzeichnenden polyphonen Identität Europas schlagen, andererseits an das zweite Kapitel anknüpfen. Dort erschien Fichtes subjektiver Idealismus als ein großangelegter metaphysischer Versuch, alles Andersartige dem Einen, dem Eigenen zu subsumieren: Die romanischen Völker wurden zu latinisierten Germanen, die ihre Muttersprache verloren hatten (vgl. II, 1).

Nun mag Fichtes Philosophie nicht für die deutsche und europäische Romantik als ganze charakteristisch sein[133], denn die Roman-

[132] Vgl. Th. Geiger, *Arbeiten zur Soziologie. Methode, moderne Gesellschaft, Rechtssoziologie, Ideologiekritik*, Neuwied-Berlin, Luchterhand, 1962, S. 427.

[133] Vgl. A. v. Bormann (Hrsg.), *Volk – Nation – Europa. Zur Romantisierung und Entromantisierung politischer Begriffe*, Würzburg, Königshausen und Neumann, 1998. In diesem Band kommen die verschiedenen politischen Tendenzen der europäischen Romantik zum Ausdruck.

tik als internationale Erscheinung ist – ähnlich wie der Modernismus oder die Postmoderne – eine komplexe und z.T. widersprüchliche *Problematik* (keine Weltanschauung), in der liberale, konservative und bisweilen sogar anarchistische Tendenzen zusammenwirken. Es wird wohl nie gelingen, Shelley und Coleridge, Chateaubriand und Victor Hugo auf einen ideologischen Nenner zu bringen; dazu ist die Romantik politisch und ästhetisch zu heterogen. Dennoch kann gezeigt werden, daß es eine romantische Neigung gibt zu vereinheitlichen und das Eine und Eigentliche dem Anderen und Uneigentlichen gegenüber aufzuwerten. Im Gegensatz zum Modernismus, der die Heterogenität, die stilistische Vielfalt und die literarische Polyphonie (Bachtin) eingeführt hat, neigt der romantische Diskurs zur Homogenität, zur stilistisch-ästhetischen Einheit und zum Monolog.

Dies wird auch in Novalis' bekannter Schrift *Die Christenheit oder Europa* (1799) deutlich, wo die Reformation nicht primär als notwendige Kritik und als Bereicherung des gesellschaftlichen Lebens gesehen wird, sondern als Bedrohung des Einen, der Homogenität. Schon der erste Satz läßt die Ausrichtung auf eine vergangene Einheit erkennen: "Es waren schöne, glänzende Zeiten, wo Europa ein christliches Land war, wo Eine Christenheit diesen menschlich gestalteten Welttheil bewohnte (...)."[134] Es geht hier nicht um die Frage, ob diese Darstellung mythisch sei oder nicht, sondern um die Thematik des Einen und Unteilbaren, die einem roten Faden gleich Novalis' Text durchzieht.

Angesichts dieser monistischen Orientierung nimmt es nicht wunder, wenn der Autor schließlich lapidar feststellt: "Mit der Reformation wars um die Christenheit gethan."[135] Obwohl er der Reformation und den Protestanten wesentlich mehr Verständnis und Sympathie entgegenbringt als Fichte den "ausländischen Völkern" (den latinisierten Germanen), macht er kein Hehl aus seiner Überzeugung, daß der Verlust der Einheit mit dem Verschwinden des Ursprünglichen und Echten einhergeht. Obwohl die Protestanten wichtige Reformen einführten, gibt Novalis zu bedenken, vergaßen sie "das nothwendige Resultat ihres Prozesses, trennten das Untrennbare, theilten die untheilbare Kirche und rissen sich frevelnd aus dem allgemeinen christ-

[134] Novalis (F. von Hardenberg), "Die Christenheit oder Europa", in: ders., *Schriften*, Bd. III, Stuttgart-Berlin-Köln, Kohlhammer, 1983, S. 507.

[135] Ibid., S. 513.

lichen Verein, durch welchen und in welchem allein die ächte, dauernde Wiedergeburt möglich war".[136]

Die Ähnlichkeit der Argumentationsmuster springt ins Auge: Wie Fichte, der die Abspaltung der "latinisierten Germanen" vom ursprünglichen deutsch-germanischen Stamm bedauert, empfindet Novalis die protestantische Abspaltung als "Frevel", nicht als Aufforderung zur Erneuerung oder zum Dialog. Im folgenden soll – wenn auch nur skizzenhaft – ein Europa der Zukunft entworfen werden, das sich nicht an einer vergangenen Homogenität orientiert, sondern versucht, auf sprachlicher, sozialer und politischer Ebene eine polyphone Einheit zu verwirklichen. Diese Einheit könnte zur Grundlage einer dialogischen Identität der Einzelsubjekte werden: nicht nur in Europa, sondern auch in anderen mehrsprachigen Regionen dieser Welt.

(a) Sprache und Subjektivität

Die Argumentation des ersten und zweiten Abschnitts wird hier mit der These fortgesetzt, daß kontinuierliche Auseinandersetzung mit dem Anderen zur Entfaltung der eigenen Subjektivität beitragen kann. Die Dialogische Theorie geht von der Überlegung aus, daß die Überprüfung von Hypothesen nicht nur im Rahmen des eigenen Soziolekts, sondern zwischen heterogenen Sprachen erfolgen sollte. Was für die dialogische Wechselbeziehung zwischen den Soziolekten als *sekundären modellierenden Systemen* gilt, gilt auch für das Mit- und Gegeneinander der *primären Systeme* der natürlichen Sprachen.

Das Einzelsubjekt steht – vor allem im heutigen Europa, in der Europäischen Union – zwischen den Sprachen und hat jederzeit die Möglichkeit, eine neue, noch fremde Sprache zu erlernen, in ein neues Kulturgelände einzudringen, von dessen Anhöhen aus die Welt oftmals ganz anders aussieht als im Kontext der vertrauten Kultur. Wer nicht zusammen mit einer Zeitung eine vorgefaßte Meinung abonnieren will, wer sich nicht den vom Markt immer wieder gleichgeschalteten medialen Meinungen unterwerfen will, der wird in anderen Sprachen nach Alternativen suchen. Er wird feststellen, daß z.B. der kroatische *Vjesnik* und die serbische *Politika* (beide sehr reich an richtigen und fragwürdigen Informationen) über die Ereignisse auf der Balkanhalbinsel ganz anders berichten als die deutsche, britische oder französische Presse. Er wird jenseits der mazedonischen Grenze beob-

[136] Ibid., S. 511.

achten können, wie sich *Ta Nea* und *To Vima* seit Jahrzehnten Wortschlachten um den richtigen Weg für Griechenland liefern und dabei ganz neue (mitunter auch absurde) Perspektiven für den Balkan eröffnen. Inmitten einer solchen sprachlich-politischen Vielfalt wird eine eigene Meinungsbildung zum Stichwort "Balkan" möglich, die nicht länger von den Stereotypen deutscher oder französischer Presseagenturen oder gar der Schwarz-Weiß-Malerei englischer *tabloids* gegängelt wird. Ähnlich wie die Bewegung zwischen Soziolekten kann das polyphone Oszillieren zwischen natürlichen Sprachen den Denk- und Handlungsspielraum des Subjekts erweitern.

Daß Mehrsprachigkeit keine abstrakte Utopie, sondern in Europa beheimatet ist, zeigt Michail M. Bachtin in seinen Kommentaren zur römischen Antike: "Für den Beginn der römischen Literatur ist die Dreisprachigkeit bezeichnend. 'Drei Seelen' lebten in der Brust des Ennius; aber drei Seelen – drei Sprach-Kulturen – lebten in der Brust fast aller Urheber des römischen literarischen Wortes, aller dieser Übersetzer und zugleich Stilisierer, die aus Unteritalien, wo sich die Grenzen von drei Sprachen und Kulturen – der griechischen, oskischen und römischen – überschnitten, nach Rom gekommen waren."[137]

Dieses altrömische Niveau der Dreisprachigkeit unterschreitet Jürgen Habermas eindeutig, wenn er den Europäern schlicht-universalistisch das Englische verordnet: "Auch das Erfordernis einer gemeinsamen Sprache – Englisch als second first language – dürfte, beim gegenwärtigen Stand der formalen Schulbildung, kein unüberwindliches Hindernis bilden."[138] Dagegen wendet Konrad Schröder zu Recht ein, daß ein "Leitsprachenmodell", welches das Englische (das *international English*, versteht sich) zum "einzige(n) supranationale(n) Kommunikationsmittel in der EU"[139] erhebt, die anderen europäischen Sprachen "auf das Niveau von Regionalsprachen und Patois"[140] hinabdrückt. Dies könnte Verbitterung, nationalistische Reaktionen und sogar Sprachverlust zur Folge haben. Er selbst schlägt in Übereinstimmung mit dem von Bachtin beschriebenen antiken Modell eine europäische Dreisprachigkeit vor und betont die Notwendig-

---

137 M. M. Bachtin, *Die Ästhetik des Wortes*, op. cit., S. 320.

138 J. Habermas, *Die Einbeziehung des Anderen. Studien zur politischen Theorie*, Frankfurt, Suhrkamp, 1997 (2. Aufl.), S. 191.

139 K. Schröder, "Dreisprachigkeit der Unionsbürger – Ein europäischer Traum?", in: *Zeitschrift für Anglistik und Amerikanistik* 2, 1999, S. 156.

140 Ibid.

keit, die Sprache des Nachbarn zu lernen: "Daher muß die sprachliche und kulturelle Ausbildung der Unionsbürger nach der Formel *Regionalsprache/Nationalsprache*, *Nachbarsprache* (*im weiten Sinne*), *internationale Sprache* erfolgen."[141] Diese Einschätzung bestätigt Thierry Fontenelle mit der lapidaren Feststellung: "Multilingualism is a key element of the European building."[142]

Mehrsprachigkeit war auch integraler Bestandteil des mittelalterlichen Europas, dessen feudale Familien und *clans* sogar sechs oder sieben verschiedene Sprachen verwendeten. Natürlich wurde dieser polyglotte Zustand mitunter auch als babylonische Sprachverwirrung dargestellt, und Jacques Le Goff erzählt, wie die mittelalterlichen Gelehrten versuchten, das Gespenst von Babel mit Hilfe des Lateinischen zu bannen. "Aber welches Latein?" fragt er und antwortet: "Ein künstliches Latein, von dem sich seine eigentlichen Erben, die 'Vulgärsprachen', ablösten (...)."[143] Diese erstarkenden Erben bildeten die eigentliche sprachliche Situation im damaligen Europa, weil sie den Alltag beherrschten: "Die lebendige Wirklichkeit des mittelalterlichen Abendlandes ist der Siegeszug der Vulgärsprachen, die wachsende Vielfalt der Dolmetscher, der Übersetzungen, der Wörterbücher."[144]

Diese Vielfalt, die an die Situation der Europäischen Union erinnert, wird um 1030 vom ungarischen König Stefan I gefeiert: "Die Gäste, die aus verschiedenen Ländern kommen, bringen verschiedene Sprachen, Sitten, Instrumente und Waffen mit, und diese große Vielfalt ist eine Zierde für das Königreich, für den Hof ein Schmuck und für die äußeren Feinde Gegenstand des Schreckens. Denn ein Königreich, das nur über eine Sprache und ein Brauchtum verfügt, ist schwach und zerbrechlich."[145] Le Goff hätte hinzufügen können, daß auch die Subjekte eines solchen Königreichs "schwach und zerbrechlich" sind, weil sie sich von einer Sprache und einer Kultur unterwerfen lassen und keine Alternativen wahrnehmen.

Aus dieser Sicht erscheint die Europäische Union, in der "alle Amtssprachen (...) prinzipiell auch Arbeitssprachen"[146] sind, als ein

141 Ibid., S. 159.

142 T. Fontenelle, "English and Multilingualism in the European Union", in: *Zeitschrift für Anglistik und Amerikanistik* 2, 1999, S. 123.

143 J. Le Goff, *La Civilisation de l'Occident médiéval*, Paris, Flammarion, 1982, S. 254-255.

144 Ibid., S. 255.

145 Ibid., S. 256-257

146 K. Schröder, "Dreisprachigkeit der Unionsbürger – Ein europäischer Traum?", op. cit., S. 155.

zugleich kulturkritisches und ideologiekritisches Projekt, das durch seine Polyphonie individuelle Subjekte in die Lage versetzt, Kulturen, Sprachen und Ideologien gleichsam *von außen* zu betrachten und ihres Absolutheitsanspruchs zu entledigen. Wer im Krieg den Londoner oder Moskauer Sender hörte, war nicht restlos der nationalsozialistischen Propaganda ausgeliefert. Wer sich heute auf die Literaturen und Medien anderer Sprach- und Kulturbereiche stützen kann, kann aus dem Gehäuse einer nationalistischen Ideologie, aus dem Informationsnetz eines Medienmagnats leichter ausbrechen als jemand, der, nur einer Sprache mächtig, dem Monolog zum Opfer fällt.

Hier tritt nochmals die ambivalente Beziehung zwischen individueller Autonomie und Dialogizität zutage: Der Dialog mit dem kulturell, wissenschaftlich, ideologisch Fremden kann verunsichern und irreleiten; er kann aber auch Subjektivität stärken: sie zu Kritik und Selbstkritik befähigen. Eines der größten Probleme der europäischen Integration ist aus dieser Ambivalenz ableitbar: Für viele ist die kulturelle und sprachliche Polyphonie Europas eine Chance, die sie nutzen werden; für andere ist sie ein Risiko, dem sie nicht gewachsen sind. Sowohl die europäischen Nationalregierungen als auch die übernationalen Institutionen Europas tragen deshalb eine große Verantwortung für mehrsprachige Ausbildung an Schulen und Universitäten, für die Einrichtung neuer europäischer Schulen und Hochschulen vor allem in Grenzgebieten.[147] Denn individuelle Subjektivität ist, wie Castoriadis richtig gesehen hat[148], auch institutionsabhängig.

Wie sehr europäische Integration auf individuelle Identitätsbildung einwirken und Subjektivität stärken kann, stellt Dragan Sorić im Zusammenhang mit der Interaktionssoziologie George Herbert Meads sehr anschaulich dar. Der "verallgemeinerte andere" ("generalized other") im Sinne von Mead (und Adam Smith) erstreckt sich über die nationalen Grenzen hinweg und wirkt auf interkultureller Ebene auf die Subjektkonstitution ein: "Der Rahmen für den sog. 'generalized other' erweiterte sich über die bisherigen nationalen Grenzen hinaus auf weite Teile Europas und wurde so zur Grundlage der Identitätserweiterung."[149] Wichtiger noch, der andere muß nicht als

[147] Die von Schröder vorgeschlagene Dreisprachigkeit sollte durch einen konsequenten Aufbau europäischer Schulen in allen Grenzregionen gefördert werden.

[148] Vgl. C. Castoriadis, *L'Institution imaginaire de la société*, op. cit., Kap. VI: "L'Institution social-historique: l'individu et la chose".

[149] D. Sorić, *Die Genese einer europäischen Identität. George Herbert Meads Identitätskonzeption dargestellt am Beispiel des europäischen Einigungs-*

ein Fremder erscheinen, er kann auch als der europäische Verwandte wiedererkannt werden: "Im Bewußtsein eines jeden Europäers wurde deutlich, daß die jeweils andere Identitätsgemeinschaft viele Gemeinsamkeiten mit der eigenen hat."[150] Europäische Identitätsbildung gipfelt immer wieder in der Erkenntnis, daß das Fremde doch recht nah ist, weil Europa schon immer eine vielstimmige Einheit war.[151]

(b) Bewegung und Historizität

Die hier skizzierte polyphone Einheit Europas kann jedoch nicht die einzige Grundlage einer neuen individuellen Subjektivität sein. Diese ist zugleich auf die *sozialen Bewegungen* im Sinne von Alain Touraine angewiesen (vgl. IV, 4), die ein Europa anvisieren, das nicht im gemeinsamen Markt aufgeht. Den Frauenbewegungen, den Grünen, den Arbeiter- und Arbeitslosenbewegungen geht es nicht um die Vollendung des europäischen Marktes (dessen Bedeutung hier nicht angezweifelt wird), sondern um eine neue Subjektivität, die gegen die Verdinglichung durch Marktgesetze und Staatsapparate aufbegehrt. Das Hauptanliegen dieser Bewegungen ist es, Gruppen, die bisher nur Objekte der Verwaltung waren, in Akteure zu verwandeln, die selbstbewußt in Wirtschaftsgeschehen, Politik und Verwaltung eingreifen.

Komplementär zu Touraines Theorie des Akteurs und der neuen sozialen Bewegungen spricht sich Pierre Bourdieu für eine Arbeiterbewegung auf europäischer Ebene aus, welche die wirtschaftlichen und finanziellen Integrationsprozesse nicht behindert, sondern ergänzt und stabilisiert. Obwohl er ein wenig übertreibt, hat Bourdieu nicht ganz unrecht, wenn er zu bedenken gibt, daß die Vertreter des Neoliberalismus nicht so sehr einen europäischen Bundesstaat vor Augen haben, sondern den wirtschaftlichen Vorteil: "Nur ein europäischer Sozialstaat (Etat social européen) wäre in der Lage, der *zersetzenden* Wirkung der Geldwirtschaft zu begegnen. Aber Herr Tietmeyer und die Neoliberalen wünschen sich weder Nationalstaaten, die in ihren

prozesses, Marburg, Tectum Verlag, 1996, S. 107.

150 Ibid.

151 Der istrisch-kroatische Autor Milan Rakovac stellt das mehrsprachige (italienisch-kroatisch-slowenische) Istrien als mögliches Modell eines polyphonen Europas dar: M. Rakovac, "Mens sana in utopia histriana", in: *Vjesnik*, 27. 5. 2000, S. 4. Zum mehrsprachigen Werk dieses Autors und zur Mehrsprachigkeit auf der Halbinsel Istrien vgl. J. Strutz, P. V. Zima, "Kulturelle Vielstimmigkeit: Istrien als Metapher", in: *Arcadia* 1-2, 1996.

Augen lediglich das freie Funktionieren der Wirtschaft behindern, noch den übernationalen Staat, den sie in eine Bank verwandeln möchten."[152] Ihnen schwebt möglicherweise Luhmanns Weltgesellschaft als Weltwirtschaft vor. Zu Recht plädiert Bourdieu daher für einen "europäischen Staat"[153], der die Europäische Zentralbank kontrolliert. Zugleich fordert er die Mitglieder des Deutschen Gewerkschaftsbundes auf, gemeinsam mit anderen europäischen Gewerkschaften eine übernationale Arbeiterbewegung zu bilden, die die Arbeitnehmer Europas u.a. gegen das grenzüberschreitende *soziale Dumping*[154] schützen könnte.

Eine europäische Gewerkschaft hätte allerdings nicht nur Schutzfunktionen zu erfüllen, sondern sollte in den Bereich der *Historizität* im Sinne von Touraine eingreifen: Parallel zu den Wirtschaftsunternehmen, die bisher die treibenden Kräfte im europäischen Integrationsprozeß waren, sollte sie zur Entwicklung eines sozialen und politischen Europas beitragen, das den multinationalen Konzernen weltweit die Stirn bieten könnte und seine Wirtschaft unter Kontrolle hätte, statt von ihr beherrscht zu werden. Dazu ist ein neues Bewußtsein von Arbeitnehmern und Arbeitslosen vonnöten, das nicht nur defensiv auf Erhaltung von Arbeitsplätzen, sondern offensiv auf Strukturveränderung ausgerichtet sein sollte.

Mit Strukturveränderung ist weder ein mythischer noch ein real gescheiterter Sozialismus gemeint, sondern eine neue Subjektivität der Arbeitnehmer, die im Hinblick auf ein soziales Europa auch das Potential der *Selbstverwaltung* ausschöpfen sollten. Die Debatten über alternative Formen des Wirtschaftens, die in der Vergangenheit sporadisch geführt wurden, sind noch lange nicht abgeschlossen. Sie ergänzen und konkretisieren in vieler Hinsicht Alain Touraines und Blaise Olliviers Untersuchungen über die Entstehung neuer individueller und kollektiver Subjektivitäten in Wirtschaft und Gesellschaft.[155]

Wie wichtig Subjektivität in der Entwicklung alternativer Betriebe ist, lassen die Kommentare von Lore Voigt-Weber erkennen: "Ihr *politisches* Ziel sehen alternative Betriebe primär darin, sich nicht abzuschotten oder ausgrenzen zu lassen, sondern aktiv in die Gesell-

---

152 P. Bourdieu, *Contre-feux. Propos pour servir à la résistance contre l'invasion néo-libérale*, Paris, Raisons d'agir, 1998, S. 68.

153 Ibid.

154 Ibid., S. 70.

155 Vgl. B. Ollivier, *L'Acteur et le sujet. Vers un nouvel acteur économique*, Paris, Desclée de Brouwer, 1995.

schaft hineinzuwirken, praktische Kritik durch die Erprobung alternativer Arbeits- und Lebenszusammenhänge zu üben. Dies wird verstanden als neuer Inhalt von Politik, als Resultat historischer wie auch eigener Erfahrungen mit dem Scheitern traditioneller 'linker' Politikformen, die in erster Linie auf die revolutionäre Rolle des Proletariats und Betriebsarbeit ausgerichtet sind."[156] Und Voigt-Weber beruft sich auf W. Kraushaar, der – parallel zu Touraine und Ollivier – den subjektiven Faktor des neuen Wirtschaftens hervorhebt: "Anstelle eines gezielten Angriffs auf die Strukturen des kapitalistischen Systems tritt nun mit dem Aufbau eines alternativen ökonomischen Systems die Entfaltung der Subjekte (...) in den Mittelpunkt der Auseinandersetzungen."[157] Wichtig wäre, daß diese Entfaltung der Subjektivität nicht auf lokale Experimente beschränkt bleibt, sondern von einer europäischen Arbeiterbewegung auf der Ebene der Historizität artikuliert wird. Auch auf dieser Ebene soll Arbeit als das Andere des Kapitals zu Wort kommen.

Neben der Arbeit, die die ältesten Bewegungen Europas hervorbrachte, melden sich seit langem und immer lauter Frauenbewegungen und ökologische Bewegungen zu Wort. Wie die Arbeiterbewegungen versuchen auch sie, das Andere des männlich beherrschten Wirtschaftsunternehmens beredt zu machen: die ausgebeutete Weiblichkeit und die ausgebeutete Natur. Touraine hält sie, wie sich gezeigt hat (vgl. IV, 4), für die wichtigsten zeitgenössischen Bewegungen, und ihre Bedeutung leitet sich aus der unübersehbaren Tatsache ab, daß es eine dialogische Einheit Europas nicht geben wird, solange die Hälfte der Bevölkerung benachteiligt bleibt und die Natur weiterhin rücksichtslos instrumentalisiert wird.

Zusammen mit den Bewegungen der Arbeitnehmer und der Arbeitslosen versuchen Frauenorganisationen und ökologische Gruppierungen, auf die europäische Historizität einzuwirken, damit die gesellschaftliche Entwicklung auf regionaler, nationaler und übernationaler Ebene eine andere Richtung einschlägt. Es ist keineswegs sicher, daß sie es tun wird, denn die wirtschaftlichen Kräfte beherrschen z.Z. das Geschehen, und der historische Prozeß ist offen.

Dies ist wohl der Grund, weshalb Françoise Gaspard, die Touraines Ansatz weiterdenkt, die grundsätzliche Ambivalenz der Frauen-

[156] L. Voigt-Weber, "Alternativ profitieren? – Strukturen und Probleme alternativen Wirtschaftens in der Bundesrepublik", in: *Österreichische Zeitschrift für Soziologie* 1-2, 1986, S. 157.

[157] Ibid., S. 158.

bewegungen zur Sprache bringt. Einerseits ist sie sich der Tatsache bewußt, daß diese Bewegungen sehr labil geschichtet sind und recht kurzlebig sein können (vgl. III, 8); andererseits unterstreicht sie das bisher Erreichte: "In der Zwischenzeit haben sich jedoch die gesellschaftlichen Beziehungen durch Einwirkung der Frauen gewandelt."[158] Gewandelt hat sich u.a. die Auffassung der Geschlechterrollen im Berufsleben, wo sich der ideologische Dualismus zwischen männlichen und weiblichen Berufen aufzulösen scheint. "Das Androgyniekonzept als soziale und personale Durchsetzungsstrategie"[159] im Sinne von Sophie Karmasin ist zwar noch weit davon entfernt, alle Berufe zu erfassen, aber stereotype Vorstellungen von Geologen, Ingenieuren und Wissenschaftlern werden durch weibliche Karrieren in allen diesen Bereichen immer häufiger in Frage gestellt. Allmählich nimmt die Gesellschaft das bisher ausgeschlossene Andere auf und verändert dadurch ihr Gesicht. Die Androgynie-Vorstellung ist ein Symptom dieses Funktions- und Strukturwandels.

Komplementär dazu verhält sich das Umwelt-Ideologem in der Wirtschaft. Sicherlich erweist sich nicht alles als "gut umweltverträglich", was den Konsumenten im Alltag so angepriesen wird. Entscheidend ist aber, daß in der zweiten Hälfte des 20. Jahrhunderts "Natur" und "Umwelt" zu den wichtigsten Themen von Politik und Wirtschaft aufgestiegen sind. Dazu haben nicht unwesentlich die grünen Bewegungen und Parteien beigetragen, die nach jahrhundertelanger Unterwerfung der inneren und äußeren Natur durch den Geist "die Naturseite des Geistes" (Vischer) für die ganze Gesellschaft entdeckt haben. Vor allem für Europa ist diese Entdeckung lebenswichtig, denn dieses dichtbesiedelte Land droht an seiner Wirtschaft, seinen Ballungszentren und seinen Verkehrsnetzen zu ersticken. Daß vernünftige Umweltpolitik in letzter Minute für die gesamte Menschheit wesentlich ist, versteht sich von selbst.

Fragt man nun, was den hier kommentierten sozialen Bewegungen gemeinsam ist, so lautet die Antwort: *Subjektivität*. Arbeitnehmer und Arbeitslose setzen sich in Bewegung, um nicht länger Verwaltungsobjekte zu sein, sondern Akteure zu werden. Parallel zu ihnen organisieren sich seit dem 19. Jahrhundert Frauengruppen, um gehört zu werden, um der ausgeschlossenen Hälfte der Gesellschaft

---

158 F. Gaspard, "Le Sujet est-il neutre?", in: F. Dubet, M. Wieviorka (Hrsg.), *Penser le sujet*, op. cit., S. 152.

159 Vgl. S. Karmasin, "Das Androgyniekonzept als soziale und personale Durchsetzungsstrategie", in: *Österreichische Zeitschrift für Soziologie* 3, 1992.

eine Stimme zu verleihen. Auch das Ziel der Umweltbewegungen ist Subjektivität, denn diese wäre auf allen Ebenen sinnlos, wenn ihre biologische Grundlage, die Individualität als Körperlichkeit, einer Naturkatastrophe zum Opfer fiele. Der Geist verflüchtigt sich, wenn ihn die Natur verläßt. Das ist der verdrängte, der von den Rationalisten und Hegel tabuisierte Gedanke, dem die Junghegelianer und Nietzsche zum Durchbruch verhalfen und den die grünen Bewegungen in politische Praxis umsetzen.

Diese drei Varianten der Subjektivität haben (zusammen mit einigen anderen) die Historizität im Sinne von Touraine zum Gegenstand: Sie lehnen eine Beurteilung der gesellschaftlichen Entwicklung nach ausschließlich quantitativen Kriterien ab. Nicht Tauschwert, Marktgesetz und Profitstreben sind für sie maßgeblich, sondern qualitative Werte wie Gesundheit, Gleichberechtigung, Selbstverwirklichung und Kreativität. Sie mobilisieren das ideologische Potential gegen die marktbedingte Indifferenz, die Alterität gegen die Verdinglichung. Das in der kritischen Ambivalenz verharrende spätmoderne Einzelsubjekt hat in diesem Kontext dafür zu sorgen, daß es weder der Ideologie noch der Indifferenz zum Opfer fällt.

Da die oft kurzlebigen sozialen Bewegungen wahrscheinlich nicht in der Lage sein werden, diese "qualitative Historizität" zu verwirklichen, stellt sich die Frage, ob eine historische Instanz in Sicht ist, die als treibende Kraft wirken könnte. Eine solche Kraft kann nur die künftige europäische Bundesregierung sein, die Pierre Bourdieus Mahnung ernst nimmt und darauf achtet, daß Europa nicht zu einem "gemeinsamen Markt" oder zu einer "Bank" verkommt.

(c) Für eine europäische Politik

So disparat die verschiedenen sozialen Bewegungen auch sein mögen, sie könnten im entscheidenden Augenblick auf das Angebot einer europäischen Regierung eingehen, gemeinsam auf die gesellschaftliche Entwicklung einzuwirken, damit aus Europa keine reine Wirtschaftsgesellschaft wird. Schon aus diesem Grunde braucht Europa nicht nur die von Jürgen Habermas vorgeschlagene Verfassung[160], sondern auch und vor allem eine Bundesregierung, die in der Lage wäre, die wertsetzenden ideologischen Entwürfe der Bewegungen mit der wirtschaftlichen Entfaltung des Landes in Einklang zu bringen. Denn an

160 Vgl. J. Habermas, *Die Einbeziehung des Anderen*, op. cit., S. 189-191.

der historischen Bedeutung der Wirtschaft für den europäischen Einigungsprozeß ist nicht zu zweifeln: Sie war bisher die treibende Kraft des Integrationsprozesses, der auch aus diesem Grunde ein politisches Defizit aufweist.

Dieses Defizit auszugleichen wäre die Hauptaufgabe einer europäischen Regierung, die keineswegs gegen "die Wirtschaft" oder "das Kapital" auftreten, sondern sich für die wirtschaftlichen Interessen Europas und die Stabilität der gemeinsamen Währung einsetzen würde. Denn es wird sich mittelfristig herausstellen, daß eine gemeinsame Währung auf eine gemeinsame politische Führung angewiesen ist und daß diejenigen irren, die meinen, daß die Währungsunion auch ohne "politische Union"[161] funktioniert. "Europäische Politik" bedeutet hier durchaus auch Wirtschafts- und Währungspolitik und richtet sich gegen alle Versuche, Europa auf einen *common market*, zu reduzieren und das Schicksal seiner Währung einer Zentralbank und den Finanzmärkten zu überlassen.

Europäische Politik geht jedoch weit über den wirtschaftlichen Bereich hinaus: Sie soll an die Bestrebungen der sozialen Bewegungen anknüpfen und Subjektivitäten auf kollektiver und individueller Ebene beredt machen. Denn was für Währung und Wirtschaft gilt, gilt auch für Arbeiter und Arbeitslose, für Frauen- und Umweltbewegungen: Sie können angesichts einer weit fortgeschrittenen ökonomischen und politischen Integration nur auf europäischer Ebene erfolgreich agieren. Eine europäische Regierung könnte wesentlich zu ihrem Erfolg beitragen, der darin bestünde, daß sich neben der quantitativ-wirtschaftlichen auch eine Historizität der qualitativen, der kulturellen Werte behauptet. Dies meint Touraine, wenn er die Frauenbewegungen und die ökologischen Bewegungen als *mouvements culturels* bezeichnet.[162]

Im Kontext dieser Historizität hätte es europäische Politik nicht nur mit der Wirtschaft und den sozialen Bewegungen zu tun, sondern auch mit den Nationen. Auf den ersten Blick stellt sich das Verhältnis zwischen der gegenwärtigen europäischen Union und ihren Nationalstaaten als antagonistisch dar. Jedenfalls wird es in den Medien häufig so geschildert: etwa in *The Economist* (6.11.99), der unter dem Motto "Undoing Britain" die immer häufiger diskutierte Frage nach britischer Einheit und Identität aufwirft: "Is one of the world's most dura-

[161] Vgl. B. Scholten, "Euro-visie", in: *Europa in beweging* 1, 2000, S. 2: "De EMU functioneert ook zonder politieke unie".

[162] Vgl. A. Touraine, *Pourrons-nous vivre ensemble?*, op. cit., S. 175-183.

ble states dissolving itself?"[163] Als konkurrierende Identität erscheint die Europäische Union: "Das goldbestirnte blaue Banner ist eine Fahne, für die Briten möglicherweise eines Tages werden kämpfen und sterben müssen."[164] Die Präsenz der Europäischen Union rückt die schottische Unabhängigkeit in greifbare Nähe, denn: "Ohne die Europäische Union wäre das nationalistische Vorhaben voller Lücken. Wie würde sich ein unabhängiges Schottland verteidigen? Welche Währung würde es verwenden?"[165] Freilich kann die europäische Integration in einigen Regionen (möglicherweise auf der iberischen Halbinsel, vielleicht sogar in Deutschland) zentrifugal wirken, sobald eine gemeinsame Außen- und eine Verteidigungspolitik verwirklicht werden.

Insgesamt erscheint aber das europäische Projekt als Ergänzung zu den einzelnen nationalen Vorhaben, nicht als deren Negation. Dies deuten nicht nur die demokratiepolitischen und wirtschaftlichen Erfolge von Ländern wie Griechenland, Irland, Portugal und Spanien an, sondern auch die *nationalen* Hoffnungen, die Estland, Kroatien, Lettland, Litauen, Polen, die Slowakei, Slowenien, Tschechien und Ungarn nach jahrzehntelanger Bevormundung und Unterjochung mit einer Mitgliedschaft in der Europäischen Union verbinden. Auch Albaner, Mazedonier, Serben und Ukrainer hoffen, als Bürger der Union einst Demokratisierungsprozesse in die Wege leiten zu können, die in Griechenland, Spanien und Portugal recht erfolgreich waren.

Schon deshalb wäre es irreführend, einen Antagonismus zwischen europäischer Föderation und europäischer Nation zu konstruieren. Vielmehr erhalten "Nation" und "nationale Identität" im europäischen Kontext eine neue Bedeutung. Nationale Anliegen werden mit europäischen Ambitionen verknüpft und auf die europäische Ebene projiziert. So forderte beispielsweise im Jahre 1986 eine katalanische Partei die Europäische Gemeinschaft auf, sie möge das Katalanische zu einer ihrer Arbeitssprachen machen: "que el català hi fos una de les lengues de traball".[166] Eine europäische Regierung, der der historische Überblick nicht fehlt, wird solche Forderungen sehr ernst nehmen, denn sie stammen z.T. aus Ländern, die geteilt, unterdrückt,

[163] P. David, "Undoing Britain", in: *The Economist* (A Survey of Britain), 6. 11. 99, S. 3.

[164] Ibid., S. 4.

[165] Ibid., S. 7.

[166] Aus dem Wahlprogramm der Esquerra Republicana de Catalunya für die Parlamentswahlen vom 22.6.1986.

bevormundet wurden und die hoffen, in der Union ihre kulturelle und politische Identität leben zu können.

In keinem anderen Augenblick ist diese Verflechtung von nationaler und europäischer Identität so klar zutage getreten wie in den Tagen der deutschen Wiedervereinigung. Anders als nationalistisch denkende Politikerinnen und Politiker, die dieses Ereignis anscheinend mit gemischten Gefühlen betrachteten, sah der europäische Föderalist in der Wiedervereinigung den geographischen, politischen und symbolischen Kern der europäischen Einheit. Denn die beiden Wiedervereinigungen fallen – wenn nicht auf zeitlicher, so doch auf struktureller Ebene – zusammen und läuten eine Ära ein, in der europäische Identität nationale Identität *umfaßt*. Subjektivität als Identitätssuche (vgl. I, 1, c) entsteht auf kollektiver Ebene durch ein gemeinsames Projekt, und dieses Projekt stellt sich aus deutscher Sicht als deutsch-europäische Wiedervereinigung dar. Es stellt sich aus südeuropäischer Perspektive als Demokratisierungsprozeß und aus mitteleuropäischer Perspektive als Rückkehr nach Europa dar.

Damit ist der Aufgabenbereich einer europäischen Regierung abgesteckt: *Sie wäre für die Koordinierung und Stärkung der kollektiven Subjektivitäten – der Bewegungen, der Nationen und Regionen – im Rahmen einer neuen, polyphonen Historizität verantwortlich.* Denn nur wenn sich die kollektiven Subjekte und ihre Sprachen entfalten können, besteht Hoffnung, daß das individuelle Subjekt als Angehöriger einer Minderheit, einer kleinen Nation, als arbeitende Frau oder arbeitsloser Mann wieder zu sich kommt und sich dem atomisierenden Narzißmus mit Hilfe eines historischen Projekts entzieht.

Es wird nicht zu sich kommen, wenn diese institutionelle und kollektive Rückendeckung ausbleibt. In diesem Fall könnten individuelle Subjekte als manipulierbare Monaden weiterhin politischer Propaganda, medial vermittelter Werbung, Normalisierung und Verwaltung zum Opfer fallen. Dies ist der Grund, weshalb in diesem Buch individuelle Subjektivität stets im Zusammenhang mit kollektiver Subjektivität und den institutionellen Rahmenbedingungen betrachtet wurde. Denn Identitätssuche findet immer in einem besonderen historischen, gesellschaftlichen und sprachlichen Kontext statt. Dieser Kontext ist offen und nicht frei von Kontingenz.

Bibliographie

Es werden ausschließlich Titel aufgeführt, die für die Subjektproblematik von direkter oder indirekter Bedeutung sind. Berücksichtigt werden nur die in diesem Buch vertretenen Disziplinen.

1. Philosophie

Adorno, Th. W., *Minima Moralia. Reflexionen aus dem beschädigten Leben*, Frankfurt, Suhrkamp, 1951.

Adorno, Th. W., *Kierkegaard. Konstruktion des Ästhetischen*, Frankfurt, Suhrkamp (1962), 1974.

Althusser, L., *Ideologie und ideologische Staatsapparate. Aufsätze zur marxistischen Theorie*, Hamburg-Berlin, VSA, 1977.

Anders, G., *Die Antiquiertheit des Menschen.* Bd. I. *Über die Seele im Zeitalter der zweiten industriellen Revolution*, München, Beck, 1983 (6. Aufl.).

Arvon, H., *Aux sources de l'existentialisme: Max Stirner*, Paris, PUF, 1954.

Badiou, A., *Théorie du sujet*, Paris, Seuil, 1992.

Beck, E., *Identität der Person. Sozialphilosophische Studien zu Kierkegaard, Adorno und Habermas*, Würzburg, Königshausen und Neumann, 1991.

Berlin, I., *Two Concepts of Liberty. An Inaugural Lecture delivered before the University of Oxford on 31 October 1958*, Oxford, Clarendon Press, 1958.

Bloch, E., *Subjekt – Objekt. Erläuterungen zu Hegel*, Frankfurt, Suhrkamp (1962) 1985.

Böhme, H., Böhme, G., *Das Andere der Vernunft. Zur Entwicklung von Rationalitätsstrukturen am Beispiel Kant*, Frankfurt, Suhrkamp, 1985.

Böhme, H., *Natur und Subjekt*, Frankfurt, Suhrkamp, 1988.

Braitling, P., *Hegels Subjektivitätsbegriff. Eine Analyse mit Berücksichtigung intersubjektiver Aspekte*, Würzburg, Königshausen und Neumann, 1991.

Butler, J., *Körper von Gewicht. Die diskursiven Grenzen des Geschlechts*, Berlin, Berlin Verlag, 1995.

Butler, J., *Excitable Speech. A Politics of the Performative*, New York-London, Routledge, 1997.

Craib, I., *Experiencing Identity*, London, Sage, 1998.

Deleuze, G., *Nietzsche und die Philosophie*, Hamburg, Europäische Verlangsanstalt, 1991.

Deleuze, G., *Differenz und Wiederholung*, München, Fink, 1992.

Deleuze, G., *Empirisme et subjectivité. Essai sur la nature humaine selon Hume*, Paris, PUF, 1993 (5. Aufl.).

Descombes, V., *L'Embarras de l'identité*, Paris, Gallimard, 2013.
Dornberg, M., *Gewalt und Subjekt. Eine kritische Untersuchung zum Subjektbegriff in der Philosophie J.-P. Sartres*, Würzburg, Königshausen und Neumann, 1989.
Ebeling, H., *Neue Subjektivität. Die Selbstbehauptung der Vernunft*, Würzburg, Königshausen und Neumann, 1990.
Ebeling, H., *Das Subjekt in der Moderne. Rekonstruktion der Philosophie im Zeitalter der Zerstörung*, Hamburg, Rowohlt, 1993.
Ebeling, H., "Das neuere Prinzip der Selbsterhaltung und seine Bedeutung für die Theorie der Subjektivität", in: H. Ebeling (Hrsg.), *Subjektivität und Selbsterhaltung. Beiträge zur Diagnose der Moderne*, Frankfurt, Suhrkamp, 1996.
Elam, D., Feminism *and Deconstruction*, London-New York, Routledge, 1994.
Fetz, R. L., Hagenbüchle, R, Schulz, P. (Hrsg.), *Geschichte und Vorgeschichte der modernen Subjektivität.* (2 Bde.), Berlin-New York, De Gruyter, 1998.
Foucault, M., "Subjectivité et vérité", in: ders., *Dits et écrits IV*, Paris, Gallimard, 1994.
Frank, M., *Die Grenzen der Verständigung. Ein Geistergespräch zwischen Lyotard und Habermas*, Frankfurt, Suhrkamp, 1988.
Frank, M., "Subjekt, Person, Individuum", in: M. Frank, G. Raulet, W. van Reijen, *Die Frage nach dem Subjekt*, Frankfurt, Suhrkamp, 1988.
Frank, M., *Selbstbewußtsein und Selbsterkenntnis. Essays zur analytischen Philosophie der Subjektivität*, Stuttgart, Reclam, 1991.
Gans, M., *Das Subjekt der Geschichte. Studien zu Vico, Hegel und Foucault*, Hildesheim-Zürich-New York, Olms, 1993.
Habermas, J., *Moralbewußtsein und kommunikatives Handeln*, Frankfurt, Suhrkamp, 1983.
Habermas, J., *Erläuterungen zur Diskursethik*, Frankfurt, Suhrkamp, 1991.
Habermas, J., *Die Einbeziehung des Anderen. Studien zur politischen Theorie*, Frankfurt, Suhrkamp, 1997 (2. Aufl.).
Hogrebe, W. (Hrsg.), *Subjektivität*, München, Fink, 1998.
Hossenfelder, M., *Kants Konstitutionstheorie und die Transzendentale Deduktion*, Berlin-New York, De Gruyter, 1978.
Iber, Ch., *Subjektivität, Vernunft und ihre Kritik. Prager Vorlesungen über den Deutschen Idealismus*, Frankfurt, Suhrkamp, 1999.
Jaeggi, U., *Theoretische Praxis. Probleme eines strukturalen Marxismus*, Frankfurt, Suhrkamp, 1976.
Jaspers, K., *Psychologie der Weltanschauungen*, Berlin-Göttingen-Heidelberg, Springer, 1960 (5. Aufl.).
Jonas, H., *Ohnmacht der Subjektivität. Das Leib-Seele-Problem im Vorfeld des Prinzips Verantwortung*, Frankfurt, Insel, 1981.
Kierkegaard, S., *Das Buch über Adler*, Düsseldorf-Köln, Diederichs, 1962.

Kierkegaard, S., *Abschließende unwissenschaftliche Nachschrift zu den Philosophischen Brocken* (Erster Teil), in: ders., *Gesammelte Werke* (16. Abt.), Gütersloh, Mohn, 1982.

Kierkegaard, S., *Entweder – Oder* (Teil I und II), München, DTV, 1998 (5. Aufl.).

Kimmerle, G., *Kritik der identitätslogischen Vernunft. Untersuchung zur Dialektik der Wahrheit bei Descartes und Kant*, Königstein/Ts., Forum Academicum, 1982.

Kipfer, D., *Individualität nach Adorno*, Tübingen, Francke, 1999.

Klemme, H., *Kants Philosophie des Subjekts. Systematische und entwicklungsgeschichtliche Untersuchungen zum Verhältnis von Selbstbewußtsein und Selbsterkenntnis*, Hamburg, Meiner, 1996.

Knodt, R., *Friedrich Nietzsche. Die ewige Wiederkehr des Leidens. Selbstverwirklichung und Freiheit als Problem seiner Ästhetik und Metaphysik*, Bonn, Bouvier, 1987.

Köster, P., *Der sterbliche Gott. Nietzsches Entwurf übermenschlicher Größe*, Maisenheim-Glan, Hain, 1972.

Kristeva, J., *Fremde sind wir uns selbst*, Frankfurt, Suhrkamp, 1990.

Lehmann, G. K., *Der Übermensch. Friedrich Nietzsche und das Scheitern der Utopie*, Berlin-Bern-Frankfurt, Lang, 1993.

Leschke, R., *Metamorphosen des Subjekts. Hermeneutische Reaktionen auf die (post-)strukturalistische Herausforderung*, Bd. I, Frankfurt-Bern-Paris, Lang, 1987.

Link, Ch., *Subjektivität und Wahrheit. Die Grundlegung der neuzeitlichen Metaphysik durch Descartes*, Stuttgart, Klett-Cotta, 1978.

Link, J., *Versuch über den Normalismus. Wie Normalität produziert wird*, Opladen, Westdeutscher Verlag, 1997.

Link, J., "Von der 'Macht der Norm' zum 'flexiblen Normalismus': Überlegungen nach Foucault", in: J. Jurt (Hrsg.), *Zeitgenössische französische Denker: Eine Bilanz*, Freiburg, Rombach, 1998.

Link, J., *Normale Krisen? Normalismus und die Krise der Gegenwart. Mit einem Blick auf Tilo Sarrazin*, Konstanz, Universitätsverlag, 2013.

Lippe, R. zur, *Autonomie als Selbstzerstörung. Zur bürgerlichen Subjektivität*, Frankfurt, Syndikat-EVA, 1984.

Löwith, K., "Kierkegaard und Nietzsche", in: ders., *Nietzsche. Sämtliche Schriften*, Bd. VI, Stuttgart, Metzler, 1987.

Lukács, G., "Das Zerschellen der Form am Leben: Sören Kierkegaard und Regine Olsen", in: ders., *Die Seele und die Formen*, Neuwied-Berlin, Luchterhand, 1971.

Lutz-Bachmann, M., *Geschichte und Subjekt. Zum Begriff der Geschichtsphilosophie bei Immanuel Kant und Karl Marx*, Freiburg i.Br., Alber, 1988.

Luzius, R., Hagenbüchle, R., Schulz, P. (Hrsg.), *Geschichte und Vorgeschichte der modernen Subjektivität*, Bd. II, Berlin-New York, de Gruyter, 1998.
Lyotard, J.-F., *Grabmal des Intellektuellen*, Wien-Köln-Graz, Passagen, 1985.
Lyotard, J.-F., *Der Enthusiasmus. Kants Kritik der Geschichte*, Wien, Passagen, 1988.
Lyotard, J.-F., *Das Inhumane*, Wien, Passagen, 1989.
Lyotard, J.-F., *Die Analytik des Erhabenen*, München, Fink, 1994.
Mach, E., *Analyse der Empfindungen*, Darmstadt, Wiss. Buchgesellschaft, 1922.
Marquard, O., Stierle, K. (Hrsg.), *Identität*, München, Fink, 1979.
Martis, J., *Philippe Lacoue-Labarthe: Representation and the Loss of the Subject*, Fordham (NY), Univ. Press, 2005.
Mautz, K. A., *Die Philosophie Max Stirners im Gegensatz zum Hegelschen Idealismus*, Berlin, Junker und Dünnhaupt, 1936.
McPherson, C. B., *Die politische Theorie des Besitzindividualismus*, Frankfurt, Suhrkamp, 1973.
Nenon, Th., *Objektivität und endliche Erkenntnis. Kants transzendentalphilosophische Korrespondenztheorie der Wahrheit*, Freiburg-München, Alber, 1986.
Oehler K., *Subjektivität und Selbstbewußtsein in der Antike*, Würzburg, Königshausen und Neumann, 1997.
Oliver, K., *Womanizing Nietzsche. Philosophy's Relation to the Feminine*, New York-London, Routledge, 1995.
Pêcheux, M., *Les Vérités de La Palice*, Paris, Maspero, 1975.
Pöggeler, O., *Hegels Kritik der Romantik*, München, Fink, 1999.
Reid, R., "Corps clinique, corps génétique", in: L. Giard (Hrsg.), *Michel Foucault. Lire l'œuvre*, Grenoble, Millon, 1992.
Rescio, A., "Sujet et critique du sujet chez Adorno", in: A. Verdiglione (Hrsg.), *Psychanalyse et sémiotique* (Actes du colloque de Milan, 1974), Paris, UGE (10/18), 1975.
Ricœur, P., *Soi-même comme un autre*, Paris, Seuil, 1990.
Ringleben, J., *Hegels Theorie der Sünde. Die subjektivitäts-logische Konstruktion eines theologischen Begriffs*, Berlin-New York, De Gruyter, 1977.
Rosenfeld, U., *Der Mangel an Sein. Identität als ideologischer Effekt*, Gießen, Focus-Verlag, 1984.
Sartre, J.-P., "La Liberté cartésienne", in: ders., *Critiques littéraires (Situations I)*, Paris, Gallimard, 1947.
Sartre, J.-P., *Esquisse d'une théorie des émotions*, Paris, Hermann (1938), 1965.

Sartre, J.-P., "L'Universel singulier", in: *Kierkegaard vivant (Colloque organisé par l'Unesco à Paris du 21 au 23 avril 1964)*, Paris, Gallimard, 1966.

Schmidinger, H. M., *Das Problem des Interesses und die Philosophie Sören Kierkegaards*, Freiburg-München, Alber, 1983.

Schmidt, A., "Der strukturalistische Angriff auf die Geschichte", in: A. Schmidt (Hrsg.), *Beiträge zur marxististischen Erkenntnistheorie*, Frankfurt, Suhrkamp, 1972 (4. Aufl.).

Schmitz, H., *Die entfremdete Subjektivität. Von Fichte zu Hegel*, Bonn, Bouvier, 1992.

Schmitz, H., *Selbstdarstellung als Philosophie. Metamorphosen der entfremdeten Subjektivität*, Bonn, Bouvier, 1995.

Schrag, C. O., *The Self after Postmodernity*, New Haven-London, Yale Univ. Press, 1997.

Schrödter, H. (Hrsg.), *Das Verschwinden des Subjekts*, Würzburg, Königshausen und Neumann, 1994.

Schulte, G., *"Ich impfe euch mit dem Wahnsinn". Nietzsches Philosophie der verdrängten Weiblichkeit des Mannes*, Frankfurt-Paris, Qumran, 1982.

Schulz, W., *Ich und Welt. Philosophie der Subjektivität,* Pfullingen, Neske, 1979.

Schwemmer, O., "Die symbolische Gestalt der Subjektivität oder Ein altes Rätsel noch einmal bedacht", in: W. Hogrebe (Hrsg.), *Subjektivität*, München, Fink, 1998.

Seibert, Th., *Geschichtlichkeit, Nihilismus, Autonomie. Philosophie(n) der Existenz*, Stuttgart, Metzler, 1996.

Smith, R., *Derrida and Autobiography*, Cambridge, Univ. Press, 1995.

Stirner, M., *Der Einzige und sein Eigentum*, Stuttgart, Reclam, 1991.

Sturma, D., *Philosophie der Person. Die Selbstverhältnisse von Subjektivität und Moralität*, Paderborn, Schöningh, 1997.

Taylor, Ch., *Sources of the Self. The Making of the Modern Identity*, Cambridge (Mass.), Harvard Univ. Press, 1996 (8. Aufl.).

Tietjen, H., *Fichte und Husserl. Letztbegründung, Subjektivität und praktische Vernunft im transzendentalen Idealismus*, Frankfurt, Klostermann, 1980.

Uehlein, F. A., *Kosmos und Subjektivität. Lord Shaftesburys Philosophical Regimen*, Freiburg i.Br., Alber, 1976.

Vattimo, G., *Le avventure della differenza. Che cosa significa pensare dopo Nietzsche e Heidegger*, Mailand, Garzanti, 1980.

Vattimo, G., *Al di là del soggetto. Nietzsche, Heidegger e l'ermeneutica*, Mailand, Feltrinelli, 1991 (4. Aufl.).

Vischer, F. Th., *Auch Einer. Eine Reisebekanntschaft*, Berlin, Deutsche Bibliothek, 1879 (Reprint: Wurmlingen, Schwäbische Verlagsgesellschaft, s.d.).

Welsch, W., *Vernunft. Die zeitgenössische Vernunftkritik und das Konzept der transversalen Vernunft*, Frankfurt, Suhrkamp, 1996.
Welsen, P., *Schopenhauers Theorie des Subjekts*, Würzburg, Königshausen und Neumann, 1995.
Wetzel, M., *Erkenntnistheorie. Die Gegenstandsbeziehung und Tätigkeit des erkennenden Subjekts als Gegenstand der Erkenntnistheorie*, München, Fink, 1978.
Wiehl, R., *Subjektivität und System*, Frankfurt, Suhrkamp, 2000.
Zima, P. V., *Ästhetische Negation. Das Subjekt, das Schöne und das Erhabene von Mallarmé und Valéry zu Adorno und Lyotard*, Würzburg, Königshausen und Neumann, 2005.
Zima, P. V., "Anwesenheit und Abwesenheit des Werks. Zu Foucaults Subjekt- und Werkbegriff", in: K.-M. Bogdal, A. Geisenhanslüke, *Die Abwesenheit des Werks. Nach Foucault*, Heidelberg, Synchron, 2006.
Zurhorst, G., *Gestörte Subjektivität – Einzigartigkeit oder Gesetzmäßigkeit. Ein kritischer Vergleich von Sartre und Holzkamp*, Frankfurt-New York, Campus, 1982.

2. Soziologie

Adorno, Th. W., "Individuum und Organisation", in: ders., *Kritik. Kleine Schriften zur Gesellschaft*, Frankfurt, Suhrkamp, 1971.
Adorno, Th. W. et al., *Studien zum autoritären Charakter*, Frankfurt, Suhrkamp, 1973.
Barcellona, P., *L'egoismo maturo e la follia del capitale*, Turin, Boringhieri, 1988.
Baudrillard, J., *Le Miroir de la production – ou l'illusion critique du matérialisme historique*, Paris, Galilée, 1975.
Baudrillard, J., *Der symbolische Tausch und der Tod*, München, Matthes und Seitz, 1982.
Baudrillard, J., *Transparenz des Bösen. Ein Essay über extreme Phänomene*, Berlin, Merve, 1992.
Baudrillard, J., "Facticité et séduction", in: J. Baudrillard, M. Guillaume, *Figures de l'altérité*, Paris, Ed. Descartes, 1992.
Baudrillard, J., *Le Paroxyste indifférent. Entretiens avec Philippe Petit*, Paris, Grasset-Fasquelle, 1997.
Beck, U., *Risikogesellschaft. Auf dem Weg in eine andere Moderne*, Frankfurt, Suhrkamp, 1986.
Beck, U., *Gegengifte. Die organisierte Unverantwortlichkeit*, Frankfurt, Suhrkamp, 1988.
Beck, U., "*Jenseits* von Stand und Klasse?", in: U. Beck, E. Beck-Gernsheim, *Riskante Freiheiten*, Frankfurt, Suhrkamp, 1994.

Beck, U., Beck-Gernsheim, E., “Individualisierung in modernen Gesellschaften – Perspektiven und Kontroversen einer subjektorientierten Soziologie”, in: U. Beck, E. Beck-Gernsheim (Hrsg.), *Riskante Freiheiten*, Frankfurt, Suhrkamp, 1994.

Bourdieu, P., *Was heißt sprechen? Die Ökonomie des sprachlichen Tausches*, Wien, Braumüller 1990.

Bröckling, U., *Das unternehmerische Selbst. Soziologie einer Subjektivierungsform*, Frankfurt, Suhrkamp, 2007.

Carstensen, T. et al. (Hrsg.), *Digitale Subjekte. Praktiken der Subjektivierung im Medienumbruch der Gegenwart*, Bielefeld, Transcript, 2013.

Castoriadis, C., *L'Institution imaginaire de la société*, Paris, Seuil, 1975.

Crozier, M., *Le Phénomène bureaucratique*, Paris, Seuil, 1963.

Daniel, C., *Theorien der Subjektivität. Einführung in die Soziologie des Individuums*, Frankfurt-New York, Campus, 1981.

Di Marco, G. A., *Marx – Nietzsche – Weber. Gli ideali ascetici tra critica, genealogia, comprensione*, Neapel, Guida, 1984.

Donzelot, J., *La Police des familles*, Paris, Minuit, 1977.

Dubar, Cl., *La Socialisation. Construction des identités sociales et professionnelles*, Paris, Armand Colin, 2010 (4. Aufl.).

Gaspard, F., “Le Sujet est-il neutre?”, in: F. Dubet, M. Wieviorka (Hrsg.), *Penser le sujet. Autour d'Alain Touraine (Colloque de Cerisy)*, Paris, Fayard, 1995.

Gaspard, F., *Les Femmes dans la prise de décision en France et en Europe*, Paris, L'Harmattan, 1997.

Geiger, Th., *Arbeiten zur Soziologie. Methode, moderne Gesellschaft, Rechtssoziologie, Ideologiekritik*, Neuwied-Berlin, Luchterhand, 1962.

Giddens, A., *The Consequences of Modernity*, Cambridge, Polity Press, 1990.

Giddens, A., *Modernity and Self-Identity. Self and Society in the Late Modern Age*, Cambridge, Polity Press, 1991.

Goffman, E., *Asyle. Über die soziale Situation psychiatrischer Patienten und anderer Insasssen*, Frankfurt, Suhrkamp, 1972.

Goffman, E., *Stigma. Über Techniken der Bewältigung beschädigter Identität*, Frankfurt, Suhrkamp, 1998 (13. Aufl.).

Greshoff, R., *Die theoretischen Konzeptionen des Sozialen von Max Weber und Niklas Luhmann im Vergleich*, Opladen, Westdeutscher Verlag, 1999.

Grubauer, F., *Das zerrissene Bewußtsein in der gesellschaftlichen Subjektivität*, Münster, Westfälisches Dampfboot, 1994.

Gukenbiehl, H. L., “Persönlichkeit”, in: B. Schäfers (Hrsg.), *Grundbegriffe der Soziologie*, Opladen, Leske-Budrich, 1986.

Hack, L., *Subjektivität im Alltagsleben. Zur Konstitution sozialer Relevanzstrukturen*, Frankfurt-New York, Campus, 1977.

Hack, L., Brose, H. G., Czasny K., Hack, I., Hager F., Moser, R., Viesel, K., *Leistung und Herrschaft, Soziale Strukturzusammenhänge subjektiver Relevanz bei jüngeren Industriearbeitern*, Frankfurt-New York, Campus, 1979.

Held, D., "Citizenship and Autonomy", in: D. Held, J. B. Thompson (Hrsg.), *Social Theory of Modern Societies. Anthony Giddens and his Critics*, Cambridge, Univ. Press, 1989.

Karmasin, S., "Das Androgyniekonzept als soziale und personale Durchsetzungsstrategie", in: *Österreichische Zeitschrift für Soziologie* 3, 1992.

Klauß, H., *Zur Konstitution der Sinnlichkeit in der Wissenschaft. Eine soziologische Analyse der Wandlungen des Subjekt-Objekt-Verhältnisses*, Rheda-Wiedenbrück, Daedalus, 1990.

Krummheuer, A., *Interaktion mit virtuellen Agenten? Zur Aneignung eines ungewohnten Artefakts*, Stuttgart, Lucius und Lucius, 2010.

Kurt, R., *Subjektivität und Intersubjektivität. Kritik der konstruktivistischen Vernunft*, Frankfurt-New York, Campus, 1995.

Mead, G. H., "The Self", in: ders., *Mind, Self, and Society from the Standpoint of a Social Behaviorist* (Hrsg. Ch. W. Morris), *Works of George Herbert Mead,* Bd. I, Chicago-London, Univ. of Chicago Press, 1967.

Moldaschl, M., Voß, G.G. (Hrsg.), *Subjektivierung von Arbeit*, München-Mering, Rainer Hampp Verlag, 2002.

Morin, E., *Sociologie*, Paris, Fayard, 1984.

Ollivier, B., *L'Acteur et le sujet. Vers un nouvel ordre économique*, Paris, Desclée de Brouwer, 1995.

Péquignot, B., *Pour une critique de la raison anthropologique*, Paris, L'Harmattan, 1990.

Sennett, R., *The Corrosion of Character. The Personal Consequences of Work in the New Capitalism*, New York, Norton, 1998.

Sigrist, Ch., "Das gesellschaftliche Milieu der Luhmannschen Theorie", in: *Das Argument* 6, November-Dezember 1989.

Simmel, G., "Die Arbeitsteilung als Ursache für das Auseinandertreten der subjektiven und der objektiven Kultur (1900)", in: ders, *Schriften zur Soziologie. Eine Auswahl* (Hrsg. H.-J. Dahme, O. Rammstedt), Frankfurt, Suhrkamp, 1983.

Simmel, G., *Das Individuum und die Freiheit. Essais*, Berlin, Wagenbach, 1984.

Simmel, G., *Grundfragen der Soziologie. Individuum und Gesellschaft*, Berlin-New York, De Gruyter, 1984 (4. Aufl.).

Sorić, D., *Die Genese einer europäischen Identität. George Herbert Meads Identitätskonzeption dargestellt am Beispiel des europäischen Einigungsprozesses*, Marburg, Tectum Verlag, 1996.

Touraine, A., *La Société postindustrielle*, Paris, Denoël, 1969.

Touraine, A., *Production de la société*, Paris, Seuil, 1973.

Touraine, A., *Pour la sociologie*, Paris, Seuil, 1974.

Touraine, A., *Le Retour de l'acteur. Essais de sociologie*, Paris, Fayard, 1984.

Touraine, A., "Klassen, soziale Bewegungen und soziale Schichtung in einer nachindustriellen Gesellschaft", in: H. Strasser, J. Goldthorpe (Hrsg.), *Die Analyse sozialer Ungleichheit*, Wiesbaden, Westdeutscher Verlag, 1985.

Touraine, A., "La Formation du sujet", in: F. Dubet, M. Wieviorka (Hrsg.), *Penser le sujet. Autour d'Alain Touraine (Colloque de Cerisy)*, Paris, Fayard, 1995.

Touraine, A., *Pourrons-nous vivre ensemble? Egaux et différents*, Paris, Fayard, 1997.

Touraine, A., *La Fin des sociétés*, Paris, Seuil, 2013.

Vogel, M. R., *Gesellschaftliche Subjektivitätsformen. Historische Voraussetzungen und theoretische Konzepte*, Frankfurt-New York, Campus, 1983.

Weiß, J., *Weltverlust und Subjektivität. Zur Kritik der Institutionenlehre Arnold Gehlens*, Freiburg i.Br., Rombach, 1971.

Wenzel, U., Bretzinger, B., Holz, K. (Hrsg.), *Subjekte und Gesellschaft. Zur Konstitution von Sozialität*, Weilerswist, Velbrück, 2003.

Whyte, W. H., *The Organization Man*, New York, Simon and Schuster, 1956.

Zijderveld, A. C., *Institutionalisering: een studie over het methodologisch dilemma der sociale wetenschappen*, Meppel, Boom, 1974.

Zima, P. V., "Wie man gedacht wird. Soziale Aphasie als Entmündigung des Subjekts", in: J. Wertheimer, P. V. Zima (Hrsg.) *Strategien der Verdummung*, München, Beck, 2001.

Zur Nieden, S. (Hrsg.), *Alltagskultur, Subjektivität und Geschichte. Zur Theorie und Praxis von Alltagsgeschichte*, Münster, Westfälisches Dampfboot, 1994.

3. Psychologie und Psychoanalyse

Allport, G. W., *Persönlichkeit. Struktur, Entwicklung und Erfassung der menschlichen Eigenart*, Stuttgart, Klett, 1949.

Bischof, L. J., *Persönlichkeitstheorien. Darstellungen und Interpretationen*, Bd. I, Paderborn, Junfermann, 1983.

Braun, K. H., Holzkamp, K. (Hrsg.), *Subjektivität als Problem psychologischer Methodik. 3. Internationaler Kongreß Kritische Psychologie, Marburg, 1984*, Frankfurt-New York, Campus, 1985.

Broch, H., *Massenwahntheorie. Beiträge zu einer Psychologie der Politik*, Kommentierte Werkausgabe, Bd. XII, Frankfurt, Suhrkamp, 1979.

Busch, H.-J., *Subjektivität in der spätmodernen Gesellschaft*, Weilerswist, Velbrück, 2001.

Cavell, M., *Becoming a Subject. Reflections in Philosophy and Psychoanalysis*, Oxford, Univ. Press, 2008.

Chemla, P. (Hrsg.), *Aux limites du sujet*, Ramonville, Ed. érès, 2006.

Eißler, K. R., *Todestrieb, Ambivalenz, Narzißmus*, München, Kindler, 1980.

Ellenberger, H. F., *Die Entdeckung des Unbewußten*, Bern-Stuttgart-Wien, Huber, 1973, S. 186.

Ellis, C., Flaherty M. G. (Hrsg.), *Investigating Subjectivity. Research on Lived Experience*, Newbury Park-London-New Delhi, Sage, 1992.

Erikson, E. H., *Wachstum und Krisen der gesunden Persönlichkeit*, Darmstadt, Wiss. Buchgesellschaft, 1966.

Erikson, E. H., *Identität und Lebenszyklus. Drei Aufsätze*, Frankfurt, Suhrkamp (1966), 1974.

Eysenck, H. J., "Personality in Subnormal Subjects", in: H. J. Eysenck, S. B. G. Eysenck, *Personality Structure and Measurement,* London, Routledge-Kegan Paul, 1969.

Eysenck, H. J., Eysenck, M. W., *Persönlichkeit und Individualität. Ein naturwissenschaftliches Paradigma*, München-Weinheim, Psychologie Verlags Union, 1987.

Ford, M. E., Ford, D. H. (Hrsg.), *Humans as Self-Constructing Living Systems. Putting the Framework to Work*, Hillsdale (N.J.)-Hove-London, Lawrence Erlbaum Associates, 1987.

Freud, S., "Massenpsychologie und Ich-Analyse", in: ders., *Fragen der Gesellschaft. Ursprünge der Religion,* Studienausgabe, Bd. IX, Frankfurt, Fischer, 1982.

Fromm, E., *Die Furcht vor der Freiheit*, München, DTV, 2000 (8. Aufl.).

Gergen, K., Gergen, M., "Narrative and Self as Relationship", in: L. Berkowitz (Hrsg.), *Advances in Experimental Social Psychology*, New York, Academic Press, 1988.

Ginsburg, G. P. (Hrsg.), *Emerging Strategies in Social Psychological Research*, Chichester, Wiley, 1979.

Gnüg, H., *Kult der Kälte. Der klassische Dandy im Spiegel der Weltliteratur*, Stuttgart, Metzler, 1988.

Grunberger, B., *Le Narcissisme. Essais de psychanalyse*, Paris, Payot, 1975.

Hampson, S. E., *The Construction of Personality. An Introduction*, London, Routledge, 1988 (2.Aufl.).

Heinze, M., Priebe, S. (Hrsg.), *Störenfried Subjektivität. Subjektivität und Objektivität als Begriffe psychiatrischen Denkens*, Würzburg, Königshausen und Neumann, 1996.

Irigaray, L., *Das Geschlecht, das nicht eins ist*, Berlin, Merve, 1979.

Irigaray, L., *Speculum. Spiegel des anderen Geschlechts*, Frankfurt, Suhrkamp, 1980.

Jacoby, R., "The Politics of Subjectivity", in: ders., *Social Amnesia: A Critique of Conformist Psychology from Adler to Laing*, Boston (Mass.), Beacon Press, 1975.

Keupp, H., *Riskante Chancen. Das Subjekt zwischen Psychokultur und Selbstorganisation. Sozialpsychologische Studien*, Heidelberg, Asanger, 1988.

Keupp, H., "Ambivalenzen postmoderner Identität", in: U. Beck, E. Beck-Gernsheim (Hrsg.), *Riskante Freiheiten*, Frankfurt, Suhrkamp, 1994.

Keupp, H., Höfer R. (Hrsg.), *Identitätsarbeit heute. Klassische und aktuelle Perspektiven der Identitätsforschung*, Frankfurt, Suhrkamp, 1997.

Keupp, H. et al., *Identitätskonstruktionen. Das Patchwork der Identitäten in der Spätmoderne*, Hamburg, Rowohlt, 1999.

Lacan, J., *Ecrits*, Paris, Seuil, 1966.

Lacan, J., *Le Séminaire, livre II. Le Moi dans la théorie de Freud et dans la technique de la psychanalyse*, Paris, Seuil, 1978.

Lai, G., *Disidentità*, Mailand, Franco Angeli, 1999.

Laing, R. D., *Phänomenologie der Erfahrung*, Frankfurt, Suhrkamp, 1969.

Laing, R. D., *Das geteilte Selbst. Eine Studie über geistige Gesundheit und Wahnsinn,* Köln, Kiepenheuer und Witsch (1972), 1994.

Lasch, Ch., *The Minimal Self. Psychic Survival in Troubled Times*, New York-London, Norton, 1984.

Lasch, Ch., *Das Zeitalter des Narzißmus*, Hamburg, Hoffmann und Campe, 1995.

Lawrence, D. H., "Psychoanalysis vs. Morality", in: ders., *Fantasia of the Unconscious. Psychoanalysis and the Unconscious*, London, Penguin, 1983.

Lorenzer, A., *Über den Gegenstand der Psychoanalyse oder: Sprache und Interaktion*, Frankfurt, Suhrkamp, 1973.

Mischel, W., *Introduction to Personality,* New York, Holt-Rinehart-Winston, 1971, CBS College Publishing, 1981.

Mitchell, J., *Psychoanalyse und Feminismus. Freud, Reich, Laing und die Frauenbewegung*, Frankfurt, Suhrkamp, 1976.

Mitscherlich, A., *Auf dem Weg zur vaterlosen Gesellschaft. Ideen zur Sozialpsychologie*, München, Piper, 1973.

Ogilvie, B., *Lacan. La Formation du concept de sujet (1932-1949)*, Paris, PUF, 1988 (2. Aufl.).

Parin, P., Parin-Matthèy, G., *Subjekt im Widerspruch*, Frankfurt, Athenäum, 1988.

Pervin, L. A., *Persönlichkeitstheorien,* München-Basel, Reinhardt, 1993.

Porret, J.-M., *Auto-érotismes, narcissismes et pulsions du moi*, Paris, L'Harmattan, 2006.

Rogers, C. R., Wood, J. K., "Client-Centered Theory: Carl R. Rogers", in: A. Burton (Hrsg.), *Operational Theories of Personality*, New York, Brunner-Mazel, 1974.

Sassanelli, G., *Le basi narcisistiche della personalità*, Turin, Boringhieri, 1982.

Thomas, K., *Zugehörigkeit und Abgrenzung. Über Identitäten*, Bodenheim, Syndikat, 1997.

Zima, P. V., "Erich Fromm: Le discours affirmatif", in: ders., *L'Ecole de Francfort. Dialectique de la particularité,* Paris (1974), L'Harmattan, 2005 (erweiterte Neuauflage).

Zima, P. V., *Narzissmus und Ichideal. Psyche – Gesellschaft – Kultur*, Tübingen, Francke, 2009.

4. Literaturwissenschaft und Semiotik

Adorno, Th. W., "Der Artist als Statthalter", in: ders., *Noten zur Literatur I*, Frankfurt, Suhrkamp (1958), 1969.

Adorno, Th. W., "Versuch, das Endspiel zu verstehen", in: ders., *Noten zur Literatur II*, Frankfurt, Suhrkamp (1961), 1970.

Bartoli, S., Böhme, D., Floreancig, T. (Hrsg.), *Das Subjekt in Literatur und Kunst. Festschrift für Peter V. Zima*, Tübingen, Francke, 2011.

Braunbeck, H. G., *Autorschaft und Subjektgenese. Christa Wolfs "Kein Ort. Nirgends"*, Wien-Graz, Passagen Verlag, 1992.

Briese, O., *Der Anspruch des Subjekts. Zum Unsterblichkeitsdenken im Jungen Deutschland*, Stuttgart, Metzler, 1995.

Bürger, P., "Naturalismus-Ästhetizismus und das Problem der Subjektivität", in: Ch. Bürger, P. Bürger, J. Schulte-Sasse (Hrsg.), *Naturalismus/ Ästhetizismus*, Frankfurt, Suhrkamp, 1979.

Bürger, P., *Das Verschwinden des Subjekts. Eine Geschichte der Subjektivität von Montaigne bis Barthes*, Frankfurt, Suhrkamp, 1998.

Christmann, S., *Auf der Suche nach dem verhinderten Subjekt. DDR-Prosa über Faschismus im Licht der Frankfurter Schule*, Würzburg, Königshausen und Neumann, 1990.

Coupland, N., Nussbaum, J. F. (Hrsg.), *Discourse and Lifespan Identiy*, London, Sage, 1993.

Coward, R., Ellis, J., *Language and Materialism. Developments in Semiology and the Theory of the Subject*, London, Routledge and Kegan Paul, 1977.

Dahlhaus, R. (Hrsg.), *Subjektivität und Literatur. Sartres Literarästhetik*, Janus Verlagsgesellschaft, 1986.

Floreancig, T., *L'incesto nel moderno. Una prospettiva d'analisi su Bronnen, Pirandello, Musil e Nin*, Pasian di Prato (Udine), Campanotto, 2004.

Frey, Ch., *Das Subjekt als Objekt der Darstellung. Untersuchungen zur Bewußtseinsgestaltung fiktionalen Erzählens*, Stuttgart, Akademischer Verlag, 1983.

Gargani, A. (Hrsg.), *La crisi del soggetto. Esplorazione e ricerca del sé nella cultura austriaca contemporanea*, Florenz, La Casa Usher, 1985.

Gnüg, H., *Entstehung und Krise lyrischer Subjektivität: Vom klassischen lyrischen Ich zur modernen Erfahrungswirklichkeit*, Stuttgart, Metzler, 1983.

Grabher, G. M.., "Formen des lyrischen Ich im Modernismus: Subjekt-Kult und Subjekt-Absage durch die Sprachskepsis", in: R. L. Fetz, R. Hagenbüchle, P. Schulz (Hrsg.), *Geschichte und Vorgeschichte der modernen Subjektivität*, 2 Bde. Berlin-New York, de Gruyter, 1998.

Gümbel, L., *Ich. Synthetischer Realismus und ödipale Struktur im Frühwerk Arno Schmidts. Eine typologische Untersuchung*, Würzburg, Königshausen und Neumann, 1995.

Guthke, K. S., *Die Entdeckung des Ich. Studien zur Literatur*, Tübingen, Stauffenburg, 1993.

Kalaga, W. H., *Nebulae of Discourse. Interpretation, Textuality, and the Subject*, Frankfurt-Bern-New York, Lang, 1997.

Kim, T. H., *Vom Aktantenmodell zur Semiotik der Leidenschaften. Eine Studie zur narrativen Semiotik von Algirdas J. Greimas*, Tübingen, Narr, 2002.

Lejeune, P., *Je est un autre. L'Autobiographie, de la littérature aux médias*, Paris, Seuil, 1980.

Link-Heer, U., *Prousts "A la recherche du temps perdu" und die Form der Autobiographie*, Amsterdam, Grüner, 1988.

Link-Heer, U., "Doppelgänger und multiple Persönlichkeiten. Eine Faszination der Jahrhundertwende", in: *Arcadia* 1-2, 1996.

Löwenthal, L., "Biographies in Popular Magazines", in: ders., *Literature, Popular Culture and Society*, Englewood Cliffs (N.J.), Prentice Hall, 1961.

Minow-Pinkney, M., *Virginia Woolf and the Problem of the Subject*, Brighton, The Harvester Press, 1987.

Möckel-Rieke, H., *Fiktionen von Natur und Weiblichkeit. Zur Begründung femininer und engagierter Schreibweisen bei Adrienne Rich, Denise Levertov, Susan Griffin, Kathleen Fraser und Susan Howe*, Trier, Wissenschaftlicher Verlag, 1991.

Mohr, D., *Das nomadische Subjekt*, Frankfurt-Bern-New York, Lang, 1994.

Moraldo, S. M., *Wandlungen des Doppelgängers. Shakespeare – E.T.A. Hoffmann – Pirandello*, Frankfurt-Berlin-Bern, Lang, 1996.

Neumann, M. (Hrsg.), *Erzählte Identitäten*, München, Fink, 2000.

Niekerk, C., *Bildungskrisen. Die Frage nach dem Subjekt in Goethes "Unterhaltungen deutscher Ausgewanderten"*, Tübingen, Stauffenburg, 1995.

Oerlemans, J. W., *Autoriteit en vrijheid. 1800-1914*, Assen, Van Gorcum, 1966.

Petropoulou, P., *Die Subjektkonstitution im europäischen Roman der Moderne. Zur Gestaltung des Selbst und zur Wahrnehmung des Anderen bei Hermann Hesse und Nikos Kazantzakis*, Wiesbaden, Deutscher Universitäts-Verlag, 1997.

Quernheim, M., *Ich bin nicht ich. Du bist nicht du. Wer ist wir? Studien zum Problem der Subjektwerdung in der Erzählprosa Christa Wolfs*, Würzburg, Königshausen und Neumann, 1990.

Pfister, M. (Hrsg.), *Die Modernisierung des Ich*, Passau, Rothe, 1989.

Rabaté, D. (Hrsg.), *Figures du sujet lyrique*, Paris, PUF, 1996.

Rétif, F., *Simone de Beauvoir. L'Autre en miroir*, Paris, L'Harmattan, 1998.

Sarup, M., *Identity, Culture and the Postmodern World*, Edinburg, Univ. Press, 1996.

Schärer, P., *Zur psychischen Strategie des schwachen Helden. Italo Svevo im Vergleich mit Kafka, Broch und Musil*, Diss., Philosophische Fakultät I, Univ. Zürich, 1978.

Schmitz-Emans, M., "Das gespaltene Ich. Pirandellos Theorie des Subjekts und ihre Korrespondenzen zu philosophischen Konzeptionen Schopenhauers und Nietzsches", in: J. Thomas (Hrsg.), *Pirandello-Studien. Akten des 1. Paderborner Pirandello-Symposiums*, Paderborn-München-Wien, Schöningh, 1984.

Schmitz-Emans, M., "Das Subjekt als literarisches Projekt: Ich-Sager und Er-Sager", in: *Komparatistik. Jahrbuch der Deutschen Gesellschaft für Allgemeine und Vergleichende Literaturwissenschaft*, 1999-2000.

Schröder, K., "Dreisprachigkeit der Unionsbürger – Ein europäischer Traum?", in: *Zeitschrift für Anglistik und Amerikanistik* 2, 1999.

Schulte Nordholt, A., "Proust and Subjectivity", in: W. Van Reijen, W. G. Weststeijn (Hrsg.), *Subjectivity*, Amsterdam-Atlanta, Rodopi, 2000.

Schwab, G., *Samuel Becketts Endspiel mit der Subjektivität. Entwurf einer Psychoästhetik des modernen Theaters*, Stuttgart, Metzler,1981.

Schwab, G., *Entgrenzungen und Entgrenzungsmythen. Zur Subjektivität im modernen Roman. Daniel Defoe, Herman Melville, Virginia Woolf, James Joyce, Samuel Beckett, Thomas Pynchon*, Stuttgart, Steiner, 1987.

Schwarz-Scherer, M., *Subjektivität in der Naturlyrik der DDR (1950-1970)*, Frankfurt-Bern-New York, Lang, 1992.

Seidler, V. J., *Rediscovering Masculinity. Reason, Language and Sexuality*, London-New York, Routledge, 1989.

Staffhorst, A., *Die Subjekt-Objekt-Struktur. Ein Beitrag zur Erzähltheorie*, Müller U. (Hrsg.), Stuttgart, Akademischer Verlag, 1979.

Staiger, H., *Subjektdeterminierte Verhaltensmodifikation. Überlegungen und Anregungen zu einer prinzipiell personenbestimmten Therapieform*, Wiesbaden, Roderer, 1997.

Steinwachs, G., *Mythologie des Surrealismus oder Die Rückverwandlung von Kultur in Natur*, Neuwied-Berlin, Luchterhand, 1971.

Szondi, P., *Theorie des modernen Dramas*, Frankfurt, Suhrkamp, 1969.

Talbot, M. M., *Language and Gender. An Introduction*, Cambridge-Oxford, Polity-Blackwell, 1998.

Todorov, T., "Bakhtine et l'altérité", in: *Poétique* 40, 1979.

Ungar, S., "Sartre, Betron and Black Orpheus: Vicissitudes of Poetry and Politics", in: *L'Esprit créateur* 1, 1977.

Van Reijen, W., Weststeijn, W. G. (Hrsg.), *Subjectivity,* Amsterdam-Atlanta, Rodopi, 2000.

Vinken, B., "Dekonstruktiver Feminismus – Eine Einleitung", in: B. Vinken (Hrsg.), *Dekonstruktiver Feminismus. Literaturwissenschaft in Amerika*, Frankfurt, Suhrkamp, 1992.

Wilke, S., *Ausgraben und Erinnern. Zur Funktion von Geschichte, Subjekt und geschlechtlicher Identität in den Texten Christa Wolfs*, Würzburg, Königshausen und Neumann, 1993.

Zima, P. V., "Objet trouvé/Sujet perdu", in: *Les Lettres Nouvelles* 4, 1972.

Zima, P. V., *Der gleichgültige Held. Textsoziologische Untersuchungen zu Sartre, Moravia und Camus*, Stuttgart, Metzler, 1983, Trier, Wiss. Verlag Trier, 2004 (2. Aufl.).

Zima, P. V., "Die Revolte der Natur in der Prosa der Moderne", in: K. Kürtösi, J. Pál (Hrsg.), *Celebrating Comparativism*, Szeged, Universität, 1994.

Zima, P. V., "Idéologie, théorie et altérité: l'enjeu éthique de la critique littéraire", in: *Etudes littéraires* 3, 1999.

Zima, P. V., *Roman und Ideologie. Zur Sozialgeschichte des modernen Romans*, München, Fink, 1999 (Nachdruck).

Zima, P. V., *Das literarische Subjekt. Zwischen Spätmoderne und Postmoderne*, Tübingen-Basel, Francke, 2001.

Zolla, E., *L'Androgino. L'umana nostalgia dell'interezza*, Como, Red Edizioni, 1989.

Personenregister